TRATADO DE DERECHO PÚBLICO COMPARADO
CONTRATOS PÚBLICOS

TRATADO DE DERECHO PÚBLICO COMPARADO CONTRATOS PÚBLICOS

Dirección

JAIME RODRÍGUEZ-ARANA MUÑOZ
JOSÉ ANTONIO MORENO MOLINA

LUIS JOSÉ BÉJAR RIVERA
JAIME PINTOS SANTIAGO
JAIME RODRÍGUEZ-ARANA MUÑOZ
JOSÉ ANTONIO MORENO MOLINA
ERNESTO JINESTA LOBO
CARLOS E. DELPIAZZO
JUAN CARLOS MORÓN URBINA/
MILAGROS PAREDES CARRANZA
ALEJANDRO PÉREZ HUALDE
CÉSAR AUGUSTO ROMERO MOLINA
JUAN MANUEL OTERO VARELA
CARLOS AYMERICH CANO
IVÁN OCHSENIUS ROBINSON

Colección Derecho Público Iberoamericano

N° 7

Editorial Jurídica Venezolana International
2020

COLECCIÓN DERECHO PÚBLICO IBEROAMERICANO

Títulos publicados

1. *La jurisdicción contencioso administrativa en Iberoamérica*, Jaime Rodríguez-Arana y Marta García Pérez (Coordinadores), 1ra Edición, 2014, 540 pp.
2. *Código de Legislación sobre contratación pública en Iberoamérica*, Jaime Rodríguez Arana y José Antonio Moreno Molina (Directores), 1ra Edición, 2015, 1152 pp.
3. *Leyes de Amparo de América Latina*, Allan R. Brewer-Carías, 2da. Edición aumentada y actualizada, 2016, 610 páginas.
4. *Estudios sobre la Buena Administración en Iberoamérica*, Jaime Rodríguez-Arana Muñoz, José Ignacio Hernández G., (Coordinadores), 2017, 376 páginas.
5. *Bases y retos de la contratación pública en el escenario global*, Jaime Rodríguez-Arana Muñoz, Carlos E. Delpiazzo Rodríguez, Olivo Rodríguez Huertas, Servio Tulio Castaños Guzmán y María del Carmen Rodríguez Martín-Retortillo, (Editores), 2017, 1196 páginas.
6. *Código de Legislación Local Iberoamericana*, Armando Rodríguez García y Antonio Silva Aranguren (Compiladores), 2018, 1090 pp.
7. *Leyes de lo Contencioso Administrativo en América Latina con un estudio preliminar sobre la Justicia Administrativa en el derecho administrativo comparado latinoamericano*, Allan R. Brewer-Carías, 2019, 568 pp.
8. *Tratado de Derecho Público Comparado. Contratos Públicos*, Jaime Rodríguez-Arana Muñoz y José Antonio Moreno Molina (Directores) 2020, 558 pp.

ISBN: 978-1-64921-417-1

Editorial Jurídica Venezolana
Avda. Francisco Solano López, Torre Oasis, P.B., Local 4, Sabana Grande,
Apartado 17.598 - Caracas, 1015, Venezuela
Teléfono +58-212-762-25-53 / 762-38-42 / Fax. +58-212-763-52-39
Email: fejv@cantv.net
http://www.editorialjuridicavenezolana.com.ve

Impreso por: Lightning Source, an INGRAM Content company
para: Editorial Jurídica Venezolana International Inc.
Panamá, República de Panamá.
Email: ejvinternational@gmail.com

Diagramación, composición y montaje por: Mirna Pinto, en letra
Times New Roman 10,5 Interlineado Exacto 11, Mancha 12,5 x 19

PLAN GENERAL DE LA OBRA

SEGUNDA PARTE

EL DERECHO DE LA CONTRATACIÓN PÚBLICA EN LA UNIÓN EUROPEA

CAPITULO IV

LAS FUENTES DE DERECHO DERIVADO: ACTOS TÍPICOS Y ATÍPICOS DE LA CONTRATACIÓN PÚBLICA
Jaime Pintos Santiago

CAPITULO V

LAS DIRECTIVAS SOBRE CONTRATACIÓN PÚBLICA
José Antonio Moreno Molina

CAPITULO VI

LA DIRECTIVA 2014/24/UE RELATIVA A LA CONTRATACIÓN PÚBLICA
José Antonio Moreno Molina

CAPITULO VII

LA DIRECTIVA 2014/24/UE: ASPECTOS CONCRETOS
Jaime Pintos Santiago

CAPITULO VIII

LA DIRECTIVA 2014/24/UE RELATIVA A LA ADJUDICACIÓN DE LOS CONTRATOS DE CONCESIÓN
José Antonio Moreno Molina / Jaime Pintos Santiago

CAPITULO IX

LOS ACUERDOS DE LIBRE COMERCIO CON LA UNIÓN EUROPEA Y EL PROTECCIONISMO
Jaime Pintos Santiago

CAPITULO XVII

LOS CONTRATOS ADMINISTRATIVOS EN CANADÁ. UN RÉGIMEN ENTRE EL DERECHO PÚBLICO Y PRIVADO
Luis José Béjar Rivera

QUINTA PARTE

COMPLIANCE, SELF-CLEANING Y MEDIDAS DE AUTOCORRECCIÓN DE CONTRATISTAS

CAPITULO XVIII

COMPLIANCE Y SELF-CLEANING EN LA CONTRATACIÓN PÚBLICA
Jaime Rodríguez-Arana Muñoz

CAPITULO XIX

ESTUDIO COMPARATIVO DE LOS SISTEMAS DE EXCLUSIÓN Y AUTOCORRECCIÓN DE CONTRATISTAS DE LA UNIÓN EUROPEA, LOS ESTADOS UNIDOS Y EL BANCO MUNDIAL
Carlos Aymerich Cano

CAPITULO XX

MECANISMOS DE CONTROL INTERNO PARA LA CONTRATACIÓN PÚBLICA: EJEMPLOS PRÁCTICOS PROPUESTOS POR ÓRGANOS INTERNACIONALES Y DE PAÍSES DE LA UNIÓN EUROPEA, ENTRE OTROS DESTACADOS
Iván Ochsenius Robinson

ANEXOS

ANEXO I: **DETALLE DE PRINCIPALES MECANISMOS Y/O ACTIVIDADES DE CONTROL PROPUESTOS POR ORGANISMOS INTERNACIONALES**

ANEXO II: **DETALLE DE MECANISMOS DE CONTROL INTERNO** UTILIZADOS EN PAÍSES DE LA UE ENTRE OTROS DESTACA-DOS

PRÓLOGO

Allan R. BREWER-CARÍAS

Los administrativistas iberoamericanos tenemos que agradecerle una vez más al profesor Jaime Rodríguez-Arana Muños su incansable labor por mostrar global y comparativamente al mundo, las instituciones fundamentales del derecho administrativo no sólo en Europa sino en Hispano América.

Y esto lo ha logrado una vez más, en la coordinación de esta obra colectiva, *Tratado de derecho público comparado. Contratos públicos*, que junto con el profesor José Antonio Moreno Molina nos muestra el panorama actual del régimen general de los contratos públicos, con la participación de destacados administrativistas como son los profesores: Jaime Pintos Santiago, Luis José Béjar Rivera, Carlos Aymerich Cano, César Augusto Romero Molina, Juan Manuel Otero Varela, Iván Ochsenius Robinson, Alejandro Pérez Hualde, Carlos E. Delpiazzo, Ernesto Jinesta Lobo y Juan Carlos Morón Urbina.

Me ha pedido el profesor Rodríguez Arana que Prologue la obra, lo que acepto gustosamente, básicamente como editor, ya que la misma aparece en la *Colección sobre Derecho Público Iberoamericano* que hemos instituido desde hace unos años con su colaboración, en la Editorial Jurídica Venezolana International.

Y tratándose de un tema como el de los contratos públicos, tan importante para el derecho administrativo, lo primero que me viene a la mente es recordar que el mismo, como rama jurídica autónoma, cual nació hace algo más de cien años de la mano de la noción jurisprudencial de servicio público, vinculado precisamente a las concesiones o contratos administrativos sentada por el Consejo de Estado francés. Quién no recuerda las referencias a los famosos arrêt *Blanco* 1873, Terrier 1903, *Thérond* 1910, y *Compagnie genérale d'éclairage de Bordeaux (Gas de Burdeos, 1916), ¡tratando de identificar a unos contratos administrativos distintos a los contratos de derecho privado!*

Desde aquellos tiempos del nacimiento del derecho administrativo a esta parte, sin embargo, lo cierto es que ya desde hace décadas se superó aquel signo del cual nos hablaba nuestro recordado y querido amigo Sebastián Martín Retortillo Baquer en su estudio sobre *El Derecho Civil en la génesis del derecho administrativo y de sus instituciones* (1960), sobre la necesidad que derecho administrativo siempre tenía de reafirmar su propia autonomía frente a cada institución, como en su tiempo sucedió precisamente con los contratos públicos, que por ello, y para diferenciarlos de los contratos regulados en el derecho privado, fueron inicialmente identificados como los "contratos administrativos."

Lo cierto es que ya desde hace décadas, la contratación estatal es una realidad jurídica incontestable que no necesita reafirmarse frente al derecho privado para justificar su autonomía, ni tiene porqué construirse confrontándola con la institución contractual regulada en los Códigos Civiles. Como lo aprecié ya hace cuarenta años, en una conferencia que sobre "La evolución del concepto de contrato administrativo" dicté en el Colegio Mayor de Nuestra Señora del Rosario de Bogotá, en 1978, ante la necesidad de sustantivizar nuestra disciplina, en realidad lo que se imponía era la tesis de abandonar toda idea de un pretendido "contrato administrativo" por oposición a "contratos de derecho privado de la Administración," que en décadas anteriores, todos los administrativistas habíamos propugnado.

En aquella oportunidad concluía afirmando que éstos últimos en realidad no existen, pues toda la actividad contractual de la Administración Pública es administrativa (pública) y, como señalamos, está siempre sometida a un régimen mixto de derecho público y derecho privado. La preponderancia de uno y otro y su utilización regular, es lo que en realidad adquiere importancia, lo que es válido tanto en la institución contractual de la Administración como, en general, en relación con todo el régimen jurídico de los sujetos de derecho administrativo, y de su actividad.

En consecuencia, en la relación derecho administrativo-derecho civil, nada de extraño tiene que el derecho civil le haya prestado instituciones al derecho administrativo, las cuales luego, diferenciándose de las prestatarias, han conquistado su propia sustantividad; y nada de extraño tiene, a pesar de todas las leyes reguladoras de los contratos públicos, que el derecho civil siga siendo la fuente reguladora de los principios primigenios en la materia con carácter supletorio.

Lo importante en el mundo contemporáneo es que la actividad contractual de la Administración ya es de su propia naturaleza, siendo caracterizados los contratos públicos o contratos del Estado, por el hecho de que un ente público es una de las partes contratantes (pudiendo ser un ente político territorial o de la Administración Pública descentralizada, con forma de derecho público –institutos autónomos o de derecho privado– empresas del Estado, por ejemplo), con un régimen jurídico de derecho público y de derecho privado, en el cual adquiere preponderancia, uno u otro, según el objeto del contrato.

En ese marco, habrá contratos públicos en los cuales puede identificarse un *régimen preponderante de derecho público,* como es el caso de los contratos que tradicionalmente se han calificado y considerado como "contratos administrativos," como es el caso, por ejemplo, de los relativos a *la prestación de "servicios públicos,"* a *la construcción o explotación de obras públicas, los de empréstito público, los de suministro de bienes a la Administración Pública, los de transporte público, los de uso de bienes públicos, y los de concesiones de servicios públicos, la explotación de recursos naturales o de monopolios fiscales,* y que en general son objeto de regulaciones a través de leyes especiales, por ejemplo, relativas al régimen local o municipal o relativas a determinados sectores de la actividad administrativa como las telecomunicaciones, servicio eléctrico, hidrocarburos, minería, explotación forestal y otras. Es ya normal, por otra parte, encontrar leyes especiales sobre contratos públicos en casi todos los países de régimen administrativo, como las recogidas por los propios profesores Rodríguez Arana y Moreno Molina en la obra que coordinaron sobre *Código de Legislación sobre contratación pública en Iberoamérica*, publicada en esta misma Colección en 2015.

En ese marco incluso, de legislación especial sobre los contratos del Estado, el principio es que en los contratos del Estado, como en todos los contratos, sus cláusulas tienen fuerza de ley entre las partes, teniendo siempre las disposiciones del Código Civil carácter supletorio. Las normas de derecho público aplicables a los contratos públicos establecidas en esas leyes y las leyes especiales reguladoras de la actividad respecto de la cual se suscriben, en muchos casos son de orden público, pero en otros pueden tener carácter supletorio. Entre las primeras, por supuesto, están todas las relativas a la formación de la voluntad administrativa contractual, que se refiere a la competencia de los entes públicos, que siempre es una materia de orden público, e igualmente están todas aquellas normas imperativas, entre las cuales están, por ejemplo, los poderes y prerrogativas para modificar el contrato o terminarlo, que se corresponden con las conocidas "cláusulas exorbitantes" las cuales, en definitiva, no son tales, sino poderes atribuidos por las leyes al ente público contratante. Solo serían tales, si en ausencia de previsiones legales, las mismas efectivamente se consagran expresamente en las cláusulas de los contratos.

En efecto, en relación con las llamadas "cláusulas exorbitantes de derecho común" estudiadas desde siempre como una característica de los "contratos administrativos," otorgando podres o prerrogativas extraordinarias al ente público contratante, lo fundamental que debe observarse es que las mismas o están previstas en el texto del contrato o están establecidas en las leyes. Y ello, pues los poderes o prerrogativas públicas conforme al principio de legalidad siempre tienen que tener una fuente legal, de manera que no hay competencia pública que pueda ejercerse por un ente público sin una ley atributiva de la misma. Solo en ese caso es que las mencionadas cláusulas se han considerado como inherentes o implícitas en los "contratos administrativos," no siendo necesario que estén repetidas o incorporadas en las cláusulas contractuales.

De allí la inutilidad de tratar de acudir al concepto de "contrato administrativo" para tratar de justificar la existencia de cláusulas exorbitantes, cuando ellas tienen, en todo caso, que tener su origen en disposiciones legales. Por ello es que, además, hemos considerado que la distinción entre "contratos administrativos" y "contratos de derecho privado de la Administración" a los efectos de tratar de justificar la existencia de cláusulas exorbitantes es inútil, ya que los poderes extraordinarios (*cláusulas exorbitantes*) establecidos en las leyes, pueden siempre ejercerse por la Administración contratante, independientemente del objeto del contrato y del contenido de sus cláusulas, cuando el interés público lo requiera, precisamente por estar previstas expresamente en una Ley.

Lo cierto entonces es que las "cláusulas exorbitantes" no son de la esencia de los contratos públicos, pues los mismos, de acuerdo con su objeto, pueden tener un régimen preponderante de derecho privado e, incluso, llegar a estar básicamente sometidos en cuanto a su ejecución, a una ley extranjera, y por ello no dejan de ser contratos públicos, para cuya formación y consentimiento tiene que haber regido el derecho público.

En definitiva, como principio general, en todos los contratos, sean contratos público o contratos privados, las relaciones entre las partes contratantes se rigen, en primer lugar, por lo que se dispone en sus propias cláusulas del contrato, las cuales constituyen la "ley entre ellas" conforme lo disponen los Códigos Civiles; y en segundo lugar, por las normas del Código Civil y de las otras leyes que le fueren aplicables al objeto del mismo o a las partes en el contrato, las cuales en principio tienen carácter supletorio en el sentido que sus normas rigen aquellas materias no reguladas expresamente por las partes en el texto contractual, salvo por supuesto que se trate de normas de orden público.

En el caso de un contratos públicos con régimen preponderantemente de derecho privado, como pueden ser los contratos comerciales celebrados por ejemplo entre una empresa del Estado y una empresa privada, rigen estos mismos principios, de manera que son sus cláusulas la ley del contrato, resultándole aplicable al mismo, además, por tratarse de un contrato público, las disposiciones de orden público y, además, las normas de las leyes especiales que puedan resultarles aplicables, como régimen que en principio es supletorio.

Esto significa que las partes en los contratos públicos, y salvo las cláusulas obligatorias constitucional o legalmente establecidas y las previsiones de leyes específicas que regulen materias de orden público, como las que hemos mencionado contenidas en poderes otorgados a los entes públicos y en obligaciones impuestas a los mismos en las leyes, las partes en principio tienen completa libertad para establecer el contenido de sus obligaciones y relaciones contractuales en las cláusulas que estimen conveniente a sus intereses particulares de parte contractual.

Además, de acuerdo con las mismas previsiones que están en los Códigos Civiles, las obligaciones contenidas en los contratos deben cumplirse precisamente como se han contraído; y los contratos deben cumplirse de buena fe, estando las partes obligadas no sólo a cumplir con lo expresamente establecido en el contrato, sino con todas las consecuencias que resulten de los mismos, de acuerdo con la equidad, el uso y la ley. Por lo que se refiere a las demás regulaciones generales o específicas de los Códigos Civiles o de otras leyes aplicables, las mismas, como se dijo, son en principio de aplicación supletoria a la voluntad de las partes y sólo se aplican en ausencia o insuficiencia de las previsiones adoptadas por ellas en el contrato, con excepción, se insiste, de las previsiones de orden público que son de obligatoria aplicación, y que no se pueden modificar por convenios entre ellas, y que al sancionarse son incluso de aplicación inmediata a los contratos existentes. El concepto de orden público se aplica a cualquier tipo de contrato, público o privado, siendo ese el límite general fundamental a la voluntad entre las partes en las relaciones contractuales, al disponerse que el mutuo acuerdo entre ellas no puede alterar las regulaciones legalmente consideradas que sean de orden público. Ello implica que, incluso, previsiones de orden público que se dicten en leyes que entren en vigencia con posterioridad a la firma de un contrato, también le son aplicables, dejando a salvo lo que proceda en esos casos, como derecho del contratista a ser indemnizado por la afectación a derechos adquiridos y la ruptura del equilibrio económico del contrato.

Este concepto de orden público, por tanto, como excepción a la autonomía de la voluntad, es de interpretación estricta y se refiere a situaciones en las cuales la aplicación de una disposición legal *concierne al orden legal general e indispensable para la existencia de la propia comunidad*, el cual no puede ser relajado por la voluntad de las partes, concepto que por supuesto, no se aplica en los asuntos que sólo conciernen a las partes en una relación o controversia contractual. Por tanto, una norma de orden público no es cualquier disposición legal, sino solo aquellas que conforman la estructura básica de la sociedad, como por ejemplo, como se ha dicho, las que establecen *competencias o atribuciones de los entes y órganos del Estado, entre ellas las competencias de los jueces y de la Administración y sus entes, aquellas que conciernen, por ejemplo, a los poderes tributarios de las entidades públicas, debido proceso de garantías legales o las que se refieren a la inalienabilidad de bienes del Estado, como son los del dominio público*, ninguna de las cuales puede relajarse por convenios entre particulares. Específicamente en relación con los contratos públicos, disposiciones de orden público serían las relativas a los procesos de adjudicación de contratos o selección de contratistas o las que contienen asignación de competencias a los órganos y entes públicos para el ejercicio de competencias o prerrogativas del poder público, como las que regulas la potestad de modificar unilateralmente ciertas cláusulas contractuales o las de rescindir unilateralmente los contratos por causas no imputables al contratista, y las que le imposición obligaciones a dichos entes contratantes, como por ejemplo, la de indemnizar al contratista por la ruptura del equilibro económico del contrato que cause el ejercicio de tales prerrogativas.

Ahora bien, aplicando estos conceptos al ámbito de los contratos públicos, los mismos entonces se rigen fundamentalmente por lo acordado por las partes en sus cláusulas, siéndoles aplicable las normas de los Códigos Civiles y de las demás leyes relativas a los contratos públicos o que rigen por ejemplo determinados sectores de actividad, en forma supletoria, salvo que contengan disposiciones de orden público en cuyo caso las mismas son de aplicación obligatoria en los contratos, sin que las partes puedan relajarlas mediante convención.

Y hasta aquí llegamos. Solo es una reflexión general que me ha motivado el rico conjunto de trabajos que integran este volumen, y que si bien muestran un panorama sin duda bien distinto a aquél que existía cuando la teoría general del contrato administrativo se comenzaba a consolidar hace ya tantos años, no por ello han desaparecido los principios básicos de la contratación, comunes al derecho público y al derecho privado que continúan aplicándose.

Nueva York, junio de 2020

INTRODUCCIÓN UN (PEQUEÑO) EJERCICIO COMPARATISTA SOBRE LOS CONTRATOS ADMINISTRATIVOS

Luis José BÉJAR RIVERA[*]-[**]

INTRODUCCIÓN

El derecho comparado se muestra como una necesidad para la práctica cotidiana, más allá de ser una asignatura específica para enseñarlo como ciencia, también se convierte en un instrumento necesario y de acompañamiento en el resto de las disciplinas como técnica. Este acercamiento es ha sido explorado ampliamente por las universidades canadienses, especialmente con el desarrollo de la *Transistemia* de la Universidad McGill[1].

En este tenor y trasladado al derecho administrativo, los ejercicios comparatistas, especialmente tratándose de sistemas jurídicos distintos no son muy frecuentes y especialmente en materia de contratos administrativos, más allá de las diferencias terminológicas que al día de hoy encontramos aún en sistemas similares, como son el español, mexicano, colombiano y argentino, por poner algunos ejemplos, sigue siendo un ejercicio complejo. En palabras de Janina Boughey:

---

* Licenciado en Derecho por el ITESO. Maestro en Ciencias Jurídicas y Doctor en Derecho por la Universidad Panamericana, Campus México. Miembro del Foro Iberoamericano de Derecho Administrativo. Miembro del Instituto Internacional de Derecho Administrativo. Miembro del Sistema Nacional de Investigadores del CONACYT. Profesor Investigador de la Universidad Panamericana, Campus México. Visiting Research Fellow de la Faculta de Derecho de la Universidad de Montreal.

** Salvo que se especifique lo contrario, todas las traducciones del inglés o francés pertenecen al autor de este trabajo.

1 Sobre este particular *Cfr.* Peter L. Strauss, "Transsystemia –Are We approaching a New Landgellian Moment? Is McGill Leading the Way?" en, *JLE,* Vol. 56, No. 2 (Junio, 2006), pp. 161-171.

"Existen [...] inconsistencias entre jurisdiccionales relativas a la cuestión de si el derecho administrativo afecta también a los contratos del gobierno. [...] La mayoría de las jurisdicciones del common law tratan a los contratos celebrados por el gobierno de la misma forma que los contratos privados, atendiéndolos con los principios propios del derecho contractual. En contraste, en varias jurisdiccionales de civil law, incluyendo la francesa y la española, muchos de los contratos celebrados por los organismos públicos se distinguen de los contratos celebrados entre particulares, y son sujetos de la jurisdicción administrativa, bajo las reglas del derecho administrativo. Sin embargo, otras tradiciones civilistas, como la Holandesa y, hasta hace poco tiempo, la Alemana, teóricamente tratan a los contratos celebrados por el gobierno como contratos de derecho privado, pero metidos a reglas especiales sobre ciertas categorías de contratos. Auby argumenta que la forma en que cada sistema legal define los límites entre el derecho contractual y el derecho administrativo 'está directamente relacionado al modo en que el sistema asume la división entre derecho público y derecho privado'."[2]

Se considera importante advertir al lector que más allá de las diferencias terminológicas, sean contrato público, contrato administrativo o contrato del Estado, siendo las denominaciones utilizadas por los sistemas iberoamericano, o bien, *public contract, administrative contract* (para el common law) o *contract administratif* o *contract publique* (para los sistemas francófonos), para los efectos de este trabajo el tratamiento que le daremos será el de sinónimos, insistimos, sin dejar de reconocer que este punto ha sido objeto de discusiones por algunos de los tratadistas.

Por tanto, para el desarrollo de este trabajo iniciaremos por establecer el método que, a nuestro juicio, resulta adecuado para hacer el ejercicio comparatista. Posteriormente, haremos un breve análisis de los elementos que serían el objeto de la comparación en esta institución jurídica, con el fin de identificar sus puntos de convergencia, así como también detectar sus diferencias, pero en todo caso, encontraremos que, aún a pesar de sus diferencias en cuanto a la terminología o bien, en cuanto a su fundamentación legal, la institución jurídica de los contratos administrativos tiene las misma finalidad, es decir, garantizar el correcto uso de los recursos públicos para el desarrollo de la infraestructura necesaria para la satisfacción del interés general.

No queremos dejar pasar la oportunidad para agradecer a los catedráticos Jaime Rodríguez-Arana Muñoz y José Antonio Moreno Molina, por esta iniciativa de hacer una publicación sobre los contratos administrativos desde una perspectiva comparada, pues tal y como lo manifestamos en líneas precedentes, hoy más que nunca es fundamental contar con trabajos e información que nos permita conocer el derecho del otro.

En palabras de Hessel E. Yntema:

"Sin duda, no hay mayor servicio que el derecho comparado pueda ofrecer hoy en día que inspirar el avance científico de la instrucción profesional en los diversos sistemas legales, no solo resulta más adecuado para promover el entendi-

[2] Janina Boughey, "Administrative Law: The next frontier for comparative law", en *ICLQ,* No. 62 (1), Cambridge, 2013, pp. 69-70.

miento mutuo entre sus defensores, pero por encima de cualquier otra cosa, inculcar en la profesión la devoción a las ideas fundamentales de justicia, progresivamente refinadas en el espíritu del humanismo, mediante la ciencia del derecho comparado."[3]

I. EL EJERCICIO COMPARATISTA

Tal y como se señaló en líneas precedentes, hoy en día el derecho comparado ha cobrado una mayor relevancia ya que resulta indispensable conocer (con cierto grado de profundidad) el derecho el otro. En el caso de Europa, gracias a sus tendencias unificadoras, pero más allá de eso, el fenómeno globalizador nos impone esta nueva realidad. En palabras de Anne Peter y Heiner Schwenke:

> "[...] *Lo que la transición de los países post-socialistas y la unificación de Europa ha afectado regionalmente, la globalización lo ha logrado a una escala global: se crean deseos de armonización y, como prerrequisito, comparación legal. De cualquier modo, la función comparatista es necesaria, pero también su potencial crítico. En el proceso de globalización, distintos sistemas legales y culturas diferentes son confrontadas entre sí y deben interactuar* [...]"[4]

Complementando lo anterior, Zweigert y Kötz afirman que el derecho comparado tiene la vocación de familiarizar diferentes sistemas legales del mundo a través de su contrastación y por tanto, incrementar el conocimiento jurídico general.[5]

Tal y como señala Gloria M. Morán, el derecho comparado tiene una doble perspectiva, siendo la primera de ellas, conceptual y científica en cuanto a su contenido como ciencia y la segunda (la que nos interesa para efectos de este trabajo), la proyección del método del derecho comparado de la investigación jurídica en cuestiones de normas o instituciones concretas[6].

En nuestro caso, tendemos hacia un ejercicio microcomparativo[7] de la institución de los contratos administrativos, ya que nos estamos dirigiendo a una cuestión específica dentro de varios sistemas legales.

---

3 Hessel E. Yntema. "Comparative Law and Humanism", en *The American Journal of Comparative Law (AJCL),* Vol. 7, No. 4 (Otoño de 1958), p. 499.

4 Anne Peters & Heiner Schwenke, "Comparative law beyond post-modernism", en *ICLQ,* Vol. 49, No. 4 (Octubre, 2000), p. 800.

5 *Cfr.* Konrad Zweigert & Heinz Kötz, *An introduction to Comparative Law,* 3ª ed., Oxford University Press, Oxford, 2011, pp. 2 y ss.

6 *Cfr.* Gloria M. Morán,. "El derecho comparado como disciplina jurídica: La importancia de la investigación y la docencia del derecho comparado y la utilidad del método comparado en el ámbito jurídico", en *Anuario da Facultades de Dereito,* No. 6 (2002), Universiade A Coruña, La Coruña, pp. 18 y ss.

7 Kamba señala que el ejercicio comparatista se puede realizar a nivel macrocomparativo (dos o más sistemas legales en su totalidad) o microcomparativo (aspectos o tópicos de dos o más sistemas legales). Al respecto, *Cfr.* Walter J. Kamba, *Op. Cit.*, pp. 505 y 506.

Es importante señalar también que aun cuando el objeto de este trabajo es un ejercicio microcomparatista sobre los contratos administrativos, la realidad es que tratándose de sistemas legales distintos, como sería el caso de un modelo de *common law* y otro de modelo civilista, aun cuando estamos en principio hablando de la misma institución jurídica, debemos admitir que más bien estaríamos trabajando con su equivalente funcional, insistimos, aun cuando en este caso concreto nos referimos a los contratos administrativos, existen variables suficientes como para entenderlos más bien como equivalentes funcionales.

Aun cuando esta posición respecto del ejercicio comparatista se identifica principalmente con el método funcionalista, y claramente no es el único dentro del derecho comparado[8]; sin embargo, nos hemos decantado por éste, en virtud de que:

> "*El comparatista deberá estudiar, no solamente las instituciones jurídicas como tales, más bien y sobre todo el papel y los objetivos que dichas instituciones persiguen dentro de su sistema jurídico.*"[9]

Una última advertencia que debemos indicar para el lector. Aun cuando en términos generales el ejercicio comparatista debe realizar de forma balanceada, imparcial y buscando no privilegiar a ninguno de los sistemas objeto de la comparación, la realidad es que una realidad invariable es que el comparatista está formado dentro de un sistema jurídico específico y por ello, tiene una serie de preconcepciones surgidas del sistema en el cual fue formado, de tal forma, que nosotros reconocemos los límites y alcances que pudiera tener el trabajo a partir de nuestra formación en el derecho mexicano.

Claramente, nuestra intención no es demostrar de ninguna forma la superioridad de un sistema sobre otro, sino más bien encontrar esos puntos de similitud y divergencia de la institución jurídica de los contratos administrativos y es por ello que acudimos al método funcional, aunque por razones de extensión y alcances de este trabajo, de ninguna forma pretendemos que se trate de un tema agotado, si acaso, servirá para brindar al lector una visión panorámica de los expuesto por el resto de los autores que participan en esta iniciativa.

II. LOS CONTRATOS ADMINISTRATIVOS EN PERSPECTIVA COMPARADA

Ahora bien, con el fin de hacer el ejercicio comparatista que nos hemos propuesto sobre los contratos administrativos, es necesario establecer los elementos que serán objeto de análisis, los cuales, insistimos serán de forma general debido a la amplitud del tema.

---

8 Tal y como lo ha destacado la profesora Ensin Örücü, muchos y variados son los problemas al respecto, pero los diversos métodos de aproximación no hacen más que enriquecer las posibilidades de investigación. *Cfr.* Ensin Örücü, "Methodology of comparative Law" en *Elgar Encyclopedia of Comparative Law* (Smiths, Jan M. (Ed.)), Edward Elgar, Cheltenham, 2006, p. 446.

9 Béatrice Jaluzot, "Methodologie de droit comparé: bilan et prospective", en *Revue International de droit comparé (RIDC),* Vol. 57, No. 1, 2005, p. 39.

1. *Normatividad*

Una primera forma de aproximarse para hacer una comparación es a partir de los cuerpos normativos donde se encuentren regulados los contratos administrativos, lo cual presenta diversas variables, ya que no en todos los casos se trata de una norma unificada, e incluso, como el caso de Canadá, donde hay una regulación especial para el caso de la Provincia de Quebec (Código Civil de Quebec y Ley de contratos de los organismos públicos) y otra diversa para el resto del país (Regulaciones en relación a los contratos del gobierno), o bien, el caso de Costa Rica, donde los contratos administrativos se encuentran regulados por un solo cuerpo normativo (Ley de Contratación Administrativa) y otros más que tienen una ley especial para regular su contratación pública (Nicaragua, El Salvador, Panamá y Paraguay, por señalar algunos), así como el caso de los códigos unificados como serían Francia y Portugal; el caso mexicano, donde no se trata de un solo cuerpo normativo, sino que corresponde a varias leyes, tanto federales (Ley de Obras Públicas y Servicios Relacionados con las Mismas, Ley de Adquisiciones, Arrendamientos y Servicios del Sector Público, Ley de Asociaciones Público Privadas) como estatales donde se regulan los contratos públicos.

También encontramos peculiar el caso de Uruguay, donde las contrataciones están reguladas por una norma financiera (Texto ordenado de Contabilidad y Administración Financiera), o el caso de Puerto Rico, que simplemente habla de documentos uniformes para la contratación, atendiendo a su inclinación hacia el *common law* en virtud de su adhesión a los Estados Unidos.

Aunque cada país, acorde a su desarrollo histórico y tradición jurídica ha desarrollado sus distintos cuerpos normativos, códigos y leyes para regular a la contratación pública, y en cuanto a sus estilos y usos existen notorias diferencias, podemos encontrar como punto de convergencia que en prácticamente todos existe una norma expresa para la regulación de esta institución jurídica.

Bajo esta perspectiva, bien podríamos caer en la tentación de quedarnos como parte del ejercicio, tanto en la nomenclatura de la legislación y la forma en que están regulados por cada país respectivamente los contratos públicos, sin embargo, tal y como se señaló en líneas precedentes, está claro que prácticamente todos los países cuentan con algún tipo de legislación o norma expresa que regule a esta institución, y aunque en la mayoría de los casos, se considera como norma de derecho público, existen algunas excepciones como el caso de la provincia de Quebec, en Canadá, donde su Código Civil expresamente señala que los contratos administrativos, también se rigen por éste[10] (aunque se tiene una legislación expresa para regular la adjudicación de los contratos).

No obstante, aunque es un buen punto de partida, la comparación no puede (debe) hacerse a partir de la letra de la ley, pues de lo contrario no nos llevaría a ningún lado (en primer lugar, debido a las preconcepciones que el comparatista tenga en virtud del sistema jurídico que aprendió durante su formación), sino que

10 *Cfr*. Art. 1376 del Código Civil de Quebec.

más bien se debe tener en cuenta la forma en que las instituciones operan en un contexto determinado. Es decir, el ejercicio comparativo debe estar muy por encima de la simple comparación de normas[11].

2. *Formas de adjudicación*

En otro orden de ideas, otro punto de comparación lo podemos desarrollar a partir de las formas de adjudicación de los contratos, en cuyo caso, podemos distinguir tres mecanismos (admitiendo algunas variantes terminológicas, por supuesto): a) Licitación Pública, b) licitación cerrada o invitación y, c) Adjudicación directa.

Tratándose de la licitación pública o abierta, la cual entendemos como el : *"[...] procedimiento administrativo por el cual la administración pública elige como cocontratante a la persona, física o jurídica, que le ofrece las condiciones más convenientes para el Estado [...]"*[12]; se puede afirmar, sin temor a equivocarnos que todos los sistemas legales tienen regulado este mecanismo de adjudicación, y al respecto se puede señalar que:

> *"El procedimiento de licitación pública tiene diversos objetivos, entre ellos destacan los siguientes:*
>
> *1. Permite a la administración pública financiar a las obras públicas al mejor precio posible, por medio de la competencia y eliminando colusiones y esquemas que produzcan patrocinio y otras colusiones.*
>
> *2. Permite a toda persona competente hacer negocios con el gobierno y los organismos dependientes.*
>
> *3. Establecer un régimen de equidad en el procedimiento de concesión de los contratos en la búsqueda de favorecer la igualdad de oportunidades, de la importancia de adoptar reglas comunes aplicables por igual a todos los interesados."*[13]

Es decir, en pocas palabras, en todos los sistemas legales se reconoce la necesidad de contar la licitación pública, abierta o incluso, aún con las implicaciones semánticas que pudiese tener, se utiliza la expresión concurso[14], para referirse al procedimiento de libre competencia y concurrencia entre los posibles contratantes del Estado, y con ello, el Estado se asegura recibir el contrato con las mejores condiciones posibles (precio, costo-beneficio, calidad y confiabilidad del contra-

---

11 *Cfr.* Mathias Reimann, "Comparative Legal Families and Comparative Legal Traditions", en *The Oxford Handbook of Comparative Law* (Reimann, Mathias & Zimmermann, Reinhard (Eds.)), New York, 2006, pp. 679 y 680.

12 José Pedro López-Elías, *Aspectos jurídicos de la licitación pública en México,* IIJ-UNAM, México, 1999, p. 53.

13 *Spécialistes en combustion S. D. (1976) lée c. Centre hospitalier Robert-Giffard,* 1999, CanLII 11432 (QC CS).

14 Esto sucede, por ejemplo, en el caso del derecho mexicano con la Ley de Asociaciones Público-Privadas, que señala que para adjudicar una APP se recurrirá a concurso. *Cfr.* Art. 38 de la LAPP.

tista), así como ser un agente económico con el fin de incentivar el mercado con los particulares.

Un dato interesante resulta que respecto de la contratación pública, en los modelos de contratación de los sistemas anglosajones, más allá del Estado como agente económico (tal y como ocurre en los sistemas latinoamericanos), se presenta el fenómeno denominado *government by contract,* generando, al menor para ellos, una nueva forma de entender el diseño, control y ejecución de las políticas públicas, de tal forma que el contrato administrativo ha remplazada a la figura tradicional de la Administración para acercarla al modelo privado.[15]

Por otra parte, en relación a la invitación o licitación cerrada, en términos generales está también regulada por los todos los sistemas jurídicos, tomando en consideración condiciones especiales, ya sea por tratarse de cierto tipo de servicios u obras, o bien, por ser tan específicos que la Administración, de antemano tiene la certeza de contar con pocas opciones para contratar y es por ello que autoriza recurrir a la invitación o licitación cerrada. En la mayoría de los casos, este mecanismo opera cuando la licitación abierta ha fracasado.

Por último, los contratos de adjudicación directa, *mutual agreement*, *gré à gré* o grado a grado, cualquiera que sea su denominación, se refiere evidentemente a aquellos casos donde la Administración no está obligada a agotar los mecanismos licitatorios, ya sea porque fracasaron o bien, por cuestiones de seguridad nacional, protección de información e incluso, tratándose de búsqueda de un talento, oficio o profesión en particular, la legislación no la obliga a licitar, y en esto, todos los sistemas concluyen que tratándose de este tipo cuestiones, o bien, situaciones de emergencia o urgencia, el contrato se deberá celebrar sin necesidad de agotar el procedimiento licitatorio, e incluso se puede ir más allá, según las condiciones del caso concreto, es decir, que la formalización del contrato se de *a posteri*, no obstante, la obligación está claramente determinada a partir de los comunicados entre las partes.

3. *Tipos de contratos administrativos*

Al igual que las formas de adjudicación, en términos generales podemos señalar que existen una serie de contratos administrativos que podríamos denominar como típicos, es decir, que se encuentran con una nomenclatura expresa en la norma y en que en mayor o menor medida, el significado de su nomenclatura resulta evidente para designar ese tipo de contrato, admitimos aunque se pueden considerar algunas variantes terminológicas, en general se puede entender fácilmente el significado de la tipicidad del contrato.

Por ejemplo, en México, se regulan normativamente los contratos de: a) adquisiciones, b) arrendamientos, c) servicios[16], d) obra pública[17] y, e) Asociación público-privada[18] y utilizaremos esto como punto de partida.

---

15 *Cfr*. Murray Hunt, "Constitutionalism and the contractualisation of Government in the United Kingdom", en *The province of Administrative Law* (Taggart, Michael (Ed.)), Hart Publishing, Oxford, 1997, p. 21.

16 Regulados por la Ley de Adquisiciones, Arrendamientos y Servicios del Sector Público.

Todos los sistemas legales que regulan expresamente a los contratos administrativos tienen claramente definido el contrato de obra pública[19]. Bien se podría afirmar que se trata del contrato administrativo por excelencia.

El otro contrato considerado típico de prácticamente todos los sistemas jurídicos se refiere al contrato de suministro, definido como *"[...] el que celebra la Administración Pública con algún particular a efecto de que éste le proporcione, de una forma continua, ciertos bienes o servicios que el ente administrativo requiere para sus tareas [...]"*[20]. Este tipo de contrato está regulado prácticamente por todas las legislaciones, aun cuando por ejemplo en México, no está tipificado como tal y más bien se trata de una variante del contrato de adquisiciones con un contrato marco[21].

El último de los contratos que podemos señalar como típico, es el contrato de asociación público-privada, el cual tiene su origen en el derecho británico con las PFIs y fue adoptado por prácticamente todos los países como una forma de colaboración entre los particulares y la Administración Pública, más que en una relación de contratación de supra a subordinación, como un modelo de "sociedad" entre el particular y la Administración.

Por otra parte, los contratos de arrendamiento, podemos afirmar que en prácticamente todos los sistemas jurídicos (excepto el mexicano) se entienden como contratos privados de la Administración, celebrados al tenor de los Códigos Civiles, sin embargo, el caso mexicano, el contrato de "arrendamiento" fue *publicitado*, con el fin de salvaguardar los intereses públicos y someterlo también los procedimientos de control y regulación propios del derecho público.

Lo mismo valdría decir para los llamados contratos de servicios, los cuales en términos generales los debemos de interpretar a la luz del derecho privado de cada Estado, por tanto, podemos afirmar que el derecho administrativo no se ocupa de su estudio.

---

17 Regulado por la Ley de Obras Públicas y Servicios Relacionados con las Mismas.

18 Regulado por la Ley de Asociaciones Público-Privadas.

19 Para Ramón Parada se refiere al contrato: *"[...] celebrado entre la Administración y un empresario, cuyo objeto sea la construcción de bienes que tengan naturaleza de inmueble, la realización de trabajos que modifiquen la forma o la sustancia del terreno o del subsuelo, la reforma, reparación, conservación o demolición de los objetos anteriores."* Ramón Parada, *Derecho Administrativo I. Parte General* (13ª ed.), Marcial Pons, Madrid, 2002, p. 339.

20 Rafael I. Martínez Morales, *Derecho administrativo, primer y segundo curso*, 4ª ed., Oxford University Press, México, 2005, pp. 114 y 115.

21 El contrato marco en el derecho mexicano funciona como un contrato de adhesión y de preautorización para las adquisiciones de la Administración Pública sin necesidad de someterse a un procedimiento licitatorio en cada adquisición, y simplemente el contratista queda como un proveedor de la Administración. *Cfr.* Art. 17 de la Ley de Adquisiciones, Arrendamientos y Servicios del Sector Público.

4. *Reglas generales de los contratos*

A. *Competencia*

Brevemente podemos señalar que la Administración Pública, no requiere de personalidad jurídica para celebrar un contrato, tal y como ocurre en el derecho privado entre las partes contratantes, sino que la Administración deberá contar con la competencia suficiente para celebrarlos, como un presupuesto para la validez del contrato.

En palabras de Delgadillo Gutiérrez y Lucero Espinosa:

> "*El órgano administrativo debe ser competente para la celebración del contrato, toda vez que si no lo fuera existiría un vicio que lo tornaría nulo. Al actuar de acuerdo con su competencia y en ejercicio de la función administrativa deberá sujetarse a las disposiciones legales respecto de sus facultades* [...]"[22]

En los sistemas civilistas, la competencia siempre tendrá que ser expresa. Así, sean las Leyes Orgánicas de las Administraciones Públicas, las leyes de contratación pública o bien, las leyes especiales, las que definirán la competencia de las autoridades para celebrar el contrato, pero siempre deberá ser expresa.

Por el contrario, en los sistemas del *common law*, la competencia para celebrar el contrato bien puede ser expresa (lo cual es poco frecuente) y más bien se trata de una competencia implícita, es decir, si es razonable que la autoridad celebre un contrato necesario para el cumplimiento de sus fines, entonces podemos inferir que es competente para hacerlo. En el derecho británico (y en gran medida, en el resto de los países del *Common Wealth*), opera en virtud de la jurisprudencia *Carltona*[23].

B. *Fiscalización*

A guisa de inicio de este punto, podemos afirmar que prácticamente todos los países han firmado y ratificado la Convención de la Organización de las Naciones Unidas contra la Corrupción, de cuyo texto se desprende:

> "*Artículo 9. Contratación Pública y gestión de la hacienda pública*
>
> *1. Cada Estado Parte, de conformidad con los principios fundamentales de su ordenamiento jurídico, adoptará las medidas necesarias para establecer sistemas apropiados de contratación pública, basados en la transparencia, la competencia y criterios objetivos de adopción de decisiones, que sean eficaces, entre otras cosas, para prevenir la corrupción. Esos sistemas, en cuya aplicación se podrán tener en cuenta valores mínimos apropiados, deberán abordar, entre otras cosas:*
>
> *a) La difusión pública de información relativa a procedimientos de contratación pública y contratos, incluida información sobre licitaciones e información permi-*

---

22 Luis Humberto Delgadillo Gutiérrez y Manuel Lucero Espinosa, *Compendio de derecho administrativo. Primer curso* (3ª ed.), Porrúa, México, 1998, p. 318.

23 Sobre este particular, *Cfr. Carltona v. Commision of Works*, [1943] 2 A11 E. R. 560.

tente u oportuna sobre la adjudicación de contratos, a fin de que los licitadores potenciales dispongan de tiempo suficiente para preparar y presentar sus ofertas;

b) La formulación previa de las condiciones de participación, incluidos criterios de selección y adjudicación y reglas de licitación, así como de su publicación;

c) La aplicación de criterios objetivos y predeterminados para la adopción de decisiones sobre la contratación pública a fin de facilitar la ulterior verificación de la aplicación correcta de las reglas o procedimientos;

d) Un mecanismo eficaz de examen interno, incluido un sistema eficaz de aplicación, para garantizar recursos y soluciones legales en el caso de que no se respeten las reglas o los procedimientos establecidos conforme al presente párrafo;

e) Cuando proceda, la adopción de medidas para reglamentar las cuestiones relativas al personal encargado de la contratación pública, en particular declaraciones de interés respecto de determinadas contrataciones públicas, procedimiento de preselección y requisitos de capacitación."[24]

Sin duda la fiscalización de los contratos administrativos es uno de los temas medulares, no solo por el aspecto del combate a la corrupción, tema de relevancia mundial, sino que más allá de eso, desde una perspectiva del correcto uso de los dineros públicos, es decir, los recursos utilizados para cubrir los montos de los contratos administrativos surgen del erario público y la Administración es el guardián de esa riqueza, cuya titularidad reside en la sociedad, por tanto, es responsabilidad de ésta, vigilar y fiscalizar el correcto uso y aplicación de los recursos financieros.

En este tenor, prácticamente todas las legislaciones que regulan a los contratos administrativos contienen disposiciones expresas respecto de la forma, períodos y rubros objeto de una fiscalización, en principio como una forma de verificar el correcto cumplimiento del contrato.

Adicionalmente, otros países, como el caso de Uruguay o México, cuentan con legislación que regula a las finanzas del Estado e incluye las formas de fiscalización de los recursos financieros aplicados a la contratación.

Otras más, y un fenómeno relativamente reciente, la promulgación de normatividad relativa al combate a la corrupción, siguiendo el modelo de convención de las Naciones Unidas y otros estándares internacionales.

De la mano de la fiscalización por supuesto que encontramos la facultad de las autoridades administrativas para sancionar los incumplimientos, los cuales, los podemos sintetizar a partir del derecho francés, como: a) sanción pecuniaria, b) interrupción del contrato por culpa del contratista y, c) rescisión del contrato[25].

---

24 Organización de las Naciones Unidas, Resolución 58/4, 31 de octubre de 2003, Convención de las Naciones Unidas contra la Corrupción.

25 *Cfr.* Jacqueline Morand-Devillier, *Droit administratif,* 12ª ed., Montchrestien lextenso éditions, Paris, 2011, p. 406.

C. *Mutabilidad de los contratos*

En términos generales, podemos hablar de que existen cuatro formas de modificación de los contratos administrativos: a) por mutuo consentimiento, b) por situaciones supervenientes, c) por intervención directa de legislador y, d) modificación unilateral del contrato por parte de la Administración.

La primera de las formas se refiere al mutuo consentimiento, es decir, por acuerdo de las partes, y que podemos decir que forma parte de la naturaleza de los contratos. No obstante, no se debe perder de vista que mientras que en los contratos de derecho privado se rigen por la autonomía de la voluntad y por tanto, el contrato como tal se convierte en *lex inter partes*, en los contratos administrativos propios de los sistemas que siguen al derecho francés, no los podemos entender en esos términos, sino que la voluntad, por lo menos de la administración, está sometida a plenitud a la ley, y por tal razón, la modificación del contrato, deberá estar autorizada expresamente por la ley que lo regule y dentro de un marco de razonabilidad, con el fin de no agotar la obligación principal contraída.

El segundo supuesto, relativo a la fuerza mayor o causa superveniente no imputable a ninguna de las partes, de tal forma, que la legislación normalmente contempla la posibilidad de suspender la ejecución del contrato y en todo caso, se cubrirán los montos correspondientes a los trabajos ya realizados, los bienes efectivamente entregados o los servicios ya prestados[26].

Ahora bien, la modificación del contrato por intervención del legislador, se debe partir de lo siguiente: es poco probable que el legislador realice algún tipo de modificación a la ley y que esto llegue a impactar directamente a la ejecución de un contrato[27]; sin embargo, es razonable estar abiertos a esta posibilidad, así que dependiendo de la situación concreta que se presente, el contratista podría llegar a recurrir a la indemnización en determinado momento o que la Administración se vea en la necesidad de hacer alguna modificación en relación a la ejecución del contrato. Esta posición resulta más que válida para ambos sistemas jurídicos.

Por último, prácticamente toda la doctrina iberoamericana contempla la posibilidad de la modificación unilateral del contrato administrativo, principalmente encontrando su origen en el derecho francés. En palabras de Martine Lombard & Gilles Dumont:

> "*El poder de modificación unilateral de los contratos está reconocido desde hace mucho tiempo por la jurisprudencia. El Consejo de Estado ha admitido, desde 1910 que un prefecto podría modificar el servicio de una compañía de trenes, ya establecido en el contrato (CE 21 de marzo de 1910, Compagnié générale française des tramways, GAJA nº 21), ya que cuenta con el poder suficiente y necesario para determinar dichas modificaciones y adiciones con el fin de asegurarse de que, protegiendo al interés público, el servicio funcionará de forma normal* [...]"[28]

---

26 A guisa de ejemplo, *Cfr.* Arts. 55 BIS LAASSP, 45 BIS LOPSRM y 1470 del Código Civil de Quebec (CCQ).

27 Se suelen incluir disposiciones transitorias para salvar la ejecución de las obras, la prestación de los servicios o las adquisiciones derivadas.

28 Martine Lombard & Gilles Dumont, *Droit administratif* (8ª ed.), Dalloz, París, 2009, p. 286.

Curiosas excepciones resultan México, donde expresamente está prohibida la modificación unilateral del contrato (aunque ciertas modificaciones sin alterar el objeto principal se pueden presentar, pero siempre en convenio con la parte contratante) y el caso de Canadá, donde su jurisprudencia ha determinado que no resulta aplicable la teoría de la imprevisión[29], máxime que en términos de su propia regulación se interpreta que la obligación pactada resulta inmutable y en todo caso es preferible rescindir el contrato e indemnizar[30].

5. *Rescisión del contrato administrativo*

Entendiendo la rescisión como: "[...] privación de efectos de un negocio jurídico por sí mismo válido para lo futuro, por medio de una declaración de voluntad [...]"[31]

Siguiendo a la profesora emérita de la Universidad de París I (Panthéon-Sorbonne), Jacqueline Morand-Deviller, la rescisión puede presentarse de tres formas: a) Rescisión como sanción, b) Rescisión por causa del interés general y, c) Rescisión por inejecución no infractora[32].

Estas tres causales de rescisión contractual está reguladas prácticamente por todas las legislaciones, es decir, la rescisión se puede dar como sanción (la forma más común), por inejecución, que de alguna manera podríamos decir, es un derivado de la anterior y, finalmente, por una causa de interés general, es decir, en razón de oportunidad.

Es importante señalar que este tipo de medidas, además de estar contenidas dentro del clausulado del contrato, también, por un principio de reserva de Ley, deberán estar expresamente señaladas por la norma de la cual deriva el contrato.

6. *Jurisdicción competente y arbitrabilidad*

A. *Arbitrabilidad*

En primer lugar, habremos de referirnos a la arbitrabilidad de los contratos administrativos y en este tenor, se puede afirmar categóricamente que todos sistemas jurídicos admiten que los contratos del Estado sean susceptibles de arbitraje.

---

[29] *Cfr*. Walsh & Brais Inc. c. Montréal (Communauté urbaine), 2001 CanLII 20665 (QC CA).

[30] *Cfr*. Patrice Garant, *Droit administratif* (6ª ed.), Éditions Yvon Blais, Cowansville, 2010, pp. 434 y 435.

[31] AA. VV., *Enciclopedia Jurídica Mexicana, t. VI,* IIJ-UNAM/Porrúa, México: 2002, 255 p. ISBN 9789700746784

[32] *Cfr*. Jacqueline Morand-Deviller, *Op. Cit.,* 407-409 pp.

Es de destacar el caso del Perú, donde el arbitraje en estos casos se encuentra altamente desarrollado, gracias a su introducción en el sistema desde el año de 1993[33], por lo que han tenido muchos años para desarrollarlo.

Los modelos anglosajones de contratos administrativos, al no hacer una verdadera distinción respecto de los contratos privados, naturalmente están inclinados a recurrir al arbitraje (por demás de una cultura de poco litigio en el tema), pues tal y como lo señala Patrice Garant:

> "*La diferencia esencial que existe en nuestro derecho [Canadá] entre el contrato de empresa privada y el contrato administrativo no es una diferencia de una categoría jurídica fundamental.*"[34]

Otros países se han acercado de forma mucho más gradual al tema, ya sea por la adopción de los estándares establecidos por la OCDE o bien, porque un derecho supranacional así se los indica (como sería el caso de la Comunidad Europea). En todo caso, una realidad es que el arbitraje aplicado a los contratos públicos ya existe en prácticamente todos los Estados, regulado en ley o por vía de normas supranacionales y de hecho se ha presentado como una constante y necesaria posición con el fin de atraer más y mayores inversiones en infraestructura.

B. *Jurisdicción competente*

Cuando nos referimos a los conflictos en materia de contrataciones públicas, y podemos decir, agotados los medios internos a la Administración o bien, en caso de que no se recurra al arbitraje, será la justicia la responsable de dirimir las controversias entre el contratante y la Administración Pública.

Ahora bien, para abordar este tema, primero que nada, debemos distinguir entre los dos sistemas de justicia administrativa que rigen en el mundo.

Los sistemas dualistas, caracterizados por órdenes jurisdiccionales distintos de la justicia ordinaria, como sería el caso del sistema francés o el sistema mexicano, o bien, los sistemas de justicia monistas o de unidad de jurisdicción, donde será el mismo poder judicial o juez ordinario quien se encargue de conocer de estos conflictos[35].

La primer distinción la podemos encontrar con los sistemas monistas o judicialistas, correspondientes en términos generales a los sistemas de *common law*, donde el juez ordinario será quien conozca de los conflictos entre el contratista y la Administración. Así, encontramos que Estados Unidos, Reino Unido, Australia y Canadá por poner algunos ejemplos, en caso de llegar a una cuestión litigiosa en relación con un contrato administrativo, será el juez ordinario quien conocerá del asunto.

---

33 *Cfr*. Julio César Guzmán Galindo, "El arbitraje en el régimen de contrataciones del Estado y las recientes modificaciones normativas", en *Arbitraje PUCP,* No. 2 Pontificia Universidad Católica del Perú, 2002, Lima, pp. 117-128.

34 Patrice Garant, *Op. Cit.,* p. 349.

35 Sobre este particular, a mayor abundamiento, *Cfr*. Jacqueline Morand-Devillier, *Op. Cit.,* pp. 15 y ss.

Por otra parte, los modelos inspirados en el derecho francés, seguidores de un sistema de contencioso administrativo, basados en el recurso por exceso de poder ante el Consejo de Estado, se caracterizan por contar con una justicia administrativa claramente definida, y puede estar dentro o no del poder judicial.

Por ejemplo, el caso colombiano, donde se cuenta con un Consejo de Estado, dentro del cual está la Sala de lo Contencioso Administrativo, separada de los jueces ordinarios, pero que se considera parte del ramo judicial. El caso mexicano, donde el Tribunal Federal de Justicia Administrativa es considerado un órgano constitucional dotado de plena autonomía para dictar sus fallos, completamente independiente del poder judicial, pero cuyas resoluciones son revisables por el segundo, mediante la tramitación del juicio de amparo, es otra forma de entender esta dualidad jurisdiccional.

En muchos de los casos, será la jurisdicción contencioso-administrativa la que conocerá de la materia de contratación pública, tal sería el caso de El Salvador, México, Honduras, Paraguay o Portugal, por citar algunos ejemplos.

Sin embargo, existen también, jurisdicciones administrativas especializadas contractuales, como serían los casos de España, Panamá y Chile, donde se cuentan con tribunales administrativos expresamente constituidos para resolver los conflictos en esta materia.

Claramente podemos advertir que, con total independencia del modelo de justicia administrativa asumido por cada país, sea judicialista o dualista, está claro que en todos existen medios de defensa expresos para resolver los conflictos derivados de la contratación administrativa.

III. CONCLUSIONES

La necesidad de contar hoy en día con ejercicios comparatistas no hacen más que abonar a nuestra formación como juristas. El comparatista, al comparar, no solo conoce el derecho del otro, sino que además profundiza en propio al encontrar diversas soluciones a problemas similares.

El derecho administrativo es una de las ramas jurídicas que parecieran escaparse al derecho comparado y hoy en día, gracias a la globalización se vuelve cada vez más importante realizar este tipo de esfuerzos.

En cuanto a la metodología del derecho comparado, al día de hoy se puede afirmar que el método más útil para realizar una comparación es el método funcional, pues obliga al comparatista a identificar a la institución equivalente, y cómo es que ésta opera en el derecho del otro.

Ahora bien, tratándose de los contratos administrativos podemos afirmar que esta institución jurídica existe prácticamente en todos los sistemas jurídicos, ya sean inspirados por el *common law* o bien, por la tradición civilista francesa.

En todos los casos, el contrato administrativo surge como un mecanismo legal especial para que el Estado desarrolle infraestructura o bien, preste ciertos servicios públicos, sin importar la inspiración que lo lleve a este punto (sea la activación en la vida económica de los particulares o bien el gobierno por contrato).

Aun cuando podemos encontrar diferencias importantes entre ellos, la realidad es que todos los sistemas consagran formas de adjudicación similares y excepciones similares para no agotarlas.

Por último, en cuanto a los modelos de justicia administrativa, aún en esquemas tan variados como los judicialistas o los dualistas, en todos los casos existen mecanismos de tutela de derechos de los particulares contratistas frente a la Administración contratante.

Sin duda reconocemos las carencias que este trabajo pueda tener, pues el ejercicio comparatista, cuando se rebasan dos sistemas, resulta por demás complejo y por ello es que nos vemos en la necesidad de escribir desde una óptica mucho más general y es en este tenor donde podemos concluir que efectivamente la institución del contrato administrativo resulta universal a nuestros sistemas jurídicos, sin diferencias reales o significativas entre ellos, sin importar incluso, la familia legal a la cual se pertenezca.

BIBLIOGRAFÍA

BOUGHEY, Janina, "Administrative Law: The next frontier for comparative law", en *International and Comparative Law Quarterly (ICLQ),* No. 62 (1), Cambridge, 2013.

DELGADILLO GUTIÉRREZ, Luis Humberto y LUCERO ESPINOSA, Manuel, *Compendio de derecho administrativo. Primer curso* (3ª ed.), Porrúa, México, 1998.

GARANT, *Patrice, Droit administratif* (6ª ed.), Éditions Yvon Blais, Cowansville, 2010

GUZMÁN GALINDO, Julio César, "El arbitraje en el régimen de contrataciones del Estado y las recientes modificaciones normativas", en *Arbitraje PUCP,* No. 2, Pontificia Universidad Católica del Perú, Lima, 2002.

JALUZOT, Béatrice, "Méthodologie de droit comparé: bilan et prospective", en *Revue International de droit comparé (RIDC),* Vol. 57, No. 1, 2005.

KAMBA, Walter J., "Comparative Law: A theoretical framework", en *International and Comparative Law Quarterly (ICLQ),* Vol. 23, No. 3 (Julio, 1974).

LOMBARD, Martine & DUMONT, Gilles, *Droit administratif* (8ª ed.), Dalloz, París, 2009.

LÓPEZ-ELÍAS, José Pedro, *Aspectos jurídicos de la licitación pública en México,* IIJ-UNAM, México, 1999.

MARTÍNEZ MORALES, Rafael I., *Derecho administrativo, primer y segundo curso*, 4ª ed., Oxford University Press, México, 2005.

MCAULEY, Michael, "On a Theme by René David: Comparative Law as Technique Indispensable", en *Journal of Legal Education (JLE),* Vol. 52, No. 1/2 (Marzo-Junio, 2002).

MORÁN, Gloria M. "El derecho comparado como disciplina jurídica: La importancia de la investigación y la docencia del derecho comparado y la utilidad del método comparado en el ámbito jurídico", en *Anuario da Facultades de Dereito,* No. 6 Universiade A Coruña, La Coruña, 2002.

MORAND-DEVILLIER, Jacqueline, *Droit administratif,* 12ª ed., Montchrestien lextenso éditions, Paris, 2011.

PARADA, Ramón, *Derecho Administrativo I. Parte General* (13ª ed.), Marcial Pons, Madrid, 2002.

PETERS, Anne & SCHWENKE, Heiner, "Comparative law beyond post-*modernism*", en *ICLQ,* Vol. 49, No. 4 (Octubre, 2000).

REIMANN, Mathias & ZIMMERMANN, Reinhard (Eds.), *The Oxford Handbook of Comparative Law*, New York, 2006.

SMITHS, Jan M. (Ed.), *Elgar Encyclopedia of Comparative Law,* Edward Elgar, Cheltenham, 2006.

STRAUSS, Peter L. "Transsystemia –Are We approaching a New Landgellian Moment? Is McGill Leading the Way?" en, *JLE,* Vol. 56, No. 2 (*Junio*, 2006).

TAGGART, Michael (Ed.), *The province of Administrative Law, Hart Publishing*, Oxford, 1997.

YNTEMA, Hessel e., "Comparative Law and Humanism", en *The American Journal of Comparative Law (AJCL),* Vol. 7, No. 4 (Otoño de 1958).

ZWEIGERT, Konrad & KÖTZ, Heinz, *An introduction to Comparative Law,* 3ª ed., *Oxford* University Press, Oxford, 2011.

PRIMERA PARTE

EL CAMINO AL DERECHO GLOBAL DE LA CONTRATACIÓN PÚBLICA

CAPITULO I
DERECHO GLOBAL ADMINISTRATIVO Y DE LA CONTRATACIÓN PÚBLICA

Jaime PINTOS SANTIAGO*

I. LA EXPANSIÓN DEL DERECHO ADMINISTRATIVO GLOBAL

Hoy en día, ya nadie puede negar ni cuestionar que nos encontramos en un mundo globalizado e interrelacionado globalmente, a cuya existencia han contribuido poderosamente los medios de transporte modernos y la llamada era de las tecnologías de la información y las comunicaciones electrónicas, técnicas estas últimas que tanto están influyendo también actualmente en la contratación pública.

Este mundo global genera a su vez un desarrollo global, muchas veces desproporcionado en sus desajustes sociales entre Estados y territorios, desarrollo global que se da en ámbitos como el del propio Derecho y que posteriormente tiene un impacto en los ordenamientos administrativos internos o nacionales.

Así, en este ámbito del Derecho nos encontramos ya con la innegable existencia de un Derecho administrativo global, de forma que nos topamos con la presencia del Derecho administrativo en otras vertientes globalizadas del Derecho público y también privado. A título de ejemplo, se podría mencionar la existencia misma del Derecho de la Unión Europea; la de las Agencias de Calificación Privada que bajan el *rating* de los Estados con efectos a nivel mundial; las reglas que el Fondo Monetario Internacional (FMI) fija para el acceso a sus créditos; el Derecho migratorio; las alertas de pandemias realizadas por la Organización Mundial de la Salud (OMS), como ocurrió con la reciente crisis del virus Ébola o hace algo más de tiempo con la gripe A y que tuvo como consecuencia la compra masiva de vacunas por parte de muchos Estados; los protocolos sobre el cambio climático y el Derecho del medio ambiente; las normas que dicta el Comité Olímpico Internacional (COI) en materia de Derecho del deporte; la cooperación internacional en materia de terrorismo o crimen organizado, etc.

---

* Doctor en Derecho. Profesor del Master en Derecho de la Contratación Pública Universidad de Castilla-La Mancha.

A esto hay que añadir que al conceptualizar la existencia de un Derecho administrativo global se presupone de manera idéntica la existencia de una Administración Global o trasnacional, compuesta en este caso por una gran variedad de sujetos y tipos de Administración Global que nos trasladan al concepto de la Gobernanza Global[1].

De este modo resulta, hoy en día, muy difícil discutir la existencia de un Derecho administrativo global por cuanto nos encontramos con esa presencia del Derecho administrativo en otras vertientes globalizadas del Derecho público y privado y por cuanto la necesaria participación de la Administración Pública lleva aparejada normalmente la intervención del Derecho administrativo.

Es algo que se encuentra a la vista de todo el mundo. Es decir, nuestra realidad cotidiana nos pone de manifiesto lo acentuada que está la Globalización, siendo no obstante un fenómeno en constante crecimiento. Globalización que rebasa en muchas ocasiones a los Derechos de los Estados y que muestra la existencia de un Derecho administrativo que supera a éstos y cuyas manifestaciones son muy variadas y derivadas de la distinta naturaleza de los entes/organismos de las que emanan.

Siendo así múltiples los ejemplos que hacen constatable e indiscutible esta realidad globalizadora y la existencia de un Derecho administrativo global y de una Administración Global, queda resolver si la contratación pública puede considerarse uno de los ámbitos o campos del Derecho que componen este Derecho administrativo global, de forma que se pueda hablar también de la existencia de un Derecho global de los contratos públicos.

II. EL SURGIMIENTO INADVERTIDO DE UN DERECHO GLOBAL DE LOS CONTRATOS PÚBLICOS COMO ÁMBITO DE DESARROLLO Y EXPANSIÓN DEL DERECHO ADMINISTRATIVO GLOBAL

Con el fin de determinar la existencia de un Derecho global de los contratos públicos empezaremos con una distinción de sobra conocida, pero oportuna. Ya desde el antiguo Derecho Romano existe la tradicional división entre Derecho público y Derecho privado, pudiéndose definir el primero, entre tantas definiciones existentes y sin ánimo de ser la más exhaustiva, como el conjunto de normas que rigen

---

1 Autores como B. Kingsbury, N. Krisch y R. B. Stewart, en su obra *El surgimiento del Derecho administrativo global* (Trad. G. Paris & L. Ricart) LL.M. International Legal Studies, Facultad de Derecho New York University. *Cf.* 'The Emergence of Global Administrative Law', en *Law and Contemporary Problems,* No. 15 (Summer/Autumn 2005), visible en <<http://iilj.org/GAL/documents/kingsburykrischstewart.2.pdf>>, consultado Septiembre 21, 2016, nos aportan datos en cuanto a los sujetos y tipos de Administración Global, que les llevan a sostener: «[...] que existe suficiente cantidad de administración global y transnacional como para poder identificar hoy en día un «espacio administrativo global multifacético [...]", de forma que los órganos globales administrativos incluyen "[...] órganos regulatorios intergubernamentales formales, redes regulatorias informales intergubernamentales y arreglos de coordinación, órganos regulatorios nacionales que operan en relación a un régimen internacional intergubernamental, órganos regulatorios híbridos público-privados, y algunos órganos regulatorios privados que ejercen funciones de gobernanza trasnacional de importancia pública específica [...]", pp. 4 & 2 respectivamente.

las relaciones con otros Estados, que rigen también las relaciones entre los órganos del Estado y las relaciones de la sociedad cuando actúa como poder soberano, es decir, como entidad superior que se impone legítimamente a los ciudadanos.

A su vez, también es igualmente conocido que este Derecho público se subdivide en distintas ramas o especialidades, entre las que se encuentra el Derecho administrativo, el cual es definido, en palabras de Zanobini, como:

> "[...]aquella parte del Derecho público que tiene por objeto la organización, los medios y las formas de la actividad de las Administraciones Públicas y las consiguientes relaciones jurídicas entre aquéllas y otros sujetos."

Asimismo, es sabido que una de las materias o ámbitos que conforman el Derecho administrativo son las normas referidas a los contratos públicos, definidos, básicamente, como un tipo de contrato en el que al menos una de las partes es una Administración Pública (o poder adjudicador) y en el que se está sometido a un régimen jurídico que coloca al contratista en una situación de subordinación jurídica frente a la Administración (o poder adjudicador). Actividad, ésta, de las Administraciones Públicas que encaja a la perfección en la definición, tan completa como sencilla, que realiza Zanobini del Derecho administrativo.

Dicho lo anterior, dando por hecho entonces la existencia de un Derecho administrativo global[2] que, aunque emergente y formado por manifestaciones inconexas de tipo variado, afecta a la vida cotidiana de los ciudadanos y a la organización y funcionamiento interno y externo de los Estados, y puesto de manifiesto, simplemente, la evidencia que el Derecho de la contratación pública forma parte del Derecho administrativo, creo que para responder ahora a la pregunta planteada -si existe un Derecho global de los contratos públicos que puede considerarse uno de los ámbitos o campos que reflejan el proceso de desarrollo y expansión del Derecho administrativo global-, es necesario hacer una serie de precisiones.

Para ello hay que tener en cuenta que la contratación pública supone un importante elemento del comercio internacional, es decir, tiene un peso específico suficientemente significativo en ese entorno económico. Lo demuestra la existencia de normas, acuerdos y negociaciones internacionales en esta materia que nos permiten vislumbrar la existencia de un Derecho global de la contratación pública, como Derecho en proceso de formación[3], que si bien tiene carácter incipiente, es una realidad constatable. Sirvan como ejemplos:

---

2 *Id.*, p. 3 B. Kingsbury, N. Kirsch & R.B. Stewart, definen este Derecho administrativo global: "[...] como aquél que incluye los mecanismos, principios, prácticas y los acuerdos sociales que los respaldan y que promueven o que de otra forma afectan la *accountability* de los órganos globales administrativos, en particular asegurándose de que cumplan con los estándares adecuados de transparencia, participación, toma de decisiones razonada, y legalidad, y promoviendo la efectiva evaluación de las normas y decisiones que aprueban".

3 Como Derecho *in fieri* lo definen J. Rodríguez-Arana Muñoz, J. A. Moreno Molina, E. Jinesta Lobo & K. Navarro Medal, en *Derecho Internacional de las Contrataciones Administrativas,* Ediciones Guayacán, Costa Rica, 2011.

El Acuerdo Mundial sobre Contratación Pública de la Organización Mundial del *Comercio* (OMC), que tiene entre otras finalidades abrir la mayor parte de las operaciones sobre contratación pública a la competencia internacional[4];

la Ley Modelo *sobre* la Contratación Pública de Bienes, de Obras y de Servicios aprobada por la Comisión de las Naciones Unidas para el Derecho Mercantil Internacional (CNUDMI), que tiene por finalidad:

“servir de modelo a los países para evaluar y *modernizar* su régimen y prácticas de la contratación pública o para establecer un régimen legal en la materia, de no disponer de uno”[5];

el Tratado de Libre Comercio de América del Norte (TLCAN), suscrito entre *México*, los Estados Unidos de América y Canadá, cuyo Capítulo X regula específicamente las *«Compras del Sector Público»*[6];

el Tratado de Libre Comercio de la Comunidad Andina (CAN)[7];

el Área de Libre Comercio de las Américas (ALCA)[8];

el Mercado Común del Sur (MERCOSUR)[9];

el Mercado Común Centroamericano (MCCA)[10];

la Comunidad del Caribe (CARICOM)[11];

el Acuerdo del Grupo de los Tres (Colombia, Venezuela y México)[12];

los acuerdos bilaterales de México con Japón, Israel o Bolivia[13] o;

---

4 Sobre las negociaciones para la renovación del Acuerdo Mundial sobre Contratación Pública de la OMC Cf. <<www.wto.org/spanish/tratop_s/gproc_s/negotiations_s.htm>>, consultada Septiembre 24, 2016.

5 *Cf.* <www.uncitral.org/pdf/spanish/texts/procurem/ml-procurement/ml-procurement-s.pdf>>, consultada Septiembre 27, 2016.

6 *Cf.* <<www.sice.oas.org/trade/nafta_s/indice1.asp>>, consultada Septiembre 28, 2016.

7 *Cf.* <<www.comunidadandina.org/>>, consultado Septiembre 29, 2016.

8 *Cf.* <<www.ftaa-alca.org/ngroups/nggp_s.asp>>, consultado Septiembre 29, 2016.

9 *Cf.*<<www.mercosur.int/t_generic.jsp?contentid=2485&site=1&channel=secretaria>>, <<www.mercosur.int/index.jsp>> consultado Septiembre 30, 2016.

10 *Cf.*<www.sice.oas.org/sica/instmt_s.asp>>&<www.sice.oas.org/Trade/sica/PDF/ Multilateral-treaty_s.pdf>>, consultados Septiembre 30, 2016.

11 *Vid.* http://www.caricom.org/ [fecha última consulta: 1-octubre-2016].

12 *Cf.* <<www.sice.oas.org/trade/go3/G3INDICE.asp>>, consultado Octubre 1, 2016.

13 *Cf.* <<www.sice.oas.org/ctyindex/mex/mexagreements_s.asp>>, consultado Octubre 1, 2016.

los distintos acuerdos que en materia de compras públicas ha llevado a cabo la Unión Europea con países como Perú, Chile, México, Colombia y otros muchos, o regiones como América Central[14].

O bien los Acuerdos de Libre Comercio (ALC) que tiene ahora vigentes la Unión Europea y que afectan a la contratación pública, así:

Con Europa occidental: existen ALC en vigor con las Islas Feroe, Islandia, Noruega y Suiza. Además, existen Acuerdos de Estabilización y Asociación con los países de los Balcanes Occidentales y un régimen comercial autónomo entre la Unión Europea y Macedonia, Albania, Montenegro, Bosnia y Herzegovina, Serbia y Kosovo.

Con Europa del Este: existen acuerdos de asociación, que incluyen las denominadas zonas de libre comercio de alcance amplio y profundo (ZLCAP), con Moldavia, Georgia y Ucrania ratificados en 2014. Se encuentra en aplicación provisional desde septiembre de 2014 con Moldavia y Georgia, y desde noviembre de 2014 con Ucrania, excepto por lo que se refiere a la ZLCAP, que se aplicará provisionalmente a partir de enero de 2016.

Con Perú y Colombia: el acuerdo se firmó en junio de 2012 y ambos países lo aplican provisionalmente, Perú desde marzo de 2013 y Colombia desde agosto de 2013. En julio de 2014, la Unión Europea y Ecuador finalizaron las negociaciones para la adhesión de este último país al mismo acuerdo que Colombia y Perú.

Con Corea del Sur: entró en vigor en julio de 2011 y su objetivo va más allá que los anteriores en cuanto a la eliminación de obstáculos comerciales y facilitación de los intercambios comerciales entre empresas europeas y coreanas.

Con Chile: el ALC entró en vigor en 2003, aumentando desde su implantación el comercio bilateral a más del doble, hasta el punto que actualmente la Unión Europea es la segunda fuente de importaciones para Chile y su tercer mercado de exportación.

Con México: desde la entrada en vigor del ALC en 2000 el comercio bilateral también se ha duplicado. Ambas partes están estudiando la actualización de este ALC para adaptarlo a sus nuevas necesidades comerciales.

Con Sudáfrica: el acuerdo está en vigor desde el año 2000 y constituye a este país como el principal socio comercial de la Unión Europea en África.

Con el Mediterráneo: existen ALC con Argelia, Egipto, Israel, Jordania, Líbano, Marruecos, la Autoridad Palestina y Túnez, celebrados entre 1995 y 2002. Estos acuerdos están abiertos ya a próximas negociaciones, de hecho, en marzo de 2013 se iniciaron las negociaciones con Marruecos.

Con América Central (Costa Rica, El Salvador, Guatemala, Honduras, Nicaragua y Panamá): aunque se firmó en junio de 2012 ha tenido una implantación paulatina en los distintos Estados hasta su establecimiento en diciembre de 2013 en Guatemala, suponiendo también el intercambio comercial montantes considerables en millones de euros.

---

14 *Cf.* <<http://ec.europa.eu/trade/policy/accessing-markets/public-procurement/>>, consultado Octubre 2, 2016.

Con Países de África, el Caribe y el Pacífico (ACP): se trata de acuerdos de asociación económica que están pensados para ayudar a estos países a su integración en la economía mundial, su crecimiento sostenible y su reducción de los índices de pobreza. Hay cuatro en vigor: en el Caribe (14 países), en África Oriental (Madagascar, Mauricio, Seychelles y Zimbabue), en África Central (Camerún) y en el Pacífico (Papúa Nueva Guinea y Fiyi) y en 2014, concluyeron las negociaciones sobre otros dos, uno con África Occidental (16 países) y otro con la Comunidad para el Desarrollo del África Meridional (SADC) (6 países).

Sin olvidar a título de ejemplo también las negociaciones del Tratado de Libre Comercio (TTIP en sus siglas en inglés), entre la Unión Europea y los Estados Unidos, cuyas negociaciones han sido de nuevo retomadas a finales del año 2015 y en las cuáles está presente el acceso al mercado de las contrataciones públicas[15].

Pues bien, todas estas normas, acuerdos y negociaciones no vienen sino a reconocer una única dirección hacia la formación de un Derecho común y global de la contratación pública en ámbitos territoriales muy amplios, que tiene (salvo en el caso del Derecho de la Unión Europea) un carácter incipiente y es que en este camino hacia un Derecho global de la contratación pública que regule las fases de preparación, adjudicación e incluso ejecución de los contratos públicos destaca ya por su carácter consolidado el Derecho de la Unión Europea, el cual ha desarrollado un papel primordial en la unificación de los procedimientos de contratación en los Estados miembros de la Unión Europea[16].

En definitiva, el proceso que persigue la formación de un Derecho común aplicable a la contratación pública se está desarrollando cada vez con más fuerza, con más ímpetu, y no sólo a nivel europeo donde el proceso ya está más que consolidado en la cuarta generación de Directivas europeas sobre la materia, sino sobre todo ahora a nivel mundial, lo que no viene sino a confirmar la importancia capital que los contratos celebrados por las Administraciones Públicas tienen hoy para las economías nacionales y para la economía mundial[17].

---

15 *Cf.* <<http://revistas.laley.es/content/Documento.aspx?params=H4sIAAAAAAAEAO29B2 AcSZYlJi9tynt_SvVK1-B0oQiAYBMk2JBAEOzBiM3mkuwdaUcjKasqgcplVmVdZhZAzO2dvPfee--999577733ujudTif33_8_XGZkAWz2zkrayZ4hgKrIHz9-fB8_IorZ7LMXpzv0HOztP9w_-IWXed0U1fKznywu8mWb4-_i_PppNX1zvco_O8_KJv-Fi6xt8_qzk-PZ4mWd6Z-_V3792avTnzx7_eb4F-aTqnobwP39DbyiOV6t6uoyn322t7N7f3fn3u7e3u7u_wPyPboCiAAAAA==WKE>>, consultado Octubre 31, 2016.

16 En este sentido Cf. J. A. Moreno Molina, 'La influencia del Derecho Comunitario en el Proyecto de Ley de Contratos del Sector Público', en *Aletheía. Cuadernos Crítico del Derecho*, No. 0, 2006, pp. 1-10; 'La decisiva influencia del Derecho comunitario en la Ley 30/2007, de contratos del sector público', en AA. VV., *Estudios sobre la Ley de contratos del sector público*, Fundación Democracia y Gobierno Local, Madrid, 2009, pp. 11-36, y; 'La influencia del Derecho Comunitario de la contratación pública en el Derecho español. Los principios generales de la contratación del sector público', en *Noticias de la Unión Europea,* No. 298, 2009, pp. 7-20.

17 No en vano, por ejemplo, en el año 2010 los contratos públicos supusieron un 19,7 por ciento del PIB de la Unión Europea según el documento *Public procurement indicators 2010*, de 4 de noviembre de 2011, <<http://ec.europa.eu/internal_market/publicprocurement/docs/indicators 2010_en. pdf>>, consultado Febrero 7, 2016.

Hechos que igualmente ratifican la existencia de una propensión a la formación de este Derecho global de la contratación pública, del que no me cabe duda afirmar, que ha contribuido, contribuye y contribuirá al proceso de desarrollo y expansión de un Derecho administrativo global cada vez más amplio y consolidado[18]. Ejemplo claro de ello y extrapolable a un marco globalizado y de fronteras mayores sería el caso del Derecho de la Unión Europea, en donde como ya se ha apuntado las Directivas comunitarias han servido claramente para la unificación de los procedimientos de contratación en los Estados miembros de la Unión Europea y por tanto del Derecho administrativo de esos mismos Estados[19]. Es decir, la Unión Europea ofrece un ejemplo suficientemente consumado que ha consistido y se ha basado en una cesión de parte de la soberanía de los distintos Estados miembros, algo *ab initio* utópico en un ámbito territorial mayor, disperso y más globalizado.

Sin embargo, entiendo que no es esa tanto la idea, la de cesión de parte de la soberanía. No se trata de pretender trasladar el esquema de los Derechos administrativos nacionales y, por ende, de los Derechos nacionales sobre contratación pública, a una escala global, sino más bien de buscar y alcanzar unos procesos intermedios que como fenómenos de integración lleguen a ese punto común, fenómenos de los que nuevamente la Unión Europea puede dar un ejemplo claro, sin pretender por ello, ahora en un marco global, una cesión de soberanía como en el caso de la Unión Europea.

Ergo, puesto ya de manifiesto la existencia de un Derecho global de la contratación pública que, como ámbito de conocimiento que es del Derecho administrativo, contribuye a la consolidación de un Derecho administrativo global y respondida la cuestión objeto de este epígrafe, creo interesante añadir y subrayar la importancia de la dirección que debería buscar y conseguir ese Derecho global de la contratación pública en su proceso de consolidación y por tanto también ese Derecho administrativo global, como parte integrante que es el primero del segundo.

III. HACIA UN DERECHO GLOBAL DE LA CONTRATACIÓN PÚBLICA: LA PIRÁMIDE DE SU INDUDABLE EXISTENCIA Y DE SU PROCESO DE CONSOLIDACIÓN

El Derecho administrativo global y la Administración Global o trasnacional que nos trasladan al concepto de Gobernanza Global, involucran complejas interacciones entre Estados, organizaciones intergubernamentales y actores no estatales de diversa índole, que afectan, por supuesto, a la contratación pública y que por ello también desbordan los Derechos nacionales en este sentido.

---

18 "La contratación pública como paradigma de la formación y existencia de un Derecho Administrativo Global" es como define J. A. Moreno Molina, 'El proceso de formación de un Derecho global de la contratación pública', en *Revista DIXI*, núm. 15, enero-junio 2012, p. 8.

19 Ya lo refería así J. Rodríguez-Arana Muñoz, 'Los principios generales del Derecho de la contratación pública', en *Derecho PCUP*, No. 66, 2011, pp. 29-54: "En el caso del Derecho de la contratación pública, se ha construido –gracias a la UE– todo un sector del Derecho administrativo global de contenido principal que, como vemos, se extiende por todo el mundo, ya que consiste en principios que se derivan, de forma general, de una experiencia de integración sellada por los compromisos del Estados de Derecho tal y como es la UE."

Podemos presentar de un modo gráfico este camino hacia un Derecho global de la contratación pública (también de indudable existencia ya en nuestro días como hemos comentado), utilizando simuladamente una estructura piramidal, que nos traslade imaginariamente a una de las grandes obras públicas de la humanidad como son las Pirámides de Egipto, como por ejemplo la Pirámide de Guiza, una de las siete maravillas del Mundo Antiguo y la única de las siete que se puede contemplar, claro ejemplo de *obra faraónica*, término éste que hemos sabido acuñar tan bien en España en materia de obras públicas en los últimos años, todo ello un claro guiño de denuncia a los macro proyectos fallidos y en ocasiones demostrados inservibles que han caracterizado en gran medida la obra pública en nuestro país en la última década, mostrando muchas veces no sólo un mal uso, sino un uso indebido de los fondos públicos.

Pues bien, como si fuera una pirámide construiremos nosotros nuestra propia estructura piramidal de cinco gradas de altura que nos mostrará el que considero ese camino hacia un Derecho global de la contratación pública sobre la base de unos nuevos principios generales.

1. *Globalización y Derecho administrativo global*

De esta manera, en una primera grada que constituye la base de nuestra pirámide nos encontramos con dos conceptos ya aludidos y argumentados con anterioridad: Globalización y Derecho administrativo global.

Así, como ya he aseverado, en el ámbito del Derecho nos encontramos ya con la existencia de un Derecho administrativo global en otras vertientes globalizadas del Derecho público y privado. Globalización en la que se encuentra presente la participación de las Administraciones Públicas, lo que permite sostener que: "existe suficiente cantidad de administración global y transnacional como para poder identificar hoy en día un 'espacio administrativo global multifacético'"[20], donde evidentemente se aplica un Derecho administrativo global en el que tiene mucho que ver y qué decir todavía el nuevo Derecho de la contratación pública[21].

2. *Derecho global de la contratación pública*

Punto este que nos sitúa en la segunda grada de nuestra pirámide en el que se posiciona ya por derecho propio un innegable y existente Derecho global de la contratación pública. Es así que hay que tener en cuenta como ya se ha argumentado que en este marco global, la contratación pública supone un importante elemento del comercio internacional de trascendente peso económico cuyas normas, acuerdos y negociaciones internacionales nos permiten afirmar su indudable existencia, eso sí, como Derecho en proceso de formación, en el que su principal objetivo es garantizar en ese marco global el respeto a los principios generales de la contratación pública, los comúnmente aceptados y conocidos como principios de igualdad, objetividad, no discriminación, transparencia, publicidad y concurrencia competitiva.

---

[20] B. Kingsbury, Et. Al., *Op. Cit.*, p. 4. Se puede también consultar A. Gordillo (Dir.), *El nuevo Derecho administrativo global en América Latina,* Ediciones RAP, Buenos Aires, 2009, pp. 25, visible en <<www.iilj.org/gal/documents/galbabook.pdf>>, consultado Octubre 21, 2016.

[21] *Cf.* J. A. Moreno Molina, *Derecho global de la contratación pública*, Ubijus Editorial, México, 2011.

Si bien ahora que hemos podido afirmar lo anterior, es necesario hacerlo no sin advertir una importante carencia en el plano organizativo de este Derecho global administrativo y de la contratación pública, porque pese a la existencia de un Administración global multifacética, es notoria la carencia de una jurisdicción global administrativa, con competencia global, que ponga cerco a este Derecho global administrativo y de la contratación pública.

Estaríamos hablando de una jurisdicción global de carácter contencioso-administrativo, al igual que la encontramos en otros ámbitos como el penal o el de los derechos humanos, siendo preciso tuviera competencias en el orden de las contrataciones públicas de carácter internacional. Mientras esto no ocurra de una manera veraz todo el sistema de Derecho global de la contratación pública permanecerá carente de lo que debería ser unos de sus pilares fundamentales y, por ende, mientras esta circunstancia no se corrija no podremos hablar en puridad de un verdadero ordenamiento jurídico global de la contratación pública por estar ausente de un común control jurisdiccional posterior aceptado pacíficamente por todos los operadores de este Derecho global de la contratación pública.

Ésta, si cabe, se podría decir que es la pieza más importante de todo este entramado de Derecho global que está en proceso de formación, en donde el ejemplo más claro lo encontramos en el papel que ha jugado el Tribunal de Justicia de la Unión Europea en el proceso de formación y consolidación del Derecho global de la Unión Europea, dado que el Tribunal de Justicia es la institución comunitaria encargada de garantizar el respeto del Derecho en la interpretación y aplicación del Derecho de la Unión Europea, es decir, es el máximo garante del cumplimiento de la legalidad comunitaria. Sus decisiones se imponen tanto a las instituciones comunitarias como a los Estados miembros y a las empresas y particulares.

A lo largo de la Historia Comunitaria ha jugado un papel decisivo estableciendo los grandes principios generales que han permitido la aplicación y la eficacia del Derecho de la Unión Europea, principios que posteriormente se han ido plasmando en el propio Derecho positivo, esto es, en los tratados y en las normas derivadas, algo muy reflejado en el marco normativo del Derecho de la contratación pública de la Unión Europea de gran base jurisprudencial.

El Tribunal de Justicia Europeo desempeña pues, por un lado, funciones de naturaleza constitucional, en este sentido resuelve los conflictos que surjan entre las instituciones comunitarias, entre los Estados y entre las instituciones y los Estados. Pero, por otro lado, desempeña una función similar a la de los tribunales internos, ya que protege los intereses y derechos de los particulares frente a las posibles ilegalidades comunitarias o de los Estados, siendo que las sentencias del Tribunal de Justicia y del Tribunal General que también lo forma tienen carácter vinculante en los Estados miembros.

De este modo el Tribunal garantiza, por ejemplo, que los tribunales nacionales no se pronuncien de manera diferente sobre una misma cuestión y también que los Estados miembros y las instituciones de la Unión Europea hagan lo que las leyes les dicen que deben hacer. El Tribunal de Justicia de la Unión Europea se encarga también de pronunciarse, a petición de un tribunal nacional, sobre la interpretación o validez de las disposiciones del Derecho de la Unión. Es por tanto el garante de un ordenamiento jurídico propio, el de la Unión Europea, que, como hemos visto, se ve asistido y aplicado también por los sistemas jurídicos nacionales. Estando garantizada, en todo caso, la unidad de este sistema judicial mediante las cuestiones prejudiciales, que atribuyen al Tribunal de Justicia de la Unión Europea una función que permite garantizar una interpretación uniforme del Derecho de la Unión Europea.

Pues bien, a una figura jurisdiccional similar y con este elenco de competencias y facultades es a lo que me refiero cuando afirmo que es la pieza nuclear que haría falta para contar con un verdadero sistema de Derecho global administrativo y de la contratación pública por cuanto los avances que nos traería en este desarrollo y proceso de consolidación serían enormes.

3. *Principios generales de la contratación pública*

Los principios generales de la contratación pública nos consolidan en la vertebral tercera grada de la pirámide, en la que nos sentamos en el pilar de los principios generales.

Es así, por ejemplo que el anteriormente citado Acuerdo Mundial sobre Contratación Pública de la OMC, tiene como finalidad aumentar la transparencia de las normas y procedimientos relacionados con la contratación pública y garantizar el principio de igualdad y no discriminación de forma que no se proteja a los productos y proveedores nacionales, en detrimento de productos o proveedores extranjeros; y es que los principios generales de la contratación pública, por ejemplo en el ámbito del Derecho de la contratación pública de la Unión Europea, son el fundamento del mismo y se caracterizan por su transversalidad, ya que alcanzan a todos los contratos, independientemente de su cuantía, de su naturaleza jurídica de administrativos o privados, manifestándose asimismo en todas las fases del procedimiento de contratación[22], siendo que podríamos calificar a estos principios-guía como el elemento unificador en este marco globalizado de la contratación pública.

---

[22] El Tribunal de Justicia de las Comunidades Europeas (TJCE) ha destacado que la obligación de respeto de los principios de objetividad, imparcialidad e igualdad y no discriminación en la adjudicación de los contratos públicos se extiende no sólo a los contratos que caen dentro del ámbito de aplicación de las Directivas comunitarias sobre contratación pública, sino también a todos los contratos que celebren los órganos de contratación sujetos a las Directivas. De hecho en la importante sentencia de 16 de abril de 2015, asunto C-278/14, el Alto Tribunal declara en respuesta a una cuestión prejudicial su competencia para conocer cuestiones relativas a contratos que por su cuantía no se hayan sujetos a las Directivas comunitarias de contratación pública y por tanto a su competencia, no obstante entra a conocer sobre el fondo del asunto fundamentando en parte esta decisión en que la adjudicación del contrato está sujeta a las normas fundamentales y a los principios generales del Tratado de Funcionamiento de la Unión Europea, en concreto a los principios de igualdad de trato y de no discriminación por razón de la nacionalidad, y a la obligación de transparencia que de ellos se deriva.

Sobre los principios generales en la contratación pública, *Cf.* J. A. Moreno Molina, *Los principios generales de la contratación de las Administraciones Públicas*, Bomarzo, Albacete, 2006; también, 'La influencia del Derecho Comunitario de la contratación pública en el Derecho español. Los principios generales de la contratación del sector público', en *Noticias de la Unión Europea,* No. 298, 2009, pp. 7-20; y, A. Gordillo (Dir.), *Op. Cit.*, pp. 39-ss.

4. *En la defensa de los principios generales de promoción del desarrollo humano y de promoción de la sostenibilidad ambiental en el Derecho global de la contratación pública*

Hasta aquí lo que tenemos, lo que podríamos afirmar que existe. Esto es: la realidad de un Mundo globalizado y de la existencia de un Derecho administrativo global en ese ámbito globalizado; de un Derecho global de la contratación pública en proceso de formación como ámbito de consolidación de ese Derecho administrativo global; y de la defensa de unos principios generales de la contratación pública comúnmente aceptados en los ámbitos internacional y nacionales como principios-guía que conforman el elemento unificador en ese marco globalizado de la contratación pública. Respectivamente, gradas primera, segunda y tercera de la pirámide de construcción del camino hacia un Derecho global de la contratación pública.

Por consiguiente, puesto ya de manifiesto la existencia de un Derecho global de la contratación pública cuya pieza cardinal son los principios generales de la contratación pública, creo interesante añadir y subrayar la importancia de la dirección que debería buscar y conseguir ese Derecho global de la contratación pública en su proceso de consolidación, que es en el lugar donde entran en construcción piramidal nuestras cuarta y quinta grada (y por ahora última), de nuestra pirámide de formación y afirmación de esa calzada hacia un Derecho global de la contratación pública.

En mi opinión, esa dirección que debería buscarse y conseguirse no es otra que la consecución de un Derecho global que equilibre distintos intereses, como contraposición al actual Derecho global de vertiente eminentemente económica[23]. Si bien a primera vista esta búsqueda y resultado pueden parecer ilusorios, lo cierto es que entiendo que el Derecho global de la contratación pública debe estar enfocado al respeto de los derechos del ser humano y al respeto del medio ambiente en mejora de la calidad de vida, de forma que, igualmente que debe estar impregnado por los principios generales y comúnmente aceptados aludidos anteriormente, también cabe pensar en la omnipresencia como principios generales de:

El principio de promoción del desarrollo humano (cuarta grada de la pirámide), entendido en un doble sentido:

---

[23] Como ya advertía J. G., Rincón Salcedo, 'Globalización y Derecho administrativo', en *Quaestiones Juridicae*, Pontificia Universidad Javeriana, enero-2004, p. 20: "Finalmente, quiero advertir, que siendo la globalización económica, un proceso, en la práctica, irreversible, es necesario que comencemos a darle más importancia al estudio de las consecuencias que el manejo de políticas globales tiene sobre cada Estado particularmente considerado, para que por este camino, intentemos adecuar el proceso de globalización económica a las necesidades de cada uno de los estados, sin desestabilizar su ordenamiento interno, por la vía de la imposición de políticas homogéneas que desconocen las realidades individuales, como hasta ahora ha venido ocurriendo en materia de derecho administrativo."

En el sentido primero de no dejar de lado al ser humano ya que es el beneficiario final, de manera que a la vez que se cumplen metas y objetivos se satisfagan las necesidades de la población social[24].

Asimismo, debe ser entendido también en este marco global, en el sentido que la cooperación entre naciones y comunidades en materia de contratación pública debe ser beneficiosa para todas las partes y no solo a través de meros instrumentos de adhesión, sino que esos instrumentos, normas y acuerdos que por ejemplo hemos aludido antes, deben atender las desigualdades existentes entre los miembros de cada región desde la óptica social de cada caso concreto, consiguiendo así la expansión de la contratación pública global mediante el establecimiento de derechos y obligaciones multilaterales equilibradas y no abusivas.

El principio de promoción de la sostenibilidad ambiental (quinta grada de la pirámide), entendido como:

El por todos conocido concepto de >>compras verdes>>.

No generar impacto ambiental negativo o generar el menor impacto posible.

Analizar la sostenibilidad del bien no sólo desde la óptica de su vida útil, sino también desde el punto de vista del costo de eliminación del bien, es decir, desde la óptica de los residuos.

Quiero destacar que no me estoy refiriendo con lo anterior a las cláusulas sociales y medioambientales, bien conocidas en nuestro Derecho positivo e impulsadas más aun por la cuarta y actual generación de Directivas de la Unión Europea sobre contratación pública, pero todavía con una escasa presencia real en la contratación pública, sino como verdaderos principios generales, ya que las diferencias entre unas y otros son obvias, pasando de primera mano por el carácter potestativo de las primeras y no así del carácter obligatorio y consustancial al concepto de principio general. Pero además, es necesario e importante indicar, que al igual, en su origen, que el resto de principios generales comúnmente aceptados y conocidos por todos, estos dos principios que he enunciado ya forman parte hoy en día del ordenamiento jurídico interno de algunos Estados como por ejemplo Perú, en concreto se encuentra recogidos en el artículo 4 del Decreto Legislativo 1.017 por el que se aprueba su Ley de Contrataciones del Estado o en la Constitución de Ecuador que se ha convertido en el primer país del mundo en reconocer derechos inalienables a la naturaleza, convirtiéndola de esta manera en sujeto de derecho al disponerlo su artículo 71 en los siguientes términos:

> "*La naturaleza o Pacha Mama, donde se reproduce y realiza la vida, tiene derecho a que se respete integralmente su existencia y el mantenimiento y regeneración de sus ciclos vitales, estructura, funciones y procesos evolutivos*".

---

24 *Cf.* A. O. Effio Ordóñez & A. Pajuelo Orbegoso, 'Principios Rectores de la Contratación Pública', Capítulo 2 del Módulo 1, Aula Virtual, Organismo Supervisor de las Contrataciones del Estado de Perú (OSCE), pp. 13-ss, visible en <www.osce.gob.pe/consucode/userfiles/image/MOD%201%20CAP%202.pdf>>, consultado Octubre 25, 2016.

IV. REFLEXIONES

En conclusión, creo que para conseguir un Derecho global de la contratación pública y de esta forma un Derecho administrativo global más justos, y por consiguiente basados también en el principio de justicia[25], no se debería limitar, como entiendo que desgraciadamente está ocurriendo, estos Derechos hacia una proyección eminentemente económica de los mismos, de modo que se avance hacia la consecución de Estados y situaciones de Derecho global más sociales y democráticas como contraposición al actual Derecho global de corte predominantemente económico. A este avance podría contribuir considerablemente la constitución de una Corte Internacional pacíficamente aceptada y reconocida por todos los operadores del Derecho global de la contratación pública, que resolviera los conflictos que derivados de este Derecho global pudieran surgir, en especial en materia de contratación pública.

Esta línea seguida por el actual Derecho global y en especial también de la contratación pública, en gran medida viene impuesta por la situación de la Globalización desde su vertiente económica (vivimos y sufrimos esta realidad a diario), sin que esta idea, a través de la importancia económica y social que la contratación pública supone, deba necesariamente ser tachada de descabellada porque es necesario añadir, y subrayarlo por si quedara alguna duda, que estos principios sociales y medioambientales (al igual que las cláusulas sociales y medioambientales), en absoluto están reñidos con el carácter marcadamente económico que hoy se busca dar a la contratación pública consecuencia de la actual coyuntura económica, dado que pueden ser plasmados, en las fases de admisión y de ejecución del contrato, sin afectar de ninguna manera a la búsqueda del precio más bajo y sin afectar necesariamente al coste económico del contrato, consiguiendo de este modo, a la vez, un crecimiento social, ambiental y económico sostenible.

Si bien a primera vista esta búsqueda y resultado pueden parecer ilusorios, lo cierto es que entiendo, como ya he afirmado, que el Derecho administrativo global debe estar enfocado al respeto de los derechos del ser humano, entendiendo incluidos lógicamente los derechos fundamentales de la persona[26] y el derecho a un medio

---

[25] "Desde sus orígenes, el Derecho Administrativo se nos presenta dependiente del interés general, de aquellos asuntos supraindividuales que a todos afectan por ser comunes a la condición humana y que reclaman una gestión y administración equitativa y que satisfaga las necesidades colectivas de un marco de racionalidad y justicia", J. Rodríguez-Arana Muñoz *Derecho Administrativo y derechos sociales fundamentales*, INAP, Madrid, 2015, p. 11.

[26] De conformidad con el TJUE entre los principios generales se encuentran los derechos fundamentales de las personas. Es reiterada la jurisprudencia en este sentido. Sirva como ejemplo la sentencia del Tribunal de Primera Instancia de la Unión Europea (Sala Tercera), de 14 de mayo de 1998, asunto T-348/94 que a letra dice: "[…] los derechos fundamentales son parte integrante de los principios generales del derecho cuyo respeto garantiza este Tribunal (vid., en particular, el dictamen del Tribunal de Justicia, de 28 de marzo de 1996, 2/94, Rec., p. I 1759, apartado 33, y la sentencia del Tribunal de Justicia de 29 de mayo de 1997, Kremzow, C 299/95, Rec. p. I 2629, apartado 14), de conformidad con las tradiciones constitucionales comunes de los Estados miembros, así como con los instrumentos internacionales en los que los Estados miembros han intervenido o a los que se han adherido. El Convenio Europeo de Derechos Humanos de 1950 presenta en este orden una singular relevancia. Por otra parte, a

ambiente sano y sostenible[27], de forma que igualmente entiendo que el Derecho global de la contratación pública debe estar impregnado por los principios generales y fundamentales, unos comúnmente aceptados y otros todavía no tanto, que inspiran la contratación pública[28].

De forma que, en definitiva, el uso de estos principios no tan comúnmente aceptados que vengo defendiendo reiteradamente –principio de promoción del desarrollo humano y principio de promoción de la sostenibilidad ambiental– depende únicamente de las personas que tienen capacidad decisoria sobre las normas y los contratos públicos y del esfuerzo que las mismas hagan en tal sentido, dado que igual que se establece un objetivo basado en el 100% en el aspecto económico se puede establecer lo contrario, añadiendo taxativamente, para terminar, que en el procedimiento de consolidación de este Derecho global de la contratación pública el uso de estos principios generales de desarrollo humano y sostenibilidad ambiental podrían, y digo podrían, tornarse obligatorios como interés general, pero que en todo caso afirmo que resultarían desde ya, legales, necesarios y, por supuesto, rentables a corto, medio y largo plazo.

Permitiéndome avanzar en esta defensa primigenia de los principios generales de desarrollo humano y de sostenibilidad ambiental en el ámbito del Derecho global de la contratación pública[29], que quizás más tarde que temprano se acaben por implantar en este Derecho global, pero dónde seguro más temprano que tarde se implantarán es en el ámbito espacial de este Derecho global de la contratación pública en la Unión Europea, de forma que es probable que dichos principios se tornen en obligatorios en la próxima (quinta) generación de Directivas de la Unión Europea en materia de contratación pública a través de su plasmación imperativa

---

tenor del apartado 2 del artículo F del Tratado de la Unión Europea, la Unión respetará los derechos fundamentales tal y como se garantizan en el Convenio Europeo de Derechos Humanos y tal como resultan de las tradiciones constitucionales comunes a los Estados miembros como principios generales del Derecho comunitario."

27 Entendiendo el principio de desarrollo ambiental sostenible como un derecho fundamental como así lo recoge el artículo 37 de la Carta de los Derechos Fundamentales de la Unión Europea (2000/C 364/01 –DOUE C 364/1 de 18-12-2000–) que con toda solemnidad se aprobó en el año 2000 y que tras el Tratado de Lisboa de entrada en vigor el 1 de diciembre de 2009 pasó a ser jurídicamente vinculante, cambio este de especial relevancia jurídica hasta tal punto que se confiere a la Carta rango de Derecho primario de la Unión Europea.

28 Quiero sumar en este punto las palabras de M. Ortiz García, 'Gobernanza y sostenibilidad', en *Revista de Estudios de la Administración Local*, No. 289, 2002, p.132, que en su reflexión final comienza diciendo "Hemos hecho mucho hincapié en la eficiencia pública y, por ende, en la gobernanza y sostenibilidad, pero en realidad nuestro interés recae en el Derecho administrativo puesto que estamos convencidos de que el presente y el futuro de la humanidad, y decimos bien de la humanidad, depende de una adecuada aplicación de esta disciplina", afirmación que comparto y que se encuentra ínsita en el espíritu de este trabajo, enfocando la misma hacia la contratación pública y sus principios generales como la más importante de las herramientas de actividad administrativa.

29 *Cf.* J. Pintos Santiago, 'Hacia un derecho global de la contratación pública: en pro de los principios generales de promoción del desarrollo humano y de promoción de la sostenibilidad ambiental', en *Revista Contratación Administrativa Práctica*, Wolters Kluwer-LA LEY, No. 138, julio-agosto 2015, pp. 6-11.

de los hoy llamados criterios o cláusulas sociales (socio-laborales) y medioambientales, sino incluso antes y de forma más reducida y sesgada, en la venidera transposición al ordenamiento jurídico interno nacional español[30] de la que es ahora la cuarta de generación de Directivas sobre contratación pública, Directivas 2014/23/UE, 2014/24/UE y 2014/25/UE[31].

30 *Cf.* J. Pintos Santiago, 'El sistema de contratación pública español. Una visión constructiva a sus principios generales: la incorporación de los principios de promoción del desarrollo humano y de sostenibilidad ambiental', en *Revista Contratación Administrativa Práctica*, Wolters Kluwer-La Ley, No. 139, sept-oct 2015, pp. 7-19.

31 Directiva 2014/23/UE, de 26 de febrero de 2014 relativa a la adjudicación de contratos de concesión; Directiva 2014/24/UE, de 26 de febrero de 2014 sobre contratación pública y por la que se deroga la Directiva 2004/18/CE y Directiva 2014/25/UE, de 26 de febrero de 2014 relativa a la contratación por entidades que operan en los sectores del agua, la energía, los transportes y los servicios postales y por la que se deroga la Directiva 2004/17/CE. Todas publicadas en el DOUE, serie L, núm. 94, de 28 de marzo de 2014.

CAPITULO II
LOS PRINCIPIOS DEL DERECHO GLOBAL DE LA CONTRATACIÓN PÚBLICA

Jaime RODRÍGUEZ-ARANA MUÑOZ*

INTRODUCCIÓN

La globalización es un fenómeno que también ha llegado al Derecho Público. En efecto, la realidad nos demuestra que en determinados sectores del Derecho Administrativo existen normas y actos con pretensión de validez supranacional. Son normas que se elaboran poniendo en cuestión la teoría clásica de las fuentes del Derecho y el sistema de producción normativa. Como el Derecho Administrativo Global está «in fieri», en formación, es cada vez más importante subrayar la naturaleza principal de este sector del Ordenamiento asegurando, de algún modo, que esta rama del Derecho garantice que que los poderes públicos globales se realicen al servicio del interés general global de acuerdo con la justicia. Ni hay todavía una Administración pública global, ni un Poder ejecutivo global, ni un Poder judicial global, como tampoco disponemos de una Constitución global. Sin embargo, la realidad nos demuestra que, en algunos sectores, el de la contratación pública especialmente, los principios generales ayudan sobremanera, como vamos a estudiar, a construir un Derecho Administrativo Global de la contratación administrativa que parta precisamente de los postulados del Estado de Derecho[1].

La ausencia de legitimidad de estas nuevas fuentes del Derecho, a veces compuestas por grupos de expertos, por especialistas en determinadas materias que se reúnen a nivel global o también por tradicionales Entes públicos, semipúblicos, en ocasiones conformados por Entes privados o híbridos de ambos, hace preciso que, en estos primeros tiempos, el levantamiento de este nuevo edificio jurídico-adminis-

---

* Prof. Dr. Dr. h. c. Jaime Rodríguez-Arana. Catedrático de Derecho Administrativo. Director del Grupo de Investigación de Derecho Público Global. Presidente del Foro Iberoamericano de Derecho Administrativo. Presidente del Consejo Académico de la Spin Off Ius Publicum Innovatio (IPI).

1 *Cf.* la reciente obra de los profesores y pioneros B. Kingsbury & R. W. Stewart, *Hacia el derecho Administrativo Global: Fundamentos, Principios y Ámbito de Actuación*, Global Law Press, Sevilla, 2016.

trativo se realice sobre bases sólidas. En materia de contratos, son los Entes públicos supranacionales o globales quienes, a partir de la objetividad, transparencia, igualdad de trato o prohibición de discriminación por razón de nacionalidad, han construido un Ordenamiento jurídico comunitario europeo que, por mor de las características de la integración comunitaria europea, obligan jurídicamente a los Estados miembros.

En este trabajo me propongo reflexionar sobre un fenómeno de rabiosa y palpitante actualidad como es el del Derecho Administrativo Global, analizando un sector concreto: la contratación pública desde la perspectiva de los principios generales del Derecho. Sector en el que efectivamente el Derecho que lo disciplina es de contenido prudencial y consecuencia de la fuerza de la integración, en este caso de la integración comunitaria. Además, y es importante destacarlo, los principios generales que presiden el régimen de la contratación pública en Europa surgen de la metodología del pensamiento plural, abierto, dinámico y complementario: sistema de aproximación al estudio de las categorías jurídicas sobre el que descansa el modelo del Estado social y democrático de Derecho[2]. En este sentido, los principios que vamos a analizar están en la misma base de un fenómeno de integración en el que la libertad, la competencia, la igualdad de trato, la no discriminación, la transparencia, la imparcialidad y la objetividad presiden el entero sistema normativo de la contratación administrativa en el seno de la UE.

I. EL DERECHO ADMINISTRATIVO GLOBAL

La existencia del Derecho Administrativo Global es a día de hoy, una realidad indudable. Poco a poco, va inundando los sectores tradicionales del Derecho Administrativo Interno o Nacional. Esto es así, entre otras razones, porque las categorías y las instituciones del Derecho Administrativo no están limitadas a unas determinadas y concretas coordenadas espacio-temporales. Más bien, se trata de categorías y conceptos de validez universal, que podrían tener un sentido o una intensidad diferente según cuál sea el modelo de Estado en el que nos encontremos. Por ejemplo, los contratos públicos, aquellos que celebran los Entes del sector público, en su fisonomía general y en su articulación concreta, suelen presentar unos obvios rasgos comunes que justamente demuestran la existencia de esta categoría jurídico-administrativa desde su nacimiento[3].

Los Entes públicos, por utilizar una terminología muy amplia en la que entran todas las Administraciones públicas, además de sociedades y otros organismos que manejan fondos públicos, suelen convocar, con publicidad y concurrencia, a las empresas para realizar actividades de interés general que la propia institución solicitante ni está en condiciones de realizar por sí misma, ni probablemente deba hacerlo. La Unión Europea, el Mercosur, Naciones Unidas, el Banco Mundial, el Fondo Monetario Internacional, el Banco Interamericano de Desarrollo y otros órganos y orga-

[2] *Cf.* J. Rodríguez-Arana Muñoz, *Derecho Administrativo Español*, Vol. I, Netbiblo, A Coruña, 2008, pp. 1-5.

[3] *Cf.* J. Rodríguez-Arana Muñoz, 'Los principios generales del Derecho de la contratación pública', en *Revista Derecho de la Pontificia Universidad Católica del Perú*, No. 66, 2011.

nismos de dimensión supranacional contratan con empresas la realización de terminadas obras o servicios públicos siguiendo una tipología que, aunque ha nacido en el Derecho Administrativo Interno, hoy es una realidad en el denominado Derecho Administrativo Global de la contratación pública[4].

El problema que hoy presenta este Derecho Administrativo Global es que es un Derecho en construcción, que se está desarrollando poco a poco, que adolece todavía de una inquietante ausencia de legitimidad debida a la inexistencia de un Parlamento Global, de un Gobierno Global y de un Tribunal Global. Por eso, este incipiente Derecho Público Global opera, como es lógico, a través de principios, a través de principios que proyectan la cláusula del Estado social y democrático de Derecho, en un intento de evitar que la racionalidad económica o la racionalidad técnica terminen por convertirse en la fuente primera y más relevante de este Ordenamiento Jurídico Administrativo Global[5].

El caso de la contratación pública es, en este punto, paradigmático puesto que, como se analiza en este artículo, los principales instrumentos supranacionales, globales, en materia de contratación se han construido precisamente al calor de los principios: del principio de no discriminación, del principio de igualdad, del principio de publicidad, del principio de libre concurrencia. Principios que son la expresión de la obligatoriedad que tienen los Entes públicos, por manejar fondos públicos, de actuar con transparencia, fomentar la igualdad y adjudicar el contrato a la oferta mejor para el interés general, que es siempre el elemento central que gravita y preside el entero régimen jurídico de aplicación. Es decir, en materia de contratos públicos, los principios han sido la base de las normas que ulteriormente se han elaborado[6]. El caso, por ejemplo, en el espacio jurídico europeo, de las Directivas comunitarias en la materia, nos excusa ahora de mayores comentarios.

A pesar de registrar que el Derecho Administrativo Global no ha cumplido hasta el momento el papel que se esperaba de él: ordenación jurídica del poder global para la libertad solidaria de todos los seres humanos en la dimensión global, no se puede desconocer que en la realidad jurídica general, en el espacio jurídico global, se han ido produciendo, quizás demasiado tímidamente y probablemente demasiado lentamente, toda una serie de hechos y regulaciones que, aunque fragmentariamente, acreditan la existencia de parciales regulaciones administrativas de escala supranacional. Sin embargo, en el ámbito de la contratación pública es dónde, a mi juicio, el desarrollo del Derecho Administrativo Global ofrece más solvencia, precisamente a causa de haberse diseñado sobre los cimientos de los principios tradicionales de la

---

4 *Cf.* J. Rodríguez-Arana Muñoz, Et. Al., *Derecho Internacional de la Contratación pública*, Guayacán, Costa Rica, 2011.

5 *Cf.* A. Mascareño, 'Justicia global y justicia sectorial en la sociedad mundial: momentos de universalidad en la lex mercatoria', en *Dilemata*, No. 13, 2013, pp. 46-68.

6 *Vid.* J. Del Olmo Alonso & M. Sánchez Morón (coords.), *El derecho de los contratos públicos en la Unión Europea y sus estados miembros*, Lex Nova, Valladolid, 2011.

contratación pública, que son prácticamente comunes en casi todos los Ordenamientos del planeta, inspirados en el Derecho de matriz romano-germánica[7].

El fenómeno de la globalización, imparable en el terreno económico, hoy ya alcanza y llega a todas las ciencias sociales sin excepción. Por lo que se refiere al Derecho Público, comprobamos con frecuencia la existencia de sectores de la denominada actividad administrativa en sentido amplio que están trufados de regulaciones transnacionales o, por mejor decir, transgubernamentales, que obligan al estudioso del Derecho Administrativo a tener presente esta nueva realidad. Es el caso, entre otros, de la seguridad pública, de la regulación de la energía, de las telecomunicaciones, de la inmigración, del medio ambiente, de la llamada ayuda al desarrollo y muy especialmente, de la contratación pública. Esto es así, entre otras razones, porque hoy la interdependencia y la cooperación intergubernamental nos enseñan que la solución a muchos problemas de dimensión pública ha de buscarse a través de esta nueva versión del pensamiento abierto, plural, dinámico y complementario que se llama globalización[8].

Este nuevo panorama afecta sobremanera a los principios sobre los que descansa el Derecho Administrativo. Es verdad que en nuestra disciplina coexisten dos tradiciones jurídicas que están siendo afectadas por la globalización. Más, desde luego, el sistema jurídico-administrativo de corte francés que el esquema del *rule of law* de inspiración anglosajona. Pero, en cualquier caso, ambos sistemas tienen que *aggiornarse* a la nueva realidad. Es más, en sede de principios, los fundamentos del Estado de Derecho, aquellos sobre los que se han levantado ambos edificios jurídicos, cobran ahora una especial relevancia porque no podemos ocultar que estas nuevas formas de actividad pública de dimensión global no pueden, no deben escapar al control jurídico que legitima la acción pública[9]. En el ejercicio de estos poderes regulatorios, que tienen diferentes protagonistas, incluso de naturaleza privada, deben asegurarse técnicas que impidan que la tentación de eludir el control sea la principal característica de la denominada nueva Administración global que despliega su actividad en el llamado espacio jurídico global. Por eso, en los inicios, en los primeros balbuceos de este todavía incipiente Derecho Administrativo Global, la jurisprudencia, y sobre todo los principios del Derecho sobre los que se levantó esta magnífica construcción jurídico-política, están fundando un nuevo Derecho Público Universal, que como señala agudamente el profesor Meilán, es ya un Derecho prudencial[10].

Está aconteciendo *mutatis mutandis* lo mismo que en los orígenes del Derecho Administrativo en Francia: entonces era el Consejo de Estado el que alumbró el nuevo Derecho Administrativo a través de sus famosos *arrêts*: ahora son los Tribu-

---

7 *Cf.* P. Stein, *El derecho romano en la historia de Europa: historia de una cultura jurídica*, Siglo XXI de España Editores, Madrid, 2001.

8 *Cf.* J. L. Meilán Gil, *Una aproximación al Derecho Público Global*, Global Law Press, Sevilla, 2013, p. 5

9 *Cf.* C. Sirvent Gutiérrez, *Sistemas jurídicos comparados*, Porrúa, México, 2006, especialmente los capítulos dedicados al modelo romano-germánico y al anglosajón.

10 *Cf.* J. Rodríguez-Arana Muñoz, 'Approach to the principles of Global Administrative Law', en J. Robalino & J. Rodríguez-Arana Muñoz (Eds,), Cameron & May, London, 2010, pp. 33-91.

nales, Colegios Arbitrales y Cortes sectoriales de nivel transgubernamental o global, los que poco a poco van elaborando una doctrina jurisprudencial que, hoy como ayer, se basan en principios de Derecho. Aunque no siempre, tal y como se pone de relieve, por ejemplo, en los llamados arbitrajes internacionales en materia de inversiones con ocasión de pleitos surgidos en el marco de los Tratados Bilaterales de Inversión entre los Estados y los inversores extranjeros.

En el sistema continental europeo, el control jurídico de ámbito judicial de la actividad administrativa se ubicó en manos del Consejo de Estado, un organismo público de naturaleza jurisdiccional. Asimismo, la Administración pública en esta tradición jurídico-administrativa actúa sometida a un Derecho diferente al Común para las personas jurídicas ordinarias, repleto de privilegios y prerrogativas en cuanto servidora del interés general. En la otra orilla, nunca mejor escrito, la Administración era considerada como una persona jurídica más sometida al Derecho que interpretan los Tribunales ordinarios. En ambos casos, como es lógico, la Administración estaba sometida a la ley y al Derecho. En el Derecho Administrativo anglosajón, poco a poco, se empezaron a aplicar a los contratos públicos reglas propias de un sistema que asume que la existencia de fondos públicos obliga a disponer de un régimen jurídico adecuado a tal característica. Los contratos privados se rigen por la ley de la autonomía de la voluntad con los límites propios establecidos en los Códigos correspondientes, mientras que los contratos públicos, por la existencia de fondos públicos, están sometidos, a los principios de publicidad, objetividad, equidad, concurrencia, igualdad de trato, transparencia. Principios hoy de aplicación, por mor de la fuerza del Derecho Público Comunitario Europeo, a todos los países de la Unión Europea, sean de tradición anglosajona o francesa[11].

En este contexto, las experiencias de Derecho Administrativo Global en distintos sectores como puede ser el de los derechos humanos, el del comercio internacional, el cultural, el agrícola, el de la contratación pública, el deportivo, entre otros, todos ellos de dimensión universal, van a mostrarnos un conjunto de resoluciones de naturaleza judicial y unas normas y prácticas administrativas que, desde luego, superan las fronteras nacionales. En efecto, desde el principio de legalidad, hasta la separación de los poderes pasando por la primacía de los derechos fundamentales de las personas sin perder de vista la relevancia del pluralismo, de la racionalidad, de la transparencia, del buen gobierno, de la rendición de cuentas, así como de la instauración de un efectivo sistema de *cheks and balances*, encontramos principios y criterios del Estado de Derecho, que nos permiten hablar de un Derecho Administrativo Global de base principal. Base principal, insisto, que en materia de contratos es patente[12].

En materia de contratación pública, nos topamos con un problema complejo porque en el espacio europeo resulta que el principio de igualdad de trato es desco-

---

11 *Cf.* El estudio de J. M. Gimeno Feliu, *La nueva contratación pública europea y su incidencia en la legislación española*, Thomson-Aranzadi, Cizur Menor (Navarra), 2005, donde se demuestra la profunda incidencia del Derecho Comunitario de la Contratación pública en la legislación nacional en la materia.

12 *Cf.* J. C. Cassagne, 'Principles of Global Administrative Law', en J. Robalino & J. Rodríguez Arana Muñoz, *Op. Cit.*, pp. 3-11.

nocido muchas veces a favor de las empresas nacionales por diferentes *razones*, desde la promoción de la industria nacional, hasta la protección de la economía propia. Como es sabido, el 80% de los contratos públicos son adjudicados a licitadores nacionales.

En este sentido, los profesores Kingsbury, Krisch y Stewart son conscientes de que puede haber determinadas regulaciones globales que pueden afectar de manera distinta a unos Estados y a otros cuestionándose incluso el régimen del Derecho Internacional Público. Para resolver este escollo, estos profesores abogan por que los regímenes intergubernamentales construyan estándares de Derecho Administrativo y técnicas jurídicas generales a las que los gobiernos nacionales deban adecuarse con el fin de asegurar que los principios del Estado de Derecho sean respetados. En materia de contratación, los principios son la clave de bóveda del sector[13]. Sin principios, que además son globales, no hay sistema global de contratación pública global[14].

Otra de las características que me interesa destacar en este trabajo sobre los principios del Derecho Administrativo Global aplicados a la contratación pública se refiere a que, en la realidad, sin que su nacimiento se haya debido a una sistematización previa, nos encontramos ante acción administrativa global y ante Entes públicos, público-privados, incluso privados, que realizan tareas regulatorias de servicio objetivo al interés general. La realidad, que es tozuda, testaruda podríamos escribir en una expresión quizás no muy científica, demuestra que en el llamado espacio jurídico-administrativo global habita toda una serie de regulaciones de este carácter que están afectando sobremanera al tradicional entendimiento del Derecho Administrativo.

Por ello, ahora, cuando explicamos en las Facultades universitarias Derecho Administrativo, tenemos que introducir a los alumnos en el Derecho Administrativo Global, sobre todo en materia de Derecho regulatorio y en los contenidos de algunos sectores del Derecho Administrativo como pueden ser, por ejemplo, el Derecho Ambiental[15], el Derecho de la Contratación Pública, el Derecho de la Seguridad o el Derecho Marítimo.

La europeización del Derecho Administrativo es hoy una realidad. Una realidad que, sin embargo, no está del todo asumida por los Estados miembros ni interiorizada por numerosos operadores jurídicos de los Estados de la Unión Europea[16]. Una de las razones de tal situación se encuentra, efectivamente, en la resistencias mostrencas a la compartición de espacios de soberanía a la Unión por parte de los Estados y por un emergente nacionalismo que impide que el espacio jurídico global sea la realidad que debiera tras tantos años de andadura comunitaria.

---

13 *Cf.* el pionero trabajo de los profesores B. Kingsbury, N. Krisch & R. B. Stewart, 'The Emergence of Global Administrative Law', en *Law and Contemporary Problems*, No. 15, (Summer-Autumn, 2014).

14 *Cf.* C. E. Delpiazzo, en J. C. Cassagne & E. Rivero Ysern (Dirs.), *Los principios generales en la contratación pública*, Hammurabi, Buenos Aires, 2007.

15 *Cf.* J. Sanz Larruga, 'Global Environmental Law', en J. Robalino & J. Rodríguez-Arana Muñoz, *Op. Cit.*, pp. 277-301.

16 *Cf.* el preclaro y revelador estudio del profesor S. Cassese, *Derecho Administrativo: Historia y futuro*, Global Law Press, Sevilla, 2014.

En cualquier caso, se trata de un proceso jurídico imparable que, con luces y sombras, poco a poco va calando en la conciencia jurídica europea. La europeización del Derecho Administrativo es un proceso que se va produciendo a golpe de reglamento, a golpe de directiva y, en la medida en que ambas fuentes del Derecho son de aplicación obligatoria en los Estados miembros de la Unión, en esa medida el Derecho Administrativo Comunitario va siendo más conocido y también más utilizado por los Tribunales de justicia de los países miembros. Estas normas jurídicas han venido diciplinando la acción sectorial de la Administración, esfera de actuación de la Administración europea que contiene las principales políticas públicas de la Unión: agricultura, pesca, seguridad, política social, entre otras. En materia de contratación, a pesar de la claridad de las Directivas, no se puede ocultar que el principio de igualdad de trato sigue siendo una quimera ante el proteccionismo existente en determinados sectores y frente a la preferencia de las empresas nacionales para la adjudicación de contratos públicos de ciertas relevancia. En cambio, cuando es la Union Europea, no los Estados miembros, quien protagoniza el proceso de selección de los contratistas, entonces los principios del derecho Europeo de la Contratación pública se aplican sin mayores problemas[17].

II. LOS PRINCIPIOS GENERALES Y EL DERECHO ADMINISTRATIVO GLOBAL

El Derecho Administrativo Global es un Derecho principal, un Derecho que a día de hoy progresa a partir de principios de Derecho que, además de proporcionar los criterios generales para construir las instituciones y categorías jurídico-administrativas, garantiza que los postulados del Estado de Derecho iluminen esta nueva realidad[18]. En realidad, en el Derecho Administrativo los principios siempre han sido fundamentales, probablemente porque al ser un Derecho relativamente reciente, al menos en su conformación científica, han servido de guía para su construcción y desarrollo[19].

En efecto, la consideración de los principios generales del Derecho en el campo del Derecho Administrativo puede realizarse de muy diferentes formas, atendiendo a distintos puntos de vista[20]. Se puede, por ejemplo, analizar su condición de fuente del Derecho y explicar cuáles son sus peculiaridades proyectadas sobre nuestra disciplina. Se puede, también, estudiar específicamente su carácter de elemento informador y transversal de todo el Ordenamiento jurídico-administrativo. Igualmente, se puede poner el acento en su conexión con la dimensión ética y en su proyección sobre el plano de los valores. Es posible detenerse a partir del análisis de los principios políticos que presiden el Estado social y democrático de Derecho o centrarse en el

---

17 *Cf.* M. Ballbé & R. Martínez, 'Law and Globalization; Between the United States and Europe', en J. Robalino & J. Rodríguez-Arana Muñoz, *Op. cit.*, pp. 137-215.

18 *Cf.* M. Rebollo Puig, 'Los principios generales del Derecho', en J. Santamaría Pastor (Dir.), *Los Principios Jurídicos del Derecho Administrativo*, La Ley, Madrid, 2010, pp. 1521-1583.

19 *Cf.* el muy reciente estudio del profesor argentino J. C. Cassagne, *Los grandes principios del Derecho Público (Constitucional y Administrativo)*, Reus, Madrid, 2016.

20 En general, *Cf.* G. Del Vecchio, *Los principios generales del derecho*, Bosch, Madrid, 1979.

estudio de los aforismos, de las técnicas de argumentación, de las reglas de interpretación o de determinados criterios procesales. Es decir, como señala Santamaría Pastor, existe una pluralidad de significados y de aproximaciones en relación con los principios generales que hacen necesario clarificar y concretar el objeto de la reflexión[21].

El sometimiento del poder público global al Derecho en buena medida se produce gracias a la existencia de una serie de principios que proyectan su luz para contemplar y resolver los problemas jurídico-públicos en su real y justa dimensión y que son la atmósfera en la que ha de respirar el Ordenamiento jurídico administrativo global. La jurisprudencia de algunos Tribunales nacionales y de algunos Tribunales del orden global, como por ejemplo el Tribunal de la Organización Mundial del Comercio, enseña que los principios generales son el resultado del genio jurídico de la construcción del Estado de Derecho y la esencia del entero Ordenamiento jurídico. En el marco del Derecho Administrativo, los principios generales son los criterios inspiradores del entero sistema normativo de nuestra disciplina. De este modo, los principios generales, que son la esencia del Ordenamiento, siempre nos ayudarán a realizar esa fundamental tarea de asegurar y garantizar que el poder público en todo momento se mueve y actúa en el marco del Derecho. Es más, su carácter inspirador del Ordenamiento nos lleva a reconocer en los principios las guías, los faros, los puntos de referencia necesarios para que, en efecto, el Derecho Administrativo no se convierta en una maquinaria normativa al servicio del poder de turno sin más asideros que las normas escritas y las costumbres que puedan ser de aplicación en su defecto. En el caso del Derecho de la Contratación Pública Global, los principios, como ya hemos señalado, juegan un papel central para la existencia de este sector del Derecho Administrativo Global. Son principios que, como los de objetividad, racionalidad, igualdad de trato, suponen que el Derecho Administrativo Global cumpla la función que tiene encomendada: la ordenación racional de los asuntos públicos de dimensión global de acuerdo con la justicia.

En los inicios del siglo XXI la pregunta acerca de la significación de los principios generales del Derecho en el Derecho Administrativo puede ser contestada desde dos planteamientos muy distintos. Desde el positivismo se diría que los principios generales no tienen apenas más sentido que el de, en todo caso, reconocer en términos abstractos las reglas que se expresan en el sistema normativo. El sistema normativo se da a si mismo los principios porque es el Ordenamiento el origen y la causa de ellos.

Si, por el contrario, nos situamos en una perspectiva de positivismo abierto, de positivismo que reconoce la existencia de un solar jurídico general, de una cultura jurídica universal, global, podemos afirmar, que representa el Estado de Derecho, entonces las cosas son de otra manera.

Desde esta perspectiva, los principios generales juegan un papel central porque son los garantes de que el Estado de Derecho y sus postulados sean una realidad en todas las ramas del Derecho. Así, de esta manera, los principios no son solo fuente del Derecho Administrativo Global, que no es poco, sino que son, además, elemen-

[21] *Cf.* J. A. Santamaría Pastor, *Principios de Derecho Administrativo*, Iustel, Madrid, 2009.

tos inspiradores, criterios sobre los que se debe edificar el Derecho Administrativo. Claro, si el Derecho Administrativo no es más que una rama del Derecho Público que regula las relaciones entre la Administración y los ciudadanos sin más, los principios tienen una funcionalidad muy limitada. Si el Derecho Administrativo se concibe, siguiendo a González Navarro, como el Derecho del poder público para la libertad del ser humano, entonces se comprende fácilmente la virtualidad operativa que tienen en el orden jurídico-administrativo global[22].

En el caso de la contratación pública global han sido precisamente los principios generales los que han permitido la elaboración de normas de orden global que han establecido el régimen de los contratos públicos de numerosos Entes públicos de la denominada Administración Pública Global. Estos principios permiten en todo momento conocer si las licitaciones se realizan en el marco del Estado de Derecho. O lo que es lo mismo, si las licitaciones se conducen con arreglo al interés general global poniendo a disposición de los ciudadanos del mundo obras y servicios públicos de calidad que permitan la mejora real de las condiciones de vida del pueblo.

A este propósito debe tenerse presente que el Tribunal Supremo español señaló por sentencia de 18 de febrero de 1992 que:

> "[...] los principios generales del Derecho, esencia del Ordenamiento jurídico, son la atmósfera en que se desarrolla la vida jurídica, el oxígeno que respiran las normas, lo que explica que tales principios informen las normas –art. 1.4 del Código Civil– y que la Administración esté sometida no sólo a la ley sino también al Derecho –art. 103 de la Constitución–. Y es claro que si estos principios inspiran la norma habilitante que atribuye una potestad a la Administración, esta potestad ha de actuarse conforme a las exigencias de los principios".

Esta jurisprudencia tiene, en mi opinión, una proyección jurídica que va más allá de nuestras fronteras puesto que perfila la función, el significado y la operatividad de los principios generales como elementos informadores del Ordenamiento jurídico en general.

A poco que se examine en sus justos términos la doctrina que se contiene en esta sentencia del Tribunal Supremo del Reino de España se comprenderá el alcance y significado de los principios generales como exponentes del ambiente general que ha de presidir el entero sistema normativo. Se trata, en este caso, de los principios como elementos basilares del Ordenamiento, como las columnas vertebrales que sostienen y dan vida a las normas jurídicas. Con palabras de la sentencia del Tribunal Supremo, son el oxígeno que envuelve a las normas, la atmósfera que permite la pervivencia de las normas. Si se desconocen o si se eliminan es como si dejara de existir el oxígeno para el hombre. Por eso, los principios generales, como elementos informadores y criterios esenciales, han de ser tenidos muy en cuenta no sólo por el intérprete de la norma, sino también por quien la elabora. En materia de contratación pública los principios son tan relevantes que ellos mismos son los que sostienen todo el entramado normativo de la contratación pública, y son ellos mismos los que aseguran que la contratación pública está presidida por los postulados del Estado de

---

22 *Cf.* F. González Navarro, *Derecho Administrativo Español*, Vol. I, Eunsa, Pamplona, 1994, p. 23.

Derecho. Es decir, la objetividad, la transparencia, la igualdad de trata, la motivación de las adjudicaciones, son materias que están disciplinadas por principios generales que han sido llevados al cuerpo de las principales Normas que regulan la contratación pública a nivel global, tal y como tendremos ocasión de comentar en el siguiente epígrafe.

Es verdad que muchos principios han venido al mundo jurídico como consecuencia del trabajo de la doctrina y la jurisprudencia. Se comprueba estudiando el Derecho Administrativo Norteamericano y el Derecho Administrativo Comunitario Europeo, éste último especialmente en materia de contratos públicos. En otros casos, además, aparecen, como no pude ser menos, reflejados en las normas. Pero lo más importante es que existen por si mismos porque son la proyección en la realidad jurídica de la esencial idea de justicia que trasciende al Ordenamiento y le da sentido[23]. Desde este punto de vista, los principios son previos al Ordenamiento. Podría decirse que son su fundamento y que el Ordenamiento se justifica en la medida en que dichos principios inspiran y presiden el sistema normativo. En el caso de la contratación pública global, esta afirmación es, sencillamente, exacta.

Esta idea, gráfica, de que los principios son la atmósfera y el oxígeno de las normas pienso que explica hasta qué punto el olvido de los principios precipita la degradación del Derecho. En efecto, hoy en día, sin ser demasiado pesimista, más bien realista, podemos afirmar sin temor a equivocarnos que, frente al intento, sistemático y pertinaz, de convertir el Derecho Administrativo en un mero apéndice del poder, los principios generales se levantan como valladar inexpugnable que permite evitar esta terrible operación. Antes bien, el Derecho Administrativo del Estado de Derecho debe mucho a los principios generales. Tanto que, si no fuera por ellos, probablemente la lucha contra las inmunidades del poder de la que habla García de Enterría hubiera sido desigual y con un claro vencedor. La exigencia, por ejemplo, de objetividad y transparencia en las contrataciones públicas, también en la dimensión global, facilita enormemente el control judicial de las adjudicaciones que los poderes públicos llevan a cabo todos los días.

Si pensamos en la contratación pública y en el progresivo vaciamiento, en el espacio jurídico europeo, del principio de igualdad de trato, comprenderemos hasta qué punto el desconocimiento de los principios generales en materia de contratación pública termina por desnaturalizar el sentido y significado de una categoría jurídica que aplicada al Derecho Administrativo, se justifica en la medida en que se pone a disposición de la ciudadanía obras y servicios públicos, o de interés general, en las mejores condiciones técnicas posibles que permitan el progreso y el desarrollo del país en cuanto mejoran las condiciones de vida de los ciudadanos.

Conviene llamar la atención acerca de que el Tribunal Supremo español, cuando ha ido construyendo la teoría del control de la discrecionalidad administrativa a través de los principios generales, ha conectado la existencia de dichos controles al genio expansivo del Estado de Derecho[24]. Efectivamente, el Estado de Derecho es

---

23 *Cf.* J. C. Cassagne, *Los principios generales del Derecho en el Derecho Administrativo*, Abeledo-Perrot, Buenos Aires, 1992.

24 *Cf.* Sentencia del Tribunal Supremo español de 8 de octubre de 1990.

un Estado de justicia, es un Estado en que el poder ha de actuar conforme a patrones y cánones formales y sustanciales. Si nos quedamos únicamente en la vertiente procedimental y formal del poder resulta evidente que éste puede terminar, ejemplos hay y lacerantes de todos conocidos, siendo la principal y más efectiva terminal del autoritarismo y la ausencia de medida. Por eso, la existencia de controles sustanciales viene determinada por los principios, que son, como vuelve a recordar esta sentencia, la atmósfera en que se desarrolla la vida jurídica, el oxígeno que respiran las normas.

En efecto, en materia de contratación, estos principios permiten a los Tribunales de Justicia enjuiciar las actuaciones de los Entes públicos en la materia asegurando que las licitaciones se han realizado de acuerdo con los mínimos exigibles por el Estado de Derecho para la contratación pública: objetividad, imparcialidad, publicidad, concurrencia, igualdad de trato, etc.

Hoy en día, la mayor parte de los principios generales del Derecho están recogidos en las normas escritas. En materia de contratación pública global, como se comprobará en el siguiente epígrafe, los principios generales han sido recogidos en las Normas europeas que regulan la materia. Durante largo tiempo estos principios fueron construidos y levantados gracias al trabajo de la jurisprudencia y de la doctrina científica. Luego, pasaron a las normas hasta el día de hoy en el que, afortunadamente, los principios generales del Derecho, en materia de contratación pública global así es, están explícitamente reconocidos en las principales Normas que regulan los más relevantes sectores del quehacer de los Entes públicos.

Al día de hoy, la consideración del buen gobierno y de la buena administración de los asuntos públicos es, desde luego, otro elemento principal del Derecho Administrativo Global. En la Declaración del Milenio de Naciones Unidas y en los más destacados documentos de reforma del Estado de casi todos los países, a veces incluso en el marco de leyes y normas administrativas, hoy el derecho a la buena administración y al buen gobierno es, desde luego, un derecho de los ciudadanos. Como es lógico, en materia de contratación pública también es de aplicación este principio de la buena administración.

En efecto, la consideración central del ciudadano en las modernas construcciones del Derecho Administrativo y la Administración pública proporciona, en efecto, el argumento medular para comprender en su cabal sentido este nuevo derecho fundamental a la buena administración, reconocido en el artículo 41 de la Carta Europea de los derechos fundamentales. La persona, el ciudadano, el administrado o particular según la terminología jurídico administrativa al uso, ha dejado de ser un sujeto inerte, inerme e indefenso frente a un poder que intenta controlarlo, que le decía lo que era bueno o malo para él, al que estaba sometido y que infundía, gracias a sus fenomenales privilegios y prerrogativas, una suerte de amedrentamiento y temor que terminó por ponerlo de rodillas ante la todopoderosa maquinaria de poder en que se constituyó tantas veces el Estado. Hoy, también asistimos, a pesar de los pesares, al intento de la tecno-estructural global por considerar al ciudadano, no formalmente por supuesto, como un nuevo súbdito, como un ser dócil y sumiso, o, peor, como una cosa susceptible de usar y tirar cuándo ya no es útil.

En materia de contratación pública no debemos perder de vista que las obras públicas o que los servicios públicos o de interés general objeto de las licitaciones, han de ser realizados de la mejor manera posible, técnica y económicamente, precisamente porque los ciudadanos tienen derecho a que los fondos públicos que van a financiar dichas actividades son de su propiedad y que, por ello, tienen derecho a recibir obras y servicios de interés general que permitan unas mejores condiciones de vida para todos. Esta dimensión de la actividad pública ahora afortunadamente está en el centro de la discusión sobre el alcance y el significado del quehacer de la Administración pública en el Estado social y democrático de Derecho.

El artículo 41 de la Carta Europea de los Derechos Fundamentales constituye un precipitado de diferentes derechos ciudadanos que a lo largo del tiempo y a lo largo de los diferentes Ordenamientos han caracterizado la posición central que hoy tiene la persona en todo lo que se refiere al Derecho Administrativo. Hoy, en el siglo XXI, el ciudadano, como ya hemos señalado, ya no es un sujeto inerte que mueve a su antojo el poder. Hoy el ciudadano participa en la determinación del interés general que ya no define unilateralmente la Administración pública. El ciudadano es más consciente de que el aparato público no es de la propiedad de los partidos, de los políticos o de los propios servidores públicos.

El derecho a la buena administración es un derecho fundamental de todo ciudadano comunitario a que las resoluciones que dicten las instituciones europeas sean imparciales, equitativas y razonables en cuanto al fondo y al momento en que se produzcan. Dicho derecho según el citado artículo 41 incorpora, a su vez, cuatro derechos. Ahora, sin embargo, nos interesa sólo subrayar que este derecho fundamental a la buena Administración exige de las autoridades públicas que en materia de contratación pública se conduzcan de acuerdo con la equidad, la imparcialidad, y en tiempos razonables. Es decir, los principios de transparencia, de imparcialidad, de motivación, de racionalidad, de igualdad de trato, entre otros, son principios integrados también en la obligación de buena Administración que ha de caracterizar las actuaciones de la Administración pública, también en materia de contratos públicos.

Es más, puede decirse, de alguna manera, que el repertorio de principios del Derecho Administrativo Global parte de esta capital consideración. Por una razón fundamental: porque las exigencias de transparencia, racionalidad, motivación, objetividad, responsabilidad, participación, pluralismo... que debe caracterizar a la acción de la Administración global se deducen de este derecho del ciudadano, por ser el dueño de las instituciones públicas, a una buena administración y a un buen gobierno de los asuntos públicos.

En materia de contratos públicos, como ahora vamos a examinar, los principios han presidido las normas que se han ido elaborando por los diferentes Entes públicos globales. Transparencia, igualdad de trato, licitación pública, imparcialidad, equidad, cláusula de progreso científico, centralidad de la condición humana. Es más, puede decirse que es la materia de contratos públicos la que mejor ayuda a comprender el sentido principal que tiene el Derecho Administrativo Global.

III. LOS PRINCIPIOS GENERALES DE LA CONTRATACIÓN PÚBLICA EN EL DERECHO ADMINISTRATIVO GLOBAL

Si hubiera que elegir un sector concreto del Derecho Administrativo Global para explicar el sentido de los principios generales en su conformación, ese sector bien podría ser el de la contratación administrativa en el espacio jurídico global europeo. Por muchas razones, pero sobre todo porque se puede afirmar sin riesgo a equivocarse que en esta materia los principios generales de igualdad de trato, de transparencia, de objetividad, de imparcialidad, o de equidad han sido quienes han hecho posible la elaboración de normas relativas a las compras públicas a cuyo través se ha instaurado un verdadero Derecho Administrativo Global de la Contratación Pública.

En efecto, en el marco de las Directivas de 2014, los principios generales de la contratación pública son el fundamento de la contratación pública y se caracterizan por su transversalidad en todas las fases del procedimiento de contratación, aplicándose además no sólo a los contratos que caen dentro del ámbito de aplicación de las Directivas comunitarias sobre contratación pública, sino también a todos los contratos que celebren los órganos de contratación sujetos a las Directivas[25].

En efecto, como es sabido, la misma existencia de la contratación pública en los espacios supranacionales debe su razón de ser a la relevancia de los principios generales de la contratación pública. En efecto, la contratación pública no adquiere carta de naturaleza normativa multilateral o global en el seno de los intercambios comerciales de la Organización Mundial del Comercio hasta 1994, el 15 de abril en Marrakech, en que se firma en el seno de esta organización internacional de comercio, el acuerdo sobre contratación pública. Acuerdo que trae causa de la necesidad de evitar la discriminación en la contratación pública. El acuerdo constituye el corolario necesario de la proyección del principio de igualdad de trato, o de no discriminación, a los contratos que se realicen entre el sector público y las empresas de los diferentes países para la realización de obras y servicios públicos de relevancia. El acuerdo figura en el anexo 4 del Acuerdo de Marrakech y obliga a los países que lo rubricaron.

Este acuerdo de contratación pública contiene los más fundamentales principios generales de la contratación pública, que pasan del nivel interno al plano supranacional: el principio de trato no menos favorable que el otorgado a productos, servicios y proveedores nacionales, el principio de licitación pública con selección com-

---

25 En este sentido, la sentencia del Tribunal de Justicia de la Unión Europea de 10 de marzo de 2011, asunto C-274/09, *Privater Rettungsdienst*, en su apartado 49 establece que: "[...] es preciso añadir que, a pesar de que, en el estado actual del Derecho de la Unión, los contratos de concesión de servicios no se rigen por ninguna de las directivas mediante las cuales el legislado de la Unión ha regulado el ámbito de los contratos públicos, las autoridades públicas que celebran tales contratos están obligadas, no obstante, a respetar las normas fundamentales del Tratado FUE, en particular los artículos 49 TFUE y 56 TFUE, así como a cumplir la obligación de transparencia que de ellos se deriva, en caso de que el contrato en cuestión revista un interés transfronterizo cierto, circunstancia que corresponde apreciar al órgano jurisdiccional remitente (véase, en este sentido, la sentencia de 13 de abril de 2010, Wall, C-91/08, Rec. p. I-0000, apartados 33 y 34 y jurisprudencia allí citada)".

petitiva de los contratistas como regla con algunas excepciones para procedimientos restringidos en función de la naturaleza del contrato, principio de imparcialidad, principio de equidad, principio de transparencia, principio de la cláusula de progreso científico o tecnológico. Es decir, se incorpora al Derecho Administrativo Global el conjunto de principios que rigen y han regido desde hace tiempo el ámbito de la contratación pública nacional.

El problema de este acuerdo, que se ha actualizado en 2006 es, como dice el profesor Moreno Molina[26], que se aplica a un concreto y limitado número de países de gran relevancia comercial, estableciéndose obligaciones demasiado débiles como para que se pueda llevar completamente a la práctica. Además, la previsión en 2006 de la resolución de conflictos a través de arbitrajes pone de manifiesto hasta qué punto es necesario un Tribunal Administrativo Global de contratación pública integrado por personas expertas en la materia en las que concurran las condiciones de imparcialidad y objetividad. El acuerdo es de aplicación en la Unión Europea a partir de la Decisión del Consejo 94/800 formando parte del Derecho Comunitario Europeo.

En el marco de las Naciones Unidas debemos citar la llamada ley modelo sobre contratación pública en materia de bienes, obras y servicios. Se trata de un texto elaborado en el seno de la Comisión de Naciones Unidas para el Derecho Mercantil Internacional que está en revisión y actualización y que se aprobó en 1993. La influencia de las directivas de la Unión Europea en materia de contratación es obvia. En realidad, este texto está diseñado como modelo en el que puedan inspirarse los países que no disponen de regulación en materia de contratación pública o, en su caso, actuar incluso como derecho supletorio. Obviamente, los principios están muy presentes en este modelo, especialmente los de transparencia, objetividad y equidad.

En las normas sobre compras del sector público del Tratado de Libre Comercio de América del Norte encontramos también, como principios fundamentales, los de trato no menos favorable que el más favorable dispensado a los nacionales y de no discriminación. En el seno del área de libre comercio de las Américas el grupo de trabajo sobre compras del sector público está trabajando en un borrador de normas que parten de los principios básicos de la contratación pública. Igualmente, el protocolo sobre contrataciones públicas de Mercosur parte del principio de igualdad de trato y prácticas de no discriminación en materia de bienes y servicios.

Los principios han pasado de la jurisprudencia del alto Tribunal Europeo a las Directivas de contratación que hoy los reconocen en sus primeros considerandos y artículos. Así, el Derecho Comunitario Europeo ofrece una nueva perspectiva para comprender la contratación pública, buscando el objetivo de asegurar la transparencia, la objetividad y la no discriminación en la adjudicación de los contratos, para garantizar el establecimiento del mercado interior y evitar que la competencia resulte falseada.

El Derecho español ha recogido esos principios generales como fundamento de su normativa de contratación. Ejemplo de ello es el encabezamiento del articulado de la actual regulación, en la que los principios de libertad de acceso a las licitacio-

---

26 *Cf.* J. A. Moreno Molina, *Derecho global de la contratación pública*, Ubijus Editorial, México, 2011, p. 23.

nes, publicidad y transparencia de los procedimientos, no discriminación e igualdad de trato entre los candidatos y salvaguarda de la libre competencia, constituyen el objeto y finalidad primera de esta norma como establece el primer párrafo de su artículo 1.

En efecto, es en el marco de la Unión Europea dónde esta cuestión está mejor regulada y mejor articulada. Probablemente porque, como señala Moreno Molina, el espacio jurídico europeo es el ámbito territorial supranacional en el que más y mejor se están armonizando los Ordenamientos jurídicos de los Estados miembros de la Unión Europea. Los Derechos Internos en la materia no presentan grandes diferencias. Además, la apertura al mercado de la contratación pública, exigencia de la esencia del sistema del Derecho Comunitario Europeo, obliga a diseñar unas normas muy exigentes en lo que se refiere a la participación de contratistas en las licitaciones que el sector público de cada país convoca para la realización de obras o servicios de interés general. El problema, que no es menor, estriba en que no es fácil ni sencillo que los Estados miembros dejen sin contratar para esas obras o servicios a las empresas nacionales, generándose un proteccionismo y nacionalización que en esta materia echa tantas veces por tierra los principios de igualdad y no discriminación, así como los de transparencia y objetividad.

Las razones que se aducen para justificar estas prácticas nacionalistas o proteccionistas, como señala Moreno Molina, son de diverso tipo[27]. Que si la contratación pública, por su envergadura, es una derivación de la política económica nacional, que si a través de la contratación pública se puede intervenir en la vida política, económica y social de los diferentes países, que si se puede ayudar a la reconversión industrial en determinados sectores, que si es un instrumento de apoyo al empleo en industrias en crisis, que si afecta al prestigio nacional, etc. En realidad, contemplamos en la cotidianeidad que el principio de igualdad de trato cede en numerosas ocasiones por estas y otras argumentaciones. Incluso, en ocasiones nos encontramos como señala Moreno Molina con prácticas difíciles de imaginar en un mercado que se califica de competitivo, tales, como, por ejemplo, el reparto de mercados tácitos[28].

En las nuevas Directivas aprobadas por la Unión Europea en 2014 sobresale el principio vertebral de la transparencia[29]. En efecto, la Directiva 2014/24/UE del Parlamento Europeo y del Consejo, de 26 de febrero de 2014, sobre contratación pública, establece ya en el Considerando primero que la adjudicación de contratos públicos por las autoridades de los Estados miembros o en su nombre, ha de respetar los principios de los Tratados Fundacionales y, en particular, la libre circulación de mercancías, la libertad de establecimiento y la libre prestación de servicios, así

---

27 *Id.*

28 Como señaló la sentencia del Tribunal Supremo español de 17 de octubre de 2000, la manifestación más genuina del principio de igualdad de trato es la publicidad en la contratación y su incidencia en los distintos sistemas de selección del contratista. Sin previa publicidad de la contratación no existiría tampoco concurrencia.

29 Sobre el principio de transparencia en la nueva Directiva *Cf.* M. A. Sanmartín Mora, 'La transparencia en la contratación pública, nuevas perspectivas', en *Revista Contratación Administrativa Práctica*, No. 129, ene-feb 2015, pp. 39-42.

como los principios que se derivan de estos, tales como los de igualdad de trato, no discriminación, reconocimiento mutuo, proporcionalidad y transparencia[30].

El Considerando 45 esta Directiva dispone que el procedimiento de licitación con negociación deberá ir acompañado de salvaguardias adecuadas que garanticen la observancia de los principios de igualdad de trato y de transparencia. En particular, los poderes adjudicadores deben indicar con antelación los requisitos mínimos que caracterizan la naturaleza del procedimiento, los cuales no deben ser alterados en las negociaciones para garantizar el principio de igualdad de trato.

Los criterios de adjudicación y su ponderación deben permanecer estables a lo largo de todo el procedimiento y no deben ser objeto de negociación para garantizar la igualdad de trato de todos los operadores económicos. Las negociaciones deben tender a mejorar las ofertas con objeto de permitir a los poderes adjudicadores adquirir obras, suministros y servicios perfectamente adaptados a sus necesidades específicas. Con el fin de garantizar la transparencia y la trazabilidad del proceso, señala la Directiva, se documentarán debidamente todas las fases del mismo[31].

Además, el Considerando 52 señala que la información y comunicación electrónica son instrumentos que pueden simplificar la publicación de los contratos aumentando la eficiencia y transparencia de los procedimientos de contratación. El Considerando 58, por su parte, dispone que es necesario garantizar un nivel adecuado de transparencia que tenga en cuenta la verificación del cumplimiento o no del principio de igualdad de trato. En particular, es fundamental que aquellas comunicaciones orales con los licitadores que puedan incidir en el contenido y la evaluación de las ofertas estén documentadas de modo suficiente y a través de los medios adecuados, como los archivos o resúmenes escritos o sonoros de los principales elementos de la comunicación[32]. Si tales conversaciones o reuniones no se recogen por escrito la arbitrariedad inherente a la opacidad y oscuridad viciará la vida del contrato indefectiblemente, volviéndose al ambiente de oscuridad y ambigüedad tan propicio para que florezca la corrupción.

También el Considerando 61 establece que, para garantizar la transparencia y la igualdad de trato, el Considerando 61 de esta Directiva establece que los poderes adjudicadores deben indicar en los pliegos de la contratación para el acuerdo marco los criterios objetivos que regirán la elección[33].

El uso de las nuevas tecnologías debe realizarse en el marco de publicidad, igualdad y transparencia. Por eso esta Directiva insiste en estos principios. El Considerando 68 manda que se establezcan normas tendentes a garantizar que la utilización de las nuevas técnicas cumple lo dispuesto en la presente Directiva, en especial de acuerdo con los principios de igualdad de trato, no discriminación y transparencia.

---

30 *Cf.* Sentencias del TJUE: 21-09-1988, *Gebroeders Beentjes*, asunto C-31/87, Rec. p. I-4635, y de 26.09.2000, Comisión/Francia Nord-Pas-de-Calais, asunto C-225/98, Rec. p. I-7445.

31 *Cf.* J. Pintos Santiago, *Derecho Global Administrativo y de la Contratación pública*, Tesis doctoral, Universidad de Castilla-La Mancha, 2016, pp. 274 y ss.

32 *Id.*

33 *Id.*

En este sentido, el Considerando 80 de la Directiva afirma que la utilización de medios de información y comunicación electrónicos, en particular la puesta a disposición de los operadores económicos, licitadores y candidatos por medios totalmente electrónicos de los pliegos de la contratación y la transmisión electrónica de las comunicaciones, lleva a una mayor transparencia y ahorro de tiempo. Ahora bien, para garantizar la transparencia necesaria en el contexto de los procedimientos de contratación que conlleven la celebración de negociaciones y diálogos con los licitadores, aquellos de estos últimos que hayan hecho una oferta admisible deben, excepto cuando existan motivos graves para no hacerlo, estar también autorizados a solicitar información sobre la ejecución y el avance del procedimiento[34].

De acuerdo con el Considerando 90, la nueva Directiva establece que la adjudicación de los contratos debe basarse en criterios objetivos que aseguren el respeto de los principios de transparencia, no discriminación e igualdad de trato con el fin de garantizar una comparación objetiva del valor relativo de los licitadores que permita determinar, en condiciones de competencia efectiva, qué oferta es la oferta económicamente más ventajosa. Para garantizar el cumplimiento del principio de igualdad de trato en la adjudicación de los contratos, los poderes adjudicadores deben estar obligados a procurar la transparencia necesaria para permitir a todos los licitadores estar razonablemente informados de los criterios y modalidades que se aplicarán en la decisión relativa a la adjudicación del contrato[35].

Uno de los aspectos en los que la corrupción hace acto de presencia en la contratación pública es la subcontratación. Por eso, ahora el Considerando 105 de la Directiva señala que es preciso velar para que haya transparencia en la subcontratación, pues así se facilita a los poderes adjudicadores información sobre quién está presente en los lugares en que se realizan las obras de construcción encargadas por ellos o qué empresas están prestando servicios en edificios, infraestructuras o zonas tales como ayuntamientos, escuelas municipales, instalaciones deportivas, puertos o autopistas que dependen de los poderes adjudicadores o sobre los que ejercen una supervisión directa.

Además, como reconoce expresamente la Directiva, es menester ampliar las obligaciones de transparencia, permitiendo el pago directo a los subcontratistas o al permitir o exigir a los poderes adjudicadores que verifiquen que los subcontratistas no se encuentran en ninguna de las situaciones en las que se justificaría la exclusión de operadores económicos.

Los principios de transparencia y de igualdad de trato son omnipresentes en la Directiva que ahora estamos examinando. Así, en su Considerando 110 se dispone que de acuerdo con los principios de igualdad de trato y de transparencia, el licitador adjudicatario no deberá ser sustituido por otro operador económico, por ejemplo cuando se rescinda un contrato debido a deficiencias en su ejecución, sin la convocatoria de una nueva licitación.

Desde la perspectiva de la lucha contra la corrupción, la nueva Directiva 2014/24/UE, dispone que la trazabilidad y transparencia de la toma de decisiones en los procedimientos de contratación es fundamental para garantizar unos procedimientos adecuados, incluida la lucha eficaz contra la corrupción y el fraude.

---

34 *Cf.* Considerando 82.

35 *Cf.* Considerando 90.

Si en los Considerandos de la Directiva son constantes las apelaciones a los principios generales de la contratación, lo mismo acontece en el articulado de esta norma de la Unión Europea. En efecto, Por su parte, la Sección Segunda del Capítulo III del Título de la nueva Directiva de contratos Públicos lleva como rúbrica: «Publicación y transparencia».

Además, el artículo 40 se refiere a la cuestión de las consultas preliminares del mercado en los siguientes términos:

> "Antes de iniciar un procedimiento de contratación, los poderes adjudicadores podrán realizar consultas del mercado con vistas a preparar la contratación e informar a los operadores económicos acerca de sus planes y sus requisitos de contratación. Para ello, los poderes adjudicadores podrán, por ejemplo, solicitar o aceptar el asesoramiento de expertos o autoridades independientes o de participantes en el mercado, que podrá utilizarse en la planificación y el desarrollo del procedimiento de contratación, siempre que dicho asesoramiento no tenga por efecto falsear la competencia y no dé lugar a vulneraciones de los principios de no discriminación y transparencia."

El artículo 56 es también bien claro en este sentido:

> "[...] cuando la información o documentación que deben presentar los operadores económicos sea o parezca ser incompleta o errónea, o cuando falten determinados documentos, los poderes adjudicadores podrán, salvo que se disponga de otro modo en la normativa nacional que dé cumplimiento a la presente Directiva, solicitar a los operadores económicos de que se trate que presenten, completen, aclaren o añadan la información o documentación pertinente dentro de un plazo adecuado, siempre que dichas solicitudes se hagan en plena conformidad con los principios de igualdad de trato y transparencia."

Los principios generales de la contratación, como es lógico, tienen una relevancia fundamental en el momento de la adjudicación. De ahí que el artículo 76 disponga que:

> "[...] los Estados miembros establecerán normas nacionales para la adjudicación de los contratos sujetos a lo dispuesto en el presente capítulo, a fin de garantizar que los poderes adjudicadores respetan los principios de transparencia y de igualdad de trato de los operadores económicos. Los Estados miembros serán libres de determinar las normas de procedimiento aplicables, siempre que tales normas permitan a los poderes adjudicadores tener en cuenta la especificidad de los servicios en cuestión."

La transparencia, principio vertebral y central de la contratación, también lo encontramos, como es lógico, en las otras Directivas de 2014. A saber, en la Directiva 2014/25/UE, relativa a la contratación por entidades que operan en los sectores del agua, la energía, los transportes y los servicios postales y por la que se deroga la Directiva 2004/17/CE y la Directiva 2014/23/UE, relativa a la adjudicación de contratos de concesión. Así y sólo a título de ejemplo esta última incide en materia de transparencia, como señala PINTOS SANTIAGO, en los considerandos 4, 6, 33, 53, 24, 61, 67, 68, 72, 74, 77, en los artículos 3, 7, 10 y 35 y en el Anexo III[36].

---

[36] *Cf.* J. Pintos Santiago, *Derecho Global... Op. Cit.*, p. 279.

En los Acuerdos y Tratados firmados por la Unión Europea con otros países nos encontramos también en presencia de principios. El Acuerdo entre la Unión Europea y Chile de 2002 tiene un título IV dedicado a las compras públicas en el que ocupan un lugar muy destacado los principios de transparencia, racionalidad, no discriminación, igualdad de trato, competitividad abierta y efectiva. El Tratado de Libre Comercio entre la Unión Europea y México del 2000 reconoce en el apartado correspondiente a las compras públicas el principio de trato nacional y de no discriminación. En el mismo sentido, la Unión Europea tiene Acuerdos comerciales, de asociación y cooperación con países vecinos y con países de Asia que igualmente incorporan los principios básicos de la contratación pública europea.

Es verdad que en el Tratado CE no hay preceptos específicos en materia de contratación pública. La razón es sencilla: en 1950 la contratación pública era una actividad poco relevante. Además, en esta materia en el seno de la Unión Europea nos encontramos con dos tradiciones jurídicas bien distintas y dispares que dificultaban una solución unitaria. Mientras que, en los países del régimen de derecho administrativo francés, la doctrina del contrato administrativo inspiraba los Derechos en la materia, en el mundo anglosajón, los contratos celebrados por las Autoridades públicas eran simples contratos civiles regulados por el Derecho Privado, como toda la actividad administrativa, que en el Reino Unido no es más que una persona jurídica privada espacial, pero a fin de cuentas una persona jurídico-privada. En reformas posteriores se incluyó un artículo 163 por el que se decide apoyar los esfuerzos de cooperación de las empresas permitiéndoles la plena utilización del mercado interior de la Unión Europea, en particular por medio de la apertura de la contratación pública. Es, pues, el mercado interior el criterio que ha permitido la existencia de un acercamiento, armonización, de los Derechos Internos en la materia como consecuencia de las Directivas de la Unión Europea, que han consagrado una serie de principios, que son comunes al espacio jurídico administrativo europeo, de aplicación tanto a los países de tradición jurídica anglosajona como francesa. Como señala Moreno Molina, se trata de principios que han cumplido, y cumplen, el papel de imprescindible elemento configurador del Derecho Europeo de los contratos públicos. En Europa, pues, puede decirse que los principios son la razón de ser del Derecho Administrativo de la Contratación Pública.

En este ámbito de la contratación pública, los principios generales de aplicación facilitan que en el sector exista un ambiente de seguridad y certeza jurídica en materia de aplicación e interpretación que ayuda a que los fondos públicos que se destinan a obras y servicios públicos o de interés general en la Unión Europea y en cada uno de los Estados miembros cumplan la finalidad que tienen asignada. Como afirma Moreno Molina, estos principios parten de reglas alojadas en el Tratado de la CE y en el actual proyecto de Tratado Internacional por el que se instituye una Constitución para Europa. Estos principios, hoy recogidos expresamente en las Directivas que regulan esta materia son el fundamento de todo el Derecho Administrativo de los Contratos públicos[37].

El propio Tribunal de Justicia de la Unión Europea, el órgano público que más ha contribuido a reforzar la relevancia de los principios en materia de contratación pública, ha señalado que los principios de objetividad, imparcialidad y no discrimi-

[37] *Id.*, pp. 225 y ss.

nación en la adjudicación de los contratos públicos se extiende no sólo a los contratos sobre los que recaen las directivas en la materia. Esta afirmación trae causa del carácter ciertamente fragmentario de las directivas en materia de contratación pública, que no son regulaciones completas y acabadas sobre contratación pública, por lo que el Tribunal de Justicia de la Unión Europea, siendo consciente de que los Estados miembros siguen siendo libres para mantener o adoptar normas sustantivas o procedimentales que disciplinen los contratos públicos, afirma que tal disponibilidad normativa de los Estados es comunitaria: "[...] a condición de que se respeten todas las disposiciones aplicables del Derecho Comunitario y, en particular, las prohibiciones derivadas de los principios consagrados por el Tratado."[38] Esta doctrina es plenamente congruente con la propia naturaleza del Derecho Comunitario, que tiene carácter preferente y es de aplicación directa en los Estados. De ello se deriva, como corolario necesario, que los principios que se encuentran ínsitos en las disposiciones del Tratado son de general aplicación en los Ordenamientos jurídicos internos de los diferentes Estados miembros de la Unión. Una cosa es que las Directivas hayan tenido que regular determinados sectores, determinado materias y otra muy distinta que los principios generales no se apliquen a los supuestos no contemplados o excluidos de las directivas.

El Derecho Comunitario es un Derecho que se está confeccionado en el tiempo y que no está acabado. Los principios del Tratado, sin embargo, tienen una vocación de proyección permanente sobre las Normas que concretan el Tratado, por lo que este Ordenamiento, que en cada momento tiene el grado de evolución y de delimitación material que es posible, está constantemente iluminado por la luz de los principios, que ayudan a comprender el alcance y sentido de las distintas instituciones y categorías que vertebran el Derecho Administrativo Europeo.

En este sentido, la sentencia del Tribunal de Justicia de la Unión. Como ahora se denomina, de 3 de octubre de 2005, Parking Brixen GMBH, dispone que:

> "[...] pese a que en el estado actual del Derecho Comunitario, los contratos de concesión de servicios públicos se encuentran excluidos del ámbito de aplicación de la Directiva 92/50, las Autoridades públicas que los celebren están obligadas no obstante a respetar, en general, las normas fundamentales del Tratado CE y, en especial, el principio de no discriminación por razón de nacionalidad."

En esta sentencia de 3 de octubre de 2005 encontramos los fundamentos jurídicos que permiten comprender el alcance que tiene el principio de no discriminación en el Derecho Comunitario Europeo[39]. Por una parte, el Tribunal de Justicia de la Unión recuerda que el artículo 12 del Tratado proclama la prohibición de toda discriminación por razón de nacionalidad, el artículo 43 prohíbe las restricciones a la libertad de establecimiento de los nacionales de un Estado miembro en el territorio de otro Estado miembro y el artículo 49, también del Tratado, prohíbe igualmente las restricciones a la libre prestación de servicios dentro de la Comunidad para los nacionales de los Estados miembros establecidos en un país de la Comunidad, hoy de la Unión Europea, que no sea el del destinatario de la prestación.

---

[38] Sentencia del Tribunal de Justicia de las Comunidades Europeas CEI y *Bellini* de 9 de julio de 1987.

[39] *Cf.* J. A. Moreno Molina, *Derecho Global... Op. Cit.*, p. 25.

Efectivamente, en estos preceptos del Tratado se formula categóricamente el principio de no discriminación por razón de nacionalidad, que tiene diferentes posibilidades y que, en todo caso, se extiende a todas las relaciones jurídicas que se produzcan entre nacionales de un Estado miembro y otro Estado miembro y viceversa, como es obvio.

El Tribunal de Justicia de la Unión Europea, como se llama el anterior Tribunal de Justicia de las Comunidades Europeas, ha señalado en sentencia de 5 de diciembre de 1989, Comisión-Italia, que los artículos 43 y 49 de Tratado son una expresión particular del principio de igualdad de trato, como también es manifestación de este principio la prohibición de discriminación por razón de nacionalidad, tal y como ha precisado este Tribunal por sentencia de 8 de octubre de 1980, *Uberschar*.

La sentencia de 3 de octubre de 1985, del Tribunal Europeo, ha precisado, en esta dirección, que el principio de igualdad de trato de los licitadores en la jurisprudencia relativa a las directivas comunitarias en materia de contratación pública tiene por objeto que todos los licitadores dispongan de las mismas oportunidades al formular el contenido de sus ofertas, con independencia de su nacionalidad. En este sentido, se comprende que este principio, conectado al de libertad de establecimiento, implique, en cuanto igualdad de trato y prohibición de la discriminación por razón de nacionalidad, que, como sigue diciendo esta sentencia, en esta materia de la contratación pública exista una obligación de transparencia que permita que la autoridad pública concedente se asegure de que los mencionados principios sean respetados. Es más, como sigue razonando esta resolución judicial:

> "[...] esta obligación de transparencia que rehace sobre dicha Autoridad consiste en garantizar, en beneficio de todo licitador potencial, una publicidad adecuada que permita abrir a la competencia la concesión de servicios y controlar la imparcialidad de los procedimientos de adjudicación."

En esta sentencia nos encontramos, pues, con todos los principios generales de la contratación pública: publicidad, concurrencia, objetividad, transparencia, imparcialidad, igualdad de trato, prohibición de discriminación por razón de nacionalidad. En realidad, el mandato del artículo 163 del Tratado de abrir la contratación pública al mercado, algo que era una consecuencia lógica de los principios del Tratado, alumbró la construcción de una serie de principios que ya estaban establecidos como propios en los Ordenamientos jurídicos internos de muchos de los países de la Unión Europea, que entendieron que el régimen de Derecho Administrativo de la contratación pública, en unos casos no podía llevar a un sistema cerrado de pétreos privilegios de la Administración adjudicadora que cercenara la publicidad y libre concurrencia y, en otros, era un sistema fundado en la competencia y en el mercado abierto. Ahora, la competencia, la libertad de establecimiento, la eliminación del monopolio ha supuesto que en la contratación pública en la Unión Europea los países de tradición continental europea y los países de tradición anglosajona hayan de convivir con un régimen jurídico en que existiendo competencia existe también como criterio central, un entendimiento del interés general más abierto y dinámico.

El principio de licitación, de adjudicación en un proceso abierto y competitivo en materia de contratación pública, ha sido también reconocido en la sentencia de 2005 que ahora estoy glosando. La licitación es, además, consecuencia, dice el Tribunal Europeo, de otro precepto del Tratado, el 86, que establece que los Estados miembros no adoptarán ni mantendrán, respecto de las empresas públicas y aquellas empresas a las que concedan derechos especiales o exclusivos, ninguna medida contraria a las Normas del presente Tratado.

El Derecho de los contratos públicos en los países de la UE obedece a principios comunes, a patrones comunes, que han sido alumbrados en el Tratado CE a partir de la idea central de la competencia, del principio de igualdad y del libre establecimiento, consecuencia de la conformación de un mercado interior en el obviamente las reglas sobre un sector de tanta trascendencia económica como la contratación pública ha de seguir unos criterios uniformes. Esta realidad ha sido posible gracias a la aprobación de un conjunto de directivas que han promovido la aplicación de estos principios en todos los Estados miembros. Insisto, el esfuerzo de los países de contrato administrativo y de los países de contrato civil para someterse a estos principios demuestra hasta qué punto es posible una tarea de síntesis, como la realizada en materia de servicios públicos y servicios de interés general, de ambas tradiciones jurídicas, incorporando lo mejor y más razonable de cada uno de los sistemas jurídicos en el marco de los principios que han de presidir la materia de la contratación pública en Europa: transparencia, no discriminación y objetividad[40].

Tal y como ha señalado Moreno Molina, los principios que están en la base del Derecho Comunitario de la contratación pública, parten de los propios principios del Derecho originario establecido en el Tratado. A saber, la prohibición de toda discriminación por razón de nacionalidad, el principio de libre circulación de mercancías, el principio de libre establecimiento y de servicios y las Normas sobre competencia. En el marco de estos principios se entiende el concreto régimen jurídico diseñado por las directivas para la contratación pública en la Unión Europea con las modulaciones efectuadas por la propia jurisprudencia del Tribunal de Justicia de la Unión Europea, que ha precisado que estos principios son de general aplicación, aunque estemos en sectores excluidos del ámbito de aplicación de estas normas comunitarias. Así, por ejemplo, la sentencia de 22 de septiembre de 1988, tras afirmar la exclusión de la directiva de un determinado contrato, señaló a continuación, que el principio de libre circulación de mercancías, del artículo 28 del Tratado es de general observancia. En el mismo sentido, ahora en relación con los principios de establecimiento y libre prestación de servicios, el Tribunal de Justicia de la Unión Europea, en sentencia de 5 de diciembre de 1989, entendió que tales principios del derecho originario deben cumplirse en todo caso, aunque estemos en un caso de un contrato excluido del ámbito de las directivas comunitarias.

La jurisprudencia del Tribunal de Justicia de la Unión Europea reclama que las directivas en la materia se interpreten conforme con los principios del Tratado. Así, por ejemplo, la sentencia de 12 de marzo de 1990 ha sentado que no se pueden interpretar estas directivas de acuerdo con una ley nacional contraria a los principios del Tratado. Es más, el principio de prohibición de toda discriminación, a pesar de su escasa virtualidad operativa en la realidad, es considerado por el Tribunal Europeo como el fundamento de todo el sistema de contratación pública a

---

[40] En este sentido, por ejemplo, la Directiva 2004/18/CE en el artículo 2 y la Directiva 2004/17/CE en su artículo 10 eran bien claras.

nivel comunitario, tal y como ha establecido la sentencia europea de 22 de junio de 1993. Este principio es una manifestación del más general de igualdad de trato que según la sentencia europea de 14 de diciembre de 2004, reclama que no se traten de forma diferente situaciones que son comparables y que situaciones distintas no sean tratadas de manera idéntica, salvo que ese trato esté justificado objetivamente. Este principio es calificado de fundamental por el propio Tribunal Europeo, en cuya virtud, sentencia de 13 de julio de 1993, se prohíben las discriminaciones manifiestas basadas en la nacionalidad (...) sino también cualquier otra forma encubierta de discriminación que, aplicando otros criterios de distinción, conduzca de hecho al mismo resultado.

El principio de igualdad de trato impide, según el Tribunal de Justicia Europeo, que el poder adjudicador tenga en cuenta una modificación realizada por un licitador, porque tal situación provocaría una situación de ventaja para uno de los oferentes, lo que rompe el principio. Principio, que como también ha precisado la jurisprudencia comunitaria, está inseparablemente unido al de transparencia, pues no es posible autorizar que los competidores dispongan de distintas condiciones a la hora de presentar sus ofertas tal y como ha señalado la sentencia de 25 de abril de 1996. Resulta interesante subrayar que en esta materia la jurisprudencia europea ha señalado que la gestión diligente del proceso de contratación pública es exigencia de los principios de buena administración y de igualdad de trato (sentencia de 29 de abril de 2004).

El principio de buena administración, al que hicimos referencia en el anterior epígrafe, es considerado, tras la Carta Europea de los Derechos Fundamentales, también como principio de obligatorio cumplimiento para los poderes adjudicadores en el marco de la gestión del proceso de la contratación administrativa[41].

Estos principios, que son corolario necesario del principio de competencia y de igualdad de trato, suponen, es claro, una evidente limitación a una interpretación expansiva de lo que en el Derecho de los contratos administrativos son los privilegios o prerrogativas de la Administración. Ahora, estos principios modulan de tal manera el ejercicio de estas potestades, que bien puede decirse que no serán congruentes con el Derecho Comunitario Europeo cuando la realización de estas potestades produzca una quiebra de dichos principios. Quiebra que no será tal cuando se produzca una desigualdad justificada objetivamente, lo que sólo puede acontecer cuando tal situación se ampare en razonadas razones de interés general, convenientemente argumentadas en el caso concreto por el poder adjudicador. De esta manera, el entendimiento de los tradicionales poderes extraordinarios de la Administración en materia de contratos administrativos, *potestas variandi*, rescisión unilateral, interpretación unilateral, ha de hacerse en el marco de los principios generales que se derivan del Tratado CE. En este sentido, por ejemplo, la sentencia europea de 25 de

41 En este sentido, merece la pena destacar que el propio Defensor del Pueblo de la UE, en virtud del principio de la buena Administración, destacó en su decisión de 22 de abril de 2002, que según las buenas prácticas administrativas, en los procedimientos de licitación la Administración debe atenerse a las normas establecidas para tales procedimientos, normas que están presididas, como bien sabemos, por los principios generales de la contratación pública que se derivan a su vez de los principios de Derecho originario señalados en este epígrafe.

abril de 1996 ha entendido que la atribución a la entidad adjudicataria de una libertad incondicional de elección no es conforme al Derecho Comunitario. Es decir, se prohíbe la arbitrariedad, que es, como diría Locke, la ausencia de racionalidad. De esta manera, como sigue diciendo esta sentencia, la mera circunstancia de que un criterio de adjudicación verse sobre un dato que se conocerá con precisión después de la adjudicación del contrato, no puede interpretarse en el sentido de que confiere a la entidad dicha libertad incondicional.

También el principio de libre circulación de mercancías es de aplicación a la contratación pública en la dimensión comunitaria puesto que como señala atinadamente Moreno Molina, es el principal título que justifica la intervención comunitaria en la materia[42]. Igualmente, el derecho de establecimiento y al libre prestación de servicios son principios que permiten la eliminación de discriminaciones, tanto por razón de nacionalidad, como por cualquier otra razón, encubierta o no, que traiga consigo la quiebra del principio de igualdad de trato.

En fin, los principios de la contratación pública en el espacio jurídico europeo surgen de la proyección de la luz de los principios fundamentales del Tratado sobre una realidad hasta no hace mucho tiempo considerada irrelevante, pero que hoy en día tiene una importancia trascendental también para el desarrollo económico y la cohesión social de los países y de los Entes supranacionales. En este caso, los principios examinados, si tenemos en cuenta la sentencia de 17 de noviembre de 1993 del Tribunal de Justicia Europeo, traen causa de la realización del mercado interior basado en libertad de establecimiento y libre prestación de servicios, así como de la necesidad de garantizar la efectividad de los derechos reconocidos por el Tratado en materia de contratación pública, que son los de competencia, publicidad, igualdad de trato y prohibición de discriminación, objetividad, imparcialidad y transparencia.

IV. REFLEXIÓN CONCLUSIVA

El Derecho Administrativo Global es un Derecho *in fieri*, en formación, que no está sistematizado, que todavía no se ha estudiado con pretensiones sistémicas, aunque se admite su existencia como se reconoce que la globalización también alcanza, como no, al campo del Derecho Administrativo. Los autores que en mi opinión más han estudiado el tema, Kingsbury, Krisch y Stewart, cuyo estudio sobre la emergencia del Derecho Administrativo Global es uno de los materiales más relevantes sobre la materia, son partidarios de ir con cautela, siguiendo más bien un enfoque pragmático. Observar lo que funciona y construir desde esa perspectiva[43]. En el caso del Derecho de la contratación pública gracias a la Unión Europea, se ha construido todo un sector del Derecho Administrativo Global de contenido principal que, como observamos, se está extendiendo por todo el globo puesto que se trata de principios que se derivan, de forma general, de una experiencia de integración sellada por los compromisos del Estado de Derecho tal y como es la UE.

---

42 *Cf.* J. A. Moreno Molina, *Derecho Global... Op. Cit.,* p. 35.

43 B. Kingsbury, Et. Al., The Emergence... *Op. Cit.*, p. 45.

Las diversas maneras de comprender el Derecho, el Ordenamiento jurídico, plantean algunas dificultades acerca del establecimiento de principios sobre los que levantar el edificio del Derecho Administrativo Global, pues no hay una Constitución global, ni tampoco poderes públicos a nivel global claramente establecidos. En materia de contratación pública, el espacio jurídico administrativo de la Unión Europea puede considerarse como un ejemplo a seguir por las razones anteriormente expuestas. Sin embargo, sobre la base de la Declaración Universal de los Derechos Humanos es más que posible, junto a la realidad de las normas, actos y resoluciones judiciales que se producen en este ámbito, establecer un catálogo de principios que para quien escribe deben partir de la cláusula del Estado social y democrático de Derecho. Si somos fieles a lo que supuso la aparición del Derecho Administrativo en Europa tras la caída del Antiguo Régimen, tenemos que ser conscientes de que hoy el régimen general de nuestra disciplina requiere de nuevos impulsos jurídicos que restauren, que recuperen el sentido del Derecho Administrativo como un Derecho que lucha por reducir a los poderes públicos y económicos a sus justos límites. A través del principio de buena Administración, compendio donde lo haya del sentido de sus principios inspiradores: racionalidad, participación, pluralismo, rendición de cuentas, transparencia, revisión, responsabilidad, encontramos un buen camino para ir construyendo un orden jurídico-administrativo global que permita que, en efecto, el Derecho Administrativo sea lo que debe ser: el Derecho del poder para la libertad.

Agustín Gordillo nos recuerda en un estudio de este tiempo que son precisamente los principios de seguridad jurídica y de justicia los principios que deben presidir esta nueva expresión de la tendencia permanente a la unidad del Ordenamiento jurídico que hoy, para el caso del Derecho Administrativo, denominamos, Derecho Administrativo Global[44]. En ese sentido, proyectando ambos principios sobre la realidad económica, el principio de racionalidad, del que hemos tratado extensamente en estas líneas bajo la denominación de objetividad o igualdad de trato con prohibición de discriminación, se nos presenta, como advierte el profesor Gordillo como un principio que es la misma proyección del más general principio de racionalidad derivado del Estado de Derecho al funcionamiento de la actividad económica, y los contratos públicos juegan un papel importante en este ámbito.

A través de los postulados del pensamiento abierto, plural, dinámico y complementario, es más sencillo comprender el alcance del Derecho Administrativo Global, de entre sus muchas versiones y aproximaciones, a partir de esta perspectiva de garante y asegurador de los derechos de los ciudadanos. Si nos quedamos en un enfoque funcional que legitime los excesos y los abusos de una tecnoestructura que no aspira más que al dominio global a través del poder político y la economía, entonces habremos perdido el tiempo. En este tiempo en que el Derecho Administrativo Global está surgiendo, en lugar de renunciar a establecer el solar sobre el que levantar este edificio, estas páginas pretenden precisamente contribuir al debate sobre la necesidad de que el Derecho Administrativo Global, como Derecho que es y por ello producto cultural, ha de expresar un punto de vista sobre la justicia de base profun-

---

44 *Cf.* A. Gordillo, *Tratado de Derecho Administrativo*, Fundación de Derecho Administrativo, Buenos Aires, 2013, p. 12.

damente humanista, de manera que la libertad solidaria de los ciudadanos pueda ser garantizada también desde el Orden jurídico administrativo global. En materia de contratos, como ha quedado expuesto, la libertad, la competencia, la igualdad de trato, la objetividad o la transparencia reclaman un Derecho que piense más en los ciudadanos y menos en los poderes de los Entes públicos.

En materia de contratación pública se trata de facilitar a los ciudadanos servicios, suministros y obras públicas que repercutan positivamente en sus condiciones de vida. Para ello, los tradicionales poderes de la Administración en los países de contrato administrativo han de entenderse de otra manera, como poderes que pueden operarse cuando lo exija el interés general concreta y puntualmente argumentado. El Derecho Administrativo de la Unión Europea en materia de contratación pública ha traído la idea de que, en esta materia, al manejarse fondos públicos, que son de todos y cada uno de los ciudadanos que viven en un mercado interior, ha de buscarse en cada caso, sea del país y nacionalidad que sea, la empresa que esté en mejores condiciones de hacer la mejor obra, prestar el mejor servicio o el mejor suministro en cada caso.

CAPITULO III
EL ACUERDO DE CONTRATACIÓN PÚBLICA DE LA OMC Y LA DIRECTIVA DE LA UNIÓN EUROPEA 2014/24/UE

José Antonio MORENO MOLINA*

En la elaboración de la nueva Directiva 2014/24/UE del Parlamento Europeo y del Consejo, de 26 de febrero de 2014, sobre contratación pública y por la que se deroga la Directiva 2004/18/CE[1], ha desarrollado un papel muy relevante el Acuerdo de Contratación Pública (en adelante, ACP) de la Organización Mundial del Comercio (OMC)[2], cuyo texto reformado aprobado en 2012 constituye una de las bases de la directiva europea.

En relación con los contratos regulados por los anexos I, II, IV y V de la Directiva 2014/24 y las notas generales correspondientes a la Unión Europea (UE) del apéndice I del ACP, los poderes adjudicadores deben cumplir las obligaciones que les impone el ACP aplicando la Directiva a los operadores económicos de terceros países que sean signatarios de los mismos.

Pero también la UE ha influido notablemente en el proceso de reforma del ACP y a ella se debe que el texto revisado del Acuerdo siga el orden secuencial de un procedimiento de contratación, aproximando así su estructura a la de las directivas europeas sobre contratos públicos y logrando una mejor legibilidad y una mayor claridad.

---

* Catedrático de Derecho Administrativo. Universidad de Castilla-la Mancha.

1 *Cf.* J. M. Gimeno Feliú, 'Novedades en la nueva Normativa Comunitaria sobre contratación pública', en *Revista de estudios locales*, No. 161 (2013), pp. 15-44 y, 'Las nuevas directivas –cuarta generación– en materia de contratación pública. Hacia una estrategia eficiente en compra pública', en *Revista Española de Derecho Administrativo*, No. 159 (2013), pp. 39-106.

2 Son partes en el ACP Armenia, Canadá, la Unión Europea en relación con sus 28 Estados miembros, Hong Kong-China, Islandia, Israel, Japón, Corea, Liechtenstein, los Países Bajos en relación con Aruba, Noruega, Singapur, Suiza, Taipei Chino (Taiwán) y los Estados Unidos.

El antecedente más relevante de la nueva Directiva europea sobre contratación pública es la Estrategia Europa 2020 para un crecimiento inteligente, sostenible e integrador (COM 2010, 2020), que considera a los contratos públicos como uno de los instrumentos basados en el mercado que deben utilizarse para alcanzar estos objetivos, mejorando el entorno empresarial y las condiciones para que las empresas innoven y fomentando un uso más generalizado de la contratación ecológica que favorezca una economía con pocas emisiones de carbono y que haga un uso más eficaz de los recursos.

Al mismo tiempo, la Estrategia Europa 2020 hace hincapié en que la política de contrataciones públicas debe garantizar un uso más eficaz de los fondos públicos y en que los mercados públicos deben seguir teniendo una dimensión que abarque a toda la Unión.

En su Comunicación de 13 de abril de 2011 titulada «Acta del Mercado Único: Doce prioridades para estimular el crecimiento y reforzar la confianza», la Comisión Europea incluyó entre las doce medidas prioritarias clave que debían adoptar las instituciones de la UE antes del final de 2012, la revisión y modernización del marco normativo de la contratación pública para flexibilizar la adjudicación de los contratos y para que los contratos públicos puedan servir mejor como apoyo de otras políticas.

La Directiva 2014/24 tiene como objetivo principal incrementar la eficiencia del gasto público para garantizar los mejores resultados posibles de la contratación en términos de relación calidad/precio, a través de la simplificación y flexibilización de las normas sobre contratación pública[3], y permitir que los compradores utilicen mejor la contratación pública en apoyo de objetivos sociales comunes como la protección del medio ambiente, una mayor eficiencia energética y en el uso de los recursos, la lucha contra el cambio climático, la promoción de la innovación, el empleo y la integración social y la prestación de servicios sociales de alta calidad en las mejores condiciones posibles[4].

---

3 *Cf.* J. A. Moreno Molina, 'La cuarta generación de directivas de la Unión Europea sobre contratos públicos', en J. M. Gimeno Feliú (Dir.) & M. A. Bernal Blay (Coord.), *Observatorio de Contratos Públicos 2012*, Aranzadi, Cizur Menor (Navarra), 2013, pp. 115-163.

4 *Cf.* J. Pernás García, *Contratación Pública Verde*, La Ley, Madrid, 2011 y, 'El uso estratégico de la contratación pública como apoyo a las políticas ambientales', en *Observatorio de políticas ambientales 2012*, Civitas, Cizur Menor, 2012, pp. 299-323.

En este punto, por lo que se refiere al ámbito del ACP, la Decisión del Comité de Contratación de 30 de marzo de 2012 (GPA/113, p. 10) adopta un programa de trabajo con respecto a la contratación sostenible (el párrafo 8.a) del artículo XXII del Acuerdo dispone que las Partes adoptarán y revisarán periódicamente un programa de trabajo, incluido el relativo a la contratación sostenible), que se iniciará tras la entrada en vigor del Protocolo por el que se modifica el ACP.

Plantea así la necesidad de simplificar las normas, incrementar su eficiencia y eficacia y hacer que se adapten mejor a la evolución del contexto político, social y económico[5].

En cuanto al Acuerdo sobre Contratación Pública de la OMC, tiene como objetivo establecer un marco multilateral de derechos y obligaciones equilibrados en materia de contratación pública, con miras a conseguir la liberalización y la expansión del comercio mundial.

De esta forma, establece una serie de derechos y obligaciones entre sus Partes con respecto a sus respectivas leyes, reglamentos, procedimientos y prácticas nacionales en la esfera de dicha contratación.

El Acuerdo se basa en un enfoque de lista inclusiones para determinar el ámbito de aplicación. En el Apéndice I del ACP se enumeran las entidades sujetas de cada país. En el Anexo 1 del citado Apéndice figuran las entidades del gobierno central; en el Anexo 2 las de los gobiernos subcentrales, y en el Anexo 3 todas las demás entidades que realicen compras conforme al Acuerdo (incluyendo tanto empresas gubernamentales como aquéllas correspondientes a servicios públicos). Las entidades que se enumeran en los anexos están sujetas a las disposiciones del Acuerdo, en lo que respecta a sus compras de bienes y servicios si el valor de la compra sobrepasa unos umbrales determinados, que no son uniformes debido a que existen algunas diferencias entre los países signatarios; y si los bienes y servicios objeto de la compra no están exentos de la cobertura del ACP.

El proceso para la revisión del ACP ha tenido dos importantes hitos, al llegarse a un primer acuerdo en 2006 y culminar las negociaciones el 15 de diciembre de 2011. La Decisión sobre los resultados de las negociaciones celebradas de conformidad con el párrafo 7 del artículo XXIV del ACP, se adoptó formalmente el 30 de marzo de 2012[6].

La nueva versión del ACP ha modificado tanto el Preámbulo, como los artículos I a XXIV y los Apéndices del Acuerdo de 1994[7].

El principal objetivo de la revisión del ACP ha sido impulsar una mayor liberalización y expansión del comercio internacional y mejorar el marco en que este se desarrolla.

En este sentido, se reconoce en el Preámbulo del Protocolo por el que se modifica el ACP que los compromisos en materia de procedimiento en el marco del Acuerdo: "[...] deberán ser suficientemente flexibles para responder a las circuns-

---

5 *Cf.* J. M. Gimeno Feliú, 'Nuevos escenarios de política de contratación pública en tiempos de crisis económica', en *El Cronista del Estado Social y Democrático de Derecho*, No. 9 (2010).

6 *Cf.* <www.wto.org/spanish/tratop_s/gproc_s/negotiations_s.htm>>, consultada Marzo 20, 2016.

Sobre el proceso de renovación del acuerdo sobre contratación pública de la OMC, *Cf.* R. D. Anderson, 'Renewing the WTO Agreement on Government Procurement: Progress to Date and Ongoing Negotiations', en *Public Procurement Law Review*, No. 4 (2007).

7 *Cf.* s. Arrowsmith & R. D. Anderson, *The WTO Regime on Government Procurement: Challenge and Reform,* Cambridge University Press, 2011.

tancias específicas de cada Parte", y que hay que tener en cuenta "[...] las necesidades de desarrollo, financieras y comerciales de los países en desarrollo, en particular de los países menos adelantados."[8]

Los principales objetivos de la renegociación del ACP han sido mejorar y actualizar el Acuerdo, a la luz, entre otras cosas, de la evolución de la tecnología de la información y los métodos de contratación; ampliar el ámbito de aplicación del Acuerdo; y eliminar las medidas discriminatorias que seguían aplicándose[9].

Mediante la Decisión 94/800/CEE, el Consejo europeo aprobó el ACP de 1994 y desde entonces forma parte del ordenamiento jurídico comunitario europeo y obliga tanto a las instituciones de la Comunidad como a los Estados miembros.

El artículo IV del anexo del Protocolo por el que se modifica el ACP enuncia y define los principios generales, que sistematiza en 6 apartados referidos a: no discriminación, uso de medios electrónicos, ejecución de la contratación, normas de origen, compensaciones y medidas no específicas de la contratación.

La nueva regulación mejora notablemente en cuanto a sistemática y contenido a la anterior versión del ACP, que dedicaba el artículo III al principio de *Trato nacional y no discriminación* y el artículo IV a las *Normas de origen*.

En primer lugar, el nuevo artículo IV sitúa al principio de no discriminación, que está en la esencia misma del propio ACP.

La definición del principio de no discriminación se recoge en el apartado 1 de precepto, que establece que «con respecto a cualquier medida relativa a las contrataciones cubiertas, cada Parte, incluidas sus entidades contratantes, concederá de forma inmediata e incondicional a los bienes y servicios de cualquier otra Parte y a los proveedores de cualquier otra Parte que ofrezcan bienes o servicios de cualquiera de las Partes, un trato no menos favorable que el trato que la Parte, incluidas sus entidades contratantes, concede a:

a) los bienes, servicios y proveedores nacionales; y

b) los bienes, servicios y proveedores de cualquier otra Parte.

En el apartado 2 del precepto se concreta que ninguna entidad contratante nacional dará a un proveedor establecido en su territorio un trato menos favorable que

---

8 El artículo V del Protocolo por el que se modifica el ACP prevé que en las negociaciones de adhesión al Acuerdo y en la aplicación y administración del mismo, las Partes prestarán una atención especial a las circunstancias y las necesidades de desarrollo, financieras y comerciales de los países en desarrollo y de los «países menos adelantados», reconociendo que dichas circunstancias y necesidades pueden variar significativamente de un país a otro. Conforme a lo previsto en el citado precepto y cuando se reciba una solicitud a tal efecto, las Partes concederán trato especial y diferenciado: a) a los países menos adelantados; y b) a cualquier otro país en desarrollo, en los casos y en la medida en que el trato especial y diferenciado responda a sus necesidades de desarrollo.

9 Sobre la renovación del acuerdo sobre contratación pública de la OMC, *Cf.* R. D. Anderson, 'Renewing the WTO Agreement on Government Procurement: Progress to Date and Ongoing Negotiations', en *Public Procurement Law Review*, No. 4 (2007).

a otro proveedor establecido en dicho territorio en razón del grado de afiliación o propiedad extranjera; ni discriminará contra un proveedor establecido en su territorio en razón de que los bienes o servicios ofrecidos por dicho proveedor para una determinada contratación son bienes o servicios de cualquiera de las otras Partes.

En relación con el uso de medios electrónicos en los procedimientos de contratación, el ACP obliga a las entidades contratantes a asegurarse de que la contratación se lleve a cabo utilizando sistemas de tecnología de la información y programas informáticos, incluidos los relacionados con la autenticación y codificación criptográfica de información, que sean accesibles en general e interoperables con los sistemas de tecnología de la información y los programas informáticos accesibles en general.

Asimismo, las entidades contratantes mantendrán «mecanismos que aseguren la integridad de las solicitudes de participación y las ofertas, incluida la determinación del momento de la recepción y la prevención del acceso inadecuado» (letra b) del apartado 3 del artículo IV).

Por su parte, el artículo 25 de la Directiva 2014/24 contempla específicamente las condiciones relativas al ACP. A tal efecto garantiza el respeto del principio de trato nacional:

> "[...] los poderes adjudicadores concederán a las obras, los suministros, los servicios y los operadores económicos de los signatarios de esos acuerdos un trato no menos favorable que el concedido a las obras, los suministros, los servicios y los operadores económicos de la Unión."

Desde el primer considerando de la nueva Directiva se resalta la necesidad de respetar los principios generales en la adjudicación de contratos públicos por o en nombre de las autoridades de los Estados Miembros (una previsión similar recogía el apartado segundo de la exposición de motivos de la Directiva 2004/18/CE). Se identifican estos principios con los reconocidos por el Tratado sobre el funcionamiento de la Unión Europea y, en particular la libre circulación de mercancías, la libertad de establecimiento y la libre prestación de servicios y de los principios derivados de la misma, tales como el de la igualdad de trato, no discriminación, el reconocimiento mutuo, la proporcionalidad y la transparencia» y se hace alusión reiterada a los mismos a lo largo de toda la exposición de motivos de la Directiva 2014/24 (considerandos 12, 31, 40, 58, 68, 101, 114 y 136).

A través de una consolidada doctrina, el Tribunal de Justicia de la Unión Europea (TJUE) ha venido destacando en los últimos años de forma reiterada que la obligación de respeto de los principios de objetividad, imparcialidad y no discriminación en la adjudicación de los contratos públicos, que son la esencia de la regulación normativa de éstos, se extiende no sólo a los limitados contratos que caen dentro del ámbito de aplicación de las directivas comunitarias sobre contratación pública[10],

---

[10] El artículo 4 de la Directiva 2014/24 fija el ámbito de aplicación de la misma estableciendo unos umbrales económicos. La directiva se aplicará a las contrataciones cuyo valor estimado, sin incluir el impuesto sobre el valor añadido (IVA), sea igual o superior a los umbrales siguientes:

(a) 5.186.000 EUR, en los contratos públicos de obras;

sino también a todos los contratos que celebren los órganos de contratación sujetos a las directivas, ya que así lo exigen distintos preceptos de los tratados de derecho originario, tal y como han sido interpretados por el propio Tribunal (STJUE de 13 de octubre de 2005, asunto C 458/03, Parking Brixen GMBH)[11].

Como ha declarado reiteradamente el TJUE, el principio de igualdad de trato de los licitadores, que constituye la base de las directivas relativas a los procedimientos de adjudicación de contratos públicos, implica una obligación de transparencia que permita garantizar su cumplimiento[12]. El principio de igualdad tiene el objetivo de favorecer el desarrollo de una competencia sana y efectiva entre las empresas que participan en una licitación pública, exige que todos los licitadores dispongan de las mismas oportunidades en la formulación de los términos de sus ofertas e implica pues que éstas se sometan a las mismas condiciones para todos los competidores[13].

Por lo que respecta al principio de transparencia, que constituye el corolario del principio de igualdad, tiene esencialmente por objeto garantizar que no exista riesgo de favoritismo y arbitrariedad por parte de la entidad adjudicadora[14]. Exige que todas las condiciones y modalidades del procedimiento de licitación estén formuladas de forma clara, precisa e inequívoca en el anuncio de licitación o en el pliego de condiciones, con el fin de que, por una parte, todos los licitadores razonablemente informados y normalmente diligentes puedan comprender su alcance exacto e interpretarlas de la misma forma y, por otra parte, la entidad adjudicadora pueda comprobar efectivamente que las ofertas presentadas por los licitadores responden a los criterios aplicables al contrato de que se trate[15].

La nueva Directiva recoge, por tanto, esta jurisprudencia en el frontispicio de la misma y advierte que se aplica para los contratos públicos que se sitúen tanto por

---

(b) 134.000 EUR, en los contratos públicos de suministro y de servicios adjudicados por autoridades gubernamentales centrales y los concursos de proyectos organizados por ellas; por lo que se refiere a los contratos públicos de suministro adjudicados por poderes adjudicadores que operen en el sector de la defensa, ese umbral solo se aplicará a los contratos relativos a los productos contemplados en el anexo III;

(c) 207.000 EUR, en los contratos públicos de suministro y de servicios adjudicados por poderes adjudicadores subcentrales y los concursos de proyectos organizados por los mismos;

(d) 750.000 EUR, en los contratos públicos de servicios sociales y otros servicios específicos enumerados en el anexo XVI.

11 *Cf.* J. M. Gimeno Feliú, *La nueva contratación pública europea y su incidencia en la legislación española*, Civitas, 2006.

12 Sentencias del Tribunal de Justicia de 18 de noviembre de 1999, *Unitron Scandinavia* y 3-S, C-275/98, Rec. p. I-8291, apartado 31; de 12 de diciembre de 2002, *Universale-Bau* y otros, C-470/99, Rec. p. I-11617, apartado 91, y de 17 de febrero de 2011, no publicada en la Recopilación, apartado 38)

13 Sentencia del TJUE de 29 de abril de 2004, Comisión/CAS *Succhi di Frutta*, C-496/99 P, Rec. p. I-3801, apartados 109 y 110

14 Sentencia del Tribunal General de la Unión Europea de 31 de enero de 2013, asunto T-235/11, España contra Comisión Europea, apartado 48.

15 Sentencia *Succhi di Frutta*, citada anteriormente, apartado 111.

debajo como por encima de los umbrales, sin perjuicio de que para estos últimos la propia norma europea coordine los procedimientos de adquisición nacionales con el fin de que esos principios se lleve a la práctica.

En esta misma línea, hay que recordar la Comunicación interpretativa de la Comisión Europea de 23 de junio de 2006, sobre el Derecho comunitario aplicable en la adjudicación de contratos no cubiertos o sólo parcialmente cubiertos por las Directivas sobre contratación pública[16], cuya legalidad y conformidad con el Derecho europeo fue confirmada por la STJUE de 20 de mayo de 2010, en el asunto T-258/06, que resolvió el recurso de anulación contra la Comunicación por Alemania, al que se adhirieron como partes coadyuvantes Francia, Austria, Polonia, Países Bajos, Grecia, Reino Unido de Gran Bretaña e Irlanda del Norte y el Parlamento Europeo.

El Título I de la nueva Directiva se intitula "Ámbito de aplicación, definiciones y principios generales" y dedica su artículo 18 a los "Principios de la contratación" para establecer que:

> "[...] los poderes adjudicadores tratarán a los operadores económicos en pie de igualdad y sin discriminaciones, y actuarán de manera transparente y proporcionada. La contratación no será concebida con el objetivo de excluirla del ámbito de aplicación de la presente Directiva ni de restringir artificialmente la competencia."

Se considera por la propia Directiva que la competencia está artificialmente restringida cuando la contratación se haya concebido con la intención de favorecer o perjudicar indebidamente a determinados operadores económicos.

---

16 Diario Oficial No. C 179 de 01/08/2006.

SEGUNDA PARTE

EL DERECHO DE LA CONTRATACIÓN PÚBLICA EN LA UNIÓN EUROPEA

CAPITULO IV
LAS FUENTES DE DERECHO DERIVADO: ACTOS TÍPICOS Y ATÍPICOS DE LA CONTRATACIÓN PÚBLICA

Jaime PINTOS SANTIAGO*

I. LOS PROCEDIMIENTOS DE DECISIÓN LEGISLATIVA: EL PROCEDIMIENTO ORDINARIO

En el conglomerado del Derecho global administrativo y de la contratación pública de la Unión Europea, el sistema de toma de decisiones es un sistema complejo del que participan más de una institución, en concreto intervienen el Consejo Europeo, el Parlamento Europeo, el Consejo de la Unión Europea, la Comisión Europea y hasta los Estados miembros. Resumiendo, el rol de cada uno de los sujetos anteriores podríamos decir que el Consejo Europeo marca el rumbo de las prioridades políticas de la Unión que aunque no sea una función legislativa propiamente dicha sí influye, y mucho, en esta actividad legislativa. Por su parte, la Comisión posee en exclusiva la iniciativa legislativa por lo que es quien propone la nueva legislación, siendo el Parlamento Europeo y el Consejo de la Unión Europea quienes adoptan la correspondiente legislación. Finalmente, es la Comisión y también los Estados miembros quienes se encargan de aplicar toda esa legislación. Asimismo, y a la par, aunque la Comisión tenga el poder de iniciativa legislativa, también recaba las opiniones de los Parlamentos nacionales, como por ejemplo ha ocurrido en el caso de las nuevas Directivas sobre contratación pública, los gobiernos y los ciudadanos en general. Asimismo, y como se ha simplemente apuntado anteriormente, no olvidemos que cabe también la iniciativa ciudadana europea a la que nos referiremos en su debido momento.

Además de las anteriores instituciones también intervienen los órganos consultivos de la Unión Europea, los cuáles, al margen de dictaminar a solicitud y por iniciativa del Parlamento Europeo, del Consejo o de la Comisión, también deben ser

* Doctor en Derecho. Profesor del Master en Derecho de la Contratación Pública Universidad de Castilla-La Mancha.

consultados obligatoriamente en los casos que establecen los Tratados, si bien en todo caso los dictámenes que estos órganos hagan no tienen carácter vinculante. Dichos órganos son el Comité de las Regiones y el Comité Económico y Social Europeo. Pero igualmente otras instituciones y organismos podrán o deberán, según los casos, ser consultados cuando una propuesta legislativa esté dentro de su ámbito de intereses o competencias. Así, por ejemplo, el Banco Central Europeo también emite dictamen preceptivo en el caso de la legislación de contenido financiero.

Vistos ya los sujetos que intervienen en la toma de decisiones legislativas, enumeraré únicamente los distintos procedimientos legislativos existentes para llevar a cabo esta toma de decisiones que nos reportan las fuentes de Derecho derivado de la Unión Europea. Son el procedimiento de consulta o dictamen simple, el procedimiento de dictamen conforme, el procedimiento de cooperación y el procedimiento de codecisión u ordinario. Parándome, no obstante, a explicar este último por ser el procedimiento en virtud del cual se aprobó la cuarta generación de Directivas de la Unión Europea en materia de contratación pública[1].

Es el procedimiento más común de todos y por ello es denominado como procedimiento legislativo ordinario. En virtud del mismo el Parlamento y el Consejo se sitúan en pie de igualdad a la hora de aprobar las leyes. Conforme a este procedimiento, la iniciativa legislativa propuesta por la Comisión debe ser adoptada tanto por el Parlamento como por el Consejo convirtiéndose así en un acto legislativo conjunto de ambas instituciones.

Algunas otras de las cuestiones para las que es utilizado este procedimiento además de para la contratación pública son, por ejemplo, en materia de legislación sobre seguridad social, protección social o impuestos indirectos. El procedimiento se desarrolla a través de las siguientes fases:

1. Propuesta legislativa: el primer paso es la iniciativa normativa presentada por la Comisión Europea, que puede ser por iniciativa propia o bien por petición del Consejo de la Unión Europea, del Consejo Europeo, del Parlamento Europeo o incluso de los ciudadanos europeos.

2. Primera lectura del Parlamento: en este punto la propuesta normativa de la Comisión se remite al Parlamento, para que este, tras la oportuna deliberación y debate, ponga en conocimiento del Consejo su Dictamen sobre la propuesta legislativa realizada por la Comisión. Es también el momento en el que, en su caso, la iniciativa legislativa es remitida para su Dictamen al Consejo Económico y Social Europeo y al Comité de las Regiones (a estos Dictámenes referidos a las nuevas Directivas aludiremos posteriormente).

3. Primera lectura del Consejo: Una vez recibidos los anteriores dictámenes (el del Parlamento Europeo y, en su caso, el del Consejo Económico y Social Europeo y del Comité de las Regiones), el Consejo establece una 'posición común' en la que pone de manifiesto su criterio tras conocer la opinión de todas las partes.

---

[1] *Cf.* la Posición del Parlamento Europeo de 15 de enero de 2014 y la Decisión del Consejo de la Unión Europea de 11 de febrero de 2014.

4. Segunda lectura del Parlamento: en este momento se somete a deliberación del Parlamento la posición común adoptada por el Consejo tras la primera lectura, de forma que el Parlamento en el plazo de tres meses puede aprobar la posición común sometida a debate, dejar transcurrir el plazo anterior sin que haya pronunciamiento o, por último, rechazar de lleno la posición común o proponer enmiendas a la misma:

a. si el Parlamento aprueba la posición común o no se pronuncia en plazo, se entiende que el acto jurídico ha sido adoptado por ambas instituciones de acuerdo con la posición común;

b. si el Parlamento rechaza la posición común por mayoría absoluta de sus miembros, el procedimiento concluye inmediatamente con la no adopción del acto;

c. y si el Parlamento adopta enmiendas por decisión de la mayoría de sus miembros, el Consejo debe ser consultado de nuevo, previo dictamen al respecto de las enmiendas emitido por la Comisión.

5. Segunda lectura del Consejo: en esta lectura el Consejo puede decidir por mayoría cualificada sobre las enmiendas que ha presentado el Parlamento, pero tiene que aprobar por unanimidad aquellas que hayan recibido el dictamen negativo de la Comisión, adoptándose finalmente el acto si el Consejo aprueba todas las enmiendas del Parlamento. Sin embargo, si el Consejo rechaza algunas enmiendas o no alcanza la correspondiente mayoría exigida para su aprobación, entonces se debe convocar el denominado Comité de Conciliación.

6. Conciliación: este comité está compuesto por treinta miembros distribuidos en igual número entre el Consejo y el Parlamento Europeo. A él asistirá también la Comisión. Su función es buscar el acuerdo entre las dos primeras instituciones, para lo que dispone de un plazo de 6 semanas en el que puede ocurrir que:

a. el comité no apruebe un proyecto común, con lo que el procedimiento concluye sin la adopción del acto.

b. el comité apruebe un proyecto común, con lo que se pasa a la fase siguiente.

7. Fin del procedimiento: tras la aprobación de un proyecto común por el Comité de Conciliación, el Consejo y el Parlamento disponen de 6 semanas para su aprobación; el primero por mayoría cualificada y el segundo por mayoría absoluta de los votos expresados, en cuyo caso el acto legislativo es adoptado de manera conjunta. Si no se cumplen estas mayorías terminado dicho plazo el procedimiento concluye con la no adopción del acto.

8. En síntesis, podríamos concluir en que el procedimiento de codecisión o procedimiento legislativo ordinario comienza con una iniciativa normativa de la Comisión que se presenta al Consejo y al Parlamento Europeo. Sendas instituciones europeas debaten la propuesta en primera lectura. Si después no se llega a un acuerdo en segunda lectura, la propuesta llega al Comité de Conciliación para buscar una solución en un plazo de 6 semanas. Si no hay acuerdo del Comité concluye el procedimiento sin la adopción del acto; si hay acuerdo, el mismo se somete en tercera lectura al Parlamento y al Consejo para su aprobación en un plazo de 6 semanas, en cuyo caso el acto es finalmente adoptado de manera conjunta como texto normativo.

De este modo, en el caso de la nueva generación de Directivas en materia de contratación pública no fueron necesarios los pasos o fases cinco, seis y siete de este procedimiento ordinario, ya que tras la aprobación del Consejo el 11 de febrero de 2014 en primera lectura el Parlamento Europeo dentro del plazo establecido de los tres meses siguientes aprobó la posición común entendiéndose por tanto adoptadas y firmadas el 26 de febrero de 2014 las nuevas Directivas por ambas instituciones[2].

II. ACTOS TÍPICOS DEL DERECHO DE LA UNIÓN EUROPEA DERIVADO. LOS DISTINTOS EJEMPLOS DE CONTRATACIÓN PÚBLICA

1. *El Reglamento*

Es la principal fuente del Derecho derivado, ya que a través de él se expresa por excelencia el poder legislativo comunitario.

El Reglamento tiene un alcance general, es decir, contiene prescripciones generales y personales, al igual que ocurre con las leyes internas de los Estados miembros. Esta característica diferencia al Reglamento de las Decisiones, las cuales son actos de carácter particular. El Reglamento, sin embargo, se aplica a categorías de personas consideradas en su conjunto, es obligatorio en todos sus elementos y en virtud de ello se distingue también de las Recomendaciones y de los Dictámenes, que no son vinculantes.

La característica de obligatoriedad también diferencia al Reglamento de la Directiva, que sólo vincula en cuanto a su resultado. Sin embargo, el Reglamento puede tanto regular completamente una materia como habilitar a una institución comunitaria o a un Estado miembro para adoptar medidas de ejecución.

La tercera característica es que el Reglamento es directamente aplicable en cada Estado miembro, es la única categoría de actos para los cuales el Tratado prevé expresamente su eficacia directa, lo que significa que directamente debe ser aplicado en cada Estado sin ninguna interposición ni aplicación incompleta de las autoridades nacionales. El Tribunal de Justicia de la Unión Europea ha señalado que la aplicabilidad directa del Reglamento no sólo significa que no requieren recepción interna, sino que también supone la prohibición para los Estados de esa recepción. El Tribunal de Justicia quiere evitar de este modo con esta doctrina que una medida interna de incorporación del Reglamento cree confusión sobre su incursión en el sistema de fuentes o modifique el propio alcance del Reglamento.

El Reglamento es aplicable por los Estados, por las instituciones comunitarias y también crea derechos y obligaciones para todos los ciudadanos de la Unión Europea.

En conclusión, el Reglamento es una fuente derivada directa del Derecho de la Unión Europea, de alcance general, obligatoria en todos sus elementos y directamente aplicable en cada Estado miembro (art. 288 TFUE), que para su entrada en

---

[2] *Cf.* http://eur-lex.europa.eu/legal-content/ES/HIS/?uri=CELEX%3A32014L0023 y http://data.consilium.europa.eu/doc/document/PE-73-2013-REV-1/fr/pdf, consultadas Marzo 29, 2015.

vigor requiere de su publicación en el Diario Oficial de la Unión Europea, de manera que entrarán en vigor en la fecha que en ellos se determine, o bien, en su defecto, desde el vigésimo día (natural) de su publicación.

Como ejemplos de Reglamentos en materia de contratación pública podríamos citar el Reglamento (UE) nº 1336/2013 de la Comisión, de 13 de diciembre de 2013, por el que se modifican las Directivas 2004/17/CE[3], 2004/18/CE y 2009/81/CE[4] del Parlamento Europeo y del Consejo en lo que concierne a los umbrales de aplicación en materia de procedimientos de adjudicación de contratos, cuyo reflejo interno en el ámbito nacional español se produce en la Orden HAP/2425/2013, de 23 de diciembre, por la que se publican los límites de los distintos tipos de contratos a efectos de la contratación del sector público a partir del 1 de enero de 2014, o también el Reglamento (CE) nº 451/2008 del Parlamento Europeo y del Consejo, de 23 de abril de 2008, por el que se establece una nueva clasificación estadística de productos por actividades (CPA) y se deroga el Reglamento (CEE) nº 3696/93 del Consejo[5] y el Reglamento (CE) nº 213/2008 de la Comisión, de 28 de noviembre de 2007, por el que se modifica el Reglamento (CE) nº 2195/2002, del Parlamento Europeo y del Consejo, por el que se aprueba el Vocabulario común de contratos públicos (CPV)[6], y las Directivas 2004/17/CE y 2004/18/CE del Parlamento Europeo y del Consejo sobre los procedimientos de los contratos públicos, en lo referente a la revisión del CPV[7].

2. *La Directiva*

Supone una legislación en dos etapas cuyo funcionamiento a efectos de buscar un símil nacional se asemeja a una ley marco de las contempladas en el artículo 150.3 de la Constitución española, que recordemos apunta así:

> "*El Estado podrá dictar leyes que establezcan los principios necesarios para armonizar las disposiciones normativas de las Comunidades Autónomas*, [...]".

La figura de la Directiva se incluyó para ofrecer a las instituciones comunitarias una fórmula basada en la distribución de tareas y en la colaboración entre el ordenamiento comunitario y los ordenamientos internos. La Directiva es más flexible que el Reglamento y se adecua mejor a las particularidades de los Derechos internos.

---

3 Directiva 2004/17/CE, del Parlamento Europeo y del Consejo, de 31 de marzo de 2004, sobre la coordinación de los procedimientos de adjudicación de contratos en los sectores del agua, de la energía, de los transportes y de los servicios postales (DO L 134 de 30.04.2004).

4 Directiva 2009/81/CE del Parlamento Europeo y del Consejo, de 13 de julio de 2009, sobre coordinación de los procedimientos de adjudicación de determinados contratos de obras, de suministro y de servicios por las entidades o poderes adjudicadores en los ámbitos de la defensa y la seguridad, y por la que se modifican las Directivas 2004/17/CE y 2004/18/CE (DO L 216 de 20.8.2009, p. 76).

5 *Cf.* Diario Oficial de la Unión Europea, serie L 145/65, de 4.6.2008.

6 *Cf.* A. Ruíz de Castañeda, 'La nomenclatura CPV en la contratación', en AA. VV., *Administración Local. Estudios en homenaje a Ángel Ballesteros*, El Consultor de los Ayuntamientos y Juzgados, Madrid, 2011.

7 *Cf.* Diario Oficial de la Unión Europea, serie L 74/1, de 15-3-2008.

No tienen un alcance general, sólo obligan a sus destinatarios que son los Estados. Sin embargo, cuando las Directivas se dirigen a todos los Estados, como es habitual en el caso de las Directivas en materia de contratación pública, se presenta como un procedimiento de legislación indirecta que en la práctica tiene un alcance general.

La Directiva obliga en cuanto al resultado, dejando a los Estados la competencia en cuanto a la forma y los medios de incorporación. Esta libertad de los Estados ha sido limitada por el Tribunal de Justicia de la Unión Europea que ha declarado que el instrumento escogido por cada Estado miembro debe responder plenamente a las exigencias de certidumbre y claridad de las situaciones queridas por las Directivas.

Las Directivas establecen un plazo determinado para su ejecución. Ese plazo es obligatorio para los distintos Estados y su incumplimiento ha dado lugar a que el Tribunal de Justicia de la Unión Europea condene en ocasiones a los Estados que no han cumplido en este sentido, entre ellos España[8].

De otro lado, el Tribunal de Justicia ha establecido mecanismos para garantizar la aplicación de las Directivas cuando no se hubiesen incorporado en plazo por los Estados. Así, aunque la Directiva no es directamente aplicable, el alto Tribunal de la Unión Europea ha señalado que se podrá exigir la aplicación directa de aquellas disposiciones de una Directiva cuyo contenido sea claro, preciso e incondicional. Es lo que ya conocemos como *efecto directo.*

---

8 España ha sido sancionada en reiteradas ocasiones en virtud del recurso por incumplimiento, recurso que permite controlar si los Estados miembros respetan las obligaciones que les incumben en virtud del Derecho de la Unión Europea y que es muy común en los casos de falta de transposición en plazo o transposición incorrecta de las Directivas por parte de los Estados miembros. Así, por ejemplo en materia de contratos públicos España ha sido sancionada en virtud de las STJCE de 17 de noviembre de 1993, que condenó al Estado español por mantener en vigor toda una serie de disposiciones, tanto de la Ley de Contratos del Estado como de su Reglamento, que eran contrarias a la normativa comunitaria sobre contratos públicos; de 16 de octubre de 2003, que declaró el incumplimiento español al no someterse al conjunto de las disposiciones de la Directiva comunitaria de obras con ocasión de la licitación relativa a la ejecución de las obras del Centro Educativo Penitenciario Experimental de Segovia; de 18 de marzo de 1992, en la que el Tribunal declaró el incumplimiento por parte del Estado español de la Directiva 71/305/CEE, sobre los contratos públicos de obras; de 3 de mayo de 1994, en la que el Tribunal declaró el incumplimiento por parte del Estado español de las obligaciones que le incumbían en virtud de la Directiva 77/62/CEE del Consejo, de 21 de diciembre de 1976, de coordinación de los procedimientos de adjudicación de contratos públicos de suministro; de 15 de mayo de 2003, que condenó a España al no haber extendido el sistema de recursos garantizados por la Directiva 89/665/CEE del Consejo, de 21 de diciembre de 1989, relativa a la coordinación de las disposiciones legales, reglamentarias y administrativas referentes a la aplicación de los procedimientos de recurso en materia de adjudicación de los contratos públicos de suministros y de obras, a las decisiones adoptadas por determinadas sociedades de Derecho privado; de 13 de enero de 2005, que también condenó a España al excluir del ámbito de aplicación subjetivo de la Ley de Contratos de las Administraciones Públicas a determinadas entidades y al excluir del ámbito de aplicación objetivo de este texto refundido los convenios de colaboración que celebren las Administraciones Públicas con las demás entidades públicas.

El caso es que las Directivas, a medida que tengan mayor concreción en su contenido tendrán mayor aptitud para ser aplicadas en el orden interno pese a la ausencia de ejecución o a la ejecución incorrecta de los Estados. Sin embargo, la cada vez mayor precisión de las Directivas plantea el problema de que en la práctica vienen a sustituir a los Reglamentos, lo que va contra el principio de atribución de competencias, por eso es menester exigir que las Directivas detalladas sólo puedan ser adoptadas por las instituciones comunitarias cuando éstas tengan la opción para regular esta materia adoptando bien un Reglamento o bien una Directiva. Por el contrario, cuando el Tratado prevea específicamente la Directiva como instrumento a utilizar, no es correcto que las instituciones adopten una Directiva que por su concreción y detalle se aproxime a los efectos de un Reglamento, dado que se estaría falseando el juego de atribución de competencias.

Resumiendo, la Directiva es una fuente derivada que obliga al Estado miembro destinatario en cuanto al resultado que deba conseguirse, dejando, sin embargo, a las autoridades nacionales la elección de la forma y de los medios (art. 288 TFUE). Son normas de resultado y un instrumento para armonizar las legislaciones de los Estados miembros. En España las Directivas son transpuestas por el Estado o por las Comunidades Autónomas según el reparto competencial establecido en el Bloque de Constitucionalidad, entendido como el conjunto de normas de delimitación competencial entre el Estado y las Comunidades Autónomas[9], aunque el responsable del cumplimiento correcto y en plazo de esa transposición ante la Unión Europea es siempre y únicamente el Estado español como Estado miembro de pleno derecho de la Unión y como competente exclusivo en materia de relaciones internacionales (art. 149.1.3° CE).

Como ejemplo, en materia de contratación pública podemos referirnos a una gran cantidad de Directivas, ya que son el acto (o norma) que constituye el alma máter, la madre nutricia, de la contratación pública comunitaria. Ejemplos de Directivas que ya han venido siendo citadas a lo largo de este trabajo, dado que nos encontramos actualmente ante la cuarta generación de Directivas comunitarias sobre contratación pública, formada como ya sabemos por las Directivas 2014/23/UE, 2014/24/UE y 2014/25/UE, Directivas principales a las que se les puede añadir ahora la Directiva 2014/55/UE del Parlamento Europeo y del Consejo de 16 de abril de 2014, relativa a la facturación electrónica en la contratación pública[10]. Resulta asimismo oportuno recordar en este punto el efecto directo vertical que se presume de la Directivas en materia de contratación pública en virtud de la antes aludida STJCE de 24 de septiembre de 1998, *Walter Tögel,* en el asunto C-76/97.

3. *Las Decisiones*

En primer lugar, las Decisiones pueden ir dirigidas a un individuo, a una empresa o a uno o varios Estados, y tienden a aplicar las reglas de los Tratados a los casos y supuestos particulares, es asimilable por tanto a los actos administrativos internos.

---

9 *Cf.* A. De Cabo de la Vega., 'Nota sobre El Bloque de Constitucionalidad', en *Jueces para la democracia*, No. 24, 1994, pp. 58-ss., http://dialnet.unirioja.es/servlet/articulo?codigo=2552692, consultado Marzo 12, 2015.

10 *Cf.* Diario Oficial de la Unión Europea Serie L 133/1, de 6-5-2014.

En segundo lugar, las Decisiones son expresamente obligatorias para sus destinatarios y poseen por tanto efecto directo cuando se dirigen a particulares y empresas, sin embargo, cuando se dirigen a los Estados puede que la Decisión les exija adoptar normas internas de incorporación de modo similar a las Directivas.

Por tanto, la Decisión es una fuente derivada que es obligatoria en todos sus elementos, que cuando designe destinatarios sólo será obligatoria para éstos (art. 288 TFUE), siendo disposiciones jurídicas análogas al acto administrativo.

Como ejemplos de actos de Decisión comunitarios que afectan a la contratación pública podemos aludir en el año 2010 a la Decisión de la Comisión de 2 de noviembre de 2010 por la que se establece el Foro Europeo Multilateral sobre Facturación Electrónica; en el año 2011 a la Decisión de la Comisión de 3 de septiembre de 2011 por la que se crea un Grupo de expertos de interesados de la Comisión en materia de contratación pública y se sustituye la Decisión 87/305/CEE, relativa a la creación de un Comité consultivo para la apertura de la contratación pública[11]; o ya recientemente en el año 2014, la Decisión 2014/771/UE de Ejecución de la Comisión, de 31 de octubre de 2014, relativa a la identificación de *Universal Business Language*, versión 2.1, para su uso como referencia en la contratación pública[12].

4. *Actos no obligatorios: Recomendaciones y Dictámenes*

Son actos que se caracterizan por ausencia de obligatoriedad, es decir, frente a los Reglamentos, las Directivas y las Decisiones, estas fuentes no vinculan.

La Recomendación es un acto a través del cual las instituciones comunitarias recomiendan, proponen o sugieren una determinada conducta a los destinatarios. Es un instrumento de acción indirecta para armonizar legislaciones, que se diferencia en este sentido de la Directiva por la ausencia de obligatoriedad.

Podríamos citar a título de ejemplo en favor de la transparencia en la contratación pública la Recomendación *Rec* (2002) 2, del Comité de Ministros a los Estados miembros sobre acceso a documentos públicos.

A su vez, los Dictámenes son actos a través de los cuales las instituciones europeas expresan su opinión sobre un determinado asunto.

En cuanto a los Dictámenes, también como ejemplo en materia de contratación pública y para ver su presencia y relevancia en la misma, podríamos enumerar por orden cronológico decreciente los siguientes:

> en el año 2013 el Dictamen del Comité Económico y Social Europeo sobre la “Comunicación de la Comisión al Parlamento Europeo, al Consejo, al Comité Económico y Social Europeo y al Comité de las Regiones - Estrategia en pos de la contratación pública electrónica” [COM (2012) 179 final][13];

---

[11] *Cf.* Diario Oficial de la Unión Europea C 291/2, de 4-0-2011.

[12] *Cf.* Diario Oficial de la Unión Europea L 315/44, de 1-11-2014.

[13] *Cf.* Diario Oficial de la Unión Europea C 11/44, de 15-1-2013.

en el año 2012 el Dictamen del Comité de las Regiones –Paquete en materia de contratación pública– (2012/C 391/09)[14]; el Dictamen del Comité de las Regiones –Paquete en materia de contratación pública–, 97º Pleno celebrado entre los días 8 a 10 de octubre de 2012; o el Dictamen del Comité de las Regiones "Adjudicación de contratos de concesión", 96º Pleno celebrado entre los días 18 y 19 de julio de 2012;

en el año 2011 el Dictamen del Comité Económico y Social Europeo sobre el "Libro Verde sobre la generalización del recurso a la contratación pública electrónica en la UE" COM (2010) 571 final[15]; el Dictamen del Comité Económico y Social Europeo sobre el "Libro Verde sobre la modernización de la política de contratación pública de la UE: Hacia un mercado europeo de la contratación pública más eficiente" COM (2011) 15 final[16]; el Dictamen del Comité Económico y Social Europeo sobre la "Comunicación de la Comisión al Parlamento Europeo, al Consejo, al Comité Económico y Social Europeo y al Comité de las Regiones –Aprovechar en Europa las ventajas de la facturación electrónica–" COM (2010) 712 final[17]; o el Dictamen del Comité de las Regiones sobre "La modernización de la política de contratación pública de la UE: Hacia un mercado europeo de la contratación pública más eficiente" (2011/C 192/02)[18];

remontándonos algo más en el tiempo finalmente podemos citar en el año 1998 el Dictamen del Comité de las Regiones sobre la "Comunicación de la Comisión: La contratación pública en la Unión Europea", Bruselas, 16-17 de septiembre de 1998, CDR 108/98 fin o, en el año 1997, también el Dictamen del Comité de las Regiones sobre el "Libro Verde la contratación pública en la Unión Europea: reflexiones para el futuro", Bruselas, 11-12 de junio de 1997, CDR 81/97 fin.

III. ACTOS ATÍPICOS DEL DERECHO DE LA UNIÓN EUROPEA DERIVADO. OTROS EJEMPLOS DE CONTRATACIÓN PÚBLICA

En el ejercicio de sus funciones, las instituciones comunitarias adoptan también actos que, diferentes de los denominados típicos de Derecho derivado, contribuyen a la mejor realización de los objetivos de la Unión. Podemos distinguir entre:

Actos previstos por los Tratados: como por ejemplo los reglamentos internos de las instituciones o los actos preparatorios de los actos típicos.

Como por ejemplo pueden ser la Resolución del Parlamento Europeo, de 25 de octubre de 2011, sobre la modernización de la contratación pública (2011/2048 (INI))19; la Resolución del Parlamento Europeo, de 18 de mayo de 2010, sobre nuevos aspectos de la política de contratación pública (2009/2175 (INI))20; el Do-

---

14 *Cf.* Diario Oficial de la Unión Europea C 391/49, de 18-12-2012.

15 *Cf.* Diario Oficial de la Unión Europea C 318/99, de 29-10-2011.

16 *Cf.* Diario Oficial de la Unión Europea C 318/113, de 29-10-2011.

17 *Cf.* Diario Oficial de la Unión Europea C 318/105, de 29-10-2011.

18 *Cf.* Diario Oficial de la Unión Europea C 192/4, de 1-7-2011.

19 *Cf.* Diario Oficial de la Unión Europea C 131 E/25, de 8-5-2013.

20 *Cf.* Diario Oficial de la Unión Europea C 161 E/38, de 31-5-2011.

cumento de trabajo de los servicios de la comisión resumen de la evaluación de impacto que acompaña al documento "Propuesta de Directiva del Parlamento Europeo y del Consejo relativa a la facturación electrónica en la contratación pública", Bruselas, 10 de julio de 2013, (SWD (2013) 223 final)21; el Documento de trabajo de los servicios de la Comisión documento de acompañamiento de la Comunicación de la Comisión al Consejo, al Parlamento Europeo, al Comité Económico y Social Europeo y al Comité de las Regiones "Contratación pública para un medio ambiente mejor", Resumen de la evaluación de impacto, Bruselas, 16 de julio de 2008, (SEC (2008) 2125); o sin ir más lejos las propuestas que antecedieron a las actuales nuevas Directivas: Propuesta de Directiva del Parlamento Europeo y el Consejo relativa a la contratación por entidades que operan en los sectores del agua, la energía, los transportes y los Servicios postales, COM (2011) 895 final, Bruselas, 20 de diciembre 2011; Propuesta de Directiva del Parlamento Europeo y el Consejo sobre contratación pública, COM (2011) 896 final, Bruselas, 20 de diciembre 2011; Propuesta de Directiva del Parlamento Europeo y el Consejo relativa a la adjudicación de contratos de concesión, COM (2011) 897 final, Bruselas, 20 de diciembre 2011 y Propuesta de Directiva del Parlamento Europeo y del Consejo relativa a la facturación electrónica en la contratación pública (COM (2013) 449 final), Bruselas, 26 de junio de 2013.

Actos derivados de la práctica y no previstos en los Tratados: como por ejemplo informes de distinta índole y procedencia.

En este sentido, como ejemplo en la contratación pública podemos aludir al Informe preliminar del Parlamento Europeo sobre la modernización de la contratación pública (2011/2048(INI)), de 29 de junio de 201122; a la "Guía sobre la normativa comunitaria en materia de contratación pública de servicios. Directiva 92/50/CEE. 1997" o al Libro Verde "Los contratos públicos de defensa" (COM (2004) 608 final), Bruselas, 23 de septiembre de 2004.

Y otras fuentes, donde encontramos:

El Derecho internacional general: dado que también las relaciones de la Unión Europea con terceros Estados y otras Organizaciones Internacionales están sujetas al Derecho internacional y a los Tratados o Acuerdos suscritos.

Como pueden ser por ejemplo los acuerdos comerciales de la Unión con terceros países o territorios que afectan también a las compras públicas[23].

Los principios generales del Derecho: los cuales merecen una mención especial que es considerada a lo largo de todo este trabajo.

---

21 Emisor: Secretario General de la Comisión Europea, D. Jordi Ayet Puigarnau. Destinatario: D. Uwe Corsepius, Secretario General del Consejo de la Unión Europea. No. doc. Ción.: SWD (2013) 223 final.

22 *Cf.* Comisión de Mercado Interior y Protección del Consumidor. Ponente: Heide Rühle.

23 Al respecto, además de la página Web oficial de la Unión Europea, *Cf.* www.comercio.mineco.gob.es/es-ES/comercio-exterior/politica-comercial/relaciones-bilaterales-union-europea/Paginas/pa%C3%ADses-y-regiones.aspx, consultado Marzo 14, 2015.

IV. EL EFECTO DIRECTO

El efecto directo significa que todos los destinatarios de las normas europeas, tanto los Estados como los ciudadanos, quedan obligados por esas normas y pueden exigir su observancia ante los Tribunales internos. Sin embargo, el efecto directo no es una regla absoluta, con lo que se hace necesario matizar la anterior precisión y analizar qué condiciones deben darse para que el supuesto de efecto directo pueda aplicarse[24].

El principio del efecto directo fue establecido por el Tribunal de Justicia de las Comunidades Europeas (TJCE) en la Sentencia *Van Gend and Loos*[25]. El fundamento del efecto directo lo situó el Tribunal de Justicia en la especificidad del ordenamiento jurídico comunitario, en beneficio del cual los Estados han limitado su soberanía. En base a esta idea el Tribunal declaró que el Derecho de la Unión Europea, independientemente de las legislaciones de los Estados miembros, crea obligaciones para los particulares y genera derechos que forman parte de su patrimonio jurídico, derechos que no son sólo de los operadores económicos de la contratación pública, sino también de los destinatarios, usuarios y beneficiarios finales de esos contratos públicos.

De este modo, para que una norma comunitaria tenga efecto directo el Tribunal exige como condición que la disposición en concreto aparezca desde el punto de vista de su contenido como incondicional y suficientemente precisa:

> La incondicionalidad supone que la aplicación de una norma no esté subordinada a una medida posterior que contenga un poder discrecional, bien de los órganos de la Unión Europea o bien de los Estados miembros. De ahí que todos aquellos preceptos de las nuevas Directivas que requieran de tomar una opción o decisión por parte de los Estados miembros a la hora de legislar no posean ese efecto directo, ya que se encuentran sujetos a una condicional, a una elección.
>
> La precisión significa que la norma o disposición debe interponer una obligación en términos inequívocos.

Los dos criterios anteriores se podrían reducir a un solo requisito de carácter funcional: una norma tendría efecto directo siempre que sus características sean tales que la hagan susceptible de una aplicación judicial directa.

El Tribunal de Justicia de la Unión Europea ha distinguido el alcance del efecto directo en función de las distintas categorías de normas comunitarias. Por lo que se refiere a las normas de los Tratados se distinguen dos categorías:

> 1. Las disposiciones de aplicabilidad directa completa: las cuales crearían obligaciones y derechos para los ciudadanos, no sólo con respecto a los Estados (efecto directo vertical), sino también en relación con otros particulares (efecto directo horizontal). Es en este plano en el que podemos situar a los grandes principios fundamentales derivados del Tratado de Funcionamiento de la Unión Europea y por ende

---

[24] *Cf.* L. A. Ballesteros Moffa, *La aplicación administrativa directa del Derecho comunitario*, Instituto Andaluz de Administración Pública, Sevilla, 2002.

[25] Sentencia de 5 de febrero de1963, asunto 26/62, *Van Gend and Loos*.

a los principios generales de la contratación pública que de ellos se derivan, los comúnmente conocidos y aceptados por todos principios de igualdad, transparencia, publicidad, concurrencia competitiva, etc.

2. Las disposiciones de aplicabilidad directa limitada: que crean sólo derechos y obligaciones en relación con los Estados (efecto directo vertical), siendo este tipo de disposiciones las más numerosas y entre las que se encuadran, como ahora veremos, las Directivas de contratación pública.

V. EXAMEN PARTICULARIZADO EN LAS DIFERENTES NORMAS DE DERECHO DE LA UNIÓN EUROPEA: ATENCIÓN ESPECIAL A LAS DIRECTIVAS SOBRE CONTRATACIÓN PÚBLICA

En relación con los Reglamentos no hay duda alguna en cuanto a que gozan de una aplicabilidad directa completa, tanto en relación con los Estados como en relación con los particulares, disponen así tanto de un efecto directo vertical como horizontal. Recordemos que el Reglamento es una fuente derivada directa del Derecho de la Unión Europea[26], de alcance general, obligatoria en todos sus elementos y directamente aplicable en cada Estado miembro (art. 288 TFUE).

El problema más importante se plantea en relación con las Directivas, las más numerosas y más importantes de las normas comunitarias en materia de contratación pública, que necesitan de una norma interna de incorporación a cada Derecho nacional. Si una Directiva se ha incorporado correctamente al Derecho nacional, sus efectos alcanzan a los ciudadanos a través de las medidas nacionales (disposiciones con rango de ley y disposiciones reglamentarias internas). Pero si la Directiva no se ha adoptado correctamente o si transcurre el plazo de ejecución de la transposición y los Estados no la han adoptado, juega el principio de efecto directo establecido por el Tribunal de Justicia.

Es así que la doctrina del Tribunal de Justicia de la Unión Europea para este último tipo de normas puede resumirse en tres estadios:

En primer lugar, toda Directiva puede invocarse por los particulares ante los jueces nacionales para que estos verifiquen si se ha llevado a cabo una adaptación correcta del Derecho interno, es lo que se conoce como eficacia interpretativa de las Directivas. Por lo tanto, incluso una vez transpuesta la Directiva su efecto directo puede seguir teniendo oportunidades[27].

---

26 La principal, ya que a través de él se expresa por excelencia el poder legislativo de la Unión Europea.

27 Un ejemplo podrías ser la Sentencia del Tribunal de Justicia de las Comunidades Europeas, Sala Segunda, de 13 de enero de 2005, en el asunto C-84/03, en la que el Estado español fue sancionado por que la transposición que había hecho del Derecho de la Unión Europea no se adaptaba al contenido de las Directivas en preceptos que tenían un contenido incondicional y suficientemente preciso como el de los supuestos tasados del procedimiento negociado. En mi opinión, en definitiva, en los tres casos objeto de autos de esta Sentencia, no se pretendía otra cosa que huir del Derecho de la contratación pública de la Unión Europea y de los principios y procedimientos aplicables en el mismo, más rigoristas que los contemplados en ese momen-

En segundo lugar, las disposiciones de una Directiva, que sean desde el punto de vista de su contenido incondicionales y suficientemente precisas, disponen de efecto directo vertical, esto es, los ciudadanos pueden exigir su aplicación al juez nacional sólo frente al Estado, pero no frente a otros particulares, sean estos personas físicas o jurídicas[28].

Aquí nos encontramos con un segundo elemento a tener en cuenta en este estudio, ya que lo anterior es debido a que el alto Tribunal europeo ha configurado, en este caso y bajo mi punto de vista de una manera criticable, el efecto directo como una técnica sancionatoria frente a los Estados miembros que han incumplido su obligación de incorporar en plazo o de forma correcta la Directiva al Derecho interno. Sin embargo, y esto es lo que es necesario poner de relieve, jurídicamente no parece la mejor de las opciones. De este modo, pienso que hubiera sido más correcto entender que el efecto directo sea una consecuencia inmediata del carácter de norma jurídica que tiene la Directiva, tal y como ocurre sin más para el caso de los Tratados o los Reglamentos.

La principal consecuencia de esta otra teoría, es que permitiría el efecto directo horizontal de las Directivas, pudiendo así ser alegadas también frente a otros particulares, porque ya no se basaría el efecto directo en el incumplimiento del Estado y la sanción consiguiente, sino en la fuerza jurídica que la Directiva posee como norma, que es lo que parece debía haber sido, en mi opinión, en beneficio último de los derechos e intereses legítimos de los ciudadanos y empresas de la Unión Europea, que son los que en este caso se quedan en una situación de malogro.

En tercer y último lugar, aquellas disposiciones de una Directiva que no tengan un contenido incondicional y suficientemente preciso pueden dar lugar a la responsabilidad del Estado por los daños causados a los particulares.

Es también en esta última vertiente del efecto directo en donde se encuentra otro de los grandes principios fundamentales de la Unión Europea, de creación también jurisprudencial a través en este caso de la sentencia *Francovich y otros*[29], que es el principio de la responsabilidad de un Estado miembro frente a los particulares por los daños sufridos como resultado de un incumplimiento del Derecho de la Unión Europea por parte de dicho Estado. El caso de autos era el de dos ciudadanos italianos cuyos salarios no habían sido pagados por sus empresarios y que recurrieron contra el Estado italiano por no haber adaptado correctamente al ordenamiento interno las normas comunitarias sobre protección de los trabajadores por cuenta ajena en caso de insolvencia del empresario, que era el supuesto en cuestión de los dos trabajadores. El Tribunal de Justicia indicó en su fallo que

---

to y para los tres casos (ámbito subjetivo, convenios administrativos y procedimiento negociado) por el Estado español.

28 Además, este efecto directo en el caso de las Directivas de contratación pública es el conocido como efecto directo vertical ascendente, en contraposición al descendente, de forma que no sea el Estado quién pueda alegar dicho efecto directo ante los particulares para que no pueda utilizar en su beneficio las consecuencias de un incumplimiento ante la falta de transposición en plazo o la incorrecta transposición (STJUE, de 12 de diciembre de 2013, *Portgas*, asunto C-425/12.

29 *Cf.* STJCE de 19 de noviembre de 1991, asuntos acumulados C-6/90 y C-9/90.

"1) Las disposiciones de la Directiva 80/987/CEE del Consejo, de 20 de octubre de 1980, sobre la aproximación de las legislaciones de los Estados miembros relativas a la protección de los trabajadores asalariados en caso de insolvencia del empresario, que definen los derechos de los trabajadores deben interpretarse en el sentido de que los interesados no pueden invocar esos derechos contra el Estado ante los órganos jurisdiccionales nacionales a falta de medidas de ejecución adoptadas dentro del plazo señalado.

2) Un Estado miembro está obligado a reparar los daños que resultan para los particulares de la no adaptación del Derecho nacional a la Directiva 80/987/CEE".

Por lo tanto y aunque en esta sentencia el Tribunal no reconoció el segundo estadio del efecto directo anteriormente enumerado, sí reconoció como novedad una tercera vía para reclamar al propio Estado una indemnización consecuencia de haber privado a los trabajadores de unos derechos que la Directiva pretendía otorgar a los trabajadores por cuenta ajena y de los que éstos carecían por la omisión del Estado, que no había adaptado el Derecho nacional a lo previsto en la misma.

Esta tercera vía ha sido posteriormente desarrollada y consolidada por el propio TJCE a través de sentencias posteriores, de manera que además del supuesto de no transposición de una Directiva recogido en la sentencia *Francovich*, ha ampliado estos supuestos de responsabilidad del Estado a los casos de transposición incorrecta en la Sentencia *Wagner Miret*[30], a la cual:

"[...] se la podría reservar un lugar destacado dentro el amplio espectro de Sentencias que ha dictado el TJCE, tanto por su referencia trascendental en el Derecho interno español, como por servir de ratificación de otra de las Sentencias más significativas de dicho Tribunal, me refiero en este caso a la Sentencia Francovich... [Dado que] si tenemos en cuenta la solución que plantea la Sentencia Francovich, se podría entender que en la Wagner Miret se extiende y perfecciona la solución al manifestar que podrá el actor pedir la indemnización por los perjuicios sufridos por «incumplimiento» de la Directiva, mientras que en la Francovich el Estado estará obligado a reparar los daños que resultan por la «no aceptación» del Derecho nacional a la Directiva [...]"[31].

Asimismo en desarrollo igualmente de esta doctrina el TJCE ha considerado como supuestos de responsabilidad de los Estados el de mantenimiento y aplicación de una Ley nacional contraria al Derecho de la Unión Europea (STJCE *Brasserie du Pêcheur SA c. República Federal de Alemania y The Queen c. Secretary of State for Transport, ex parte: Factortame Ltd. y otros*[32]), de forma que el principio de responsabilidad del Estado por incumplimiento del Derecho de la Unión Europea: "[...] se extiende a todos los actos estatales, legislativos, o administrativos que deben cumplir y aplicar el Derecho Comunitario, independiente de cuál sea el órgano al que se atribuye la violación"[33]; caso este último el de la práctica administrativa

30 Sentencia del TJCE (Sala 5), de 16 de diciembre de 1993, asunto C-334/92.

31 *Cf.* J. Punzón Moraleda, 'Aplicación judicial del Derecho comunitario: «La Sentencia Wagner Miret»', en *REALA*, Instituto Nacional de Administración Pública, No. 266, 1995.

32 *Cf.* STJCE de 5 de marzo de 1996, asuntos acumulados C-46/93 y C-48/93.

33 S. Gilda Cicci, 'La responsabilidad del estado por violación del Derecho Comunitario. Jurisprudencia del Tribunal de Justicia', en *Ars Boni et Aequi*, Universidad Bernardo O'Higgins, Vol. 6, No. 1, Chile, 2010, p. 16.

nacional vulneradora del Derecho de la Unión Europea que también se dio en el caso de la Sentencia *Hedley Lomas*[34], estableciendo así un catálogo, que es de esperarse experimentara en el futuro las ampliaciones y precisiones que correspondan, conforme se expidan nuevos pronunciamientos al respecto por el TJUE, ante la nueva casuística que se le presente.

Precisamente, como tercer inciso destacable que hacemos en este estudio, esta es una posibilidad, la de la responsabilidad que, aunque remota sí es posible también dentro del marco normativo de la nueva generación de Directivas transcurrido su plazo de transposición. Nos podremos llegar a encontrar con el daño, objetivo y medible; nos toparemos con la antijuricidad evidente, derivada de la falta de transposición; se tratará por tanto únicamente de llegar a determinar el nexo causal llegado el momento. Así el supuesto del operador económico que se ve prohibido de contratar y que podría hacerlo en base al principio de proporcionalidad (artículo 38.6 de la Directiva 2014/23/UE) o también el supuesto de los llamados contratos o concesiones reservadas, ya que ninguna posibilidad la aleja taxativamente de un hipotético daño en el lucro cesante que pueda llegar a convertirse en real. Si se da esta remota posibilidad, será seguramente el Tribunal de Justicia de la Unión Europea el que abra una vez más con carácter definitivo este nuevo camino.

Con ello se cierra el círculo del efecto directo y de la aplicabilidad directa de las Directivas, ya que la sentencia *Francovich y otros* constituyó el corolario natural del efecto directo y de la primacía del Derecho de la Unión Europea[35].

Es oportuno indicar ya en este punto que el efecto directo vertical de la Directivas se presume también de la Directivas en materia de contratación pública por su contenido claro, incondicional y suficientemente preciso en aquellos preceptos que así lo establezcan. Así, por ejemplo, de conformidad con la STJCE de 24 de septiembre de 1998, en el caso *Walter Tögel,* asunto C-76/97, las disposiciones contenidas en la Directiva 92/50/CEE del Consejo, de 18 de junio, sobre coordinación de los procedimientos de adjudicación de los contratos públicos de servicios[36] resultaron incondicionales y suficientemente precisas para que un particular pueda invocarlas frente al Estado y ante los órganos jurisdiccionales nacionales en el supuesto de incorrecta transposición por el Derecho nacional, o lo que es lo mismo, produjeron efecto directo.

---

34 *Cf.* STJCE de 23 de mayo de 1996, asunto C-5/95, *The Queen* c. *Ministro de Agricultura, Pesca y Alimentación, ex parte: Hedley Lomas (Ireland) Ltd.* Rec. p. 1-2604-2616. Respecto de la importancia de esta sentencia, Cf. M. C., Pérez González, Cap. Tercero, 'Los supuestos de incumplimiento', en *La responsabilidad patrimonial del Estado frente a los particulares por incumplimiento del Derecho Comunitario;* Tesis Doctoral, Universidad Carlos III de Madrid, Departamento de Derecho Internacional, Eclesiástico y Filosofía del Derecho, Madrid, 2000, pp. 241 y ss.

35 *Cf.* D. Ordoñez Solís, 'La reclamación en España de la indemnización de los particulares por violación del Derecho de la Unión Europea', en *Ministerio de Justicia*, No. 2048, Estudios, p. 39, en www.mjusticia.gob.es/cs/Satellite/1292338970534?blobheader=application%2Fpdf&blob headername1=Conten, consultado Febrero 28, 2015.

36 *Cf.* Diario Oficial de la Comunidad Europea (DOCE) núm. L 209 de 24-07-1992.

Premisas que son igualmente aplicables a las nuevas directivas sobre contratos públicos una vez transcurrido el plazo de transposición legalmente previsto para las mismas, por ser en gran medida su contenido similar[37].

Ocurre, que a diferencia de anteriores ocasiones en las que no se transpuso por el Reino de España en plazo las Directivas de contratación pública, el régimen organizacional actual en torno a la contratación pública ha evolucionado mucho y ha dado lugar a la existencia de numerosos órganos administrativos especializados en la materia, tanto de carácter consultivo como resolutorio. Esto ha traído como consecuencia que la Junta de Contratación Administrativa del Estado publique con carácter oficial en el Boletín Oficial del Estado de fecha 17 de marzo de 2016 una Recomendación no vinculante sobre este efecto directo, que se ve también complementada, en esta ocasión, con un Documento de trabajo sobre la aplicación de las Directivas Europeas de contratación pública realizado por los Tribunales Administrativos de Recursos Contractuales, ya que, sea como fuere, tampoco en la actual oportunidad se ha cumplido con la transposición correcta en plazo, pese a haberse iniciado los trámites de los correspondientes anteproyectos de Ley y a haberse incorporado ya algunos preceptos de las Directivas al actual texto refundido de la Ley de Contratos del Sector Público a través de diversas modificaciones legislativas.

Como dijimos finalizando el exordio, el control de la actuación de los Estados miembros se lleva a cabo, entre otros, por los Jueces y tribunales nacionales, que pueden incluso dejar inaplicadas las disposiciones nacionales contrarias a las normas comunitarias, ya que la labor de garantes ordinarios del Derecho de la Unión Europea de los Jueces y tribunales nacionales no se agota en las cuestiones prejudiciales ante el TJUE, sino que continúa en la obligación de dar a la ley interna que deba aplicar, en la máxima medida posible, una interpretación conforme con las exigencias del Derecho de la Unión (sentencias de 5 de octubre de 1994, *Van Munster*, C-165/91, apartado 34 y de 26 de septiembre de 2000, *Engelbrecht*, C-262/97, apartado 39, entre otras), hasta el punto que si tal interpretación conforme no es posible, el órgano jurisdiccional nacional debe aplicar íntegramente, y aquí es donde entra en participación el principio del efecto directo, el Derecho de la Unión Europea y proteger los derechos que éste confiere a los particulares, absteniéndose de aplicar, en su caso, cualquier disposición nacional en la medida en que tal aplicación conduzca, en las circunstancias del litigio, a un resultado contrario al Derecho de la Unión (véanse las sentencias de 5 de marzo de 1998, *Solred*, C-347/96, apartado 30, y *Engelbrecht*, antes citada, apartado 40). Obligaciones que son predicables, tanto de los Tribunales Administrativos de Recursos Contractuales y los órganos que tienen atribuida la facultad consultiva, como de las distintas autoridades administrativas y órganos de contratación al efecto.

Recordando lo dicho con anterioridad y recalcando los puntos en los que se ha querido incidir en este estudio, que por lo pronto no presentan una solución inmediata, es en este escenario en el que nos situamos desde el 18 de abril de 2016, que añade incertidumbre e inseguridad jurídica a esta materia tan compleja, tan esclava de

---

37 Sobre el efecto de la Directiva 2014/24/UE, Cf. J. A. Moreno Molina, *El nuevo Derecho de la contratación pública de la Unión Europea. Directivas 4.0*, Chartridge Books Oxford, Oxford, 2015, pp. 104 y ss.

los plazos y el rigor y tan necesitada de una ordenada regulación, que además ha sufrido en el vigente texto refundido y viene haciéndolo ya históricamente en las distintas leyes de contratos públicos, una ingente cantidad de modificaciones legislativas; y que supone, a la par, la principal herramienta de actuación administrativa de una importancia social, medioambiental y económica que llega a alcanzar aproximadamente el 20% del PIB y con facilidad y las más de las veces supera el tercio del presupuesto de gasto de las distintas Administraciones Públicas.

Es en este nuevo escenario precisamente, con esos últimos datos aportados de carácter cuantitativo que enfatizo ahora, en el que nos han situado nuestros gobernantes y legisladores a todos los destinatarios y operadores de la contratación pública, que con carácter general verán malograda su situación, exigiéndoles por ejemplo a los segundos un esfuerzo añadido, en muchos sentidos, no ausente de inseguridad jurídica, ni de un previsible aumento de la litigiosidad y, por consiguiente, de la carga administrativa que tendrán que asumir las Juntas Consultivas y los Tribunales de Recursos Contractuales, como primer frente que empiece a dar cordura a esta nueva situación.

CAPITULO V
LAS DIRECTIVAS SOBRE CONTRATACIÓN PÚBLICA

José Antonio MORENO MOLINA*

I. LAS DIRECTIVAS SUSTANTIVAS Y PROCESALES DE LA UNIÓN EUROPEA SOBRE CONTRATACIÓN PÚBLICA

La contratación pública constituye uno de los sectores en que el desarrollo del Derecho administrativo de la Unión Europea[1] ha llegado más lejos y, consiguientemente, donde la armonización de los ordenamientos de los Estados miembros se está produciendo con mayor intensidad[2].

---

* Catedrático de Derecho Administrativo. Universidad de Castilla-la Mancha.

1 A mayor abundamiento, *Cf.* J. Schwrze, *Europäisches Verwaltungsrecht*, 2 vols., Nomos Verlagsgesellschaft, Baden-Baden, 1988; E. Nieto Garrido & I. Martín Delgado, *Derecho administrativo europeo en el Tratado de Lisboa*, Marcial Pons, Madrid, 2010; AA. VV., *European Administrative Law in the Constitutional Treaty*, Hart Publishing, Oxford, 2007; V. Álvarez García, 'Las perspectivas de futuro del derecho público: la formación del derecho público europeo y la armonización de los derechos públicos nacionales', en *Revista General de Derecho Administrativo,* No. 25 (2010); S. Muñoz Machado, *La Unión Europea y las mutaciones del Estado*, Alianza Editorial, Madrid, 1993; S. Mucños Machado, J. F. Mestre Delgado & V. Álvarez García, 'La europeización de las garantías de los derechos y la universalización en Europa de algunas políticas de bienestar', en S. Muñoz Machado, J. L. García Delgado & L. González Seara (Dirs.), *Las estructuras del bienestar en Europa*, Civitas/Escuela Libre Editorial. 2000 y, A. J. Mackenzie Stuart 'Recent Developments in English Administrative Law - the Impact of Europe?', en F. Caporti, Et. Al. (Eds.), *Du droit international au droit de l'intégration. Liber Amicorum Pierre Pescatore*, Nomos Verlagsgesellschaft, 1987.

2 Un análisis en general del Derecho europeo de la contratación pública y su influencia sobre el ordenamiento jurídico español puede encontrarse en J. M. Gimeno Feliú, *La nueva contratación pública europea y su incidencia en la legislación española*, Civitas, Madrid, 2006; M. M. Razquín Lizarraga, 'La Jurisprudencia del Tribunal de Justicia de las Comunidades Europeas sobre contratación pública', en *Justicia Administrativa*, No. 6 (2000) y, *Contratos públicos y derecho comunitario,* Aranzadi, Pamplona, 1996; J. A. Moreno Molina, *Contratos públicos: Derecho comunitario y Derecho español*, Mc-Graw Hill, Madrid, 1996 y del mismo

En efecto, la Unión cuenta con unas muy desarrolladas reglas sobre los procedimientos de preparación, selección, adjudicación y ejecución de los contratos públicos de obras, suministros y servicios.

El completo "*corpus iuris*" europeo sobre contratación pública está integrado tanto por normas de Derecho originario y de Derecho derivado como por la decisiva jurisprudencia del Tribunal de Justicia de la Unión Europea que las ha interpretado y cuya doctrina han ido incorporando las sucesivas directivas europeas en la materia.

Como característica destacada y una muestra evidente de la importancia concedida por la Unión a este sector del ordenamiento jurídico, la legislación sobre contratación pública comprende en la actualidad tanto normas sustantivas como procesales y de recursos.

Entre las primeras se encuentra a la cabeza por su generalidad la nueva Directiva 2014/24/UE del Parlamento y del Consejo, de 26 de febrero de 2014, sobre contratación pública, que ha derogado a la Directiva 2004/18/CE, del Parlamento Europeo y del Consejo de 31 de marzo de 2004, sobre coordinación de los procedimientos de adjudicación de los contratos públicos de obras, de suministro y de servicios; la Directiva 2014/23/UE del Parlamento y del Consejo, de 26 de febrero de 2014, relativa a la adjudicación de contratos de concesión, sin precedente en la normativa europea; y también la Directiva 2014/25/UE del Parlamento y del Consejo, de 26 de febrero de 2014, relativa a la contratación por entidades que operan en los sectores del agua, la energía, los transportes y los servicios postales y por la que se deroga la Directiva 2004/17/CE; la Directiva 2014/55/UE del Parlamento Europeo y del Consejo, de 16 de abril de 2014, relativa a la facturación electrónica en la contratación pública; y la Directiva 2009/81/CE del Parlamento Europeo y del Consejo de 13 de julio de 2009, sobre coordinación de los procedimientos de adjudicación de determinados contratos de obras, de suministro y de servicios por las entidades o poderes adjudicadores en los ámbitos de la defensa y la seguridad.

Por lo que se refiere a las directivas de recursos en los procedimientos de contratación, en la actualidad están vigentes la Directiva 89/665/CEE, aplicable a los contratos de obras y suministros y la Directiva 92/13/CEE, para los contratos en los sectores especiales. Ambas normas fueron modificadas por la Directiva 2007/66/CE, del Consejo y el Parlamento Europeo.

Sin embargo, pese a todas estas normas, los mercados de contratación pública en la Unión siguen siendo de ámbito más nacional que europeo: más del 98 % de los contratos adjudicados con arreglo a las directivas europeas fueron a licitadores nacionales (aproximadamente el 96 % del valor total)[3].

---

autor, *La reforma de la Ley de Contratos del Sector Público en materia de recursos*, Wolters Kluwer La Ley, Madrid, 2010.

3 Documento de trabajo de los servicios de la Comisión: resumen de la evaluación de impacto que acompaña al documento Propuesta de Directiva del Parlamento Europeo y del Consejo sobre la contratación pública y Propuesta de Directiva del Parlamento Europeo y del Consejo sobre la contratación por entidades que operan en los sectores del agua, la energía, los transportes y los servicios postales (SEC 2011, 1586 final, p. 3).

Por ello, las nuevas directivas sobre contratación pública de 2014 pretenden simplificar, modernizar y mejorar la eficiencia de las normas y los procedimientos contractuales en la Unión Europea.

El marco normativo de la contratación pública en el Derecho de la UE quedará integrado tras la aprobación de estas nuevas directivas, además de por las mismas, por las anteriormente citadas Directiva 2009/81, que establece normas específicas para la contratación en los ámbitos de la defensa y la seguridad; y 89/665 y 92/13, con sus modificaciones a través de la Directiva 2007/6, que fijaron normas comunes para los procedimientos de recurso a nivel nacional con el fin de asegurar que en todos los Estados miembros se prevean vías de recurso rápidas y eficaces para los casos en que los licitadores consideren que los contratos han sido adjudicados injustamente.

Además de estas normas, deben considerarse, como ha destacado MEDINA ARNÁIZ[4], las disposiciones del Reglamento (UE, Euratom) 966/2012, del Parlamento Europeo y del Consejo, de 25 de octubre de 2012, sobre las normas financieras aplicables al presupuesto general de la Unión[5] y el Reglamento Delegado (UE) 1268/2012 de la Comisión, de 29 de octubre de 2012, sobre sus normas de desarrollo[6].

ESQUEMA DERECHO DE CONTRATOS PÚBLICOS

DERECHO ORIGINARIO:

TUE Y TFUE, principios generales

DERECHO DERIVADO VIGENTE:

Directiva 2014/23, concesiones

Directiva 2014/24, clásica

Directiva 2014/25, sectores

Directiva 89/665, recursos

Directiva 92/13, recursos sectores

Directiva 2009/81, defensa y seguridad

Directiva 2014/55, contratación electrónica

Reglamento 2195/2002, CPV

JURISPRUDENCIA TJUE

---

4 'La regulación europea de la contratación pública no se agota en las Directivas: Nota sobre el nuevo Reglamento Financiero de la Unión', Observatorio de Contratación Pública, 18 de febrero de 2013, www.obcp.es/index.php/mod.opiniones/mem.detalle/id.90/relcategoria.121/relmenu.3/chk.39ec8e37560acccc5bdd63b3274ae53b.

5 DOUE L 298, de 26 de octubre.

6 DOUE L 362, de 31 de diciembre.

UNIFICACIÓN DE NORMAS SUSTANTIVAS Y PROCEDIMENTALES EN LOS 28 ESTADOS MIEMBROS

Formularios normalizados: SIMAP http:// simap.europa.eu

Base de datos de contratos Ted: http://ted.europa.eu

Contratos por debajo umbrales europeos: Comunicación interpretativa Comisión 2006/C 179/02.

Grupo de expertos de interesados de la Comisión en materia de contratación pública creado en 2011 (sustituye al Comité consultivo para la apertura de la contratación pública).

Debates abiertos sobre futuro contratación pública: Libros Verdes: 1996 y 2011

Comunicaciones interpretativas: Aspectos sociales y ambientales 2001, Concesiones 2000, CPPI 2008.

Guías: Compras ecológicas 2005, PYMES 2008, Compra innovadora 2014 (*Guidance for public authorities on Public Procurement of Innovation*).

II. OBJETIVOS DE LA POLÍTICA, NORMATIVA Y ACTUACIÓN DE LA UNIÓN EUROPEA EN MATERIA DE CONTRATOS PÚBLICOS

La acción de las instituciones de la Unión Europea en relación con las compras públicas, que se inició en los años 70 y ha ido cada vez adquiriendo más y más importancia tanto política, jurídica y social como económica[7], tiene como principal objetivo la creación de un espacio europeo de contratación pública en el marco del mercado interior comunitario. Se basa en los principios fundamentales consagrados en el Derecho originario de la Unión Europea de igualdad de trato, convocatoria de licitaciones transparente y no discriminatoria, reconocimiento mutuo y lucha contra el fraude y la corrupción.

En nuestros días se aprecia una notable aproximación en la regulación jurídica de los contratos públicos en los diferentes ordenamientos de los países miembros de la Unión Europea, impulsada por la aprobación de toda una serie de directivas comunitarias que pretenden garantizar el respeto en la contratación pública de los principios de objetividad, transparencia, publicidad y no discriminación, para garantizar el establecimiento del mercado interior y evitar que la competencia resulte falseada. Los valores que defiende la legislación sobre contratos para la Unión Europea son los relacionados con la garantía de la igualdad de oportunidades entre las empresas nacionales y no nacionales[8].

---

[7] Los contratos públicos suponen el 19,7% del Producto Interior Bruto europeo, *Cf. Public procurement indicators 2010*, de 4 de noviembre de 2011, http://ec.europa.eu/internal_market/public procurement/docs/indicators2010_en.pdf.

[8] *Cf.* J. L. Piñar Mañas, 'El Derecho comunitario de la contratación pública, marco de referencia de la nueva Ley', en *Comentario a la Ley de Contratos de las Administraciones Públicas*, Madrid, Civitas, 1996, p. 50.

Los principios de objetividad, transparencia, publicidad y no discriminación, basados en reglas nacionales[9] y comunitarias[10] de naturaleza constitucional, prevalecen hoy de forma incuestionable sobre cualquier otra función de la normativa sobre contratación[11]. Estos principios son en nuestros días el fundamento de todas las reglas públicas sobre contratos públicos y se caracterizan por su transversalidad, ya que alcanzan y se manifiestan en todas las fases contractuales, tanto preparatorias como ejecutorias.

Como ha declarado reiteradamente el TJUE, el principio de igualdad de trato de los licitadores, que constituye la base de las directivas relativas a los procedimientos de adjudicación de contratos públicos, implica una obligación de transparencia que permita garantizar su cumplimiento[12]. El principio de igualdad tiene el objetivo de favorecer el desarrollo de una competencia sana y efectiva entre las empresas que participan en una licitación pública, exige que todos los licitadores dispongan de las mismas oportunidades en la formulación de los términos de sus ofertas e implica pues que éstas se sometan a las mismas condiciones para todos los competidores[13].

Por lo que respecta al principio de transparencia, que constituye el corolario del principio de igualdad, tiene esencialmente por objeto garantizar que no exista riesgo de favoritismo y arbitrariedad por parte de la entidad adjudicadora[14]. Exige que todas las condiciones y modalidades del procedimiento de licitación estén formuladas de forma clara, precisa e inequívoca en el anuncio de licitación o en el pliego de condiciones, con el fin de que, por una parte, todos los licitadores razonablemente informados y normalmente diligentes puedan comprender su alcance exacto e interpretarlas de la misma forma y, por otra parte, la entidad adjudicadora pueda comprobar efectivamente que las ofertas presentadas por los licitadores responden a los criterios aplicables al contrato de que se trate[15].

---

9 El Tribunal Constitucional ya había señalado en su sentencia de 22 de abril de 1993 que la normativa básica en materia de contratación administrativa tiene principalmente por objeto proporcionar las garantías de publicidad, igualdad, libre concurrencia y seguridad jurídica que aseguren a los ciudadanos un tratamiento común por parte de todas las Administraciones Públicas.

10 La prohibición de toda discriminación por razón de la nacionalidad (artículo 18 del Tratado de Funcionamiento de la Unión Europea) es considerada por el Tribunal como el fundamento de todo el sistema de contratación pública a nivel comunitario (Sentencia de 22 de junio de 1993, asunto C-243/89).

11 *Cf.* A. Huerga Lora, 'El Derecho español de contratos públicos y el Derecho comunitario', en *REDA*, No. 126, 2005, p. 234.

12 Sentencias del Tribunal de Justicia de 18 de noviembre de 1999, Unitron Scandinavia y 3-S, C-275/98, Rec. p. I-8291, apartado 31; de 12 de diciembre de 2002, Universale-Bau y otros, C-470/99, Rec. p. I-11617, apartado 91, y de 17 de febrero de 2011, no publicada en la Recopilación, apartado 38)

13 Sentencia del TJUE de 29 de abril de 2004, Comisión/CAS Succhi di Frutta, C-496/99 P, Rec. p. I-3801, apartados 109 y 110

14 Sentencia del Tribunal General de la Unión Europea de 31 de enero de 2013, asunto T-235/11, España contra Comisión Europea, apartado 48.

15 Sentencia "Succhi di Frutta", citada anteriormente, apartado 111.

III. LOS PRINCIPIOS GENERALES DE LA CONTRATACIÓN PÚBLICA COMO IMPRESCINDIBLE ELEMENTO UNIFICADOR HOY DEL DERECHO PÚBLICO DE LOS CONTRATOS. SU RECONOCIMIENTO EN EL ORDENAMIENTO JURÍDICO DE LA UNIÓN EUROPEA

Debe resaltarse el decisivo papel que desarrollan hoy los principios generales de la contratación pública en la aplicación e interpretación del Derecho de los contratos, tanto nacional como comunitario europeo e incluso internacional. Estos principios, basados en reglas nacionales y comunitarias de naturaleza constitucional, son en nuestros días el fundamento de toda la normativa pública sobre contratación y se caracterizan por su transversalidad, ya que alcanzan y se manifiestan en todas las fases contractuales, preparatorias y ejecutorias.

Entre los principios generales de la contratación pública sobresale por encima de todos los demás el principio de igualdad y la prohibición de toda discriminación, que habrán de respetarse en todo caso y a lo largo del completo proceso selectivo. Pero junto al principio de igualdad y en íntima conexión con él se aplican en este ámbito los principios de publicidad, transparencia y concurrencia, notablemente reforzados con la reciente introducción de medios electrónicos y telemáticos en los procedimientos de licitación.

Además de estos principios, en el TRLCSP se recogen, por influencia comunitaria, otros principios aplicables hoy a la contratación pública: se trata de los principios de confidencialidad, motivación de las decisiones, economía, eficiencia y eficacia, la consecución de objetivos sociales y la protección del medio ambiente.

En una lúcida doctrina, el Tribunal de Justicia de la Unión Europea ha destacado que la obligación de respeto de los principios de objetividad, imparcialidad y no discriminación en la adjudicación de los contratos públicos se extiende no sólo a los contratos que caen dentro del ámbito de aplicación de las Directivas comunitarias sobre contratación pública, el cual no deja de ser limitado (el artículo 7 de la Directiva 2004/18/CE fija el ámbito de aplicación de la misma estableciendo unos umbrales económicos), sino también a todos los contratos que celebren los órganos de contratación sujetos a las Directivas, ya que así lo exigen distintos preceptos del Tratado de la Comunidad Europea, tal y como han sido interpretados por el propio Tribunal. De la jurisprudencia del alto Tribunal europeo los principios han pasado a las Directivas de contratación, que hoy los recogen de forma destacada (arts. 2 de la Directiva 2004/18/CE y 10 de la Directiva 2004/17/CE).

Así, el Tribunal europeo, tras comprobar cómo las Directivas sobre contratos no constituyen cuerpos uniformes y completos de normas sobre contratación pública, sostiene que los Estados siguen siendo libres para mantener o adoptar normas sustantivas y procedimentales que disciplinen los contratos públicos, pero, eso sí, "a condición de que se respeten todas las disposiciones aplicables del Derecho comunitario y, en particular, las prohibiciones derivadas de los principios consagrados por el Tratado"[16]. La sentencia del TJUE de 13 de octubre de 2005, asunto C-458/03,

---

[16] Sentencia *CEI y Bellini*, de 9 de julio de 1987, Asuntos 27 a 29/86, Rec. 1987, F.J. 15, p. 3373. Véanse también las sentencias de 7 de diciembre de 2000, Teleaustria y Telefonadress,

Parking Brixen GMBH, resulta muy ilustrativa cuando concluye que "pese a que, en el estado actual del Derecho comunitario, los contratos de concesión de servicios públicos se encuentran excluidos del ámbito de aplicación de la Directiva 92/50, las autoridades públicas que los celebren están obligadas no obstante a respetar, en general, las normas fundamentales del Tratado CE y, en especial, el principio de no discriminación por razón de la nacionalidad".

En la Sentencia *Parking Brixen GMBH* se analiza por el Tribunal europeo si la adjudicación de la gestión de unos aparcamientos públicos de pago constituye un contrato público de servicios o bien una concesión de servicios públicos a la que deben aplicarse las normas de la competencia, en particular la obligación de igualdad de trato y de transparencia. Una vez decidida por el Tribunal que se trataba de una concesión de servicios relativa a la gestión de un servicio público local (en el contrato en cuestión la retribución del prestador de servicios no procedía de la autoridad pública, sino de las cantidades abonadas por terceros para el uso del aparcamiento. Esta modalidad de retribución implica que el prestador asume el riesgo de explotación de los servicios, lo cual es una característica de la concesión de servicios públicos[17]), se estudió por el Tribunal si la adjudicación de la misma sin licitación pública previa era compatible con el Derecho comunitario, en particular con los principios de libre prestación de servicios, libre competencia y prohibición de discriminación y las consecuentes obligaciones de igualdad de trato y de transparencia, así como con el principio de proporcionalidad, en caso de que recayese en una sociedad anónima constituida mediante la transformación de una empresa especial de un municipio, dándose la circunstancia de que el capital social de dicha sociedad anónima pertenecía en su totalidad al municipio en el momento de la adjudicación. Pues bien, para el máximo intérprete del Derecho comunitario europeo:

> "El artículo 12 CE proclama la prohibición de toda discriminación por razón de nacionalidad. Entre las disposiciones del Tratado aplicables más específicamente a las concesiones de servicios públicos cabe destacar, en particular, el artículo 43 CE, cuyo primer párrafo prohíbe las restricciones a la libertad de establecimiento de los nacionales de un Estado miembro en el territorio de otro Estado miembro, y el artículo 49 CE, conforme a cuyo primer párrafo quedarán prohibidas las restricciones a la libre prestación de servicios dentro de la Comunidad para los nacionales de los Estados miembros establecidos en un país de la Comunidad que no sea el del destinatario de la prestación.

C-324/98, Rec. p. I-10745, apartado 60, y de 21 de julio de 2005, Coname, C-231/03, Rec. p. I-0000, apartado 16.

[17] En este sentido, el artículo 1, apartado 4, de la Directiva 2004/18/CE del Parlamento Europeo y del Consejo, de 31 de marzo de 2004, sobre coordinación de los procedimientos de adjudicación de los contratos públicos de obras, de suministro y de servicios (que no resultaba de aplicación cuando se produjeron los hechos del caso de autos), establece que la «"concesión de servicios" es un contrato que presente las mismas características que el contrato público de servicios, con la salvedad de que la contrapartida de la prestación de servicios consista, o bien únicamente en el derecho a explotar el servicio, o bien en dicho derecho acompañado de un precio».

Según la jurisprudencia del Tribunal de Justicia, los artículos 43 CE y 49 CE constituyen una expresión particular del principio de igualdad de trato (véase la sentencia de 5 de diciembre de 1989, Comisión/Italia, C-3/88, Rec. p. 4035, apartado 8). La prohibición de discriminación por razón de nacionalidad constituye igualmente una expresión específica del principio general de igualdad de trato (véase la sentencia de 8 de octubre 1980, Überschär, 810/79, Rec. p. 2747, apartado 16). En la jurisprudencia relativa a las directivas comunitarias en materia de contratación pública, el Tribunal de Justicia ha precisado que el principio de igualdad de trato de los licitadores tiene por objeto que todos los licitadores dispongan de las mismas oportunidades al formular el contenido de sus ofertas, con independencia de su nacionalidad (véase en este sentido la sentencia de 25 de abril de 1996, Comisión/Bélgica, C-87/94, Rec. p. I-2043, apartados 33 y 54). De ello se deduce que el principio de igualdad de trato de los licitadores es aplicable a las concesiones de servicios públicos aun cuando no exista una discriminación por razón de nacionalidad.

Los principios de igualdad de trato y de no discriminación por razón de nacionalidad implican, en particular, una obligación de transparencia que permita que la autoridad pública concedente se asegure de que los mencionados principios son respetados. Esta obligación de transparencia que recae sobre dicha autoridad consiste en garantizar, en beneficio de todo licitador potencial, una publicidad adecuada que permita abrir a la competencia la concesión de servicios y controlar la imparcialidad de los procedimientos de adjudicación (véase en este sentido la sentencia Teleaustria y Telefonadress, antes citada, apartados 61 y 62).

Corresponde a la autoridad pública concedente apreciar, bajo el control de los tribunales competentes, la adecuación de las modalidades de licitación a las particularidades de cada concesión de servicios públicos. Sin embargo, la falta total de licitación en la adjudicación de una concesión de servicios públicos como la que es objeto del caso de autos no responde a los requisitos de los artículos 43 CE y 49 CE ni a los principios de igualdad de trato, no discriminación y transparencia.

Además, el artículo 86 CE, apartado 1, establece que los Estados miembros no adoptarán ni mantendrán, respecto de las empresas públicas y aquellas empresas a las que concedan derechos especiales o exclusivos, ninguna medida contraria a las normas del presente Tratado, especialmente las previstas en los artículos 12 CE y 81 CE a 89 CE, ambos inclusive.

De lo anterior se desprende que los Estados miembros no deben mantener en vigor una normativa nacional que permita la adjudicación de concesiones de servicios públicos sin licitación, puesto que tal adjudicación infringe los artículos 43 CE o 49 CE, o vulnera los principios de igualdad de trato, no discriminación y transparencia" (fundamentos jurídicos 47 a 52).

Como es conocido, en nuestros días se aprecia una notable aproximación en la regulación jurídica de los contratos públicos en los diferentes ordenamientos de los países miembros de la Unión Europea, impulsada por la aprobación de toda una serie de Directivas comunitarias sobre los contratos de obras, suministros y servicios, y sobre procedimientos de recurso en la adjudicación de los contratos. Pues bien, con estas normas comunitarias se pretende garantizar el respeto en la contratación pública de los principios de objetividad, transparencia, publicidad y no discriminación, los cuales, en mayor o menor medida según los países y el momento político, económico y social, se han visto con frecuencia seriamente comprometidos. En consecuencia, en los países miembros de la Unión lo que persigue como objetivo básico la normativa sobre contratación pública es asegurar la transparencia, la objetividad y la no discriminación en la adjudicación de los contratos, para garantizar el establecimiento del mercado interior y evitar que la competencia resulte falseada.

Las directivas sobre contratos públicos recogieron de forma destacada estos principios generales aplicables en la adjudicación de los contratos[18]. Así, la Directiva 2004/18/CE, sobre contratos del sector público, establece en su artículo 2 que "los poderes adjudicadores darán a los operadores económicos un tratamiento igualitario y no discriminatorio y obrarán con transparencia". Por su parte, la Directiva 2004/17/CE, sobre contratos en los sectores especiales, señala en su artículo 10 que "las entidades adjudicadoras tratarán a los operadores económicos en pie de igualdad y sin discriminaciones, y actuarán con transparencia".

IV. LOS PRINCIPIOS DE DERECHO ORIGINARIO EUROPEO APLICABLES A LA CONTRATACIÓN ADMINISTRATIVA

La decisiva jurisprudencia del TJUE a la que anteriormente se hacía referencia ha interpretado las normas comunitarias y ha declarado plenamente aplicables a la contratación pública varios de los preceptos angulares del Tratado de Funcionamiento de la Unión Europea (TFUE)[19].

El Tribunal ha enjuiciado, sobre la base de los parámetros del Tratado, supuestos de prácticas nacionales de contratación que no estaban sujetas a las Directivas sobre contratos públicos[20]. Por ejemplo, en el Asunto 45/87, Comisión contra Irlan-

---

18 Acerca de las nuevas Directivas, Cf. Y. Fernández García, 'La nueva regulación de la contratación pública en el Derecho comunitario europeo', en *RAP* 166 (2005), pp. 281-ss.; S. Pignon, 'Les nouvelles directives communautaires portant coordination des procédures de passation de marchés publics', en *Actualité Juridique-Droit Administratif*, No. 26 (2004), pp. 1410-ss.; y F. Uría Fernández, 'Apuntes para una reforma de la legislación sobre contratos de las Administraciones públicas', en *RAP,* No. 165 (2004), pp. 300-ss.

19 Cf. J. A. Moreno Molina, *Los principios generales de la contratación de las Administraciones públicas*, Bomarzo, Albacete, 2006, pp. 25-ss.; y N. Michel 'La jurisprudente de la Cour de Justice sur les marchés publics: instrument essentiel pour leer ouverture à la concurrente', en *Revue du Marché Unique Européen*, No. 3 (1994), pp.135-ss.

Al respecto puede acudirse también a la Comunicación interpretativa sobre el Derecho comunitario aplicable en la adjudicación de contratos no cubiertos o sólo parcialmente cubiertos por las Directivas sobre contratación pública (Diario Oficial No. C 179 de 01/08/2006).

20 *Cf.* J. M. Gimeno Feliú, 'El valor interpretativo de las directivas comunitarias sobre contratación pública y del derecho pretoriano. Las opciones de transposición en España en la propuesta de reforma', en J. M. Gimeno Feliú (Dir.) & M. A. Bernal Blay (Coord.), *Observatorio de Contratos Públicos 2014*, Aranzadi, Cizur Menor, Navarra, 2015, pp. 19 y ss.; *El nuevo paquete Legislativo Comunitario sobre contratación Pública. De la burocracia a la estrategia*, Aranzadi, Cizur Menor, 2014; M. M. Razquin, Lizárraga, 'Las nuevas Directivas sobre contratación pública de 2014: aspectos clave y propuestas para su transposición en España"', en *RAP,* No. 196, 2015, pp. 97-135 y, R. Martínez Gutiérrez, *La Contratación Pública Electrónica*, Tirant Lo Blanch, Valencia, 2015.

da, se le planteó al Tribunal la aplicación de la Directiva 71/305 a un contrato público de obras adjudicado por un servicio público de distribución de agua –por tanto, era un contrato público en uno de los denominados "sectores excluidos"–[21]. El Tribunal, tras declarar que dicho contrato quedaba claramente fuera del ámbito de aplicación de la Directiva (de acuerdo con el tenor del artículo 3.5 de la misma), aplicó, sin embargo, al supuesto en cuestión el artículo 34 del TFUE (libre circulación de mercancías), de forma que zanjó el litigio declarando que Irlanda había incumplido sus obligaciones derivadas del Tratado al permitir la inclusión, en el anuncio de licitación del contrato, de una cláusula que discriminaba a todos aquellos participantes que no fuesen a utilizar materiales irlandeses[22]. A su vez, en el Asunto C-3/88, Comisión contra Italia, en el que se discutía sobre una normativa italiana que reservaba únicamente a las sociedades en que el Estado tuviera una participación mayoritaria la posibilidad de celebrar convenios en materia de realización de sistemas informáticos por cuenta de la Administración pública, el Tribunal, antes de plantearse la posible violación de la Directiva 77/62/CEE, apreció que, con dicha normativa, Italia incumplía las obligaciones que le incumben en virtud de los artículos 49 y 56 del TFUE (que establecen el derecho de establecimiento y la libre prestación de servicios)[23].

Asimismo, el Tribunal ha insistido en la necesidad de que las Directivas sobre contratos públicos se interpreten de manera conforme con los principios del Tratado[24]. Así, en el Asunto *Du Pont de Nemours* (C-21/88), el Tribunal declaró que el artículo 36 del TFUE se opone a una normativa nacional que reserve a las empresas establecidas en determinadas regiones del territorio nacional un porcentaje de los contratos públicos de suministro. Sin embargo, el Gobierno italiano había alegado el artículo 26 de la Directiva 77/62, que podía amparar dicha normativa. Frente a ello, el Tribunal señaló que no se puede interpretar la Directiva en el sentido de que autoriza la aplicación de una legislación nacional cuyas disposiciones infrinjan las del Tratado[25].

---

21 Los contratos en los sectores del agua, energía, transportes y telecomunicaciones no han sido objeto de regulación comunitaria hasta la aprobación de la Directiva 90/531/CEE, de 17 de septiembre de 1990, posteriormente sustituida por la Directiva 93/38/CEE, de 14 de junio de 1993 y más tarde por la Directiva 2004/17/CE del Parlamento Europeo y del Consejo de 31 de marzo de 2004 sobre la coordinación de los procedimientos de adjudicación de contratos en los sectores del agua, de la energía, de los transportes y de los servicios postales.

22 Sentencia de 22 de septiembre de 1988, Rec. 1988, pp. 4929-ss. La empresa que había resultado discriminada en el procedimiento de adjudicación del contrato era la empresa española Uralita, en cuya oferta, que era la mejor desde el punto de vista económico, se proponía la utilización de materiales fabricados en España.

23 Sentencia de 5 de diciembre de 1989, Rec. 1989, F.J. 6 a 16, pp. 4035-ss.

24 Sentencia de 20 de marzo de 1990, Rec. 1990, F.J. 16 a 18, pp. I-889-ss. *Cf.* Van Gerven & Gilliams, 'La aplicación en los Estados miembros de las Directivas sobre contratos públicos', en *Gaceta Jurídica de la CEE*, No. 96, 1991, p. 309 (traducción al español del '*Rapport général'*, cuya versión original se encuentra en *FIDE, 14 Congrès*, Centro de Publicaciones del Ministerio de Justicia, Madrid, 1990, pp. 333-ss.).

25 Sentencia de 20 de marzo de 1990, Rec. 1990, F.J. 16 a 18, pp. I-889-ss.

Otro principio importante que el Tribunal de Luxemburgo ha aplicado con firmeza en el ámbito de la contratación pública es el de la libre circulación de mercancías (artículo 34 del TFUE)[26]. La libertad de circulación de mercancías constituye el principal título habilitador de la intervención comunitaria en el campo de la contratación pública y, por consiguiente, es un obligado punto de referencia para la interpretación de las legislaciones, tanto nacional como comunitaria, sobre la materia, así como para la integración de sus lagunas e insuficiencias.

También son de aplicación en el ámbito de la contratación pública el derecho de establecimiento y la libre prestación de servicios dentro de la Comunidad (artículos 49 y siguientes del TFUE). Estos preceptos, según el Tribunal de Luxemburgo, obligan a eliminar no sólo las discriminaciones ostensibles, en razón de la nacionalidad, sino también cualquier forma encubierta de discriminación que, mediante la aplicación de otros criterios de distinción, conduzca de hecho al mismo resultado (STJUE de 5-12-1989, C-3/88). En este asunto se cuestionó por la Comisión ante el Tribunal la adecuación al Tratado de determinadas normas de un Estado miembro (Italia) que reservaban a sociedades de cuyo capital es único titular el sector público o en las que éste posee una participación pública mayoritaria algunos contratos públicos de suministros en el sector de la informática. El Tribunal, en su sentencia, recordó su jurisprudencia que, en base a los artículos 49 y siguientes del Tratado, a los que considera una expresión particular del principio de igualdad de trato, prohíbe no sólo las discriminaciones ostensibles sino también las encubiertas, y la aplicó al caso concreto ya que: "[…] las Leyes y Decretos-Leyes controvertidos, aunque indistintamente aplicables a cualquier sociedad italiana o extranjera, favorecen principalmente a sociedades italianas […]".

En la sentencia de 13 de octubre de 2005, *Parking Brixen GMBH*, el TJUE concluyó que la falta total de licitación en la adjudicación de una concesión de servicios públicos no respondía a los requisitos de los artículos 49 y 56 TFUE ni a los principios de igualdad de trato, no discriminación y transparencia.

El Tribunal ha subrayado además la importancia de los principios y normas que se derivan del Tratado y ha precisado, en particular, que las directivas de contratación pública tienen por objeto, por una parte, "facilitar la realización en el interior de la Comunidad de la libertad de establecimiento y de la libre prestación de servicios" y, por otra parte, "garantizar la efectividad de los derechos reconocidos por el Tratado en el sector de los contratos públicos de obras y de suministros"[27].

Junto a los anteriores preceptos, desarrollan asimismo una importante función en el campo de los contratos públicos las normas sobre la competencia, principalmente la prohibición de acuerdos contrarios a la competencia y de abuso de posiciones dominantes. En este sentido, en España resulta relevante la aplicación en el ámbito de la contratación pública de la Ley 15/2007, de 3 de julio, de Defensa de la Competencia y de su Reglamento aprobado por R.D. 261/2008, de 22 de febrero.

---

26 *Cf.* STJUE de 20-3-1990, C-21/88.

27 Sentencias de 10 de marzo de 1987, en el asunto 199/85: Comisión contra Italia, y de 17 de noviembre de 1993 en el asunto 71/92: Comisión contra España.

El régimen que se deriva para los contratos públicos de las disposiciones pertinentes del Tratado de la Comunidad puede resumirse en las obligaciones siguientes: fijación de las normas aplicables a la selección del contratista de la Administración, publicidad adecuada relativa a la intención de otorgar una contrato y a las normas que rigen la selección para permitir un control de la imparcialidad a lo largo de todo el procedimiento, convocatoria real de los operadores potencialmente interesados o con capacidad para garantizar el cumplimiento de las tareas en cuestión, respeto del principio de igualdad de trato de la totalidad de los participantes a lo largo de todo el procedimiento y adjudicación con arreglo a criterios objetivos y no discriminatorios[28].

En definitiva, la jurisprudencia del alto Tribunal Europeo que ha aplicado los grandes principios de Tratado a los contratos públicos ha tenido decisivos efectos para el respeto de los principios de publicidad, objetividad y no discriminación en la adjudicación de los contratos públicos por las distintas Administraciones públicas europeas.

V. LAS PRIMERAS DIRECTIVAS SOBRE LA MATERIA Y EL INCUMPLIMIENTO GENERALIZADO DE SUS DISPOSICIONES

La primera norma comunitaria en materia de contratos públicos fue la Directiva de la Comisión 70/32/CEE, de 17 de diciembre de 1969, relativa a los suministros de productos al Estado, a sus entes territoriales y a las personas jurídicas de derecho público. Anteriormente, la Comisión había adoptado la Directiva 66/683/CEE, de 7 de noviembre de 1966, de supresión de las disposiciones legales, reglamentarias y administrativas que prohíben la utilización de los productos importados de los demás Estados miembros, que imponen la utilización de los productos nacionales o que supeditan la concesión de una ventaja a que se produzca dicha utilización.

Pero esta Directiva exceptuaba de su ámbito de aplicación las medidas referentes a los contratos públicos (artículo 4), en espera de la adopción de una Directiva específica sobre la contratación pública (que finalmente fue aprobada el 17 de diciembre de 1969)[29].

---

28 *Cf.* Libro Verde sobre la colaboración público-privada y el Derecho comunitario en materia de contratación pública y concesiones, COM (2004) 327 Final.

29 La directiva fue adoptada por la Comisión en uso de la competencia que le atribuía el artículo 33.7 del TCEE para determinar "el procedimiento y el ritmo de supresión, entre los Estados miembros, de las medidas de efecto equivalente a los contingentes que existan a la entrada en vigor del presente Tratado".

Como señaló M. Bassols Coma, la aparente conexión remota entre la contratación administrativa y este precepto del Tratado hay que vincularla al desenvolvimiento del principio de la libre circulación de mercancías, en 'Aproximación a la normativa comunitaria europea sobre contratación administrativa', en *Noticias CEE*, No. 21, 1986, p. 29.

La Directiva 70/32 tenía como principal objetivo clarificar o precisar el alcance de las grandes libertades comunitarias (libre circulación de mercancías, derecho de establecimiento, libre prestación de servicios) en el ámbito de los contratos públicos[30].

Sin embargo, a pesar del incuestionable carácter vinculante de estas obligaciones derivadas del Derecho originario europeo, se hizo necesario adoptar unas medidas de carácter positivo que aseguraran unas condiciones fundamentales de igualdad para la participación en los contratos públicos en todos los Estados miembros y una transparencia de los procedimientos de adjudicación de dichos contratos, de forma que se pudiera velar mejor por la observancia de los principios establecidos en el Tratado de la Comunidad[31].

Si, hasta este momento, los legisladores comunitarios no se habían preocupado por esta problemática, no había sido porque no existieran prácticas discriminatorias o proteccionistas en la contratación pública. Como ha observado COX, A., en una etapa de tan fuerte crecimiento económico como la que se produjo entre 1950 y 1973, tanto los Estados miembros como los órganos comunitarios podían tranquilamente ignorar la continuación del proteccionismo en el ámbito de los contratos públicos[32]. En este periodo, la Comunidad centró sus esfuerzos en la erradicación de las barreras "visibles" al mercado -derechos de aduana principalmente-. Será ya con el final de los años 60 cuando, abolidas la mayoría de aquellas barreras, y finalizado el largo periodo de "boom" económico, la atención política de la Comunidad se dirija hacia las denominadas barreras "invisibles" al mercado, o barreras no tarifarias[33], entre las cuales cabe incluir a los altamente proteccionistas regímenes de contratación pública vigentes en la mayoría de los países miembros de la Comunidad[34].

Se plantearon entonces varias opciones o proposiciones para intentar eliminar las discriminaciones en la contratación pública en los distintos Estados de la Comunidad. Finalmente, el modelo por el que se optó, esto es, adoptar una directiva para los contratos públicos de obras y otra para los contratos públicos de suministro, es de inspiración alemana. En efecto, en este ordenamiento existía una reglamentación, principalmente referida a la fase de formación de los contratos, separada para los contratos de obras y de suministros. En otros países, como España o Francia, la tradición era la de contar con una sola norma legal que regula con carácter general toda la contratación de las Administraciones Públicas.

Surgieron así las Directivas del Consejo 71/305/CEE, de 26 de julio de 1971 y 77/62/CEE, de 21 de diciembre de 1976, sobre coordinación de los procedimientos

---

30 De ahí que esta Directiva se conozca como "de liberalización", *Cf.* F. Weiss, *Public procurement in European Community Law*, Atholone, Londres, 1993, pp. 33-ss.

31 Comisión, "Vademécum sobre los contratos públicos en la Comunidad", *DOCE* C 358, de 31-12-1987.

32 The Single Market Rules and the Enforcement Regime after 1992, Earlsgate Press, N. Humberside, 1993, pp. 29-ss.

33 *Cf.* F. Weiss, *Op. Cit.*, p. 13.

34 *Cf.* J. Harrop, The Political Economy of Integration in the European Community, E. Elgar, Aldershot, 1989, pp. 41-ss.

de adjudicación de los contratos públicos de obras y suministro, respectivamente[35]. El objetivo de estas Directivas era coordinar los procedimientos nacionales de formalización de los contratos públicos, introduciendo en ellos un mínimo de normas comunes, que debían ser cumplidas en todos los procedimientos de adjudicación a los que fuesen aplicables. Principalmente, estas normas comunes pretendían garantizar una publicidad comunitaria suficiente para el desarrollo de una competencia efectiva entre los operadores económicos de todos los Estados miembros, prohibir las especificaciones técnicas que tuviesen un efecto discriminatorio y, por último, aplicar criterios objetivos de participación y de adjudicación de los contratos.

Sin embargo, desde los primeros momentos a partir de su aprobación, las Directivas sobre contratos públicos, tanto la de "obras" como la de "suministros", empezaron a ser sistemáticamente incumplidas en los distintos Estados miembros de la Comunidad[36].

En parte, esta circunstancia se basó en la crítica situación económica mundial que se vivió a comienzos de los años setenta, motivada sobre todo por la crisis del petróleo. En el ámbito de la contratación pública, la crisis económica dio lugar a que los distintos Gobiernos protegieran a sus debilitadas empresas nacionales frente a las empresas extranjeras. Por otra parte, las Directivas sobre contratos públicos de los años 70 presentaban serias carencias técnicas, aparte de que excluían de su ámbito de aplicación importantes sectores (producción, distribución y transporte de agua y energía, transportes y telecomunicaciones)[37].

VI. LA "SEGUNDA GENERACIÓN" DE DIRECTIVAS Y SU MAYOR UNIFICACIÓN PROCEDIMENTAL

Será a partir del año 1985, con la aprobación del "Libro Blanco" de la Comisión para la consecución del mercado interior (fuertemente impulsado por el presidente de la Comisión Europea el francés J. DELORS) y la entrada en vigor, el 1 de julio de 1987, del Acta Única Europea, cuando se dé un decisivo paso adelante de cara a la apertura a la libre concurrencia de la contratación pública comunitaria. Desde este momento, la Comunidad adoptó, con la vista puesta en el horizonte del gran mercado único de 1992, numerosas medidas encaminadas a potenciar los principios de no discriminación, transparencia, objetividad y publicidad en la preparación y adjudicación de los contratos públicos.

La labor normativa del Consejo desarrollando el "Libro Blanco" comenzó con la reforma, en 1988 y 1989, de las Directivas clásicas sobre los contratos de sumi-

---

35 Ambas disposiciones fueron aprobadas por el Consejo sobre la base de la competencia que le atribuía el artículo 100 del Tratado CEE para adoptar directivas "[...] para la aproximación de las disposiciones legales, reglamentarias y administrativas de los Estados miembros que incidan directamente en el establecimiento o funcionamiento del mercado común".

36 Comunicación de la Comisión al Consejo sobre contratos públicos, COM (84) 717 final, 14-12-1984.

37 *Cf.* J. A. Winter, 'Public Procurement in the EEC', en *Common Market Law Review* 1991, p. 747.

nistros y obras. Posteriormente vieron la luz la Directiva 90/531, sobre los contratos en el ámbito de los sectores anteriormente excluidos (es decir, agua, energía, transportes y telecomunicaciones), y la Directiva 92/50, sobre los contratos públicos de servicios.

Ya en los años 90, en aras de una mayor racionalidad y claridad, el Consejo aprobó en 1993 una serie de Directivas que refunden aquellas Directivas con sus posteriores modificaciones. Estos nuevos textos codificados son las Directivas 93/36, 93/37 y 93/38/CEE, de 14 de junio de 1993, sobre contratos de suministros, obras y en los "sectores especiales". Con la aprobación estas Directivas el Consejo pretendió unificar en lo posible toda la normativa sobre contratación pública. Estos textos (con las modificaciones introducidas por las Directiva del Parlamento Europeo y del Consejo 97/52/CE, de 13 de octubre de 1997, y por la Directiva del Consejo 98/4/CE), son los que han estado vigentes en la materia hasta la aprobación de las Directivas de contratos de 2004.

Si las directivas de los años 70 pretendían, paralelamente a la eliminación de las restricciones, la coordinación de los procedimientos nacionales sobre preparación y adjudicación de los contratos, respetando, en lo posible, los procedimientos y las prácticas en vigor en los Estados miembros, las directivas de los años 90 supusieron una superación de aquella perspectiva, al afirmarse la exigencia de procedimientos unificados de selección de contratistas y adjudicación de los contratos, así como plantear la mejora y la extensión de las garantías previstas por las directivas.

VII. LA TERCERA GENERACIÓN DE DIRECTIVAS SOBRE CONTRATOS Y SU FRACASO EN LA IMPLANTACIÓN DE MEDIOS ELECTRÓNICOS

Tras un largo período de tramitación, en 2004 fueron aprobadas las hasta ahora vigentes directivas comunitarias sobre contratación pública, que se publicaron en el Diario Oficial de las Comunidades Europeas de 30 de abril de 2004 (serie L 134-1). Se trata de la Directiva 2004/17/CE del Parlamento Europeo y del Consejo de 31 de marzo de 2004 sobre la coordinación de los procedimientos de adjudicación de contratos en los sectores del agua, de la energía, de los transportes y de los servicios postales; y de la Directiva 2004/18/CE del Parlamento Europeo y del Consejo de 31 de marzo de 2004 sobre coordinación de los procedimientos de adjudicación de los contratos públicos de obras, de suministro y de servicios.

Las nuevas normas tenían por objeto refundir la legislación comunitaria relativa a contratos públicos, dispersa en varias directivas aplicables a los distintos tipos de contratos administrativos.

Pues bien, las disposiciones de las Directivas de 2004 son el resultado del debate lanzado por el Libro Verde sobre los contratos públicos adoptado por la Comisión el 27 de noviembre de 1996, y persiguen un triple objetivo de modernización, simplificación y mayor flexibilidad del marco jurídico que existe sobre este tema: modernización para tener en cuenta nuevas tecnologías y las modificaciones del entorno económico; simplificación para que los textos actuales sean más fácilmente comprensibles para los usuarios, de modo que los contratos se adjudiquen de perfecta conformidad con las normas y principios que regulan la materia y que las empresas implicadas puedan conocer mejor sus derechos; y flexibilidad de los procedimientos para responder a las necesidades de los compradores públicos y operadores económicos.

Las directivas prestan una especial atención a los procedimientos electrónicos de adjudicación de los contratos, que constituyen una técnica en expansión que pasa a ser definida y regulada a nivel europeo, estableciéndose normas específicas a fin de garantizar que se desarrollan dentro del pleno respeto de los principios de igualdad de trato, de no discriminación y de transparencia.

Pero la implantación de las "nuevas técnicas electrónicas de compra" –en el lenguaje de las directivas de 2004– no quiso imponerse por el legislador comunitario, de forma que la Directiva 2004/18 dejaba a la discrecionalidad de los países la incorporación o no de distintos procedimientos y trámites[38], lo que se ha traducido en la práctica en un muy reducido uso por parte de las Administraciones nacionales de estos medios electrónicos en la contratación pública[39].

La realidad es que el grado de utilización efectiva de la contratación electrónica es escaso y el fracaso de estas medidas ha sido evidente.

La evaluación de la Comisión señala que menos del 5% del presupuesto total destinado a la contratación en los Estados miembros pioneros en la aplicación de este sistema se adjudica a través de medios electrónicos[40].

VIII. LAS DIRECTIVAS DE RECURSOS Y SU REFORMA DE 2007

La Directiva 2007/66/CE del Parlamento Europeo y del Consejo modificó las Directivas 89/665/CEE y 92/13/CEE del Consejo en lo que respecta a la mejora de la eficacia de los procedimientos de recurso en materia de adjudicación de contratos públicos[41].

---

38 De una forma criticable y poco coherente con su pretendido impulso de la contratación electrónica, la Directiva 2004/18 no quiso imponer una adaptación forzosa de estos medios a los diversos sistemas nacionales, sino que dejó a los Estados miembros la posibilidad de que los poderes adjudicadores puedan recurrir a aquellas; sin perjuicio, claro es, de que una vez que se proceda a la incorporación deba hacerse en los términos definidos y regulados por la Directiva. Así lo expresa el considerando 16 de la Directiva 2004/18/CE: "Para tener en cuenta las diversidades existentes en los Estados miembros, conviene dejar a estos últimos la opción de prever la posibilidad de que los poderes adjudicadores recurran a acuerdos marco, a centrales de compras, a sistemas dinámicos de adquisición, a subastas electrónicas y al diálogo competitivo, según quedan definidos y regulados por la presente Directiva".

39 *Cf.* M. M. Razquín Lizárraga, "La Ley de Contratos del Sector Público: balance crítico, aplicación y novedades, en especial, para los Entes locales", en *RAP*, No. 186, 2011, p. 57.

40 Libro Verde de la Comisión sobre la generalización del recurso a la contratación pública electrónica en la Unión Europea (SEC 2010, 1214).

41 Sobre la propuesta de la Comisión de directiva de modificación de las Directivas 89/665 y 92/13, *Cf.* J. Tornos Mas, 'Novedades en la regulación de los recursos en materia de contratos

El objetivo manifestado por la Comisión en la elaboración de la propuesta de reforma de las llamadas directivas "recursos" era animar a las empresas comunitarias a que liciten en cualquier Estado miembro de la Unión, dándoles la seguridad de que, llegado el caso, podrán entablar recursos eficaces cuando consideren que se lesionan sus intereses en el marco de procedimientos de adjudicación de contratos. Este refuerzo de la eficacia de los recursos precontractuales incitará a los órganos de contratación a dar mejor publicidad a sus contratos y a sacarlos a licitación en beneficio de todas las partes interesadas.

La Directiva 2007/66 modifica las dos Directivas relativas a los recursos en el ámbito de la contratación pública, tanto la Directiva 89/665/CEE, como la Directiva 92/13/CEE.

Las modificaciones recogidas por la reforma de las directivas de recursos introducen normas coordinadas destinadas a clarificar y mejorar la eficacia de las disposiciones vigentes sobre los recursos precontractuales entablados en el marco de procedimientos formales de adjudicación de contratos o en el marco de contratos de adjudicación directa[42]. También tienen como objetivo reorientar el mecanismo corrector que puede activar la Comisión hacia los casos de infracciones graves y, como ya se ha señalado, derogar dos mecanismos (el de certificación de las entidades contratantes y el de conciliación) aplicables únicamente en los sectores especiales y que no han sido utilizados por las entidades públicas.

En las directivas «recursos» se establece una distinción entre, por una parte, los recursos precontractuales, destinados principalmente a corregir a tiempo las infracciones del Derecho comunitario en materia de contratos públicos y, por otra, los recursos postcontractuales, que se limitan, por lo general, a la concesión de una indemnización por daños y perjuicios.

Lo que se busca con la modificación de las directivas «recursos» es, sobre todo, mejorar la eficacia de los recursos a disposición de los operadores económicos en el marco de los procedimientos de adjudicación de contratos públicos, que han de ajustarse no sólo a las disposiciones específicas de las Directivas 2004/17/CE y 2004/18/CE, sino también a los principios del Tratado CE: libre circulación de mercancías, libre prestación de servicios, libertad de establecimiento y los principios que de ellos se derivan, como los de igualdad de trato, reconocimiento mutuo, proporcionalidad y transparencia.

A este respecto, procede recordar que, según reiterada jurisprudencia europea, la coordinación comunitaria de los procedimientos de adjudicación de contratos públicos tiene por objeto suprimir las trabas a la libre circulación de servicios y de

---

de las Administraciones públicas', en *Contratación Administrativa Práctica,* No. 59, 2006, pp. 45 y ss.

42 Un completo análisis de la Directiva 2007/66 puede encontrarse en B. Noguera de la Muela, 'El recurso especial en materia de contratación y las medidas cautelares en la Ley 30/2007, de 30 de octubre, de contratos del Sector Público, a la vista de la Directiva 2007/66/CE, por la que se modifica la Directiva 89/665/CEE', en J. M. Gimeno Feliú (Dir.), *El Derecho de los contratos públicos,* Monografía No. X de la *Revista Aragonesa de Administración Pública,* pp. 304 y ss.

mercancías y, por tanto, proteger los intereses de los operadores económicos establecidos en un Estado miembro que deseen ofrecer bienes o servicios a las entidades adjudicadoras establecidas en otro Estado miembro[43].

Además, de la jurisprudencia del Tribunal de Justicia se desprende que el principio de igualdad de trato, que constituye la base de las directivas relativas a los procedimientos de adjudicación de contratos públicos, implica una obligación de transparencia para permitir que se garantice su respeto[44].

El objetivo de garantizar la eficacia de los recursos en los procedimientos de adjudicación de contratos públicos se inscribe plenamente en el del artículo 47 de la Carta de los Derechos Fundamentales de la Unión Europea, que establece que toda persona cuyos derechos y libertades garantizados por el Derecho de la Unión hayan sido violados tiene derecho a la tutela jurídica efectiva y a un juez imparcial.

Por último, la mejora de la eficacia de los recursos nacionales, en particular los referentes a los contratos públicos celebrados ilegalmente por adjudicación directa, se inscribe igualmente en el marco de la política general de la Unión Europea contra la corrupción[45].

De acuerdo con lo previsto por la directiva de recursos reformada, cuando un órgano de contratación concluya un procedimiento formal de adjudicación de conformidad con las directivas relativas a los contratos públicos, deberá suspender la celebración del contrato hasta que haya transcurrido un plazo de al menos diez días civiles a partir de la fecha de notificación de la decisión de adjudicación motivada a los operadores económicos que hayan participado en el procedimiento de adjudicación.

Cuando un órgano de contratación considere que puede adjudicar directamente un contrato cuyo importe sea superior a los umbrales fijados en las directivas sobre contratos públicos, deberá (excepto en caso de urgencia imperiosa) suspender la celebración del contrato durante un plazo mínimo de diez días civiles, después de haber procedido a darle una publicidad adecuada mediante un anuncio de adjudicación simplificado.

En fin, si el órgano de contratación celebra ilegalmente un contrato durante el plazo suspensivo, tal celebración se considerará sin efecto. Las consecuencias de dicha ilegalidad sobre los efectos del contrato serán extraídas por la instancia de recurso competente, si bien para ello será preciso que un operador económico le someta el asunto dentro de un plazo de prescripción de seis meses a partir de la fecha en que se celebró efectivamente el contrato.

---

43 Véanse, en particular, las sentencias de 3 de octubre de 2000, *University of Cambridge*, C-380/98, Rec. p. I-8035, apartado 16, y de 18 de octubre de 2001, SIAC Construction, C-19/00, Rec. p. I-7725, apartado 32.

44 Véanse, en este sentido, las sentencias de 18 de noviembre de 1999, Unitron Scandinavia y 3-S, C-275/98, Rec. p. I-8291, apartado 31, y de 7 de diciembre de 2000, Telaustria y Telefoneares, C-324/98, Rec. p. I-10745, apartado 61.

45 Véase la Comunicación de la Comisión de 28 de mayo de 2003, COM (2003) 317 final. Sobre la corrupción en el ámbito de la contratación pública resulta obligada referencia el trabajo de MEDINA ARNAIZ, T., "Las respuestas normativas al fenómeno de la corrupción en la contratación pública", Diario La Ley No. 7382 (2010), pp. 5 y ss.

El TJUE ya había exigido un recurso específico que impida la celebración del contrato y el comienzo de su ejecución hasta que se produzca su resolución expresa. Así lo señaló en su importante sentencia de 28 de octubre de 1999 (asunto Alcatel):

> "Las disposiciones del artículo 2, apartado 1, letras a) y b), en relación con las del artículo 6, párrafo segundo, de la Directiva 89/665/CEE del Consejo, de 21 de diciembre de 1989, relativa a la coordinación de las disposiciones legales, reglamentarias y administrativas referentes a la aplicación de los procedimientos de recurso en materia de adjudicación de los contratos públicos de suministros y de obras, deben interpretarse en el sentido de que los Estados miembros están obligados a establecer, en todos los casos, independientemente de la posibilidad de obtener una indemnización por daños y perjuicios, un procedimiento de recurso que permita al demandante obtener, si concurren los correspondientes requisitos, la anulación de la decisión del órgano de contratación anterior a la celebración de contrato por la que resuelve con qué licitador en dicho procedimiento celebrará el contrato".

IX. ANTECEDENTES DE LA CUARTA GENERACIÓN DE DIRECTIVAS SOBRE CONTRATOS PÚBLICOS. LA ESTRATEGIA EUROPA 2020 Y EL LIBRO VERDE SOBRE LA MODERNIZACIÓN DE LA POLÍTICA DE CONTRATACIÓN PÚBLICA DE LA UE

La contratación pública desempeña un papel clave en la Estrategia Europa 2020 para un crecimiento inteligente, sostenible e integrador (COM 2010, 2020), como uno de los instrumentos basados en el mercado que deben utilizarse para alcanzar estos objetivos, mejorando el entorno empresarial y las condiciones para que las empresas innoven y fomentando un uso más generalizado de la contratación ecológica que favorezca una economía con pocas emisiones de carbono y que haga un uso más eficaz de los recursos.

Al mismo tiempo, la Estrategia Europa 2020 hace hincapié en que la política de contrataciones públicas debe garantizar un uso más eficaz de los fondos públicos y en que los mercados públicos deben seguir teniendo una dimensión que abarque a toda la Unión.

En su Comunicación de 13 de abril de 2011 titulada "Acta del Mercado Único: Doce prioridades para estimular el crecimiento y reforzar la confianza", la Comisión Europea incluyó entre las doce medidas prioritarias clave que debían adoptar las instituciones de la UE antes del final de 2012, la revisión y modernización del marco normativo de la contratación pública para flexibilizar la adjudicación de los contratos y para que los contratos públicos puedan servir mejor como apoyo de otras políticas.

La Comisión publicó el 27 de enero de 2011 un Libro Verde sobre la modernización de la política de contratación pública de la UE[46] con el que puso en marcha una amplia consulta pública sobre los cambios legislativos que podrían introducirse para facilitar y flexibilizar la adjudicación de los contratos y hacer posible una mejor utilización de los contratos públicos en apoyo de otras políticas.

---

46 *Cf. Hacia un mercado europeo de la contratación pública más eficiente*, COM (2011), 15 final, de 27 de enero de 2011.

La consulta abierta al sector público y privado finalizó el 18 de abril de 2011, y la Comisión recibió 623 respuestas, procedentes de autoridades centrales de los Estados miembros, compradores públicos de ámbito local y regional, empresas, asociaciones industriales, personalidades del mundo académico, organizaciones de la sociedad civil y ciudadanos particulares. El mayor número de respuestas procedió del Reino Unido, Alemania, Francia y, un poco por debajo, de Bélgica, Italia, los Países Bajos, Austria, Suecia, España y Dinamarca.

Los resultados de la consulta se resumieron en un documento de síntesis[47], que reflejó una mayoría de propuestas que defendieron la necesidad de simplificar los procedimientos y hacerlos más flexibles, a través de menores cargas administrativas relacionadas con la elección del licitador y permitiendo un mayor uso de un procedimiento de licitación con negociación.

Sin embargo, hubo mucha mayor diversidad de opiniones en cuanto al uso estratégico de la contratación pública para lograr los objetivos sociales de la Estrategia Europa 2020. Muchas de las partes interesadas, en especial las empresas, manifestaron una reticencia general ante la idea de utilizar la contratación pública en apoyo de otros objetivos políticos. Otras partes, en concreto las organizaciones de la sociedad civil, se pronunciaron con fuerza a favor de ese uso estratégico.

X. OBJETIVOS DE LAS NUEVAS DIRECTIVAS DE 2014

El citado Libro Verde y las respuestas al mismo nos sitúan ya en los principales aspectos que van a abordar las nuevas Directivas relativas a la contratación pública (2014/24/UE), a la contratación por entidades que operan en los sectores del agua, la energía, los transportes y los servicios postales (2014/25/UE) y a la adjudicación de contratos de concesión (2014/23/UE), que pretenden revisar y modernizar la legislación vigente sobre contratación pública.

Las directivas relativas a la contratación pública y a los contratos en los conocidos como sectores especiales tienen dos grandes objetivos: incrementar la eficiencia del gasto público para garantizar los mejores resultados posibles de la contratación en términos de relación calidad/precio (lo que implica, en particular, simplificar y flexibilizar las normas sobre contratación pública vigentes) y permitir que los compradores utilicen mejor la contratación pública en apoyo de objetivos sociales comunes como la protección del medio ambiente, una mayor eficiencia energética y en el uso de los recursos, la lucha contra el cambio climático, la promoción de la innovación, el empleo y la integración social y la prestación de servicios sociales de alta calidad en las mejores condiciones posibles.

Las nuevas normas propuestas plantean la necesidad de simplificar las normas, incrementar su eficiencia y eficacia y hacer que se adapten mejor a la evolución del

---

47 http://ec.europa.eu/internal_market/consultations/docs/2011/public_procurement/synthesis_document_en.pdf

contexto político, social y económico[48]. Unos procedimientos más racionales y eficientes incrementarían la flexibilidad para los poderes adjudicadores, beneficiarían a todos los operadores económicos y facilitarían la participación de las PYME y de los licitadores transfronterizos. La mejora de las normas sobre contratación pública permitiría asimismo que los poderes adjudicadores utilicen mejor la contratación pública en apoyo de objetivos sociales comunes, como la protección del medio ambiente y la promoción de la innovación.

Por lo que se refiere a la Directiva relativa a la adjudicación de contratos de concesión, tiene como objetivo reducir la inseguridad jurídica en la adjudicación de contratos de concesión en beneficio de las autoridades públicas y los operadores económicos[49]. La legislación de la UE no restringe la libertad de los poderes y entidades adjudicadores a la hora de desempeñar los cometidos de interés público que son de su competencia merced a sus propios recursos, pero si deciden recurrir a una entidad externa para desempeñar tales cometidos, es necesario dar a todos los operadores económicos de la UE un acceso efectivo al mercado.

En el contexto de graves limitaciones presupuestarias y dificultades económicas que existe en numerosos Estados miembros de la UE, preocupa a las instituciones comunitarias especialmente la asignación eficiente de los fondos públicos. Un marco legislativo adecuado en el ámbito de la adjudicación de contratos de concesión estimularía la inversión pública y privada en infraestructuras y servicios estratégicos con la mejor relación calidad-precio

La Comisión destacó el potencial que tendría una iniciativa legislativa relativa a los contratos de concesión para crear un marco de la UE de apoyo a la colaboración público-privada en su Comunicación de 2009 "Movilizar las inversiones públicas y privadas con vistas a la recuperación y el cambio estructural a largo plazo: desarrollo de la colaboración público-privada" (COM (2009) 615 final).

---

48 *Cf.* El apartado 2 de la exposición de motivos de la Directiva relativa a la contratación pública y el apartado 4 de la exposición de motivos de la Directiva relativa a los contratos públicos en los sectores especiales.

49 *Cf.* X. Lazo Vitoria, 'Contratos de concesión de obras y de servicios: las líneas fundamentales de la propuesta de nueva directiva comunitaria', en *Contratación Administrativa Práctica*, No. 126, 2013.

CAPITULO VI
LA DIRECTIVA 2014/24/UE RELATIVA A LA CONTRATACIÓN PÚBLICA

José Antonio MORENO MOLINA*

I. LA DIRECTIVA 2014/24/UE RELATIVA A LA CONTRATACIÓN PÚBLICA

1. *Base jurídica y decisiva influencia del Acuerdo sobre Contratación Pública*

La Directiva sobre contratación pública se basa en el artículo 53, apartado 1, el artículo 62 y el artículo 114 del Tratado de Funcionamiento de la Unión Europea (TFUE), que impide el uso de un reglamento para la adopción de estas disposiciones que se aplican a la contratación tanto de bienes como de servicios.

En relación con el principio de subsidiariedad, se justifica por la Directiva 2014/24/UE en la medida en que la misma no es competencia exclusiva de la UE. La coordinación de los procedimientos de contratación pública que rebasan determinados umbrales ha demostrado ser un instrumento importante para la realización del mercado interior en el ámbito de las adquisiciones públicas al asegurar un acceso efectivo y en igualdad de condiciones a los contratos públicos para los operadores económicos en todo el mercado único. La experiencia de la aplicación de las Directivas 2004/17/CE y 2004/18/CE y las generaciones anteriores de Directivas sobre contratación pública ha mostrado que disponer de unos procedimientos de contratación a escala europea aporta a esta actividad una transparencia y una objetividad que reportan ahorros considerables y una mejora de los resultados de la contratación que benefician a las autoridades de los Estados miembros y, en definitiva, al contribuyente europeo.

En este punto ha sido clave la labor desarrollada por el TJUE, que en sus numerosas sentencias condenatorias de los distintos Estados europeos en recursos interpuestos por la Comisión, ha puesto de manifiesto que este objetivo no podría alcan-

* Catedrático de Derecho Administrativo. Universidad de Castilla-la Mancha.

zarse suficientemente mediante la actuación de los Estados miembros, cuyas consecuencias inevitables serían requisitos divergentes y posibles conflictos entre los regímenes procedimentales, lo que incrementaría la complejidad normativa y causaría obstáculos injustificados a las actividades transfronterizas.

Por lo que se refiere al principio de proporcionalidad, la Directiva 2014/24/UE justifica que no excede de lo necesario para alcanzar el objetivo de asegurar el correcto funcionamiento del mercado interior mediante un conjunto de procedimientos de contratación coordinados a escala europea.

No es de la misma opinión el Comité de las Regiones, que entiende que teniendo en cuenta el volumen extremadamente limitado de las contrataciones públicas transfronterizas, así como las cargas administrativas ocasionadas por la normativa a los poderes adjudicadores y los proveedores, tiene poco sentido mantener los umbrales de las directivas en los niveles actuales, como hace la Directiva 2014/24/UE, y sostiene que la Directiva 2014/24/UE contraviene el derecho de los Estados miembros a organizar su propia administración y los principios de subsidiariedad y proporcionalidad[1].

En la elaboración de la nueva directiva sobre contratación ha desarrollado un papel muy relevante el Acuerdo de Contratación Pública (ACP) de la Organización Mundial del Comercio, cuyo nuevo texto consensuado a finales de 2011 constituye la base para la directiva europea[2].

2. *Relevancia de los principios generales de la contratación en la Directiva, en la jurisprudencia del TJUE y en el ACP*

El primer considerando de la Directiva resalta la necesidad de respetar los principios generales en la adjudicación de contratos públicos por o en nombre de las autoridades de los Estados Miembros (una previsión similar recogía el apartado segundo de la exposición de motivos de la Directiva 2004/18/CE). Se identifican estos principios con los reconocidos por "el Tratado sobre el funcionamiento de la Unión Europea y, en particular la libre circulación de mercancías, la libertad de establecimiento y la libre prestación de servicios y de los principios derivados de la misma, tales como el de la igualdad de trato, no discrimina-

---

1 Dictamen del Comité de las Regiones sobre el paquete normativo en materia de contratación pública, publicado en el DOUE del 18 de diciembre de 2012, <http://eur-lex.europa.eu/LexUri Serv/LexUriServ.do?uri=OJ:C:2012:391:0049:0083:ES:PDF>>.

2 *Cf.* Propuesta de Decisión del Consejo relativa a la celebración del Protocolo por el que se modifica el Acuerdo sobre Contratación Pública (COM(2013) 143 final, de 22 de marzo de 2013); la Propuesta de Decisión del Consejo por la que se establece la posición que debe adoptar la Unión Europea en el seno del Comité de Contratación Pública con respecto a las Decisiones de aplicación de determinadas disposiciones del Protocolo por el que se modifica el Acuerdo sobre Contratación Pública (COM(2013) 142 final, de 22 de marzo de 2013) y el Anexo a la Propuesta de Decisión del Consejo por la que se establece la posición que debe adoptar la Unión Europea en el Comité de Contratación Pública por lo que respecta a las decisiones de aplicación de determinadas disposiciones del Protocolo por el que se modifica el Acuerdo sobre Contratación Pública (COM(2013) 142 final, de 22 de marzo de 2013).

ción, el reconocimiento mutuo, la proporcionalidad y la transparencia" y se hace alusión reiterada a los mismos a lo largo de toda la exposición de motivos de la Directiva 2014/24/UE (en especial en los considerandos 31, 37, 40, 45, 68, 90, 110, 112 y 114).

A través de una lúcida doctrina, el TJUE ha venido destacando en los últimos años de forma reiterada que la obligación de respeto de los principios de objetividad, imparcialidad y no discriminación en la adjudicación de los contratos públicos, que son la esencia de la regulación normativa de éstos, se extiende no sólo a los limitados contratos que caen dentro del ámbito de aplicación de las directivas comunitarias sobre contratación pública[3] –en base al cual se fundamenta la cuestionable categoría acuñada por la LCSP de contratos sujetos a regulación armonizada (artículos 13 y ss. TRLCSP)[4]–, sino también a todos los contratos que celebren los órganos de contratación sujetos a las directivas, ya que así lo exigen distintos preceptos de los tratados de derecho originario, tal y como han sido interpretados por el propio Tribunal (STJUE de 13 de octubre de 2005, asunto C 458/03, Parking Brixen GMBH).

La nueva norma recoge, por tanto, esta jurisprudencia en el frontispicio de la misma y advierte que se aplica para los contratos públicos que se sitúen tanto por debajo como por encima de los umbrales, sin perjuicio de que para estos últimos la propia norma europea coordine los procedimientos de adquisición nacionales con el fin de que esos principios se lleve a la práctica.

En esta misma línea, hay que recordar la Comunicación interpretativa de la Comisión Europea de 23 de junio de 2006, sobre el Derecho comunitario aplicable en la adjudicación de contratos no cubiertos o sólo parcialmente cubiertos por las Directivas sobre contratación pública[5], cuya legalidad y conformidad con el Derecho europeo fue confirmada por la STJUE de 20 de mayo de 2010, en el asunto T-258/06, que resolvió el recurso de anulación contra la Comunicación por Alema-

---

3 El artículo 4 de la Directiva 2014/24/UE fija el ámbito de aplicación de la misma estableciendo unos umbrales económicos. La directiva se aplicará a las contrataciones cuyo valor estimado, sin incluir el impuesto sobre el valor añadido (IVA), sea igual o superior a los umbrales siguientes:

(a) 5.225.000 EUR, en los contratos públicos de obras;

(b) 135.000 EUR, en los contratos públicos de suministro y de servicios adjudicados por autoridades gubernamentales centrales y los concursos de proyectos organizados por ellas; por lo que se refiere a los contratos públicos de suministro adjudicados por poderes adjudicadores que operen en el sector de la defensa, ese umbral solo se aplicará a los contratos relativos a los productos contemplados en el anexo III;

(c) 209.000 EUR, en los contratos públicos de suministro y de servicios adjudicados por poderes adjudicadores subcentrales y los concursos de proyectos organizados por los mismos;

(d) 750.000 EUR, en los contratos públicos de servicios sociales y otros servicios específicos enumerados en el anexo XIV.

4 J. A. Moreno Molina, 'Un mundo para Sara. Una nueva categoría en el Derecho español de la contratación pública: los contratos sujetos a regulación armonizada', en *Revista de Administración Pública*, No. 178, 2009, pp. 175-213.

5 Diario Oficial No. C 179 de 01/08/2006.

nia, al que se adhirieron como partes coadyuvantes Francia, Austria, Polonia, Países Bajos, Grecia, Reino Unido de Gran Bretaña e Irlanda del Norte y el Parlamento Europeo.

El Título I de la Directiva 2014/24/UE se intitula *Ámbito de aplicación, definiciones y principios generales* y dedica su artículo 18 a los *Principios de la contratación* para establecer que:

> "[...] los poderes adjudicadores tratarán a los operadores económicos en pie de igualdad y sin discriminaciones, y actuarán de manera transparente y proporcionada. La contratación no será concebida con el objetivo de excluirla del ámbito de aplicación de la presente Directiva ni de restringir artificialmente la competencia".

Al regular la selección de los participantes y la adjudicación de los contratos, la Directiva reitera que la adjudicación de los contratos se realizará basándose en los criterios previstos en los artículos 67 a 69, siempre que se cumpla, junto a otras condiciones que establece el propio precepto:

> "[...] que la oferta haya sido presentada por un licitador que no esté excluido de conformidad con el artículo 57 y que cumpla los criterios de selección establecidos por el poder adjudicador de conformidad con el artículo 58 y, cuando sean aplicables, las normas y los criterios no discriminatorios contemplados en el artículo 65."

En relación con la adjudicación de los contratos de servicios sociales y otros servicios específicos enumerados en el anexo XIV, a los que el Título III somete a un régimen de contratación particular, con un umbral más elevado de 750.000 euros, el artículo 76.1 de la Directiva establece que los Estados miembros pondrán en vigor las normas nacionales para la adjudicación de los contratos: "[...] con el fin de garantizar las autoridades contratantes cumplir con los principios de transparencia y de igualdad de trato de los operadores económicos".

Al principio de confidencialidad dedica la Directiva 2014/24/UE el artículo 21, en su doble vertiente que protege al licitador (apartado 1) y al poder adjudicador (apartado 2). Dispone así en primer lugar que, salvo disposición europea o nacional en contrario, y sin perjuicio de las obligaciones en materia de publicidad de los contratos adjudicados y de información a los candidatos y a los licitadores, el poder adjudicador no divulgará la información facilitada por los operadores económicos que estos hayan designado como confidencial, por ejemplo, los secretos técnicos o comerciales y los aspectos confidenciales de las ofertas.

Por su parte, el apartado 2 prevé que los poderes adjudicadores puedan imponer a los operadores económicos requisitos destinados a proteger el carácter confidencial de la información que los poderes adjudicadores proporcionen durante el procedimiento de contratación.

El artículo 25 de la Directiva 2014/24/UE contempla específicamente las condiciones relativas al ACP y los demás acuerdos internacionales por los que está obligada la Unión, enumerados en el anexo V de la directiva. A tal efecto garantiza el respeto del principio de trato nacional: "los poderes adjudicadores concederán a las obras, los suministros, los servicios y los operadores económicos de los signatarios de esos acuerdos un trato no menos favorable que el concedido a las obras, los suministros, los servicios y los operadores económicos de la Unión.

El ACP recoge la obligación de respeto del principio de igualdad y no discriminación en su artículo 12, apartado h).

3. *Precisiones en relación con el ámbito subjetivo*

El artículo 2 de la Directiva 2014/24/UE, en sus importantes definiciones, comienza por fijar el ámbito subjetivo de la norma al precisar en sus apartados 1 a 4 lo que entiende a los efectos de la misma por poderes adjudicadores, autoridades gubernamentales centrales, poderes adjudicadores subcentrales, autoridades regionales, autoridades locales y organismo de Derecho público.

La novedosa definición de las autoridades estatales, regionales y locales, que no recogía su antecedente (el apartado 9 del artículo 1 de la Directiva 2004/18 sólo daba una noción de "organismo de Derecho público"), obedece a que la Directiva 2014/24/UE establece un régimen específico de contratación para los poderes adjudicadores subcentrales. De conformidad con el ACP[6], se simplifican las reglas procedimentales para todos los poderes adjudicadores cuyo ámbito está situado por debajo del nivel de la Administración central, como las autoridades locales y regionales. Estas Administraciones podrán utilizar un anuncio de información previa como convocatoria de licitación, en cuyo caso no tendrán que publicar un anuncio de licitación aparte antes de poner en marcha el procedimiento de contratación.

Asimismo, podrán fijar algunos límites temporales con mayor flexibilidad previo acuerdo con los licitadores.

En cuanto a la definición de organismo de Derecho público, se sigue basando en los tres requisitos que tradicionalmente han exigido las directivas sobre contratos: satisfacción de necesidades de interés general que no tengan carácter mercantil, personalidad jurídica, financiación pública mayoritaria y control público de la gestión.

La jurisprudencia del TJUE ha precisado la necesidad de que estos requisitos, que reflejan la estrecha dependencia de un organismo respecto del Estado, las entidades territoriales u otros organismos de Derecho público, concurran de forma acumulativa (sentencia de 1 de febrero de 2001, Comisión contra Francia, asunto C-237/99).

En la concreción de estos requisitos, la Directiva 2014/24/UE introduce su principal novedad en el primero de ellos al aclarar que el organismo debe haber sido creado específicamente para satisfacer necesidades de interés general que no tengan carácter industrial o mercantil y que a tal efecto:

---

6 El Acuerdo se basa en un enfoque de lista positiva (es decir, lista de inclusiones) para determinar su ámbito de aplicación. En el Apéndice I del Acuerdo, que se divide en cinco anexos se enumeran las entidades de cada país. En el Anexo I figuran las entidades del gobierno central; en el Anexo 2 las de los gobiernos subcentrales, y en el Anexo 3 todas las demás entidades que realicen compras conforme al Acuerdo (incluyendo tanto empresas gubernamentales como aquéllas correspondientes a servicios públicos). Las entidades que se enumeran en los anexos están sujetas a las disposiciones del Acuerdo, en lo que respecta a sus compras de bienes y servicios si: (i) el valor de la compra sobrepasa un umbral determinado; y (ii) si los bienes y servicios objeto de la compra no están exentos de la cobertura del Acuerdo.

"[...] un organismo que opera en condiciones comerciales normales tiene por objeto obtener un beneficio y soporta las pérdidas asociadas al ejercicio de su actividad, no tiene la finalidad de satisfacer necesidades de interés general que no tengan carácter industrial o mercantil".

Se incorpora así la jurisprudencia comunitaria al respecto. En la sentencia del TJUE de 16 de octubre de 2003 (asunto C-283/00, Comisión contra España), el máximo intérprete del Derecho de la Unión Europea declaró que en lo que se refiere al concepto de "necesidades de interés general que no tengan carácter industrial o mercantil" pertenece al Derecho comunitario y, por consiguiente, ha de recibir en toda la Comunidad una interpretación autónoma y uniforme, que debe buscarse teniendo en cuenta el contexto de la disposición en la que figura y el objetivo que persigue la normativa de que se trate[7]. Además, según reiterada jurisprudencia, constituyen necesidades de interés general que no tienen carácter industrial o mercantil, en el sentido de las directivas comunitarias relativas a la coordinación de los procedimientos de adjudicación de contratos públicos, aquellas necesidades que, por una parte, no se satisfacen mediante la oferta de bienes o servicios en el mercado y que, por otra, por razones de interés general, el Estado decide satisfacerlas por sí mismo o respecto de las cuales quiere conservar una influencia determinante (véanse, en particular, las sentencias *Adolf Truley*, apartado 50, y de 22 de mayo de 2003, *Korhonen y otros*, C-18/01, Rec. p. I-0000, apartado 47).

Asimismo, se desprende de la jurisprudencia que la existencia o la ausencia de una necesidad de interés general que no tenga carácter industrial o mercantil ha de apreciarse teniendo en cuenta todos los elementos jurídicos y fácticos pertinentes, tales como las circunstancias que hayan rodeado la creación del organismo de que se trate y las condiciones en que ejerce su actividad, incluidas, en particular, la falta de competencia en el mercado, la falta de ánimo de lucro como objetivo principal, la no asunción de los riesgos derivados de dicha actividad, así como la eventual financiación pública de la actividad de que se trate (en este sentido, sentencias Adolf Truley, apartado 66, y Korhonen y otros, apartados 48 y 59). En efecto, como declaró el Tribunal de Justicia en el apartado 51 de la sentencia Korhonen y otros, si el organismo opera en condiciones normales de mercado, tiene ánimo de lucro y soporta las pérdidas derivadas del ejercicio de su actividad, es poco probable que las necesidades que pretende satisfacer no tengan carácter industrial o mercantil.

4. *Las relaciones entre poder adjudicadores: contratos "in house" y convenios de colaboración*

El artículo 12 de la Directiva, intitulado *Contratos entre entidades del sector público*, regula los requisitos, traídos de la jurisprudencia comunitaria, tanto en relación con los *contratos in house* como con los convenios de colaboración.

---

7 Sobre la sentencia, Cf. E. García de Enterría, 'Una nueva sentencia del Tribunal de Justicia de las Comunidades Europeas sobre la sumisión a las normas comunitarias sobre contratación pública de las sociedades mercantiles de titularidad de las administraciones públicas (Sentencia Comisión contra España, de 16 de octubre de 2003, C-283/00)', en *REDA*, No. 120 (Octubre-Diciembre 2003), pp. 667-677.

Se pretende aportar mayor seguridad jurídica en dos temas muy polémicos, en los que la jurisprudencia del TJUE ha sido objeto de interpretaciones divergentes por los distintos Estados miembros e incluso los distintos poderes adjudicadores[8]. La Directiva 2014/24/UE aclara, de acuerdo con la doctrina jurisprudencial europea, en qué casos los contratos celebrados entre los poderes adjudicadores no están sujetos a la aplicación de las normas de contratación pública.

Los contratos adjudicados a entidades controladas o la cooperación para la ejecución conjunta de las tareas de servicio público de los poderes adjudicadores participantes sólo podrán quedar exentas si se cumplen las condiciones establecidas en la directiva. La Directiva 2014/24/UE pretende asegurar que la cooperación entre entidades públicas exenta de la aplicación de la legislación sobre contratos públicos no falsee la competencia con respecto a los operadores económicos privados. De igual modo, tampoco debe causar ningún falseamiento de la competencia la participación de un poder adjudicador como licitador en un procedimiento de adjudicación de un contrato público.

De acuerdo con la jurisprudencia del TJUE[9], la normativa de la UE no restringe la libertad de los poderes adjudicadores para realizar las tareas de interés público que les corresponden con sus propios recursos administrativos técnicos y de otro tipo, no estando obligados a recurrir a entidades externas que no formen parte de su propia estructura.

Si un poder adjudicador desempeña una tarea pública mediante sus propios recursos, de tal forma que no se celebra contrato alguno a título oneroso, puesto que dispone de todos los recursos necesarios para tal desempeño dentro de su propia organización, la normativa sobre contratación pública de la UE no es aplicable.

El desempeño de tareas públicas mediante recursos propios puede tener lugar también en cooperación con otros poderes adjudicadores. Si ello no comporta retribución o derechos y obligaciones recíprocos, no existe prestación de servicio público en el sentido de lo establecido en la normativa europea sobre contratación pública de la UE.

Si los poderes adjudicadores celebran entre sí contratos a título oneroso, hay que tener en cuenta que la regla general es que las directivas sobre contratos públicos se aplicarían. Pero, conforme a la jurisprudencia del TJUE, si los poderes adjudicadores cooperan a fin de velar conjuntamente por la ejecución de tareas de interés público, ello puede conllevar la adjudicación de contratos sin que se genere la obligación de aplicar la normativa sobre contratación pública de la UE. Esta cooperación puede consistir en supervisar conjuntamente una tercera entidad a la

---

8 *Cf.* M. A. Bernal Blay, 'Un paso en falso en la interpretación del criterio del control análogo al de los propios servicios en las relaciones in house', en *REDA*, No. 137, 2008, y, 'La problemática relativa a los contratos excluidos de la aplicación de la ley. Los denominados contratos in house', en J. A. Moreno Molina (Dir.), *La nueva Ley de Contratos del Sector Público y su aplicación por las Entidades Locales*, CEMCI, Granada, 2008.

9 Asunto C-26/03, *Stadt Halle y RPL Recyclingpark Lochau GmbH / Arbeitsgemeinschaft Thermische Restabfall- und Energieverwertungsanlage TREA Leuna*, apartado 48, Rec. 2005, p. I- 00001.

que se encomiende la ejecución de la tarea (cooperación vertical/institucionalizada). Tal cooperación puede también tener lugar sin crear una entidad nueva o designar una entidad específicamente para ello (cooperación horizontal/no institucionalizada)[10].

En relación con la cooperación vertical, resulta aplicable la importante doctrina elaborada por el TJUE en relación con los denominados contratos *in house providing*, recogida en el TRLCSP en sus artículos 4.1.n) y 24.6, por medio de los cuales se encarga la prestación de una obra o servicio a un ente instrumental sin que se aplique la legislación contractual.

Los contratos *in house* son la excepción a la regla general de sometimiento a los procedimientos públicos de todo tipo de contratos celebrados por los poderes adjudicadores. Como declaró el TJUE en la sentencia de 18 de noviembre de 1999, Teckal[11], para la aplicación de la normativa comunitaria sobre contratación pública, basta, en principio, con que el contrato haya sido celebrado entre, por una parte, un ente territorial y, por otra, una persona jurídicamente distinta de éste:

> "[...] sólo puede ser de otra manera en el supuesto de que, a la vez, el ente territorial ejerza sobre la persona de que se trate un control análogo al que ejerce sobre sus propios servicios y esta persona realice la parte esencial de su actividad con el ente o los entes a que pertenece".

No se aplicará pues lo dispuesto en el Derecho comunitario y nacional de la contratación pública en el supuesto de que, cumulativamente, la autoridad pública concedente ejerza sobre la entidad concesionaria un control análogo al que ejerce sobre sus propios servicios y la entidad realice la parte esencial de su actividad junto con la autoridad a que pertenece[12].

En posteriores sentencias, el Tribunal extendió estas reglas a la cooperación entre entidades públicas, al establecer que los dos criterios fijados en la sentencia Teckal pueden reunirlos varios poderes adjudicadores de forma conjunta[13].

El artículo 12 de la Directiva 2014/24/UE sobre contratación pública va a precisar ahora que la parte esencial de la actividad supone al menos el 80% de las actividades de esa persona jurídica y añade un tercer requisito para impedir cualquier tipo de participación privada en la entidad controlada[14]. Señala así el precepto que un

---

10 Documento de trabajo de los servicios de la Comisión "relativo a la aplicación de la normativa sobre contratación pública de la UE a las relaciones entre poderes adjudicadores (cooperación dentro del sector público)", SEC(2011) 1169 final, de 4 de octubre de 2011, p. 6.

11 Asunto C-107/98, Rec. p. I-8121, apartados 49 a 51.

12 Sentencia del TJUE de 13 de octubre de 2005, asunto C-458/03, Parking Brixen GMBH.

13 Asuntos C-324/07, Coditel Brabant SA/Commune d'Uccle y Région de Bruxelles-Capitale, Rec-2008, p. I-08457 y C-573/07, Sea Srl/Comune di Ponte Nossa, Rec.2009, p. I-08127.

14 Ambas cuestiones son abordadas por el asunto C-340/04, Carbotermo SpA y Consorzio Alisei/Comune di Busto Arsizio y AGESP SpA, Rec-2006, I-04137, en el que el TJUE consideró que el criterio referido a "[...] lo esencial de su actividad [...]" se cumple solo si las actividades de la entidad interna se destinan principalmente al poder adjudicador (el resto de su actividad ha de tener un carácter meramente marginal) y que el hecho de que el poder adjudicador

contrato adjudicado por un poder adjudicador a otra persona jurídica quedará excluido del ámbito de aplicación de la directiva si se cumplen todas y cada una de las condiciones siguientes:

> "a) que el poder adjudicador ejerza sobre la persona jurídica de que se trate un control análogo al que ejerce sobre sus propios servicios;
>
> b) que más del 80 % de las actividades de esa persona jurídica se lleven a cabo en el ejercicio de los cometidos que le han sido confiados por el poder adjudicador que la controla o por otras personas jurídicas controladas por dicho poder adjudicador, y
>
> c) que no exista participación directa de capital privado en la persona jurídica controlada, con la excepción de las formas de participación de capital privado sin capacidad de control mayoritario ni minoritario que estén impuestas por las disposiciones legales nacionales, de conformidad con los Tratados, y que no ejerzan una influencia decisiva sobre la persona jurídica controlada.
>
> Se considerará que un poder adjudicador ejerce sobre una persona jurídica un control análogo al que ejerce sobre sus propios servicios cuando ejerza una influencia decisiva sobre objetivos estratégicos y decisiones significativas de la persona jurídica controlada."

El apartado 3 del artículo 12 de la Directiva 2014/24/UE prevé que un poder adjudicador que no ejerza sobre una persona jurídica un "control análogo", podrá, no obstante, adjudicar un contrato público sin aplicar la directiva a una persona jurídica que controle conjuntamente con otros poderes adjudicadores, si se cumplen las mismas tres condiciones señaladas anteriormente (control análogo, 80 % de las actividades de esa persona jurídica llevadas a cabo para los poderes adjudicadores que la controlan y que no exista participación privada en la persona jurídica controlada).

Pero en este punto, para considerar que los poderes adjudicadores ejercen conjuntamente un control sobre una persona jurídica, se exige el cumplimiento de las siguientes condiciones:

> i) que los órganos decisorios de la persona jurídica controlada estén compuestos por representantes de todos los poderes adjudicadores participantes. Cada representante puede representar a varios poderes adjudicadores participantes o a la totalidad de los mismos,
>
> ii) que esos poderes adjudicadores puedan ejercer conjuntamente una influencia decisiva sobre los objetivos estratégicos y las decisiones significativas de la persona jurídica controlada, y
>
> iii) que la persona jurídica controlada no persiga intereses contrarios a los intereses de los poderes adjudicadores que la controlan.

---

posea, por sí solo o junto con otros poderes públicos, la totalidad del capital de una sociedad adjudicataria tiende a indicar, sin ser un indicio decisivo, que dicho poder adjudicador ejerce sobre dicha sociedad un control análogo al que ejerce sobre sus propios servicios.

En cuanto a la cooperación horizontal, de la jurisprudencia del TJUE se deriva que no se le aplicaría el Derecho de la Unión sobre contratos públicos cuando la cooperación entre entidades públicas tiene por objeto garantizar la realización de una misión de servicio público común a las mismas (véase, en este sentido, la sentencia "Hamburgo", de 9 de junio de 2009, Comisión/Alemania[15]). En esta hipótesis, no se aplicarán las normas del Derecho de la Unión en materia de contratos públicos siempre que, además, tales contratos hayan sido celebrados exclusivamente por entidades públicas sin la participación de una empresa privada, no se favorezca a ningún prestador privado respecto a sus competidores, y la cooperación que establezcan sólo se rija por consideraciones y exigencias características de la persecución de objetivos de interés público[16].

Por lo que se refiere a los convenios entre poderes adjudicadores, el apartado 4 de la Directiva 2014/24/UE establece las siguientes condiciones, que deben concurrir conjuntamente, para entender que un acuerdo se considerará contrato público:

> "a) que el contrato establezca o desarrolle una cooperación entre los poderes adjudicadores participantes con la finalidad de garantizar que los servicios públicos que les incumben se prestan de modo que se logren los objetivos que tienen en común; b) que el desarrollo de dicha cooperación se guíe únicamente por consideraciones relacionadas con el interés público, y c) que los poderes adjudicadores participantes realicen en el mercado abierto menos del 20% de las actividades objeto de la cooperación."

La última previsión del artículo 12 de la Directiva 2014/24/UE, recogida en su apartado 5, aclara el momento en que debe comprobarse la inexistencia de participación privada a los efectos tanto de la cooperación vertical como horizontal. Opta así por hacer referencia al momento de la adjudicación del contrato o de la celebración del acuerdo, en la línea de la jurisprudencia europea[17]. La exclusión de la normativa de contratación pública dejará de aplicarse a partir del momento en que se efectúe cualquier participación privada, con la consecuencia de que deberá convocarse una licitación para la adjudicación de los contratos vigentes a través de los procedimientos de contratación normales.

5. *La nueva regulación de los contratos de servicios y la supresión de la diferenciación entre los servicios prioritarios y no prioritarios*

Una de las principales novedades en la regulación de los tipos contractuales en la Directiva 2014/24/UE es la desaparición de la distinción entre los servicios prioritarios y no prioritarios (Anexo II, A y B de la Directiva 2004/18).

La nueva definición del contrato de servicios utiliza unos términos de gran generalidad, en la misma línea de la normativa anterior: "los contratos públicos

---

15 Asunto C-480/06, Rec. p. I-4747, apartado 37.

16 Sentencia Comisión/Alemania, antes citada, apartados 44 y 47; así como la STJUE (Gran Sala) de 19 de diciembre de 2012, asunto C-159/11.

17 Asunto C-26/03, Stadt Halle, apartados 15 y 52.

cuyo objeto sea la prestación de servicios que no sean los mencionados en el punto 6" (apartado 9 del artículo 2)[18].

En efecto, hay que recordar que el artículo 1.2.d) de la Directiva 2004/18 disponía que:

> "Son «contratos públicos de servicios» los contratos públicos distintos de los contratos públicos de obras o de suministro cuyo objeto sea la prestación de los servicios a los que se refiere el anexo II".

La categoría del contrato de servicios, que ya se había ampliado sustancialmente con la Directiva 2004/18 y el artículo 10 TRLCSP, al pasar a ser la categoría residual, se amplía todavía más. Y los administrativos especiales, reducidos también notablemente con el TRLCSP, con la próxima reforma desaparecen prácticamente salvo en los casos expresamente contemplados como tales (p. e. 24.4 TRLCSP).

La nueva Directiva 2014/24/UE no remite a ningún anexo para identificar cuáles son los servicios incluidos en el ámbito de la misma, salvo al anexo XIV, referido a los servicios contemplados en el artículo 74 (servicios sociales y otros servicios específicos).

Respecto a los denominados por el considerando 114 de la Directiva 2014/24/UE de Directiva *servicios a la persona*, como ciertos servicios sociales, sanitarios y educativos, se reconoce, por su propia naturaleza, su dimensión transfronteriza limitada. Estos servicios se prestan en un contexto particular que varía mucho de un Estado miembro a otro, debido a las diferentes tradiciones culturales.

Por ello, la norma prevé un régimen específico para los contratos públicos relativos a estos servicios, con un umbral más elevado, de 750.000 euros (letra d) del artículo 4, cantidad que se elevó en el texto finalmente aprobado respecto a los 500.000 euros contemplados por las propuestas iniciales de directiva), frente a los 134.000 euros, para los contratos públicos de servicios adjudicados por autoridades gubernamentales centrales y los 207.000 euros, para los contratos de servicios adjudicados por poderes adjudicadores subcentrales.

Entiende la Directiva 2014/24/UE que los servicios a la persona de valor inferior a este umbral no revisten normalmente interés para los proveedores de otros Estados miembros, a menos que haya indicios concretos de lo contrario, como en la financiación por la Unión de proyectos transfronterizos.

Los contratos de servicios a la persona cuyo valor esté situado por encima de 750.000 euros se sujetan a normas de transparencia en toda la Unión. Ahora bien, teniendo en cuenta la importancia del contexto cultural y el carácter sensible de es-

---

[18] El apartado 6 del artículo 2 define los contratos públicos de obras como aquellos contratos públicos "[...] cuyo objeto sea uno de los siguientes:

a) la ejecución, o bien, conjuntamente, el proyecto y la ejecución, de obras relativas a una de las actividades mencionadas en el anexo II;

b) la ejecución, o bien, conjuntamente, el proyecto y la ejecución, de una obra;

c) la realización, por cualquier medio, de una obra que cumpla los requisitos fijados por el poder adjudicador que ejerza una influencia decisiva en el tipo o el proyecto de la obra."

tos servicios, la directiva ofrece a los Estados miembros un amplio margen de maniobra para organizar la elección de los proveedores de los servicios del modo que consideren más oportuno. Los preceptos de la Directiva 2014/24/UE tienen en cuenta este imperativo al imponer solo la observancia de los principios fundamentales de transparencia e igualdad de trato y al asegurar que los poderes adjudicadores puedan aplicar, para la elección de los proveedores de servicios, criterios de calidad específicos, como los establecidos en el Marco Europeo Voluntario de Calidad para los Servicios Sociales del Comité de Protección Social de la Unión Europea[19].

Los Estados miembros y los poderes públicos siguen teniendo libertad para prestar por ellos mismos esos servicios u organizar los servicios sociales de manera que no sea necesario celebrar contratos públicos, por ejemplo, mediante la simple financiación de estos servicios o la concesión de licencias o autorizaciones a todos los operadores económicos que cumplan las condiciones previamente fijadas por el poder adjudicador, sin límites ni cuotas, siempre que dicho sistema garantice una publicidad suficiente y se ajuste a los principios de transparencia y no discriminación.

6. *Integridad de los procedimientos de contratación pública*

La Directiva 2014/24/UE plantea diversas medidas para garantizar la integridad de los procedimientos de contratación pública, un objetivo fundamental en la actualidad de nuestro Derecho y prácticas administrativas nacionales[20], para cuya mejor garantía se debe exigir el respeto en todo caso de los principios de igualdad, no discriminación, publicidad, transparencia y libre concurrencia.

Se regulan así los denominados conflictos de intereses, las conductas ilícitas, los impedimentos a la adjudicación, las ofertas anormalmente bajas, las consultas preliminares del mercado y las modificaciones de los contratos durante su vigencia.

La importancia económica, política y social de la contratación pública, los intereses financieros en juego y la estrecha interacción entre los sectores público y privado hacen de este sector un ámbito peligrosamente expuesto a prácticas comerciales deshonestas, como el conflicto de intereses, el favoritismo y la corrupción.

La nueva norma prevé en primer lugar medidas para prevenir los conflictos de intereses reales, posibles o percibidos que, aunque no conduzcan necesariamente a comportamientos corruptos, tienen un elevado potencial para influir indebidamente en las decisiones de contratación pública, con el efecto de falsear la competencia y poner en peligro la igualdad de trato de los licitadores[21].

---

[19] SPC/2010/10/8 final, de 6 de octubre de 2010.

[20] Cf. J. M. Gimeno Feliú, 'La Ley de Contratos del Sector Público: ¿una herramienta eficaz para garantizar la integridad? Mecanismos de control de la corrupción en la contratación pública', en *REDA*, No. 147, 2010, pp. 517-535 y, T. Medina Arnáiz, 'Las respuestas normativas al fenómeno de la corrupción en la contratación pública', en *Diario La Ley*, No. 7382, 2010, pp.1-20.

[21] *Cf.* Libro Verde de la Comisión sobre "la modernización de la política de contratación pública de la UE. Hacia un mercado europeo de la contratación pública más eficiente", COM (2011) 15 final, de 25 de enero de 2011, p. 54, así como las respuestas a las consultas del Li-

En el artículo 24 de la Directiva 2014/24 se entiende por *intereses particulares* en un contrato público los un interés financiero, económico o personal que pudiera parecer que compromete su imparcialidad e independencia en el contexto del procedimiento de contratación.

También se establecen medidas contra comportamientos ilícitos de los candidatos y licitadores, como los intentos de influir indebidamente en el proceso de toma de decisiones o de llegar a acuerdos con otros participantes para manipular el resultado del procedimiento. Estas actividades ilícitas infringen los principios básicos de la Unión Europea y pueden dar lugar a graves falseamientos de la competencia.

La Directiva recoge los impedimentos a la adjudicación, cuya concurrencia obliga a los poderes adjudicadores a no adjudicar el contrato al licitador que presente la mejor oferta. Entre las condiciones previstas en este sentido por la norma europea se encuentran que el licitador no sea capaz de aportar los certificados y documentos exigidos por la propia Directiva.

En la regulación de las ofertas anormalmente bajas, el artículo 69 de la Directiva recoge establece también garantías para hacer más transparentes los procedimientos de contratación e impedir prácticas fraudulentas. Se profundiza así en la exigencia por parte de los poderes adjudicadores respecto a los operadores económicos para que expliquen el precio o los costes facturados.

El poder adjudicador deberá verificar la información proporcionada consultando al licitador. Solo podrá rechazar la oferta en caso de que los documentos aportados no justifiquen el bajo nivel de los precios o costes, teniendo en cuenta los elementos mencionados en el apartado 3 del citado artículo 69 de la Directiva 2014/24/UE.

Los poderes adjudicadores rechazarán la oferta cuando hayan comprobado que es anormalmente baja porque no cumple las obligaciones establecidas por la legislación de la Unión en materia social, laboral o medioambiental o por las disposiciones internacionales de Derecho social y medioambiental.

Por otra parte, también al establecer medidas de gobernanza en los contratos públicos, la Directiva obliga a los Estados miembros a establecer estructuras de apoyo jurídico y económico que ofrezcan asesoramiento, orientación, formación y ayuda para preparar y llevar a cabo los procedimientos de contratación. Para reforzar la lucha contra la corrupción y el favoritismo, los poderes adjudicadores tendrán la obligación de transmitir el texto de los contratos celebrados al organismo de supervisión, que podrá así examinar estos contratos a fin de detectar pautas sospechosas, y de permitir a los interesados acceder a estos documentos, siempre que no resulten perjudicados intereses públicos o privados legítimos.

---

bro Verde dadas por los investigadores del Proyecto financiado por el Ministerio de Ciencia e Innovación (DER JURI 2009-12116), recogidas en la obra colectiva *Observatorio de contratos públicos 2010,* Civitas - Thomson Reuters, Cizur Menor Navarra, 2011, pp. 505-506.

7. *Procedimientos de adjudicación de los contratos. Las novedosas consultas preliminares de mercado*

La evaluación de impacto de las medidas a adoptar en la reforma de las directivas sobre contratos públicos realizada por la Comisión puso de manifiesto que el carácter desproporcionado de los procedimientos genera costes excesivos. Un procedimiento normal cuesta cerca de 28.000 euros (por término medio, 5.500 euros para la entidad o poder adjudicador y 3.800 euros por empresa licitadora). En el umbral más bajo de las directivas, aplicable a los contratos de suministros y servicios (125.000 euros), estos costes representan entre el 18 y el 29 % del valor del contrato. Otro dato importante son las significativas variaciones observadas en los resultados de los Estados miembros (por ejemplo, la diferencia en el tiempo que se requiere desde la fecha de envío del anuncio de contrato hasta la adjudicación puede llegar a los 180 días)[22].

La Directiva 2014/24/UE contempla que los poderes adjudicadores puedan utilizar como procedimientos normales de adjudicación de los contratos el abierto y el restringido.

Novedad en los procedimientos son las denominadas asociaciones para la innovación, en las que cualquier operador económico podrá solicitar participar en respuesta a un anuncio de licitación con vistas a establecer una asociación estructurada para el desarrollo de productos, servicios u obras innovadores y la compra ulterior de los suministros, servicios u obras resultantes, siempre que correspondan a los niveles de rendimiento y los costes acordados[23].

Como procedimientos de utilización limitada, sólo si concurren las causas tasadas que fija la Directiva 2014/24/UE, se regulan el procedimiento de licitación con negociación, con o sin publicidad previa, y el diálogo competitivo.

Una novedad destacada de la Directiva 2014/24/UE, contemplada en su artículo 40, consiste en que, antes de iniciar un procedimiento de contratación, los poderes adjudicadores podrán realizar consultas del mercado a fin de evaluar su estructura y su capacidad e informar a los operadores económicos acerca de sus planes y sus requisitos de contratación.

Para ello, los poderes adjudicadores podrán solicitar o aceptar el asesoramiento de estructuras de apoyo administrativo o de terceras partes o participantes en el mercado, siempre que dicho asesoramiento no impida la competencia y no dé lugar a infracciones de los principios de no discriminación y transparencia.

---

22 Documento de trabajo de los servicios de la Comisión: resumen de la evaluación de impacto que acompaña al documento Propuesta de Directiva del Parlamento Europeo y del Consejo sobre la contratación pública y Propuesta de Directiva del Parlamento Europeo y del Consejo sobre la contratación por entidades que operan en los sectores del agua, la energía, los transportes y los servicios postales (SEC 2011, 1586 final, p. 4).

23 El valor del contrato será el valor máximo estimado, excluido el IVA, de las actividades de investigación y desarrollo que se realizarán a lo largo de todas las etapas de la asociación prevista, así como de los suministros, servicios u obras que se desarrollarán y adquirirán al final de la asociación; y el contrato se adjudicará de conformidad con las normas aplicables a los procedimientos de licitación con negociación.

La Directiva 2014/24/UE contiene una disposición específica de protección contra el trato de favor injustificado a participantes que hayan asesorado al poder adjudicador o hayan participado en la preparación del procedimiento.

Se permite que los poderes adjudicadores soliciten o acepten el asesoramiento de expertos o autoridades independientes o de participantes en el mercado, que podrá utilizarse en la planificación y el desarrollo del procedimiento de contratación, siempre que dicho asesoramiento no tenga por efecto falsear la competencia y no dé lugar a vulneraciones de los principios de no discriminación y transparencia (segundo párrafo del artículo 40).

Estas medidas incluirán la comunicación a los demás candidatos y licitadores de cualquier información pertinente intercambiada en el marco de la participación del candidato o licitador en la preparación del procedimiento de contratación, o como resultado de ella, y el establecimiento de plazos adecuados para la recepción de las ofertas. El candidato o el licitador en cuestión solo será excluido del procedimiento cuando no haya otro medio de garantizar el cumplimiento del principio de igualdad de trato.

8. *La posibilidad de un mayor recurso a la negociación*

El Libro Verde sobre la modernización de la política de contratación pública de la Unión Europea, planteó como una de las cuestiones necesitadas de revisión a escala europea la posibilidad de introducir una mayor flexibilidad en los procedimientos de contratación, permitiendo a los poderes adjudicadores que negocien las condiciones del contrato con los licitadores potenciales.

La propuesta tuvo una excelente acogida en la consulta pública abierta por el Libro Verde, de forma que una clara mayoría de los grupos de partes interesadas apoyó la idea de permitir un mayor uso de un procedimiento de licitación con negociación[24]. La negociación podría dar a los poderes adjudicadores más flexibilidad para obtener de la contratación resultados que satisfagan realmente sus necesidades.

La utilización de negociaciones en los procedimientos de contratación está contemplada en el ACP, siempre que se notifique en el anuncio de licitación.

Pero esta opción debe estar supeditada a la condición de que se cumplan los principios de no discriminación y procedimiento justo. Las posibles ventajas de una mayor flexibilidad y una posible simplificación deben contraponerse con el aumento de los riesgos de favoritismo y, más en general, de que la mayor discrecionalidad de que disfrutarán los poderes adjudicadores en el procedimiento negociado dé lugar a decisiones demasiado subjetivas.

El propio Tribunal europeo de Justicia ha calificado la celebración ilegal de contratos de adjudicación directa como la infracción "[...] más grave del Derecho comunitario en materia de contratos públicos[...]" (STJUE de 11 de enero de 2005, Stadt Halle, apartado 37).

---

[24] *Cf.* el documento de síntesis de las respuestas al Libro Verde en http://ec.europa.eu/internal_market/consultations/docs/2011/public_procurement/synthesis_document_en.pdf.

Para proteger a los licitadores contra prácticas abusivas o discriminatorias y garantizar además el derecho a una buena administración, sería recomendable residenciar la negociación en un órgano técnico de asistencia, no en un órgano político y dejar constancia del proceso de negociación, para lo cual puede ser útil articular métodos de negociación utilizando medios electrónicos que registren los términos en que se desarrolla la negociación[25]. En este sentido, podría ser útil tomar como referencia el modelo de las subastas electrónicas.

Por otra parte, hay que tener en cuenta que dar mayor libertad a los poderes adjudicadores solo reportará resultados útiles si estos tienen la experiencia técnica, el conocimiento del mercado y las destrezas necesarios para negociar un buen acuerdo con los proveedores.

La Directiva 2004/18/CE contemplaba al procedimiento negociado como de utilización rigorosamente excepcional, que se permite sólo en los tasados supuestos establecidos por la propia norma.

De acuerdo con la jurisprudencia del TJUE, las disposiciones que autorizan excepciones a las normas que pretenden garantizar la efectividad de los derechos reconocidos por el Tratado en el sector de los contratos públicos deben ser objeto de una interpretación estricta[26]. Por tanto, los Estados miembros no pueden, so pena de privar a las Directivas de que se trata de su efecto útil, establecer supuestos de recurso al procedimiento negociado que no estén previstos en las citadas directivas ni dotar a los supuestos expresamente previstos por estas directivas de condiciones nuevas que tengan como efecto facilitar el recurso a dicho procedimiento.

En el procedimiento negociado, las entidades y los poderes adjudicadores consultan a los operadores económicos de su elección y negocian con uno o más de ellos las condiciones del contrato que se va a celebrar. Esta negociación de las condiciones de la oferta no es posible en los procedimientos abierto y restringido.

La Directiva 2004/17/CE preveía una mayor flexibilidad, al permitir a las empresas de servicio público elegir libremente adjudicar sus contratos mediante procedimiento negociado.

Pues bien, el considerando 42 de la Directiva 2014/24/UE del Parlamento Europeo y del Consejo relativa a la contratación pública[27], reconoce que existe una necesidad generalizada de mayor flexibilidad y, en particular, de un acceso más amplio a un procedimiento de contratación pública que prevea negociaciones, como las que prevé el ACP explícitamente para todos los procedimientos. Por ello plantea que, salvo disposi-

[25] *Cf.* las Contribuciones al Libro Verde sobre la modernización de la política de contratación pública de la UE. Hacia un mercado europeo de la contratación pública más eficiente (COM(2011) 15 final), presentadas por los miembros investigadores del Proyecto financiado por el Ministerio de Ciencia e Innovación del Reino de España sobre *Nuevos escenarios de la contratación pública: Urbanismo, contratación electrónica y cooperación intersubjetiva* (Ref. DER JURI 2009-12116). IP: José M. Gimeno Feliu.

[26] Sentencias de 18 de mayo de 1995, Comisión/Italia, C 57/94, Rec. p. I 1249, apartado 23, y de 28 de marzo de 1996, Comisión/Alemania, C 318/94, Rec. p. I 1949, apartado 13.

[27] SEC (2011) 1585.

ción en contrario en la legislación del Estado miembro de que se trate, los poderes adjudicadores deben tener la posibilidad de utilizar un procedimiento de licitación con negociación conforme a lo establecido en la Directiva, en situaciones diversas en las que no es probable que puedan obtenerse resultados satisfactorios de la contratación mediante procedimientos abiertos o restringidos sin negociación.

Sin embargo, este procedimiento debe estar acompañado de salvaguardias adecuadas que garanticen la observancia de los principios de igualdad de trato y de transparencia. Esto dará a los poderes adjudicadores mayor margen para adquirir obras, suministros y servicios perfectamente adaptados a sus necesidades específicas. Al mismo tiempo, debería incrementar también el comercio transfronterizo, ya que la evaluación ha mostrado que los contratos adjudicados mediante procedimiento negociado con publicación previa son obtenidos en un número especialmente elevado de ocasiones por ofertas transfronterizas.

En este sentido, el artículo 26 de la Directiva 2014/24/UE, al establecer los cinco tipos de procedimientos de contratación competitivos a disposición de los Estados miembros y las autoridades contratantes, fija como regla general la utilización de los procedimientos abiertos o restringidos.

Pero también prevé las asociaciones para la innovación, el procedimiento de licitación con negociación y el diálogo competitivo.

En concreto, serán causas que permitan acudir al procedimiento negociado o al diálogo competitivo:

> "a) con respecto a las obras, suministros o servicios que cumplan uno o varios de los siguientes criterios:
>
> i) que las necesidades del poder adjudicador no puedan satisfacerse sin la adaptación de soluciones fácilmente disponibles,
>
> ii) que incluyan un proyecto o soluciones innovadoras,
>
> iii) que el contrato no pueda adjudicarse sin negociaciones previas por circunstancias específicas ligadas a la naturaleza, la complejidad o la configuración jurídica o financiera, o por los riesgos inherentes a los mismos,
>
> iv) que el poder adjudicador no pueda establecer con suficiente precisión las especificaciones técnicas por referencia a una norma, evaluación técnica europea, especificación técnica común o referencia técnica en el sentido del anexo VII, puntos 2 a 5;
>
> b) con respecto a las obras, suministros o servicios en los que, en respuesta a un procedimiento abierto o restringido, solo se presenten ofertas irregulares o inaceptables. En tales situaciones, los poderes adjudicadores no estarán obligados a publicar un anuncio de licitación si incluyen en el procedimiento a todos los licitadores, y solo a ellos, que cumplan los criterios contemplados en los artículos 57 a 64 y que, con ocasión del procedimiento abierto o restringido anterior, hayan presentado ofertas conformes con los requisitos formales del procedimiento de contratación.
>
> Se considerarán irregulares, en particular, las ofertas que no correspondan a los pliegos de la contratación, que se hayan recibido fuera de plazo, que muestren indicios de colusión o corrupción o que hayan sido consideradas anormalmente bajas

por el poder adjudicador. Se considerarán inaceptables, en particular, las ofertas presentadas por licitadores que no posean la cualificación requerida y las ofertas cuyo precio rebase el presupuesto del poder adjudicador tal como se haya determinado y documentado antes del inicio del procedimiento de contratación."

Pero es el artículo 29 el que regula las distintas fases del procedimiento de licitación con negociación, en el que cualquier operador económico podrá solicitar participar en respuesta a una convocatoria de licitación, proporcionando la información solicitada para la selección cualitativa.

En el anuncio de licitación o en la invitación a confirmar el interés, los poderes adjudicadores describirán la contratación y los requisitos mínimos que habrán de cumplirse y especificarán los criterios de adjudicación, para que los operadores económicos puedan identificar la naturaleza y el ámbito de la contratación y decidir si solicitan participar en las negociaciones. Los poderes adjudicadores indicarán en las especificaciones técnicas qué partes de estas definen los requisitos mínimos.

El plazo mínimo para la recepción de las solicitudes de participación será de 30 días a partir de la fecha de envío del anuncio de licitación o, en caso de que se utilice un anuncio de información previa como medio de convocatoria de la licitación, de la invitación a confirmar el interés; el plazo mínimo para la recepción de las ofertas será de 30 días a partir de la fecha de envío de la invitación.

Solo los operadores económicos invitados por el poder adjudicador tras la evaluación de la información solicitada podrán presentar una oferta por escrito, que será la base de las negociaciones ulteriores. Los poderes adjudicadores podrán limitar el número de candidatos adecuados a los que invitar a participar en el procedimiento.

Los elementos que en ningún caso se podrán modificar en el transcurso de la negociación son la descripción de la contratación, la parte de las especificaciones técnicas que defina los requisitos mínimos y los criterios de adjudicación.

Durante la negociación, los poderes adjudicadores velarán por que todos los licitadores reciban igual trato. Con ese fin, no facilitarán, de forma discriminatoria, información que pueda dar ventajas a determinados licitadores con respecto a otros.

Los poderes adjudicadores no revelarán a los demás participantes en la negociación las soluciones propuestas por uno de los participantes, u otros datos confidenciales que este les comunique, sin el acuerdo previo de este. Este acuerdo no podrá adoptar la forma de una renuncia general, sino que deberá referirse a la comunicación intencionada de soluciones específicas u otra información confidencial.

Los procedimientos de licitación con negociación podrán realizarse en etapas sucesivas, a fin de reducir el número de ofertas que haya que negociar, aplicando los criterios de adjudicación especificados en el anuncio de licitación, en la invitación a confirmar el interés o en la documentación de la contratación.

En el anuncio de licitación, en la invitación a confirmar el interés o en la documentación de la contratación, el poder adjudicador indicará si va a recurrir a esta opción.

9. *La apuesta, ahora si decidida, por la contratación electrónica*

Frente a la debilidad de la Directiva 2004/18 en la implantación de medios electrónicos en la contratación pública, la nueva Directiva 2014/24/UE obliga a los Estados a garantizar "que todas las comunicaciones y todos los intercambios de información en virtud de la presente Directiva, y en particular la presentación electrónica de ofertas, se lleven a cabo utilizando medios de comunicación de conformidad con los requisitos establecidos en el presente artículo" (artículo 22.1).

Cuando el artículo 90 de la Directiva 2014/24/UE fija el plazo de adaptación de la legislación de los Estados miembros a las normas de la nueva directiva hasta el 18 de abril de 2016, prevé al mismo tiempo que los Estados miembros podrán aplazar la aplicación del artículo 22, apartado 1, hasta el 18 de octubre de 2018, excepto cuando el uso de medios electrónicos sea obligatorio en virtud de los artículos 34 (referido a los sistemas dinámicos de adquisición), 35 (subastas electrónicas), 36 (catálogos electrónicos), el artículo 37, apartado 3 (comunicaciones electrónicas en los procedimientos de contratación dirigidos por una central de compras), el artículo 51, apartado 2 (envío de los anuncios por medios electrónicos a la Oficina de Publicaciones de la Unión Europea), o el artículo 53 (disponibilidad electrónica de los pliegos de la contratación).

También podrán aplazar la aplicación del artículo 22.1 en lo que respecta a las centrales de compra, hasta el 18 de abril de 2017.

El Estado miembro que opte por aplazar la aplicación de lo dispuesto en el artículo 22, apartado 1, deberá disponer que los poderes adjudicadores estén facultados para elegir entre los siguientes medios de comunicación para todas las comunicaciones y todos los intercambios de información:

a) medios electrónicos con arreglo al artículo 22;

b) correo postal o cualquier otro medio apropiado;

c) fax;

d) una combinación de estos medios.

Como destaca el Libro Verde de la Comisión Europea sobre la generalización del recurso a la contratación pública electrónica en la UE (SEC 2010, 1214), Portugal es el primer país de los 27 miembros de la Unión Europea que apostó por la obligatoriedad del uso de medios electrónicos para desarrollar todas las fases del proceso, incluida la adjudicación, en la mayoría de los contratos públicos. En concreto, esta obligación se estableció en el párrafo 1 del artículo 9 del Decreto-Ley nº 18/2008, de 29 de enero, que aprobó el *Código dos Contratos Públicos* (Código de los Contratos Públicos, en adelante, CCP)[28], con un horizonte temporal de un año

[28] El CCP tiene una intención codificadora y ha venido a agrupar en un único texto legal todas las disposiciones relativas a las fases preparatorias y ejecutorias de los contratos públicos que anteriormente se encontraban dispersas en diversas normas. De esta forma, el CCP traspone tanto la Directiva 2004/18/CE, sobre contratos del sector público, como la Directiva 2004/17/CE, sobre contratos en los denominados sectores especiales (agua, energía, transportes y servicios postales), corrigiendo la limitada e incompleta trasposición de las citadas directivas

después de la fecha de entrada en vigor de la norma, a partir de la cual las autoridades contratantes y los contratistas ya no podrían utilizar documentos de papel en las propuestas o solicitudes en los procedimientos de contratación pública. Sin embargo, este plazo se prorrogó por medio del Decreto-Ley No. 223/2009, del 11 de septiembre, que fijó de plazo hasta el 31 de octubre de 2009. Por lo tanto, desde el 1 de noviembre de 2009, resulta obligatorio el uso de medios electrónicos para desarrollar todas las fases del proceso, incluida la adjudicación.

La Comisión Europea publicó el Libro Verde sobre la generalización del recurso a la contratación pública electrónica en la Unión Europea (SEC 2010, 1214), para impulsar la utilización de las TIC a fin de lograr una contratación pública más eficaz en todo el mercado único, al tiempo que avanzar hacia una revisión coordinada y global del actual marco de contratación pública de la UE.

En el Libro Verde se recuerdan las grandes ventajas de una utilización más generalizada de la contratación electrónica. Entre ellas cabe destacar una mayor accesibilidad y transparencia (la contratación electrónica puede mejorar el acceso de las empresas a la contratación pública gracias a la automatización y centralización del flujo de información sobre las oportunidades de licitación concretas); ventajas en relación con los procedimientos concretos (frente a los sistemas basados en el soporte de papel, la contratación electrónica puede contribuir a que las entidades adjudicadoras y los operadores económicos reduzcan sus costes administrativos, y a que se agilicen los procedimientos de contratación, lo que en las actuales circunstancias económicas podría tener una acogida muy favorable ya que aumentaría al máximo el potencial que puede obtenerse a partir de recursos limitados); ventajas en cuanto al logro de una mayor eficacia en la gestión de la contratación (en los casos en que existan centrales de compras, el recurso a los procedimientos electrónicos podrá contribuir a la centralización de las tareas administrativas de contratación más onerosas y al logro de economías de escala en términos de gestión); y potencial de cara a la integración de los mercados de contratación en la UE (en un entorno caracterizado por la utilización del soporte de papel, la falta de información y los problemas asociados a la presentación de ofertas en relación con contratos que van a adjudicarse a cierta distancia del lugar de establecimiento de la propia empresa pueden limitar

---

comunitarias realizada por las normas anteriores, que dio lugar a las Sentencias condenatorias del Tribunal de Justicia de la Unión Europea (TJUE) contra la República portuguesa de 18 de diciembre de 2007, Comisión/Portugal, Asunto C-284/07 , y de 3 de abril de 2008, Comisión/Portugal, Asunto C-289/07.

Junto al CCP, como legislación vigente en Portugal en la materia hay que destacar el Decreto-Ley No. 143-A/2008, que establece los términos a que debe obedecer la presentación y recepción de propuestas y candidaturas en el ámbito del CCP; el Decreto-Ley No. 34/2009 establece medidas excepcionales de contratación pública destinadas a la rápida ejecución de los proyectos de inversión pública considerados prioritarios; el Decreto-Ley No. 200/2008, que aprueba el régimen jurídico aplicable a la constitución, estructura orgánica y funcionamiento de las centrales de compras; el Reglamento No. 330/2009, del Sistema Nacional de Compras Públicas; la Resolución de la Asamblea de la República No. 17/2010, sobre transparencia en los contratos públicos; la Ley No. 3/2010 sobre medidas relativas a los retrasos en el pago a los contratistas, y el Decreto-Ley No. 88/2009, que establece el régimen jurídico de los documentos electrónicos y de la firma digital.

el número de proveedores que compitan en determinadas licitaciones o disuadirlos totalmente de participar en ellas. En potencia, la contratación electrónica tiene la ventaja de acortar esas distancias, salvar las deficiencias en materia de información y fomentar una mayor participación, mediante el incremento del número de posibles proveedores y la eventual ampliación de los mercados).

No cabe duda de que la contratación electrónica puede ayudar a obtener los insumos necesarios para los servicios públicos en unas condiciones ventajosas para el contribuyente en términos económicos. Las economías logradas de este modo son particularmente valiosas en el contexto actual, en el que se está ejerciendo una presión para la contención del gasto público.

Ahora bien, dichas ventajas tienen un coste. El logro de la competencia requerida para llevar a cabo la contratación por medios electrónicos exige inversiones a lo largo de toda la cadena de contratación a fin de desarrollar la capacidad necesaria y gestionar el paso de un sistema a otro. Los costes de mantenimiento varían entre varios miles y varios millones de euros, en función, lógicamente, del tamaño y la sofisticación del sistema. La experiencia ha demostrado que dichas inversiones pueden recuperarse en un plazo muy corto a través de las economías realizadas por la Administración.

Sin embargo, el mayor obstáculo a la utilización de estos nuevos sistemas electrónicos consiste en la dificultad de estimular a las entidades adjudicadoras y a las comunidades de proveedores a servirse de ellos. Las iniciativas en materia de contratación electrónica que han tenido éxito incluyen, a menudo, un gran apoyo para la formación de las comunidades de usuarios, así como un esfuerzo continuado por parte de los promotores de la contratación electrónica para fomentar y desarrollar sus sistemas.

El mercado único europeo de contratación pública electrónica se enfrenta pues a obstáculos importantes, entre ellos también la falta de interoperabilidad transfronteriza y la complejidad de la interfaz.

Frente a ello, recientemente se ha publicado el Libro de Oro de las buenas prácticas en contratación pública electrónica[29], un estudio que analiza en profundidad diversas plataformas electrónicas utilizadas para la contratación pública en la UE. En el informe se presentan no solo las buenas prácticas en el ámbito de la contratación pública electrónica, sino también las prácticas que se deben evitar.

También debe ser destacada la iniciativa de la Comisión de creación del Grupo de Expertos de licitación electrónica (eTEG), que presentará recomendaciones a los órganos de contratación, los políticos o los desarrolladores de software para simplificar la forma en que se llevó a cabo la contratación electrónica, en particular para las PYME y los proveedores transfronterizos[30].

---

[29] *Cf.* http://ec.europa.eu/internal_market/publicprocurement/e-procurement/golden-book/catalogue_en.htm.

[30] Al respecto, Cf. la web del Observatorio de Contratación Pública, http://www.obcp.es/ y la de la Unión Europea, http://ec.europa.eu.

10. *Técnicas para la contratación agregada y electrónica. El impulso de la contratación conjunta*

La Directiva 2014/24/UE quiere reforzar las técnicas que permiten la contratación agregada, a las que agrupan con las técnicas y herramientas para la contratación electrónica. Aunque los objetivos y regulación de unas y otras son diferentes, la Directiva los une porque en todos ellos prevé la utilización de medios electrónicos.

En efecto, el capítulo II del título II de la Directiva 2014/24/UE lleva por rúbrica *Técnicas e instrumentos para la contratación electrónica y agregada* y regula seis figuras específicas: los acuerdos marco, los sistemas dinámicos de adquisición, las subastas electrónicas, los catálogos electrónicos, las centrales de compras y la contratación conjunta.

Hay que recordar que la Directiva 2004/18 regulaba los acuerdos marco y los sistemas dinámicos dentro de los procedimientos de adjudicación de los contratos y las subastas junto a los criterios de adjudicación. Por su parte, el TRLCSP recoge en el título II del libro III, entre los sistemas para la "racionalización técnica de la contratación" los acuerdos marco, los sistemas dinámicos de contratación y las centrales de contratación (arts. 194 a 207)[31].

La principal novedad frente a la Directiva 2004/18/CE es el desarrollo normativo de la contratación conjunta entre poderes adjudicadores. Además, se ha mejorado y aclarado la regulación de los acuerdos marco y las centrales de compra y se desarrolla "in extenso" la figura de los catálogos electrónicos.

Las ventajas de la utilización de estas técnicas y herramientas van más allá de los importantes beneficios para los poderes adjudicadores y licitadores de apostar por los medios electrónicos, ya que permiten la agregación de la demanda por los compradores públicos, con el fin de obtener economías de escala, así como la reducción de los precios y de los costes de transacción. Un último aspecto destacable es la profesionalización de la gestión de la contratación.

La Directiva 2014/24/UE distingue entre la contratación conjunta esporádica y la contratación conjunta entre poderes adjudicadores de diferentes Estados miembros.

Respecto a la primera, permite que uno o varios poderes adjudicadores pueden acordar la realización conjunta de determinadas contrataciones específicas. Pese a las similitudes de la figura con la de las centrales de compra, su funcionalidad es distinta ya que permite a los poderes adjudicadores licitar de forma ocasional y separada en el tiempo un contrato específico de forma conjunta, pudiendo así obtener mejores ofertas por ser más atractivo el contrato que si se licitara por separado.

Cuando un solo poder adjudicador dirija los procedimientos de contratación de que se trate en todas sus fases, desde que se publique la convocatoria de licitación hasta que finalice la ejecución del contrato o los contratos subsiguientes, ese poder adjudicador será el único responsable del cumplimiento de las obligaciones que se deriven de la Directiva.

---

[31] *Cf.* A. García Jiménez, 'Los sistemas para la racionalización técnica de la contratación pública', en *Contratación Administrativa Práctica*, No. 117, 2012.

Sin embargo, cuando los procedimientos de contratación y la ejecución de los contratos subsiguientes sean dirigidos por varios de los poderes adjudicadores participantes, cada uno de ellos será responsable del cumplimiento de las obligaciones derivadas de la Directiva en relación con las etapas de las que se ocupe.

Por lo que se refiere a la contratación conjunta entre poderes adjudicadores de diferentes Estados miembros, el artículo 39 de la Directiva 2014/24/UE prevé que varios poderes adjudicadores podrán adquirir obras, suministros o servicios de o por medio de una central de compras situada en otro Estado miembro. En tal caso, el procedimiento de contratación se llevará a cabo de conformidad con las disposiciones nacionales del Estado miembro en el que se encuentre la central de compras.

Otra posibilidad es que varios poderes adjudicadores de diferentes Estados miembros adjudiquen conjuntamente un contrato público. En tal caso, los poderes adjudicadores participantes celebrarán un acuerdo en el que se determinen:

(a) las disposiciones nacionales que se aplicarán al procedimiento de contratación[32];

(b) la organización interna del procedimiento de contratación, en particular la gestión del procedimiento, el reparto de responsabilidades, la distribución de las obras, los suministros o los servicios que se vayan a adquirir y la celebración de los contratos.

Si varios poderes adjudicadores de diferentes Estados miembros optaran por constituir una entidad jurídica común, en particular una agrupación europea de cooperación territorial en virtud del Reglamento (CE) No. 1082/2006 del Parlamento Europeo y del Consejo, u otras entidades reguladas por el Derecho de la Unión, los poderes adjudicadores participantes acordarán, mediante una decisión del órgano competente de la entidad jurídica común, las normas nacionales de contratación aplicables de uno de los siguientes Estados miembros:

(a) las disposiciones nacionales del Estado miembro en el que la entidad jurídica común tenga su domicilio social;

(b) las disposiciones nacionales del Estado miembro en el que la entidad jurídica común lleve a cabo sus actividades.

Este acuerdo podrá aplicarse durante un período indeterminado, cuando esté incorporado en el acta constitutiva de la entidad jurídica común, o bien limitarse a un período determinado, a determinados tipos de contratos o a uno o varios procedimientos de adjudicación específicos.

La Directiva 2014/24/UE prevé una serie de reglas para determinar la legislación nacional que habrá de regir la licitación en el supuesto de que no se llegue a un acuerdo para determinar la legislación sobre contratación pública aplicable.

Uno o más poderes adjudicadores podrán adjudicar contratos individuales en virtud de un acuerdo marco celebrado por un poder adjudicador situado en otro Es-

[32] Los poderes adjudicadores podrán elegir, como legislación nacional aplicable, las disposiciones de cualquier Estado miembro en el que esté establecido al menos uno de los poderes adjudicadores participantes.

tado miembro o conjuntamente con él, siempre que dicho acuerdo marco contenga disposiciones específicas que permitan a los respectivos poderes adjudicadores adjudicar esos contratos.

En fin, la Directiva 2014/24/UE contempla también algunas reglas sobre los posibles recursos a interponer en los supuestos de contratación conjunta transfronteriza. La norma general es que los procedimientos estarán sujetos a los mecanismos de recurso ordinarios previstos en la legislación nacional aplicable.

La Directiva prevé que para que estos mecanismos de recurso puedan funcionar eficazmente, los Estados miembros velarán por que las decisiones de las instancias de recurso, a tenor de la Directiva 89/665/CEE33 del Consejo, situadas en otros Estados miembros, se ejecuten plenamente en su ordenamiento jurídico nacional, cuando dichas decisiones conciernan a poderes adjudicadores establecidos en su territorio y participantes en el procedimiento de contratación pública transfronterizo.

Por lo que se refiere a las técnicas electrónicas, la Directiva 2014/24/UE simplifica los trámites de los sistemas dinámicos de adquisición a fin de que los poderes adjudicadores puedan sacar el máximo provecho de las posibilidades que ofrece. Se plantea así su puesta en práctica en forma de procedimiento restringido, lo que haría innecesarias las ofertas indicativas, uno de los aspectos que más complicaban su utilización. De esta forma, todo operador económico que presente una solicitud de participación y cumpla los criterios de selección debe ser autorizado a participar en los procedimientos de contratación que se lleven a cabo a través del sistema dinámico de adquisición.

En cuanto a los catálogos electrónicos, que pueden desarrollar un importante papel para incrementar la competencia y racionalizar las compras públicas, se regulan en el artículo 36 de la Directiva 2014/24/UE. El precepto establece que los poderes adjudicadores, cuando obliguen a los licitadores a que utilicen los medios de comunicación electrónicos, podrán exigir que las ofertas se presenten en forma de catálogo electrónico, pudiendo ir acompañadas de otros documentos que las completen. La utilización de los catálogos electrónicos se podrá hacer obligatoria por los diferentes Estados miembros en relación con determinados tipos de contratación.

Los catálogos electrónicos serán elaborados por los candidatos o licitadores para participar en un determinado procedimiento de contratación de conformidad con las especificaciones técnicas y el formato establecidos por el poder adjudicador. Cuando se acepte o se exija la presentación de las ofertas en forma de catálogo electrónico, los poderes adjudicadores deberán hacerlo constar en el anuncio de licitación o en la invitación a confirmar el interés si se utiliza un anuncio de información previa como convocatoria de la licitación. En el pliego de condiciones se recogerá toda la información necesaria, de conformidad con el artículo 22, en relación con el formato, el equipo electrónico utilizado y las modalidades y especificaciones técnicas de conexión.

11. *Mejora del acceso al mercado para las PYME*

Un objetivo importante de la Directiva 2014/24/UE[33] y, más en general, una preocupación de las instituciones europeas en los últimos años[34], es facilitar el acceso de las pequeñas y medianas empresas (PYME) a los mercados de contratación pública.

Ese impulso puede ayudar a liberar el potencial de las PYME para la creación de empleo, el crecimiento y la innovación, al mismo tiempo que permitirá a los poderes adjudicadores ampliar su base de proveedores, lo cual redundará positivamente en un aumento de la competencia por los contratos públicos.

Con el fin de mejorar el acceso de las PYME a los contratos públicos, la Comisión publicó en 2008 el "Código europeo de buenas prácticas para facilitar el acceso de las PYME a los contratos públicos"[35], en el que se apoya la Directiva 2014/24/UE sobre contratación pública.

En este sentido, la Directiva 2014/24/UE plantea la simplificación de las obligaciones de información que incumben a los licitadores en los procedimientos de contratación. Se prevé así la obligación de aceptar las declaraciones de los interesados como prueba suficiente a efectos de selección. En el proceso de elaboración de las nuevas directivas se llegó a plantear la aprobación de un documento normalizado, el pasaporte europeo de contratación pública, que serviría para demostrar la inexistencia de motivos de exclusión, pero finalmente el pasaporte no pasó a la tramitación final de las propuestas de directivas.

---

33 *Cf.* El Libro Verde de la Comisión sobre la modernización de la política de contratación pública de la UE. Hacia un mercado europeo de la contratación pública más eficiente, COM (2011) 15, en <<http://eurlex.europa.eu/LexUriServ/LexUriServ.do?uri=COM:2011:0015:FIN:ES:PDF>>, p. 30.

34 Véase la Comunicación de la Comisión, de 25 de junio de 2008, titulada "*Pensar primero a pequeña escala" – "Small Business Act"* para Europa: iniciativa en favor de las pequeñas empresas (COM(2008)0394) y la Resolución del Parlamento Europeo sobre la misma (SEC(2008)2102).

La Unión Europea ha creado recientemente un nuevo portal de impulso de las PYMEs con secciones específicas para la participación de las PYMEs en los procesos de contratación pública: <http://ec.europa.eu/enterprise/newsroom/cf/newsbytheme.cfm?displayType=news&lang=es&tpa_id=174>>.

35 Documento SEC 2008, 2193.

En España, la Dirección General de Política de la Pequeña y Mediana Empresa del Ministerio de Industria, Turismo y Comercio ha publicado la "Guía práctica de la Contratación Pública para las PYME" a la que se puede acceder en la dirección: <www.ipyme.org/es-ES/publicaciones/Paginas/Publicaciones.aspx>>. Consciente de la importancia que tiene para la PYME vender al sector público, la Guía, con un enfoque tan didáctico como práctico, describe a las empresas los distintos pasos necesarios para participar en las licitaciones públicas y aporta ejemplos para facilitar su comprensión de los conceptos.

También en Francia se ha publicado una guía práctica destinada a las PYME acerca del aprovechamiento de las posibilidades que ofrece el mercado de la contratación pública, *guide pratique pour la réponse des pme à la commande publique*, en <www.pme.gouv.fr/essentiel/vieentreprise/guidepratique-050208.pdf>>.

Otro aspecto importante para la participación de las PYME es el fomento de la división en lotes –homogéneos o heterogéneos– de los contratos públicos. Si los poderes adjudicadores deciden no hacer esta división, deberán explicar de manera específica su decisión.

Con el fin de evitar obstáculos injustificados a la participación de las PYME, la Directiva 2014/24/UE contiene una lista exhaustiva de las posibles condiciones para la participación en los procedimientos de contratación y declara explícitamente que estas condiciones deberán restringirse "a aquellas que sean adecuadas para garantizar que un candidato o licitador tiene los... recursos y... la capacidad para ejecutar el contrato que se adjudique". Los requisitos relativos al volumen de negocios, que con frecuencia son un gran obstáculo para el acceso de las PYME, se limitan explícitamente al triple del valor estimado del contrato, excepto en casos debidamente justificados. Por último, otro instrumento decisivo para las PYME, como las condiciones para la participación de grupos de operadores económicos, deben estar justificadas por razones objetivas y proporcionadas.

Por lo que se refiere a la subcontratación, una vía fundamental para la participación de las PYME en los contratos públicos, la Directiva 2014/24/UE prevé el pago directo a los subcontratistas. Los Estados miembros podrán disponer que los subcontratistas tengan la posibilidad de solicitar que el poder adjudicador les pague directamente los suministros, las obras y los servicios proporcionados al contratista principal en el contexto de la ejecución del contrato.

Además de lo anterior, el ya comentado impulso de la utilización de medios electrónicos en la contratación pública por el que apuesta la Directiva 2014/24/UE, sin duda favorecerá también la participación de las PYME en las compras públicas.

12. *La novedosa regulación en la Directiva 2014/24/UE de las fases de ejecución y resolución de los contratos*

i) **Condiciones de ejecución, subcontratación y rescisión de los contratos**

La Directiva 2014/24/UE incorpora ya una regulación específica sobre la ejecución del contrato, a la que dedica el Capítulo IV (*Ejecución del contrato*) del Título II (*Normas aplicables a los contratos*), artículos 70 a 73.

Se trata de una novedad importante de la Directiva 2014/24/UE, que no sorprende ya que de la tradicional preocupación del ordenamiento jurídico europeo por las fases preparatorias y de adjudicación del contrato (expresada en la comentada aprobación de diversas directivas, primero sobre procedimientos de adjudicación de contratos públicos de obras y suministros, luego también de contratos de servicios, de procedimientos en los conocidos como sectores especiales y de recursos en todos estos procedimientos), ha pasado en los últimos años a contemplar la previsión de condiciones especiales de ejecución del contrato (las disposiciones de la Directiva 2004/18 al respecto fueron sido incorporadas por el artículo 118 TRLCSP), a imponer obligaciones sobre el pago a los contratistas y subcontratistas (Directiva 2000/35/CE, del Parlamento Europeo y del Consejo, de 29 de junio de 2000, por la que se establecen medidas de lucha contra la morosidad en las operaciones comerciales –que fue refundida por la Directiva 2011/7/UE del PE y del Consejo, de 16 de febrero de 2011– y cuyas previsiones ha recogido recientemente el Real Decreto-ley

4/2013, de 22 de febrero, de medidas de apoyo al emprendedor y de estímulo del crecimiento y de la creación de empleo, que ha modificado el TRLCSP), sobre duración de los contratos y régimen de las prórrogas (artículo 23 TRLCSP) y sobre modificaciones del contrato (para limitar notablemente su uso, como hizo la Ley 2/2011, de 4 de marzo, de Economía Sostenible, al introducir un nuevo Título V en el Libro I de la LCSP, con la rúbrica genérica de "Modificación de los contratos", que resulta aplicable a todos los contratos del sector público y cuya regulación se ha trasladado el TRLCSP –arts. 105 a 108–).

Los temas abordados por la Directiva 2014/24/UE son las condiciones de ejecución del contrato (artículo 70), la subcontratación (71), la modificación de los contratos durante su vigencia (72) y la rescisión de contratos (art. 73).

En primer lugar, se prevé, lo que supone una continuidad con la regulación vigente, que las entidades adjudicadoras podrán estipular condiciones especiales relativas a la ejecución de un contrato, siempre que estén vinculados al objeto del contrato en el sentido del artículo y se indica en la convocatoria de licitación o en los documentos de contratación. Esas condiciones pueden referirse, en especial, a consideraciones sociales y ambientales.

Respecto a la subcontratación, se recogen en lo esencial las previsiones del artículo 25 de la Directiva 2004/18/CE, en el sentido de establecer que, en los documentos relativos a la contratación, el poder adjudicador podrá pedir o podrá ser obligado por un Estado miembro a pedir al licitador que indique en su oferta la parte del contrato que tenga la intención de subcontratar a terceros y los subcontratistas propuestos. Esta indicación se realizará sin perjuicio de la cuestión de la responsabilidad del operador económico principal.

Las previsiones de más trascendencia serán las que recoge el artículo 72 referidas a la modificación de los contratos durante su mandato, que serán objeto específico de análisis en el apartado siguiente. Se traslada a la Directiva 2014/24/UE la importante jurisprudencia del TJUE en la materia, que tiene como "leading case" el asunto "*Succhi di Frutta*", C-496/99, sentencia de 29 de abril de 2004 y una de sus últimas manifestaciones la sentencia del Tribunal General 31 de enero de 2013, en el asunto T-235/11, España contra Comisión, que confirma la reducción de la ayuda financiera inicialmente acordada por el Fondo de Cohesión a cinco proyectos relativos a la ejecución de determinadas líneas ferroviarias de alta velocidad en España[36].

---

[36] Como señalan los apartados 47 a 54 de la sentencia de 31 de enero de 2013, que recogen a su vez la doctrina sentada por el Tribunal en su asunto *Succhi di Frutta*, especialmente en sus apartados 109 a 111, el principio de igualdad de trato de los licitadores, que tiene el objetivo de favorecer el desarrollo de una competencia sana y efectiva entre las empresas que participan en una licitación pública, exige que todos los licitadores dispongan de las mismas oportunidades en la formulación de los términos de sus ofertas e implica pues que éstas se sometan a las mismas condiciones para todos los competidores.

Por lo que respecta al principio de transparencia, que constituye su corolario, éste tiene esencialmente por objeto garantizar que no exista riesgo de favoritismo y arbitrariedad por parte de la entidad adjudicadora. Exige que todas las condiciones y modalidades del procedimiento de licitación estén formuladas de forma clara, precisa e inequívoca en el anuncio de licitación o en el pliego de condiciones, con el fin de que, por una parte, todos los licitadores razona-

De acuerdo con la Directiva 2014/24/UE, una modificación sustancial de las disposiciones de un contrato público durante su período de vigencia se considerará una nueva adjudicación a efectos de la Directiva y requerirá un nuevo procedimiento de contratación de conformidad con ella[37].

En este sentido, una modificación de un contrato durante su período de vigencia se considerará sustancial cuando tenga como resultado un contrato sustancialmente diferente del celebrado en un principio. En cualquier caso, una modificación se considerará sustancial cuando se cumpla una de las condiciones siguientes:

> "a) que la modificación introduzca condiciones que, de haber figurado en el procedimiento de contratación inicial, habrían permitido la selección de candidatos distintos de los seleccionados inicialmente o la aceptación de una oferta distinta a la aceptada inicialmente o habrían atraído a más participantes en el procedimiento de contratación;
>
> b) que la modificación altere el equilibrio económico del contrato o del acuerdo marco en beneficio del contratista de una manera que no estaba prevista en el contrato o acuerdo marco inicial;
>
> c) que la modificación amplíe de forma importante el ámbito del contrato o del acuerdo marco;
>
> d) que el contratista inicialmente designado como adjudicatario por el poder adjudicador sea sustituido por un nuevo contratista en circunstancias distintas de las previstas en el apartado 1, letra d)." (artículo 72.4).

Sin embargo, puede inducir a confusión que el artículo 72 contenga al principio de su regulación, en su apartado 1, la regla de la posibilidad de realizar modificados si se cumplen las siguientes condiciones:

> "a) cuando las modificaciones, con independencia de su valor pecuniario, estuvieran ya previstas en los pliegos iniciales de la contratación, en cláusulas de revisión claras, precisas e inequívocas, entre las que puede haber cláusulas de revisión de precios u opciones. Dichas cláusulas determinarán el alcance y la naturaleza de las posibles modificaciones u opciones, así como las condiciones en que pueden utilizarse. No establecerán modificaciones u opciones que puedan alterar la naturaleza global del contrato o del acuerdo marco; b) para obras, servicios o suministros adi-

---

blemente informados y normalmente diligentes puedan comprender su alcance exacto e interpretarlas de la misma forma y, por otra parte, la entidad adjudicadora pueda comprobar efectivamente que las ofertas presentadas por los licitadores responden a los criterios aplicables al contrato de que se trate.

En este contexto, entiende el Tribunal que, si la entidad adjudicadora estuviera autorizada para modificar a su arbitrio, durante la fase de ejecución del contrato, las propias condiciones de licitación, sin que las disposiciones pertinentes aplicables contengan una habilitación expresa en tal sentido, los términos de la adjudicación del contrato, tal como se estipularon inicialmente, resultarían desnaturalizados.

37 *Cf.* J. M. Gimeno Feliú, 'Las nuevas directivas –cuarta generación– en materia de contratación pública. Hacia una estrategia eficiente en compra pública', en *REDA*, No. 159, 2013, pp. 39-105.

cionales, a cargo del contratista original, que resulten necesarias y que no estuviesen incluidas en la contratación original, a condición de que cambiar de contratista: i) no sea factible por razones económicas o técnicas tales como requisitos de intercambiabilidad o interoperatividad con el equipo existente, con servicios o con instalaciones adquiridos en el marco del procedimiento de contratación inicial, y ii) genere inconvenientes significativos o un aumento sustancial de costes para el poder adjudicador. No obstante, el incremento del precio resultante de la modificación del contrato no excederá del 50 % del valor del contrato inicial. En caso de que se introduzcan varias modificaciones sucesivas, dicha limitación se aplicará al valor de cada una de las modificaciones."[38]

En cuanto a la resolución de los contratos, el artículo 73 de la Directiva 2014/24/UE prevé que los Estados miembros velarán porque las autoridades contratantes tengan la posibilidad de resolver un contrato público si concurren las circunstancias tasadas que recoge el precepto. Entre ellas, se encuentran que una modificación del contrato constituya una nueva adjudicación, a efectos de lo dispuesto en el artículo 72 y que el TJUE resuelva, en un procedimiento conforme al artículo 258 del TFUE, que un Estado miembro ha incumplido las obligaciones que le incumben en virtud del Derecho originario o derivado debido al hecho de que un poder adjudicador perteneciente a dicho Estado miembro ha adjudicado el contrato en cuestión sin cumplir las obligaciones que le incumben en virtud de los Tratados y la Directiva sobre contratación pública.

ii. Las modificaciones contractuales

ii.1) El *ius variandi* y su importante limitación en el Derecho europeo

La potestad de modificar unilateralmente el objeto de los contratos, conocida como *ius variandi*, constituye sin duda la más importante de las prerrogativas de que gozan las administraciones públicas en los contratos administrativos y una de las más claras manifestaciones de las especialidades que presentan los contratos que celebran las administraciones en relación con los contratos civiles, en los que la regla general es la inmutabilidad del contrato (*contractus lex inter partes*)[39].

Se trata de un poder para adaptar los contratos ya perfeccionados a nuevas necesidades, cuya justificación radica en la mejor gestión del interés público y en la prevalencia del fin sobre el objeto en los contratos administrativos. Además, ha de tener como contrapartida necesaria, en garantía del contratista, la compensación adecuada para el mantenimiento del equilibrio del contrato.

En la tradición de Derecho español la institución de los modificados ha tenido un amplio desarrollo tanto normativo y jurisprudencial como, sobre todo, en la

[38] En sentido crítico, *Cf.* T. Moreo, 'Puntos clave en la propuesta de directiva de contratos públicos', en <<http://administracionpublica.com/puntos-clave-contratación/>>.

[39] *Cf.* J. Rodríguez-Arana Muñoz & J. A. Moreno Molina, *Derecho Administrativo Español. Tomo III. Los contratos del sector público*, Netbibio, Madrid, 2014.

práctica contractual pública, lo que ha llegado a crear graves disfunciones en nuestro sistema de contratación[40].

Frente a la prevalencia en el tradicional Derecho español en la materia del principio de eficacia en el servicio al interés público, que demandaría la continuidad del contrato ante las diversas circunstancias que surgen en su ejecución, el Derecho europeo adopta una postura contraria a los modificados al hacer primar el principio de libre concurrencia, en concordancia con su principal objetivo de garantizar el respeto de los principios generales en la contratación pública[41].

Las modificaciones contractuales han sido objeto desde hace años de una especial preocupación de las distintas instituciones de la Unión Europea por el hecho de ser un aspecto clave para la lucha contra el fraude y la corrupción. Los procedimientos de incumplimiento del derecho europeo iniciados por la Comisión dieron lugar a importantes sentencias del Tribunal de Justicia de la Unión, que avanzaron lo que finalmente se ha traducido en la primera regulación europea en la materia plasmada tanto en la Directiva 2014/24, sobre contratación pública, como la 2014/23, sobre contratos de concesión, y la 2014/25, sobre contratación en los denominados sectores especiales (entidades que operan en los sectores del agua, la energía, los transportes y los servicios postales), que han establecido un régimen común sobre los modificados, a diferencia de lo que sucede con otros aspectos de los contratos públicos, como las normas sobre el procedimiento de adjudicación, que establecen una regulación mucho más flexible en las Directivas 23 y 25 que en la 24 de 2014.

ii.2) La regulación española vigente. El progresivo proceso de limitación de la utilización de los modificados contractuales

La excepcionalidad de la prerrogativa del *ius variandi*, que defendía la jurisprudencia del Tribunal Supremo ("los supuestos legales de tal posibilidad deben entenderse tasados y su interpretación recibir un tratamiento marcadamente restrictivo, ya que, de no ser ello así, se infringiría uno de los principios básicos de nuestro ordenamiento jurídico cual es el recogido por el artículo 1256 del Código Civil, relativo a que el cumplimiento de los contratos no puede quedar al arbitrio de una de las partes", SSTS de 16 de abril de 1999, 9 de octubre de 1995 y de 30 de abril de 1977), contrastó con la práctica de la contratación de nuestras administraciones públicas, en la que durante muchos años las modificaciones de los contratos se convirtieron en habituales. Los licitadores presentaban con normalidad ofertas por debajo del precio real convencidos de que tras la adjudicación podrán obtener modificaciones sustanciales en el precio inicialmente previsto.

---

40 *Cf.* I. Gallego Córcoles, 'La modificación de los contratos en la cuarta generación de directivas sobre contratación pública', Ponencia presentada en el X Congreso de la AEPDA. Madrid, febrero de 2015.

41 *Cf.* J. L. Meilán Gil, 'Las prerrogativas de la Administración en los contratos administrativos: propuesta de revisión', en *RAP,* No. 191, 2013, p. 38 y, J. Rodríguez-Arana Muñoz, 'El Derecho Administrativo global: un derecho principal', en *Revista Andaluza de Administración Pública*, No. 76, 2010, pp. 15-68.

La Ley 53/1999, de reforma de la Ley 13/1995, de contratos de las administraciones públicas, recogió la limitación de los modificados entre sus principales modificaciones encaminadas a incrementar la concurrencia, la transparencia y la objetividad en la contratación pública. Estas medidas fueron reforzadas todavía más por la Ley 20/2007, de contratos del sector público (LCSP) y, tras su reforma por la Ley 2/2011, de economía sostenible, por el Real Decreto Legislativo 3/2011, de 14 de noviembre, que aprobó el Texto Refundido de la Ley de Contratos del Sector Público (TRLCSP), que se mostró muy restrictivo con la posibilidad de modificación de los contratos[42], lo que merece una valoración sin duda positiva.

En efecto, la Ley 2/2011 llevó a cabo diversas reformas de la LCSP, sobre todo mediante sus disposiciones adicionales decimosexta y quincuagésima quinta. Por su profundidad y alcance, hay que destacar como principal reforma la que la LES aprobó en relación con el régimen jurídico de las modificaciones de los contratos[43].

La excesiva utilización en España de los "modificados" en los contratos de obras públicas dio lugar a que la Comisión dirigiera dictámenes motivados de infracción contra España y llegara a presentar un recursos de incumplimiento para exigir el respeto de la doctrina fijada en la materia por el Tribunal de Justicia de la Unión Europea (la sentencia clave al respecto es la de 29 de abril de 2004, dictada en el asunto C-496/99, *Succhi di Frutta SpA*).

La LES introdujo así un nuevo Título V en el Libro I de la LCSP (que se ha mantenido en la misma ubicación por el TRLCSP, si bien ahora los artículos van del 105 al 108), con la rúbrica genérica de "Modificación de los contratos", que resulta aplicable a todos los contratos del sector público, superando la limitada aplicación a las Administraciones públicas de la regulación anterior de las modificaciones en el Libro IV de la LCSP.

Se sustituyó el anterior artículo 202 de la LCSP por el artículo 92 bis –ahora 105 del TRLCSP–, que contempla los supuestos en que procede modificar el contrato cuando así se haya previsto en los pliegos o en el anuncio de licitación o en los casos y con los límites establecidos en el artículo 107. El artículo 105 prohíbe toda modificación efectuada en otro caso señalando con contundencia que:

> "[...] si fuese necesario que la prestación se ejecutase en forma distinta a la pactada, inicialmente deberá procederse a la resolución del contrato en vigor y a la celebración de otro bajo las condiciones pertinentes".

La LES distingue entre las modificaciones previstas en la documentación que rige la licitación (artículo 106 TRLCSP, que exige que los supuestos en que podrá modificarse el contrato deberán definirse con total concreción por referencia a circunstancias cuya concurrencia pueda verificarse de forma objetiva y las condicio-

---

[42] *Cf.* F. J. Vázquez Matilla, 'Nuevo régimen jurídicos para las modificaciones de los contratos públicos: Proyecto de economía sostenible', en *Revista Aragonesa de Administración Pública*, No. 37, 2010, p. 330.

[43] *Cf.* J. M. Gimeno Feliú, 'El régimen de la modificación de los contratos públicos: regulación actual y perspectivas de cambio', en *REDA,* No. 149, 2011, pp. 29 y ss. y J. Vázquez Matilla, *Op. Cit*., pp. 317 y ss.

nes de la eventual modificación deberán precisarse con un detalle suficiente para permitir a los licitadores su valoración a efectos de formular su oferta y ser tomadas en cuenta en lo que se refiere a la exigencia de condiciones de aptitud a los licitadores y valoración de las ofertas) y las modificaciones no previstas en los pliegos o en el anuncio de licitación (artículo 107, que prevé que solo podrán efectuarse cuando se justifique suficientemente la concurrencia de alguna de las concretas circunstancias que el propio precepto define taxativamente).

Se reformó también el artículo 76.1 de la LCSP (artículo 88.1 del TRLCSP) puesto que en el caso de que se haya previsto en los pliegos o en el anuncio de licitación la posibilidad de que el contrato sea modificado, se considerará valor estimado del contrato el importe máximo que éste pueda alcanzar, teniendo en cuenta la totalidad de las modificaciones previstas.

Sobre la excepcionalidad de la técnica del reformado o modificado de obras, pues de lo contrario podrían encubrirse contrataciones que no observasen los principios de publicidad, libre concurrencia y licitación que inspiran el sistema de contratación administrativa, se pronunció el Consejo de Estado al recomendar en su Memoria del año 1990 que:

> "[...] debe extremarse el celo en la redacción del proyecto inicial, de forma que sólo muy excepcionalmente haya que acudir a su ulterior modificación y sobre todo a la introducción de varios, sucesivos y parciales reformados de obra".

Esta sugerencia se ha reiterado en varias otras Memorias posteriores.

El dictamen del Consejo de Estado núm. 215/2010, de 18 de marzo, recuerda que: "[...] ha sido una preocupación tradicional del Consejo de Estado al informar los expedientes de modificación contractual que ésta pudiera ser empleada para encubrir "[...] nprácticas viciosas [...]" susceptibles de "[...] frustrar los principios de publicidad y concurrencia proclamados por la legislación [...]" de contratos públicos (dictamen del expediente número 34/2007, de 1 de febrero). La regulación en preparación contribuye a evitar este efecto, toda vez que se restringen las circunstancias que pueden dar lugar a la modificación contractual y el alcance que puede tener si no está prevista en la documentación de la licitación, mientras que, de estar contemplada en ella, la modificación no atenta contra el principio de concurrencia, pues todos los licitadores conocen antes de participar en el procedimiento de adjudicación en qué circunstancias y porcentaje la modificación puede llegar a producirse una vez suscrito el contrato.

En este sentido, la Comisión Nacional de la Competencia ha manifestado una opinión favorable a los cambios estudiados. Ahora bien, no se le oculta al Consejo de Estado que la técnica de los modificados está muy arraigada en la práctica administrativa, por lo que no se descarta que la nueva regulación genere dificultades en su aplicación hasta que las empresas licitadoras sean capaces de ajustar sus ofertas al régimen que se propugna introducir.

El Informe de la JCCA 4/2011, de 24 de noviembre, se pronuncia sobre diversas cuestiones relativas a las variaciones de medición en un contrato de obras, en relación con la normativa en materia de modificación de contratos y concluye que:

> "1ª.- Dentro del límite del 10% a que se refiere el artículo 217.3 de la LCSP, las variaciones de medición de las unidades de obra realmente ejecutadas respecto a las inicialmente previstas en el proyecto, no producen en ningún caso una modificación sustancial del contrato por ser inherentes al mismo, y, por tanto, su importe no se puede considerar acumulable al importe de las modificaciones a que se refiere el artículo 92 quater, a efectos del cómputo del límite del 10% a que se refiere el apartado 3.d) del artículo 92 quater para determinar la incidencia de una modificación sustancial del contrato.
>
> 2ª.- El importe de las variaciones de medición a que se refiere el artículo 217.3 de la LCSP, cuyo importe no supere el 10% fijado en dicho artículo y que, en cumplimiento de lo establecido en el artículo 160.2 del R.G., se recojan posteriormente en un proyecto modificado, no ha de computarse junto al importe de las modificaciones que han dado lugar al proyecto modificado, a efectos de considerar el límite del 10% que determina la alteración sustancial del contrato. En consecuencia, dichas variaciones de medición deberán reflejarse de forma diferenciada en el proyecto modificado, a fin de poder realizar el control diferen-ciado del cumplimiento de ambos límites.
>
> 3ª.- Si un pliego de cláusulas incluye expresamente la previsión de realizar posibles variaciones de medición de determinadas unidades de obra, detallando las condiciones, el alcance y los límites en que puedan realizarse, en los términos establecidos en el artículo 92 ter de la LCSP, tales variaciones no interfieren en la viabilidad ni en el límite establecido en el artículo 217.3 de dicha ley para aquellas otras variaciones en las mediciones que se realicen de acuerdo con lo previsto en este artículo."

La Recomendación de la JCCA del Estado aprobada por Resolución de 28 de marzo de 2012, de la Dirección General de Patrimonio del Estado, interpreta el régimen contenido en el artículo 107 del Texto Refundido de la Ley de Contratos del Sector Público sobre las modificaciones de los contratos.

El origen de la Recomendación se encuentra en el requerimiento por parte de los Servicios de la Comisión Europea ante la Administración española para realicen una interpretación uniforme en toda la Unión Europea y coherente con las Directivas en materia de contratación pública y con la jurisprudencia del Tribunal de Justicia de la Unión Europea sobre el nuevo régimen de las modificaciones de los contratos públicos que se contiene en el actual artículo 107 del TRLCSP, y que procede de la reforma llevada a cabo por la Ley 2/2011, de 4 de marzo, de Economía Sostenible.

La JCCA entiende que el artículo 107, apartado 1, letra a), del TRLCSP, que se refiere a las modificaciones de un contrato público vinculadas a errores u omisiones del proyecto:

> "[...] debe interpretarse en términos análogos a los contenidos de forma expresa dentro del artículo 107, apartado 1, letra b), en su último inciso, en cuanto señala que las modificaciones de un contrato público vinculadas a circunstancias geológicas, hídricas, arqueológicas, medioambientales y similares que no fuesen previsibles con anterioridad a la adjudicación del contrato, deben entenderse respetando la diligencia requerida de acuerdo con una buena práctica profesional en la elaboración del proyecto o en la redacción de las especificaciones técnicas. La diligencia exigida en el caso de modificaciones producidas por las circunstancias contenidas

dentro de este precepto, es la misma que la que se exige en el caso de que se trate de modificaciones de un contrato público vinculadas a errores u omisiones del proyecto, por lo que, aunque no conste así de forma expresa dentro de este subapartado o letra a), la referencia a esta diligencia contenida dentro de la letra b) del mismo precepto, se puede hacer extensiva y aplicable al primer subapartado."

A su vez, en los casos de las modificaciones de un contrato público debidas a especificaciones técnicas, medioambientales, urbanísticas, de seguridad o de accesibilidad aprobadas con posterioridad a la adjudicación del contrato (apartado 1, letra e), del mismo art. 107):

> "[...] cuando el poder adjudicador es al mismo tiempo la autoridad responsable de la aprobación de nuevas medidas que puedan afectar a las especificaciones del contrato, los pliegos del contrato deberán definir las prestaciones teniendo en cuenta el contenido de las medidas que se pretenden aprobar en un momento posterior de la ejecución del contrato".

Asimismo, recomienda la JCCA que, en la calificación de esencial de la modificación de un contrato, cuando se realice en función de las variaciones que pueda experimentar el precio del mismo, el porcentaje del 10% que aparece en el artículo 107, apartado 3, letra d), debe entenderse siempre superado para merecer tal carácter. Pero tal consideración no implica que las modificaciones que se encuentren por debajo de ese 10% sean siempre calificadas como no esenciales, esto es, toda modificación que exceda del 10% debe ser considerada como esencial, pero no todas las modificaciones del precio que sean inferiores a ese 10% deben ser rechazadas automáticamente como no esenciales.

Para la JCCA, toda la regulación que aparece dentro del artículo 107, debe entenderse hecha a partir de la línea directriz que supone el segundo apartado de este precepto, que debe servir de base para cualquier interpretación que deba hacerse de este artículo. Así pues, las referencias hechas a las modificaciones que aparecen dentro de los apartados 1 y 3 del mismo, sólo entrarán en juego en el caso de que se trate de modificaciones que no alteren las condiciones esenciales de la licitación y adjudicación, las cuales, según este mismo precepto, deberán limitarse a introducir las variaciones estrictamente indispensables para responder a la causa objetiva que la haga necesaria.

En los últimos años y entre las medidas adoptadas para luchar frente a la crisis económica, varias normativas autonómicas han previsto disposiciones en relación con los modificados contractuales.

Así, la Ley 2/2012, de 30 de mayo, de Medidas Administrativas, Económicas y Financieras para la ejecución del Plan de Sostenibilidad de los Servicios Públicos de la Comunidad Autónoma de Cantabria, señala en su disposición adicional tercera (Modificación de contratos públicos), que a efectos de lo dispuesto en el TRLCSP:

> "[...] se considerará que se realiza por motivos de interés público cualquier modificación de los contratos administrativos que tenga como finalidad el logro del objetivo de estabilidad presupuestaria, reduciendo el volumen de obligaciones o ampliando el plazo de ejecución del contrato".

La Ley 3/2012, de 21 de septiembre, de Medidas Fiscales, Administrativas, Laborales y en materia de Hacienda Pública para el reequilibrio económico-financiero de la Junta de Andalucía, establece en su Disposición adicional cuarta (Modificación y resolución de contratos del sector público), apartado 1, que:

> "A los efectos de lo dispuesto por la legislación de contratos del sector público, las modificaciones de contratos administrativos que se lleven a cabo durante el ejercicio presupuestario de 2012 derivadas de la aplicación de medidas de estabilidad presupuestaria se realizarán por razones de interés público.
>
> Los pliegos de cláusulas administrativas o el anuncio de las nuevas contrataciones deberán incorporar las previsiones requeridas por la legislación de contratos del sector público, respecto de la eventual modificación o resolución contractual con motivo de la aplicación de las medidas de estabilidad presupuestaria que correspondan."

La Ley 5/2014, de 23 de diciembre, por la que se aprueban los Presupuestos Generales de la Comunidad Autónoma de Euskadi para el ejercicio 2015, recoge en su disposición adicional quinta una previsión sobre la modificación de los contratos del sector público, al señalar que:

> "[...] a los efectos de lo dispuesto por la legislación de contratos del sector público, se considerará que se realiza por motivos de interés público cualquier modificación de contratos administrativos que se lleve a cabo durante el ejercicio presupuestario 2015 y que tenga como finalidad el logro del objetivo de estabilidad presupuestaria."

Los pliegos de cláusulas administrativas o el anuncio de licitación deberán incorporar las previsiones requeridas por la legislación de contratos del sector público respecto de la eventual modificación contractual con motivo de la aplicación de las medidas de estabilidad presupuestaria que correspondan.

ii.3) Disposiciones sobre las modificaciones contractuales en la Directiva 2014/24. Su necesaria interpretación conforme a la jurisprudencia del Tribunal de Justicia de la Unión Europea

En el ámbito de las modificaciones contractuales, la regulación que se establece tanto en el art. 72 de la Directiva sobre contratación pública como en el art. 43 de la Directiva sobre concesiones parte de la consideración de que la modificación de los contratos públicos, en cuanto puede comprometer el efecto útil de los objetivos de la normativa sobre contratación pública, ha de admitirse sólo con carácter excepcional.

Pese a que en algunos aspectos la redacción de la norma es confusa, hay que tener en cuenta que las disposiciones que autorizan excepciones a las normas que pretenden garantizar la efectividad de los derechos reconocidos por el Tratado en el sector de los contratos públicos –y las normas sobre modificación de los contratos sin duda lo son– deben ser objeto de una interpretación estricta[44].

La jurisprudencia del TJUE había establecido de forma contundente que es obligatorio un nuevo procedimiento de contratación cuando se introducen en el contrato inicial cambios fundamentales, en particular referidos al ámbito de aplicación y

---

[44] *Cf.* I. Gallego, Córcoles, *Op. Cit.*

al contenido de los derechos y obligaciones mutuos de las partes. Y así lo recoge el considerando 107 de la Directiva 2014/24/UE, que se remite a esa importante doctrina jurisprudencial.

Pero el tenor literal del artículo 72 de la Directiva sobre contratación pública (que coincide con el del artículo 43 de la Directiva sobre concesiones), tanto en su sistemática como en su contenido, plantea notables dificultades interpretativas y parece apartarse en parte de la doctrina del TJUE al establecer un régimen más flexible.

Así, permite la directiva que se modifiquen los contratos y los acuerdos marco sin necesidad de iniciar un nuevo procedimiento de contratación para obras, servicios o suministros adicionales, a cargo del contratista original, que resulten necesarias y que no estuviesen incluidas en la contratación original, a condición de que cambiar de contratista:

> "i) no sea factible por razones económicas o técnicas tales como requisitos de intercambiabilidad o interoperatividad con el equipo existente, con servicios o con instalaciones adquiridos en el marco del procedimiento de contratación inicial, y
>
> ii) genere inconvenientes significativos o un aumento sustancial de costes para el poder adjudicador.
>
> No obstante, el incremento del precio resultante de la modificación del contrato no excederá del 50 % del valor del contrato inicial. En caso de que se introduzcan varias modificaciones sucesivas, dicha limitación se aplicará al valor de cada una de las modificaciones. Estas modificaciones consecutivas no deberán tener por objeto eludir las disposiciones de la presente Directiva".

También podrán modificarse los contratos cuando se cumplan todas las condiciones siguientes:

> "i) que la necesidad de la modificación se derive de circunstancias que un poder adjudicador diligente no hubiera podido prever,
>
> ii) que la modificación no altere la naturaleza global del contrato,
>
> iii) que el incremento del precio resultante de la modificación del contrato no exceda del 50 % del valor del contrato o acuerdo marco inicial. En caso de que se introduzcan varias modificaciones sucesivas, esta limitación se aplicará al valor de cada una de las modificaciones. Estas modificaciones consecutivas no deberán tener por objeto eludir las disposiciones de la presente Directiva."

Eso sí, los poderes adjudicadores que modifiquen un contrato publicarán un anuncio al respecto en el Diario Oficial de la Unión Europea.

Por otra parte, admite la nueva directiva que se pueda modificar un contrato sin necesidad de que sea preciso iniciar un nuevo procedimiento de contratación, si el valor de la modificación es inferior al 10 % del valor inicial del contrato en el caso de los contratos de servicios o de suministros, y el 15 % del valor del contrato inicial en el caso de los contratos de obras.

Sin embargo, la modificación no podrá alterar la naturaleza global del contrato o acuerdo marco. Cuando se efectúen varias modificaciones sucesivas, el valor se calculará sobre la base del valor neto acumulado de las sucesivas modificaciones.

La profesora Gallego ha planteado en relación con los modificados contractuales la sorpresa que se deriva de lectura literal de las nuevas normas europeas, de las que se desprende que en determinadas circunstancias podrán introducirse modificaciones sustanciales al contrato. Pero inmediatamente advierte que la posibilidad de modificar las condiciones esenciales del contrato no es en ningún caso ilimitada. Porque las modificaciones, de acuerdo con lo previsto por el artículo 72 de la Directiva sobre contratación pública, bien no deben alterar la naturaleza global del contrato [supuesto a) del apartado 1], bien no deben sobrepasar determinados límites cuantitativos [supuesto b)] o bien deben respetar ambas limitaciones simultáneamente [supuestos c) y d)]. De esta forma, el principal reto que planteará la aplicación práctica de la nueva directivas sobre contratación pública es definir el concepto de "naturaleza global del contrato". En este caso, independientemente de la causa que pudiera motivar la alteración del contenido obligacional, la prohibición de modificar el contrato es absoluta[45].

El apartado 4 del artículo 72 de la Directiva 2014/24 considera que una modificación de un contrato o acuerdo marco durante su período de vigencia es sustancial, cuando tenga como resultado un contrato o acuerdo marco de naturaleza materialmente diferente a la del celebrado en un principio. En cualquier caso, sin perjuicio de lo dispuesto en los apartados 1 y 2 del precepto, una modificación se considerará sustancial cuando se cumpla una o varias de las condiciones siguientes:

> "a) que la modificación introduzca condiciones que, de haber figurado en el procedimiento de contratación inicial, habrían permitido la selección de candidatos distintos de los seleccionados inicialmente o la aceptación de una oferta distinta a la aceptada inicialmente o habrían atraído a más participantes en el procedimiento de contratación;
>
> b) que la modificación altere el equilibrio económico del contrato o del acuerdo marco en beneficio del contratista de una manera que no estaba prevista en el contrato o acuerdo marco inicial;
>
> c) que la modificación amplíe de forma importante el ámbito del contrato o del acuerdo marco;
>
> d) que el contratista inicialmente designado como adjudicatario por el poder adjudicador sea sustituido por un nuevo contratista en circunstancias distintas de las previstas en el apartado 1, letra d)."

ii.4) La decisiva doctrina del Tribunal de Justicia de la Unión Europea sobre los modificados

La importante jurisprudencia del TJUE sobre los modificados contractuales tiene como *leading case* el asunto *Succhi di Frutta*, C-496/99, sentencia de 29 de abril de 2004, en un contrato licitado por la Comisión Europea para el suministro de zu-

---

45 *Id.*

mos de frutas y confituras destinados a las poblaciones de terceros Estados. Para el Tribunal una modificación del contrato que afecta a las condiciones esenciales de la licitación produciría:

> "[...] la vulneración de los principios de transparencia y de igualdad de trato entre los licitadores, puesto que la aplicación uniforme de las condiciones de licitación y la objetividad del procedimiento dejarían de estar garantizadas".

Una de las últimas manifestaciones de la doctrina del TJUE en materia de modificados es la sentencia del Tribunal General 31 de enero de 2013, en el asunto T-235/11, España contra Comisión, que confirma la reducción de la ayuda financiera inicialmente acordada por el Fondo de Cohesión a cinco proyectos relativos a la ejecución de determinadas líneas ferroviarias de alta velocidad en España[46].

Con objeto de garantizar la transparencia de los procedimientos y la igualdad de trato de los licitadores, las modificaciones de las disposiciones de un contrato público efectuadas durante la validez de éste constituyen una nueva adjudicación del contrato cuando presentan características sustancialmente diferentes de las del contrato inicial y, por consiguiente, ponen de relieve la voluntad de las partes de volver a negociar los aspectos esenciales del contrato[47]. La modificación de un contrato público en vigor puede considerarse sustancial cuando introduce condiciones que, si

---

[46] El artículo 2, apartado 1, del Reglamento (CE) No. 1164/94 del Consejo, de 16 de mayo de 1994, por el que se crea el Fondo de cohesión (DO L 130, p. 1), en su versión modificada por el Reglamento (CE) No. 1264/1999 del Consejo, de 21 de junio de 1999 (DO L 161, p. 57), por el Reglamento (CE) No. 1265/1999 del Consejo, de 21 de junio de 1999 (DO L 161, p. 62), establece:

"El Fondo aportará su participación financiera a proyectos, que contribuyan a la realización de los objetivos fijados en el Tratado de la Unión Europea, en los sectores del medio ambiente y de las redes transeuropeas de infraestructuras de transporte en los Estados miembros cuyo Producto Nacional Bruto per cápita sea inferior al 90 % de la media comunitaria, calculada a partir de las paridades del poder adquisitivo, y que cuenten con un programa cuyo objetivo sea cumplir las condiciones de convergencia económica a que se refiere el artículo [126 TFUE]."

El artículo H («Correcciones financieras») del anexo II («Disposiciones de aplicación») al Reglamento No. 1164/94 dispone:

"1. Si, tras haber efectuado las verificaciones necesarias, la Comisión llega a la conclusión de que:

a) la ejecución de un proyecto no justifica la totalidad o parte de la ayuda que le ha sido concedida, o que se ha incumplido una de las condiciones establecidas en la decisión de concesión de la ayuda, o que se ha producido en particular cualquier cambio significativo que altera la naturaleza o las condiciones de ejecución del proyecto y para el cual no se haya recabado la aprobación de la Comisión;

b) existe una irregularidad en la ayuda recibida del Fondo y que el Estado miembro interesado no ha adoptado las medidas correctivas necesarias, la Comisión suspenderá la ayuda para ese proyecto y, exponiendo sus motivos, pedirá al Estado miembro que presente comentarios dentro de un plazo determinado."

[47] *Cf.* la sentencia del Tribunal de Justicia de 5 de octubre de 2000, *Comisión/Francia*, C-337/98, Rec. p. I-8377, apartados 44 y 46; Cf. por analogía, la sentencia *Pressetext Nachrichtenagentur*, C-454/06, Rec. p. I-4401, apartado 34.

hubieran figurado en el procedimiento de adjudicación inicial, habrían permitido la participación de otros licitadores aparte de los inicialmente admitidos o habrían permitido seleccionar una oferta distinta de la inicialmente seleccionada. Asimismo, una modificación de un contrato inicial puede considerarse sustancial cuando amplía el contrato, en gran medida, a obras inicialmente no previstas. Una modificación también puede considerarse sustancial cuando cambia el equilibrio económico del contrato en favor del adjudicatario del contrato de una manera que no estaba prevista en los términos del contrato inicial[48].

Como señalan los apartados 47 a 54 de la sentencia de 31 de enero de 2013, que recogen a su vez la doctrina sentada por el Tribunal en su asunto *Succhi di Frutta*, especialmente en sus apartados 109 a 111, el principio de igualdad de trato de los licitadores[49], que tiene el objetivo de favorecer el desarrollo de una competencia sana y efectiva entre las empresas que participan en una licitación pública, exige que todos los licitadores dispongan de las mismas oportunidades en la formulación de los términos de sus ofertas e implica pues que éstas se sometan a las mismas condiciones para todos los competidores.

Por lo que respecta al principio de transparencia, que constituye su corolario, éste tiene esencialmente por objeto garantizar que no exista riesgo de favoritismo y arbitrariedad por parte de la entidad adjudicadora. Exige que todas las condiciones y modalidades del procedimiento de licitación estén formuladas de forma clara, precisa e inequívoca en el anuncio de licitación o en el pliego de condiciones, con el fin de que, por una parte, todos los licitadores razonablemente informados y normalmente diligentes puedan comprender su alcance exacto e interpretarlas de la misma forma y, por otra parte, la entidad adjudicadora pueda comprobar efectivamente que las ofertas presentadas por los licitadores responden a los criterios aplicables al contrato de que se trate.

En este contexto, entiende el Tribunal que, si la entidad adjudicadora estuviera autorizada para modificar a su arbitrio, durante la fase de ejecución del contrato, las propias condiciones de licitación, sin que las disposiciones pertinentes aplicables contengan una habilitación expresa en tal sentido, los términos de la adjudicación del contrato, tal como se estipularon inicialmente, resultarían desnaturalizados.

Contrariamente a lo que sostiene el Reino de España, el TJUE considera que el artículo 20, apartado 2, letras e) y f), de la Directiva 93/38 se aplica a las modificaciones de contratos públicos acordadas durante su fase de ejecución. Por un lado, como se desprende del tenor mismo de esta disposición, el artículo 20, apartado 2, letra e), de la Directiva 93/38 se aplica a las entregas *complementarias* efectuadas por el proveedor inicial, cuando el cambio de proveedor obliga a la entidad adjudi-

---

48 *Cf.* Sentencia *Pressetext Nachrichtenagentur*, apartados 35 a 37

49 Como ha declarado reiteradamente el Tribunal de Justicia, el principio de igualdad de trato, que constituye la base de las directivas relativas a los procedimientos de adjudicación de contratos públicos, implica una obligación de transparencia que permita garantizar su cumplimiento (sentencias del Tribunal de Justicia de 18 de noviembre de 1999, *Unitron Scandinavia* y 3-S, C-275/98, Rec. p. I-8291, apartado 31; de 12 de diciembre de 2002, *Universale-Bau y otros*, C-470/99, Rec. p. I-11617, apartado 91, y de 17 de febrero de 2011, *Comisión/Chipre*, C-251/ 09, no publicada en la Recopilación, apartado 38).

cadora a adquirir un material técnico diferente incompatible o que acarrea dificultades técnicas de utilización y de mantenimiento desproporcionadas. Además, el artículo 20, apartado 2, letra f), de la Directiva 93/38 se refiere específicamente a las obras no incluidas en el proyecto inicialmente adjudicado ni en el primer contrato celebrado y que resultan necesarias, por circunstancias imprevistas, *para la ejecución* [del] *contrato.*

Por otro lado, el Tribunal de Justicia ha puesto de manifiesto que la entidad adjudicadora debe observar estrictamente las reglas que se ha fijado no sólo durante el procedimiento de adjudicación, sino, con carácter más general, hasta la finalización de la fase de ejecución del contrato en cuestión (sentencia *Comisión/CAS Succhi di Frutta*, apartado 115). Sobre este particular, para el Tribunal el Reino de España no puede sostener que la sentencia *Comisión/CAS Succhi di Frutta* no es aplicable al caso de autos. Si bien, ciertamente, esta sentencia se refiere a un procedimiento de adjudicación realizado en el marco de la política agrícola común, el Tribunal de Justicia aplicó en ella principios que había desarrollado en el marco de los litigios relativos a los contratos públicos. En este contexto, señala el TJUE que, si la entidad adjudicadora estuviera autorizada para modificar a su arbitrio, durante la fase de ejecución del contrato, las propias condiciones de licitación, sin que las disposiciones pertinentes aplicables contengan una habilitación expresa en tal sentido, los términos de la adjudicación del contrato, tal como se estipularon inicialmente, resultarían desnaturalizados (sentencia *Comisión/CAS Succhi di Frutta*, apartado 120).

Además, dicha práctica supondría inevitablemente la vulneración de los principios de transparencia y de igualdad de trato entre los licitadores, puesto que la aplicación uniforme de las condiciones de licitación y la objetividad del procedimiento dejarían de estar garantizadas (sentencia *Comisión/CAS Succhi di Frutta*, apartado 121).

Tampoco podía España justificar la adjudicación de contratos sin convocar una nueva licitación basándose en el hecho de que cumplió lo dispuesto en los artículos 101, 146, 189 y 212 del TRLCAP, relativos a las modificaciones de los contratos de obras, de suministros y de servicios. Subraya en este sentido el Tribunal que las únicas excepciones lícitas a la aplicación de la Directiva 93/38 son las que están expresamente mencionadas en ella[50].

Según reiterada jurisprudencia europea, las disposiciones que autorizan excepciones a las normas que pretenden garantizar la efectividad de los derechos reconocidos por el Tratado en el sector de los contratos públicos de obras deben ser objeto de una interpretación estricta. Los Estados miembros no pueden, so pena de privar a la Directiva 93/38 de su efecto útil, establecer supuestos de recurso al procedimiento negociado que no estén previstos en la citada Directiva ni dotar a

[50] Sentencia del Tribunal de Justicia de 21 de febrero de 2008, Comisión/Italia, C-412/04, Rec. p. I-619, apartado 89; Cf., por analogía, las sentencias del Tribunal de Justicia de 18 de noviembre de 1999, *Teckal*, C-107/98, Rec. p. I-8121, apartado 43, y de 11 de mayo de 2006, *Carbotermo y Consorzio Alisei*, C-340/04, Rec. p. I-4137, apartado 45.

los supuestos expresamente previstos por ésta de condiciones nuevas que tengan como efecto facilitar el recurso a dicho procedimiento[51].

Además, un Estado miembro no puede invocar disposiciones, prácticas ni circunstancias de su ordenamiento jurídico interno para justificar el incumplimiento de las obligaciones derivadas del Derecho de la Unión[52]. A este respecto, el hecho invocado por España de que la legislación española permite la modificación de los contratos públicos durante la fase de ejecución de éstos, desde una fecha anterior a la adhesión del Reino de España a la Unión, carece para el Tribunal de pertinencia, ya que las normas de la Unión en materia de contratación pública se aplican a tales contratos a partir de la fecha de adhesión de dicho Estado[53]. Tampoco acepta el TJUE que el mecanismo de la modificación de los contratos previsto en los artículos 101, 146, 189 y 212 del TRLCAP no implique necesariamente un aumento de las prestaciones inicialmente contratadas, sino también una reducción o supresión de éstas. Constata el Tribunal que las fases de proyectos a que se refiere el presente recurso fueron objeto de contratos adicionales, relativos a suministros, obras o servicios complementarios que no figuraban ni en el proyecto inicialmente adjudicado ni en el contrato celebrado inicialmente.

Habida cuenta de los principios sentados en la jurisprudencia del Tribunal, incumbía a la entidad adjudicadora, durante la fase de redacción del proyecto, actuar con toda la diligencia requerida, y, concretamente, obtener un consenso previo sobre las soluciones proyectadas con los municipios afectados durante ese período. Para el TJUE:

> "aunque ciertamente el Reino de España indica que, «en la generalidad de los contratos» controvertidos, los proyectos iniciales fueron sometidos a evaluación de impacto ambiental, no aporta ningún dato que permita demostrar que éstos fueron cuando menos objeto de consulta con los organismos públicos y privados afectados durante la redacción de dichos proyectos. Ante todo, debe señalarse sobre este particular que, como sostiene la Comisión, algunas entidades emitieron dictámenes o cursaron peticiones una vez realizada la publicación de los anuncios de licitación, lo que parece indicar que no fueron consultadas antes de su redacción. Seguidamente, se desprende de un dosier de prensa (Manifiesto de Poblet), remitido a la Comisión por las autoridades españolas, para justificar el recurso al procedimiento negociado sin publicidad previa establecido en el artículo 20, apartado 2, letra f), de la Directiva 93/38, que algunos organismos públicos formularon solicitudes a la entidad adjudicadora en relación con los proyectos controvertidos incluso antes de la publicación de dichos anuncios de licitación. Toda vez que estas solicitudes son anteriores a la publicación y a la adjudicación de los contratos litigiosos, no pueden considerarse circunstancias imprevistas en el sentido del artículo 20, apartado 2, letra f), de la Directiva 93/38. Por último, en lo que atañe a la alegación del Reino de España

---

51 *Cf.* en este sentido, la sentencia del Tribunal de Justicia de 13 de enero de 2005, *Comisión/España*, C-84/03, Rec. p. I-139, apartado 48, y la jurisprudencia citada.

52 *Cf.* la sentencia del Tribunal de Justicia de 27 de octubre de 2011, *Comisión/Grecia*, C-601/10.

53 Sentencia del Tribunal de Justicia de 19 de junio de 2008, *Pressetext Nachrichtenagentur*, C-454/06, Rec. p. I-4401, apartado 28.

según la cual, por lo que respecta a dicho manifiesto, «la solicitud formulada por los Ayuntamientos no fue invocada como la causa imprevista que justificó la modificación contractual, sino como una circunstancia más concurrente, [...] [por lo que] la verdadera causa imprevista que determinó la procedencia de acordar la modificación contractual fue el cambio en las condiciones geológicas con respecto a las contempladas en proyecto», procede considerar que el Reino de España no la sustenta en pruebas. Aun suponiendo que el Reino de España se refiera, en este contexto, a la supuesta modificación de las condiciones geológicas a que se refiere la segunda serie de alegaciones del presente motivo (véanse los apartados 96 a 103 supra), su alegación debe desestimarse, ya que dichas alegaciones no guardan relación con los contratos mencionados en el apartado 78 de la demanda. Por tanto, la alegación del Reino de España no puede prosperar. Se deduce de las consideraciones anteriores que el Reino de España no ha demostrado que las modificaciones resultantes de las peticiones dirigidas a la entidad adjudicadora por determinadas Administraciones públicas se debieran a circunstancias imprevistas, en el sentido del artículo 20, apartado 2, letra f), de la Directiva 93/38."

En definitiva, en el fallo del Tribunal General se recuerda que con objeto de garantizar la transparencia de los procedimientos y la igualdad de trato de los licitadores, las modificaciones de las disposiciones de un contrato público efectuadas durante la validez de éste constituyen una nueva adjudicación del contrato cuando presentan características sustancialmente diferentes de las del contrato inicial y, por consiguiente, ponen de relieve la voluntad de las partes de volver a negociar los aspectos esenciales del contrato.

Resulta claro para el Tribunal que las especificaciones técnicas que se modificaron no pueden considerarse accesorias, sino que revisten una importancia mayor, en la medida en que versan sobre la ejecución de obras importantes como la ejecución de falsos túneles, de un viaducto, profundización de cimientos, refuerzo de las armaduras de los bloques técnicos, ampliación de las obras de desagüe, etc.

CAPITULO VII
LA DIRECTIVA 2014/24/UE: ASPECTOS CONCRETOS

Jaime PINTOS SANTIAGO[*]

I. LAS NOVEDADES EN DECÁLOGO

1. *Decálogo de las nuevas Directivas*

Extracto de *Las nuevas Directivas europeas sobre contratación pública: claves para una primera lectura* de José Miguel Carbonero Gallardo:

1. Mejorar la transparencia en la contratación
2. Potenciar la contratación electrónica
3. Mayor calidad de los contratos públicos
4. Reducir la enorme carga burocrática
5. Acceso de las pyme a los contratos públicos
6. Mayor flexibilidad en el uso de la negociación
7. Asociación para la innovación
8. Colaboración entre poderes adjudicadores
9. Subcontratación
10. Adjudicación de los contratos de concesión: riesgo operacional y publicidad

Nosotros nos centraremos ampliamente en el estudio de las dos primeras.

---

* Doctor en Derecho. Profesor del Master en Derecho de la Contratación Pública. Universidad de Castilla-La Mancha.

2. *Decálogo de la nueva ley de contratos*

Extracto de la exposición de José Antonio Moreno en el Congreso Internacional de Contratación Pública celebrado en Cuenca 22 y 23 de enero 2016:

1. Rol principal de los principios generales de la Ley
2. "Integridad" en la contratación pública (nuevo principio general)
3. Inclusión en ámbito subjetivo: partidos políticos, sindicatos y organizaciones sindicales
4. Nuevos contratos de concesión de obras y de servicios
5. Desparece el contrato de gestión de servicios públicos
6. Desaparece el contrato de colaboración público-privada
7. Procedimiento abierto: declaración responsable como regla general
8. Recurso especial obligatorio
9. Procedimiento abierto con tramitación simplificada
10. Desaparece el supuesto de negociado por razón de la cuantía

II. GÉNESIS, REGULACIÓN Y CALENDARIO OBLIGATORIO DE LA CONTRATACIÓN PÚBLICA ELECTRÓNICA

1. *Génesis y regulación*

Nadie puede dudar ya que nos encontramos en la era de las tecnologías de la información y las comunicaciones electrónicas (TICs), consecuencia del avance de nuestra sociedad y contribuidoras del innegable desarrollo global que vivimos hoy en día, muchas veces desproporcionado en sus desajustes sociales entre Estados y territorios, desarrollo global que se da en muchos ámbitos, como en el del propio Derecho, en el que asistimos a un incipiente, pero ya de indudable existencia Derecho administrativo global, en el que tiene mucho que ver y qué decir todavía el nuevo Derecho de la contratación pública[1].

De este modo nos encontramos con la presencia del Derecho administrativo en otras vertientes globalizadas del Derecho público y también privado, por cuanto la participación de la Administración Pública lleva aparejada normalmente la intervención del Derecho administrativo. A título de ejemplo, se podría mencionar la exis-

---

[1] *Cf.* J. A. Moreno Molina, *Derecho global de la contratación pública*, Ubijus Editorial, México, 2011; AA. VV., *El nuevo derecho administrativo global en América Latina,* Res Pública Argentina, Buenos Aires, 2009; o mi trabajo 'El surgimiento inadvertido de un Derecho global de los contratos públicos como ámbito de formación y consolidación del Derecho administrativo global', en *Revista Contratación Administrativa Práctica,* No. 128, Editorial La Ley, nov.-dic., 2013.

tencia misma del Derecho de la Unión Europea; la de las Agencias de Calificación Privada que bajan el *rating* de los Estados con efectos a nivel mundial; las reglas que el Fondo Monetario Internacional fija para el acceso a sus créditos; el Derecho migratorio; las alertas de pandemias realizadas por la Organización Mundial de la Salud, como ocurrió con la reciente crisis del virus Ébola; las convenciones y protocolos sobre el cambio climático y el Derecho del medio ambiente; las normas que dicta el Comité Olímpico Internacional en materia de Derecho del deporte; la cooperación internacional en materia de terrorismo o crimen organizado; etc.

En este marco global, hay que tener en cuenta que la contratación pública supone un importante elemento del comercio internacional, es decir, tiene un peso específico suficientemente significativo en ese entorno económico global. La existencia de normas y acuerdos[2] en esta materia no permiten vislumbrar la existencia de un de Derecho global de la contratación pública, como Derecho *in fieri*[3]. Pues bien, todas estas normas y acuerdos no vienen sino a reconocer una única dirección hacia la formación de un Derecho común de la contratación pública en ámbitos territoriales muy amplios, donde destaca ya por su carácter consolidado el Derecho de la Unión Europea[4]. Es decir, un ejemplo claro y extrapolable en parte a un marco globalizado y de fronteras mayores sería el caso del Derecho de la Unión Europea[5], en el que las Directivas comunitarias han servido claramente para la unificación de los procedimientos de contratación en los Estados miembros de la Unión Europea y por tanto

---

2 Sirvan como ejemplos: el Acuerdo Mundial sobre Contratación Pública de la Organización Mundial del Comercio; la Ley Modelo sobre la Contratación Pública de Bienes, de Obras y de Servicios aprobada por la Comisión de las Naciones Unidas para el Derecho Mercantil Internacional (CNUDMI); el Tratado de Libre Comercio de América del Norte (TLCAN); el Área de Libre Comercio de las Américas (ALCA); el Mercado Común del Sur (MERCOSUR); el Mercado Común Centroamericano (MCCA); el Tratado de Libre Comercio de la Comunidad Andina (CAN); la Comunidad del Caribe (CARICOM); el Acuerdo del Grupo de los Tres (Colombia, Venezuela y México); los acuerdos bilaterales de México con Costa Rica y con Bolivia que contienen disposiciones que regulan las compras del sector público o los distintos acuerdos que en materia de compras públicas o Tratados de Libre Comercio ha llevado a cabo la Unión Europea con alguno de estos países, así Perú, Paraguay, Chile o México.

3 *Cf.* J. Rodríguez-Arana Muñoz, Et. Al., *Derecho Internacional de las Contrataciones Administrativas,* Ediciones Guayacán, Costa Rica, 2011.

4 En este sentido, Cf. J. A. Moreno Molina, 'La influencia del Derecho Comunitario en el Proyecto de Ley de Contratos del Sector Público', en *Revista Aletheia: Cuadernos Crítico del Derecho*, No. 0/2006, pp. 1-10; 'La decisiva influencia del Derecho comunitario en la Ley 30/2007, de contratos del sector público', en AA. VV., *Estudios sobre la Ley de contratos del sector público*, Fundación Democracia y Gobierno Local, Madrid, 2009, pp. 11-36 y, 'La influencia del Derecho Comunitario de la contratación pública en el Derecho español. Los principios generales de la contratación del sector pública', en *Noticias de la Unión Europea,* No. 298, 2009, pp. 7-20.

5 Digo que es en parte, porque no se trata de pretender trasladar el esquema de los Derechos administrativos nacionales y, por ende, de los Derechos nacionales sobre contratación pública, a una escala global, sino más bien de buscar y alcanzar unos procesos intermedios que como fenómenos de integración lleguen a ese punto común, fenómenos de los que nuevamente la Unión Europea puede dar un ejemplo claro, sin pretender por ello, ahora en un marco global, una cesión de soberanía por parte de los distintos Estados como ocurre en el caso de la Unión Europea.

del Derecho administrativo de esos mismos Estados, Derecho en el que también están jugando su baza destacada las TICs y por ende la contratación pública electrónica, que ahora se aborda.

De esta forma, desde la base del Derecho de la Unión Europea y de los principios recogidos en los artículos 103 y 105 de la Constitución española, así como de los límites y garantías constitucionales y legales derivados del artículo 18.4 de la Constitución[6], estamos asistiendo en las dos últimas décadas a la transformación de lo que conocemos como "administración electrónica"[7]. Transformación que empezó a operarse a nivel de Derecho nacional en la primera redacción de la Ley 30/1992, de 26 de noviembre, de Régimen Jurídico de las Administraciones Públicas y del Procedimiento Administrativo Común[8], cuyo artículo 45 se ocupaba de la incorporación de medios técnicos, estableciendo la obligación de las administraciones de impulsar el empleo y aplicación de las técnicas y medios electrónicos, informáticos y telemáticos para el desarrollo de su actividad y el ejercicio de sus competencias, y de permitir a los ciudadanos relacionarse con las administraciones cuando fuese compatible con los medios técnicos disponibles; o cuyo artículo 38 preveía la informatización de registros y archivos. Posteriormente a través de la Ley 24/2001, de 27 de diciembre, de Medidas Fiscales, Administrativas y del Orden Social se modificó, además de este artículo 38 con el fin de permitir el establecimiento de registros telemáticos para la recepción o salida de solicitudes, escritos y comunicaciones por medios telemáticos, el artículo 59 añadiéndole un nuevo apartado 3 que permitía la notificación por medios telemáticos si el interesado señalaba dicho medio como preferente o lo consentía expresamente.

No obstante, la configuración normativa que hasta este momento tenían las previsiones de la administración electrónica en los citados artículos de la Ley 30/1992, estaban enfocadas desde un punto de vista facultativo y no imperativo para las administraciones. Es con la Ley 11/2007, de 22 de junio, de acceso electrónico de los ciudadanos a los servicios públicos cuando se da un salto cualitativo en la configuración normativa del uso de las TICs en el ámbito de las administraciones, pasando del "podrán" al "deberán" y por tanto creando obligaciones en este sentido para las administraciones a favor de los ciudadanos[9].

---

6 En este punto adquiere especial relevancia toda la normativa que regula protección de datos de carácter personal: Ley Orgánica 15/1999, de 13 de diciembre, de Protección de Datos de Carácter Personal (BOE núm. 298, de 14 de diciembre de 1999) y demás normativa concordante.

7 *Cf.* J. Punzón Moraleda (Coord.), *Administraciones Públicas y nuevas tecnologías*, Lex Nova, Madrid, 2005.

8 Antecedentes normativos de carácter reglamentario hubo otros como por ejemplo el Real Decreto 2291/1983, de 28 de julio, sobre órganos de elaboración y desarrollo de la política informática del Gobierno (BOE núm. 204, de 26 de agosto de 1983) o la Orden, de 19 de febrero de 1990, por la que se crea en el Consejo Superior de Informática la Comisión de los Sistemas y Tecnologías de la Información y se regulan su composición y funciones (BOE núm. 50, de 27 de febrero de 1990).

9 Sobre este cambio de sentido *Cf.* M Fabra Valls & J. L. Blasco (Eds.), *La Administración Electrónica en España. Experiencias y perspectivas de futuro*, Colección Estudios jurídicos, No. 12, Publicación de la University Jaume I, 2007. En cuanto al periodo transitorio para la plena exigencia de estos derechos véase la disposición final tercera de esta Ley 11/2007, que

Por tanto, es la Ley 11/2007 la que define la relación con las Administraciones Públicas por medios electrónicos como un derecho de los ciudadanos y como una obligación paralela para tales administraciones y regula los aspectos básicos de la utilización de las tecnologías de la información en la actividad administrativa, en las relaciones entre las Administraciones Públicas, así como en las relaciones de los ciudadanos con las mismas[10]. De este modo, la Ley 11/2007 recoge en su artículo 4 los principios generales que han de regir en la utilización de las TICs, principios generales que no distan de los enunciados para la materia de contratación administrativa por la jurisprudencia del Tribunal de Justicia de la Unión Europea y posteriormente incorporados a la normativa sobre contratos públicos[11], hablamos por ejemplo de los principios de igualdad[12], transparencia[13] y publicidad[14]. Por su parte, el artículo 27 recoge las comunicaciones electrónicas con la novedad por primera vez en nuestro Derecho positivo de la posibilidad de implantar reglamentariamente la obligatoriedad de comunicarse con las Administraciones Públicas utilizando sólo medios electrónicos, cuando los interesados se correspondan con personas jurídicas o colectivos de personas físicas que por razón de su capaci-

---

vinculaba la garantía de esos derechos en el ámbito de las Comunidades Autónomas y de la Administración Local al 31 de diciembre de 2009, siempre que lo permitieran sus disponibilidades presupuestarias, aunque lo establecía en esa fecha en todo caso con carácter imperativo para la Administración General del Estado.

10 A mayor abundamiento, *Cf.* E. Gamero Casado & R. Martínez Gutiérrez, Legislación de Administración electrónica y de protección de datos, Tecnos, Madrid, 2008 y, La administración electrónica y el servicio a los ciudadanos. El Ministerio de Economía y Hacienda ante los retos de la Ley 11/2007, de Acceso Electrónico de los Ciudadanos a los Servicios Públicos, Ministerio de Economía y Hacienda, Madrid, 2009.

11 *Cf.* J. A. Moreno Molina, *Los principios generales de la contratación de las Administraciones Públicas*, Bomarzo, Albacete, 2006, y 'Principios generales de la contratación pública, procedimientos de adjudicación y recurso especial en la nueva Ley de Contratos del Sector Público', en *Revista Jurídica de Navarra*, No. 45, ene-jun 2008, pp. 45-ss.

12 Algunas manifestaciones concretas de la aplicación del principio de igualdad en la contratación pública electrónica se encuentran en la disposición adicional decimosexta del TRLCSP, apartado 1, letras a), b), c) e i).

13 Sobre la transparencia en la contratación pública ahora que acaba de entrar en vigor en diciembre de 2014 la Ley 19/2013, de 9 de diciembre, de transparencia, acceso a la información pública y buen gobierno, *Cf.* J. Pintos Santiago, 'La nueva configuración de la transparencia en la contratación administrativa. Comentario de urgencia al Proyecto de Ley de Transparencia, Acceso a la Información y Buen Gobierno', en *Revista Contratación Administrativa Práctica*, Editorial La Ley, No. 126, jul.-ago. 2013, pp. 50-65 y, 'La transparencia de los contratos administrativos en la nueva Ley de Transparencia, Acceso a la Información y Buen Gobierno', en *Revista Aletheia: Cuadernos Críticos del Derecho*, Liberlex, No. 1/2013, Sección Doctrina, pp. 34-41. Con respecto al nuevo paquete legislativo de Directivas comunitarias sobre contratación pública, *Cf.* M. A. Sanmartín Mora, 'La transparencia en la contratación pública, nuevas perspectivas', en *Revista de Contratación Administrativa Práctica,* No. 129, La Ley, ene.-feb., 2014.

14 Como señaló la STS de 17 de octubre de 2000 (Sala de lo Contencioso-Administrativo), la manifestación más genuina del principio de igualdad de trato es la publicidad en la contratación y su incidencia en los distintos sistemas de selección del contratista. Sin previa publicidad de la contratación no existiría tampoco concurrencia.

dad económica o técnica, dedicación profesional u otros motivos acreditados tengan garantizado el acceso y disponibilidad de los medios tecnológicos precisos, que es lo que resulta aplicable en la mayoría de las ocasiones a los licitadores en los contratos públicos. También, el artículo 28 recoge los requisitos para entender válida la práctica de la notificación por medios electrónicos fijando un plazo de 10 días naturales para que se entienda que la notificación ha sido rechazada, desde que existiendo constancia de la puesta a disposición de la notificación no se haya accedido al contenido de la misma[15], aunque es preciso señalar que, en el ámbito de la contratación pública, el artículo 151.4 del Real Decreto Legislativo 3/2011, de 14 de noviembre, por el que se aprueba el texto refundido de la Ley de Contratos del Sector Público (en adelante, TRLCSP) dispone que la notificación de la adjudicación podrá realizarse por correo electrónico en los términos previstos en el artículo 28 de la Ley 11/2007, limitando no obstante el plazo a cinco días naturales, en lugar de diez, para considerar rechazada la notificación.

Es necesario indicar que tras la Ley 11/2007 y entretanto llegó la Ley 11/2007 vieron la luz otra serie de normas que también iban enfocadas en la misma dirección del uso de las TICs en la actuación administrativa de los Poderes Públicos. A título de ejemplo se puede citar la modificación de la Ley 58/2003, de 17 de diciembre, General Tributaria que permitió con carácter potestativo las notificaciones electrónicas o el Real Decreto 263/1996, de 16 de febrero, por el que se regulaba la utilización de técnicas electrónicas, informáticas y telemáticas por la Administración General del Estado, hoy derogado por el Real Decreto 1671/2009, de 6 de noviembre, por el que se desarrolla parcialmente la Ley 11/2007, de 22 de junio, de acceso electrónico de los ciudadanos a los servicios públicos.

Este es el panorama[16] en el que aterriza la Ley 30/2007, de 30 de octubre, de Contratos del Sector Público[17] (en adelante, LCSP) al transponer la Directiva

---

15 Se trata de una presunción que consiste en convertir la inactividad del administrado en un rechazo tácito de la notificación, sin embargo cuando de oficio o a instancia del interesado se pruebe que ha existido imposibilidad técnica o material de acceso a la notificación esa presunción *iuris et de iure* se convierte en una presunción *iuris tantum* impidiendo, a priori, que se entienda rechazada la notificación.

16 Pese a que el Real Decreto Legislativo 2/2000, de 16 de junio, por el que aprobó el texto refundido de la Ley de Contratos de las Administraciones no señalaba referencia alguna al uso de las TICs, en nuestro Ordenamiento interno ya existían algunas experiencias previas en materia de contratos, como las recogida por la disposición adicional décima del Reglamento General de la Ley de Contratos de la Administraciones Públicas, aprobado mediante Real Decreto 1098/2001, de 12 de octubre (RGLCAP); por la Orden EHA/1077/2005, de 31 de marzo, por la que se establecen los formatos y especificaciones de los medios informáticos y telemáticos para la remisión de datos de contratos al Registro Público de Contratos; por la Orden EHA/1744/2005, de 3 de junio, por la que se establecen las condiciones generales, formularios y modelos para la presentación y tramitación telemáticas de solicitudes de clasificación de empresas y se aprueba la aplicación telemática para su tratamiento; por la Resolución de 16 de mayo de 2005, de la Dirección General del Patrimonio del Estado, por la que se aprueba la aplicación Conecta-Patrimonio para la presentación telemática de proposiciones a los concursos de adopción de tipo de bienes y servicios de adquisición centralizada, así como de peticiones de suministros y servicios derivados de dichos concursos o por la Orden EHA/1307/2005, por la que se regula el empleo de medios electrónicos en los procedimientos

2004/18/CE, del Parlamento Europeo y del Consejo, de 31 de marzo de 2004, sobre coordinación de los procedimientos de adjudicación de los contratos públicos de obras, de suministro y de servicios[18]. Esta Directiva y también la Directiva 2004/17/CE, del Parlamento Europeo y del Consejo, de 31 de marzo de 2004, sobre la coordinación de los procedimientos de adjudicación de contratos en los sectores del agua, de la energía, de los transportes y de los servicios postales ya incorporaban entre sus previsiones el uso de las TICs al introducir los sistemas dinámicos de adquisición como un proceso de adquisición enteramente electrónico para compras de uso corriente, así como las subastas electrónicas; y es que las Directivas 2004/18/CE y 2004/17/CE proporcionaron un marco abierto, y voluntario en gran medida, a los Estados miembros para llevar a cabo la contratación por medios electrónicos, estableciendo eso sí normas para la licitación por vía electrónica y requisitos relativos a las técnicas de adquisición basadas en las TICs.

Centrándonos ya en el TRLCSP, sucesor de la LCSP, el mismo recoge una serie de utilidades propias de la contratación electrónica, entre las que se puede reconocer en primer lugar en el artículo 53 a la herramienta del perfil de contratante, cuya creación obedece a la incorporación a nuestro Derecho del perfil de comprador previsto en el artículo 35 y en el anexo VIII de la Directiva 2004/18/CE, la cual sólo vinculaba en principio obligatoriamente al mismo a servir de soporte de publicidad de los anuncios de licitación previa.

Mención aparte merece el perfil de contratante por su potencialidad y utilidad en el marco de la contratación electrónica y también de la garantía de los principios generalmente aplicables a la contratación pública, porque junto al principio de igualdad y de prohibición de toda discriminación y en íntima conexión con él, se

---

de contratación (BOE No. 114, de 13 de Mayo de 2005). También la Ley 7/1985, de 2 de abril, Reguladora de las Bases del Régimen Local contemplaba el impulso de la utilización voluntaria de las TICs.

17 *Cf.* J. Punzón Moraleda & F. Sánchez Rodríguez, *La utilización de medios electrónicos, informáticos y telemáticos en la Ley 30/2007, de Contratos del Sector Público*, La Ley, Madrid, 2009. Para conocer también esta norma en su vertiente de contratación electrónica, *Cf.* J. Domínguez Macaya, 'La contratación electrónica en el Proyecto de Ley de Contratos del Sector Público. Análisis y propuestas de mejora', en *Revista Contratación Administrativa Práctica*, La Ley, No. 62, marzo 2007 y, del mismo autor, 'La Contratación, una nueva y necesaria forma de entender la contratación administrativa', en *Revista Contratación Administrativa Práctica*, La Ley, No. 53, mayo 2006. Específicamente sobre la e-contratación en esta norma, *Cf.* V. Manteca Velarde, 'Aspectos de contratación electrónica en la nueva Ley de Contratos del Sector Público', en *Revista Contratación Pública Práctica*, No. 75, La Ley, mayo, 2008. Además sobre los medios y procedimientos electrónicos en la LCSP, *Cf.* J. M. Gimeno Feliú, 'Los medios electrónicos en la contratación pública', en <<www.eipa.eu/files/File/PublicProcurement_Spanish/SanSebastian23_24Apr08/PresentacionJMGimeno_esp.pdf>>; A. González Alonso, 'La contratación pública electrónica', en *Cuadernos de Derecho Público*, No. 37, mayo-agosto 2009, pp. 139-175 y, A. D. Berning Prieto, 'Derecho de la contratación pública electrónica (I y II)', en <<www.noticias.juridicas.com>>

18 En el caso de la Directiva 2004/18/CE, *Cf.* J. Punzón Moraleda & F. Sánchez Rodríguez, 'El uso de las nuevas tecnologías en la Administración Pública: la Contratación Pública Electrónica prevista en la Directiva 2004/18/CE', en *Revista del Derecho de las Telecomunicaciones e Infraestructuras en Red -REDETI-*, No. 24, septiembre-diciembre 2005.

deben aplicar en todo caso y a lo largo de todo el proceso de contratación los principios de publicidad, transparencia y concurrencia, que resultan notablemente reforzados con la introducción de medios electrónicos y telemáticos en los procedimientos de licitación[19]. Es así que la transparencia en la contratación pública ha tenido en los últimos tiempos un importante refuerzo como consecuencia de la introducción de medios electrónicos y telemáticos en los procedimientos de licitación, con la aparición de nuevas técnicas electrónicas de compra y publicidad, desempeñando un papel estrella en esa función el perfil de contratante cuya finalidad, se sabe, es asegurar la transparencia de la actividad contractual de los órganos de contratación[20].

Según el artículo 53.2 del TRLCSP, el perfil de contratante podrá incluir cualesquiera datos e informaciones referentes a la actividad contractual del órgano de contratación, exigiendo sólo, en principio, que sean publicados en el perfil de contratante la adjudicación de los contratos. Sin embargo, este contenido se ve concretado posteriormente a lo largo del Título I del Libro III del TRLCSP dedicado precisamente a la "Adjudicación de los contratos". De este modo interesa extractar el contenido que del perfil de contratante realiza el TRLCSP, así:

1. Deberán publicarse obligatoriamente los anuncios de licitación (art. 142.4 TRL CSP). Además, en el caso de los contratos no sujetos a regulación armonizada que puedan adjudicarse por procedimiento negociado por razón de su cuantía, el artículo 177.2 del TRLCSP establece que deberá publicarse un anuncio de licitación cuando su valor estimado sea superior a 200.000 euros, si se trata de contratos de obras, o a 60.000 euros, cuando se trate de otros contratos[21].

2. Como ya se ha indicado, en todo caso deberá publicarse la adjudicación de los contratos (arts. 53.2 y 151.4 TRLCSP).

3. Se exige la publicación de formalización de los contratos, a excepción de los contratos menores (art. 154 TRLCSP).

4. Se podrá publicar con carácter potestativo los anuncios previos que dan a conocer los contratos de obras, suministros y servicios que se tenga proyectado adjudicar en los próximos doce meses, lo que permitirá reducir los plazos de recepción de ofertas (art. 141 TRLCSP).

---

19 Ya apuntaba el Considerando 12 de la Directiva 2004/18/CE que las nuevas técnicas electrónicas de compra deberán en todo caso ser utilizadas dentro del respeto de los principios de igualdad de trato, no discriminación y transparencia. Por ejemplo, para garantizar el respeto del principio de transparencia la Directiva establecía que sólo fueran objeto de subasta electrónica los elementos que pudieran ser sometidos a una evaluación automática por medios electrónicos, sin intervención ni evaluación del poder adjudicador, es decir, sólo los elementos que fueran cuantificables de modo que pudieran expresarse en cifras o en porcentajes.

20 Artículo 53.1 del TRLCSP.

21 El Tribunal de Justicia de las Comunidades Europeas ha resaltado que una publicidad adecuada de los anuncios de licitación ofrece a todos los contratistas interesados de la Comunidad la posibilidad de ser informados sobre la licitación y, en su caso de participar en ella (Sentencia de 18 de marzo de 1992, Comisión contra España, Asunto C-24/91, apartado 2). Y si bien cuando esta sentencia fue dictada no existía el perfil de comprador o perfil de contratante, lo establecido por la misma es perfectamente aplicable a éstos. 8.

5. El TRLCSP no contempla expresamente que los pliegos de condiciones se publiquen en el perfil de contratante, pero prevé la opción de que los órganos de contratación ofrezcan acceso por medios electrónicos a los pliegos y la documentación complementaria, entendiéndose que esta publicidad se hará a través del perfil de contratante (art. 159 TRLCSP en relación con su art. 53).

6. El TRLCSP sí prevé sin embargo que la celebración de acuerdos marco se publique en el perfil de contratante del órgano de contratación (art. 197.2 TRLCSP).

7. Se establece la obligación de publicar la composición de las mesas de contratación en el perfil de contratante con una antelación mínima de siete días con respecto a la reunión que deba celebrarse para la calificación de la documentación (art. 21, que carece de carácter básico, del Real Decreto 817/2009, de 8 de mayo, por el que se desarrolla parcialmente la Ley 30/2007, de 30 de octubre, de Contratos del Sector Público –en adelante, RPLCSP–).

8. Deberá ser objeto de publicación en el perfil el acuerdo por el que se conservan los efectos de los contratos incursos en un supuesto especial de nulidad (art. 37 TRLCSP).

9. Habrán de publicarse también las instrucciones internas de contratación de las entidades que no tengan la condición de Administración Pública (art. 191.1 b. TRLCSP para poderes adjudicadores y art. 192.3 TRLCSP para el caso de otros entes, organismos y entidades del sector público).

10. Finalmente, en el perfil de contratante se puede publicar cualquier otro tipo de información contractual, sin que haya límites al contenido que cada órgano de contratación decida dar a su perfil de contratante (art. 53 TRLCSP).

En conclusión, el perfil de contratante no adquiere una funcionalidad concreta más allá de servir de medio adicional de la publicidad realizada en boletines oficiales[22], pero sin embargo el mismo permite incrementar significativamente la visibilidad de la contratación electrónica y el nivel de transparencia al establecer mayores obligaciones de publicidad, siendo ahí donde radican sus capacidades de ser explotado en los sentidos indicados.

Nos encontramos igualmente con la transposición a nuestro Ordenamiento Jurídico de la figura de la subasta electrónica en el artículo 148 como método iterativo de valoración de las ofertas que se basa en un dispositivo electrónico que permite su clasificación a través de métodos de evaluación automáticos[23]. En los artículos 199 a 202 encontramos a los sistemas dinámicos de contratación con sus catálogos elec-

22 En determinados casos la publicidad en el perfil de contratante sustituye a la publicación convencional como por ejemplo en la publicación de la adjudicación de los contratos realizados a través de procedimiento negociado sin publicidad.

23 Sobre este procedimiento de adjudicación íntegramente electrónico, *Cf.* J. F. Mestre Delgado, 'La subasta electrónica: consideraciones sobre el empleo de medios telemáticos en la contratación pública', en *Revista General de Derecho Administrativo*, No. 2, 2002 y, del mismo autor, *Los sistemas de subasta electrónica como un ejemplo de compra pública de tecnología*, Cotec, Madrid, 2004.

trónicos, aunque su incorporación a los Derechos nacionales no era imperativa. En el artículo 334 se regula la Plataforma Electrónica de Contratación del Estado[24].

Ya en la parte final de la norma aparece la disposición adicional decimoquinta que recoge las normas relativas a los medios de comunicación utilizables en los procedimientos regulados en el TRLCSP y que según la cual las comunicaciones e intercambios de información que deban efectuarse en los procedimientos regulados en el TRLCSP podrán hacerse, de acuerdo con lo que establezcan los órganos de contratación o los órganos a los que corresponda su resolución, por correo, por telefax, o por medios electrónicos o telemáticos; así como la disposición adicional decimosexta[25] que regula el uso de medios electrónicos, informáticos y telemáticos en los procedimientos regulados en la Ley26 y que según la misma las referencias del TRLCSP a la presentación de documentos escritos no impedirá la presentación de los mismos por medios electrónicos, si bien en la mayor parte de los casos será necesario que los pliegos admitan esta posibilidad.

Sin obviar, no obstante, que el TRLCSP también hace alusión expresa a la aprobación de documentos en formato electrónico así como a la utilización de los medios electrónicos, informáticos o telemáticos en diversas ocasiones como pueden ser para el caso de la reducción de plazos en los artículos 112, 159, 164, 167 y 274; o el caso del artículo 96.3 que dice que cuando sí se prevea en el pliego, la acreditación de la constitución de la garantía podrá hacerse mediante medios electrónicos, informáticos y telemáticos y del artículo 151.2 que permite acreditar al adjudicatario por medios electrónicos, informáticos o telemáticos, salvo que se establezca otra cosa en los pliegos, que se halla al corriente en el cumplimiento de sus obligaciones tributarias y con la Seguridad Social, así como aportar cualesquiera otros documentos acreditativos de su aptitud para contratar o de la efectiva disposición de los medios que se hubiese comprometido a dedicar o adscribir a la ejecución del contrato.

---

24 Plataforma denominada ahora "de Contratación del Sector Público" y cuya modificación de denominación ha sido efectuada por la disposición adicional tercera de la Ley 20/2013, de 9 de diciembre, de garantía de la unidad de mercado, todo ello sin modificar expresamente el TRLCSP que sigue redactado en los mismos términos y con la misma denominación que anteriormente.

25 La Ley 34/2010, de 5 de agosto, de modificación de las Leyes 30/2007, de 30 de octubre, de Contratos del Sector Público, 31/2007, de 30 de octubre, sobre procedimientos de contratación en los sectores del agua, la energía, los transportes y los servicios postales, y 29/1998, de 13 de julio, reguladora de la Jurisdicción Contencioso-Administrativa para adaptación a la normativa comunitaria de las dos primeras (BOE núm. 192, de 9 de agosto de 2010), introdujo en cumplimiento del principio de transparencia en la contratación y de eficacia y eficiencia de la actuación administrativa, que se fomentará y preferirá el empleo de medios electrónicos, informáticos y telemáticos en los procedimientos contemplados en la Ley 30/2007 por parte de los licitadores o los candidatos. Asimismo a la hora de redactar el TRLCSP en la disposición adicional decimosexta se han introducido variaciones en la redacción con respecto a lo regulado en la antes disposición adicional decimonovena de la LCSP.

26 *Cf.* la Orden EHA/1307/2005, por la que se regula el empleo de medios electrónicos en los procedimientos de contratación (BOE núm. 114, de 13 de Mayo de 2005) que limita su ámbito a la Administración General del Estado y que es consecuencia de la habilitación que realizaba la disposición adicional décima del RGLCAP.

En materia de registros en el artículo 333 respecto del Registro de Contratos Públicos aparece regulado que las comunicaciones de datos de contratos al Registro de Contratos del Sector Público se efectuarán por medios electrónicos, informáticos o telemáticos y en el artículo 83.2 del TRLCSP se establece que la prueba y contenido de los Registros Oficiales de Licitadores y Empresas Clasificadas se efectuará mediante certificación que podrá expedirse por medios electrónicos, informáticos o telemáticos[27].

Cuestión diferente es la facturación electrónica, regulada en la disposición final cuarta del TRLCSP[28] y que por sí sola daría para un estudio singular, entre otras razones por el impulso que se la ha otorgado en los últimos tiempos[29]. El 28 diciembre de 2013 se publicó la Ley 25/2013, de 27 de diciembre, de impulso de la factura electrónica y creación del registro contable de facturas en el sector público, que define los puntos generales de entrada de facturas electrónicas y en la que se establece la creación de un registro contable de facturas gestionado por el órgano o unidad que tenga atribuida la función contable y la regulación de un nuevo procedimiento de tramitación de facturas. La entrada en vigor de esta norma se produjo el pasado 1 de enero de 2014, imponiendo definitivamente el uso obligatorio de la factura electrónica a partir del 15 de enero de 2015. A su vez, en el ámbito comunitario se ha aprobado la Directiva 2014/55/UE del Parlamento Europeo y del Consejo de 16 de abril de 2014, relativa a la facturación electrónica en la contratación pública, que propugna una facturación electrónica que mejore la interoperatividad entre los diferentes sistemas de facturación electrónica, que elimine la inseguridad jurídica, la excesiva complejidad y los costes operativos adicionales para los operadores económicos[30].

Llegados a este punto, no se puede pasar por alto que esta respuesta legislativa interna a una administración electrónica deriva de las iniciativas europeas y de los compromisos comunitarios que en el ámbito de la Unión Europea adquirieron los Estados miembros a partir de los Consejos Europeos de Lisboa y Santa María da Feira, ambos de 2000, que dieron lugar a la Comunicación de la Comisión de 5 de mayo de 2006 al Consejo, al Parlamento Europeo, al Comité Económico y Social Europeo y al Comité de las Regiones, sobre el Plan de acción sobre administración electrónica i2010 [COM (2006) final]. Hubo también otros antecedentes, como en el año 1996 el Libro Verde sobre contratación pública (COM 96/583), que aludía como

---

27 La Orden EHA/1744/2005 (véase nota al pie núm. 16) es la que regula los certificados electrónicos de clasificación, estableciendo en su artículo 4 que los certificados electrónicos de clasificación emitidos por el Registro Oficial de Empresas Clasificadas tendrán igual valor, contenido y efectos que los emitidos por medios convencionales. Por otro lado, en el caso del Estado la Orden EHA/1490/2010, de 28 de mayo, es la que regula el funcionamiento del Registro Oficial de Licitadores y Empresas Clasificadas (BOE núm. 141, de 10 de Junio de 2010).

28 Esta disposición también se refundió en el TRLCSP con cambios respecto a la LCSP.

29 Según la Comisión Europea la facturación electrónica en Europa sólo supone entre el 4% y el 15% de las facturas intercambiadas, en <<http://europa.eu/rapid/press-release_IP-13-608_es.htm>>.

30 Respecto de ambas iniciativas, comunitaria y nacional, *Cf.* A. García Jiménez, 'La implantación de la factura electrónica en las compras públicas', en *Revista General de Derecho Administrativo*, No. 35, Iustel, enero 2014, en el que se expone las principales ventajas que conlleva la implantación de la factura electrónica en las compras públicas.

objetivos alcanzables a corto plazo a la difusión electrónica entendida como la publicación de los anuncios de licitación en formato electrónico, algo que se consiguió ya en el año 1998 con la supresión de la edición en papel de la serie S del DOUE, y la notificación electrónica, entendida como el envío por medios electrónicos de los anuncios de licitación a la Comisión Europea; o como la Directiva 1999/93/CE del Parlamento Europeo y del Consejo, de 13 de diciembre, por la que se establece un marco comunitario para la firma electrónica y la Directiva 2000/31/CE del Parlamento Europeo y del Consejo, de 8 de junio de 2000, relativa a determinados aspectos jurídicos del comercio electrónico en el mercado interior, conocida como *Directiva sobre el comercio electrónico*. O también como el proyecto PEPPOL (*Pan European Public Procurement OnLine*) que pretendía que la totalidad de la contratación pública se hiciera por medios electrónicos.

Este tipo de políticas se verían también plasmadas, de alguna manera, en determinadas Directivas, como las antedichas Directiva 2004/18/CE y Directiva 2004/17/CE o como en la Directiva 2006/123/CE del Parlamento Europeo y del Consejo, de 12 de diciembre de 2006, relativa a los servicios en el mercado interior, también conocida como *Directiva Bolkestein* o *Directiva de Servicios*, que promovió la creación obligatoria de ventanillas únicas electrónicas para lograr autorizaciones integradas de prestación de servicios[31].

Posteriormente la Comisión Europea, con fecha 29 de diciembre de 2004 adopta en documento [COM 2004/841 (final)] el "Plan de acción para la aplicación del marco jurídico de la contratación pública electrónica" (SEC/2004/1639) en el que se propone un Plan de acción para la aplicación del nuevo marco jurídico de contratación pública electrónica como parte de las medidas legislativas que introducen las Directivas 2004/18/CE y 2004/17/CE.

Si nos centramos decididamente ya en el nuevo paquete legislativo comunitario de Directivas sobre contratación pública, esto es, en la cuarta generación de Directivas sobre contratación pública que acaba de ver la luz en el año 2014 y plantean la implantación obligatoria de la contratación pública electrónica, estas últimas inicia-

---

31 Al amparo de títulos competenciales como el recogido en el artículo 149.1.18ª de la Constitución, que atribuye al Estado la competencia exclusiva en materias como el procedimiento administrativo común o la legislación básica de contratos y concesiones administrativas, la Ley 14/2013, de 27 de septiembre, de apoyo a los emprendedores y su internacionalización (que modificó el TRLCSP), adoptó medidas para acelerar la puesta en funcionamiento de nuevas actividades emprendedoras, como la creación de los Puntos de Atención al Emprendedor (PAE), que serán ventanillas únicas electrónicas o presenciales a través de las que se podrán realizar los trámites para el inicio, ejercicio y cese de la actividad empresarial, garantizándose por Ley la existencia de al menos un Punto de Atención al Emprendedor electrónico en el Ministerio de Industria, Energía y Turismo. Del mismo modo, la Ley 14/2013 prevé la colaboración con otros sistemas electrónicos con ocasión de la constitución de sociedades utilizando el Documento Único Electrónico; la existencia de otros Puntos de Atención al Emprendedor que presten este servicio con arreglo al convenio que se suscriba al efecto, tanto con otras Administraciones Públicas como con entidades privadas; la utilización del sistema de tramitación telemática del Centro de Información y Red de Creación de Empresa (CIRCE); o, en la Disposición adicional segunda, la integración de las ventanillas únicas existentes a nivel estatal en los PAE.

tivas legislativas y su apuesta por la contratación electrónica tienen sus raíces en el Libro Verde de la Comisión sobre la generalización del recurso a la contratación pública electrónica en la Unión Europea [COM(2010) 1214], también tuvieron otros antecedentes que se pueden concretar en la Estrategia Europa 2020 para un crecimiento inteligente, sostenible e integrador [COM(2010) 2020], así como en las iniciativas emblemáticas de la Comisión de Europa 2020: "Una Agenda Digital para Europa" [COM(2010) 245], "Unión por la innovación" [COM(2010) 546], "Una política industrial integrada para la era de la globalización" [COM(2010) 614], "Energía 2020" [COM(2010) 639] y "Una Europa que utilice eficazmente los recursos" [COM(2011) 21]. También las Comunicaciones de la Comisión "Normativa inteligente en la Unión Europea" [COM(2010) 543], "Hacia un Acta del Mercado Único. Por una economía social de mercado altamente competitiva. Cincuenta propuestas para trabajar, emprender y comerciar mejor todos juntos" [COM(2010) 608], "Acta del Mercado Único: Doce prioridades para estimular el crecimiento y reforzar la confianza" de 13 de abril de 2011. Derivan también la Resolución de la Comisión, de 18 de mayo de 2010, sobre nuevos aspectos de la política de contratación pública (DO C 161 E de 31-5-2011, p. 38); el Libro Verde de la Comisión sobre la modernización de la política de la contratación pública de la UE - Hacia un mercado europeo de la contratación pública más eficiente [COM(2011)0015] y la Resolución del Parlamento Europeo, de 25 de octubre de 2011, sobre la modernización de la contratación pública [2011/2048(INI)].

Este proceso lo concluye finalmente la Comisión afirmando en su comunicación al Parlamento Europeo, al Consejo, al Comité Económico y Social Europeo y al Comité de las Regiones "Estrategia en pos de la contratación pública electrónica" COM(2012) 179 final[32], que la transición a un sistema de contratación plenamente electrónico no planteaba dificultades de índole fundamentalmente técnica o tecnológica. Se trata ante todo de un reto político y económico, y también de las organizaciones y las personas que las componen, que no puede superarse sin una firme voluntad al más alto nivel de decisión. La Comisión invitaba, en aquél entonces y de este modo, a los Estados miembros y al Parlamento Europeo a enviar una señal clara de su determinación de afrontar ese reto, adoptando el nuevo paquete legislativo sobre contratación pública, de modo que la transición a un sistema de contratación plenamente electrónico se llevase inicialmente a término y de manera satisfactoria en la Unión Europea para mediados de 2016.

Pero es que aun podríamos remontarnos y acudir en esta génesis de la contratación pública electrónica en la Unión Europea a otra serie de actuaciones y documentos, a saber y sólo a título de ejemplo en el año 1991 el documento para uso interno de los servicios de la Comisión Europea "Apertura de la contratación pública de cara a 1993"; los Dictámenes en los años 1997 y 1998 al Libro verde "La contratación

---

32 Para un análisis enfocado en la contratación pública electrónica del Libro Verde de la Comisión sobre la generalización del recurso a la contratación pública electrónica en la UE [COM(2010) 1214] y de la Comunicación de la Comisión al Parlamento Europeo, al Consejo, al Comité Económico y Social Europeo y al Comité de las Regiones "Estrategia en pos de la contratación pública electrónica [COM(2012) 179 final], *Cf.* F. J. Vázquez Matilla, 'El impulso decisivo a la contratación pública electrónica por la Unión Europea', en *Revista Contratación Administrativa Práctica*, La Ley, No. 125, may-jun 2013, pp. 58-ss.

pública en la Unión Europea: reflexiones para el futuro"; en el año 2004 el Libro Verde sobre la colaboración público-privada y el Derecho comunitario en materia de contratación pública y concesiones [COM(2004) 327 final]; en el año 2006 el Informe Final *Interoperability of CPV coding system in Electronic Public Procurement*; en el año 2007 el Informe Final *Electronic Catalogues in electronic public procurement*; en el año 2010 la Decisión de la Comisión de 2 de noviembre de 2010 por la que se establece el Foro Europeo Multilateral sobre Facturación Electrónica; en el año 2011 la Decisión de la Comisión de 3 de septiembre de 2011 por la que se crea un Grupo de expertos de interesados de la Comisión en materia de contratación pública y se sustituye la Decisión 87/305/CEE, relativa a la creación de un Comité consultivo para la apertura de la contratación pública (DOUE C 291/2 de 4-10-2011); en el año 2013 podríamos citar, entre otros muchos, la Comunicación de la Comisión al Parlamento Europeo, al Consejo, al Comité Económico y Social Europeo y al Comité de las Regiones "Contratación pública electrónica de extremo a extremo para modernizar la administración pública" [COM(2013) 453 final] o la Comunicación de la Comisión al Parlamento Europeo, al Consejo, al Comité Económico y Social Europeo y al Comité de las Regiones "Contra la dependencia de un proveedor: construir sistemas de TIC abiertos mediante una mejor utilización de normas en la contratación pública" [COM(2013) 455 final]; y ya en el año 2014, por ejemplo la reciente Decisión, enfocada a la normalización de las TIC, 2014/771/UE de Ejecución de la Comisión, de 31 de octubre de 2014, relativa a la identificación de Universal Business Language, versión 2.1, para su uso como referencia en la contratación pública.

2. *Calendario obligatorio de la contratación pública electrónica: Hitos temporales y contenidos*

El fruto de toda la génesis normativa aludida en materia de contratación pública electrónica lo constituye la nueva generación de Directivas sobre contratación pública, que plantea como obligatoria el uso de la contratación pública electrónica por parte de los Estados miembros.

Existen tres nuevas directivas de la Unión Europea relativas a la contratación pública, todas de fecha 26 de febrero de 2014[33], siendo que dos derogan a las Directivas 2004/18/CE y 2004/17/CE y la tercera es una nueva Directiva que regula una laguna existente hasta la fecha en el Derecho de la Unión Europea, la de los contratos de concesión de servicios, dado que las concesiones de obras si encontraban abrigo en las Directivas derogadas. Así nos encontramos con:

La Directiva 2014/23/UE del Parlamento Europeo y del Consejo, relativa a la adjudicación de contratos de concesión.

La Directiva 2014/24/UE del Parlamento Europeo y del Consejo, sobre contratación pública y por la que se deroga la Directiva 2004/18/CE.

---

[33] Las tres Directivas son de la misma fecha, igualmente fueron publicadas en el mismo Diario Oficial de la Unión Europea, Serie L 94/46 de 28 de marzo de 2014, entrando en vigor igualmente a la vez a los veinte días de su publicación en el Diario Oficial de la Unión Europea.

La Directiva 2014/25/UE del Parlamento Europeo y del Consejo, relativa a la contratación por entidades que operan en los sectores del agua, la energía, los transportes y los servicios postales y por la que se deroga la Directiva 2004/17/CE.

Uno de los principales aspectos comunes que podríamos destacar de este nuevo paquete legislativo es el impulso último de la contratación pública electrónica. Situándonos en la directiva general de contratación pública o directiva clásica, Directiva 2014/24/UE, ésta determina la transición a la contratación pública electrónica en toda la Unión Europea a través del siguiente cronograma que marca cuatro hitos temporales bien diferenciados:

la primera fecha coincide con el plazo máximo de transposición que otorga la nueva directiva, esto es, 24 meses después de su entrada en vigor, hablamos del 18 de abril de 2016 (art. 90.1),

la segunda justo tras un periodo transitorio de 36 meses desde la entrada en vigor de la nueva directiva, es decir, como máximo el 18 de abril de 2017 (art. 90.2 segundo párrafo),

la tercera tras un plazo de 48 meses desde su entrada en vigor, el 18 de abril de 2018 (art. 90.3),

y la cuarta, y último hito temporal fijado, 54 meses[34] después de la citada entrada en vigor, o sea, el 18 de octubre de 2018 (art. 90 apartados 2, 4 y 5)

Primero: 18 de abril de 2016

Situándonos por consiguiente en la Directiva 2014/24/UE, dentro de este primer hito temporal que es el 18 de abril de 2016 podemos ubicar como obligatorio en materia de medios electrónicos, obviamente todo lo referido a los sistemas dinámicos de adquisición (artículo 34), las subastas electrónicas[35] (artículo 35 y Anexo VI donde se desarrolla el apartado 4 de este artículo fijando la información que debe figurar en los pliegos de la contratación relativa a las subastas electrónicas) y los catálogos electrónicos (artículo 36), incluidas las comunicaciones electrónicas en todos los procedimientos de contratación dirigidos por una central de compras, que forzosamente se llevarán a cabo utilizando medios de comunicación electrónicos de conformidad con lo dispuesto por el artículo 37.3 de la nueva Directiva.

---

34 Los plazos ahora referidos de 24, 36, 48 y 54 meses son los que contemplaba anteriormente la propuesta de Directiva y los últimos borradores de la misma. Estos plazos pese a que en este trabajo se quieren exponer conjuntamente con las fechas indicadas para una mejor visión temporal de los tiempos, lo cierto es que no han sido incorporados textualmente por la Directiva 2014/24/UE que directamente ha establecido en su lugar esas fechas concretas de 18 de abril de 2016, 2017, 2018 y de 18 de octubre de 2018, de forma que en realidad el cómputo de esos plazos en meses, desde la entrada en vigor de la Directiva hasta las mencionadas fechas término, resultan siempre plazos de ese número de meses más un día.

35 *Cf.* F. E. Puerta Seguido, 'La naturaleza jurídica y el ámbito objetivo y subjetivo de la subasta electrónica en la nueva Directiva general de la contratación pública', en *Revista Contratación Administrativa Práctica*, La Ley, No. 132, jul-ago, 2014, pp. 39-43, en el que una de las cuestiones que concluye el autor es que no nos hallamos ante un procedimiento contractual autónomo, sino ante una técnica o instrumento electrónico de carácter potestativo o, en definitiva, que "[...] la subasta electrónica no es un procedimiento de adjudicación de los contratos diferente de los previstos en el art. 138 del TRLCSP".

En lo que se refiere a la publicación de los anuncios de información previa, licitación y adjudicación (artículos 48, 49 y 50, respectivamente), como a la publicación de los anuncios a los que hacen referencia los artículos 75, respecto de los contratos de servicios sociales y otros servicios específicos[36], y 79, respecto de los concursos de proyectos, la Directiva 2014/24/UE impone la obligación de elaborarlos y enviarlos por medios electrónicos a la Oficina de Publicaciones de la Unión Europea, obligatoriedad que impone en este primer plazo del 18 de abril de 2016 en virtud del artículo 90.2 en relación con el artículo 51.2 y demás preceptos concordantes. Por otra parte, los poderes adjudicadores podrán, y remarco que este segundo caso es facultativo y no imperativo, publicar anuncios de contratos públicos que no estén sujetos a la antedicha publicación obligatoria, siempre que estos anuncios se envíen a la Oficina de Publicaciones de la Unión Europea por medios electrónicos con arreglo al formato y las modalidades de transmisión que figuran en el anexo VIII, que es donde se regulan las distintas especificaciones relativas a la publicación.

A la vez en lo referente a la publicación de anuncios y también con carácter general la nueva Directiva impone, en este primer hito temporal, la necesaria publicación de dichos anuncios en el perfil de comprador (o "contratante" en el caso español), salvo excepciones hechas como la del artículo 48.2 para los procedimientos restringidos y de licitación con negociación, donde los poderes adjudicadores podrán utilizar un anuncio de información previa como convocatoria de licitación siempre que el anuncio cumpla una serie de condiciones expresamente enumeradas en el precepto citado. Anuncio de información previa que no será de obligada publicación en un perfil de comprador, sin perjuicio de que potestativamente se puedan publicar a nivel nacional en el correspondiente perfil, pero en todo caso y siempre después de que se envíe el anuncio a la Oficina de Publicaciones de la Unión Europea y se indique en el perfil esa fecha de envío. Es así que el Anexo VIII en el que se recogen las especificaciones relativas a la publicación dispone potestativamente que "[...] el perfil de comprador podrá incluir también anuncios de información previa que sirvan de convocatoria de licitación y que se publicarán a escala nacional de conformidad con el artículo 52", requisitos los del artículo 52 que no son otros que los recién aludidos.

También poniendo como tope esa misma fecha del 18 de abril de 2016, el artículo 53 respecto de la puesta a disposición electrónica para el público de la documentación referida a la contratación, apunta obligatoriamente que los poderes adjudicadores ofrecerán un acceso libre, directo, completo y gratuito por medios electrónicos a la documentación de la contratación a partir de la fecha de publicación del anuncio, de conformidad con el artículo 51 de la Directiva (que a su vez regula la redacción y modalidades de publicación de los anuncios), o a partir de la fecha de envío de la invitación a confirmar el interés. Indicando en el texto del anuncio o de la invitación a confirmar el interés la dirección de Internet en que puede consultarse la documentación. No obstante, el artículo 53 establece como excepciones a lo anterior los casos fijados, tanto en el artículo 22.1 párrafo segundo, en los que el acceso sin restricción, directo, completo y de forma gratuita por medios electrónicos a cier-

---

36 Servicios sociales y específicos relacionados y descritos en el anexo XIV de la Directiva 2014/24/UE.

tos documentos de contratación no puede ser ofrecido; como cuando esa circunstancia sea debida a la protección que conforme a lo contemplado en el artículo 21.2 los poderes adjudicadores pueden imponer como requisitos destinados a proteger el carácter confidencial de la información que estos poderes adjudicadores proporcionan durante el procedimiento de contratación; en ambos casos, el plazo para la presentación de ofertas se prolongará por cinco días, salvo en los casos de urgencia debidamente justificada contemplada en los artículos 27.3, 28.6 y 29.1 párrafo cuarto. Por otro lado y siempre que se le haya solicitado a su debido tiempo, los poderes adjudicadores proporcionarán a todos los licitadores, también por medios electrónicos, la información adicional sobre los pliegos de condiciones y cualquier documentación complementaria, a más tardar seis días antes de la fecha límite fijada para la recepción de las ofertas, salvo en el caso del denominado procedimiento acelerado, contemplado en el artículo 27, apartado 3, y en el artículo 28, apartado 6, donde ese plazo será de cuatro días.

Segundo: 18 de abril de 2017

Para un segundo momento que coincide con el 18 de abril de 2017 el artículo 90.2, segundo párrafo, fija la licitación electrónica obligatoria para las centrales de contratación reguladas en el artículo 37. Así, el apartado tercero de este último precepto establece que "[...] todos los procedimientos de contratación dirigidos por una central de compras se llevarán a cabo utilizando medios de comunicación electrónicos, de conformidad con los requisitos establecidos en el artículo 22", siendo por tanto y según los hitos temporales establecidos por el artículo 90 de la Directiva las centrales de compras los primeros órganos de contratación que tengan que asumir una contratación pública íntegramente electrónica. Cabría pensar que por su actividad de compra centralizada la Unión Europea ha considerado oportuno exigirle un plus añadido a la hora de implantar la contratación pública electrónica, imponiéndoles la misma, como ahora veremos, con 18 meses de antelación al resto de órganos de contratación.

Tercero: 18 de abril de 2018

Como tercer hito temporal el artículo 90.3 de la Directiva general de la contratación pública fija el 18 de abril de 2018, de forma que permite aplazar como máximo hasta esa fecha la aplicación de lo dispuesto en el artículo 59.2, lo que supone que los Estados miembros podrán dilatar hasta esa fecha la aplicación de lo dispuesto en este último precepto para el documento europeo único de contratación, a efectos de que el mismo se ofrecerá exclusivamente en formato electrónico. Así, una vez entrado en vigor se redactará sobre la base de un formulario uniforme que se ofrecerá exclusivamente en formato electrónico. Para ello la Comisión establecerá dicho formulario uniforme mediante actos de ejecución que se adoptarán de conformidad con el procedimiento de examen a que se refiere el artículo 89, apartado 3 de la Directiva.

Sin embargo y pese a lo anterior la Comisión sí que irá examinando mientras tanto la aplicación práctica del documento europeo único de contratación teniendo en cuenta la evolución técnica de las bases de datos de los distintos Estados miembros y presentará para ello un informe, al Parlamento Europeo y al Consejo, como máxime el 18 de abril de 2017, es decir, un año antes de que expire este tercer hito temporal.

Cuarto y definitivo: 18 de octubre de 2018

Finalmente, en cuanto a la última de las metas o hitos temporales, como hemos visto según el artículo 90.1 la Directiva tiene que estar transpuesta a los ordenamientos nacionales a más tardar el 18 de abril de 2016, teniendo en cuenta para ello, como ya se ha indicado que su artículo 93 establece que entró en vigor a los veinte días de su publicación en el Diario Oficial de la Unión Europea, publicación que se produjo el 28 de marzo de 2014.

Sin embargo, respecto del artículo 22.1 de la Directiva, se produce una moratoria de forma que los Estados miembros tienen que conseguir, como máximo el 18 de octubre de 2018, que todos los procedimientos de contratación recogidos en la nueva Directiva sobre contratación pública se lleven a cabo utilizando medios de comunicación electrónicos, y, en particular, la presentación electrónica de ofertas y solicitudes, de conformidad con los requisitos previstos en el artículo 22. Requisitos entre los que se halla el que esos medios electrónicos no sean discriminatorios y que por sean respetuosos del principio de igualdad.

Aun así, nos encontramos con unas salvedades a esta obligación de comunicación íntegramente electrónica, de forma que incluso en fecha posterior al 18 de octubre de 2018, no se aplicará dicha obligación cuando:

> *"a) debido al carácter especializado de la contratación, el uso de medios electrónicos de comunicación requeriría herramientas, dispositivos o formatos de archivo específicos que no están en general disponibles o no aceptan los programas generalmente disponibles;*
>
> *b) las aplicaciones que soportan formatos de archivo adecuados para la descripción de las ofertas utilizan formatos de archivo que no pueden ser procesados por otros programas abiertos o generalmente disponibles o están sujetas a un régimen de licencias de uso privativo y el poder adjudicador no pueda ofrecerlas para su descarga o utilización a distancia;*
>
> *c) la utilización de medios de comunicación electrónicos requeriría equipos ofimáticos especializados de los que no disponen generalmente los poderes adjudicadores;*
>
> *d) los pliegos de la contratación requieren la presentación de modelos físicos o a escala que no pueden ser transmitidos utilizando medios electrónicos."*

Asimismo, topamos con otra salvedad al empleo de medios de comunicación electrónicos en el procedimiento de presentación de ofertas y tampoco se aplicará en ningún caso, cuando el uso de medios de comunicación no electrónicos sea necesario:

> *"[...] bien por una violación de la seguridad de dichos medios de comunicación electrónicos o para proteger información especialmente delicada que requiera un nivel tan alto de protección que no se pueda garantizar adecuadamente utilizando dispositivos y herramientas electrónicos de los que disponen en general los operadores económicos o de los que se pueda disponer a través de otros medios de acceso alternativos".*

Medios alternativos a los que se refiere el apartado 5 del artículo 22.

Pero éstas son salvedades que no se toman al libre albedrío por la Directiva, porque los poderes adjudicadores que utilicen otros medios de comunicación para la presentación de las ofertas deberán demostrar, en unos y otros casos, mediante el informe específico relativo al procedimiento para la adjudicación del contrato, los motivos por los que se han utilizado medios de comunicación distintos de los electrónicos para la presentación electrónica de ofertas. Lo que conlleva la obligación de los poderes adjudicadores de documentar lo anterior en el expediente de contratación, de forma que en el desarrollo de todos los procedimientos de contratación, ya se realicen o no por medios electrónicos y con el fin anterior, se asegurará la conservación de suficiente documentación para justificar las decisiones adoptadas en el procedimiento de contratación, tal como puede ser "[...] la documentación relativa a las comunicaciones con los operadores económicos" [37].

De otro lado y respecto nuevamente del documento europeo único de contratación regulado en el artículo 59 de la Directiva los poderes adjudicadores podrán pedir a los candidatos y licitadores que presenten la totalidad o una parte de los documentos justificativos en cualquier momento del procedimiento cuando resulte necesario para garantizar el buen desarrollo del mismo. Si bien los licitadores no tendrán dicha obligación para el caso y en la medida en que el poder adjudicador tenga la oportunidad de obtener los certificados o la información pertinente accediendo directa y gratuitamente a una base de datos nacional de cualquier Estado miembro de la Unión Europea, como puedan ser "[...] un registro nacional de contratación pública, un expediente virtual de la empresa, un sistema de almacenamiento electrónico de documentos o un sistema de precalificación". Para que esto se pueda producir de manera eficaz y fluida la Directiva impone a los Estados miembros la obligación de velar por que las bases de datos propias que contienen información de interés sobre los operadores económicos, y que pueden ser consultadas en igualdad de condiciones tanto por los poderes adjudicadores nacionales como por los de los demás Estados miembros, se encuentren totalmente actualizadas. Pues bien, es esta obligación de plena disposición de estas bases de datos la que en virtud del artículo 90.4 de la Directiva se encuentra prorrogada en su cumplimiento hasta el 18 de octubre de 2018.

Pero es que además la nueva Directiva centra también sus esfuerzos en materia de contratación pública electrónica en el depósito de certificados en línea (e-CERTIS), regulado en el artículo 61. Actualmente la Comisión ofrece y gestiona el sistema electrónico e-Certis, que las autoridades nacionales actualizan y verifican de manera voluntaria y que sirve para facilitar el intercambio de certificados y otras pruebas documentales que exigen con frecuencia los poderes adjudicadores, voluntariedad que se muestra insuficiente para que e-Certis desarrolle todo un potencial de simplificación y facilitación de los intercambios de documentos en beneficio por ejemplo de las PYME o de las licitaciones transfronterizas.

Ergo la nueva Directiva establece que cada Estado miembro publicará en el depósito de certificados en línea e-Certis la lista completa y actualizada de las bases de datos que contengan información de interés sobre los operadores económicos y que

---

[37] Sobre este informe específico y la obligación de documentar el expediente de contratación véase el artículo 84 de la Directiva 2014/24/UE.

puedan ser consultadas por los poderes adjudicadores de los demás Estados miembros (bases de datos que obligatoriamente sabemos ya que tienen que tener en plena disposición el 18 de octubre de 2018). Del mismo modo los Estados miembros tienen que garantizar que la información establecida por la Comisión sobre certificados y otros tipos de pruebas documentales introducida en e-Certis se mantenga constantemente actualizada.

Esto ha provocado que la Directiva contemple como primer paso, que el mantenimiento del sistema debe ser obligatorio, fijando para una etapa posterior el uso obligatorio del e-CERTIS para los Estados miembros. Para ello y de conformidad con el artículo 90.5, a lo sumo el 18 de octubre de 2018 la utilización de e-Certis se convertirá en obligatoria y los poderes adjudicadores tendrán que exigir principalmente sólo los tipos de certificados o pruebas documentales que estén disponibles en dicho sistema electrónico.

III. PALABRAS FINALES

Sabemos que la contratación pública electrónica nos va a reportar beneficios: centraliza la información y permite así compartirla con mayor agilidad; automatiza los procedimientos de conformidad con la normativa haciéndolos más simplificados y más y mejor documentados, regidos y controlados, permitiendo por ejemplo controles automatizados o la detección de alertas (de anuncios o plazos sin ir más lejos); consigue unos contratos públicos más accesibles a través de la eliminación de las barreras geográficas y también físicas, incrementando de este modo la concurrencia competitiva y por tanto no sólo el ahorro económico resultante de esta competencia, sino también la mejora de los servicios y una mayor especialización, que como consecuencia también provocan una mejora de la eficiencia y de la eficacia, con el consiguiente ahorro directo en logística y a su vez, nuevamente, en costes, tanto para la Administración como para los operadores económicos, por ejemplo con la eliminación del papel, la reducción de los desplazamientos, el ahorro de espacio físico para labores como las de archivo, etc. y es que el documento electrónico y su archivo permite una mejor custodia, preservación e integridad, permitiendo el acceso a la documentación exclusivamente a las personas autorizadas para ello, consiguiendo al mismo tiempo con la eliminación y automatización de todas estas tareas burocráticas un ahorro estimable de tiempo que se podrá dedicar a otras actividades más productivas; supone igualmente una fuente invaluable de información permitiendo optimar los recursos a través del trabajo propio de la *minería de datos* identificando, por ejemplo, dónde se producen los cuellos de botella de los procedimientos para redistribuir así mejor los esfuerzos; por último y como ya he indicado anteriormente a lo largo de estas líneas supone un aumento de la garantía de los tan importantes e imprescindibles principios generales de la contratación pública.

Analizando la génesis normativa y la regulación expuesta podemos concluir con facilidad acerca de la laxitud, tanto de las Directivas comunitarias como de la normativa española sobre la materia, a la hora de regular e imponer el uso de las TICs en los procedimientos de contratación pública con el fin de conseguir una contratación pública electrónica en todos los pasos y fases de la misma. Lo anterior nos permite afirmar que no se ha conseguido el objetivo que propugna el propio

TRLCSP en su artículo 22.2 cuando dice que los entes, organismos y entidades del sector público deben velar por la eficiencia y el mantenimiento de los términos acordados en la ejecución de los procesos de contratación pública, deben favorecer la agilización de trámites y valorar la innovación y la incorporación de la alta tecnología como aspectos positivos en los procedimientos de contratación pública y deben promover la participación de la pequeña y mediana empresa y el acceso sin coste a la información.

De hecho, no se puede decir que la implantación de la contratación pública electrónica en la Unión Europea y España haya tenido un éxito rotundo y se encuentre altamente extendida, más bien al contrario. Esta situación creada tanto en el ámbito de la Unión Europea por las Directivas como en España por nuestra propia normativa interna tiene su reflejo en una pobre realidad del grado de utilización efectiva de la contratación pública electrónica[38], ya que tal y como estima la Comisión Europea las transacciones a través de la contratación electrónica no suponen más de un 5% del gasto total de la contratación[39], lo que se puede traducir en términos estimativos de ahorro perdido, usando los datos del PIB del año 2009, que si se hubiera implantado en las Administraciones Públicas españolas la gestión completa de la contratación electrónica este ahorro sería de 7.500 millones de euros[40].

Evidencia de este tiempo y ahorro perdido son también las orientaciones del informe CORA[41] que además de impulsar la facturación electrónica de forma que sea obligatoria para todos los procesos de contratación pública antes de 2016, paso que como vimos nuestros legisladores ya han dado, establece "[...] implantar la licitación electrónica en todos los centros del Instituto Nacional de Gestión Sanitaria", precisamente, entiendo, por la importancia de las compras públicas en el sector sanitario, si bien en este caso quepa decir que la comisión de expertos se haya quedado corta en sus pretensiones por el circunscrito ámbito subjetivo y objetivo de la orientación realizada respecto de la licitación electrónica[42].

Precisamente, es con la promoción de la contratación pública electrónica que se pueden generar ahorros significativos que permitan a la sociedad un desarrollo equilibrado, igualitario y más sostenible, mejorando los resultados al permitir también a los poderes adjudicadores evitar, detectar y corregir los errores derivados de una

---

38 Excepciones a esta realidad han sido en el ámbito de la Unión Europea, Portugal, al ser el primer Estado miembro que ha establecido la obligatoriedad del uso de medios electrónicos en la mayoría de los contratos públicos (artículo 9 del Decreto Ley núm. 18/2008, de 29 de enero, que aprobó el Código dos Contratos Públicos) y en el ámbito nacional, la Administración de la Comunidad Autónoma Vasca, que ha sido la primera en poner en marcha y de forma exitosa la contratación pública electrónica.

39 Libro Verde de la Comisión sobre la generalización del recurso a la contratación pública electrónica en la Unión Europea [COM (2010) 571 final], en las conclusiones, p. 20.

40 Tal y como se ha puesto de relieve en el informe *La contratación electrónica pública en España: Una necesidad inaplazable*, de la Asociación Nacional de empresas de Internet (ANEI). Disponible en <<www.a-nei.org>>

41 Página 77, también, p. 163 del informe CORA.

42 El Instituto Nacional de Gestión Sanitaria se ocupa principalmente de las prestaciones sanitarias en el ámbito territorial de las Ciudades de Ceuta y Melilla.

interpretación incorrecta de las normas de contratación pública, consiguiendo al mismo tiempo una herramienta estadística, de control del gasto y de control automatizado previo y coetáneo, extraordinaria para la gobernanza económica a efectos de impulsar la buena gestión y la transparencia, la libertad de acceso a la información, la igualdad y no discriminación, la publicidad y la necesaria ausencia de corrupción, tan presente esta última en nuestros días, más aun en una materia como la contratación pública que constituye uno de los ámbitos vertebrales de la actuación administrativa con un gran significado económico y social, dado que representa aproximadamente un 19 % del PIB de la Unión Europea[43] y una de las principales medidas para luchar contra la crisis económica con un papel clave en la estrategia Europa 2020.

Es así que la nueva Directiva clásica sobre contratación pública quiere en un primer término que a partir de la fecha límite de transposición, 18 de abril de 2016, el uso de las tecnologías de la información y las comunicaciones electrónicas sean obligatorios en lo que respecta a determinadas fases del procedimiento (por ejemplo, la notificación electrónica al TED o la publicación de los anuncios de licitación en Internet), y quiere después culminar de forma obligatoria la transición a la contratación electrónica en la Unión Europea: en un segundo término fijado en el 18 de abril de 2017 para las centrales de contratación; en un tercer término establecido el 18 de abril de 2018, para dilatar la aplicación de lo dispuesto en el artículo 59.2 a efectos del documento europeo único de contratación y su ofrecimiento exclusivamente en formato electrónico; y en un cuarto y definitivo momento, para todos los órganos de contratación, en el día 18 de octubre de 2018, con el objetivo último de conseguir una contratación pública electrónica de principio a fin (*"de extremo a extremo"* usando la propia terminología de la Comisión: [COM (2013) 453 final]), en la que todas las fases del procedimiento se llevan a cabo por medios electrónicos como mecanismo estándar de comunicación.

Por tanto, podemos concluir con firmeza que la contratación pública electrónica ha venido para quedarse, con todas las cosas positivas que la misma nos pueda aportar de cara a la optimización del uso de los recursos públicos. Sólo queda esperar que eso se produzca en las mejores condiciones posibles y que los recursos previsiblemente ahorrados sean idóneamente reutilizados en otros sectores más esenciales y necesitados para el conjunto de la sociedad, como puedan ser la sanidad pública, la educación en todos sus niveles, la atención socio-sanitaria o la seguridad social con el mantenimiento del poder adquisitivo de las pensiones.

---

43 En el año 2010 los contratos públicos supusieron un 19,7 por ciento del PIB de la Unión Europea según el documento *Public procurement indicators 2010*, de 4 de noviembre de 2011, <<http://ec.europa.eu/internal_market/publicprocurement/docs/indicators2010_en.pdf>>. Debe tenerse en cuenta que en este dato no están incluidos los datos correspondientes a los contratos de gestión de servicios públicos, salvo las concesiones de obra pública, ya que según las Directivas sobre contratación pública en ese momento no son una figura jurídica sujeta a las mismas.

IV. CLAVES ACTUALES PARA LA UTILIZACIÓN DE LAS CLÁUSULAS MEDIOAMBIENTALES (Y SOCIALES) EN LA CONTRATACIÓN PÚBLICA

Es objeto del presente epígrafe analizar muy brevemente la consideración de este tipo de cláusulas en el marco de las políticas de contratación pública, partiendo ya de su amplio reconocimiento jurisprudencial, legislativo y doctrinal y de que el régimen jurídico de utilización es el idénticamente aplicable a las también denominadas cláusulas sociales o socio-laborales, siendo precisamente ahí donde, a su vez, se busca poner el énfasis de estas líneas: en la correcta utilización práctica de las cláusulas o criterios medioambientales.

Como avanzaba se trata ésta de una cuestión, la de la utilización de cláusulas medioambientales en la contratación pública, ampliamente reconocida tanto por la jurisprudencia, primero, como por la legislación, después. Idéntico reconocimiento que tiene la igualdad en la aplicación del mismo régimen jurídico de utilización respecto de las cláusulas sociales.

Es así que fue la jurisprudencia del Tribunal de Justicia de las Comunidades Europeas la que estableció la posibilidad de utilización de las cláusulas sociales en las sentencias *Beentjes*[44], *Comisión/Francia*[45] o *Evans Medical y Macfarlan Smith*[46], respetando en todo caso y con carácter general (es decir, para todos los contratos públicos) los principios fundamentales del Derecho de la Unión Europea y, en particular, el principio de no discriminación; y respetando asimismo todas las normas de procedimiento de la Directiva pertinente sobre contratación pública y, especialmente, las normas sobre publicidad, en el sentido que dichas cláusulas deben mencionarse expresamente en el pliego de cláusulas administrativas particulares o en el anuncio de licitación, aunque sea más oportuno hacerlo en ambos documentos para mayor salvaguarda legal y mayor seguridad jurídica.

Pero además de lo anterior y con carácter más específico (antes me he referido a un carácter más general para todos los contratos), también se pueden tener en cuenta estos criterios (sociales y medioambientales) siempre que, como añadidura a los requisitos mencionados, tales criterios estén relacionados con el objeto del contrato y no confieran a la entidad adjudicadora de turno una libertad incondicional de elección del adjudicatario, y ello de conformidad también con las sentencias

[44] Sentencia de 21-09-1988, *Gebroeders Beentjes*, asunto C-31/87, Rec. p. I-4635.

[45] Sentencia de 26-09-2000, *Comisión/Francia Nord-Pas-de-Calais*, asunto C-225/98, Rec. p. I-7445.

[46] Sentencia de 28-03-1995, Evans Medical y Macfarlan Smith, asunto C-324/93, Rec. p. I-596, que en su apartado 42 establece que "*con arreglo a la sentencia de 20 de septiembre de 1988, Beentjes (31/87, Rec. p. 4635), la elección de la oferta más ventajosa económicamente atribuye a los órganos de contratación la elección de los criterios de adjudicación del contrato que pretendan utilizar, pero tal elección sólo puede recaer sobre criterios dirigidos a identificar la oferta más ventajosa económicamente*".

del Tribunal de Justicia de la Unión Europea *Concordia Bus Finland*[47] o *EVN AG y Wienstrom GmbH contra República de Austria*[48], entre otras.

Lo anterior es afirmando, como he adelantado, que aun siendo consecuencia unas sentencias, las primeras de las citadas anteriormente, de la aplicación de cláusulas sociales a los contratos públicos y otras, las segundas, de la búsqueda de la protección del medio ambiente a través de los contratos públicos, todas por igual son indudablemente de aplicación común a ambos casos, a ambos tipos de cláusulas, sociales y medioambientales, por tener como nexo de unión el englobar un criterio de interés general entre los criterios de adjudicación de los contratos públicos.

Añadiendo que este tipo de cláusulas o criterios se extienden también y son utilizables, a su vez, a efectos de los criterios de admisión y, por supuesto, de las condiciones de ejecución de los contratos públicos.

Fueron la Directiva 2004/18, del Parlamento Europeo y del Consejo, de 31 de marzo de 2004, sobre coordinación de los procedimientos de adjudicación de los contratos públicos de obras, de suministro y de servicios[49] y la Directiva 2004/17, sobre coordinación de los procedimientos de adjudicación de los contratos de los sectores del agua, de la energía, de los transportes y de los servicios postales, las que plasmaron por primera vez en el Derecho de la Unión Europea los criterios sociales y medioambientales en la contratación pública, normas comunitarias que tuvieron su reflejo en España, en la Ley 30/2007, de 30 de octubre, de Contratos del Sector Público (en adelante, LCSP) y en la Ley 31/2007, de 30 de octubre, de contratación en los mencionados sectores especiales.

Son, por tanto, ya conocidos los fundamentos jurídicos que hoy en día avalan en nuestro Derecho positivo la utilización de este tipo de cláusulas medioambientales en las políticas de contratación pública, entre los que, sin ánimo de exhaustividad

---

47 Sentencia de 17-09-2002, *Concordia Bus Finland,* asunto C-513/99, Rec. p. I-7213. La sentencia es consecuencia de la adjudicación de un contrato público cuyo objeto era la prestación de un servicio de transporte urbano en autobús, en el que la entidad adjudicadora tuvo en cuenta en el procedimiento de adjudicación criterios ecológicos y en la que el Tribunal de Justicia admitió la posibilidad de tener en cuenta esos criterios ecológicos a la hora de adjudicar un contrato al licitador que ha presentado la oferta económicamente más ventajosa. Sobre esta sentencia Cf. P. L. Martínez Pallares, 'Reflexiones sobre la inclusión de aspectos sociales y medioambientales como criterios de adjudicación de los contratos públicos', en *Revista de Contratación Administrativa Práctica,* No.18, marzo 2003, pp. 34 y ss. En él el autor hace también un análisis de la evolución conceptual habida a través de los supuestos donde se ha planteado controversia con la inclusión de cláusulas sociales como criterios de adjudicación de un contrato.

48 A equivalente conclusión llegó el Tribunal en la Sentencia de 4.12.2003, *EVN AG y Wienstrom GmbH contra República de Austria,* asunto C-448/01, Rec. p. I-14527, en la que el Tribunal igualmente admitió que era conforme al Derecho de la Unión Europea la inclusión en un contrato de suministro de electricidad de un criterio de adjudicación consistente en la exigencia de generar la electricidad suministrada a partir de fuentes de energía renovable.

49 Esta Directiva reconocía en su pórtico la utilización de cláusulas medioambientales al introducirlas como criterio de adjudicación en su Considerando primero, continuando posteriormente en la misma línea de la utilización de las cláusulas medioambientales en los Considerandos 29, 44 y 46, así como en los artículos 23, 26, 48, 50 y 53.

por lo exiguo de estas líneas, valgan a título de ejemplo la relación de los siguientes, que en añadido, tal y como decía anteriormente, ratifican la utilización de los criterios de tipo medioambiental en las distintas fases del procedimiento de contratación pública, esto es, refiriéndonos a las fases de admisión, adjudicación y ejecución de los contratos:

> En el ámbito de la Unión Europea y sólo, como ejemplo, respecto de la nueva Directiva 2014/24/UE, del Parlamento Europeo y del Consejo, de 26 de febrero de 2014 sobre contratación pública y por la que se deroga la Directiva 2004/18/CE[50], podemos hablar de más de sesenta alusiones concretas al medioambiente referidas a cuestiones tales como características, factores, obligaciones, convenios, consideraciones, requisitos, gestión, protección, costes, medidas, organizaciones, responsabilidades, auditoría, normas, Derecho y, por supuesto, criterios y cláusulas medioambientales[51].
>
> En el ámbito nacional nos encontramos con los artículos 60.1 c), 118.1 y 150.1[52] del Real Decreto Legislativo 3/2011, de 14 de noviembre, por el que se aprueba el texto refundido de la Ley de Contratos del Sector Público (en adelante, TRLCSP). Aunque también podríamos acudir al artículo 60.2 b) de este texto legal como habilitante para establecer nuevas prohibiciones de contratar con las Administraciones Públicas basadas en consideraciones de tipo medioambiental. De esta forma la consideración medioambiental como criterio de exclusión no se limitaría a lo dispuesto en la normativa relacionada en el ya mencionado artículo 60.1 c) del TRLCSP[53].

---

50 DOUE, serie L, núm. 94, de 28 de marzo de 2014.

51 Nótese la diferencia a mayores en las referencias al medioambiente que posee la nueva Directiva 2014/24/UE con respecto a la derogada y anteriormente aludida Directiva 2004/18/CE. En este sentido, en esta más que breve alusión de materias se obvian toda otra serie de normas que pueden ser también de aplicación en el ámbito de la contratación pública desde el punto de vista de los criterios medioambientales, normas referidas expresamente a la regulación de la materia medioambiental y no a la regulación de la contratación pública, como pueden ser, por ejemplo, la utilización del Reglamento (CE) No. 834/2007 del consejo de 28 de junio de 2007, sobre producción y etiquetado de los productos ecológicos y por el que se deroga el Reglamento (CEE) No. 2092/91, para describir el concepto de *alimento ecológico*; o incluso otros textos como la *Comunicación interpretativa de la Comisión sobre la legislación comunitaria de contratos públicos y las posibilidades de integrar aspectos medioambientales en los contratos públicos (COM(2001) 274 final)*, cuyo objetivo es mostrar las posibilidades que ofrece la contratación pública para una óptima integración de la protección del medio ambiente en las distintas fases del procedimiento de adjudicación de los contratos públicos.

52 Es preciso destacar que la relación de condiciones especiales de ejecución del contrato que realiza el artículo 118.1 del TRLCSP no es taxativa, dado que literalmente dice "[...] podrán referirse, en especial,[...]". Lo mismo ocurre, en cuanto al carácter abierto de los criterios de adjudicación del contrato a utilizar en el caso del artículo 150.1 del TRLCSP en el que el legislador utiliza las expresiones *tales como* y *otros semejantes*, Cf. En este sentido apartado 54 de la ya referida sentencia del TJUE *Concordia Bus Finland*, el cual, a su vez, hace a este respecto una llamada al apartado 35 de la sentencia del TJUE de 18 de octubre de 2001, *SIAC Construction*, asunto C-19/00, Rec. p. I-7725.

53 Igualmente se obvia en esta enumeración la existencia de cláusulas medioambientales relacionadas en la legislación propia de las Comunidades Autónomas a través de sus propias leyes de medioambiente o evaluación ambiental, así como las posibles cláusulas de este tipo

Por consiguiente son hoy en día profusas las referencias explícitas a la inclusión de principios medioambientales como criterios o cláusulas dentro de la contratación pública, manifestándose lo anterior tanto en ámbitos territoriales distintos como en textos de diferente fuerza normativa y también de diferente ámbito material, punto éste donde es imprescindible precisar que no cabe superponer lo establecido por legislaciones de carácter sectorial en relación a cuestiones medioambientales (o de otra índole como puede ser la socio-laboral) respecto de lo dispuesto por el Derecho de la contratación pública.

Por consiguiente, ante este claro panorama ya avanzado inicialmente de manifiesto reconocimiento y aceptación de la utilización de las cláusulas medioambientales en la contratación pública, cabe únicamente hacer unas mínimas precisiones a modo de claves jurídicas prácticas en torno a la correcta utilización de este tipo de cláusulas, al objeto que su incorporación a los contratos públicos resulte jurídicamente idónea.

Precisiones que pasan por diferenciar, en base a lo expuesto, la existencia por un lado de cláusulas medioambientales que tienen carácter general y son aplicables en todos los contratos públicos, independientemente por tanto del tipo de contrato, teniendo estas cláusulas por ende un mayor alcance cuantitativo, pero en su mayoría una menor concreción cualitativa. Diferenciando, a su vez y por otro lado, la existencia de otro grupo de cláusulas medioambientales de un carácter más específico, más delimitado, más ceñido en su uso, con mucho menor alcance cuantitativo en su número de contratos públicos, pero de una mucho mayor trayectoria cualitativa derivada de su también mayor precisión medioambiental, grupo de cláusulas que se podrán incluir en aquellas licitaciones en que el medioambiente forme parte o constituya el propio objeto del contrato. Entendiendo, notoriamente, que ambos tipos de cláusulas son complementarias entre sí y no contrapuestas de forma que pueden ser utilizadas conjuntamente en un mismo contrato. Teniendo en cuenta además, como se manifestaba con anterioridad, que la normativa de contratos permite incorporar sendos tipos de cláusulas en las distintas fases del procedimiento de contratación pública.

---

que existan en las instrucciones propias de los distintos poderes adjudicadores, supuestos en los que encontraríamos también un gran número de ejemplos como puedan ser la aplicación de distintivos medioambientales; la posesión de certificaciones medioambientales ISO o de experiencia en el campo del medio ambiente; el uso de energías limpias o alternativas; de productos reutilizables, reciclables o reciclados; de etiquetas ecológicas; o la posibilidad de contemplar como criterio de desempate la perspectiva medioambiental, siempre y cuando, debo añadir en este último caso, las proposiciones elegidas igualen en sus términos a las más ventajosas desde el punto de vista de los criterios que sirvan de base a la adjudicación y se respete, en todo caso, lo establecido en la legislación de contratos del sector público (requisitos estos últimos que en la realidad hacen prácticamente inoperante a este criterio de preferencia, por lo que, en puridad, antes que un criterio de adjudicación estamos, más bien, ante un criterio adicional de adjudicación para los casos de empate; en este sentido se manifiestan T. Medina Arnáiz, 'La incorporación de cláusulas sociales en la Ley de Contratos del Sector Público', en J. F. Mestre Delgado (Dir.), *Comentarios a la Ley de Contratos del Sector Público*, Iustel, 2009 y, M. A. Bernal Blay, 'Contratación pública socialmente responsable: las oportunidades de la Ley 30/2007, de 30 de octubre, de contratos del sector público', en *Monográfico núm. X de la Revista Aragonesa de Administración Pública*, 2008, pp. 251-*in fine*.

Si bien, como ya sabemos, para asegurar la salvaguarda legal de las cláusulas medioambientales de carácter más específico se deben cumplir, en primer lugar y al margen de lo que cabría precisar en los distintos posibles ejemplos para cada una de las fases del procedimiento de contratación y para cada contrato en particular, aquellos requisitos que como imprescindibles para todas las cláusulas sociales o medioambientales exigen las sentencias *Beentjes*, *Comisión/Francia* o *Evans Medical y Macfarlan Smith* antes citadas, y posteriormente el resto de requisitos exigidos primero jurisprudencial, véase en este caso las aludidas sentencias *Concordia Bus Finland* o *EVN AG y Wienstrom GmbH contra República de Austria* y, segundo, normativamente, como son: el necesario vínculo con el objeto contractual; la inclusión como indispensable al contrato de la materia medioambiental, preferiblemente, en ambos pliegos; la publicidad de los criterios de adjudicación de carácter medioambiental a través del anuncio de licitación; y la forzosa ligazón de estos criterios con las necesidades propias del destino o destinatarios de las prestaciones a contratar. Poniendo de relieve que si tratara de criterios correspondientes a la fase de adjudicación, es decir, de criterios de adjudicación, sería oportuno, a mi entender, que se trate de criterios cuya valoración dependa de la aplicación de reglas o fórmulas, esto es, de criterios objetivos[54] y cuantificables, al fin de conseguir la mayor salvaguarda legal y seguridad jurídica de los mismos, ya que en definitiva es este ejemplo de criterios medioambientales (y sociales) el que genera una mayor controversia. Finalmente cabría, no con carácter imperativo pero sí en aras de una mayor extensión de la protección del medio ambiente como causa de interés público, la inclusión, en el mismo título de estos contratos de la materia medioambiental.

---

54 La objetividad la resume muy bien, sin necesidad de comentarios, la sentencia del Tribunal Superior de Justicia de Castilla-La Mancha No. 5/2004, de 7 de enero (Sala de lo Contencioso-Administrativo, Sección 2ª) en la que este Tribunal estima el recurso interpuesto contra el Acuerdo Plenario del Ayuntamiento de Ciudad Real de fecha 24 de noviembre de 1999 relativo al pliego de condiciones de concurso para la adjudicación de contrato de obras y en la que al respecto se expresa en los siguientes términos: "Este criterio ha sido seguido por esta Sala en varias sentencias, entre las que destacamos la de 25 de noviembre de 1998, que en su Fundamento Jurídico Cuarto, [...] concluye «Por otro lado, lo cierto es que no resulta siquiera preciso referirse a la normativa comunitaria para concluir con la ilegalidad de estas previsiones relativas a la experiencia profesional. La Ley 13/1995, de 18 de mayo, de Contratos de las Administraciones Públicas, en su artículo 87, que es el que determina cuales han de ser los criterios que sirvan de base para la adjudicación del contrato, en el caso de concurso, lo hace también de forma ejemplificativa. Ahora bien, siendo tal cosa cierta, no lo es menos que, como se ha apuntado ya, si bien las listas ejemplificativas no agotan los supuestos admisibles, si sirven para determinar el «tipo» o «clase» de tales supuestos; en nuestro caso el tipo o clase de condiciones que puedan establecerse como valorables para la resolución del concurso. Así, el artículo 87 de la L.C.A.P. por un lado indica que se tomarán en cuenta «criterios objetivos» (por tanto no de otra clase), y por otro, al efectuar la enumeración ejemplificativa de los mismos, confirma que en todo caso éstos han de ser de aquella naturaleza: precio, fórmula de revisión, plazo de ejecución, coste de utilización, calidad, rentabilidad, valor técnico, características estéticas o funcionales, posibilidad de repuestos, mantenimiento, asistencia técnica y servicio postventa; y añade, «u otras semejantes»; por tanto deja claro queriendo la enumeración abierta lo es respecto a otras «semejantes» u «objetivas», no a cualesquiera otras". Nótese también que en aquél entonces no se contemplaba todavía normativamente la posibilidad de incluir criterios medioambientales, ni tampoco sociales, en los contratos públicos, pero al caso que nos ocupa de la objetividad de los criterios elegidos, es exactamente aplicable.

Como conclusión a la situación real en cuanto a la aplicación de los criterios medioambientales dentro de la contratación pública, creo que queda mucho camino por andar todavía, primero consiguiendo que los distintos órganos de contratación tengan presentes estos criterios (así como los sociales) en sus licitaciones, algo que no ocurre en demasía en la actualidad, y, segundo, consiguiendo que los mismos conozcan los requisitos jurídicos que los hagan conforme a Derecho. Cabría decir que existen ya multitud de guías de contratación y recomendaciones en este sentido, elaboradas también por una multiplicidad de organización y órganos diferentes, pero parecen demostrarse más que insuficientes, lo que nos avocaría, a priori, a que la única vía efectiva para su amplia y correcta implantación derive de una prolija reglamentación normativa imponiendo su utilización con carácter imperativo en función de las fases del procedimiento de contratación, los tipos de contratos y, por supuesto, los dos tipos de cláusulas medioambientales comentadas (generales para todos los contratos y específicas para determinados contratos), tal y como viene ocurriendo, sin más, en algunos casos de modo imperativo con la aplicación del criterio de valoración "precio", donde se establece para el mismo mediante instrucciones obligatorias un porcentaje mínimo muy elevado sin que a nadie le parezca extraviado.

Ante esta afirmación creo necesario añadir, y me parece importante subrayarlo por si quedara alguna duda, que los criterios medioambientes (y sociales también) en absoluto están reñidos con el carácter marcadamente económico que hoy se busca dar a la contratación pública consecuencia de la actual coyuntura económica, dado que muchos de estos criterios pueden ser exigidos, como ya hemos visto, con carácter general para todos los contratos y con carácter particular para algunos contratos, en las fases de admisión y de ejecución del contrato, sin afectar de ninguna manera a la búsqueda del precio más bajo y sin afectar necesariamente al coste económico del mismo. De forma que, en conclusión, su uso depende únicamente de las personas que tienen la capacidad de decidir sobre estos contratos y del esfuerzo que las mismas hagan en tal sentido.

Por tanto, las claves que resumen todo lo manifestado y que constituyen las nociones o ideas que, a mi parecer, permitirían aprovechar las oportunidades que la contratación pública otorga como instrumento para influir positivamente en la protección del medio-ambiente (y de los sectores más desfavorecidos de la sociedad), debido a que esta actividad constituye uno de los ámbitos vertebrales de la actuación administrativa con un gran significado económico y social, ya que no en vano representa aproximadamente un 19% del PIB de la Unión Europea[55] y una de las principales medidas para luchar contra la crisis económica, son:

> Primera: es necesario a efectos de la correcta introducción de criterios medioambientales (y sociales) en la contratación pública hacer una meridiana diferenciación entre las distintas fases del procedimiento de adjudicación de los contratos públicos, tal y como realiza en su doctrina jurisprudencial el alto Tribunal de la Unión Europea, se recoge en las Directivas comunitarias y en la legislación nacional española,

---

[55] En el año 2010 los contratos públicos supusieron un 19,7 por ciento del PIB de la Unión Europea según el documento *Public procurement indicators 2010*, de 4 de noviembre de 2011, visible en <<http://ec.europa.eu/internal_market/publicprocurement/docs/indicators2010_en.pdf >>.

y ello porque no todos los ejemplos de criterios medioambientales (y sociales) pueden ser aplicados en todas las fases del procedimiento de adjudicación y en todos los sentidos, general o específico[56].

Segunda: resulta imprescindible hacer una distinción entre dos tipos de criterios medioambientales (y sociales), unos más generales y de menor alcance aplicables a todos los contratos y otros más específicos y de mayor efecto, a los que se exigirá además de la falta de contradicción con los principios generales de la contratación administrativa, que también se les exige a los primeros: una vinculación con el objeto del contrato; la necesidad de publicidad previa en los anuncios o en los pliegos; la inclusión, preferiblemente en ambos pliegos (pliego de cláusulas administrativas particulares y pliego de prescripciones técnicas), como indispensable al contrato de la materia medioambiental de que se trate; la forzosa ligazón de estos criterios con las personas usuarias o beneficiarias de las prestaciones a contratar o con el propio destino del contrato; la necesidad de que estos criterios cuando sean criterios de adjudicación/valoración puedan ponderarse y evaluarse de manera objetiva y cuantificable a través de reglas o fórmulas; y, por último sin mandato imperativo legal, la incorporación al título del contrato de la dimensión ambiental que se pretende.

Tercera. no se puede superponer el alcance de lo que disponga la normativa sectorial referida al medioambiente y que es ajena a la contratación pública, a lo dispuesto por la legislación contractual-administrativa. Es decir, la primera habrá de adecuarse y supeditarse en su conformidad a lo previsto en la legislación de contratos del sector público, actuando esta última en materia de contratos públicos como límite a la presumida transversalidad de las políticas ambientales (y sociales).

Cuarta y última: es en el impacto que el medioambiente tiene en la vida de las personas donde radica la fundamentación constitucional de la aplicación de criterios medioambientales en el marco de la contratación pública. Todas las normas y resto de actuaciones que buscan una acción positiva a favor de la protección del medioambiente, dimanan, dentro del pleno respecto al principio de primacía del Derecho de la Unión Europea[57], de la Constitución española, incardinándose en este caso al amparo del mandato contenido en su artículo 45.2 y del derecho que recoge el apartado primero de este mismo precepto constitucional, que si bien no se trata de un derecho fundamental, sí se encuentra ligado con el derecho a la vida (a la calidad de vida) y con el principio constitucional del desarrollo adecuado de la persona, de manera que todo lo expuesto hasta ahora me permite concluir taxativamente que el uso por las Administraciones Públicas y poderes adjudicadores de cláusulas para la protección del medioambiente a través de las políticas de contratación pública como interés general es legal, obligatorio, necesario y, en todo caso, rentable.

---

[56] En el mismo sentido se pronuncia también la antes nombrada "Comunicación interpretativa de la Comisión sobre la legislación comunitaria de contratos públicos y las posibilidades de integrar aspectos medioambientales en los contratos públicos (COM(2001) 274 final)" , así como la "Comunicación interpretativa de la Comisión sobre la legislación comunitaria de contratos públicos y las posibilidades de integrar aspectos sociales en dichos contratos (COM (2001) 566 final)".

[57] El Tribunal de Justicia de las Comunidades Europeas consagró el principio de primacía del Derecho comunitario en la sentencia *Costa contra Enel* de 15 de julio de 1964, asunto 6/64.

V. EL DERECHO DE LA CONTRATACIÓN DE LA UNIÓN EUROPEA SOBRE LA BASE DEL PRINCIPIO DE TRANSPARENCIA EN LAS NUEVA DIRECTIVA CLÁSICA

1. *Comentarios introductorios*

Como es sabido, los principios generales del Derecho administrativo y de la contratación pública aplicables a los procedimientos administrativos de los contratos públicos se encaminan a lograr en esencia que estos procedimientos sean eficaces y transparentes. Tales principios son entre otros, los de igualdad, publicidad, concurrencia competitiva, legalidad, eficacia y transparencia, que funcionan como verdaderos elementos estructurantes y unificadores de todo ordenamiento legal, indispensables a la hora de aplicar normas nutridas de mayor justicia y equidad.

Con base por todos ellos en el principio vertebral de transparencia, el presente epígrafe busca realizar un breve recorrido sobre la normativa vigente de mayor importancia en el Derecho de la Unión Europea, haciendo de este modo un sintetizado y descriptivo trabajo sobre la incardinación y consecuencia de este principio general en los ordenamientos jurídicos.

Los principios generales del Derecho merecen una mención especial debido a la importancia nuclear y transversal que tienen en todo Derecho, al margen de los principios generales de la contratación pública que igualmente poseen esta misma importancia en el ámbito de esta disciplina.

No se puede obviar y por tanto dejar pasar, para una completa comprensión del Derecho de la Unión Europea o cualquier otro, siquiera una pequeña referencia a lo que son y suponen los principios generales dentro de estos ordenamientos jurídicos y también, cómo no, dentro de cualquier ordenamiento jurídico propio de un Estado social y democrático de Derecho.

Los principios generales del Derecho son pues el fundamento de las normas y en su origen representan la idea principalidad que les confiere preferencia frente al resto de fuentes del Derecho. Tienen sus cimientos en el respeto del ser humano o en la naturaleza de las cosas[58], de lo que deriva la obligatoria y permanente observancia de todo principio general del Derecho[59].

Es por ello que los principios generales del Derecho revisten una importancia fundamental en todo Derecho, como los aquí estudiados, y en toda rama del Derecho, como la de la contratación pública:

> "[...] ya que ellos tienden a facilitar la injerencia de las normas y disposiciones de su derecho positivo a cada caso en particular, colman las lagunas que en los mismos siempre existen, y ayudan a encontrar nuevas soluciones a los nuevos y variados problemas que la realidad y el mundo actual nos presenta, en orden a los valores superiores que siempre deben informarlos, y que constituyen directa o indirecta-

---

[58] *Cf.* J. C. Cassagne, *Los principios generales del derecho en el derecho administrativo*, Abeledo-Perrot, Buenos Aires, 1992, pp. 29-30.

[59] *Cf.* G. Del Vecchio, *Los principios generales del derecho,* Bosch, Madrid, 1979, p.149.

mente al Estado Social y Constitucional de Derecho, que se caracteriza en esencia por colocar en el centro de su ser la dignidad de la persona humana, y el fomento y mayor respeto de sus derechos y libertades fundamentales".[60]

Es por ello que los principios generales de la contratación pública son el fundamento de la misma y se caracterizan por su transversalidad, ya que alcanzan a todos los contratos, independientemente de su cuantía, de su naturaleza jurídica de administrativos o privados, manifestándose asimismo en todas las fases del procedimiento de contratación[61].

De este modo, cuando las entidades administrativas, deciden seleccionar a un contratista, lo hacen respetando los distintos sistemas previstos en el ordenamiento legal, y si bien el procedimiento por medio del cual se elige al contratista no es siempre el mismo, lo cierto es que cualquiera que fuera el procedimiento que se adopte, siempre deben seguirse una serie de principios que lo acompañan e informan todo su contenido, optimizando su respectiva fuerza y virtualidad.

Ciertamente, estos principios generales administrativos aplicables a todo procedimiento contractual son en esencia los de concurrencia, igualdad, publicidad, legalidad, razonabilidad y transparencia, y como bien se ha dicho, todos ellos se encaminan a lograr que dicho procedimiento selectivo sea eficaz y transparente. Si nos fijamos en el ámbito de la Unión Europea estos principios incluyen la libre circulación de mercancías, el derecho de establecimiento, la libre prestación de servicios, la no discriminación y la igualdad de trato, la transparencia, la proporcionalidad[62], el reconocimiento mutuo[63], la publicidad y la concurrencia competitiva.

En la contratación pública también podríamos añadir a todos los enunciados con anterioridad a algunos otros principios como la eficiencia, el principio de economía, el respeto a la confidencialidad, la motivación de las decisiones. Además,

---

60 M. A. Lico 'Principios generales del Derecho aplicables al Derecho administrativo y principios generales del Derecho surgidos del Derecho administrativo', en *Revista de Derecho administrativo*, No. 83, Abeledo-Perrot, Buenos Aires, octubre-2012, p. 1532.

61 Por todas la sentencia del Tribunal de Justicia de las Comunidades Europeas (TJCE) de 22 de junio de 1993, asunto C-243/89. El TJCE ha destacado que la obligación de respeto de los principios de objetividad, imparcialidad e igualdad y no discriminación en la adjudicación de los contratos públicos se extiende no sólo a los contratos que caen dentro del ámbito de aplicación de las Directivas comunitarias sobre contratación pública, sino también a todos los contratos que celebren los órganos de contratación sujetos a las Directivas. De hecho en la importante y reciente sentencia de 16 de abril de 2015, asunto C-278/14, el Alto Tribunal declara en respuesta a una cuestión prejudicial su competencia para conocer cuestiones relativas a contratos que por su cuantía no se hayan sujetos a las Directivas comunitarias de contratación pública y por tanto a su competencia, no obstante entra a conocer sobre el fondo del asunto fundamentando en parte esta decisión en que la adjudicación del contrato está sujeta a las normas fundamentales y a los principios generales del Tratado de Funcionamiento de la Unión Europea, en concreto a los principios de igualdad de trato y de no discriminación por razón de la nacionalidad, y a la obligación de transparencia que de ellos se deriva.

62 STJCE de 11 de julio de 1989, asunto 265/87, apartado 21.

63 Principios recogidos en la Comunicación interpretativa de la Comisión Europea sobre el Derecho comunitario aplicable en la adjudicación de contratos no cubiertos o sólo parcialmente cubiertos por las Directivas sobre contratación pública (2006/C 179/02).

como principios generales del Derecho administrativo aplicables igualmente a la contratación pública también se pueden incardinar los siguientes: de confianza legítima; de interdicción de la arbitrariedad, de jerarquía; de autoejecutoriedad; de continuidad; de especialidad y de presunción de veracidad.

Asimismo y como principios generales del Derecho aplicables al Derecho administrativo, ergo, a la contratación pública, podríamos hablar, entre otros, de los principios de interés general o de moralidad[64].

Pero no se trata de hacer un listado exhaustivo de principios, porque tendríamos que acudir a los principios de organización, de funcionamiento, etcétera. Se trata de destacar en este punto introductorio la importancia que revisten los principios generales, derivada entre otras razones de la inseguridad jurídica que genera la enorme corriente modificadora de las normas y la dispersión legislativa que eso supone, de forma que muchas veces se tornan en el instrumento idóneo para resolver el caso concreto.

Los principios generales del Derecho constituyen pues verdaderos cimientos que cumplen la triple función de servir como criterio de interpretación de las normas escritas, de colmar las lagunas o vacíos normativos, y de constituir el medio más idóneo para asegurar la unidad dentro de la pluralidad de preceptos que se aplican en la Administración[65].

En otras palabras y refiriéndonos explícitamente a la contratación pública, permiten alcanzar de la mejor manera y con los mejores resultados posibles, los fines perseguidos al momento de contratar, que no son otros que los de alcanzar la mejor oferta globalmente considerada, tratando a la vez de dejar de lado durante todo su desarrollo cualquier sospecha de inmoralidad o ilegalidad.

De este modo y aclarada someramente la importancia y trascendencia que exteriorizan estos principios generales del Derecho sobre la materia contractual administrativa, como verdaderos elementos ordenadores y unificadores de la misma y en los cuales se condensan las grandes ideas del Derecho en general que les resultan aplicables, vamos a tratar ahora de desarrollar un breve repaso sobre el que hemos denominado 'vertebral' principio general de transparencia, vertebral de los demás principios generales de la contratación pública porque está íntima e inexorablemente ligado a todos ellos, centrando así su estudio, en la cuarta generación de Directivas de la Unión Europea[66], fundamentalmente en la Directiva 2014/24/UE, sobre contratación pública y por la que se deroga la Directiva 2004/18/CE.

---

64 *Cf.* M. A. Lico, Principios… *Op. Cit.*, p. 1528.

65 *Cf.* C. E. Delpiazzo, en J. C. Cassagne & E. Rivero Ysern (Dirs.), *Los principios generales en la contratación pública*, Hammurabi, Buenos Aires, 2007, pp. 543-544.

66 Directiva 2014/23/UE, del Parlamento Europeo y del Consejo, de 26 de febrero de 2014 relativa a la adjudicación de contratos de concesión; Directiva 2014/24/UE, del Parlamento Europeo y del Consejo, de 26 de febrero de 2014 sobre contratación pública y por la que se deroga la Directiva 2004/18/CE y Directiva 2014/25/UE, del Parlamento Europeo y del Consejo, de 26 de febrero de 2014 relativa a la contratación por entidades que operan en los sectores del agua, la energía, los transportes y los servicios postales y por la que se deroga la Directiva 2004/17/CE. Todas publicadas en el DOUE, serie L, núm. 94, de 28 de marzo de 2014.

VI. EL PRINCIPIO DE TRANSPARENCIA EN EL DERECHO DE LA UNIÓN EUROPEA

1. *Antecedentes*

Son muchos los antecedentes que sobre esta materia existen. Sin ánimo ninguno de exhaustividad, se puede citar como ejemplo dentro del marco de la Unión Europea, al Libro Blanco de la Gobernanza de la Unión Europea de 2001 (COM (2001) 428 final), que marca el punto de arranque en esta materia en la Unión Europea, aunque precedentes de esta idea hubo muchos y de distinto alcance[67].

En ese mismo año, además, se aprueba el Reglamento 1049/2001, del Parlamento Europeo y del Consejo, de 30 de mayo de 2001, relativo al acceso del público a los documentos del Parlamento Europeo, del Consejo y de la Comisión[68] y se incorpora el derecho a la información en la Carta de Derechos Fundamentales de la Unión Europea de 2001, Carta que tras el Tratado de Lisboa de entrada en vigor el 1 de diciembre de 2009 pasa a ser jurídicamente vinculante, cambio este de especial relevancia jurídica hasta tal punto que se confiere a la Carta de los Derechos Fundamentales de la Unión Europea rango de Derecho primario en el ámbito de la Unión y sus Estados miembros.

Otros antecedentes pueden ser la Guía de acceso a los documentos del Parlamento Europeo, del Consejo y de la Comisión del año 2002; La Comunicación de la Comisión *Contribución de la Comisión al período de reflexión y más allá: Plan D de democracia, diálogo y debate* (COM (2005) 494 final); el Libro Verde Iniciativa Europea en Favor de la Transparencia de 2006 (COM (2006) 194 final) o el Convenio número 205 del Consejo de Europa sobre acceso a los documentos públicos, adoptado por el Consejo de Ministros del Consejo de Europa el 27 de noviembre de 2008, que encuentra su fundamento en los principios recogidos en la Recomendación Rec (2002) 2, del Comité de Ministros a los Estados miembros sobre acceso a documentos públicos.

Todo lo anterior al margen evidentemente del reconocimiento del principio de transparencia en las primeras generaciones de Directivas sobre contratación pública, pero pasemos a ver cuál ha sido su tratamiento en la última generación de estas Directivas.

---

67 Ejemplos de ellos pueden ser la Declaración del Comité de los Ministros del Consejo de Europa sobre la Libertad de la Expresión y de la Información, adoptada el 29 de abril de 1982, así como las Recomendaciones del Comité de Ministros de los Estados miembros No. R (81) 19 sobre el acceso a la información en poder de las autoridades públicas, No. R (91) 10 sobre la comunicación a terceros de datos personales en poder de los organismos públicos, No. R (97) 18 referente a la protección de los datos personales recogidos y procesados para fines estadísticos, No. R (2000) 13 sobre política Europea en el acceso a archivos o el Libro Verde sobre la Información del Sector Público en la Sociedad de la Información (COM (1998) 585).

68 DO L 145 de 31-05-2001.

2. *El principio vertebral de transparencia en las nuevas directivas sobre contratación pública*

Los principales aspectos comunes que se podrían destacar de las nuevas Directivas comunitarias sobre contratación pública son la flexibilización de los procedimientos, el uso estratégico de la contratación pública, la reducción de la documentación exigible a los licitadores, el impulso del acceso a las PYMEs y, finalmente, la contratación electrónica. Por supuesto también y por encima de todo, el mantenimiento y consolidación de los principios generales de la contratación pública.

Dentro de esta consolidación destaca sobre manera el principio vertebral de transparencia, vertebral porque como hemos indicado está íntimamente ligado a todos los demás principios generales y abarca respecto del actuar administrativo el cumplimiento irrenunciable e irrestricto de todos ellos.

Es tal la importancia que le otorga el legislador europeo a este principio general que lo formula, podríamos decir, de manera omnipresente a lo largo de todo el texto de las distintas Directivas. Buena prueba de ello, que veremos como ejemplo de las demás, es la Directiva 2014/24/UE del Parlamento Europeo y del Consejo, de 26 de febrero de 2014, sobre contratación pública y por la que se deroga la Directiva 2004/18/CE[69], conocida también como Directiva clásica por ser la que ha venido regulando con carácter general los contratos públicos de obras, servicios y suministros.

De esta forma esta Directiva inicia en el Considerando primero su defensa continua del principio general de transparencia en la contratación pública y lo continúa haciendo a lo largo de todo el texto de la Directiva. Es decir constituye parte del pórtico de la nueva Directiva y extiende su presencia de manera permanente.

El Considerando 1 determina que la adjudicación de contratos públicos por las autoridades de los Estados miembros o en su nombre, ha de respetar los principios del Tratado de Funcionamiento de la Unión Europea y, en particular, la libre circulación de mercancías, la libertad de establecimiento y la libre prestación de servicios, así como los principios que se derivan de estos, tales como los de igualdad de trato, no discriminación, reconocimiento mutuo, proporcionalidad y transparencia[70].

En el Considerando 45 dispone que el procedimiento de licitación con negociación deberá ir acompañado de salvaguardias adecuadas que garanticen la observancia de los principios de igualdad de trato y de transparencia. En particular, los poderes adjudicadores deben indicar con antelación los requisitos mínimos que caracterizan la naturaleza del procedimiento, los cuales no deben ser alterados en las negociaciones. Los criterios de adjudicación y su ponderación deben permanecer estables a lo largo de todo el procedimiento y no deben ser objeto de negociación, con vistas a garantizar la igualdad de trato para todos los operadores económicos. Las negocia-

---

[69] Sobre el principio de transparencia en la nueva Directiva, Cf. M. A. Sanmartín Mora, 'La transparencia en la contratación pública, nuevas perspectivas', en *Revista Contratación Administrativa Práctica*, Editorial La Ley, No. 129, ene-feb 2015, pp. 39-42.

[70] Esto mismo ya se recogía en las SSTJCE de 21-09-1988, *Gebroeders Beentjes*, asunto C-31/87, Rec. p. I-4635, y de 26.09.2000, *Comisión/Francia Nord-Pas-de-Calais*, asunto C-225/98, Rec. p. I-7445.

ciones deben tender a mejorar las ofertas con objeto de permitir a los poderes adjudicadores adquirir obras, suministros y servicios perfectamente adaptados a sus necesidades específicas. Con el fin de garantizar la transparencia y la trazabilidad del proceso se documentarán debidamente todas las fases del mismo.

Por su parte, el Considerando 52 está dedicado a los medios de información y comunicación electrónicos como herramientas que pueden simplificar enormemente la publicación de los contratos y aumentar la eficiencia y la transparencia de los procedimientos de contratación. También más adelante el Considerando 80 afirma que la utilización de medios de información y comunicación electrónicos, en particular la puesta a disposición de los operadores económicos, licitadores y candidatos por medios totalmente electrónicos de los pliegos de la contratación y la transmisión electrónica de las comunicaciones, lleva a una mayor transparencia y ahorro de tiempo[71].

De otro lado, el Considerando 58 dice que es necesario garantizar un nivel adecuado de transparencia que tenga en cuenta la verificación del cumplimiento o no del principio de igualdad de trato. En particular, es fundamental que aquellas comunicaciones orales con los licitadores que puedan incidir en el contenido y la evaluación de las ofertas estén documentadas de modo suficiente y a través de los medios adecuados, como los archivos o resúmenes escritos o sonoros de los principales elementos de la comunicación.

A su vez, el Considerando 59 nos muestra que en los mercados de contratación pública de la Unión Europea se comienza a observar una marcada tendencia a la agregación de la demanda por los compradores públicos con el fin de obtener economías de escala, incluida la reducción de los precios y de los costes de transacción, y de mejorar y profesionalizar la gestión de la contratación. Ello puede hacerse concentrando las compras, bien por el número de poderes adjudicadores participantes, bien por su volumen y valor a lo largo del tiempo. No obstante, la agregación y la centralización de las compras deben supervisarse cuidadosamente para evitar una excesiva concentración de poder adquisitivo y la colusión y preservar la transparencia y la competencia, así como las posibilidades de acceso al mercado de las PYME, por ejemplo con el fomento de la división en lotes –homogéneos o heterogéneos–[72].

También el Considerando 61 establece que para garantizar la transparencia y la igualdad de trato, los poderes adjudicadores deben indicar en los pliegos de la contratación para el acuerdo marco los criterios objetivos que regirán la elección.

---

71 Sobre la importancia de las TIC's y la contratación pública electrónica a favor de los principios generales de la contratación pública, en especial, del principio de transparencia, *Cf.* J. Pintos Santiago, 'Génesis, regulación y calendario obligatorio de la contratación pública electrónica', en *Revista Contratación Administrativa Práctica*, Editorial La Ley, No. 137, mayo-junio 2015, p. 20 & p. 23.

72 *Cf.* J. A. Moreno Molina, 'La nueva Directiva sobre contratación pública y su incorporación al Derecho español', en *Revista Contratación Administrativa Práctica*, Editorial La Ley, No. 129, ene-feb 2014, p. 20.

El Considerando 68, por otra parte, dispone que se están desarrollando constantemente nuevas técnicas electrónicas de compra, como los catálogos electrónicos. Estos catálogos constituyen un formato para la presentación y organización de la información de forma común para todos los licitadores participantes que se presta al tratamiento electrónico. Un ejemplo de ello podría ser la presentación de licitadores en forma de hoja de cálculo. Los poderes adjudicadores han de poder exigir la presentación de catálogos electrónicos en todos los procedimientos disponibles en los que se requiere el uso de medios de comunicación electrónicos. Los catálogos electrónicos contribuyen a incrementar la competencia y a racionalizar las compras públicas, en especial gracias al ahorro de tiempo y dinero. Pero reza que deben establecerse, no obstante, normas tendentes a garantizar que la utilización de las nuevas técnicas cumple lo dispuesto en la Directiva 2014/24/UE, así como los principios de igualdad de trato, no discriminación y transparencia.

Continúa el Considerando 73 diciendo que no obstante, los poderes adjudicadores no deben utilizar las posibilidades de la contratación conjunta transfronteriza con el fin de eludir las normas de Derecho público obligatorias, que, de conformidad con la legislación de la Unión, les son aplicables en el Estado miembro en el que están situados. Dichas normas pueden comprender, por ejemplo, disposiciones sobre la transparencia y el acceso a documentos, o requisitos específicos para la trazabilidad de suministros sensibles.

A continuación el Considerando 82 anuncia que para garantizar la transparencia necesaria en el contexto de los procedimientos de contratación que conlleven la celebración de negociaciones y diálogos con los licitadores, aquellos de estos últimos que hayan hecho una oferta admisible deben, excepto cuando existan motivos graves para no hacerlo, estar también autorizados a solicitar información sobre la ejecución y el avance del procedimiento.

En el Considerando 90 la nueva Directiva clásica nos dice que la adjudicación de los contratos debe basarse en criterios objetivos que garanticen el respeto de los principios de transparencia, no discriminación e igualdad de trato con el fin de garantizar una comparación objetiva del valor relativo de los licitadores que permita determinar, en condiciones de competencia efectiva, qué oferta es la oferta económicamente más ventajosa. Añadiendo que para garantizar el cumplimiento del principio de igualdad de trato en la adjudicación de los contratos, los poderes adjudicadores deben estar obligados a procurar la transparencia necesaria para permitir a todos los licitadores estar razonablemente informados de los criterios y modalidades que se aplicarán en la decisión relativa a la adjudicación del contrato.

Ya en el Considerando 105 se establece que es preciso velar por que haya cierta transparencia en la cadena de subcontratación, pues así se facilita a los poderes adjudicadores información sobre quién está presente en los lugares en que se realizan las obras de construcción encargadas por ellos o qué empresas están prestando servicios en edificios, infraestructuras o zonas tales como ayuntamientos, escuelas municipales, instalaciones deportivas, puertos o autopistas que dependen de los poderes adjudicadores o sobre los que ejercen una supervisión directa. Sumando a lo anterior que además, es preciso puntualizar explícitamente que los Estados miembros han de poder ir más allá, por ejemplo ampliando las obligaciones de transparencia, al permitir el pago directo a los subcontratistas o al permitir o exigir a los poderes adjudicadores que verifiquen que los subcontratistas no se encuentran en ninguna de las situaciones en las que se justificaría la exclusión de operadores económicos.

De nuevo en el Considerando 110 se impone que de acuerdo con los principios de igualdad de trato y de transparencia, el licitador adjudicatario no debe ser sustituido por otro operador económico, por ejemplo cuando se rescinda un contrato debido a deficiencias en su ejecución, sin la convocatoria de una nueva licitación.

Asimismo el Considerando 114 dispone que los contratos de servicios sociales a las personas o a la comunidad, cuyo valor esté situado por encima de un determinado umbral deben estar sujetos a normas de transparencia en toda la Unión. Teniendo en cuenta la importancia del contexto cultural y el carácter delicado de estos servicios, debe ofrecerse a los Estados miembros un amplio margen de maniobra para organizar la elección de los proveedores de los servicios del modo que consideren más oportuno. De este modo las normas de la Directiva tienen en cuenta este imperativo al imponer solo la observancia de los principios fundamentales de transparencia e igualdad de trato y al asegurar que los poderes adjudicadores puedan aplicar, para la elección de los proveedores de servicios, criterios de calidad específicos. Disponiendo además que los Estados miembros y los poderes públicos siguen teniendo libertad para prestar por sí mismos esos servicios u organizar los servicios sociales de manera que no sea necesario celebrar contratos públicos, por ejemplo, mediante la simple financiación de estos servicios o la concesión de licencias o autorizaciones a todos los operadores económicos que cumplan las condiciones previamente fijadas por el poder adjudicador, sin límites ni cuotas, siempre que dicho sistema garantice una publicidad suficiente y se ajuste a los principios de transparencia y no discriminación.

Finalmente respecto de los Considerandos de la nueva Directiva 2014/24/UE, el número 126 dispone que la trazabilidad y transparencia de la toma de decisiones en los procedimientos de contratación es fundamental para garantizar unos procedimientos adecuados, incluida la lucha eficaz contra la corrupción y el fraude[73].

Por su parte, ya en el articulado nos encontramos con la defensa particular de este principio vertebral de la transparencia en la Sección Segunda del Capítulo III del Título de la nueva Directiva de contratos públicos, dado que lleva por título sencillamente *Publicación y transparencia.*

También encontramos una referencia expresa en el artículo 40 referido a las consultas preliminares del mercado que se expresa en los siguientes términos:

> "Antes de iniciar un procedimiento de contratación, los poderes adjudicadores podrán realizar consultas del mercado con vistas a preparar la contratación e informar a los operadores económicos acerca de sus planes y sus requisitos de contratación. Para ello, los poderes adjudicadores podrán, por ejemplo, solicitar o aceptar el ase-

[73] *Cf.* F. J. Escrihuela Morales, 'La contratación del sector público y corrupción', en *Revista Contratación Administrativa Práctica*, Editorial La Ley, No. 135, ene-feb 2015, pp. 16-21 y, T. Medina Arnáiz, 'Las respuestas normativas al fenómeno de la corrupción en la contratación pública', en *Diario La Ley*, Editorial La Ley, No. 7382, 2010, pp. 1-20.

soramiento de expertos o autoridades independientes o de participantes en el mercado, que podrá utilizarse en la planificación y el desarrollo del procedimiento de contratación, siempre que dicho asesoramiento no tenga por efecto falsear la competencia y no dé lugar a vulneraciones de los principios de no discriminación y transparencia".

Para terminar, en cuanto a la selección de los participantes y la adjudicación de los contratos el artículo 56 con el título de principios generales se expresa en el siguiente tenor literal en su apartado tercero:

> "[...] cuando la información o documentación que deben presentar los operadores económicos sea o parezca ser incompleta o errónea, o cuando falten determinados documentos, los poderes adjudicadores podrán, salvo que se disponga de otro modo en la normativa nacional que dé cumplimiento a la presente Directiva, solicitar a los operadores económicos de que se trate que presenten, completen, aclaren o añadan la información o documentación pertinente dentro de un plazo adecuado, siempre que dichas solicitudes se hagan en plena conformidad con los principios de igualdad de trato y transparencia".

Asimismo el artículo 76 refiriéndose a los principios de adjudicación de contratos dice que:

> "[...] los Estados miembros establecerán normas nacionales para la adjudicación de los contratos sujetos a lo dispuesto en el presente capítulo, a fin de garantizar que los poderes adjudicadores respetan los principios de transparencia y de igualdad de trato de los operadores económicos. Los Estados miembros serán libres de determinar las normas de procedimiento aplicables, siempre que tales normas permitan a los poderes adjudicadores tener en cuenta la especificidad de los servicios en cuestión".

VII. COMENTARIOS FINALES

Del escueto y modesto recorrido que hemos efectuado sobre las distintas previsiones que del principio de transparencia se derivan de la principal normativa vigente en materia contractual administrativa, bien podemos concluir en el sentido de que la misma se presenta en esencia como una herramienta interesante y productiva para lograr llevar adelante los objetivos que se propusieron al momento de sancionarla, que no son otros sino que los de fomentar la concurrencia de oferentes, la objetividad en su trato, mejores adjudicaciones y futuros contratos, y lograr en general mayor agilidad, eficiencia, eficacia y transparencia en el manejo de las diversas contrataciones administrativas y de los fondos públicos que con ellas se movilizan.

Hemos podido comprobar que son reiteradísimas las referencias en la normativa analizada al que hemos denominado principio general vertebral de los contratos públicos, al principio de transparencia. Tratamiento que se repite sin ir más lejos, de manera idéntica y en similares características a las de la analizada nueva Directiva 2014/24/UE, en el resto de las dos nuevas Directivas europeas, esto es, la Directiva 2014/25/UE, relativa a la contratación por entidades que operan en los sectores del agua, la energía, los transportes y los servicios postales y por la que se deroga la

Directiva 2004/17/CE[74] y la Directiva 2014/23/UE, relativa a la adjudicación de contratos de concesión. Así y sólo a título de ejemplo esta última incide en la transparencia en los considerandos 4, 6, 33, 53, 24, 61, 67, 68, 72, 74, 77, en los artículos 3, 7, 10 y 35 y en el Anexo III, buena muestra nuevamente del empuje y de la importancia vital que ha cobrado este principio en la que es ya la cuarta generación de Directivas comunitarias en materia de contratación pública.

No obstante, y si bien por supuesto toda norma se presenta como algo siempre perfectible desde distintos puntos de vista y sobre la base de los conocimientos y experiencias aportados por los diversos grupos interesados de la sociedad, no podemos dejar de reconocer los esfuerzos, la labor y las buenas intenciones puestas al servicio de la normativa estudiada, por parte de los distintos sectores que han intervenido y trabajado para redactarla, y el hecho de que su contenido se presenta como un buen instrumento en el campo de que se trata, para lograr mayor seguridad, uniformidad, claridad, agilidad y transparencia administrativa;

Dicho en otros términos, sobre la base de la siempre superior figura de los principios generales del Derecho administrativo y de la contratación pública, que obviamente se nos muestran y se demuestran como algo que nunca podemos desconocer y dejar a un lado si queremos lograr marcos normativos nutridos de mayor justicia y equidad, es la transparencia como principio general vertebral, sin duda, una de las exigencias centrales para disponer de la necesaria calidad institucional, siendo de este modo a la par una de las características intrínsecas al buen gobierno, de forma que como principio-guía y elemento unificador de cualquier marco jurídico de contratación pública propio de un Estado social y democrático de Derecho, revierte y se refleja en un mejor y mucho más evolucionado proceso y progreso social y democrático, sea cual sea por consiguiente el Derecho territorial al que enriquezca.

---

[74] Sobre los principios generales en esta última Directiva, Cf. Díez Moreno, 'Principios jurídicos de la contratación pública: los considerandos de las directivas sobre sectores excluidos', en AA. VV., *La contratación pública en los llamados sectores excluidos. Agua, energía, transportes y telecomunicaciones*, Editorial Civitas, Madrid, 1997.

CAPITULO VIII
LA DIRECTIVA 2014/23/UE RELATIVA A LA ADJUDICACIÓN DE CONTRATOS DE CONCESIÓN

José Antonio MORENO MOLINA*
Jaime PINTOS SANTIAGO**

I. EL MARCO GENERAL DEL DERECHO EUROPEO DE CONCESIONES Y LA COLABORACIÓN PÚBLICO-PRIVADA

La expresión *colaboración público-privada* carece de definición en el ámbito comunitario europeo. En general, se refiere a las diferentes formas de cooperación entre las autoridades públicas y el mundo empresarial, cuyo objetivo es garantizar la financiación, construcción, renovación, gestión o el mantenimiento de una infraestructura o la prestación de un servicio. La colaboración público-privada (en adelante, CPP) está presente en los transportes, la salud pública, la educación, la seguridad, la gestión de los residuos y la distribución de agua o de energía.

Como señala el Libro Verde sobre la colaboración público-privada y el Derecho comunitario en materia de contratación pública y concesiones [documento COM (2004) 327 final] y recuerda la Comunicación interpretativa de la Comisión relativa a la aplicación del Derecho comunitario en materia de contratación pública y concesiones a la colaboración público-privada institucionalizada (2008/C 91/02, DOUE C 91/4, de 14 de abril de 2008), la CPP se caracteriza por:

1. La duración relativamente larga de la relación, que implica la cooperación entre el socio público y el privado en diferentes aspectos del proyecto que se va a realizar.

---

* Catedrático de Derecho Administrativo. Universidad de Castilla-la Mancha.

** Doctor en Derecho. Profesor del Master en Derecho de la Contratación Pública. Universidad de Castilla-La Mancha.

2. El modo de financiación del proyecto, en parte garantizado por el sector privado, en ocasiones a través de una compleja organización entre diversos participantes. No obstante, la financiación privada puede completarse con financiación pública, que puede llegar a ser muy elevada.

3. El importante papel del operador económico, que participa en diferentes etapas del proyecto (diseño, realización, ejecución y financiación). El socio público se concentra esencialmente en definir los objetivos que han de alcanzarse en materia de interés público, calidad de los servicios propuestos y política de precios, al tiempo que garantiza el control del cumplimiento de dichos objetivos.

4. El reparto de los riesgos entre el socio público y el privado, al que se le transfieren riesgos que habitualmente soporta el sector público. No obstante, las operaciones de CPP no implican necesariamente que el socio privado asuma todos los riesgos derivados de la operación, ni siquiera la mayor parte de ellos. El reparto preciso de los riesgos se realiza caso por caso, en función de las capacidades respectivas de las partes en cuestión para evaluarlos, controlarlos y gestionarlos.

En el transcurso de las dos últimas décadas, el fenómeno de la CPP se ha desarrollado en un gran número de ámbitos del sector público en todos los países de la Unión Europea y también en España. Diferentes factores explican el recurso cada vez más frecuente a las operaciones de CPP. Teniendo en cuenta las restricciones presupuestarias que han de afrontar los Estados miembros, este fenómeno responde a la necesidad que tiene el sector público de recibir financiación privada. Otra explicación radicaría en el deseo de aprovechar en mayor medida los conocimientos y métodos de funcionamiento del sector privado en el marco de la vida pública. Por otro lado, el desarrollo de la CPP forma parte de la evolución más general del papel del Estado en el ámbito económico, al pasar de operador directo a organizador, regulador y controlador.

Las autoridades públicas de los Estados miembros recurren a menudo a operaciones de CPP para realizar proyectos de infraestructura, en particular en los sectores del transporte, la sanidad pública, la educación y la seguridad pública. En el ámbito europeo, se ha reconocido que las operaciones de CPP pueden contribuir a la creación de redes transeuropeas de transportes, ámbito en el que existe un enorme retraso debido, sobre todo, a la escasez de inversiones[1].

Las autoridades públicas también recurren a operaciones de colaboración con el sector privado para garantizar la gestión de servicios públicos, sobre todo en el ámbito local. Así pues, cada vez es más frecuente que servicios públicos relativos a la gestión de residuos o la distribución de agua o energía se confíen a empresas, tanto públicas como privadas o mixtas. En este sentido, en el Libro Verde sobre los servicios de interés general se recuerda que, cuando una autoridad pública decide confiar la prestación de un servicio a un tercero, está obligada a respetar la normativa en materia de contratación pública y concesiones, aunque se trate de un servicio considerado de interés general[2].

---

1 *Cf.* La Comunicación de la Comisión de 23 de abril de 2003 Desarrollo de la red transeuropea de transporte: Financiaciones innovadoras - Interoperabilidad del telepeaje, COM(2003) 132.

2 COM(2003) 270 final. Se puede consultar el texto del Libro Verde en: <<http://europa.eu.int/comm/ secretariat_general/services_general_interest>>

En las operaciones de CPP, los socios públicos son, en primer lugar, las autoridades nacionales, regionales o locales. Asimismo, pueden ser organismos de derecho público creados para llevar a cabo misiones de interés general bajo el control del Estado o empresas administradoras de determinadas industrias de red.

El Libro Verde distingue dos tipos de CPP: a) la CPP de tipo puramente contractual. En este caso, la colaboración se basa en vínculos exclusivamente contractuales y puede entrar en el ámbito de aplicación de las directivas europeas sobre contratos públicos; y b) la CPP de tipo institucionalizado (CPPI).

La CPPI implica una cooperación en una entidad diferente y puede conducir a la creación de una entidad *ad hoc* de participación conjunta o al control de una entidad pública por un operador privado. La Comisión entiende por CPPI la cooperación entre socios del sector público y del sector privado que crean una entidad de capital mixto para la ejecución de contratos públicos o concesiones[3]. En los Estados miembros se utilizan terminologías y formulaciones diferentes en este contexto (*Kooperationsmodell, joints ventures, Sociétés d'Economie Mixte*, etc.). La aportación privada a los trabajos de la CPPI, además de la contribución al capital u otros activos, consiste en la participación activa en la ejecución de las tareas confiadas a la entidad de capital mixto y/o la gestión de dicha entidad. En cambio, la simple aportación de fondos por un inversor privado a una empresa pública no constituye una CPPI.

Esta distinción no tiene en cuenta las calificaciones jurídicas del Derecho nacional y en ningún caso preestablece la calificación en Derecho comunitario de estos tipos de fórmulas o contratos.

II. LA NO APLICACIÓN INICIAL DE LA REGULACIÓN COMUNITARIA EUROPEA AL CONTRATO DE CONCESIÓN DE OBRA PÚBLICA

1. *La falta de regulación europea del contrato de gestión de servicios públicos*

La concesión de obras públicas es un contrato mixto de obra y gestión de servicio público, en el que las prestaciones de los dos contratos se realizan sucesivamente, sin llegar a coexistir.

Hasta la aprobación de la Directiva 2014/23/UE, el Derecho comunitario de los contratos públicos no contaba con norma alguna sobre el contrato de gestión de servicios públicos, que era el único de los contratos administrativos españoles que todavía no había sido objeto de regulación europea (lo que no impidió que las leyes españolas de contratos públicos de 1995, el TRLCAP de 2000, la LCSP de 2007 y el vigente TRLCSP consideraran conveniente generalizar a este contrato algunos de los aspectos de las Directivas comunitarias sobre obras, servicios y suministros[4], aunque

---

[3] Comunicación interpretativa de la Comisión relativa a la aplicación del Derecho comunitario en materia de contratación pública y concesiones a la colaboración público-privada institucionalizada (2008/C 91/02, DOUE C 91/4, de 14 de abril de 2008), apartado 1.

[4] Así, las normas sobre capacidad y solvencia económica, financiera y técnica o profesional de los empresarios, y las normas sobre los procedimientos (abiertos, restringidos, negociados y

por ejemplo en el TRLCSP estos contratos quedan fuera de la categoría de contratos sujetos a regulación armonizada[5]). La razón de ser de esta ausencia de regulación europea sobre la gestión de servicios públicos se encuentra en las muy diferentes concepciones político-económicas de los Estados miembros de la Unión Europea que impidieron un consenso al respecto.

Como ya ha sido objeto de análisis, en España el artículo 8 del TRLCSP define a este tipo contractual como aquél en cuya virtud una Administración Pública encomienda a una persona, natural o jurídica, la gestión de un servicio cuya prestación ha sido asumida como propia de su competencia por la Administración encomendante. En realidad, más que de un tipo contractual definido, se trata de distintos supuestos de gestión indirecta de los servicios públicos, que se agrupan bajo el único título de contrato de gestión de los servicios públicos.

2. *La exclusión de las concesiones de obras públicas de las directivas sobre contratos*

Ya las primeras Directivas comunitarias sobre contratos públicos excluían expresamente de su ámbito de aplicación a las concesiones de obras públicas: así lo establecía el artículo 3.1 de la Directiva 71/305/CEE, reguladora de los procedimientos de adjudicación de los contratos públicos de obras[6], al señalar que:

---

diálogo competitivo) y formas de adjudicación de los contratos, se aplican también a este tipo de contratos. En efecto, estas disposiciones se aplican por las leyes citadas a toda clase de contratos, más allá de lo que exigen las Directivas comunitarias, que sólo se aplican a los contratos de obras, suministros y servicios superiores a ciertas cuantías.

5 En efecto, de acuerdo con el artículo 13 de la LCSP, son contratos sujetos a una regulación armonizada los contratos de colaboración entre el sector público y el sector privado, en todo caso, y los contratos de obras, los de concesión de obras públicas, los de suministro, y los de servicios comprendidos en las categorías 1 a 16 del Anexo II, cuyo valor estimado, calculado conforme a las reglas que se establecen en el artículo 76, sea igual o superior a las cuantías que se indican en los artículos siguientes, siempre que la entidad contratante tenga el carácter de poder adjudicador. Tendrán también la consideración de contratos sujetos a una regulación armonizada los contratos subvencionados por estas entidades a los que se refiere el artículo 17.

6 Las primeras Directivas sobre contratos públicos aprobadas por la Comunidad fueron las Directivas del Consejo 71/305/CEE, de 26 de julio de 1971 y 77/62/CEE, de 21 de diciembre de 1976, sobre coordinación de los procedimientos de adjudicación de los contratos públicos de obras y suministro, respectivamente.

El objetivo de estas Directivas, conocidas como Directivas *clásicas* sobre contratos públicos, era coordinar los procedimientos nacionales de formalización de los contratos, introduciendo en ellos un mínimo de normas comunes, que debían ser cumplidas en todos los procedimientos de adjudicación a los que fuesen aplicables. Principalmente, estas normas comunes pretendían garantizar una publicidad comunitaria suficiente para el desarrollo de una competencia efectiva entre los operadores económicos de todos los Estados miembros, prohibir las especificaciones técnicas que tuviesen un efecto discriminatorio y, por último, aplicar criterios objetivos de participación y de adjudicación de los contratos.

Sin embargo, desde los primeros momentos a partir de su aprobación, las Directivas sobre contratos públicos, tanto la de *obras* como la de *suministros*, empezaron a ser sistemáticamente incumplidas en los distintos Estados miembros de la Comunidad.

> "[...] las disposiciones de la presente Directiva no se aplicarán al contrato llamado "de concesión", en el caso en que los poderes adjudicadores celebren un contrato que presente las mismas características dictaminadas en la letra a) del artículo 1, con la excepción de que la contraprestación de las obras a efectuar consista únicamente en el derecho de explotación de la obra, o bien en dicho derecho acompañado de un precio. En todos los demás casos, es obligatorio el recurso a los procedimientos de adjudicación de los contratos públicos."

Sin embargo, la propia Directiva matizaba un tanto esta exclusión inicial al establecer que en el caso de que el propio concesionario:

> "[...] sea uno de los adjudicadores está obligado a recurrir a los procedimientos nacionales de adjudicación de los contratos públicos adaptados a las disposiciones de la presente Directiva, para las obras a ejecutar por terceros países" (apartado 2 del artículo 3).

Si, por el contrario, el concesionario seleccionado era una persona de Derecho privado:

> "[...] las actas de concesión estipularán que el citado concesionario deberá respetar el principio de no discriminación a causa de la nacionalidad en las obras que contrate con terceros[...]" (artículo 3.3 de la Directiva 71/305).

Además, la Declaración de los representantes de los gobiernos de los Estados miembros, reunidos en sede del Consejo, sobre los procedimientos a seguir en materia de concesiones de obras públicas, de 26 de julio de 1971 (*DOCE* nº C 82, 16-8-1971), impuso a los Estados miembros otras obligaciones, como la publicación en el *DOCE* de los anuncios de licitación de las concesiones cuyo valor superase el millón de ecus y la necesidad de que los poderes adjudicadores impusieran a los concesionarios la obligación de subcontratar con terceros un porcentaje mínimo del 30% del valor total de las obras objeto de la concesión, o bien de invitar a los candidatos concesionarios a manifestar en sus ofertas el porcentaje mínimo del contrato que se comprometiesen a subcontratar.

III. LA REGULACIÓN DE LAS CONCESIONES EN LAS DIRECTIVAS SOBRE CONTRATOS PÚBLICOS

1. *El primer paso: la aplicación de las normas de publicidad por la Directiva 89/440/CEE*

La exclusión de las concesiones de obras públicas del ámbito de aplicación de las Directivas sobre contratos constituía una importante vía de escape a las normas comunitarias, afectando de este modo a la libertad de circulación y de concurrencia en el interior de la Comunidad[7].

---

[7] *Cf.* A. Bozzi, C. Malinconico, A. Marzanati & R. Pupilella, 'Commento della Direttiva de 18-7-1989', en *Rivista Italiana di Diritto Pubblico Comunitario*, No. 1, 1991, p. 240. También *Cf.* G. Guisolphe, 'Les concessions de service public et les Directives communautaires sur les marchés publics', en AA. VV., *La concession de service public face au Droit communautaire*, Sirey, París, 1992, pp. 85-ss., y, H. Lesguillons, 'Ouverture des marchés publics à la concur-

El problema revestía caracteres especialmente preocupantes en relación con los Estados italiano y francés, los cuales utilizan la vía concesional para la construcción de las grandes obras públicas (sobre todo, las autopistas). Si se consideraba que las concesiones de obras públicas no eran contratos administrativos, aquéllas quedaban al margen de la normativa comunitaria[8].

De esta circunstancia se hizo eco la Directiva 89/440/CEE, en cuyo preámbulo se manifiestaba la necesidad de: "[...] dar mayor precisión a la noción de contratos de obras públicas con objeto de tener en cuenta, en particular, las nuevas formas de atribución contractuales de servicios [...]", considerando además "[...] la importancia creciente de la concesión de obras públicas y su naturaleza específica [...]"[9]. En consecuencia, la citada Directiva sujetó a las concesiones de obras a las normas de publicidad contenidas en la Directiva. Esta regulación es la que ha recogido la Directiva 93/37/CEE, actualmente vigente para los procedimientos de adjudicación de los contratos públicos de obras.

2. *Las previsiones de la Directiva 93/37*

La Directiva 93/37, sobre contratos públicos de obras, define la concesión de obras públicas como:

> "[...] el contrato que presente los caracteres contemplados en la letra a) –donde se define lo que la Directiva entiende por contratos de obras públicas–, con la salvedad de que la contrapartida de las obras consista, o bien únicamente en el derecho a explotar la obra, o bien en dicho derecho acompañado de un precio."[10]

A su vez, en el artículo 3.1 establece que: "[...] en los contratos de concesión de obras públicas celebrados por los poderes adjudicadores cuyo importe sea igual o superior a 5.000.000 euros, se aplicarán las reglas de publicidad definidas en los apartados 3, 6, 7 y 9 a 13 del artículo 11 y en el artículo 15". Por consiguiente, a las concesiones de obras públicas sólo se les aplican las disposiciones de la Directiva referentes a la publicidad, y no las demás normas de la misma[11].

---

rence européenne', en AA. VV., *Financement privé d'ouverages publics à l'horizon 1993*, Feduci, París, 1990, pp. 39-ss.

8 Además, en los citados ordenamientos la selección de los concesionarios se realiza por parte de las Administraciones públicas de forma enteramente discrecional, sin someterse a los procedimientos concurrenciales que rigen para los contratos públicos de obras, *Cf.* M. Bassols Coma, 'Aproximación a la normativa comunitaria sobre contratación administrativa', en *Noticias CEE*, No. 21, 1986, p. 32.

También, *Cf.* F. Llorens, 'La définition actuelle de la concession de service public en Droit interne', en AA. VV., *La concession... Op. Cit.*, pp. 15-ss.

9 Considerandos 8 y 11 de la Directiva 89/440/CEE.

10 Artículo 1.d) de la Directiva 93/37/CEE.

11 Aunque pudiera inducir a otra interpretación el modelo de anuncio de concesión de obras públicas que se contiene en el Anexo V de la Directiva, cuyo apartado 5 señala que los poderes adjudicadores deberán incluir en dichos anuncios los criterios que serán empleados para adjudicar el contrato, e incluso el artículo 15 de la Directiva cuando establece que "[...] los poderes públicos fijarán un plazo para la presentación de candidaturas a la concesión [...]".

La Directiva también ofrece a los poderes adjudicadores la facultad de: o bien imponer al concesionario de obras públicas que confíe a terceros un porcentaje de los contratos que represente como mínimo un 30% del valor global de las obras objeto de la concesión, estableciendo al mismo tiempo la facultad de que los candidatos incrementen dicho porcentaje[12]; o bien invitar a los candidatos a la concesión a que indiquen en sus ofertas, en su caso, el porcentaje del valor global de las obras objeto de la concesión que se proponen encargar a terceros (artículo 3.2 de la Directiva 93/37/CEE).

Cuando el concesionario era uno de los poderes adjudicadores contemplados en el artículo 1.b) de la Directiva, debía respetar las disposiciones de la Directiva para aquellas obras que hayan de ser ejecutadas por terceros.

Para el supuesto de que los concesionarios de obras públicas no sean poderes adjudicadores, la Directiva obliga a los Estados miembros a adoptar las medidas necesarias con el fin de que dichos concesionarios apliquen las reglas de publicidad de la Directiva en la adjudicación de contratos de obras a terceros, cuando el valor de esos contratos sea igual o superior a 5.000.000 de euros[13].

A estos efectos, no tendrán la consideración de terceros aquellas empresas que se hayan agrupado para obtener la concesión ni las empresas vinculadas a ellas.

Por *empresa vinculada* entiende la Directiva cualquier empresa en la que el concesionario puede ejercer, directa o indirectamente, una influencia dominante, o aquella empresa que puede ejercer una influencia dominante en el concesionario o que, del mismo modo que el concesionario, está sometida a la influencia dominante de otra empresa por razón de propiedad, participación financiera o reglas que la regulan[14]. Los criterios fijados por la Directiva 93/37 coinciden con los que estableció la Directiva 80/723/CEE, de 25 de junio de 1980 (*DOCE* 29-7-1980), sobre transparencia de las relaciones financieras entre los Estados y las empresas públicas.

3. *La regulación de las concesiones en la Directiva 2004/18*

Las Directivas 2004/18/CE, sobre contratos públicos de obras, suministros y servicios, y 2014/17/CE, sobre procedimientos de contratación en los sectores del agua, la energía, los transportes y los servicios postales, que fueron incorporadas al Derecho español por medio de las leyes 30/2007, de 30 de octubre, de Contratos del

---

12 Este porcentaje mínimo deberá constar en el contrato de concesión de obras (artículo 3.2, primer párrafo de la Directiva de 1993).

13 No será necesaria la publicidad en aquellos supuestos excepcionales –recogidos en el apartado 3 del artículo 7– en los que la Directiva permite a los poderes adjudicadores utilizar el procedimiento negociado sin publicar previamente un anuncio de licitación (artículo 3.4).

14 Según el apartado 4 del artículo 3 de la Directiva, en su párrafo cuarto, se presumirá que existe influencia dominante cuando una empresa, directa o indirectamente, con respecto a otra empresa: esté en posesión de la mayoría del capital suscrito de la empresa, o disponga de la mayoría de los votos inherentes a las participaciones emitidas por la empresa, o pueda designar a más de la mitad de los miembros del órgano de administración, de dirección o de control de la empresa.

Sector Público, y 31/2007, de 30 de octubre, sobre procedimientos de contratación en los sectores del agua, la energía, los transportes y los servicios postales, tuvieron por objeto refundir la legislación comunitaria relativa a contratos públicos, dispersa anteriormente en varias directivas aplicables a los distintos tipos de contratos administrativos, y fueron el resultado del debate lanzado por el Libro Verde sobre los contratos públicos adoptado por la Comisión el 27 de noviembre de 1996.

Las citadas directivas persiguen un triple objetivo de modernización, simplificación y mayor flexibilidad del marco jurídico que existe sobre la materia: modernización para tener en cuenta nuevas tecnologías y las modificaciones del entorno económico; simplificación para que los textos actuales sean más fácilmente comprensibles para los usuarios, de modo que los contratos se adjudiquen de perfecta conformidad con las normas y principios que regulan la materia y que las empresas implicadas puedan conocer mejor sus derechos; y flexibilidad de los procedimientos para responder a las necesidades de los compradores públicos y operadores económicos.

De acuerdo con los apartado 3 y 4 del artículo 1 de la Directiva 2004/18, la concesión de obras públicas es:

> "[...] un contrato que presente las mismas características que el contrato público de obras, con la salvedad de que la contrapartida de las obras consista, o bien únicamente en el derecho a explotar la obra, o bien en dicho derecho acompañado de un precio", mientras que la concesión de servicios es "un contrato que presente las mismas características que el contrato público de servicios, con la salvedad de que la contrapartida de la prestación de servicios consista, o bien únicamente en el derecho a explotar el servicio, o bien en dicho derecho acompañado de un precio."

Ahora bien, mientras que las concesiones de servicios no se sujetan a las disposiciones de la Directiva (así lo dispone su artículo 17), a las concesiones de obras públicas dedica les dedica su Título III, que recoge un capítulo I sobre *normas aplicables a las concesiones de obras públicas* (ámbito de aplicación, publicidad, plazos, subcontratación y adjudicación de obras complementarias al concesionario), un capítulo II dedicado a las *normas aplicables a los contratos adjudicados por los concesionarios que sean poderes adjudicadores* y un capítulo III con *normas aplicables a los contratos adjudicados por los concesionarios que no sean poderes adjudicadores* (reglas de publicidad: umbral y excepciones y plazos para la recepción de las solicitudes de participación y la recepción de ofertas).

IV. LA SUJECIÓN DE LAS CONCESIONES A LOS GRANDES PRINCIPIOS DEL TRATADO

1. *Los decisivos efectos de la jurisprudencia del TJCE para el respeto de los principios de publicidad, objetividad y no discriminación en la adjudicación de los contratos públicos*

Como todo acto del Estado por el que se fijen las condiciones que debe cumplir una prestación de actividades económicas, las concesiones están sujetas a las disposiciones reguladoras de la libre circulación de mercancías y servicios en el Tratado de Funcionamiento de la Unión Europea (TFUE), así como a los principios sentados por la jurisprudencia del Tribunal de Justicia de la Unión. Se trata, en particular de los principios de no discriminación, igualdad de trato, transparencia, reconocimiento mutuo y proporcionalidad.

En este sentido, el Tribunal de Justicia, en su sentencia Telaustria, afirma que:

> "[la] obligación de transparencia que recae sobre la entidad adjudicadora consiste en garantizar, en beneficio de todo licitador potencial, una publicidad adecuada que permita abrir a la competencia el mercado de servicios y controlar la imparcialidad de los procedimientos de adjudicación."[15]

Estos principios también son aplicables a los demás actos públicos en virtud de los cuales se confía una prestación económica a un tercero, como, por ejemplo, los contratos excluidos del ámbito de aplicación de las Directivas al no superar su importe los umbrales de aplicación del Derecho derivado, o los servicios considerados no prioritarios[16].

El régimen que se deriva de las disposiciones pertinentes del Tratado puede resumirse en las obligaciones siguientes: fijación de las normas aplicables a la selección del socio privado, publicidad adecuada relativa a la intención de otorgar una concesión y a las normas que rigen la selección para permitir un control de la imparcialidad a lo largo de todo el procedimiento, convocatoria real de los operadores potencialmente interesados o con capacidad para garantizar el cumplimiento de las tareas en cuestión, respeto del principio de igualdad de trato de la totalidad de los participantes a lo largo de todo el procedimiento y adjudicación con arreglo a criterios objetivos y no discriminatorios[17].

En su comunicación interpretativa sobre las concesiones en el Derecho comunitario (DOCE serie C 121/2, de 29 de abril de 2000), la Comisión recuerda que el Tratado no limita la libertad de un Estado miembro para hacer uso de las concesiones siempre y cuando las modalidades de adjudicación sean compatibles con el ordenamiento jurídico comunitario.

Ahora bien, tal como resulta de la jurisprudencia del Tribunal, aunque, en virtud del Tratado, los Estados miembros conserven la libertad de establecer normas materiales y procesales, deben cumplir todas las disposiciones pertinentes del ordenamiento jurídico comunitario y, en particular, las prohibiciones que se derivan de los principios consagrados por el Tratado sobre derecho de establecimiento y libre prestación de servicios[18]. El Tribunal ha subrayado además la importancia de los principios y normas que se derivan del Tratado y ha precisado, en particular, que las directivas de contratación pública tienen por objeto, por una parte, "[...] facilitar la

---

15 Sentencia C-324/98. Véase también el auto de 30 de mayo de 2002, asunto C-358/00, Deutsche Bibliothek, Rec. I-4685.

16 Auto del Tribunal de Justicia de 3 de diciembre de 2001, asunto C-59/00, *Vestergaard*, Rec. I-9505.

17 Véase el Libro Verde sobre la colaboración público-privada y el Derecho comunitario en materia de contratación pública y concesiones [COM (2004) 327 final].

18 Sentencia de 9 de julio de 1987, asuntos acumulados 27/86, 28/86 y 29/86, *Bellini*.

realización en el interior de la Comunidad de la libertad de establecimiento y de la libre prestación de servicios [...]" y, por otra parte, "[...] garantizar la efectividad de los derechos reconocidos por el Tratado en el sector de los contratos públicos de obras y de suministros."[19]

Algunos Estados miembros han considerado a veces que la adjudicación de una *concesión* no estaba sometida a las normas del Tratado porque se trata de una delegación de un servicio público que sólo puede concederse sobre la base de la confianza recíproca (*intuitu personae*). Como se desprende del Tratado y de la reiterada jurisprudencia del Tribunal de Justicia, las únicas razones que permiten que los actos del Estado susceptibles de transgredir los preceptos del TFUE sobre la libre prestación de servicios eludan la prohibición dispuesta en éstos son las contempladas en el propio Tratado, cuyas condiciones de aplicación, muy restrictivas, han sido indicadas por el Tribunal[20]. En efecto, se trata de los supuestos en que exista un "ejercicio del poder público".

En su jurisprudencia, el Tribunal no ha definido nunca de forma general y abstracta lo que debe entenderse por actividades relacionadas con el ejercicio del poder público[21]. No obstante, en su Sentencia de 21 de junio de 1977, Reyners contra el Estado belga[22], el Tribunal precisó lo siguiente:

> "[...] la excepción a la libertad de establecimiento prevista por el párrafo 1 del artículo 55 del Tratado CEE debe circunscribirse a las actividades previstas por el artículo 52 que, por sí mismas, impliquen una participación directa y específica en el ejercicio del poder público."

En la Sentencia del TJUE de 5 de diciembre de 1989, asunto C-3/88, que versa sobre la reserva a las sociedades donde el sector público tenga una participación mayoritaria de algunos contratos de suministro de equipos informáticos, el Tribunal, con apoyo explícito en la jurisprudencia del Asunto *Reyners*, señaló que en el presente asunto no era de aplicación la excepción del artículo 55 del TCE:

> "[...] habida cuenta que las actividades discutidas relativas a la concepción, al programa informático y a la gestión de sistemas informáticos son de carácter técnico y, por consiguiente, ajenas al ejercicio del poder público."

De todo lo anterior se desprende que la falta de previsiones específicas en el Tratado de la Comunidad sobre la apertura de la contratación pública[23] no ha tenido ma-

---

19 Sentencias de 10 de marzo de 1987, en el asunto 199/85: Comisión contra Italia, y de 17 de noviembre de 1993 en el asunto 71/92: Comisión contra España.

20 Sentencia de 26 de abril de 1994, asunto C-272/91, Comisión contra Italia.

21 Así lo señala el Abogado General Sr. J. Mischo en sus Conclusiones en el Asunto C-3/88, presentadas el 4 de octubre de 1989, Rec. 1989, p. 4050.

22 Asunto 2/74, Rec. 1974, p. 631.

23 A pesar de esta trascendencia económica de los contratos públicos y de la importancia que su apertura a la libre competencia tiene para la consecución del mercado interior en la Comunidad, el Tratado originario de la Comunidad Económica Europea no contenía referencias explícitas sobre los mismos. El hecho no deja de producir extrañeza, si bien se comprende mejor al situarnos en los orígenes de las Comunidades Europeas, momento en que la trascendencia

yor importancia, puesto que los grandes principios inspiradores del Tratado de la Comunidad Europea son enteramente aplicables a la contratación pública, como ha declarado el Tribunal de Justicia de las Comunidades Europeas en numerosas ocasiones.

Entre los principios del TFUE aplicables a la contratación pública sobresale, en primer lugar, la prohibición de toda discriminación por razón de la nacionalidad. Esta exigencia se podría considerar, sin duda alguna, como el fundamento de todo el sistema de contratación pública a nivel comunitario (Sentencia de 22-6-1993, asunto C-243/89).

Otro principio importante que el Tribunal de Luxemburgo ha aplicado con firmeza en el ámbito de la contratación pública es el de la libre circulación de mercancías (ver, por ejemplo, la Sentencia de 20-3-1990, asunto C-21/88), que constituye el principal título habilitador de la intervención comunitaria en el campo de la contratación pública y, por consiguiente, va a ser el obligado punto de referencia para la interpretación de las legislaciones, tanto nacionales como comunitaria, sobre la materia, así como para la integración de sus lagunas e insuficiencias.

Por otra parte, también son de aplicación en el ámbito de la contratación pública el derecho de establecimiento y la libre prestación de servicios dentro de la Unión Europea, que obligan a eliminar no sólo las discriminaciones ostensibles, en razón de la nacionalidad, sino también cualquier forma encubierta de discriminación que, mediante la aplicación de otros criterios de distinción, conduzca de hecho al mismo resultado (STJUE de 5-12-1989, C-3/88[24]).

Junto a los anteriores preceptos, desarrollan asimismo una importante función en el campo de los contratos públicos las normas sobre la competencia. En concreto, entre las normas sobre la competencia que afectan más directamente a la contratación pública, cabría resaltar, sobre todo, la prohibición de acuerdos contrarios a la competencia y de abuso de posiciones dominantes.

---

que ulteriormente adquirió dicho sector era poco imaginable y en el que la complejidad de la materia y las considerables diferencias entre los distintos sistemas nacionales de contratación pública (en algunos países, por influencia francesa, se conocía la figura de los contratos administrativos, que se regían por sus propias reglas de Derecho administrativo, mientras que en otros Estados, la mayoría, en la contratación de las Administraciones Públicas se aplicaban las mismas normas que regían para los contratos entre particulares, es decir, las normas del Derecho civil) imposibilitaron llegar a un acuerdo.

24 En el citado asunto, se cuestionó por la Comisión ante el Tribunal la adecuación al Tratado de determinadas normas de un Estado miembro (Italia) que reservaban a sociedades de cuyo capital es único titular el sector público o en las que éste posee una participación pública mayoritaria algunos contratos públicos de suministros en el sector de la informática.

El Tribunal, en su Sentencia de 5 de diciembre de 1989, recordó en primer lugar su jurisprudencia que, en base a los artículos 43 y siguientes del Tratado, a los que considera una expresión particular del principio de igualdad de trato del artículo 7, prohíbe no sólo las discriminaciones ostensibles sino también las encubiertas. Y la aplicó al caso concreto que estamos analizando, ya que: "[…] las Leyes y Decretos-Leyes controvertidos, aunque indistintamente aplicables a cualquier sociedad italiana o extranjera, favorecen principalmente a sociedades italianas […] En el momento actual no existen en el sector de la informática sociedades de otros Estados miembros cuyo capital esté total o mayoritariamente en manos del sector público italiano."

La sentencia del TJUE de 13 de octubre de 2005, asunto C-458/03, *Parking Brixen GMBH*, concluye que "pese a que, en el estado actual del Derecho comunitario, los contratos de concesión de servicios públicos se encuentran excluidos del ámbito de aplicación de la Directiva 92/50, las autoridades públicas que los celebren están obligadas no obstante a respetar, en general, las normas fundamentales del Tratado CE y, en especial, el principio de no discriminación por razón de la nacionalidad".

2. *La influencia europea en la caracterización de las concesiones de obras públicas a través de los principios del riesgo concesional, del equilibrio económico de la concesión y de las fuentes de financiación*

Tres son las notas fundamentales que caracterizaron la regulación jurídica de la concesión en la Ley española 13/2003 y, por ende, en la LCSP y el TRLCSP: el riesgo concesional, el equilibrio económico y las fuentes de financiación.

Estas características se muestran plenamente acordes con la definición comunitaria de las concesiones de obras públicas[25].

Las ideas de riesgo del concesionario y de equilibrio económico de la concesión aparecen íntimamente ligadas en la evolución histórica de la figura de la concesión y su configuración en la Ley 13/2003 revistió una importancia capital para que la concesión de la obra pública conserve sus señas de identidad y pueda ser reconocida como tal.

Resulta evidente, en un contrato de larga duración por naturaleza, que la asunción del riesgo, ante la imposibilidad de predecir con un margen razonable de error el futuro, no puede transformar el contrato en un negocio aleatorio por lo que en coherencia se impone moderar adecuadamente los límites del riesgo, si se quieren atraer la participación del capital y la iniciativa privadas en inversiones cuyo volumen exige el esfuerzo compartido de los sectores público y privado. Debe destacarse, sin embargo, que la asunción de riesgo en "proporción sustancial" por el concesionario resulta determinante para que el contrato de concesión merezca tal calificación.

Este principio aparece formulado explícitamente varias veces a lo largo del texto de la Ley 13/2003 y después en la LCSP y el TRLCSP, referido además a las distintas fases del desarrollo de la concesión, desde la posibilidad de la propuesta de actuación por parte de la iniciativa privada a la asunción de los riesgos, en la fase de ejecución de las obras y en la fase de explotación, estableciéndose, en concreto, que el mecanismo de retribución del concesionario deberá respetar el principio de asunción de riesgo por el mismo. La necesidad de incluir este principio de asunción del riesgo empresarial viene dada, además, por la definición de sistema concesional que se utiliza en el ámbito de la Unión Europea. De forma compatible con el citado principio de asunción de riesgos, la nueva ley contribuirá a fortalecer el principio del mantenimiento del equilibrio económico-financiero de las concesiones, al establecer un mecanismo por primera vez simétrico por el que el concesionario evitará incurrir

25 Véase al respecto la Comunicación interpretativa de la Comisión sobre las concesiones en el Derecho comunitario (DOCE serie C 121/2, de 29 de abril de 2000).

en riesgos excesivos, pero también renunciará en su caso a beneficios desproporcionados a favor de la Administración y de los usuarios. Esta simetría en el tratamiento de beneficios y pérdidas extraordinarios es novedad en nuestro sistema concesional, pero además va a suponer el abaratamiento de las tarifas o la reducción de los plazos concesionales u otras mejoras en los parámetros económicas de la concesión en aquellos casos en que se produzca un incremento de la demanda significativamente superior al previsto inicialmente en el Plan económico-financiero de la concesión. De esta forma los usuarios serán también partícipes de los beneficios resultantes de la buena marcha del proyecto concesional.

En relación con el significado y efectos del principio de equilibrio económico de la concesión, hay que recordar la tradición en el Derecho español de la contratación pública, a través de numerosos pliegos de condiciones, de consagrar una interpretación del principio siempre favorable al concesionario, hasta conseguir incluso que el riesgo del mismo desapareciera en ocasiones. Para que la concesión conserve su naturaleza, el equilibrio económico contractual deberá recomponer –cuando se altera por las causas tasadas que la ley establece– el marco definido y pactado entre la Administración y el contratista, referencia obligada para determinar los riesgos y beneficios del concesionario. El equilibrio deberá restablecerse, tanto si se ha roto en perjuicio como a favor del concesionario, produciendo unos efectos más allá de lo que se considera deseable o tolerable para la credibilidad de la institución y para el interés público, sin que por ello se elimine el interés del concesionario.

En la línea anterior un incremento de la demanda de la utilización de la obra de carácter extraordinario, que fuera más allá de las previsiones del plan económico-financiero concesional, debe fundamentar los oportunos ajustes para evitar que el usuario, al que corresponde en última instancia la financiación total o parcial de la inversión realizada y el pago de la explotación de la obra, soporte un peaje o un canon desproporcionados, con quebranto manifiesto de la equidad. Para ello se prevé en la Ley de Contratos que el concesionario quede contractualmente comprometido, con arreglo a su propia oferta, con un nivel mínimo y otro máximo de rendimientos totales para cada concesión, de suerte que, si no se alcanzara el primero o se sobrepasará el segundo durante el período que en cada caso se determine, procederá la revisión del contrato. En su virtud, se incorporan al propio contrato los términos de revisión del mismo por las variaciones que se produzcan en los rendimientos derivados de la utilización de la obra. Con ello se asegura, a la vez, la justa retribución del esfuerzo y riesgo empresariales y el sacrificio razonable del usuario de la obra pública. En definitiva, esta interpretación del equilibrio económico del contrato constituye una de las opciones capitales que inspiran la nueva regulación de la concesión de obras públicas, en sintonía con la naturaleza y finalidad de la institución y la ponderada distribución del riesgo.

Las características configuradoras de la institución concesional se completan con la diversificación de las fuentes de financiación, a fin de hacerla más atractiva para el capital privado, introduciendo un régimen regulador llamado a evitar la congelación de la inversión que se realice. Así, la concesión, como bien jurídico, se integrará plenamente en el tráfico mercantil desde el momento de la perfección del contrato, pudiendo ser objeto de cesión e hipoteca.

En orden, asimismo, a permitir la diversificación del esfuerzo inversor, la ley facilita la apertura de la sociedad concesionaria al mercado de capitales, no sólo, lógicamente mediante los medios convencionales, esto es, la financiación por entidades de crédito o la emisión de obligaciones, bonos u otros títulos semejantes, incluso con la posibilidad de contar con el aval público si los intereses generales así lo aconsejaran, sino a través de la titulización de los derechos de crédito vinculados a la explotación de la obra, titulización que podrá referirse, en su caso, a los que correspondan a las zonas complementarias de la concesión de carácter comercial. La presencia del capital privado se asegura mediante un sólido repertorio de garantías para los posibles acreedores hipotecarios y poseedores de títulos.

Entre las posibilidades de financiación íntegramente privada, además de la tradicional de carga al usuario final vía peaje, el texto introduce la posibilidad de que el concesionario explote las zonas comerciales anexas a la infraestructura (áreas de servicio, estaciones de ferrocarril), y la posibilidad de titulizar o hipotecar la infraestructura. Como contrapartida, las sociedades concesionarias estarán obligadas a cumplir con la denominada "cláusula de progreso", por la que asumen el posterior mantenimiento de la obra pública y su adaptación de los distintos requerimientos técnicos, medioambientales o de seguridad que surjan en el tiempo.

V. LA REGULACIÓN DE LAS CONCESIONES EN LA NUEVA DIRECTIVA EUROPEA RELATIVA A LA ADJUDICACIÓN DE CONTRATOS DE CONCESIÓN

Tal y como establece el primer Considerando de la Directiva 2014/23/UE, la ausencia hasta ahora de unas normas claras a nivel de la Unión en el ámbito de la adjudicación de contratos de concesión (y de contratos de gestión de servicios públicos, entiendo que cabría apuntar para el caso de España) acarrea problemas de inseguridad jurídica, obstaculiza la libre prestación de servicios y falsea el funcionamiento del mercado interior, en vulneración a mi juicio, entre otros, del principio de igualdad.

Como resultado de ello, puede que las autoridades públicas no den un uso óptimo a los fondos públicos de forma que no garanticen el auténtico derecho de toda la ciudadanía al correcto uso que se debe hacer de los recursos que son de todos; y ello además de la posibilidad de que algunos licitadores se vean privados de los derechos que les confiere el mercado interior, más si cabe en el caso de las pequeñas y medianas empresas (PYMEs), sobre todo teniendo presente que el espíritu emprendedor se encontraba recogido ya en el año 2008 en el ámbito de la Unión Europea a través de la iniciativa comunitaria denominada "Pensar primero a pequeña escala"[26], llamada también ley de las pequeñas y medianas empresas (PYMEs), al disponerse que las políticas comunitarias y nacionales debían tener más presente el papel de las PYMEs en el crecimiento económico y la creación de empleo, con el fin de promover la competitividad sostenible de la Unión Europea.

[26] Comunicación de la Comisión Europea al Parlamento Europeo, al Consejo, al Comité Económico y Social Europeo y al Comité de las Regiones de 25 de junio de 2008 denominada *Pensar primero a pequeña escala Small Business Act* para Europa: iniciativa en favor de las pequeñas empresas [COM(2008) 394 final - no publicada en el Diario Oficial de la Unión Europea].

Era así imprescindible para la Unión Europea instaurar un marco jurídico adecuado en el ámbito de la adjudicación de concesiones que garantizara a todos los operadores económicos de la Unión un acceso efectivo y no discriminatorio al mercado cerciorando así la seguridad jurídica necesaria en este ámbito y reflejando adecuadamente la especificidad de las concesiones en relación con los contratos públicos. Ello, porque la adjudicación de concesiones de obras públicas se regía en el ámbito europeo por la Directiva 2004/18/CE, cuya transposición en España se refleja en última instancia en el TRLCSP, mientras que la de concesiones de servicios se encontraba sometida sólo a los principios generalmente aplicables a la contratación pública, ya que si bien la Directiva 2004/18/CE, definía en su artículo 1.4 la concesión de servicios como:

> "[...] un contrato que presente las mismas características que el contrato público de servicios, con la salvedad de que la contrapartida de la prestación de servicios consista, o bien únicamente en el derecho a explotar el servicio, o bien en dicho derecho acompañado de un precio [en el artículo 17 excluía a esta figura de su ámbito de aplicación]."

Si bien lo anterior no supone que no haya habido intentos por incluir las concesiones de servicios dentro del marco jurídico que regula el Derecho de la contratación pública comunitario[27]. Así lo atestigua claramente la STJUE de 7 de diciembre de 2000, *Teleausria y Teelfonadress,* C-324/98, Rec. p. I – 10770, que indica:

> "46. A este respecto procede recordar que, tanto en su Propuesta de 13 de diciembre de 1990 como en su Propuesta modificada de Directiva 91/C 250/05 del Consejo, de 28 de agosto de 1991, sobre coordinación de los procedimientos de adjudicación de contratos públicos de servicios (DO C 250, p. 4; en lo sucesivo, «Propuesta de 28 de agosto de 1991»), que desembocaron en la adopción de la Directiva 92/50, relativa a los contratos públicos de servicios en general, la Comisión había propuesto expresamente incluir las «concesiones de servicios públicos» en el ámbito de aplicación de dicha Directiva.
>
> 48. No obstante, en el transcurso del procedimiento legislativo, el Consejo suprimió toda referencia a las concesiones de servicios públicos, principalmente a causa de las diferencias existentes entre los Estados miembros en materia de delegación de la gestión de servicios públicos y en las modalidades de dicha delegación, que podrían crear una situación de enorme desequilibrio en la apertura de los mercados de concesiones de servicios públicos (véase el documento No. 4444/92 ADD 1, de 25 de febrero de 1992, punto 6, titulado «Motivación del Consejo» y adjunto a la Posición Común de la misma fecha).
>
> 49. Un destino similar tuvo la postura que la Comisión expresó en su Propuesta modificada de Directiva 89/C 264/02 del Consejo, de 18 de julio de 1989, relativa a los procedimientos de adjudicación de contratos a entidades que operan en los sectores del agua, energía, servicios de transporte y servicios de telecomunicaciones (DO C 264, p. 22) [...]

---

[27] *Cf.* I. Gallego Córcoles, 'Distinción entre el contrato de concesión de servicios y el contrato de servicios (I)', en *Revista Contratación Administrativa Práctica,* No. 111, Editorial La Ley, septiembre, 2011, pp. 3.

52. Dicha conclusión resulta corroborada igualmente por la evolución del ámbito de aplicación de las Directivas en materia de contratos públicos de obras.

53. En efecto, el artículo 3, apartado 1, de la Directiva 71/305, que fue la primera Directiva en esta materia, excluía expresamente de su ámbito de aplicación los contratos de concesión.

55. Posteriormente, la Directiva 93/37/CEE del Consejo, de 14 de junio de 1993, sobre coordinación de los procedimientos de adjudicación de los contratos públicos de obras (DO L 199, p. 54), que sustituyó a la versión modificada de la Directiva 71/305, menciona expresamente la concesión de obras públicas entre los contratos incluidos en su ámbito de aplicación.

56. En cambio, la Directiva 93/38, adoptada el mismo día que la Directiva 93/37, no contiene disposición alguna sobre las concesiones de servicios públicos."

De lo anterior podemos comprobar que pese a los distintos intentos habidos por incluir a los contratos de concesión de servicios en el ámbito de aplicación de las Directivas sobre contratación pública, los mismos no han dado sus frutos, ni en los contratos con carácter general, ni en los llamados sectores especiales, de lo que se deduce, por consiguiente, que la intención del legislador comunitario hasta la fecha ha sido no incluirlos expresamente en el ámbito de aplicación de estas normas.

Todo lo anterior, lo es al margen de que directamente el resto de modalidades de los contratos de gestión de servicios públicos regulados por nuestra normativa nacional no fueran reconocidos por la normativa europea como contratos administrativos y que ahora, al margen de la regulación del régimen jurídico de las concesiones que se hace en la Directiva 2014/23/UE, siguen sin ser regulados en el Derecho de la Unión Europea[28], quedando por tanto en el aire una pregunta abierta de qué pasará con estas figuras contractuales una vez que la transposición de la cuarta generación de Directivas comunitarias sobre contratación pública se produzca, es decir, falta saber si el Estado español cuando transponga las nuevas directivas seguirá contemplando estas modalidades de gestión de servicios públicos, concretamente gestión interesada, concierto y sociedad de economía mixta, no existentes en el ámbito europeo o hará una regulación verdaderamente adaptada a la normativa comunitaria. Como ya vimos el actual ALCSP apunta a que así será y que dichos contratos desaparecerán, si bien es algo que como ya apuntamos todavía se encuentra en entredicho.

No obstante y como avanzaba antes, a estos contratos en todo caso se le aplican los principios del TFUE, en particular los de libre circulación de mercancías, liber-

---

[28] El Acuerdo 51/2014, de 4 de septiembre, el Tribunal Administrativo de Recursos Contractuales de Aragón recuerda que los contratos de gestión de servicios públicos, a diferencia de lo que ocurre con los contratos de obras, servicios y suministros, no tienen su origen y fundamento en la Directiva 2004/18/CE: "[...] sino en la normativa estatal que regula la contratación pública. De lo anterior se desprende que la Directiva 2004/18/CE, no regula los procedimientos relativos a los contratos de gestión de servicios públicos, circunstancia por la cual este tipo de contratos no se encuentra sujeto a regulación armonizada. [...] De manera que en los contratos de gestión de servicios públicos, en la actualidad, no resulta obligatoria la publicación de la licitación en DOUE."

tad de establecimiento y libre prestación de servicios, así como los principios que se derivan de ellos, tales como la igualdad de trato, la no discriminación, el reconocimiento mutuo, la proporcionalidad y la transparencia.

Por tanto, es necesario que los principios del TFUE se apliquen de manera uniforme en todos los Estados miembros y que se eliminen las discrepancias de interpretación de dichos principios en toda la Unión Europea y a ello es a lo que, en definitiva, contribuye la nueva Directiva sobre contratos de concesión, que reconoce y reafirma el derecho de los Estados miembros, dentro del respeto a estos principios, a determinar los medios administrativos que consideren más adecuados para la realización de obras y la prestación de servicios y a organizar la prestación de servicios, su ámbito de aplicación y características, ya sea como servicios de interés económico general, como servicios no económicos de interés general, o como una combinación de ambos, pero garantizado en todo caso los principios generales de la contratación pública.

En expresión del propio TJUE, entre muchas otras, en las Sentencias de 15 de octubre de 2009, *Acoset*, en el asunto C-196/08 o de 6 de abril de 2006, *ANAV*, asunto C-410/04, donde atina a concretar por ejemplo en esta última que:

> "18. Pese a que los contratos de concesión de servicios públicos se encuentran excluidos del ámbito de aplicación de la Directiva 92/50, sustituida por la Directiva 2004/18, las autoridades públicas que los celebren están obligadas no obstante a respetar, en general, las normas fundamentales del Tratado CE y, en especial, el principio de no discriminación por razón de la nacionalidad (véanse, en este sentido, las sentencias de 7 de diciembre de 2000, Telaustria y Telefonadress, C-324/98, Rec. p. I-10745, apartado 60; de 21 de julio de 2005, Coname, C-231/03, Rec. p. I-7287, apartado 16, y Parking Brixen, antes citada, apartado 46).
>
> 19. Entre las disposiciones del Tratado aplicables específicamente a las concesiones de servicios públicos cabe destacar, en particular, los artículos 43 CE y 49 CE (sentencia Parking Brixen, antes citada, apartado 47).
>
> 20. Además del principio de no discriminación por razón de la nacionalidad, el principio de igualdad de trato de los licitadores es también aplicable a las concesiones de servicios públicos aun cuando no exista una discriminación por razón de la nacionalidad (sentencia Parking Brixen, antes citada, apartado 48).
>
> 21. Los principios de igualdad de trato y de no discriminación por razón de la nacionalidad implican, en particular, una obligación de transparencia que permita que la autoridad pública concedente se asegure de que los mencionados principios son respetados. Esta obligación de transparencia que recae sobre dicha autoridad consiste en garantizar, en beneficio de todo licitador potencial, una publicidad adecuada que permita abrir a la competencia la concesión de servicios y controlar la imparcialidad de los procedimientos de adjudicación (véanse, en este sentido, las sentencias antes citadas Teleaustria y Telefonadress, apartados 61 y 62, y Parking Brixen, apartado 49).
>
> 23. Además, del artículo 86 CE, apartado 1, se desprende que los Estados miembros no deben mantener en vigor una normativa nacional que permita la adjudicación de concesiones de servicios públicos sin licitación, puesto que tal adjudicación infringe los artículos 43 CE o 49 CE, o vulnera los principios de igualdad de trato, no discriminación y transparencia (sentencia Parking Brixen, antes citada, apartado 52)."

Sentado lo anterior vamos a ver a continuación un pequeño repaso de las principales cuestiones que merece la pena destacar en la nueva Directiva relativa a la adjudicación de contratos de concesión. Como ya he anunciado, bajo la premisa de que la ausencia de unas normas claras a nivel de la Unión en el ámbito de la adjudicación de contratos de concesión acarreaba ciertos problemas de inseguridad jurídica, obstaculizando la libre prestación de servicios y el funcionamiento del mercado interior, es como la Unión Europea ha decidido regular el marco legislativo aplicable a la adjudicación de concesiones en aras de conseguir un crecimiento inteligente, sostenible e integrador y fomentar la utilización más eficiente de los fondos públicos de cara a la estrategia Europa 2020[29].

La Directiva 2014/23/UE se refiere a las concesiones como contratos a título oneroso mediante los cuales uno o más poderes o entidades adjudicadores confían la ejecución de obras o la prestación y gestión de servicios a uno o más operadores económicos. El objeto de dichos contratos es la contratación de obras o servicios mediante una concesión cuya contrapartida consiste en el derecho a explotar las obras o servicios, o este mismo derecho en conjunción con un pago. Estos contratos pueden conllevar o no la transferencia de la propiedad a los poderes o entidades adjudicadores, pero estos obtienen siempre los beneficios derivados de las obras o servicios[30]. Sin embargo, aclara que la mera financiación de una actividad, en particular por medio de subvenciones, que a menudo va ligada a la obligación de reembolsar las cantidades que no se hubieran destinado a los fines previstos, no entra en el ámbito de aplicación de la Directiva.

Respecto del ámbito de aplicación objetivo, aclara que no deben considerarse concesiones ciertos actos, como las autorizaciones o licencias, en virtud de los cuales el Estado o una autoridad pública establece las condiciones para el ejercicio de una actividad económica, con inclusión del requisito de llevar a cabo una operación determinada, que por lo general se conceden a petición del operador económico y no por iniciativa del poder adjudicador o entidad adjudicadora, y en los que el operador económico queda libre de renunciar a la prestación de las obras o servicios, cosa que no ocurre en los contratos de concesión.

Tampoco deben considerarse concesiones a efectos de la Directiva los contratos de arrendamiento de bienes o de tierras de dominio público, o los contratos que no conlleven pagos al contratista y en los que este reciba su retribución de acuerdo con tarifas reglamentadas de manera que cubran la totalidad de los costes e inversiones que este haya soportado para prestar el servicio. Se excluyen también del ámbito de aplicación de la Directiva las concesiones relativas a la explotación de loterías y

[29] Sobre la utilización estratégica de la contratación pública en respuesta a nuevos desafíos dentro de este marco estratégico y temporal, Cf. J. M. Gimeno Feliú, 'Las nuevas directivas – cuarta generación– en materia de contratación pública. Hacia una estrategia eficiente en compra pública', en *REDA*, No. 159, Julio – Septiembre 2013, pp. 39-105, cuya conclusión me atrevo a resumir como él lo hace: la contratación pública es estrategia.

[30] El Informe 21/13, de 27 de junio de 2013, de la Junta Consultiva de Contratación Administrativa del Estado referido a la posibilidad de gestionar mediante concesión varios cementerios cedidos por el Arzobispado viene a confirmar la posibilidad de celebrar un contrato de gestión de servicio público sobre bienes que no son propiedad de la administración convocante.

determinados servicios de emergencia prestados por organizaciones o asociaciones sin ánimo de lucro, como por el ejemplo el de grandes ONG, ya que sería difícil preservar la especial naturaleza de estas organizaciones en el caso de que los prestadores de servicios tuvieran que elegirse con arreglo a los procedimientos establecidos en la nueva Directiva, especificando expresamente que los servicios de transporte de pacientes en ambulancia no deben excluirse.

Importante exclusión del ámbito de aplicación objetivo de la Directiva es el sector del agua, debido a la importancia del agua como bien público de valor fundamental para todos los ciudadanos. La exclusión incluye las concesiones de obras y servicios para suministrar o explotar redes fijas destinadas a prestar un servicio al público en relación con la producción, el transporte o la distribución de agua potable o a suministrar agua potable a dichas redes. También debe excluirse, en la medida en que los servicios estén vinculados a una de las actividades anteriores, la concesión de servicios para la evacuación o tratamiento de aguas residuales y para proyectos de ingeniería hidráulica, irrigación o drenaje, siempre que el volumen de agua destinado al abastecimiento de agua potable represente más del 20% del volumen total de agua disponible gracias a dichos proyectos o a dichas instalaciones de irrigación o drenaje.

En cuanto al ámbito de aplicación subjetivo cabe puntualizar que los partidos políticos en general no están sujetos a lo dispuesto en la Directiva, al no tratarse para la Directiva de poderes ni entidades adjudicadores[31].

Con relación al ámbito de aplicación espacial debe considerarse que los servicios se prestan en el lugar en el que se ejecutan las prestaciones características; de forma que, por ejemplo, cuando los servicios se presten a distancia, como puede ser el caso de servicios de atención telefónica, debe considerarse que los servicios se prestan en el lugar en el que se realizan dichos servicios, con independencia de los lugares y Estados miembros a los que se dirijan esos servicios.

De otro lado, y pasando a los contratos mixtos, las normas aplicables deben determinarse en función del objeto principal del contrato cuando las distintas partes que constituyen este último no sean objetivamente separables como, por ejemplo, puede ser el caso de la construcción de un único edificio, del que una parte vaya a

---

31 Esta exclusión de los partidos políticos del ámbito subjetivo coincide con lo establecido en nuestro TRLCSP y también en parte con lo dispuesto por la Ley 19/2013, de 9 de diciembre, de transparencia, acceso a la información pública y buen gobierno (BOE núm. 295, de 10 de diciembre de 2013), aunque hay que decir al menos que hubiera sido deseable y necesario la inclusión de los poderes adjudicadores a los que hace referencia el artículo 3.3 b) del TRLCSP, pero nada comparable con la sujeción también de los partidos políticos y las organizaciones sindicales y empresariales a las obligaciones que marca la Ley de Transparencia en materia del derecho de acceso a la información pública regulada en el Capítulo III del Título I de la norma, obligaciones a las que no se encuentran sujetas. Para comprobar la trascendencia que este punto pueda tener desde todas las perspectiva, pero también desde el enfoque de la contratación pública, basta acudir a la Directiva 2014/24/UE (considerando 29), donde parece incluir a los partidos políticos dentro de su ámbito de aplicación, al contemplar la exclusión únicamente de ciertos contratos de servicios cuando sean celebrados por los partidos en el marco de las campañas electorales.

ser utilizada directamente por el poder adjudicador interesado y otra parte vaya a ser aprovechada sobre la base de una concesión, para ofrecer al público plazas de aparcamiento. Pero dice la nueva Directiva que en el caso de los contratos mixtos que pueden dividirse, el poder adjudicador podrá en todo momento adjudicar contratos independientes para las partes separadas del contrato mixto, en cuyo caso las disposiciones que han de aplicarse a cada parte deben de determinarse exclusivamente teniendo en cuenta las características de ese contrato específico.

La Directiva debe aplicarse solamente a los contratos de concesión cuyo valor sea superior o igual a 5.186.000 € (hoy 5.225.000). Por tanto, el cálculo del valor estimado de una concesión debe referirse al volumen de negocios total de la empresa concesionaria en contrapartida de las obras y servicios objeto de la concesión, calculado por el poder o la entidad adjudicadora, excluido el IVA, durante la duración del contrato. Para un mayor detalle sobre los cálculos del valor estimado de las concesiones es preciso acudir al artículo 8 de la Directiva denominado *Umbrales y métodos de cálculo del valor estimado de las concesiones*.

En cuanto a la duración de una concesión establece la Directiva que deben limitarse para evitar el cierre del mercado y la restricción de la competencia. Así, para las concesiones de duración superior a cinco años dicha duración debe estar limitada al período en el que resulte razonablemente previsible que el concesionario pueda recuperar las inversiones realizadas para explotar las obras y servicios, más un beneficio sobre el capital invertido en condiciones normales de explotación.

Respecto de las cláusulas sociales y en aras de una integración adecuada de requisitos medioambientales, sociales y laborales en los procedimientos de adjudicación de concesiones, establece la Directiva que resulta especialmente importante que los poderes adjudicadores tomen las medidas pertinentes para velar por el cumplimiento de sus obligaciones en los ámbitos de la legislación medioambiental, social y laboral, sin que ello suponga impedir en modo alguno la aplicación de condiciones de empleo y trabajo más favorables para los trabajadores, debiendo ser posible incluir en las concesiones cláusulas que garanticen el cumplimiento de convenios colectivos y subrayo este último punto como obligación de los poderes públicos.

Por otra parte, a fin de lograr una mayor integración de las consideraciones sociales y medioambientales en los procedimientos de adjudicación de concesiones, los poderes adjudicadores están autorizados a adoptar criterios de adjudicación o condiciones de ejecución de la concesión en lo que se refiere a las obras, suministros o servicios que vayan a facilitarse en el marco de un contrato de concesión en cualquiera de los aspectos y en cualquier fase de sus ciclos de vida, desde la extracción de materias primas para el producto hasta la fase de la eliminación del producto, como por ejemplo que los servicios objeto de la concesión sean prestados mediante maquinaria eficiente en materia de energía, el suministro o utilización de productos del comercio equitativo durante la ejecución de la concesión o enfocados a la reducción *limpia* de residuos.

En los criterios de adjudicación o las condiciones de ejecución de la concesión relativos a los aspectos sociales, la Directiva reconoce también que pueden estar destinadas a favorecer la aplicación de medidas que fomenten la igualdad entre mujeres y hombres en el trabajo, la mayor participación de la mujer en el mercado laboral y la conciliación del trabajo y la vida familiar o a contratar un número de personas desfavorecidas superior al que exige la normativa nacional. Más ejemplos podrían ser condiciones de ejecución de la concesión referidas a mejorar el empleo para los parados de larga duración, la aplicación de medidas de formación para los desempleados o los jóvenes o la mejora de la accesibilidad para las personas con discapacidad.

Todas estas especificaciones, en el caso de ser técnicas y funcionales, deben cumplir los principios de igualdad de trato y transparencia, es decir, tienen que elaborarse de manera que no se restrinja artificialmente la competencia merced a requisitos que favorezcan a determinado operador económico, por ejemplo, reproduciendo las características principales de los suministros, servicios u obras habituales de determinado operador económico. Así, tales criterios han de hacerse públicos de antemano a todos los posibles candidatos o licitadores a través del anuncio de licitación o del pliego de cláusulas administrativas particulares, deben estar relacionados con el contenido del contrato y no conferir al poder adjudicador o la entidad adjudicadora una libertad de elección sin restricciones.

Finalmente, para terminar este breve repaso, la nueva Directiva impone como obligatorio un nuevo procedimiento de concesión cuando se introduzcan en la concesión inicial cambios fundamentales, en particular referidos al ámbito de aplicación y al contenido de los derechos y obligaciones mutuos de las partes, incluida la distribución de los derechos de propiedad intelectual e industrial, afirmando que tales cambios demuestran la intención de las partes de renegociar condiciones esenciales de dicha concesión. Así ocurrirá, en particular, cuando se considere que las condiciones modificadas hubieran influido en el resultado del procedimiento si hubieran formado parte del procedimiento original.

Sin embargo, los poderes adjudicadores pueden encontrarse con circunstancias exteriores que no podían prever cuando adjudicaron la concesión, en particular si la ejecución de la concesión se extiende durante un largo periodo de tiempo. De esta manera, el concepto de circunstancias imprevisibles lo define la Directiva refiriéndose a aquellas circunstancias que no podrían haberse previsto aunque el poder adjudicador o la entidad adjudicadora hubiera preparado con razonable diligencia la adjudicación inicial, teniendo en cuenta los medios a su disposición, la naturaleza y las características del proyecto concreto, las buenas prácticas en el ámbito de que se trate y la necesidad de garantizar una relación adecuada entre los recursos empleados en la preparación de la adjudicación y su valor previsible.

Ahora bien, esto no puede aplicarse en los casos en que la modificación acarrea una alteración de la naturaleza del conjunto de la concesión como por ejemplo ocurre si se sustituyen las obras que deban ejecutarse o los servicios que deban prestarse por otros diferentes, siendo por tanto ésta una frontera que dará lugar a mucha casuística y seguro a muchos pronunciamientos judiciales[32].

---

32 Comentarios sobre la regulación de la modificación contractual contenida en la otra Directiva 2014/24/UE, de contratación pública, Cf. C. Cabrera Padrón, *Diario La Ley*, No. 8458, Sección Tribuna, 14 de Enero de 2015.

VI. LAS DIFERENCIAS ENTRE EL CONTRATO DE SERVICIOS Y EL CONTRATO DE CONCESIÓN DE SERVICIOS

1. *Introducción: antecedentes y diferencias teóricas*

Haciendo algo de recapitulación, es oportuno empezar trayendo nuevamente a colación las definiciones que de los dos contratos que nos ocupan hace tanto la normativa nacional como comunitaria y ello porque, como dice Rosado Santurino:

> "[...] existe históricamente, en cuanto al concepto de contrato de servicios, una sustancial divergencia entre la acepción comunitaria y la acepción española. Puesto que el principal motivo de dicha divergencia consiste en la calificación en nuestro Derecho como contratos de gestión de servicios públicos de contratos que, según el Derecho comunitario, son contratos de servicios, hay que abordar por una parte la noción comunitaria de los contratos de servicios y de las concesiones de servicios, y por otra parte la noción española de los contratos de servicios y de los contratos de gestión de servicios públicos"[33].

Así, para el contrato de servicio el artículo 10 del TRLCSP establece que:

> "[...] son contratos de servicios aquéllos cuyo objeto son prestaciones de hacer consistentes en el desarrollo de una actividad o dirigidas a la obtención de un resultado distinto de una obra o un suministro. A efectos de aplicación de esta Ley, los contratos de servicios se dividen en las categorías enumeradas en el Anexo II".

La nueva Directiva 2014/24/UE sabemos que utiliza unos términos de gran generalidad a la hora de definir el contrato de servicios: *los contratos públicos cuyo objeto sea la prestación de servicios que no sean los mencionados en el punto 6* (apartado 6 del artículo 2). Esta definición difiere de la que recoge el artículo 1.2.d) de la Directiva 2004/18 que es la seguida por nuestro actual TRLCSP, ya que dispone que: "[...] son contratos públicos de servicios los contratos públicos distintos de los contratos públicos de obras o de suministro cuyo objeto sea la prestación de los servicios a los que se refiere el anexo II". Es necesario, finalmente, a la hora de fijar la definición del tipo contractual del contrato de servicios atender al contenido y límites que para los contratos de servicios establece el propio TRLCSP, para lo cual el artículo 301.1 dispone que no podrán ser objeto de estos contratos los servicios que impliquen ejercicio de la autoridad inherente a los poderes públicos, algo que por otra parte es propio de un Estado social y democrático de Derecho[34].

---

[33] A. G. Rosado Saturino, 'Discordancias con el Derecho comunitario de la noción española del contrato de servicios y del contrato de gestión de servicios públicos', en *Revista Contratación Administrativa Práctica*, No. 96, Editorial La Ley, abril, 2010, p. 52.

[34] A la misma cuestión que tratamos en este estudio, también *Cf.* P. L. Martínez Palláres, 'Servicios Públicos y contratos de servicios', en *Anuario Aragonés del Gobierno Local 2014,* No. 06/2015, pp. 123-149, en el que se analizan y exponen las novedades normativas, jurisprudenciales y documentales habidas en la Comunidad Autónoma de Aragón en relación tanto con la gestión de los servicios públicos locales como con los contratos de servicios de las entidades locales.

Respecto del contrato administrativo típico y nominado de gestión de servicios públicos, el artículo 8 del TRLCSP lo define como aquél en cuya virtud una Administración Pública o una Mutua de Accidentes de Trabajo y Enfermedades Profesionales de la Seguridad Social, encomienda a una persona, natural o jurídica, la gestión de un servicio cuya prestación ha sido asumida como propia de su competencia por la Administración o Mutua encomendante, aunque como ya sabemos las Mutuas de Accidentes de Trabajo y Enfermedades Profesionales sólo podrán realizar este tipo de contrato respecto a la gestión de la prestación de asistencia sanitaria. A través de este tipo contractual la Administración podrá gestionar indirectamente los servicios de su competencia, siempre que sean susceptibles de explotación por particulares expresando en el contrato con claridad el ámbito de la gestión, teniendo presente que en ningún caso podrán prestarse mediante este contrato los servicios que impliquen ejercicio de la autoridad inherente y propia de los poderes públicos. Esta definición que hemos visto permite la contratación de servicios a través de este contrato a particulares y a empresas, sin necesidad de que el servicio público tenga carácter económico.

También hay que recordar que la adjudicación de concesiones de obras públicas se regía en el ámbito europeo por la Directiva 2004/18/CE, mientras que la de concesiones de servicios se encontraba sometida sólo a los principios generalmente aplicables a la contratación pública, ya que si bien la Directiva 2004/18/CE, definía en su artículo 1.4 la concesión de servicios, en el artículo 17 excluía a esta figura de su ámbito de aplicación[35].

Todo lo anterior, como ya vimos, al margen de que el resto de modalidades de los contratos de gestión de servicios públicos regulados por nuestra normativa nacional no fueran reconocidos por la normativa europea como contratos administrati-

---

35 *Cf.* E. Montoya Martín, 'Contrato de Servicios versus Contrato de Concesión de Servicios Públicos en el ámbito comunitario', en *Serie Claves del Gobierno Local*, Fundación Democracia y Gobierno Local, No. 9, p. 111, nos señala que:

"La Directiva 92/50/CEE no contenía ninguna definición del concepto de concesión de servicios. Por su parte, la Directiva 2004/18 en sus considerandos declara que:

"La adjudicación de contratos celebrados en los estados miembros por cuenta de autoridades estatales, regionales o locales y otros organismos de Derecho público está supeditada al acatamiento de los principios del Tratado y, en particular, los principios de la libre circulación de mercancías, la libertad de establecimiento y la libre prestación de servicios, así como de los principios que de estas libertades se derivan, como son el principio de igualdad de trato, el principio de no-discriminación, el principio de reconocimiento mutuo, el principio de proporcionalidad y el principio de transparencia.

No obstante, para la adjudicación de contratos públicos por importes superiores a una determinada cantidad, es conveniente elaborar a escala comunitaria disposiciones de coordinación de los procedimientos nacionales de adjudicación que estén basadas en dichos principios, de forma que queden garantizados sus efectos, y abrir a la competencia la contratación pública. Por consiguiente, dichas disposiciones de coordinación deben interpretarse con arreglo a las normas y principios antes mencionados y a las demás normas del Tratado." (Considerando 2)

"Los estados miembros deben velar por que la participación en un procedimiento de adjudicación de contrato público de un licitador que sea un organismo de derecho público no cause distorsión de la competencia con respecto a licitadores privados." (Considerando 4)."

vos y que ahora en la nueva generación de Directivas europeas sobre contratación pública, siguen sin ser regulados en el Derecho de la Unión Europea, quedando, por tanto como decíamos, la incógnita de la pregunta sobre qué pasará con estas figuras contractuales una vez que la obligada transposición de estas Directivas se produzca.

Recordemos también el concepto de servicio público que hemos expuesto en páginas anteriores y, asimismo, que a los contratos de gestión de servicios públicos y, por consiguiente, también al de concesión de servicios, se le deben aplicar, en todo caso, los principios generales de la contratación pública.

La Directiva 2014/23/UE se refiere a las concesiones como contratos a título oneroso mediante los cuales uno o más poderes o entidades adjudicadores confían la ejecución de obras o la prestación y gestión de servicios a uno o más operadores económicos. El objeto de dichos contratos es la contratación de obras o servicios mediante una concesión cuya contrapartida consiste en el derecho a explotar las obras o servicios, o este mismo derecho en conjunción con un pago.

Asimismo, estos contratos pueden conllevar o no la transferencia de la propiedad a los poderes o entidades adjudicadores.

Por tanto, de lo expuesto hasta ahora podemos concluir con facilidad las diferencias teóricas, básicas y obvias que existen entre el contrato de servicios y el contrato de gestión de servicios públicos, diferencias de tipo conceptual y de régimen jurídico que podemos, a nuestro parecer, concretar principalmente en:

La distinta duración inicial de estos dos tipos de contratos que en el caso de los de servicios permite por ejemplo una mayor concurrencia de licitadores por su menor duración.

Diferencias en la duración que se trasladan también al régimen jurídico aplicable a las prórrogas, de forma que en el caso de las gestiones su duración o duraciones pueden ser superiores al periodo de vigencia inicial del contrato y no así para el caso de los servicios, en donde las prórrogas no pueden superar, aislada o conjuntamente, el plazo fijado originariamente;

La posibilidad de utilizar con plenos efectos la clasificación de los contratistas en los contratos de servicios y no así en los contratos de gestión de servicios públicos;

La mayor agilidad en los procedimientos de adjudicación para el caso de las gestiones al tener por ejemplo menos exigencias a la hora de la publicidad.

La existencia de distintas causas para acudir al procedimiento negociado sin publicidad;

El mayor grado de control en la ejecución en el caso de los servicios y de autonomía en la ejecución para el caso de las gestiones;

Las diferentes causas de resolución del contrato con la clara figura distintiva del rescate para el caso de las gestiones;

La posible condición de contratos sujetos a regulación armonizada en el caso de los servicios de las categorías 1 a 16 del Anexo II del TRLCSP, lo cual también es favorecedor de la concurrencia competitiva, así como del distinto régimen de publicidad en el DOUE o, en definitiva, de sujeción al recurso especial en materia de contratación, más rigoristas y exigentes para el contrato de servicios[36].

Pero no son estas diferencias teóricas y obvias en las fases de admisión, adjudicación y ejecución del contrato a las que sólo se busca llegar como conclusión, sino precisamente a las diferencias prácticas entre estos dos tipos de contratos que consustanciales a los mismos nos permitan ubicar un determinado servicio en el ámbito de uno de los dos contratos.

Puesto que de la adecuada delimitación que se haga de estos tipos contractuales, que en muchos ocasiones y con carácter recurrente no resulta nada fácil para el gestor público[37], dependerá la correcta aplicación del régimen jurídico escogido, dado que tal y como señala la Junta Consultiva de Contratación Administrativa de la Generalidad de Cataluña, en su informe 5/1998, de 30 de octubre, "[...] esta calificación jurídica no es intrascendente, pues determinará el régimen jurídico del contrato y las obligaciones y derechos específicos del contratista y la Administración pública"; y es que como nos indica el Informe 10/07, de 26 de marzo de 2007 de la Junta Consultiva de Contratación Administrativa del Estado la calificación de los contratos a efectos de la legislación de contratos de las Administraciones Públicas, es una cuestión compleja que requiere como presupuesto inexcusable, un examen completo y detallado de su contenido. Si esta afirmación es predicable, con carácter general, de todo tipo de contratos, se refleja con mayor intensidad en los contratos de gestión de servicios públicos.

Por consiguiente, y con el fin de realizar una correcta calificación-tipificación de un contrato como de servicios o como de gestión de servicios públicos al objeto de que el régimen jurídico aplicable se encuentre posteriormente legitimado, resulta necesario fijar unos criterios diferenciadores de carácter práctico que obtendremos del estudio de la doctrina jurisprudencial y consultiva, con el fin de exponerlos de forma concisa a modo de conclusiones. Si bien es oportuno hacer antes una serie de importantes matices[38].

---

36 Ha de tenerse en cuenta que a diferencia de la nomenclatura CPV, el contrato de servicios debe ser calificado en una sola categoría de las previstas en el Anexo II del TRLCSP (Resolución 520/2015, de 5 Junio de 2015, del Tribunal Administrativo Central de Recursos Contractuales).

37 Al respecto de esta dificultad y a la importancia y trascendencia de una correcta delimitación de ambos tipos contractuales, *Cf.* M. M. Razquín Lizárraga, *Contratos Públicos y Derecho comunitario*, Editorial Aranzadi, Pamplona, 1996, pp. 246-254; también, J. M. Gimeno Feliú, *La nueva contratación pública europea y su incidencia en la legislación española*, Editorial Thomson-Aranzadi, Cizur Menor, Navarra, 2005, pp. 152-161; del mismo autor, *Novedades de la Ley de Contratos del Sector Público de 30 de octubre de 2007 en la regulación de la adjudicación de los contratos del sector público*, Thomson Reuters Civitas y Diputación de Huesca, Cizur Menor, Navarra, 2010, pp. 147-163.

38 La tipificación correcta de un contrato es una cuestión de orden público procesal que puede ser analizada por los tribunales administrativos de recursos contractuales para determinar su competencia. Así, la calificación inicial de una prestación como servicio público obliga a su aná-

En primer lugar, la diferenciación a la que debemos atender es exactamente la existente entre los contratos de servicios y los contratos de gestión de servicios públicos en su modalidad de concesión, o lo que es lo mismo, entre los contratos de servicios y las concesiones de servicios, dado que en puridad en la definición de contratos de gestión de servicios públicos nos encontramos con distintas modalidades de gestión indirecta de los servicios públicos, las recogidas en el artículo 277 del TRLCSP, y que la Ley agrupa bajo la denominación única de contrato de gestión de los servicios públicos, siendo las que nos interesa al efecto la *concesión de servicios*.

En segundo lugar, es importante conocer también que, aunque no sea objeto de este estudio, ambos contratos, servicios y gestión de servicios públicos, pueden ser también en ocasiones fruto de confusión e incorrecta delimitación con los contratos administrativos especiales definidos en el artículo 19.1. b) del TRLCSP[39] como aquellos que están: "[...] vinculados al giro o tráfico específico de la Administración contratante o por satisfacer de forma directa o inmediata una finalidad pública de la específica competencia de aquélla, siempre que no tengan expresamente atribuido el carácter de contratos privados conforme al párrafo segundo del artículo 20.1, o por declararlo así una Ley" y con los contratos de colaboración entre el sector público y el sector privado que define el artículo 11 del TRLCSP[40].

En tercer y último lugar, las dificultades relacionadas con la interpretación de los conceptos de concesión de servicios y de contrato público de servicio han generado una inseguridad jurídica continua para los gestores públicos que han dado lugar a numerosas sentencias del TJUE, fundamentalmente porque estos gestores se regían por la normativa interna nacional y la interpretación que ellos hacían de la misma, que difería de la interpretación que posteriormente realizaba el TJUE en cuanto a la incardinación de un contrato como de servicio o de concesión de servicios y todo ello como consecuencia de la falta de una regulación expresa en el Derecho de la

---

lisis por el Tribunal, para determinar si procede o no la tramitación de un recurso especial (Acuerdos 52 y 55 de 2013 del Tribunal Administrativo de Recursos Contractuales de Aragón).

39 La STSJ del País Vasco 2401/2015 que juzga la decisión adoptada en la Resolución 76/2014, de 31 de julio de 2014, del titular del Órgano Administrativo de Recursos Contractuales de la Comunidad Autónoma de Euskadi que resuelve el recurso especial en materia de contratación interpuesto por la empresa INBISA, S.A. frente al acuerdo de adjudicación del contrato de "Servicios generales de limpieza viaria, recogida y transporte de residuos sólidos urbanos, renovación y explotación del complejo medioambiental municipal y otros servicios afines", tramitado por el Ayuntamiento de Getxo, y la Resolución del recurso de alzada contra su exclusión del citado procedimiento trata un supuesto similar y establece que la recalificación por el tribunal administrativo como contrato de servicios de un contrato calificado como administrativo especial en el Pliego de Cláusulas Administrativas Particulares no supone de por sí que contra el mismo quepa recurso especial en materia de contratación.

40 Véase en este último caso el trabajo de Gimeno Feliu, J.M., "Delimitación conceptual entre el contrato de gestión de servicios públicos, contratos de servicios y el CPP", *Revista Española de Derecho Administrativo*, núm. 156, oct-dic, 2012, pp. 17 a 57. Asimismo para consultar las diferencias entre contrato de concesión de servicio público y contrato de concesión de obra pública véase la Resolución de 13 marzo de 2015, Rec. 183/2015, del Tribunal Administrativo Central de Recursos Contractuales, materia que tampoco es objeto de análisis en este trabajo.

Unión Europea que sirviera de guía a los distintos operadores nacionales, porque si bien la Directiva 2004/18 definía las concesiones de servicios las excluía de su ámbito de aplicación.

De este modo los análisis y conclusiones que a continuación se exponen se hacen bajo el prisma de que la pertenencia de un Estado a la Unión Europea produce como consecuencia una distribución de competencias entre el Estado miembro y la Unión que genera una cesión de materias a la Unión en las que rigen tanto el Derecho de la Unión Europea originario como derivado, coexistiendo este Derecho en cada Estado miembro con los ordenamientos jurídicos nacionales, bajo unas relaciones que están gobernadas por los principios de autonomía, efecto directo y primacía del Derecho de la Unión Europea.

En definitiva, como acierta a resumir la STJCE de 18 de julio de 2007, Comisión/Italia, asunto C-382/05, enfatizando claramente lo inmediatamente explicado:

> "Puesto que el Gobierno italiano ha insistido, en repetidas ocasiones, en el hecho de que, según la jurisprudencia nacional, cuando los contratos presentan las características de los convenios controvertidos, deben calificarse de concesiones de servicios, debe recordarse, con carácter preliminar, que la definición de un contrato público de servicios es materia del Derecho de la Unión Europea y, por ello, la calificación de los convenios controvertidos en Derecho italiano no es pertinente para dilucidar si estos últimos están o no incluidos en el ámbito de aplicación de la Directiva 92/50 (véanse, en este sentido, las sentencias de 20 de octubre de 2005, Comisión/Francia, C-264/03, Rec. p. I-8831, apartado 36, y de 18 de enero de 2007, Auroux y otros, C-220/05, Rec. p. I-385, apartado 40)"[41].

Pues bien, es desde esta perspectiva que se exponen los epígrafes y conclusiones siguientes.

2. *Análisis jurisprudencial y doctrinal: Criterios diferenciadores de carácter práctico*

A. *La superación de los tradicionales elementos diferenciadores referidos al concepto de servicio público y a los destinatarios del servicio*

Desde un punto de vista tradicional la diferenciación entre los dos tipos contractuales dependía de la existencia o no de un servicio público[42], siendo que si se

---

[41] Que la definición de un contrato tiene que ser de acuerdo con el Derecho de la Unión Europea es algo que ha fijado reiteradamente el TJUE:

Sentencia 2010-2005, asunto C-264/03, Comisión vs. Francia.

Sentencia 18 de enero de 2007, asunto C-220/05, Jean Auroux y otros.

Sentencia de 18 de julio de 2007, asunto C-382/05, Comisión vs. Italia.

Sentencia 18 de diciembre de 2007, asunto C-220/06, Asociación Profesional de Empresas de Reparto y Manipulado de Correspondencia.

Sentencia 29 de octubre de 2009, asunto C-536/07, Comisión vs. República Federal de Alemania.

[42] *Cf.* I. Gallego Córcoles, 'Distinción… *Op. Cit.*, p. 2.

daba esa circunstancia nos encontrábamos ante un contrato de gestión. Así por ejemplo los informes de la Junta Consultiva de Contratación Administrativa del Estado 27/02, de 23 de octubre o 28/07, de 5 de julio de 2007. Este último se limitaba a afirmar que:

> "[...] el contrato de recogida y transporte para la eliminación de los residuos sólidos urbanos, el contrato para la limpieza de las redes municipales de aguas pluviales y aguas residuales, el contrato de limpieza de vías públicas y el contrato de limpieza de playas son contratos administrativos de gestión de servicios públicos, actividades a las que se refieren los artículos 25 y 26 de la Ley Reguladora de las bases de régimen local, en los que se especifica que los municipios ejercerán, en todo caso, en los términos de la legislación del Estado y de las Comunidades Autónomas y en relación, entre otras, con las siguientes materias: recogida y tratamiento de residuos, alcantarillado y tratamiento de aguas residuales, limpieza viaria."

O, el citado Informe 10/07, de 26 de marzo de 2007 en el que la Junta Consultiva de Contratación Administrativa del Estado se limita llanamente a establecer que en cuanto a los contratos de gestión del:

> "[...] tanatorio, guardería infantil municipal, abastecimiento de agua potable y limpieza viaria y museo municipal pueden ser configurados como contratos de gestión de servicios públicos, siempre que, como se ha indicado, el Ayuntamiento haya determinado con carácter previo el régimen jurídico básico propio del respectivo servicio y, este le venga impuesto con carácter de mínimo o haya sido asumido como tal servicio por el Ayuntamiento, de conformidad con el artículo 25 y 26 de la Ley 7/1985, de 2 de abril, reguladora de las Bases del Régimen Local".

En la misma línea la Junta Consultiva de Contratación Administrativa de la Generalidad de Cataluña, en su Informe 5/2003, dice que:

> "[...] la diferencia entre los dos tipos de contratos administrativos viene dada por, en un caso, la definición y noción de servicio público, su encargo a un particular y, en el otro, por la existencia de servicios que no merecen el calificativo de público (en su sentido más estricto) y que un particular presta de acuerdo con las indicaciones de la Administración contratante"[43].

Pues bien, hoy en día hay que entender superada esta tradicional visión de este elemento diferenciador como único criterio distintivo entre los contratos de servicios y las concesiones de servicios, de modo que son también otros los elementos a valorar.

Así lo anunciaba ya la STJCE de 18 de noviembre de 2004, que tras considerar irrelevante que un contrato sirva para cumplir una función de interés general (servi-

---

43 J. E. García Vega, 'Diferencias prácticas entre el contrato de servicios y el de gestión de servicios públicos', en *Revista Contratación Administrativa Práctica*, No. 87, Editorial La Ley, junio 2009: En el mismo sentido "el Informe 5/1998, de 30 de octubre, de la Comisión Permanente de la Junta Consultiva de Contratación Administrativa de la Generalidad de Cataluña, intitulado "*Elementos definidores de los contratos de gestión de servicios públicos y de servicios. Criterios de clasificación de las empresas contratistas de servicios*" y el Informe 1/2005, de 5 de mayo, de la misma Junta Consultiva", p. 4.

cio público) calificó como contrato de servicios a un contrato de transporte de residuos, de este modo estableció que:

> "[...] según la jurisprudencia, el artículo 1, letra a), de la Directiva 92/50 no distingue entre los contratos celebrados por una entidad adjudicadora para cumplir su función de satisfacer necesidades de interés general y los contratos que no guardan relación con dicha función [véase por analogía, en relación con la Directiva 93/37/CEE del Consejo, de 14 de junio de 1993, sobre coordinación de los procedimientos de adjudicación de los contratos públicos de obras (DO L 199, p. 54), la sentencia de 15 de enero de 1998 Mannesmann Anlagenbau Austria y otros (C-44/96, Rec. p. I-73), apartado 32]".

Además esta sentencia añadió otras cuestiones que ya se pueden tener presentes para conocer la correcta diferenciación de los contratos de servicios y los de concesión de servicios:

> "[...] de la misma forma, carece de importancia que la propia entidad adjudicadora pretenda actuar como prestador de servicios y que el contrato de que se trata prevea, en este contexto, que se subcontrate una parte de las actividades a un tercero."

También la STJCE de 18 de julio de 2007, *Comisión/Italia*, en el asunto C-382/05 referido a la calificación de contratos de tratamiento de residuos y de protección de las aguas en Sicilia como contratos públicos de servicios sujetos a la Directiva 92/50/CEE, abogó posteriormente por esta postura al ratificar en su apartado 43 "[...] lo mismo sucede con el hecho de que el tratamiento de residuos sea de interés general."

Otro criterio tradicionalmente distintivo entre ambos tipos de contratos y que también hay que entender ya superado, ha sido el que el servicio en cuestión se preste en beneficio de los ciudadanos o de la propia Administración, de forma que el criterio utilizado era que en el contrato de servicios es el contratista el que presta el servicio a la Administración y no a los particulares, a diferencia de los contratos de concesión de servicios donde el contratista gestiona el servicio para su utilización por los particulares. Así, véanse las sentencias del Tribunal Supremo de 13 de febrero de 1990, de 27 de enero de 1992, de 27 de enero de 1997 y de 17 de diciembre de 1997 o los Informes de la Junta Consultiva de Contratación Administrativa del Estado 37/1995, de 24 de octubre (este se pronunciaba también en el sentido del concepto de servicio público); 41/1995, de 21 de diciembre; 4/1996, de 7 de marzo; y 47/01, de 30 de enero (que también se pronunciaba a favor del concepto de servicio público).

En el mismo sentido también encontramos un pronunciamiento de la Comisión Consultiva de Contratación Administrativa de Andalucía que afirma en el punto cuarto del Informe 4/1996, de 23 de julio que:

> "Este último apartado coincide plenamente con la opinión tradicional de la doctrina que establece un criterio distintivo, desde el punto de vista de los destinatarios directos del contrato, entre el contrato de gestión de servicios públicos y el contrato de servicios, ante su frecuente confusión terminológica, afirmando que lo que caracteriza al contrato de gestión de servicios públicos es que los destinatarios del servicio que presta el contratista son los administrados y no directamente la Administración. Por el contrario, en el contrato de servicios el destinatario directo e inmediato del servicio constitutivo del objeto del contrato es donde establece igualmente como criterio distintivo, que califica como opinión tradicional

de la doctrina, los destinatarios directos del contrato, en un supuesto los administrados y no directamente la Administración (gestión de servicios públicos) y en otro supuesto el destinatario directo e inmediato será la Administración contratante (servicios)".

No obstante estos dos criterios distintivos que se han venido utilizando tradicionalmente, concepto de servicio público y destinatarios del servicio, hay que entenderlos hoy por hoy y por influencia sobre todo del Derecho y la jurisprudencia comunitaria superados (véanse por ejemplo SSTJCE de 24 de septiembre de 1998, en el asunto *Walter Tögel* (C-76/97) y de 10 de noviembre de 1998, en el asunto *BFI Holding* (C360/96)), de forma que resulta preciso acudir a comprobar otros factores que veremos ahora y que serán los determinantes de una correcta tipificación contractual. Ahora bien como paso previo también es oportuno reseñar otros criterios que resultan irrelevantes para una correcta diferenciación de ambos tipos contractuales.

B. *Otros criterios irrelevantes*

a. *La existencia de retribuciones adicionales a las realizadas por el poder adjudicador*[44]

Así lo dispone la ya citada en dos ocasiones STJCE de 18 de julio de 2007, *Comisión/Italia*, en el asunto C-382/05 que establece literalmente:

> "39. En primer lugar, por lo que se refiere a la circunstancia de que, además de percibir el canon convenido, los operadores se hallen en condiciones de disfrutar de ingresos financieros ocasionados por la reventa de la electricidad producida con motivo del tratamiento de los residuos, debe recordarse que el artículo 1, letra a), de la Directiva 92/50, el cual define el concepto de contrato público, alude a un «contrato a título oneroso» y que el carácter oneroso de un contrato se refiere a la contraprestación ofrecida al contratista por la prestación de servicios prevista por la entidad adjudicadora (véase, en este sentido, la sentencia Auroux y otros, antes citada, apartado 45).
>
> 40. En el caso de autos, es patente que la contraprestación obtenida por el operador por la prestación de servicios prevista por el Comisario delegado, a saber, el tratamiento de residuos transferidos con recuperación de energía consiste, esencialmente, en el pago del importe del canon por el Comisario delegado.
>
> 41. Aun suponiendo que el producto de la venta de electricidad pueda reputarse asimismo una contrapartida de los servicios previstos por el Comisario delegado en razón, principalmente, del hecho de que este último se comprometa, en los convenios controvertidos, a facilitar esta venta a terceros, la mera circunstancia de que, además de la retribución percibida con carácter oneroso del citado Comisario delegado, el operador se halle así en condiciones de obtener de terceras personas determinados ingresos accesorios como contrapartida de su prestación de servicios no puede bastar para privar a los convenios controvertidos de su calificación de contrato público (véase, por analogía, la sentencia Auroux y otros, antes citada, apartado 45)".

---

[44] Véase también GALLEGO CÓRCOLES, I., "Distinción entre el contrato de concesión de servicios y el contrato de servicios (II)", *Revista Contratación Administrativa Práctica, núm.* 112, Editorial La Ley, octubre, 2011, p. 10 del documento obtenido de la Web de la Revista.

Lo que quiere decir, en suma, para el TJUE que se trata de un contrato de servicios, porque recordemos que la figura de la concesión de servicios no era contemplada como contrato público por la normativa comunitaria de ahí la expresión "[...] no puede bastar para privar a los convenios controvertidos de su calificación de contrato público [de servicios quiere decir]*"*.

b. *La duración del contrato y la circunstancia de que su ejecución vaya acompañada de importantes inversiones iniciales*

Asimismo, la STJCE de 18 de julio de 2007, Comisión/Italia, en el asunto C-382/05 establece en su apartado 42 que:

> "Además, la larga duración de los convenios controvertidos y la circunstancia de que su ejecución vaya acompañada de importantes inversiones iniciales a cargo del operador tampoco resultan determinantes para la calificación de tales convenios, ya que dichas características pueden hallarse tanto en contratos públicos como en concesiones de servicios."

Si bien en este punto hay que decir que, aunque no resulte determinante, las fuertes inversiones iniciales, a priori, son más comunes en los contratos de gestión de servicios públicos.

En este punto es oportuno hacer una mínima precisión respecto del concepto de 'gastos de primer establecimiento' al que se refieren tanto el artículo 40.1 c) del TRLCSP al fijar el ámbito objetivo del recurso especial en materia de contratación para los contratos de gestión de servicios públicos y el artículo 172 b) del TRLCSP para acudir al procedimiento negociado a fin de adjudicar contratos de gestión de servicios públicos. Ambos preceptos lo supeditan en cada caso a dos conceptos: por un lado, la duración superior a cinco años que no plantea dudas y, por otro, los gastos de primer establecimiento cuyo presupuesto ha de ser superior a 500.000 euros, excluido el Impuesto sobre el Valor Añadido.

Se trata éste de un concepto ajeno a las Directivas sobre contratos públicos, por lo que su concepto no se ha fijado utilizando parámetros comunitarios sino nacionales, pero que tampoco encuentra una definición en la normativa interna de contratos públicos.

Pues bien, es este concepto al que ya nos hemos referido antes y a que ahora queremos traer nuevamente a colación, el que requiere de una precisión, dado que no puede ser identificado con el importe de la gestión del servicio o precio a pagar por la Administración por la gestión del servicio. Precisión que la encontramos en la nota interpretativa del Tribunal Administrativo de Contratación Pública de la Comunidad de Madrid, de fecha 6 de junio de 2013 y que recordamos ahora: gastos de primer establecimiento debe ser interpretada como los *"costes para la puesta en marcha de un servicio [inversiones más gastos (IVA excluido)] que el adjudicatario deba asumir, excluyendo las inversiones y gastos futuros y los de explotación"*.

c. *La autonomía del adjudicatario en la ejecución del contrato*

También la STJCE de 18 de julio de 2007, *Comisión/Italia*, en el asunto C-382/05 establece en el apartado 44 que:

"[...] para terminar, tampoco resulta determinante, en orden a calificar un contrato como contrato público o como concesión de servicios, la circunstancia de que, llegado el caso, las prestaciones ofrecidas por el operador puedan requerir de éste una total autonomía de ejecución."

Si bien, por regla general en la concesión de servicios el contratista tiene más autonomía en la gestión del servicio mientras que en el contrato de servicios es el poder adjudicador el que dirige claramente la prestación del servicio, aunque como hemos indicado, esto no resulta determinante a la hora de la calificación contractual de un servicio.

d. *La realización de obras accesorias*[45]

A su vez la citada STJCE de 15 de octubre de 2009, *Acoset*, en el asunto C-196/08 confirma que la realización de obras de carácter accesorio no sirve para calificar un contrato como de servicios o concesión de servicios[46]:

"[...] consta que la ejecución de las obras conexas a la gestión en exclusiva del servicio integrado de aguas del que se trata en el litigio principal tiene carácter accesorio respecto del objeto principal de la concesión en cuestión, que es la prestación de dicho servicio, por lo que dicha concesión no puede calificarse de "concesión de obras públicas" [véanse en este sentido, en particular, la sentencia de 19 de abril de 1994, Gestión Hotelera Internacional, C-331/92, Rec. p. I-1329, apartados 26 a 28, y el artículo 9, apartado 1, de la Directiva 2004/17]."

C. *La organización del servicio y el riesgo y ventura. La cuestión del riesgo operacional en la nueva Directiva de adjudicación de contratos de concesión*

En el informe 4/08, de 28 de julio, la JCCA del Estado concluye que:

"[...] los tres contratos sometidos al dictamen de esta Junta Consultiva no tienen la naturaleza jurídica de contratos de gestión de servicios públicos ni, en consecuencia, revisten la modalidad de concesiones toda vez que el riesgo de la ejecución de los mismos no es asumido directamente por el contratista".

Por lo tanto, ya en el año 2008 para la JCCA del Estado pasan a ser determinantes en la correcta calificación de estos contratos la asunción de la organización del servicio y del riesgo y ventura derivados del mismo o, dicho en otros términos, la

---

45 *Cf.* I. Gallego Córcoles, 'Distinción... *Op. Cit.*, p.10.

46 El artículo 43.1 de la Directiva 2014/23/UE dispone en cuanto a las obras adicionales que las concesiones podrán modificarse sin necesidad de iniciar un nuevo procedimiento de concesión en los casos de "[...] obras o servicios adicionales, a cargo del concesionario original, que resulten necesarios y que no estuviesen incluidos en la concesión original, cuando un cambio de concesionario:

i) no sea factible por razones económicas o técnicas tales como requisitos de intercambiabilidad o interoperatividad con el equipo existente, servicios o instalaciones adquiridos en el marco de la concesión inicial, así como

ii) genere inconvenientes significativos o un aumento sustancial de costes para el poder o entidad adjudicador".

prestación del servicio y la explotación del mismo asumiendo el riesgo, criterio que viene a ser confirmado por el informe 65/08, de 11 de marzo de 2009, de la misma JCCA:

> "[...] resulta así que la gestión indirecta de un servicio público puede configurarse tanto siguiendo las líneas que configura la concesión administrativa, cuando existe riesgo en la gestión y ésta sea asumida por el empresario, o como un contrato de prestación de servicios en el que el contratista por así decirlo actúa como mero auxiliar de la Administración titular del servicio en la prestación del mismo. De esta forma queda suficientemente configurada la concesión porque en ella el concesionario actúa sustituyendo a la Administración concedente, actuando por ella, mientras que en el contrato de servicios el contratista se limita a realizar una serie de prestaciones que sirven a la Administración contratante como instrumento auxiliar en la prestación del servicio."

También para el Alto Tribunal Europeo si no hay una traslación del riesgo y ventura al contratista no estaremos ante una concesión de servicios, sino ante un contrato de servicios. Lo anterior debe ser entendido en el sentido estricto no de que exista riesgo en el ejercicio de la actividad, sino en que si ese riesgo existe debe ser un riesgo que asuma por completo el contratista (véase la STJCE de 10 de septiembre de 2009, *WAZV Gotha*, en el asunto C-206/08 apartados 72 y siguientes). No en vano el artículo 215 del TRLCSP, recogiendo lo dispuesto por las Directivas europeas en la materia, establece que *"la ejecución del contrato se realizará a riesgo y ventura del contratista"*, sin perjuicio de lo establecido para los casos de fuerza mayor en el contrato de obras y de lo pactado en las cláusulas de reparto de riesgo que se incluyan en los contratos de colaboración entre el sector público y el sector privado.

Pero aquí nos hemos topado con el concepto de 'riesgo' que requiere de una interpretación y definición para su correcta aplicación. Ello nos lleva a la STJUE de 10 de marzo de 2011, asunto C-274/09, *Privater Rettungsdienst,* apartados 37 y 38, que lo define indicando que:

> "[...] a este respecto, procede señalar que el riesgo de explotación económica del servicio debe entenderse como el riesgo de exposición a las incertidumbres del mercado (véase, en este sentido, la sentencia Eurawasser, apartados 66 y 67), que puede traducirse en el riesgo de enfrentarse a la competencia de otros operadores, el riesgo de un desajuste entre la oferta y la demanda de los servicios, el riesgo de insolvencia de los deudores de los precios por los servicios prestados, el riesgo de que los ingresos no cubran íntegramente los gastos de explotación o incluso el riesgo de responsabilidad por un perjuicio causado por una irregularidad en la prestación del servicio [véanse, en este sentido, las sentencias de 27 de octubre de 2005, Contse y otros, C-234/03, Rec. p. I-9315, apartado 22, y Hans & Christophorus Oymanns, apartado 74]. En cambio, riesgos como los vinculados a una mala gestión o a errores de apreciación del operador económico no son determinantes a efectos de calificar un contrato como contrato público o como concesión de servicios, puesto que tales riesgos, en efecto, son inherentes a cualquier contrato, ya se trate de un contrato público de servicios o de una concesión de servicios."[47]

---

[47] J. A. Razquín Lizárraga, 'La distinción entre contrato de servicios y concesión de servicios en la reciente jurisprudencia comunitaria y su incidencia en el ámbito interno', en *Revista Aran-*

Acudiendo entonces a la STJCE de 10 de septiembre de 2009, Asunto C-206/08, *Wasser*, ésta afirma que:

> "*De la jurisprudencia del Tribunal de Justicia se desprende que, cuando la modalidad de retribución convenida consiste en el derecho del prestador a explotar su propia prestación, esta modalidad de retribución implica que el prestador asume el riesgo de explotación de los servicios (véanse, en este sentido las sentencias Parking Brixen, apartado 40; de 18 de julio de 2007, Comisión/Italia, apartado 34, y de 13 de noviembre de 2008, Comisión/Italia, apartado 29, antes citadas). A este respecto procede señalar que el riesgo es inherente a la explotación económica del servicio.*"

En similares términos se expresa la STJUE de 10 de noviembre de 2011, asunto C-348/10, *Norma-A SIA*, apartados 48 y 49[48], que resuelve una petición de decisión prejudicial planteada por un órgano jurisdiccional de Letonia en relación con la interpretación en el marco de un litigio sobre la atribución a una empresa de la concesión de servicios de transporte colectivo en autobús en una ciudad y en una comarca, cuando el Alto Tribunal indica que:

> "[...] el riesgo de explotación del servicio debe entenderse como el riesgo de exposición a las incertidumbres del mercado; sin que sean determinantes a efectos de la distinción riesgos como los vinculados a una mala gestión o a errores de apreciación del operador económico, pues tales riesgos son inherentes a cualquier contrato, ya se trate de un contrato público de servicios o de una concesión de servicios."[49]

Así por ejemplo, en la STJCE de 27 de octubre de 2005, asunto C-234/03, son calificados como contratos de servicios varios contratos de gestión de servicios públicos convocados por el INSALUD para la prestación de servicios sanitarios de terapias respiratorias domiciliarias y otras técnicas de ventilación asistida dado que "[...] la Administración española sigue siendo responsable de cualquier perjuicio causado por una eventual irregularidad en la prestación del servicio. Esta circunstancia, que implica la inexistencia de transmisión de los riesgos relacionados con la prestación del servicio de que se trata, y el hecho de que sea la Administración sanitaria española quien retribuye el servicio respaldan la citada conclusión", ya que cuando la explotación del servicio constituye la forma de retribución del adjudicatario, es evidente que éste asume el riesgo de explotación tal y como veremos a continuación[50].

En definitiva y como dice la Resolución de 17 de febrero de 2014, núm. 32/2014, del Tribunal Administrativo de Contratación Pública de la Comunidad Autónoma de Madrid:

---

zadi Doctrinal, No. 3/2012, Editorial Aranzadi, Pamplona, 2012. En este trabajo se recoge un exhaustivo estudio de esta sentencia del TJUE, pp. 4-ss.

48 El concepto de riesgo también es tratado en alguna otra STJCE como la de la Sala Cuarta de 11 de junio de 2009, en el asunto C 300/07.

49 J. A. Razquín Lizárraga, 'La distinción *Op. Cit.*, p. 7.

50 *Cf.* M. Saiz Ramos, 'Reflexiones prácticas sobre las diferencias entre los contratos de servicios y de gestión de servicios públicos', en *Revista Contratación Administrativa Práctica*, No. 118, Editorial La Ley, abril, 2012, p. 40.

"El concepto de riesgo de explotación económica del servicio se concreta como aquel riesgo que asume el contratista que excede del que como consecuencia del principio de riesgo y ventura en los contratos administrativos, que establece el artículo 215 del TRLCSP, debe soportar el contratista. Por el contrario el riesgo de explotación es el que tiene lugar por estar sometido el contrato a las incertidumbres del mercado por nuevas tendencias de éste o el riesgo de demanda que se produzca por un desajuste entre la oferta y la demanda de los servicios por variaciones que puedan producirse o que los ingresos no cubran íntegramente los gastos de explotación."

Lo que como veremos a continuación la nueva Directiva de adjudicación de contratos de concesión ha dado en definir por concepto de *riesgo operacional*[51].

Como ya se apuntaba anteriormente, las dificultades relacionadas con la interpretación[52] de los conceptos de concesión y de contrato público de servicio han dado lugar a numerosas sentencias del Tribunal de Justicia de la Unión Europea. Por ello, la directiva 2014/23/UE vincula directamente la concesión al concepto de riesgo operacional. Esto es, la característica principal de una concesión, el derecho de explotar las obras o los servicios implica siempre la transferencia al concesionario de un riesgo operacional de carácter económico que supone la posibilidad de que no recupere las inversiones realizadas ni cubra los costes que haya sufragado para explotar las obras o los servicios adjudicados en condiciones normales de funcionamiento.

De este modo, indica la nueva Directiva en sus Considerandos 18 a 20 que la reglamentación de la adjudicación de concesiones mediante normas específicas no estaría justificada si el poder adjudicador aliviase al operador económico de cualquier posible pérdida garantizando unos ingresos mínimos que sean iguales o superiores a las inversiones y los costes que el operador económico deba asumir en relación con la ejecución del contrato, teniendo en cuenta que pueden considerarse concesiones aquellos casos en que la remuneración del operador económico procede exclusivamente del poder adjudicador, siempre que la recuperación de las inversiones y costes que hubiera satisfecho el operador para la prestación de los servicios

---

[51] En los acuerdos 37 y 57 de 2014, del Tribunal Administrativo de Recursos Contractuales de Aragón se establece ya que la calificación de un contrato como de servicios públicos exige que exista necesariamente transferencia de riesgo operacional, pues de lo contrario, es un contrato de servicios.

[52] De conformidad con la citada Resolución de 17 de febrero de 2014, núm. 32/2014, del Tribunal Administrativo de Contratación Pública de la Comunidad Autónoma de Madrid: "Igualmente a efectos interpretativos debe considerarse la Decisión de Eurostat sobre el tratamiento Contable en Contabilidad Nacional de los contratos realizados por unidades de la Administración Pública en el marco de asociaciones con unidades privadas, de 11 de febrero de 2004, incorporada al SEC 95, actualizado en 2010 y a efecto de procedimiento de déficit excesivo en las Asociaciones público privadas distingue tres tipos de riesgo. En junio de 2012, la Comisión (Eurostat) creó un grupo de trabajo sobre las consecuencias de la Directiva 2011/85/UE para la recopilación y difusión de datos presupuestarios y el Reglamento (UE) 549/2013 del Parlamento Europeo y del Consejo de 21 de mayo de 2013, relativo al Sistema Europeo de Cuentas ,en su considerando 20 sobre la labor del grupo de trabajo constituido, dice que "contribuiría al correcto análisis de las relaciones económicas subyacentes a los contratos de APP, como los riesgos de construcción, disponibilidad y demanda según proceda [...]".

depende de la demanda o del suministro efectivos de esos bienes o servicios, lo que viene a ratificar lo anteriormente explicado y contemplado por nuestro artículo 281 del TRLSCP. Así, cuando la reglamentación específica del sector o servicio elimina el riesgo estableciendo una garantía en beneficio del concesionario en virtud de la cual se compensen las inversiones y costes sufragados para la ejecución del contrato, este último no debería considerarse en ningún caso concesión a efectos de la nueva Directiva.

Además y a efectos de qué entender por riesgo operacional, éste debe derivarse de factores que escapan al control de las partes. Los riesgos vinculados, por ejemplo, a la mala gestión, a los incumplimientos de contrato por parte del operador económico o a situaciones de fuerza mayor, no son determinantes a efectos de la clasificación como concesión, ya que tales riesgos son inherentes a cualquier tipo de contrato. Un riesgo operacional debe entenderse como el riesgo de exposición a las incertidumbres del mercado, que puede consistir en un riesgo de demanda o en un riesgo de suministro, o bien en un riesgo de demanda y suministro[53].

D. *La retribución del servicio*

Desde los inicios de la cuestión que nos ocupa el TJUE ha vinculado la existencia de un contrato de concesión de servicios al hecho de que los pagos al prestador del servicio provinieran de los beneficiarios y usuarios de la prestación del servicio. Así, en la STJCE de 13 de octubre de 2005, asunto C-458/03, *Parking Brixen*, que trata sobre la adjudicación de un aparcamiento público de pago en el cual el contratista recibe como retribución las cantidades abonadas por los usuarios para el uso de dicho aparcamiento, el Tribunal indica que:

> "39. Tal y como resulta de su octavo considerando, la Directiva 92/50 se aplica a los "contratos públicos de servicios", que se definen en el artículo 1, letra a), de dicha Directiva como "los contratos a título oneroso celebrados por escrito entre un prestador de servicios y una entidad adjudicadora". De esta definición se deduce que un contrato público de servicios, en el sentido de la Directiva, requiere una contrapartida pagada directamente por la entidad adjudicadora al prestador de servicios.
>
> 40. En cambio, en la situación a que se refiere la primera cuestión, la retribución del prestador de servicios no procede de la autoridad pública, sino de las cantidades abonadas por terceros para el uso del aparcamiento. Esta modalidad de retribución implica que el prestador asume el riesgo de explotación de los servicios, lo cual es una característica de la concesión de servicios públicos. Por consiguiente, la situación descrita en el litigio principal no se trata de un contrato público de servicios, sino de una concesión de servicios públicos."

El TJUE se ha pronunciado en el mismo sentido en otras ocasiones como pueden ser el caso de las sentencias *ANAV* y *Acoset*, antes citadas, o de la sentencia de 13 de noviembre de 2008, *Coditel,* asunto C-324/07, referida esta última a una red de tele distribución. Esta forma de retribución supone lógicamente que el adjudicata-

---

[53] Sobre el riesgo operacional, Cf. F. Villalba Pérez, 'La concesión de servicios, nuevo objeto de regulación del Derecho Comunitario. Directiva 2014/23/UE de 26 de febrero de 2014 relativa a la adjudicación de contratos de concesión', en *REALA*, No. 2, julio-diciembre 2014.

rio asume por completo el riesgo y ventura de la explotación del servicio, lo cual es una característica de la concesión de servicios, por lo que de esta idea se deduce también que un contrato de servicios requiere un precio pagado directamente por el poder adjudicador al prestador de los servicios.

Sentado ya que el pago por los usuarios conlleva la asunción del riesgo por el contratista, es necesario profundizar algo más en la casuística y pensar qué ocurriría si la contraprestación no fuera abonada directamente por el usuario. En este sentido, el Informe 22/09, de 25 de septiembre de 2009 de la Junta Consultiva de Contratación Administrativa del Estado que en sus conclusiones primera y segunda dispone que: "1. La retribución económica del concesionario puede provenir directamente de la Administración que le hubiese otorgado la concesión, siempre que su importe esté vinculado directamente con el rendimiento obtenido de la explotación del servicio", supuesto éste más que habitual, y "2. Sólo pueden ser objeto de gestión indirecta los servicios que pueden reportar un beneficio (o correlativamente pérdidas) para el empresario o la entidad que los gestiona", lo que como ya sabemos determina la asunción del riesgo.

Respecto a esta cuestión la jurisprudencia del Alto Tribunal Europeo, en la STJUE de 10 de marzo de 2011, asunto C-274/09, *Privater Rettungsdienst*, admite el pago por terceros distintos a los usuarios[54]. Así dispone que:

> "[...] el hecho de que el nivel de los precios de utilización no quede unilateralmente determinado por el prestador de los servicios de socorro, sino mediante acuerdo con los organismos de seguridad social que tienen la condición de entidad adjudicadora [véase, en este sentido, la sentencia de 11 de junio de 2009, Hans & Christophorus Oymanns, C-300/07, Rec. p. I-4779, apartados 40 a 59], y que tales precios no sean pagados directamente por los usuarios de estos servicios al prestador elegido, sino por una oficina liquidadora central encargada de recaudar y abonar esos importes en forma de pagos a cuenta periódicos, no afecta a esta apreciación."

En todo caso y como ya sabemos el artículo 281 del TRLCSP establece que en la ejecución del contrato de gestión de servicios públicos el contratista tiene derecho a las contraprestaciones económicas previstas en el contrato, entre las que se incluirá, para hacer efectivo su derecho a la explotación del servicio, una retribución fijada en función de su utilización en que se percibirá directamente de los usuarios o de la propia Administración, pudiendo ser estas contraprestaciones económicas revisadas en la forma establecida en el contrato, siendo por consiguiente admisible que el precio sea abonado por un tercero, incluido el poder adjudicador contratante, siempre que esa retribución esté íntimamente vinculada a la explotación del servicio y al riesgo inherente a la misma, es decir, que consista en *una retribución fijada en función de su utilización,* tal y como dice nuestro TRLCSP, para que así sí se cumpla con lo exigido por el Acervo Comunitario.

E. *Conclusiones*

En definitiva, sabemos que ha existido una considerable inseguridad jurídica sobre hasta qué punto los contratos celebrados por los poderes adjudicadores deben

---

54 *Cf.* J. A. Razquín Lizárraga, 'La distinción *Op. Cit.*

estar reglamentados por las normas sobre concesiones. La jurisprudencia del Tribunal de Justicia de la Unión Europea ha sido interpretada de forma diferente por los Estados miembros e incluso por los propios poderes adjudicadores, de forma que ha hecho falta precisar en qué casos los contratos celebrados dentro del sector público se corresponden con contratos de servicios o de concesión de servicios. Esta precisión debe guiarse por los principios establecidos en la jurisprudencia pertinente del Tribunal de Justicia de la Unión Europea, que no son otros que los que hasta ahora hemos estudiado y que a modo de conclusiones se exponen acto seguido.

De lo visto hasta aquí se puede afirmar sin temor a equivocarse que los contratos de servicios y las concesiones de servicios constituyen técnicas contractuales intercambiables. Así lo afirma la antes aludida STJUE *Acoset* o el también reseñado Informe 22/09, de 25 de septiembre de 2009, de la Junta Consultiva de Contratación Administrativa del Estado.

Se pone de manifiesto, por ende una vez más, la delgada línea que delimita la frontera de ambos tipos de contratos, por lo que será el buen hacer y entender del gestor público el que ubique correctamente un contrato como de servicios o de concesión de servicios, atendiendo en cada caso concreto a las características específicas del servicio en cuestión, empleando en el desempeño de su encargo, como estatuye para el caso del gestor oficioso el artículo 1889 de nuestro Código Civil *toda la diligencia de un buen padre de familia*[55].

Por consiguiente, del popurrí de pronunciamientos y regulación repasada podemos obtener unas conclusiones definitivas al objeto de poder incardinar un contrato como de servicios o de concesión de servicios. De esta forma, del análisis de los artículos del TRLCSP podemos inferir los elementos característicos y exigibles en las gestiones de servicio público, a saber:

1. La titularidad del servicio corresponde a una Administración o poder adjudicador por ser de su competencia (art. 275 TRLCSP).

2. Debe tratarse de un servicio público (entre otros arts. 277, 278, 285 TRLCSP), que según la jurisprudencia ha de ser entendido en sentido amplio.

3. Debe ser susceptible de explotación por los particulares (arts. 8 y 275 TRLCSP).

4. No puede suponer el ejercicio de autoridad inherente a los poderes públicos (art. 275 TRLCSP).

5. Debe existir normativa que establezca su régimen jurídico (art. 132 TRLCSP).

Cuando esas características se dan[56], para saber si nos encontramos ante un contrato que pueda ser de concesión de servicios y no de servicios, habrá que añadir a

[55] Valga la expresión, anacrónica y no compartida, por ser la que utiliza al respecto nuestro actual ordenamiento jurídico.

[56] También en sentido similar, Cf. J. A. Moreno Molina & F. Pleite Guadamillas, *Texto Refundido de la Ley de Contratos del Sector Público. Estudio Sistemático*, La Ley, Madrid, 2012: la calificación de un contrato de gestión de servicios públicos lleva a examinar, en cada contrato, los extremos siguientes:

las mismas como elemento determinante el derecho del particular a la explotación y organización del servicio a su riesgo y ventura (ello siempre sin perjuicio de las facultades de control y policía del poder adjudicador), siendo que en todo caso la remuneración debe vincularse con el derecho de explotación del servicio en cuestión y el riesgo inherente al mismo.

En consecuencia podremos preguntarnos a la hora de calificar un contrato como de servicio o de concesión de servicios, quiénes son los destinatarios del servicio; si nos encontramos ante un servicio público en sentido amplio; cómo se retribuye al contratista, etc. Pero será realmente la pregunta que nos dé la respuesta a si nos encontramos ante una concesión de servicios, una vez que hayamos visto que se cumplen los requisitos antes enumerados y exigidos por la normativa para las gestiones de servicios públicos, la de quién asume directamente la organización y explotación del servicio a su riesgo y ventura. Siendo que lo trascendental no es que existan grandes riesgos sino que los que existan sean transmitidos al concesionario. En palabras del TJUE consiste, en definitiva, en que el operador económico soporte el riesgo preponderante vinculado a la explotación de las actividades de que se trata, elemento que es el que caracteriza a una concesión de servicios.

Extremadamente clarificador es en este sentido el Informe 12/2010, de 23 de julio, de la Junta Consultiva de Contratación Administrativa del Estado cuando afirma que:

> "[...] de las circunstancias anteriores debe considerarse que la asunción del riesgo de explotación por el concesionario resulta indispensable para atribuir a la relación jurídica que examinemos la condición de concesión de servicios. Las restantes condiciones, el hecho de que la prestación vaya destinada de forma directa a su utilización por los particulares y que la organización del servicio se encomiende en mayor o menor grado al concesionario son consecuencias, bien del mismo concepto de servicio público que tiene el objeto de la concesión, bien de la propia exigencia de asunción del riesgo derivado de la explotación del servicio. De lo anterior se desprende que cuando un negocio jurídico, aunque reúna algunas características de la concesión, como es el caso de que se encomiende la organización del servicio al contratista, pero no contemple la asunción del riesgo de explotación tantas veces mencionado, no podrá considerarse a los efectos de la legislación de contratos del sector público como una concesión de servicios".

La concurrencia del requisito de que la prestación objeto del contrato constituye un servicio público. Esta interpretación, de acuerdo con reiterada jurisprudencia, se tiene que hacer en un sentido amplio y teniendo en cuenta, únicamente, la satisfacción de los intereses de la comunidad a que van dirigidas las actividades.

La existencia de un régimen jurídico básico del servicio público que atribuya las competencias administrativas, que determine el alcance de las prestaciones a favor de los administrados y que declare expresamente que la actividad de que se trata queda asumida por la Administración como propia.

El contenido económico de los servicios que tiene por objeto el contrato, sean susceptibles de explotación por empresarios particulares, requisito ahora suprimido por la LCSP.

Adicionalmente, haría falta, en su caso, analizar si la eventual heterogeneidad de las prestaciones que componen el objeto del contrato puede determinar la existencia de algún impedimento a los extremos reseñados anteriormente.

En estos casos, podrá tratarse de un contrato de servicios si se adecúa al régimen jurídico propio de estos contratos, o de otro tipo de contrato administrativo (contratos administrativos especiales o contratos de colaboración entre el sector público y el sector privado), incluso de otra figura jurídica distinta a los contratos públicos, pero nunca de una concesión de servicios.

En resumen, se puede concluir de esta última parte del estudio efectuado que lo que caracteriza a las concesiones de servicios es que el contratista asume el riesgo y ventura de la explotación de los servicios percibiendo como contrapartida una retribución por el uso del servicio abonada ya sea por los usuarios, por terceros o incluso por la propia Administración contratante; pero eso sí, una retribución vinculada estrechamente al propio riesgo y ventura en la explotación del servicio por el contratista o lo que es lo mismo *"una retribución fijada en función de su utilización"*; o *a sensu contrario* en palabras del TJUE, sentencia *Privater Rettungsdienst*, antes citada:

> "[...] si bien el modo de remuneración es, por tanto, uno de los elementos determinantes para la calificación de una concesión de servicios, de la jurisprudencia se desprende además que la concesión de servicios implica que el concesionario asuma el riesgo de explotación de los servicios de que se trate y que la inexistencia de transmisión al prestador del riesgo relacionado con la prestación de los servicios indica que la operación en cuestión constituye un contrato público de servicios y no una concesión de servicios".

3. *Principales sentencias, resoluciones e informes estudiados*

Jurisprudencia de la Unión Europea (por orden cronológico)

1. STJUE de 5 de febrero de 1963, asunto 26/62, *Van Gend and Loos*

2. STJUE de 15 de julio de 1964, asunto 6/64, *Costa contra Enel*

3. STJUE de 17 de diciembre de 1980, asunto 149/79, *Comisión contra Bélgica*

4. STJUE de 3 de junio de 1986, asunto 307/84, *Comisión contra Francia*

5. STJUE de 21 de septiembre de 1988, asunto C-31/87, *Gebroeders Beentjes*

6. STJUE de 22 de junio de 1992, asunto C-243/89, *Storebaelt*

7. STJUE de 22 de junio de 1993, asunto C-243/89

8. STJUE de 17 de noviembre de 1993

9. STJUE de 5 de octubre de 1994, *Van Munster*

10. STJUE de 28 de marzo de 1995, asuntos C-324/93, *Evans Medical y Macfarlan Smith*

11. STJUE de 25 de abril de 1996, asunto 87/94, *Bus Wallons*

12. STJUE de 5 de marzo de 1998, asunto C-347/96, *Solred*

13. STJUE de 24 de septiembre de 1998, asunto C-76/97, *Walter Tögel*

14. STJUE de 10 de noviembre de 1998, asunto C360/96, *BFI Holding*

15. STJUE de 18 de noviembre de 1999, asunto C-275/1998, *Unitron Scandinavia A/S*

16. STJUE de 26 de septiembre de 2000, asunto C-225/98, *Comisión/Francia Nord-Pas-de-Calais*

17. STJUE de 26 de septiembre de 2000, *Engelbrecht*

18. STJUE de 7 de diciembre de 2000, asunto C-324/98, *Teleausria y Teelfonadress*

19. STJUE de 18 de octubre de 2001, asunto C-19/00, *SIAC Construction*

20. STJUE de 17 de septiembre de 2002, asunto C-513/99, *Concordia Bus Finland*

21. STJUE de 4 de diciembre de 2003, asunto C-448/01, *EVN AG y Wienstrom GmbH contra República de Austria*

22. STJUE de 18 de noviembre de 2004

23. STJUE de 13 de enero de 2005.

24. STJUE de 13 de octubre de 2005, asunto C-458/03, *Parking Brixen*

25. STJUE de 27 de octubre de 2005, asunto C-234/03

26. STJUE de 6 de abril de 2006, asunto C-410/04, *ANAV*

27. STJUE de 18 de julio de 2007, asunto C-382/05, *Comisión/Italia*

28. STJUE de 13 de noviembre de 2008, asunto C-324/07, *Coditel*

29. STJUE de 10 de septiembre de 2009, asunto C-206/08, *WAZV Gotha* *30.* STJUE de 15 de octubre de 2009, asunto C-196/08, *Acoset*

31. STJUE de 10 de marzo de 2011, asunto C-274/09, *Privater Rettungsdienst*

32. STJUE de 10 de noviembre de 2011, asunto C-348/10, *Norma-A SIA*

Jurisprudencia nacional (por orden cronológico)

1. STS de 24 de octubre de 1989
2. STS de 13 de febrero de 1990
3. STS de 27 de enero de 1992
4. STS de 22 de septiembre de 1994
5. STS de 27 de enero de 1997
6. STS de 23 de mayo de 1997
7. STS de 17 de diciembre de 1997
8. STS de 17 de octubre de 2000 (Sala 3ª)
9. STS 1506/2007, de 5 de marzo de 2007 (Sala 3ª)
10. STS 3478/2010, de 18 de junio de 2010 (Sala 3ª) .

Resoluciones y Acuerdos de los Tribunales Administrativos de Recursos Contractuales (por orden cronológico)

1. Acuerdo 22/2011, de 22 septiembre de 2011, del Tribunal Administrativo de Contratos Públicos de Aragón

2. Resolución 28/2012, de 7 de marzo de 2012, del Tribunal Administrativo de Contratación Pública de la Comunidad de Madrid

3. Resolución 80/2012, de 31 de julio de 2012, del Tribunal Administrativo de Recursos Contractuales de la Junta de Andalucía

4. Nota interpretativa, de 6 de junio de 2013, del Tribunal Administrativo de Contratación Pública de la Comunidad Autónoma de Madrid

5. Resolución de 17 de febrero de 2014, núm. 32/2014, del Tribunal Administrativo de Contratación Pública de la Comunidad Autónoma de Madrid

Informes de las Juntas Consultivas de Contratación Administrativa (por orden cronológico)

1. Informe 37/1995, de 24 de octubre, de la Junta Consultiva de Contratación Administrativa del Estado

2. Informe 41/1995, de 21 de diciembre, de la Junta Consultiva de Contratación Administrativa del Estado 3

3. Informe 4/1996, de 7 de marzo, de la Junta Consultiva de Contratación Administrativa del Estado

4. Informe 4/1996, de 23 de julio, de la Comisión Consultiva de Contratación Administrativa de Andalucía

5. Informe 55/1996, de 18 de octubre de 1996, de la Junta Consultiva de Contratación Administrativa del Estado

6. Informe 5/1998, de 30 de octubre, de la Junta Consultiva de Contratación Administrativa de la Generalidad de Cataluña

7. Informe 47/2001, de 30 de enero, de la Junta Consultiva de Contratación Administrativa del Estado

8. Informe 27/2002, de 23 de octubre, de la Junta Consultiva de Contratación Administrativa del Estado

9. Informe 5/2003, de la Junta Consultiva de Contratación Administrativa de la Generalidad de Cataluña

10. Informe 1/2005, de 5 de mayo, de la Junta Consultiva de Contratación Administrativa de la Generalidad de Cataluña

11. Informe 2/2006, de 24 de marzo de 2006, de la Junta Consultiva de Contratación Administrativa del Estado

12. Informe 10/2007, de 26 de marzo de 2007, de la Junta Consultiva de Contratación Administrativa del Estado

13. Informe 28/2007, de 5 de julio de 2007, de la Junta Consultiva de Contratación Administrativa del Estado

14. Informe 4/2008, de 28 de julio, de la Junta Consultiva de Contratación Administrativa del Estado

15. Informe 65/2008, de 11 de marzo, de la Junta Consultiva de Contratación Administrativa del Estado

16. Informe 22/2009, de 25 de septiembre de 2009, de la Junta Consultiva de Contratación Administrativa del Estado

17. Informe 12/2010, de 23 de julio, de la Junta Consultiva de Contratación Administrativa del Estado

CAPÍTULO IX
LOS ACUERDOS DE LIBRE COMERCIO CON LA UNIÓN EUROPEA Y EL PROTECCIONISMO

Jaime PINTOS SANTIAGO*

I. LA UNIÓN EUROPEA Y EL COMERCIO INTERNACIONAL

La Unión Europea es la mayor economía mundial, el primer exportador e importador mundial y también el principal origen y destino de inversión extranjera. Con aproximadamente el 7% de la población mundial, genera más de la cuarta parte de la riqueza global en términos de producto interior bruto. Elementos a los que ha contribuido la globalización del planeta y de la producción y suministro de bienes y servicios. Es en definitiva la región líder del comercio internacional y mundial.

El último tratado modificativo de los Tratados originarios ha sido el Tratado de Lisboa o Tratado de Reforma que se firmó en Lisboa el 13 de diciembre de 2007. El Tratado es el fruto de las negociaciones entre los Estados miembros reunidos en la Conferencia Intergubernamental del año 2007, en la que participaron también la Comisión y el Parlamento Europeo. Para su entrada en vigor tuvo que ser ratificado por todos los Estados miembros, siendo Irlanda el único Estado miembro que lo hizo a través de referéndum.

Hemos referido como algunas de las principales razones del Tratado de Lisboa como último de los tratados modificativos de los Tratados originarios el avance hacia una mayor participación democrática en la Unión Europea y hacia una mayor eficacia en la toma de decisiones.

Así, con respecto al Parlamento Europeo el Tratado de Lisboa incrementa los poderes de esta Institución en materia de legislación comercial y comercio internacional y le otorga también la competencia aprobatoria de los tratados de libre comercio que quiera suscribir la Unión Europea.

---

* Doctor en Derecho. Profesor del Master en Derecho de la Contratación Pública. Universidad de Castilla-La Mancha.

Por otro lado, dentro de esa mayor eficacia en la toma de decisiones y del nuevo reparto de tareas en la Unión y los Estados miembros, el Tratado de Lisboa precisa como competencia exclusiva de la Unión Europea el comercio internacional[1].

Por tanto y conforme a lo anterior, el fundamento jurídico lo encontramos en el artículo 207 del TFUE, en virtud del cual la política comercial común es competencia exclusiva de la Unión Europea. Es la Unión, y no los gobiernos nacionales, la responsable de este mercado, así como de las relaciones comerciales internacionales.

El comercio internacional es uno de los ejes del denominado Horizonte 2020, enmarcado dentro de la estrategia *Europa 2020* en la que aporta un papel fundamental la contratación pública[2], también en el desarrollo del empleo y de la creación de una economía más sostenible, de forma que en el marco de esa estrategia existe el objetivo por parte de la Unión de conseguir y garantizar que las empresas europeas puedan competir equitativamente por los contratos públicos que se celebran fuera de la Unión Europea.

La Comunicación de la Comisión al Parlamento Europeo, al Consejo, al Comité Económico y Social Europeo y al Comité de las Regiones titulada *Comercio, crecimiento y asuntos mundiales – La política comercial como elemento fundamental de la Estrategia 2020 de la UE* (COM(2010)0612)[3], convirtió efectivamente al comercio internacional en uno de los pilares de la Estrategia *Europa 2020*. La Comunicación ponía de manifiesto el relego de las negociaciones multilaterales a favor de los acuerdos bilaterales de libre comercio que la Unión avanzaba ya en aquel momento querer celebrar consecuencia del estancamiento de las primeras en el marco de la Ronda de Doha.

De este modo y debido también al cambio de estrategia comercial y traslado de esfuerzos hacia los acuerdos bilaterales en detrimento de los multilaterales, la Unión Europea tiene numerosos acuerdos de libre comercio (ALC) con determinadas regiones y países del mundo, muchos de fechas recientes, que con frecuencia se refieren a la contratación pública y cuya negociación le corresponde a la Comisión, si bien con subordinación al Consejo de la Unión Europea, dado que, en primer lugar, la Comisión necesita de autorización de este último para entablar negociaciones y, en segundo lugar, el Consejo puede controlar las negociaciones de la Comisión, las cuales pueden llegar a durar hasta varios años con la obligación de informar en todo momento al Consejo y al Parlamento Europeo. Además, una vez alcanzado el acuerdo, el Consejo debe aún autorizar su firma y el Parlamento Europeo aceptar o no el texto, sin tener sin embargo la potestad de modificarlo.

---

1 Algunos Estados miembros de la Unión pueden tener que ratificar el acuerdo internacional de conformidad con sus propios procedimientos nacionales, como es el caso por ejemplo de España (artículo 96 de la Constitución española de 1978), además de darle luz verde a nivel internacional.

2 Comunicación de la Comisión, de 3 de marzo de 2010, titulada "Europa 2020, una estrategia para un crecimiento inteligente, sostenible e integrador".

3 No publicada en el Diario Oficial de la Unión Europea.

II. LOS ACUERDOS DE LIBRE COMERCIO DE LA UNIÓN EUROPEA

1. *Vigentes*

Europa occidental: Existen ALC en vigor con las Islas Feroe, Islandia, Noruega y Suiza. Además existen Acuerdos de Estabilización y Asociación con los países de los Balcanes Occidentales y un régimen comercial autónomo entre la Unión Europea y Macedonia, Albania, Montenegro, Bosnia y Herzegovina, Serbia y Kosovo.

Europa del Este: existen acuerdos de asociación, que incluyen las denominadas zonas de libre comercio de alcance amplio y profundo (ZLCAP), con Moldavia, Georgia y Ucrania ratificados en 2014. Se encuentra en aplicación provisional desde septiembre de 2014 con Moldavia y Georgia, y desde noviembre de 2014 con Ucrania, excepto por lo que se refiere a la ZLCAP, que se aplicará provisionalmente a partir de enero de 2016.

Perú y Colombia: el acuerdo se firmó en junio de 2012 y ambos países lo aplican provisionalmente, Perú desde marzo de 2013 y Colombia desde agosto de 2013. En julio de 2014, la Unión Europea y Ecuador finalizaron las negociaciones para la adhesión de este último país al mismo acuerdo que Colombia y Perú.

Corea del Sur: entró en vigor en julio de 2011 y su objetivo va más allá que los anteriores en cuanto a la eliminación de obstáculos comerciales y facilitación de los intercambios comerciales entre empresas europeas y coreanas. En su tercer año las exportaciones de la Unión a Corea alcanzaron los 41.500 millones de euros.

Chile: el ALC entró en vigor en 2003, aumentando desde su implantación el comercio bilateral a más del doble, hasta el punto que actualmente la Unión Europea es la segunda fuente de importaciones para Chile y su tercer mercado de exportación.

México: desde la entrada en vigor del ALC en 2000 el comercio bilateral también se ha duplicado. Ambas partes están estudiando la actualización de este ALC para adaptarlo a sus nuevas necesidades comerciales.

Sudáfrica: el acuerdo está en vigor desde el año 2000 y constituye a este país como el principal socio comercial de la Unión Europea en África.

Mediterráneo: existen ALC con Argelia, Egipto, Israel, Jordania, Líbano, Marruecos, la Autoridad Palestina y Túnez, celebrados entre 1995 y 2002[4]. Estos acuerdos están abiertos ya a próximas negociaciones, de hecho en marzo de 2013 se iniciaron las negociaciones con Marruecos.

América Central (Costa Rica, El Salvador, Guatemala, Honduras, Nicaragua y Panamá): aunque se firmó en junio de 2012 ha tenido una implantación paulatina en los distintos Estados hasta su establecimiento en diciembre de 2013 en Guatemala, suponiendo también el intercambio comercial montantes considerables en millones de euros.

Países de África, el Caribe y el Pacífico: se trata de acuerdos de asociación económica que están pensados para ayudar a estos países a su integración en la economía mundial, su crecimiento sostenible y su reducción de los índices de pobreza. Hay

---

[4] Con Siria existe ALC. Igualmente con Irak, este último firmado en mayo de 2012.

cuatro en vigor: en el Caribe (14 países), en África Oriental (Madagascar, Mauricio, Seychelles y Zimbabue), en África Central (Camerún) y en el Pacífico (Papúa Nueva Guinea y Fiyi) y en 2014, concluyeron las negociaciones sobre otros dos, uno con África Occidental (16 países) y otro con la Comunidad para el Desarrollo del África Meridional (SADC) (6 países).

2. *Pendientes de entrar en vigencia*

Singapur: el ALC se firmó finalmente en octubre de 2014. Singapur es el primer miembro de la Asociación de Naciones del Asia Sudoriental (ASEAN) en alcanzar un acuerdo con la Unión Europea. ASEAN constituye un objetivo clave para la expansión del comercio internacional de la Unión.

Canadá: las negociaciones del acuerdo económico y comercial global (AECG) entre la Unión y Canadá concluyeron en septiembre de 2014. Está pendiente de que ambas partes ratifiquen el acuerdo para que pueda entrar en vigor.

3. *En vías de negociación*

India: desde 2007 se intenta entablar un ALC con una de las economías emergentes de más consideración.

ASEAN: Además de Singapur, que ha constituido para la Unión una importante forma de acercamiento al ALC definitivo con ASEAN, también se han iniciado negociaciones con Malasia (mayo de 2010), Vietnam (junio de 2012) y Tailandia (marzo de 2013), con el objetivo último a largo plazo de celebrar un acuerdo entre ambas regiones, UE-ASEAN.

Mercosur (Argentina, Brasil, Paraguay, Uruguay y Venezuela): Si las negociaciones culminan satisfactoriamente darían lugar a la mayor zona de libre comercio entre dos regiones del mundo (Europa y América del Sur).

Consejo de Cooperación del Golfo (Arabia Saudí, Kuwait, Emiratos Árabes Unidos, Qatar, Baréin y Omán): aunque se trata de unas negociaciones que se llegaron a suspender en 2008, actualmente todavía se mantienen contactos informales al efecto de un posible ALC con la zona.

Japón: con las negociaciones iniciadas en marzo de 2013 el ALC abarcaría materias como la contratación pública.

Marruecos: como ya se apuntó las negociaciones para establecer una ZLCAP comenzaron en 2013.

EE.UU.: En julio de 2013 se puso en marcha la negociación de una Asociación Transatlántica de Comercio e Inversión (ATCI). Pese al potencial económico que puede plantear este acuerdo, el secreto y oscurantismo de las negociaciones y la falta de transparencia, unido a que la información que se ha filtrado no ha parecido nada halagüeña por su voraz vertiente mercantilista y económica, han elevado el número de críticas autorizadas hasta el punto de obtener calificaciones muy negativas desde el punto de vista de los derechos de los trabajadores, de avanzar hacia una marcada desregulación del mercado europeo en detrimento de los derechos de los consumidores y hacia la pérdida de democracia a favor de poderes económicos.

4. *Otras relaciones estratégicas y uniones aduaneras*

La Unión mantiene asimismo, sin constituir ALC, importantes uniones aduaneras con Andorra, San Marino y Turquía.

Además entre sus relaciones estratégicas se encuentran, por un lado, China, que es en la actualidad el segundo socio comercial de la Unión Europea por detrás de los EE.UU., siendo a la vez, la Unión el mayor socio comercial de China, anunciando en 2013 ambas partes el inicio de las negociaciones para concluir un amplio ALC; y, por otro lado, Rusia, para quién actualmente la Unión Europea es el socio comercial más importante, si bien el conflicto en Ucrania ha llevado a Rusia a adoptar medidas proteccionistas y limitadoras por tanto de la libre concurrencia extranjera.

III. EL PROTECCIONISMO

A propósito del proteccionismo es inevitable escuchar voces a favor de la mayor de las igualdades para los oferentes o licitadores de conformidad con este principio general de la contratación pública, pero debemos tener presente que los principios generales de la contratación pública también deben estar pensados y dirigidos a los destinatarios y usuarios finales de esos bienes y servicios, las sociedades, esa es mi opinión, y que por tanto ese principio de igualdad también debe ser trasladado en la contratación pública a las sociedades equilibrando a través de este mismo principio allí donde haya desigualdades.

Por ello y en base a la primera de las concepciones expresadas, combatir el proteccionismo nacional en los ALC es inevitable como decía, sin embargo la realidad sobre el terreno puede ser bien distinta.

La Unión Europea como región líder del comercio internacional, debe abogar por marcos normativos claros y transparentes, apoyar un sistema comercial mundial equitativo basado en acuerdos bilaterales y multilaterales que tengan no sólo por objetivo abrir nuevos mercados de bienes y servicios a cualquier precio, sino apoyar el desarrollo sostenible mediante el fomento de la cooperación, la transparencia y la solución de problemas sociales y ambientales.

Parámetros que si no se respetan, justifican sobradamente el proteccionismo de naciones en el corto plazo y para circunstancias específicas, como ha ocurrido por ejemplo en la última década en Ecuador sin olvidar que ha sido una de las economías de más rápido crecimiento de Latinoamérica, en el sentido que la cooperación y el libre comercio entre naciones y regiones en materia de contratación pública debe ser beneficiosa para todas las partes y no configurarse a través de meros instrumentos de adhesión al más poderoso, sino que esos instrumentos, normas y acuerdos internacionales, y que como ya he dicho deben atender las desigualdades existentes entre los miembros de cada región desde la óptica social y medioambiental de cada caso concreto y en aras también de ese principio de igualdad de oportunidades, consiguiendo así la expansión de la contratación pública global mediante el establecimiento de derechos y obligaciones multilaterales y bilaterales equilibradas y no abusivas por parte del más poderoso, porque si como ha ocurrido durante más de 30 años los países del África, el Caribe y el Pacífico han gozado de un acceso privilegiado al mercado de la Unión Europea sin haber conseguido con ello aumentar sus economías, ni su crecimiento, ni integrarse en la economía mundial, ni erradicar la pobreza, ni siquiera aumentar sus exportaciones a la Unión, es porque algo en origen y/o en destino no se está haciendo bien.

Por ello tiene ahora la Unión Europea como líder del comercio internacional y mundial la oportunidad de mostrar en la negociación de la Asociación Transatlántica de Comercio e Inversión qué dirección elige. Si la de interpretar el principio de igualdad desde la única óptica de la igualdad en el acceso al mercado y a los contratos públicos de los licitadores y proveedores extranjeros o si la de prolongar también ese principio de igualdad de oportunidades, como yo lo entiendo, hacia la fase de ejecución de los contratos públicos y por tanto extrapolar dicho principio en aplicación también de las ventajas o desventajas de los beneficiarios y usuarios de los ALC y de los contratos públicos de ellos derivados.

TERCERA PARTE
LA CONTRATACIÓN PÚBLICA EN LOS PAÍSES DE AMÉRICA LATINA

CAPÍTULO X
ESTUDIO COMPARADO DE LA RECIENTE EVOLUCIÓN DEL DERECHO DE LOS CONTRATOS PÚBLICOS EN LOS PAÍSES DE AMÉRICA LATINA

José Antonio MORENO MOLINA[*]

I. INTRODUCCIÓN. LA APROXIMACIÓN Y GRANDES SIMILITUDES EN LAS REGULACIONES Y PRÁCTICAS ADMINISTRATIVAS SOBRE CONTRATACIÓN PÚBLICA EN LOS PAÍSES DE AMÉRICA LATINA

Las compras de bienes y servicios y el encargo de la realización de obras públicas al sector privado por parte de las Administraciones públicas y las entidades y organismos dependientes de ellas significan en nuestros días una considerable parte del Producto Interior Bruto de los países de América latina[1].

Pero a esa importancia económica hay que añadir la enorme trascendencia que los contratos públicos tienen en la actualidad en los ordenamientos jurídicos nacionales al ser un ámbito medular de la actuación pública[2].

Al analizar las legislaciones y prácticas administrativas nacionales sobre contratación pública en los países de América latina la principal conclusión que se extrae es

[*] Catedrático de Derecho Administrativo. Universidad de Castilla-la Mancha

[1] Al respecto, *Cf.* El documento de SELA (Secretaría Permanente del Sistema Económico Latinoamericano y del Caribe), *Las compras públicas como herramienta de desarrollo en América Latina y el Caribe*, Caracas (Venezuela), 2014, p. 9. Doc. SP/Di No. 11-14, visible en <<www.sela.org/attach/258/EDOCS/SRed/2014/09/T023600006062-0-Di_11_Compras_publicas.pdf>>, consultado Mayo 12, 2015.

[2] *Cf.* M. Carlón Ruíz, 'La Ley de Contratos de las Administraciones Públicas y su carácter estructurante del ordenamiento jurídico, en Gómez-Ferrer Morant, Dir., *Comentarios a la Ley de Contratos de las Administraciones Públicas*, Civitas, Madrid, 2004.

la similitud de las mismas[3], que deriva de una normativa adoptada o reformada recientemente en la mayoría de ordenamientos y de unas preocupaciones, retos y objetivos en esta materia comunes a todos los Estados[4] como son la lucha contra la corrupción[5] y la necesaria modernización de la contratación pública para materializar en la misma los principios de eficiencia, integridad y buena administración así como la implantación de medios electrónicos en los procedimientos de compras públicas[6].

Además, es importante tener en cuenta la actual tendencia internacional hacia la elaboración de un Derecho común que discipline las fases de preparación y adjudicación de los contratos públicos, que no sólo se aprecia claramente en el Derecho de la Unión Europea que afecta a España, sino que también se manifiesta con fuerza en importantes normas internacionales cuyo principal objetivo consiste en asegurar el respeto de los principios de objetividad, transparencia y no discriminación en la contratación pública: así ocurre con las disposiciones aprobadas por la Organización Mundial del Comercio (Acuerdo Mundial sobre Contratación Pública) y por la Comisión de las Naciones Unidas para el Derecho Mercantil Internacional (Ley Modelo sobre Compras Públicas).

También se podrían señalar las disposiciones sobre contratación pública de instrumentos de integración regional así como de muchos tratados de libre comercio firmados por países del continente americano[7].

Estas cuestiones serán objeto de análisis a continuación.

---

3 Sobre las similitudes en el contrato administrativo en la mayoría de los regímenes de Iberoamérica como manifestación de un Derecho administrativo iberoamericano, *Cf.* S. González Varas, 'Introducción', *Derecho administrativo de Iberoamérica*, 2ª ed., INAP, Madrid, 2012, p. 21.

4 Esas semejanzas caracterizan hoy en día a las regulaciones nacionales sobre contratación a nivel global, como señala J. B. Auby, 'Comparative approaches to the rise of contract in the public sphere', en *Public Law*, Springer, 2007, p. 57.

5 En general, *Cf.* J. M. Gimeno Feliú, 'La Ley de Contratos del Sector Público: ¿una herramienta eficaz para garantizar la integridad? Mecanismos de control de la corrupción en la contratación pública', en *REDA*, No. 147, 2010, pp. 517-535 y T. Medina 'Instrumentos jurídicos frente a la corrupción en la contratación pública: perspectiva europea y su incidencia en la legislación española, en Fernández Acevedo, Valcárcel Fernández & Bello Condide (Coords.), *La contratación pública a debate: presente y futuro* Civitas Thomson Reuters, Madrid, 2014, pp. 299-344. También *Cf.* J. Fernández Ruíz, *Derecho administrativo. Contratos*, México, IIJ-UNAM-Porrúa, 2000 y, A. Brewer-Carias *Contratos Administrativos. Contratos Públicos. Contratos del Estado,* Fundación editorial jurídica venezolana, Caracas, 2013.

6 Sobre el alcance de estos principios, *Cf.* J. M. Gimeno Feliú, *El nuevo paquete legislativo comunitario sobre contratación pública. De la burocracia a la estrategia. (El contrato público como herramienta del liderazgo institucional de los poderes públicos)*, Aranzadi, Cizur Menor, 2014.

7 *Cf.* J. Rodríguez-Arana Muñoz, Et. Al., *Derecho internacional de las contrataciones administrativas,* Konrad Adenauer Stiftung, Programa Estado de Derecho para Latinoamérica, eds. Guayacan, San José, Costa Rica, 2011.

II. IMPORTANCIA ECONÓMICA DE LAS COMPRAS PÚBLICAS

Los contratos administrativos tienen en la actualidad un gran significado económico en todos los países, como refleja el siguiente cuadro referido a la participación de las compras públicas en el PIB en 2012.

Participación de las compras públicas en el PIB por regiones en el año 2012

Región	%PIB
Unión Europea	21,66
Mundo	17,87
África Subsahariana	17,82
BRICS	17,59
Oriente Medio y Norte de África	16,59
Estados Unidos	15,68
América Latina y el Caribe	15,52
China	13,71
Asia Pacífico	13,01

Fuente: Sistema Económico Latinoamericano y del Caribe <<www.sela.org/attach /258/ EDOCS/SRed/2014/09/T023600006062-0-Di_11_Compras_publicas.pdf>>, consultado Octubre 12, 2014.

Por lo que se refiere en concreto a los datos referidos a la participación de las compras públicas en el PIB de los países de América latina, el reciente estudio de la Secretaría Permanente del Sistema Económico Latinoamericano y del Caribe[8], destaca que en el periodo comprendido entre los años 2000-2012, Cuba es el país con mayor participación del PIB (cerca del 40% del PIB) y Brasil y Surinam cuentan con cifras que superan el 20% del PIB.

Para un importante número de los países de América latina los contratos públicos suponen entre un 15 y 20% del PIB: Antigua y Barbuda, Argentina, Bahamas, Barbados, Belice, Colombia, Costa Rica, Granada, Honduras, Jamaica, Santa Lucía y San Vicente y las Granadinas. También para España las cifras son similares, con un 18,5 PIB[9].

---

8 Secretaría Permanente del Sistema Económico Latinoamericano y del Caribe (SELA), *Las compras públicas como herramienta de desarrollo en América Latina y el Caribe*, Caracas (Venezuela), 2014, p. 9. Documento SP/Di No. 11-14; visible en <<www.sela.org/attach /258 / EDOCS/SRed/2014/09/T023600006062-0-Di_11_Compras_publicas.pdf>>, consultado Octubre 12, 2014.

9 Véase la web del Observatorio de Contratación Pública, <<www.obcp.es/>>, consultada Octubre 12, 2014; también el informe y las estadísticas sobre la contratación pública elaborados por la Dirección General del Mercado Interior de la UE, disponibles en <<http://ec.europa.eu/internal_market/en/publproc/general/index.htm>>, consultado Febrero 10, 2015.

Entre un porcentaje del 10 al 15% se sitúan la mayoría de los países de Sudamérica (Bolivia, Chile, Ecuador, Paraguay, Perú, Uruguay y Venezuela), además de México, Panamá, El Salvador, Guatemala, Guyana, San Cristóbal y Nieves y Trinidad y Tobago.

En un último escalón habría que situar a la República Dominicana y Nicaragua, países en los que las compras gubernamentales suponen menos del 10% del PIB.

Participación de las compras públicas/PIB por países en América Latina y el Caribe en el período 2000-2012

PAÍS	2000	2001	2002	2003	2004	2005	2006	2007	2008	2009	2010	2011	2012
ANTIGUA Y BARBUDA	19	21	24	19	19	17	16	16	17	18	17	18	18
ARGENTINA	14	14	12	11	11	12	12	13	13	15	15	15	17
BAHAMAS	11	11	11	11	12	11	12	12	13	15	15	15	15
BARBADOS	13	14	14	19	17	16	14	17	19	19	19	20	18
BELICE	13	13	14	15	14	14	14	15	16	17	16	16	-
BOLIVIA	15	16	16	17	16	16	14	14	13	15	14	14	13
BRASIL	19	20	21	19	19	20	20	20	20	21	21	21	21
CHILE	12	12	12	11	11	10	10	10	11	13	12	12	12
COLOMBIA	17	17	16	16	16	16	16	16	16	17	17	16	17
COSTA RICA	13	14	15	14	14	14	14	13	14	17	18	18	18
CUBA	30	31	34	34	35	34	32	35	40	39	35	38	-
DOMINICA	19	18	17	15	14	16	16	16	14	17	17	17	18
ECUADOR	9	9	10	11	11	11	11	11	12	14	13	13	13
EL SALVADOR	10	10	10	10	10	10	10	9	9	11	11	11	11
GRENADA	12	12	12	12	13	13	13	13	15	16	15	15	15
GUATEMALA	7	10	10	10	9	8	8	9	9	10	10	10	11
GUYANA	25	26	26	28	27	27	15	15	15	16	15	15	13
HAITÍ	8	9	9	8	7	7	9	-	-	-	-	-	-
HONDURAS	13	15	15	15	15	16	15	17	17	19	18	16	16
JAMAICA	14	14	15	14	13	14	14	15	16	16	16	16	16
MÉXICO	11	11	11	11	11	11	11	11	11	12	12	12	12
NICARAGUA	9	9	9	9	9	9	9	8	8	8	8	9	9
PANAMÁ	13	14	15	14	14	13	12	11	10	13	13	12	10
PARAGUAY	11	10	9	9	9	9	10	9	9	11	10	10	12
PERÚ	11	11	10	10	10	10	10	9	9	10	10	9	10
REPÚBLICA DOMINICANA	8	8	9	7	6	7	7	7	8	8	8	7	8
SAN CRISTÓBAL Y NIEVES	11	11	10	9	11	11	9	9	10	11	11	11	10
SANTA LUCIA	17	19	20	20	18	18	15	13	13	15	17	16	17
SAN VICENTE Y LAS GRANADINAS	16	16	16	15	16	16	15	16	17	18	19	16	16
SURINAME	37	32	29	25	25	23	-	-	-	-	-	-	-
TRINIDAD Y TOBAGO	12	14	14	13	12	12	11	10	10	-	-	-	-
URUGUAY	12	12	12	12	11	11	11	11	12	13	13	13	14
VENEZUELA	12	14	13	13	12	11	12	12	12	14	11	12	12

Fuente: Banco Mundial: <<http://datos.bancomundial.org/>>, consultado Octubre 13, 2014; y, Sistema Económico Latinoamericano y del Caribe <<www.sela.org/attach/258/EDOCS/SRed/2014/09/T023600006062-0-Di_11_Compras_publicas.pdf>>, consultado Octubre 12, 2014

III. LAS LEYES Y REGLAMENTACIONES NACIONALES SOBRE CONTRATOS PÚBLICOS Y SUS CONSTANTES REFORMAS. EL PREOCUPANTE MANTENIMIENTO DE REGÍMENES ESPECIALES DE CONTRATACIÓN. LA INSEGURIDAD JURÍDICA OCASIONADA POR TODO ELLO

Pese a la estabilidad y previsibilidad debieran caracterizar a este sector del ordenamiento jurídico-público esencial para el adecuado funcionamiento de las Administraciones públicas así como para la eficaz prestación de servicios a los ciudadanos, la contratación pública ha sido sometida en los últimos años en todos los países de América latina a un sinfín de reformas normativas, impulsadas y planteadas la mayoría de ellas por los legisladores y gobernantes nacionales con el objetivo de simplificar y hacer más eficaz el procedimiento jurídico administrativo de contratación[10].

Entre las nuevas normas o las reformas a la legislación aprobadas en los últimos años en la materia pueden destacarse las del Perú (Ley 30225 de Contrataciones del Estado publicada el 11 de julio de 2014), El Salvador (D.L. nº 660 de 3 de abril de 2014, D.O. nº 70 de 11 de abril de 2014, relativo a concesiones de servicios de transporte), Venezuela (Ley de Contrataciones Públicas de 19 de noviembre de 2014), México (Ley de Adquisiciones, Arrendamientos y Servicios del Sector Público de 2000, reformada y adicionada el 15 de junio de 2011, el 16 de enero de 2012 y la publicada en el DOF el 10 de noviembre de 2014), Ecuador (Ley Orgánica Reformatoria emitida el 14 de octubre de 2013, que modifica la Ley Orgánica del Sistema Nacional de Contratación Pública de 2008), Honduras (Ley de Compras Eficientes y Transparentes a Través de Medios Electrónicos, Decreto 36, de 21 de marzo de 2013), Uruguay (Decreto 150/012, Texto Ordenado de Contabilidad y Administración Financiera, TOCAF), Argentina (Decreto No. 893/2012, que reglamenta el Decreto Delegado nº 1023 y sus modificaciones), España (Real Decreto Legislativo 3/2011, de 14 de noviembre, por el que se aprueba el Texto Refundido de la Ley de Contratos del Sector Público, que pronto va a ser sustituido por una nueva ley que trasponga el contenido de la nueva Directiva de la Unión europea 2014/24/UE, sobre contratación pública[11]), Chile (Ley 19886, publicada el 30 de julio de 2003, de

---

10 Un análisis comparado de estas legislaciones, Cf. J. Rodríguez-Arana Muñoz, J. Sanz & M. Sendín (Dirs.), *La contratación administrativa en España e Iberoamérica*, Cameron May, Londres, 2008; también Cf. J. A. Moreno Molina & A. Matilla Correa (Dirs.), *Contratos públicos en España, Portugal y América Latina,* Difusión Jurídica, Madrid, 2008; J. Rodríguez-Arana Muñoz & E. Jinesta Lobo (Dirs.), *El Derecho Administrativo en perspectiva (Estudios en homenaje al profesor Dr. José Luis Meilán Gil),* Buenos Aires, Ediciones Rap S.A., 2014; J. Pernás & R. Valim (Dirs.), *Contratación Pública Sostenible: Una perspectiva Iberoamericana*, Bubok Publishing, 2014; J. Rodríguez-Arana Muñoz & M. García (Dirs.), J. Pernás García & C. Aymerich (Coords.), *Reforma del Estado y Transformación del Derecho Administrativo*, Bubok Publishing, La Coruña, 2014; AA. VV., *Contratación Pública. Doctrina nacional e internacional*, Adrus, Lima (Perú), 2013; AA. VV., *Fuentes del Derecho Administrativo (Tratados Internacionales, contratos como regla de derecho, jurisprudencia, doctrina y precedente administrativo)*, IX Foro Iberoamericano de Derecho Administrativo, Ediciones RAP, Buenos Aires (Argentina), 2010 y E. Espinosa Saldaña (Dir.), *Tendencias actuales en contratación pública*, Gaceta Jurídica, Lima, Perú, 2014.

11 Acerca del nuevo Derecho de la Unión Europea sobre contratos públicos *Cf.* J. M. Gimeno Feliú, 'Las nuevas directivas –cuarta generación– en materia de contratación pública. Hacia una estrategia eficiente en compra pública', en *REDA*, No. 159, 2013, pp. 39-106; J. A. Moreno Molina, 'La cuarta generación de directivas de la Unión Europea sobre contratos públicos', en J. M. Gimeno Feliú (Dir.) & M. A. Bernal Blay (Coord.), *Observatorio de Contratos Públicos 2012*, Aranzadi, Cizur Menor, Navarra, 2013, pp. 115-163; y los trabajos publicados en J. M. Gimeno Feliú (Dir.) & M. A. Bernal Blay (Coord.), *Observatorio de Contratos Públicos 2013*, Aranzadi, Cizur Menor, Navarra, 2014; M. R. Fernández Acevedo, Et. Al. (Dirs.), *La contratación pública Op. Cit.*; AA. VV., 'Número monográfico sobre las nuevas Directivas de contratación pública', en *Contratación Administrativa Práctica*, No. 129, 2014; J. Pernás (Dir.), *Contratación Pública Estratégica*, Thomson Reuters Aranzadi, Cizur Menor,

bases sobre contratos administrativos de suministro y prestación de servicios, modificada el 1 de marzo de 2010 –se conoce como ley de compras–), Nicaragua (Ley nº 737, de 19 de octubre de 2010, de contrataciones administrativas del sector público), Puerto Rico (Ley Nº 218 de 21 de diciembre de 2010, de Documentos Uniformes para la Contratación de Programación, Gerencia, Diseño, Inspección y Construcción de Obras Públicas), Bolivia (Decreto Supremo nº 0181, de 28 de junio de 2009, Normas Básicas del Sistema de Administración de Bienes y Servicios y sus reformas a través de los Decretos Supremos 843, de 13 de abril de 2011 y 956, de 10 de agosto de 2011), Colombia (Estatuto General de Contratación de la Administración Pública de 2012), y República Dominicana (Ley sobre Compras y Contrataciones de Bienes, Servicios, Obras y Concesiones del Estado Dominicano de 2012).

Con una legislación menos reciente se encuentran países como Brasil (Ley Federal No. 8.666 de 1993, Procesos de Licitación y Contratos de la Administración Pública), Costa Rica (Ley de Contratación Administrativa de 1995), Paraguay (Ley No. 2051 del 21 de enero de 2003, de Contrataciones Públicas), El Salvador (Ley de adquisiciones y contrataciones de las Administraciones Públicas, Decreto Legislativo nº 868, de 5 de abril de 2000) y Guatemala (Ley de Contrataciones del Estado de 1992).

La desmedida proliferación normativa en el sector[12] ha ocasionado unas notables dificultades a todos los operadores jurídicos y económicos de los contratos públicos, y una complejidad creciente de la normativa sobre contratación pública, que se ha acrecentado además por la existencia en la actualidad de una gran cantidad de normas aplicables a la contratación pública, muchas específicamente referidas a los contratos administrativos pero también otras disposiciones legales y reglamentarias que afectan a la materia, como son las normas presupuestales y de administración financiera. Por ello, su conocimiento resulta bastante complejo. Pese a que en la actualidad estas normas están publicadas en los portales web públicos de contratación de los distintos países, para los operadores económicos y sociales de la contratación, especialmente las micro, pequeñas y medianas empresas, acceder a la legislación y reglamentación de la contratación pública puede resultar una labor de mucha dificultad. La seguridad jurídica se ve notablemente afectada por esta situación y con ello también mermada la aplicabilidad de las normas.

Por otra parte, un problema de la máxima importancia es la existencia de un gran número de regímenes especiales que se apartan de la legislación general. Estos regímenes especiales excluyen a muchas Entidades de la aplicación de los procedimientos públicos de contratación fijados en las leyes generales de compras públicas. En esta situación se encuentran entes que celebran contratos muy importantes para las economías de los países de América latina, como las entidades o empresas públicas petroleras. Esta "huida" de las normas públicas sobre contratación puede ser

---

2013 y M. Sánchez Morón, *El Derecho de los contratos públicos en la Unión Europea y sus Estados miembros*, Valladolid, Lex Nova, 2011.

12 Pocos ámbitos como el de la contratación pública ejemplifican la legislación *motorizada*, al respecto, Cf. E. García de Enterría, *Justicia y seguridad jurídica en un mundo de leyes desbocadas,* Civitas, Madrid, 1999, p. 48, característica de los ordenamientos jurídicos contemporáneos.

contraria a los principios constitucionales de legalidad, objetividad e igualdad y, sobre todo, crea una mayor complejidad e inseguridad a los sistemas nacionales de contratación pública.

La aprobación en muchos países (a través de normas especiales o por medio de decretos de urgencia) de regímenes de contratación pública distintos al régimen general aprobado por las leyes de contrataciones atenta gravemente contra los principios señalados anteriormente, así como los de transparencia y predictibilidad que deben regir la actuación pública. Además, aparte de reducir de manera importante el derecho de defensa de los contratistas, permiten que, con poco control y con argumentos como el de acelerar las compras públicas, las entidades públicas asignan al sector privado, con pocos trámites y eligiendo libremente al contratista, importantes cantidades de los fondos públicos.

IV. EL RESPETO DE LOS PRINCIPIOS GENERALES COMO OBJETIVO PRINCIPAL DE LAS VIGENTES LEGISLACIONES REGULADORAS DE LOS CONTRATOS PÚBLICOS EN AMÉRICA LATINA

Una importante característica común a las legislaciones nacionales sobre compras públicas en América latina es su reconocimiento expreso de los principios generales que rigen en la materia y que desarrollan cada vez más una decisiva función interpretativa. Ante la enorme cantidad de normas legales y reglamentarias que en la actualidad regulan los contratos públicos, los principios generales de la contratación pública se presentan como un necesario elemento unificador.

Los principios deben aportar claridad y seguridad jurídica en la aplicación e interpretación del Derecho de los contratos. Están basados en reglas nacionales de naturaleza constitucional y deben ser hoy el fundamento de todo el Derecho público sobre contratos de las Administraciones públicas. Los principios generales de la contratación pública se caracterizan por su transversalidad, ya que alcanzan y se manifiestan en todas las fases contractuales, preparatorias y ejecutorias.

En la ley de Panamá nº 22, de 27 de junio de 2006, que regula la Contratación Pública, el artículo 16 recoge los principios generales y señala al efecto que:

> "[...] las actuaciones de quienes intervengan en la contratación pública se desarrollarán con fundamento en los principios de eficiencia, eficacia, transparencia, debido proceso, publicidad, economía y responsabilidad, de conformidad con los postulados que rigen la función administrativa. Igualmente, les serán aplicables las normas que regulan la conducta de los servidores públicos, las reglas de interpretación de la contratación, los principios generales del derecho, las normas del derecho administrativo y las normas en materia civil y comercial que no sean contrarias a esta Ley."

La norma panameña recoge en su artículo 21 unas importantes reglas cuando declara que:

> "[...] en la interpretación de las normas sobre contratos públicos, de los procedimientos de selección de contratista, de los casos de excepción de procedimiento de selección de contratista y de las cláusulas y estipulaciones de los contratos, se ten-

drán en consideración los intereses públicos, los fines y los principios de esta Ley, así como la buena fe, la igualdad y el equilibrio entre las obligaciones y los derechos que caracterizan los contratos conmutativos."

En el mismo sentido, la Ley 30225 de 2014, de Contrataciones del Estado del Perú, establece que los principios generales de los contratos públicos: "[...] sirven de criterio interpretativo e integrador para la aplicación de la presente ley y su reglamento, y como parámetros para la actuación de quienes intervengan en dichas contrataciones".

La reciente Ley peruana recoge y define de forma amplia los principios generales en su artículo 2 (*principios que rigen las contrataciones*), que hace referencia a los principios de libertad de concurrencia, libre acceso y participación de proveedores, igualdad de trato, transparencia, publicidad, competencia, eficacia y eficiencia, vigencia tecnológica, sostenibilidad ambiental y social, equidad y proporcionalidad.

Por su parte, la Ley Orgánica del Sistema Nacional de Contratación Pública del Ecuador de 2008 prevé en su artículo 4 que:

> "[...] para la aplicación de esta Ley y de los contratos que de ella deriven se observarán los principios de legalidad, trato justo, igualdad, calidad, vigencia tecnológica, oportunidad, concurrencia, transparencia, publicidad; y, participación nacional."

En el artículo 5 de la Ley ecuatoriana también se hace referencia a la función interpretativa de los principios en estos términos:

> "[...] los procedimientos y los contratos sometidos a esta Ley se interpretarán y ejecutarán conforme los principios referidos en el artículo anterior y tomando en cuenta la necesidad de precautelar los intereses públicos y la debida ejecución del contrato."

La Ley de Compras Eficientes y Transparentes a Través de Medios Electrónicos de Honduras de 2014 dedica su artículo 4 a los principios generales, y así recoge y define los de transparencia y publicación, planificación, eficacia y buen gobierno, mejor valor del dinero, simplificación y economía del proceso.

La norma más importantes y alrededor de la cual gira todo el sistema jurídico de la contratación administrativa en el Derecho español, el Real Decreto Legislativo 3/2011, de 14 de noviembre, por el que se aprueba el Texto Refundido de la Ley de Contratos del Sector Público, en su artículo 1 declara que la Ley tiene por objeto regular la contratación del sector público:

> "[...] a fin de garantizar que la misma se ajusta a los principios de libertad de acceso a las licitaciones, publicidad y transparencia de los procedimientos, y no discriminación e igualdad de trato entre los candidatos, y de asegurar, en conexión con el objetivo de estabilidad presupuestaria y control del gasto, una eficiente utilización de los fondos destinados a la realización de obras, la adquisición de bienes y la contratación de servicios mediante la exigencia de la definición previa de las necesidades a satisfacer, la salvaguarda de la libre competencia y la selección de la oferta económicamente más ventajosa."

Desde el pórtico del citado texto refundido español y a lo largo de todo su texto el respeto a los principios generales de la contratación pública se presenta como el objetivo y finalidad primera de la norma, que persigue garantizar la libertad de acceso a las licitaciones, la publicidad y transparencia de los procedimientos, así como la no discriminación e igualdad de trato entre los candidatos. No podía ser de otra manera, pues así lo exigía el Derecho de la Unión Europea de los contratos públicos, de forma destacada gracias a la jurisprudencia del Tribunal de Justicia de la Unión Europea[13].

> La nueva Directiva 2014/24/UE del Parlamento Europeo y del Consejo, sobre contratación pública y por la que se deroga la Directiva 2004/18/CE, que deberá ser incorporada a los ordenamientos jurídicos de los 28 Estados miembros de la Unión Europea antes del 18 de abril de 2016, resalta desde su primer considerando la necesidad de respetar los principios generales en la adjudicación de contratos públicos por o en nombre de las autoridades de los Estados Miembros (una previsión similar recogía el apartado segundo de la exposición de motivos de la Directiva 2004/18/CE). Se identifican estos principios con los reconocidos por:
>
> "[...] el Tratado sobre el funcionamiento de la Unión Europea y, en particular la libre circulación de mercancías, la libertad de establecimiento y la libre prestación de servicios y de los principios derivados de la misma, tales como el de la igualdad de trato, no discriminación, el reconocimiento mutuo, la proporcionalidad y la transparencia."

En esta misma línea, hay que recordar la Comunicación interpretativa de la Comisión Europea de 23 de junio de 2006, sobre el Derecho comunitario aplicable en la adjudicación de contratos no cubiertos o sólo parcialmente cubiertos por las Directivas sobre contratación pública[14], cuya legalidad y conformidad con el Derecho europeo fue confirmada por la STJUE de 20 de mayo de 2010, en el asunto T-258/06, que resolvió el recurso de anulación contra la Comunicación por Alemania, al que se adhirieron como partes coadyuvantes Francia, Austria, Polonia, Países Bajos, Grecia, Reino Unido de Gran Bretaña e Irlanda del Norte y el Parlamento Europeo.

El Título I de la nueva Directiva se intitula *Ámbito de aplicación, definiciones y principios generales*, y dedica su artículo 18 a los *Principios de la contratación* para establecer que:

---

[13] En este sentido, el Tribunal europeo, tras comprobar cómo las Directivas en la materia no constituyen cuerpos uniformes y completos de normas sobre contratación pública, sostiene que los Estados siguen siendo libres para mantener o adoptar normas sustantivas y procedimentales que disciplinen los contratos públicos, pero, eso sí, " [...] a condición de que se respeten todas las disposiciones aplicables del Derecho comunitario y, en particular, las prohibiciones derivadas de los principios consagrados por el Tratado". La sentencia del TJUE de 13 de octubre de 2005, asunto C 458/03, *Parking Brixen GMBH*, resulta muy ilustrativa cuando concluye que "pese a que, en el estado actual del Derecho comunitario, los contratos de concesión de servicios públicos se encuentran excluidos del ámbito de aplicación de la Directiva 92/50, las autoridades públicas que los celebren están obligadas no obstante a respetar, en general, las normas fundamentales del Tratado CE y, en especial, el principio de no discriminación por razón de la nacionalidad".

[14] Diario Oficial No. C 179 de 01/08/2006.

> "[...] los poderes adjudicadores tratarán a los operadores económicos en pie de igualdad y sin discriminaciones, y actuarán de manera transparente y proporcionada. La contratación no será concebida con el objetivo de excluirla del ámbito de aplicación de la presente Directiva ni de restringir artificialmente la competencia."

Se considera por la propia Directiva que la competencia está artificialmente restringida cuando la contratación se haya concebido con la intención de favorecer o perjudicar indebidamente a determinados operadores económicos.

Al principio de confidencialidad dedica la Directiva 2014/24 el artículo 21, en su doble vertiente que protege al licitador (apartado 1) y al poder adjudicador (apartado 2). Dispone así en primer lugar que salvo disposición europea o nacional en contrario, y sin perjuicio de las obligaciones en materia de publicidad de los contratos adjudicados y de información a los candidatos y a los licitadores, el poder adjudicador no divulgará la información facilitada por los operadores económicos que estos hayan designado como confidencial, por ejemplo, los secretos técnicos o comerciales y los aspectos confidenciales de las ofertas.

Por su parte, el apartado 2 prevé que los poderes adjudicadores podrán imponer a los operadores económicos requisitos destinados a proteger el carácter confidencial de la información que los poderes adjudicadores proporcionen durante el procedimiento de contratación.

Otro ejemplo de reconocimiento de los principios generales lo podemos encontrar en el ordenamiento jurídico colombiano, que expresamente consagra el artículo 23 de la Ley 80 de 1993 (transparencia, economía y responsabilidad) y desarrollan los artículos 24 a 26 de la Ley (junto a una importante jurisprudencia de la Corte Constitucional que los ha interpretado), remitiéndose para el resto de principios al resto del ordenamiento jurídico: singularmente la Constitución Política de Colombia, el Código Civil y el Código Contencioso Administrativo.

Con la reforma introducida por la Ley 1150 de 2007 se buscó garantizar una mayor aplicación de los principios generales de la contratación a sectores de la actividad contractual pública anteriormente no plenamente sometidos, como era el caso de los contratos sometidos por el legislador a las reglas del derecho privado.

La Ley chilena 19886, publicada el 30 de julio de 2003, de bases sobre contratos administrativos de suministro y prestación de servicios, declara en su artículo 1 que:

> "[...] los contratos que celebre la Administración del Estado, a título oneroso, para el suministro de bienes muebles, y de los servicios que se requieran para el desarrollo de sus funciones, se ajustarán a las normas y principios del presente cuerpo legal y de su reglamentación."

Si bien la norma chilena no enumera los principios generales, sí los reconoce y consagra en cuanto a sus exigencias a lo largo de toda la ley: así lo hace con los principios de igualdad, concurrencia, transparencia, sujeción a las bases y eficiencia.

Como ha declarado la jurisprudencia, uno de los objetos fundamentales de la Ley n° 19.886 consiste en garantizar:

"[...] la transparencia de las operaciones contractuales de la Administración del Estado, estableciendo procedimientos uniformes y obligatorios que las entidades sujetas a su cumplimiento deben observar en la preparación y celebración de los contratos y el Sistema de Información, al que se debe otorgar gratuito y público acceso [Dict. n° 12.679/05]".

La regla general en materia de contratación administrativa:

"[...] es la propuesta pública y excepcionalmente la propuesta privada o el trato directo. La necesidad de contratar con un prestador distinto de los que ya se encuentran vinculados contractualmente con el servicio, se puede obtener plenamente a través de un proceso licitatorio público que, inspirado en los principios de transparencia y libre concurrencia, considere las diversas variables que interesan al servicio [Dict. 45.730/03]."

V. LOS NOTABLES AVANCES EN LA UTILIZACIÓN DE MEDIOS ELECTRÓNICOS EN LA CONTRATACIÓN PÚBLICA

En la mayoría de los países de América latina ha habido en los últimos años una evolución parecida en cuanto al impulso y a la utilización de los medios electrónicos en la contratación pública[15], encontrándose en la actualidad con un sistema muy bien desarrollado en cuanto a la difusión de información (fase informativa del sistema) pero con menos logros en cuanto al módulo transaccional, que permita desarrollar los procedimientos de contratación de forma totalmente *on line*. En este punto falta todavía mucho por desarrollar en casi todos los países.

Los portales públicos de compras centralizan la información sobre la contratación del sector público y en ellos las entidades están obligadas a publicar tanto sus convocatorias de procesos como otra mucha información relevante. Esta información publicada en los portales públicos en general asegura de modo adecuado la transparencia de los procesos de contratación. Se trata además de unos puntos únicos de acceso gratuito.

Deben destacarse en este sentido el portal del gobierno chileno (*ChileCompra*), uno de los pioneros en compras públicas electrónicas no sólo a nivel de la región sino en el panorama internacional, y los de Argentina (*Argentina Compra*), Brasil (*ComprasNet*), Colombia (*Colombia Compra Eficiente*), Costa Rica (*CompraRed*), Ecuador (*...INCOP..*), El Salvador (*CompraSal*), Guatemala (*Guatecompras*), Honduras (*HonduCompras*), México (*CompraNet*), Panamá (*PanamaCom-*

[15] Con el objetivo general de aproximar los Gobiernos y sus respectivas Administraciones a los ciudadanos al facilitar la comunicación y relación con los mismos por medios electrónicos e incrementar la calidad de los servicios y productos públicos que el Estado tiene que suministrar a los ciudadanos al mejorar la eficiencia, la eficacia y una mayor transparencia de la gestión pública, como destacada la Carta Iberoamericana de Gobierno Electrónico adoptada por la XVII Cumbre Iberoamericana de Jefes de Estado y de Gobierno (Santiago de Chile, 10 de noviembre de 2007; Resolución n° 18 de la Declaración de Santiago).

pra), Perú (Sistema Electrónico de Contrataciones del Estado –*SEACE*-) y República Dominicana (*ComprasDominicana*)[16].

En una fase de desarrollo del sistema electrónico se encuentran en la actualidad Bolivia (*Sistema de Contrataciones Estatales –SICOES–*), Nicaragua (*Nicaragua Compra*) y Paraguay (*Sistema de Información de las Contrataciones Públicas*).

Menos desarrollados se encuentran los portales públicos de Uruguay (Agencia de Compras y Contrataciones del Estado, en <<www.comprasestatales.gub.uy>> y, Venezuela (Servicio Nacional de Contrataciones, en <<www.snc.gob.ve>>).

Entre la reciente legislación en materia de contratación electrónica puede destacarse la Ley de compras eficientes y transparentes a través de medios electrónicos de Honduras, aprobada por medio del Decreto 36, de 21 de marzo de 2013), que regula las compras de bienes o servicios por catálogo electrónico, que comprende como modalidades el convenio marco, compra conjunta, y subasta inversa, que celebren los órganos de la Administración pública centralizada y descentralizada.

Por su parte, la Ley del Perú nº 30225 de Contrataciones del Estado, de 8 de julio de 2014, regula el Sistema Electrónico de Contrataciones del Estado (SEACE) como sistema electrónico que permite el intercambio de información y difusión sobre las contrataciones del Estado, así como la realización de transacciones electrónicas y prevé en su artículo 49 que los actos realizados por medio del mismo poseen la misma validez y eficacia que los actos realizados por medios manuales, pudiéndolos sustituir para todos los efectos legales.

El artículo 48 de la Ley peruana establece la obligatoriedad de utilización del SEACE por parte de las entidades públicas en las contrataciones que realicen, independientemente que se sujeten al ámbito de aplicación de la norma, su cuantía o fuente de financiamiento, conforme a la directiva que dicte el Organismo Supervisor de las Contrataciones del Estado (OSCE) para tal efecto. Los procedimientos de subasta inversa y comparación de precios se realizan obligatoriamente en forma electrónica a través del SEACE.

En relación con la definición legal de las plataformas públicas de contratación, la Ley mexicana de Adquisiciones, Arrendamientos y Servicios del Sector Público, de 4 de enero de 2000, señala en su artículo 2 que *CompraNet* es:

> "[...] el sistema electrónico de información pública gubernamental sobre adquisiciones, arrendamientos y servicios, integrado entre otra información, por los programas anuales en la materia, de las dependencias y entidades; el registro único de proveedores; el padrón de testigos sociales; el registro de proveedores sancionados; las convocatorias a la licitación y sus modificaciones; las invitaciones a cuando menos tres personas; las actas de las juntas de aclaraciones, del acto de presentación y apertura de proposiciones y de fallo; los testimonios de los testigos sociales; los datos de los contratos y los convenios modificatorios; las adjudicaciones directas;

---

16 Véase el análisis comparativo de todos estos portales en CEPAL, 'Panorama de la gestión pública 2013', Documento de referencia DDR/2, 14 de noviembre de 2013, pp. 10-ss., disponible en <<www.cepal.org/crp-ilpes/noticias/documentosdetrabajo/7/51577/2013-986_CRP.14_DDR.2_Sintesis_Panorama_Gestion_Publica.pdf>>, consultado Noviembre 13, 2014.f

las resoluciones de la instancia de inconformidad que hayan causado estado, y las notificaciones y avisos correspondientes. Dicho sistema será de consulta gratuita y constituirá un medio por el cual se desarrollarán procedimientos de contratación."

El sistema está a cargo de la Secretaría de la Función Pública y la Ley obliga a garantizar la inalterabilidad y conservación de la información que contenga.

Por lo que se refiere a la Unión Europea, la nueva Directiva 2014/24/UE obliga a los Estados a garantizar: "[...] que todas las comunicaciones y todos los intercambios de información en virtud de la presente Directiva, y en particular la presentación electrónica de ofertas, se lleven a cabo utilizando medios de comunicación de conformidad con los requisitos establecidos en el presente artículo" (artículo 22.1).

Como destaca el Libro Verde de la Comisión Europea sobre la generalización del recurso a la contratación pública electrónica en la UE (SEC 2010, 1214), Portugal fue el primer país de la Unión Europea que apostó por la obligatoriedad del uso de medios electrónicos para desarrollar todas las fases del proceso, incluida la adjudicación, en la mayoría de los contratos públicos. En concreto, esta obligación se estableció en el párrafo 1 del artículo 9 del Decreto-Ley nº 18/2008, de 29 de enero, que aprobó el *Código dos Contratos Públicos* (Código de los Contratos Públicos, en adelante, CCP)[17], con un horizonte temporal de un año después de la fecha de entrada en vigor de la norma, a partir de la cual las autoridades contratantes y los contratistas ya no podrían utilizar documentos de papel en las propuestas o solicitudes en los procedimientos de contratación pública. Sin embargo, este plazo se prorrogó por medio del Decreto-Ley nº 223/2009, del 11 de septiembre, que fijó de plazo hasta el 31 de octubre de 2009. Por lo tanto, desde el 1 de noviembre de 2009, resulta obligatorio el uso de medios electrónicos para desarrollar todas las fases del proceso, incluida la adjudicación.

La Comisión Europea publicó el Libro Verde sobre la generalización del recurso a la contratación pública electrónica en la Unión Europea (SEC 2010, 1214), para impulsar la utilización de las TIC a fin de lograr una contratación pública más eficaz en todo el mercado único, al tiempo que avanzar hacia una revisión coordinada y global del actual marco de contratación pública de la UE.

En el Libro Verde se recuerdan las grandes ventajas de una utilización más generalizada de la contratación electrónica. Entre ellas cabe destacar una mayor accesibilidad y transparencia (la contratación electrónica puede mejorar el acceso de las empresas a la contratación pública gracias a la automatización y centraliza-

---

[17] El CCP tiene una intención codificadora y ha venido a agrupar en un único texto legal todas las disposiciones relativas a las fases preparatorias y ejecutorias de los contratos públicos que anteriormente se encontraban dispersas en diversas normas. De esta forma, el CCP traspone tanto la Directiva 2004/18/CE, sobre contratos del sector público, como la Directiva 2004/17/CE, sobre contratos en los denominados sectores especiales (agua, energía, transportes y servicios postales), corrigiendo la limitada e incompleta trasposición de las citadas directivas comunitarias realizada por las normas anteriores, que dio lugar a las Sentencias condenatorias del Tribunal de Justicia de la Unión Europea (TJUE) contra la República portuguesa de 18 de diciembre de 2007, *Comisión/Portugal*, Asunto C-284/07 , y de 3 de abril de 2008, *Comisión/Portugal*, Asunto C-289/07.

ción del flujo de información sobre las oportunidades de licitación concretas); ventajas en relación con los procedimientos concretos (frente a los sistemas basados en el soporte de papel, la contratación electrónica puede contribuir a que las entidades adjudicadoras y los operadores económicos reduzcan sus costes administrativos, y a que se agilicen los procedimientos de contratación, lo que en las actuales circunstancias económicas podría tener una acogida muy favorable ya que aumentaría al máximo el potencial que puede obtenerse a partir de recursos limitados); ventajas en cuanto al logro de una mayor eficacia en la gestión de la contratación (en los casos en que existan centrales de compras, el recurso a los procedimientos electrónicos podrá contribuir a la centralización de las tareas administrativas de contratación más onerosas y al logro de economías de escala en términos de gestión); y potencial de cara a la integración de los mercados de contratación en la UE (en un entorno caracterizado por la utilización del soporte de papel, la falta de información y los problemas asociados a la presentación de ofertas en relación con contratos que van a adjudicarse a cierta distancia del lugar de establecimiento de la propia empresa pueden limitar el número de proveedores que compitan en determinadas licitaciones o disuadirlos totalmente de participar en ellas.

En potencia, la contratación electrónica tiene la ventaja de acortar esas distancias, salvar las deficiencias en materia de información y fomentar una mayor participación, mediante el incremento del número de posibles proveedores y la eventual ampliación de los mercados).

No cabe duda de que la contratación electrónica puede ayudar a obtener los insumos necesarios para los servicios públicos en unas condiciones ventajosas para el contribuyente en términos económicos[18]. Las economías logradas de este modo son particularmente valiosas en el contexto actual, en el que se está ejerciendo una presión para la contención del gasto público.

Ahora bien, dichas ventajas tienen un coste. El logro de la competencia requerida para llevar a cabo la contratación por medios electrónicos exige inversiones a lo largo de toda la cadena de contratación a fin de desarrollar la capacidad necesaria y gestionar el paso de un sistema a otro. Los costes de mantenimiento varían entre varios miles y varios millones de euros, en función, lógicamente, del tamaño y la sofisticación del sistema. La experiencia ha demostrado que dichas inversiones pueden recuperarse en un plazo muy corto a través de las economías realizadas por la Administración.

Sin embargo, el mayor obstáculo a la utilización de estos nuevos sistemas electrónicos consiste en la dificultad de estimular a las entidades adjudicadoras y a las comunidades de proveedores a servirse de ellos.

---

18 *Cf.* F. Puerta Seguido, 'La naturaleza jurídica y el ámbito objetivo y subjetivo de la subasta electrónica en la nueva Directiva general de la contratación pública', en *Contratación administrativa práctica: revista de la contratación administrativa y de los contratistas*, n° 132, 2014, pp. 39-46 y, J. Punzón Moraleda & Sánchez Rodríguez, 'Reflexiones en torno al documento electrónico y la firma electrónica', en *Diario La Ley*, n° 6985-6987, 2008.

Las iniciativas en materia de contratación electrónica que han tenido éxito incluyen, a menudo, un gran apoyo para la formación de las comunidades de usuarios, así como un esfuerzo continuado por parte de los promotores de la contratación electrónica para fomentar y desarrollar sus sistemas[19].

La plena implantación de la contratación pública electrónica se enfrenta pues a notables retos en América latina.

VI. LA TENDENCIA HACIA UN DERECHO GLOBAL DE LAS COMPRAS PÚBLICAS

Como hemos podido comprobar a lo largo del presente trabajo, en los sistemas jurídicos iberoamericanos de las compras públicas se puede apreciar su similar desarrollo y cuestiones abordadas, que sin duda ponen de manifiesto la tendencia hacia la formación de un derecho común en la materia.

En el marco del proceso de surgimiento de un Derecho administrativo global[20], que cada vez presenta un mayor impacto en los ordenamientos administrativos nacionales[21], la contratación pública se presenta así como un sector paradigmático[22].

En efecto, los contratos públicos han sido objeto en los últimos años tanto de importante legislación y acuerdos internacionales, como de jurisprudencia de órganos con jurisdicción internacional que han fijado principios generales, y de ac-

---

[19] *Cf.* J. Pintos Santiago, 'Inmediatez y régimen transitorio de la implantación obligatoria de la contratación pública electrónica en las nuevas Directivas sobre contratación pública', en *Contratación* administrativa *práctica: revista de la contratación administrativa y de los contratistas*, n° 129, 2014, pp. 56-65.

[20] *Cf.* J. Rodríguez-Arana Muñoz, 'El Derecho Administrativo global: un derecho principal', en *Revista Andaluza de Administración Pública*, No. 76, 2010, pp. 15-68; O. Mir Puigpelat, *Globalización Estado y Derecho (Las transformaciones recientes del Derecho administrativo)*, Civitas, Madrid, 2004; J. Cruz Alli, *Derecho administrativo y globalización*, Civitas, Madrid, 2004; M. Ballbé, 'El futuro del derecho administrativo en la globalización: entre la americanización y la europeización, en *RAP*, n° 174, 2007; J. Ponce (Coord.), *Derecho administrativo global. Organización, procedimiento, control judicial*, Marcial Pons-INAP, Madrid, 201; y, J. Barnés (Coord.), *Las transformaciones del procedimiento administrativo*, Global Law, Sevilla, 2006.

[21] *Cf.* B. Kingsbury, N. Krisch & R. B. Stewart, 'The Emergence of Global Administrative Law', en *68 Law and Contemporary Problems*, 15 (Summer/Autumn 2005). Traducción al castellano del texto en inglés realizada por Paris, G. y Ricart, L., *LL.M. International Legal Studies*, Facultad de Derecho, New York University, visible en <<www.iilj.org/GAL/ documents/ElsurgimientodelDerecho AdministrativoGlobal.pdf>>, consultado Marzo 2, 2015.

[22] *Cf.* J. A. Moreno Molina, *Derecho global de la contratación pública*, Ubijus, México, 2011 y, J. Pintos Santiago, 'El surgimiento inadvertido de un Derecho global de los contratos públicos como ámbito de formación y consolidación del Derecho administrativo global', en *Contratación administrativa práctica: revista de la contratación administrativa y de los contratistas*, n° 128, 2013, pp. 66-69.

tuaciones administrativas, entre otras, de solución de controversias entre Estados u otras partes en disputa[23].

En este sentido, pueden destacarse tanto el Acuerdo sobre Contratación Pública (ACP) de la Organización Mundial del Comercio (OMC) y la Ley Modelo de Naciones Unidas (cuyo texto aprobado en 2011 sustituyó al de 1994), así como las normas en la materia aprobadas por el Banco Mundial[24] y la OCDE[25].

El ACP fue firmado el 15 de abril de 1994, al mismo tiempo que el Acuerdo por el que se establece la OMC, y entró en vigor el 1 de enero de 1996.

El objetivo del ACP es establecer un marco multilateral de derechos y obligaciones equilibrados en materia de contratación pública, con miras a conseguir la liberalización y la expansión del comercio mundial.

De esta forma, establece una serie de derechos y obligaciones entre sus Partes con respecto a sus respectivas leyes, reglamentos, procedimientos y prácticas nacionales en la esfera de dicha contratación.

El proceso para la revisión del ACP ha tenido dos importantes hitos, al llegarse a un primer acuerdo en 2006 y culminar las negociaciones el 15 de diciembre de 2011. La Decisión sobre los resultados de las negociaciones celebradas de conformidad con el párrafo 7 del artículo XXIV del ACP, se adoptó formalmente el 30 de marzo de 2012[26].

La nueva versión del ACP ha modificado tanto el Preámbulo, como los artículos I a XXIV y los Apéndices del Acuerdo de 1994[27].

---

23 Todos ellos elementos caracterizadores de la *gobernanza global*, Cf. R. B. Stewart, 'U.S. Administrative Law: A Model for Global Administrative Law?', en *68 Law and Contemporary Problems*, 15 (Summer/Autumn 2005).

24 Las Normas de Procedimiento del Banco Mundial BP 11.00, visibles en <<http://siteresources.worldbank.org/INTPROCURINSPA/Resources/bp1100Spanish.pdf>>, consultado Febrero 18, 2015.

25 En relación con la contratación pública, la OCDE se ha preocupado sobre todo de desarrollar instrumentos para combatir la corrupción y fomentar la integridad en el sector público. El sitio Web de la Unidad de Lucha contra la corrupción de la OCDE es <<www.oecd.org/daf/no corruption/>>, consultado Marzo 18, 2014.

Para una visión general del desarrollo de este derecho internacional de la contratación pública puede acudirse a AA. VV., 'Overview of the Current Work of Key International Institutions in the Field of Public Procurement', en *Public Procurement Law Review*, No. 6, 2006, pp. 161-204.

26 *Cf.* <<www.wto.org/spanish/tratop_s/gproc_s/negotiations_s.htm>>, consultado Marzo 20, 2015. Sobre el proceso de renovación del acuerdo sobre contratación pública de la OMC, Cf. R. D. Anderson, 'Renewing the WTO Agreement on Government Procurement: Progress to Date and Ongoing Negotiations', en *Public Procurement Law Review*, No. 4, 2007.

27 *Cf.* S. Arrowsmith & R. D. Anderson, *The WTO Regime on Government Procurement: Challenge and Reform*, Cambridge University Press, 2011.

Los principales objetivos de la renegociación del ACP han sido mejorar y actualizar el Acuerdo, a la luz, entre otras cosas, de la evolución de la tecnología de la información y los métodos de contratación; ampliar el ámbito de aplicación del Acuerdo; y eliminar las medidas discriminatorias que seguían aplicándose[28].

Salvo España, ningún otro país de América latina ha suscrito el ACP[29].

Pero los países latinoamericanos han suscrito entre sí o con terceros países numerosos tratados de libre comercio que incluyen capítulos de compras públicas.

En este sentido, pueden destacarse las disposiciones sobre contratación pública del Tratado de Libre Comercio suscrito entre México, los Estados Unidos de América y Canadá (TLCAN), el Acuerdo de Promociones Comerciales entre Estados Unidos y Colombia y el Acuerdo de Promoción Comercial Perú-Estados Unidos, el Tratado Chile-EEUU, el de Panamá con EEUU, así como el Tratado de Libre Comercio de Centroamérica y República Dominicana con Estados Unidos.

Otros instrumentos que cuentan con reglas sobre compras públicas son los acuerdos entre Centroamérica y Chile, México, República Dominicana y Panamá; los TLC Chile-México, Chile-Colombia, México-Colombia; los Tratados entre Chile y México con la Unión Europea y el Acuerdo de Asociación entre Centroamérica y la UE[30].

Existe también un protocolo de contrataciones públicas del MERCOSUR y unas reglas sobre contratos de servicios en la Comunidad Andina[31].

También merece destacarse la Red Interamericana de Compras Gubernamentales (RICG), integrada por las instituciones gubernamentales de los países del continente americano, a excepción de Cuba, que es un mecanismo de cooperación técnica regional que cuenta con el apoyo de organismo como la Organización de los Estados Americanos (OEA) y el Banco Interamericano de Desarrollo (BID).

La RICG celebra anualmente una Conferencia en la que participan representantes del sector público, privado y académico del ámbito nacional e internacional, así como de expertos reconocidos en el área de las compras públicas.

La IX Conferencia anual se celebró en la Ciudad de Montevideo en 2013 y la X en Asunción en 2014[32].

---

[28] Sobre la renovación del acuerdo sobre contratación pública de la OMC, *Cf.* R. D. Anderson, *Op. Cit.*

[29] Argentina, Chile, Colombia y Panamá participan en el ACP en calidad de observadores.

[30] *Cf.* SELA, Las compras *Op. Cit.*, pp. 22-ss.

[31] Para el análisis de otros acuerdos internacionales en contratación pública resulta de interés acudir al documento elaborado por las secretarías de ALADI, COMUNIDAD ANDINA Y MERCOSUR en cumplimiento de los mandatos de la I Reunión de Jefes de Estado de la Comunidad Sudamericana de Naciones (Documento ALADI/MERCOSUR/CAN/15/2006, visible en <<www.mercosur.int/msweb/SM/Documento%20Conjunto/Convergencia13% 20Compras%20del%20sector%20publico.pdf>>, consultado Febrero 4, 2015.

[32] *Cf.* <<www.ricg.org>>, consultada Mayo 20, 2015.

Desde la vertiente académica se creó en 2014 la Red Iberoamericana de Contratación Pública, dirigida por el profesor Jaime Rodríguez Arana, Presidente del Foro Iberoamericano de Derecho Administrativo y cuya web es <<www.redicop.com/>>.

CAPÍTULO XI
CONTRATACIÓN PÚBLICA EN COSTA RICA

Prof. Dr. Ernesto JINESTA LOBO*

I. RÉGIMEN CONSTITUCIONAL Y LEGAL[1]

1. *Fundamento constitucional*

La Contratación administrativa tiene asidero en una serie de normas constitucionales que mencionan algunos contratos administrativos y, en particular, en el artículo 182 constitucional que prescribe el procedimiento de licitación, de acuerdo con el monto que establezca la ley, para ciertos tipos contractuales. Hemos sostenido que nuestro Derecho Constitucional recoge el principio de la libre contratación administrativa, siendo la licitación necesaria –sin calificación de pública o privada– la excepción[2].

El régimen infra constitucional de la contratación administrativa se encuentra establecido, de modo general, en la Ley de la Contratación Administrativa (LCA) No. 7494 de 2 de mayo de 1995 y sus reformas y su respectivo Reglamento.

---

* Profesor del Doctorado en Derecho Administrativo Iberoamericano (DAI) coordinado por la Universidad de la Coruña (España) con diez universidades de Iberoamérica y de la Diplomatura en Derecho Administrativo Iberoamericano del Centro Latinoamericano de Derechos Humanos (CLADH), Doctor en Derecho Administrativo Universidad Complutense de Madrid, Presidente Asociación Costarricense de Derecho Administrativo, Presidente Academia Costarricense de Derecho, Miembro del Foro Iberoamericano de Derecho Administrativo y del Instituto Internacional de Derecho Administrativo (IIDA), www.ernestojinesta.com

1 *V.* Ernesto Jinesta Lobo, *Contratación Administrativa –Tomo IV Tratado de Derecho Administrativo–*, San José, IUSconsultec S.A.-Editorial Guayacán, 2010, in totum.

2 *V.* Ernesto Jinesta Lobo, "El principio constitucional de la libre contratación administrativa: Desmitificación del Voto de la Sala Constitucional No. 998-98", *Revista IVSTITIA*, año 24, Nos. 277-278, enero-febrero, 2010, pp. 5-16 y Ernesto Jinesta Lobo, "Constitución y Contratación Administrativa", *Revista de Derecho Público*, Asociación Costarricense de Derecho Administrativo, No. 4, julio-diciembre 2006, pp. 13-34.

2. *Cobertura subjetiva y excepciones al régimen de la contratación administrativa*[3]

En principio la Ley de Contratación Administrativa rige toda la actividad de contratación de los entes públicos –administración central y descentralizada– (artículo 1.1). Se excluyen los entes públicos descentralizados corporativos –base asociativa– cuyos ingresos provengan en más de un 50% de los agremiados, así como las empresas públicas que asumen una forma de organización colectiva del Derecho privado cuyo capital social pertenece mayoritariamente a sujetos privados (artículo 2, p. *in fine*).

Cuando se trata del uso total o parcial de fondos públicos por sujetos de Derecho privado, se deben aplicar los principios de la contratación administrativa (artículo 1°, p. 2°).

La LCA y su Reglamento tienen una serie de supuestos excluidos, por lo que podemos hablar en tales casos de "contratación directa" o "libre de procedimientos de contratación" que son los siguientes:

a) Excepciones bajo la responsabilidad de la administración pública contratista (artículo 2°): 1) Actividad ordinaria; 2) Convenios y Tratados del Derecho Internacional Público; 3) contratos inter-administrativos; 4) actividad contractual que no pueda o no convenga ser sometida a procedimientos de contratación al existir un único proveedor, por razones especiales de seguridad u otras igualmente calificadas; 5) compras realizadas con fondos de caja chica; 6) Contrataciones para construcciones, instalaciones o la provisión de oficinas o servicios en el exterior; 7) actividades contractuales que resulten excluidas, de acuerdo con la ley o los instrumentos internacionales vigentes en Costa Rica; 8) actividad contractual de escasa cuantía

b) Excepciones bajo el control preventivo de la Contraloría General de la República a través de la autorización respectiva (artículo 2 bis): 1) Número limitado de proveedores por la complejidad o carácter especializado del bien, servicio u obra; 2) normalización o necesidad de compatibilidad en la adquisición de equipo tecnológico por adquisiciones anteriores y 3) otros casos en que sea indispensable para alcanzar la satisfacción del interés general o evitar daños o lesiones a los intereses públicos.

c) Actividades contractuales excluidas de la aplicación de la LCA al estar sometidas a un régimen jurídico específico (*v.gr.* empleo público y empréstitos públicos, artículo 2°).

d) Contratación administrativa en estados de necesidad o urgencia (artículo 80).

---

3 *V.* Ernesto Jinesta Lobo, "Cobertura subjetiva y excepciones del régimen de la contratación administrativa". En *Apuntes de Derecho Administrativo*, Tomo II, San José, Facultad de Derecho Universidad de Costa Rica, 2009.

3. *Prohibiciones*[4]

Las prohibiciones para participar como oferente de la LCA cubren a diversos funcionarios públicos que pueden tener un poder de influencia directo o indirecto y personas físicas o jurídicas en las que éstos tienen injerencia, para un manejo trasparente y sano de los recursos públicos. Así, se encuentran incursos en prohibición las siguientes personas (artículo 22 bis): a) Miembros de supremos poderes y titulares de órganos de control, consulta y de influencia en la contratación administrativa; b) miembros juntas directivas, presidentes ejecutivos, gerentes y subgerentes de instituciones descentralizadas, empresas públicas, regidores propietarios y alcalde municipal; c) funcionarios de proveedurías y asesorías legales; d) funcionarios públicos con influencia o poder de decisión en el procedimiento de contratación; e) asesores de funcionarios incursos en prohibición; f) personas jurídicas en cuyo capital social participe, tenga cargos de dirección o representación un funcionario incurso en prohibición; g) funcionarios incursos en prohibición que participan en personas jurídicas sin fines de lucro; h) cónyuge, compañero de hecho o parientes del funcionario incurso en prohibición; i) personas jurídicas en las que el cónyuge, compañero de hecho o parientes del funcionario público incurso en prohibición sean titulares del capital social o ejercen puestos de dirección o representación; j) personas físicas o jurídicas asesoras en procedimientos de contratación o que hayan participado en elaboración de especificaciones, diseños o planos.

La prohibición se extiende a todas las fases contractuales, puede ser originaria o sobrevenida, se prevén limitaciones (*v. gr.* proveedor único, actividad ordinaria o interés manifiesto de colaborar con la administración) y su eventual levantamiento (artículos 22 bis y 23).

4. *Principios*

La LCA recoge explícitamente varios principios que rigen tanto los procedimientos de contratación como la ejecución y extinción del contrato administrativo, tales como los de eficacia y eficiencia, primacía de la sustancia sobre la forma, conservación de los actos y actuaciones, igualdad, libre concurrencia o competencia, publicidad y transparencia (artículos 4, 5 y 6).

5. *Preparación y formación del contrato: Procedimientos de contratación*

En punto a los requisitos previos de precisa de una resolución de inicio, de disponibilidad presupuestaria y previsión de verificación (artículos 7°, 8° y 9°).

El tipo de procedimiento de contratación a seguir dependerá de lo que paute el legislador y en su defecto se determinará en función de dos criterios cuantitativos que son el monto del presupuesto autorizado para el período respectivo para la compra de bienes y servicios no personales y el monto del contrato administrativo (artículo 27.1).

---

4 *V.* Ernesto Jinesta Lobo, *Aptitud para contratar con las administraciones públicas: Régimen jurídico de las prohibiciones en la contratación administrativa (Estudios en homenaje a Rafael González Ballar)*, San José, Publicaciones de la Facultad de Derecho Universidad de Costa Rica, 2009.

Los procedimientos de contratación son los siguientes: a) Licitación pública para los contratos que cumplen con los dos criterios cuantitativos indicados, la venta de bienes del dominio público, concesión de instalaciones públicas, contratos de cuantía inestimable, suministro de bienes de elevada cuantía o cuando se emplea la modalidad según demanda y ejecución por consignación y los convenios marco (artículos 27, 41.a, 63); b) licitación abreviada para los contratos que se ajustan a los parámetros cuantitativos mencionados, con un ámbito de participación limitada puesto que se invita a participar a un mínimo de 5 proveedores inscritos en el Registro de proveedores (artículos 44, 45 y 46); c) Remate para la venta o arrendamiento de bienes del dominio público, cuando sea el medio más apropiado para satisfacer el interés de la administración (artículo 49) y d) subasta a la baja para la adquisición de productos genéricos (artículo 54).

La licitación admite varias modalidades, así la pública puede ser con invitación o publicación internacional (artículo 43), con financiamiento (artículo 52) o con precalificación (artículos 41 y 51).

Se prevé el agravamiento de los procedimientos de contratación con la utilización de uno más riguroso cuando convenga más a la satisfacción del fin público (artículo 28), así como su degradación por uno más flexible cuando el más riguroso ha sido infructuoso (artículo 30). Finalmente, se prevé la prohibición de fragmentar la adquisición de bienes y servicios con la finalidad de variar o eludir un procedimiento de contratación (artículo 37).

6. *Formación del contrato administrativo*

En esta fase tiene gran importancia el cartel o pliego de condiciones y su contenido, el sistema o las bases de evaluación o calificación de las ofertas como requisito indispensable para escoger la que mejor satisfaga el interés público, sus modificaciones, prórrogas o aclaraciones y la invitación pública a participar (artículo 42).

En garantía de los eventuales oferentes se prevé el recurso de objeción al cartel cuando existen vicios en el procedimiento, se infringen principios fundamentales de los procedimientos de contratación o se cometa cualquier quebranto del ordenamiento jurídico (artículo 82.1).

La oferta tiene un régimen prolijo, en cuanto a su plazo de presentación, formalidades, contenido, requisitos, documentos adjuntos, subsanación de defectos formales, vigencia, modalidades (en consorcio y conjuntas), apertura, aclaración, estudio y calificación de las elegibles.

Se regula la garantía de participación y sus múltiples vertientes como el monto, las formas de rendirla, la insuficiente, su sustitución, vigencia, ejecución y devolución.

7. *Perfección y formalización del contrato administrativo*

El contrato administrativo se perfecciona con el acto firme de adjudicación y la garantía de cumplimiento (artículo 32.2). En lo relativo a la adjudicación se regulan una serie de vicisitudes tales como el plazo para dictarla y comunicarla, su revocación y anulación e impugnación tanto en sede administrativa como jurisdiccional.

Por razones de eficacia y eficiencia, se admite un solo recurso administrativo, según el monto de la adjudicación, sea de revocatoria –ante la administración contratista, artículo 91– o el de apelación –ante la Contraloría General de la República, artículo 84– en ambos casos se agota la vía administrativa. El proceso contencioso-administrativo, debe ser interpuesto dentro de los 3 días posteriores a la comunicación de la resolución que resuelve el recurso administrativo (artículos 90.2 y 92.e) y no se admite la suspensión de la ejecución del acto de adjudicación, lo que resulta cuestionable a la luz del Derecho a la tutela cautelar enunciado por la Sala Constitucional en los Votos Nos. 6224-2005 y 17306-2008.

Se prevé la declaratoria de concurso infructuoso o desierto (artículos 29 y 30), que permite la variación del procedimiento de contratación.

La garantía de cumplimiento es regulada de manera completa en cuanto a su monto (artículo 34.1), formas, sustitución, ajuste, vigencia, ejecución, y devolución.

La formalización del contrato es un requisito *ad solemnitatem* o de validez cuando el contrato se debe inscribir en el Registro Nacional o la ley así lo imponga (artículo 32.3), para el resto de los contratos es un requerimiento *ad probationem* (artículo 32.4).

Finalmente, en cuanto a la eficacia se prevé, según el monto del contrato o el carácter inestimable de su objeto, una aprobación interna por la administración contratista o un refrendo por la Contraloría General de la República (artículos 184 de la Constitución, 20 de la Ley Orgánica de la Contraloría General de la República No. 7428 de 7 de septiembre de 1994).

8. *Ejecución del contrato administrativo*

La fase de ejecución contractual arranca con la orden de inicio del contrato (artículo 32, p. *in fine*) y comprende el conjunto de derechos y obligaciones de la administración contratista y del contratante.

A. *Derechos de la administración*

Dentro de los derechos de la administración contratante figuran los siguientes: a) Rescisión unilateral (artículo 11.1); b) la resolución unilateral (*ibídem*); c) la modificación unilateral (artículo 12) cuyo límite es un 50% del objeto originalmente pactado sea en aumento o disminución; d) la actualización del objeto contractual (artículo 12.2); e) celebrar un nuevo contrato con el mismo contratista (artículo 12 bis); f) fiscalización para la ejecución cabal del contrato (artículo 13); g) ejecución de la garantía de cumplimiento (artículos 14 y 34.2); h) suspensión del contrato e i) acudir a los mecanismos de resolución alterna de conflictos.

B. *Derechos de la administración*

Dentro del elenco de obligaciones a cargo del ente público figuran las siguientes: a) Cumplimiento de lo pactado y colaboración con el contratista (artículo 15); b) tramitación célere y eficiente de las gestiones del contratista (artículo 16); c) pago del precio y d) la verificación de la legalidad de los procedimientos.

C. *Derechos del contratista*

El contratista cuenta con derechos tales como los siguientes: a) Ejecución íntegra del contrato (artículo 17); b) equilibrio económico del contrato y reajuste de precios (artículo 18); c) reconocimiento de intereses por atrasos de la administración en el pago de sus obligaciones (artículo 19); d) cesión del contrato y del cobro de su precio y e) la subcontratación (artículo 62).

D. *Obligaciones del contratista*

Como obligaciones fundamentales figuran el cumplimiento de lo pactado (artículo 20), verificar la corrección o regularidad del procedimiento de contratación y la ejecución del contrato (artículo 21.1).

9. *Extinción del contrato administrativo*

La LCA prevé causales de extinción normal (recepción provisional y definitiva del objeto contractual) y anormal o anticipada (*v.gr.* rescisión unilateral y la resolución).

10. *Contratos administrativos típicos y atípicos*

La LCA contiene una regulación explícita de algunos contratos administrativos tales como los siguientes: a) obra pública (artículos 57-62); b) suministro de bienes con varias modalidades como cantidad definida, entrega según demanda y ejecución por consignación (artículo 63); c) contratación de servicios técnicos o profesionales (artículos 64-67); d) venta de bienes inmuebles (artículos 68-70); e) compra de bienes inmuebles (artículo 71); f) concesión de instalaciones públicas (artículos 72-73); g) concesión de gestión de servicios públicos (artículos 74-75); h) arrendamiento de bienes inmuebles (artículos 76-77); i) arrendamiento con opción de compra de equipo o maquinaria (artículos 78-79).

La LCA prevé, también, la utilización instrumental de los contratos típicos del Derecho privado para la satisfacción del fin público, como ha sucedido con el fideicomiso celebrado por los entes públicos (artículo 3.2).

Finalmente, el artículo 55 habilita a las administraciones públicas para emplear contratos administrativos atípicos o abiertos, requiriendo una reglamentación previa; de este modo se ha utilizado, hasta el momento, la gestión interesada de servicios aeroportuarios y el contrato de concierto con empresas privadas.

II. RÉGIMEN EN EL TRATADO DE LIBRE COMERCIO (TLC) REPÚBLICA DOMINICANA-CENTROAMÉRICA-ESTADOS UNIDOS DE AMÉRICA[5]

1. *Régimen de cobertura*

A. *General*

El Tratado de Libre Comercio celebrado entre la República Dominicana, Centroamérica y Estados Unidos el 5 de agosto de 2004 en Washington D.C. y aprobado por la Ley referendaria No. 8622 de 21 de noviembre de 2007, ha introducido variables y matizaciones relevantes en el régimen jurídico de la contratación administrativa de Costa Rica.

Uno de los principales problemas que puede enfrentar un régimen jurídico regional de contratación administrativa, radica en definir los contratos administrativos a los que resulta aplicable, habida cuenta de la heterogeneidad y diversidad de los regímenes jurídico-administrativos internos. El TLC hace un esfuerzo de abstracción y generalización para cubrir cualquier expresión tipológica de la contratación pública entre los Estados signatarios de ese acuerdo multilateral de inversión, empleando fórmulas y métodos elásticos que amplíen el radio de cobertura. Incluso, como disposición prospectiva el artículo 9.1.7, admite que los Estados parte pueden desarrollar *"nuevas políticas de contratación pública, procedimientos o modalidades contractuales, siempre que no sean incompatibles"* con el Capítulo 9; de esta manera, se procura una convergencia de sistemas de contratación administrativa para el futuro en la región que cubre el TLC, empleando como Derecho común el prescrito en el precitado capítulo.

Cabe advertir que el artículo 9.1 del Capítulo 9 del TLC prescribe que el régimen formal previsto en el acuerdo multilateral se proyecta y aplica a cualquier *"acto o directriz de una Parte, relativo a la contratación cubierta"*.

B. *Los conceptos jurídicos indeterminados de "contratación cubierta" y "contratación de mercancías, servicios o ambos"*

Para referirse al tipo de contratos públicos regulados por el acuerdo de inversión, el artículo 9.1.2 hace referencia a los conceptos jurídicos indeterminados de *"contratación cubierta"* y de *"contratación de mercancías, servicios o ambos"*, los que se concretan, progresivamente, en el articulado subsiguiente y sus anexos.

Cabe advertir que el artículo 9.1.4, le impone a los Estados parte que suscribieron el acuerdo multilateral de inversión el deber de asegurarse que sus entidades contratantes cumplan con el régimen de la contratación pública establecido en el Capítulo 9 del TLC, cuando se trate de *"contrataciones cubiertas"* por éste.

---

[5] *V.* Jaime Rodríguez Arana, José Antonio Moreno Molina, Ernesto Jinesta Lobo y Karlos Navarro Medal, *Derecho internacional de las contrataciones administrativas (Estudio comparado de los TLC, de las normas internacionales y del derecho comunitario europeo sobre contratación administrativa)*, Fundación Konrad Adenauer, 1ª Edición, 2011, pp. 277-311.

A partir del numeral 9.1.5 se debe concluir que el régimen de la contratación pública que dimana del TLC es excepcional y diferenciado, por cuanto, ningún Estado parte cuando adjudique un contrato excluido por el Capítulo 9 –aunque tenga naturaleza administrativa–, éste no puede *"interpretarse en el sentido de abarcar la mercancía o servicio objeto de dicho contrato".*

a. *Criterios objetivos*

El inciso a) del artículo 9.1.2 indica que dentro de los contratos cubiertos por el acuerdo multilateral de inversión se encuentran *"la compra, el alquiler o arrendamiento, con o sin opción de compra, contratos de construcción-operación-transferencia y contratos de concesión de obras públicas"*[6]. En esta enunciación se opta por un criterio mixto, que conjuga otros de carácter subjetivo y objetivo. En efecto, la compra, el alquiler o arrendamiento –con o sin opción de compra– son tipos contractuales que celebran las administraciones públicas cuyas diferencias sustanciales con los contratos del Derecho privado común u ordinario, suelen ser mínimas, razón por la que en algunos ordenamientos jurídicos no se configuran, en sentido estricto, como contratos administrativos, sin embargo en otros sistemas jurídicos, se sigue un criterio subjetivo en la medida en que interviene un poder público y el contrato respectivo tendrá dentro de su contenido una serie de cláusulas exorbitantes del Derecho común o al reputarse como administrativo –por la participación de un ente público– incorpora todo un régimen jurídico administrativo de excepción –legal y reglamentario– que faculta a la administración contratante a ejercer ciertos privilegios o potestades tales como las de la rescisión unilateral, la modificación del objeto del contrato, etc. Adicionalmente, es preciso observar, que para precisarse el concepto de contratación cubierta se utilizan los conceptos de *"contratación de mercancías, servicios o ambos"*, el que puede funcionar como una cláusula abierta para someter al régimen de la contratación administrativa del TLC, contratos que por su objeto y naturaleza, aunque intervenga un ente u órgano público, se encuentre regido, estrictamente, por el Derecho privado o común.

Ese mismo precepto del TLC sí incluye en el elenco de contratos cubiertos, siguiendo un criterio de carácter objetivo, algunos contratos administrativos, que por su contenido y objeto, clásica y pacíficamente, han sido aceptados como propios del Derecho Administrativo tales como el contrato de concesión de obra y de servicios públicos o de construcción de obras públicas.

---

6 El TLC procurar normalizar lo que se entiende por contratos administrativos de construcción-operación-transferencia y de concesión de obras, al indicar en su artículo 9.17 (definiciones) que *"significa cualquier arreglo contractual cuyo principal objetivo es disponer la construcción o rehabilitación de infraestructura física, plantas, edificios, instalaciones u otras obras públicas, bajo el cual, en consideración de la ejecución de un contrato por parte de un proveedor, una entidad contratantes otorga al proveedor, por un período determinado, la propiedad temporaria, si tal propiedad es permitida por la Parte, o el derecho de controlar, operar, y exigir el pago para el uso de dichas obras durante la vigencia del contrato".* Se trata de un intento de conceptualización general que admite un margen considerable de flexibilidad para adaptarlo al que ha sido acuñado por la legislación, jurisprudencia y doctrina en cada ordenamiento jurídico interno.

b. *Criterios subjetivos*

El inciso c) del artículo 9.1.2 del TLC refuerza el criterio subjetivo, al indicar que se entiende por "contratación cubierta" la *"que se lleva a cabo por una entidad contratante"*. Cabe advertir que en el Anexo 9.1.2 (b) (i) del TLC se especifican los órganos y entes públicos de cada una de las partes del Tratado que se encuentran cubiertas por el Capítulo 9. A grosso modo, se disponen tres niveles fundamentales que son los siguientes: a) órganos o *"entidades del gobierno a nivel central"* –Sección A Anexo 9.1.2 (b) (i)– (lo que incluye órganos desconcentrados de los tres clásicos poderes del Estado, Ministerios, Departamentos o Secretarías de Estado, agencias federales, etc.); b) *"entidades del gobierno a nivel sub-central"* –Sección B Anexo 9.1.2 (b) (i)– que cubre, preponderantemente, entes descentralizados por razones territoriales, a nivel centroamericano comprende a diversas Municipalidades, en el caso dominicano a las Gobernaciones y en el supuesto estadounidense a los Estados que conforman la Federación y sus departamentos; y c) *"otras entidades cubiertas"* –Sección C Anexo 9.1.2 (b) (i)– que, para la hipótesis centroamericana y dominicana alcanza a varios entes descentralizados funcionalmente o por servicios– administración pública instrumental–. De esta manera se cubre casi todo el universo de las administraciones públicas o entes públicos de cualquier Estado, al proyectarse el régimen de la contratación administrativa del Capítulo 9, a la Administración central y la descentralizada institucional, funcional o por servicios y la territorial.

Esta precisión del TLC permite concluir que un contrato celebrado entre un inversionista privado de un Estado que es parte del Tratado y cualquier otra entidad pública de otro Estado que también lo ha suscrito –incluida en la lista del Anexo 9.1.2 (b) (i) –, asume la condición y naturaleza jurídica de un "contrato público".

El artículo 9.1.2, inciso b), del TLC contiene una cláusula abierta que se traduce en las listas de contratos sujetos a condiciones que pactan o negocian las partes del acuerdo de inversión de manera específica y que son incluidas en los anexos. Esas listas, básicamente, se refieren a tres segmentos subjetivos de contratación que son las siguientes: a) La aplicable a la contratación entre los Estados Unidos y cada una del resto de las partes; b) la que se aplica entre las partes centroamericanas y c) la aplicable entre cada parte centroamericana y la República Dominicana. Estas listas contenidas en los anexos, lo que procuran es ajustar el régimen de contratación pública del TLC a las particularidades propias de cada sistema de contratación administrativa nacional, lo que le brinda un margen considerable de flexibilidad y de adaptación para asegurar las posibilidades de su aplicación y observancia por cada una de las partes. De esta manera, se logra, también, la coexistencia de los regímenes regional e interno de contratación administrativa para evitar distorsiones que puedan afectar la adecuada implementación del primero.

c. *Criterio del umbral monetario o económico mínimo*

Este es un parámetro de carácter objetivo que permite extender el régimen de cobertura de la contratación administrativa, según participe una entidad u órgano público incluida en la respectiva lista –criterio subjetivo–, en función del monto económico mínimo del objeto del contrato. Estos umbrales monetarios, deben variar y ajustarse con el paso del tiempo, por razones obvias, para tal efecto resulta aplicable la Sección H del Anexo 9.1.2 (b) (i) del TLC que contiene una *"fórmula de ajus-*

te de umbrales", en la cual se aclara que *"1. Para efectos de calcular el valor de un contrato e identificar si la contratación está cubierta por el Capítulo, una entidad contratante deberá incluir el total máximo estimado de la contratación durante toda su duración, considerando todas las opciones, pagarés, multas, comisiones, intereses y otras corrientes de ganancia u otras formas de remuneración proporcionadas en dichos contratos"*. Esta norma tiene gran utilidad, para evitar que sea eludido el régimen jurídico de la contratación administrativa establecido en el Capítulo 9. Algunos han sostenido que se tratan de umbrales económicos bajos para facilitarle a las empresas centroamericanas y dominicanas el acceso al mercado de compras del sector público estadounidense[7].

Para las contrataciones celebradas por los órganos y entes mencionados en las Secciones A y B del Anexo 9.1.2 (b) (i), respectivamente, *"Entidades de Gobierno de Nivel Central"* y *"Entidades Gubernamentales a Nivel Sub-central"*, se prevé un ajuste cada dos años, empezando a regir el 1° de enero de cada período (Sección H.2).

Debe señalarse que se establecen umbrales monetarios mínimos diferenciados para el período de los tres años siguientes a la entrada en vigor del Tratado, en beneficio de las economías más vulnerables como las centroamericanas y la dominicana y, sobre todo, de la competitividad de los inversionistas originarios de esos países (Secciones A.1, B.1 y C.1).

Es preciso advertir que no fueron establecidos umbrales monetarios mínimos para la contratación administrativa entre los Estados Centroamericanos o entre estos y la República Dominicana[8].

d. *Criterio residual*

Por su parte el inciso d) emplea un criterio de inclusión de naturaleza residual, al preceptuar que se aplicará el Capítulo 9, relativo a la "contratación pública" del TLC a toda aquella contratación *"que no esté excluida de la cobertura"*. Entendemos que la exclusión debe ser expresa o razonablemente implícita, consecuentemente, un contrato entre dos inversionistas privados de cualquiera de los Estados parte del acuerdo multilateral de inversión debe tenerse como excluido de la aplicación del régimen de la contratación pública dispuesto en éste. De otra parte, el artículo 9.1.3, a través de seis incisos, señala, explícitamente, los contratos, acuerdos o convenios entre las partes que están excluidos de la aplicación del régimen de la contratación pública contenido en el Capítulo 9 del TLC.

---

7 *V.*, Eduardo Alonso. "Contratación Pública". En *Aportes para el análisis del Tratado de Libre Comercio entre Centroamérica*, República Dominicana y los Estados Unidos –Programa Estado de la Nación–, San José, 9 Serie aportes para el análisis del Desarrollo Humano Sostenible, 2005, p. 83 y Susana Vásquez Álvarez. "La contratación pública en el Tratado de Libre Comercio entre República Dominicana, Centroamérica y Estados Unidos". En *Ensayos temáticos sobre el TLC República Dominicana-Centroamérica-Estados Unidos*, San José, EUNED, 2005, p. 258.

8 *V.*, Eduardo Alonso. *op. cit.*, pp. 81-82.

2. *Régimen de excepción*

De manera general el artículo 9.1.3 del TLC establece un régimen expreso de excepción, sea de contratos, acuerdos o convenios excluidos de la aplicación del Capítulo 9 relativo a la "Contratación Pública".

A. Acuerdos no contractuales o diversas formas de asistencia internacional:

El inciso a) del artículo 9.1.3 del TLC, preceptúa que el régimen de la contratación pública no se aplica a "acuerdos no contractuales". Dentro de este segmento podemos ubicar los acuerdos celebrados entre Estados o entre éstos y cualquier sujeto del Derecho Internacional Público, que se rigen por esa rama jurídica y sus diversos instrumentos jurídicos (*v. gr.* Convención de Viena sobre el Derecho de los Tratados de 23 de mayo de 1969 y Convención de Viena sobre el Derechos de los Tratados entre Estados y Organizaciones Internacionales o entre Organizaciones Internacionales de 21 de marzo de 1986).

En punto a las diversas formas de asistencia o cooperación internacional se hace una especificación que cubre figuras clásicas como los empréstitos internacionales y otras que otorgue un Estado o una de sus agencias, tales como *"donaciones, préstamos, transferencias de capital, incentivos fiscales, subsidios, garantías, acuerdos de cooperación, suministro gubernamental de mercancías y servicios a personas o gobiernos estatales, regionales o locales, y compras con el propósito directo de proveer asistencia extranjera"*.

B. Compras financiadas con préstamos o donaciones internacionales:

Se parte del supuesto que tales contrataciones son incompatibles con los fines y propósitos del acuerdo multilateral de inversión, por tales razones, el inciso b) del artículo 9.1.3, las excluye expresamente.

C. Contratación de servicios de agencias o depósitos fiscales, servicios de liquidación y administración para instituciones financieras reguladas y servicios de venta y distribución para la deuda pública (inciso c del artículo 9.1.3).

D. Contratación de funcionarios o empleados públicos:

De manera tradicional y congruente con casi todos los ordenamientos jurídicos internos, que tienen un régimen jurídico especial de contratación de los funcionarios o servidores públicos a través de la carrera administrativa o el sistema de méritos (concurso de antecedentes y oposiciones), se excluye este segmento en el inciso d) del artículo 9.1.3., por no ser congruente con los fines y propósitos del acuerdo bilateral de inversión.

E. Cualquier contratación de mercancías, servicios o ambos de órganos o entidades públicas no incluidas en las listas de los anexos 9.1.2 (b) (i), (ii) e (iii) y sus diversas secciones (artículo 9.1.3. inciso e).

F. Compras efectuadas bajo condiciones excepcionalmente favorables que se realizan esporádicamente, como enajenaciones extraordinarias efectuadas por entes u órganos públicos que, ordinariamente, no son proveedoras o la enajenación de activos de tales entidades en liquidación o bajo administración judicial (artículo 9.1.3, inciso f).

G. Servicios, entidades y mercancías en las listas excluidas de cada Estado parte:

El Anexo 9.1.2 (b) (i) del TLC, con la finalidad de brindarle al acuerdo multilateral de inversión una mayor flexibilidad y margen de adaptación a cada realidad nacional interna, incorpora listas de servicios excluidos del Capítulo 9, destacan, a título de ejemplo, dentro del primer segmento (Sección E), los servicios de investigación y desarrollo, administración de instalaciones propiedad del gobierno, servicios públicos tales como de distribución de electricidad, agua y gas, servicios de educación, de la seguridad social y salud (llamados sociales).

Por su parte el Anexo 9.1.2 (b) (iii), Sección A, contiene listas excluidas de carácter subjetivo, destacando, grosso modo, las empresas públicas cuyo capital social pertenezca, en su mayoría, a particulares, entidades del sector público financiero (Bancos públicos que tienen una naturaleza mixta al ser entes públicos y efectuar operaciones de crédito según su capacidad de derecho privado), la administración militar o de las fuerzas armadas –para los casos de los países que cuentan con ejército– y, en general, cualquier entidad excluida, según la legislación interna, de los procedimientos de contratación administrativa.

En punto a las mercancías (Anexo 9.1.2 (b) (iii), Sección B), se indica que el Capítulo 9, no se aplica, respecto de Centroamérica y República Dominicana, en lo concerniente a *"la compra de armas, municiones, material de guerra o cualquier otra contratación indispensable para la seguridad nacional, seguridad pública o para fines de defensa nacional"*.

3. *Principios de los procedimientos de contratación*

Pese a la heterogeneidad de principios de los procedimientos de contratación en cada legislación nacional, el TLC, en cuanto acuerdo multilateral de inversión, procura establecer una serie de principios generales o comunes de la contratación administrativa.

A. Principios de "trato nacional", igualdad y libre concurrencia:

En el TLC encontramos una simbiosis entre la actuación efectiva de la cláusula del trato nacional y los clásicos principios de la contratación administrativa de igualdad y libre concurrencia. En efecto, este acuerdo multilateral contiene importantes disposiciones que tienden a reforzar los principios de igualdad y libre concurrencia entre todas las partes signatarias en la contratación de servicios y mercancías cubiertos por ese acuerdo comercial, todo con el propósito de evitar las medidas y normas nacionales[9] que privilegian a los proveedores y productos nacionales, res-

---

[9] Es emblemático el caso de los Estados Unidos de América que estableció una política interna de discriminación positiva a favor de sus proveedores mediante la "Buy American Act" de 1933, la que obligaba a las entidades públicas a comprar bienes y servicios nacionales, exclusivamente, de proveedores también nacionales, situación que varió con la "Trade Agreement Act" de 1979 que exime de la primera ley las compras sujetas a obligaciones internacionales como en el caso del TLC. Esa normativa les impedía a los estados centroamericanos el acceso al mercado de compras públicas norteamericano, de ahí el interés de incluir un capítulo sobre la contratación pública en el TLC V. Eduardo Alonso, "Contratación Pública". En *Aportes para el análisis del Tratado de Libre Comercio entre Centroamérica, República Dominicana*

tringen la libre competencia o discriminan a los proveedores y productos extranjeros[10], como instrumento para fomentar el desarrollo de la industria nacional. Se trata, en esencia, de la aplicación, en materia de acuerdos multilaterales de comercio e inversión, del principio o la cláusula del "trato nacional"[11]. En efecto, el Capítulo Nueve, relativo a la *"Contratación pública"* de ese acuerdo de libre comercio, establece en el artículo 9.2 atinente a los *"Principios Generales"*, que *"1. (...) cada Parte concederá a las mercancías y servicios de otra Parte y a los proveedores de otra Parte de tales mercancías y servicios, un trato no menos favorable que el otorgado por dicha Parte o entidad contratante a sus propias mercancías, servicios y proveedores"*. De igual manera, se acordó que ninguna parte podrá *"2. (...) (a) conceder a un proveedor establecido localmente un trato menos favorable que el otorgado a otro proveedor establecido localmente, en razón del grado de asociación o de propiedad extranjera; o (b) discriminar contra un proveedor establecido localmente en razón de que las mercancías o servicios ofrecidos por dicho proveedor para una compra particular sean mercancías o servicios de otra Parte"*. Luego, el artículo 9.8, concerniente a los *"Requisitos y condiciones para la participación en las contrataciones"*, establece que cada entidad contratante deberá *"2. (...) (a) limitar toda condición para participar en la contratación, a aquellas que sean esenciales para*

---

y los Estados Unidos, San José, Programa Estado de la Nación en Desarrollo Humano Sostenible, 2005, p. 75 y Susana Vásquez Álvarez, La contratación pública en el tratado de libre comercio entre República Dominicana, Centroamérica y Estados Unidos. En *Ensayos Temáticos sobre el TLC República Dominicana-Centroamérica-Estados Unidos*, San José, EUNED, 2005, p. 248. Esta última afirma que "quienes se verán más beneficiados al abrirse el acceso a los mercados de contratación pública de los Estados parte del CAFTA serán precisamente los centroamericanos, ya que los proveedores estadounidenses tienen, de hecho, abierto el mercado de compras en la región" p. 249.

10 *V.*, Francisco Chacón. "La contratación pública en el TLC". En *Estudios Jurídicos sobre el Tratado de Libre Comercio entre República Dominicana, Centroamérica y Estados Unidos*, San José, ASE-TLC, 2005, p. 412.

11 Este principio de no discriminación de los proveedores, productos y servicios extranjeros, fue incorporado en la Declaración de Tokio de 14 de septiembre de 1973, el "Acuerdo GATT sobre Compras del Sector Público" de Ginebra de 12 de abril de 1979 –que forma parte de la Ronda Tokio (1973-1979) del Acuerdo General sobre Aranceles Aduaneros y Comercio o GATT– y, ulteriormente, en el "Acuerdo sobre Contratación Pública (ACP)" de Marrakech de 15 de abril de 1994 –forma parte de la Ronda Uruguay– que negociaron los países de la Organización Mundial del Comercio (OMC). Sobre la aplicación en nuestro ordenamiento jurídico interno del ACP de la Ronda Uruguay, cabe indicar que en la medida en que se encuentra incluido en el Anexo IV "Acuerdos comerciales plurilaterales", resulta obligatorio para los países que los han suscrito y Costa Rica no lo ha hecho, razón por la cual se ha estimado que no tiene vigencia interna, sobre el particular puede consultarse el Voto de la Sala Constitucional No. 7004-94 de las 9:18 hrs. de 2 de diciembre de 1994 y PGR O.J.-127-2006 de 13 septiembre de 2006. Este principio del "trato nacional y no discriminación" fue incorporado, por ejemplo, en el Tratado de Libre Comercio con República Dominicana, Ley No. 7882 de 9 de junio de 1999, artículo 12.03, el Tratado de Libre Comercio con México, Ley No. 7474 de 20 de diciembre de 1994, artículo 12-04, el Tratado de Libre Comercio entre Centroamérica y Chile, Ley No. 8055 de 4 de enero de 2001, artículo 16.04. Por su parte, en el Tratado de Libre Comercio entre Costa Rica y Canadá, Ley No. 8300 de 10 de septiembre de 2002, artículo IX.7 se indica que las partes acuerdan cooperar *"con el objetivo de alcanzar mayor liberalización de sus mercados de contratación pública"*.

garantizar que el proveedor posee la capacidad legal, técnica y financiera para cumplir con los requisitos y especificaciones técnicas de la contratación", siendo que también se dispone que *"4. Ninguna entidad contratante establecerá como condición para participar en una contratación que un proveedor haya sido adjudicatario previamente de uno o más contratos por parte de una entidad contratante, o que el proveedor tenga experiencia de trabajo previa en el territorio de la Parte. Una entidad contratante evaluará la capacidad financiera y técnica de un proveedor de acuerdo con la actividad comercial del proveedor fuera del territorio de la Parte de la entidad contratante, así como su actividad, si la tuviera, en el territorio de la Parte de la entidad contratante"*.

El principio de libre concurrencia en el TLC pretende lograr la máxima participación del mayor número de oferentes en los procedimientos de contratación y se refleja en el Capítulo 9 en los artículos 9.5 (le impone a las partes otorgar plazos suficientes para preparar y presentar la oferta), 9.6 (ordena proporcionar a los proveedores interesados los documentos de la contratación que incluya la información necesaria para preparar y presentar las ofertas), 9.7 (en cuanto impide la inclusión de especificaciones técnicas que tengan por propósito afectar o crear obstáculos innecesarios al comercio entre las partes) y 9.8 (al exigir publicar, con antelación, para preparar y presentar las solicitudes, los requisitos de registro, calificaciones y condiciones exigidas para participar en una contratación[12]).

Una excepción general al principio de la libre concurrencia se encuentra establecida en el artículo 9.8.6 del TLC, en cuanto faculta a la entidad contratante para prohibir la participación de un proveedor en una contratación por motivos tales como la quiebra o declaraciones falsas, circunstancias calificadas y suficientemente justificadas que dan sustento a la quiebra del principio medular de comentario, en aras de garantizar el principio de la integridad.

De otra parte, el artículo 9.14 del TLC establece que una parte puede adoptar o mantener medidas necesarias, siempre que no sea un medio de discriminación arbitrario o injustificable o una restricción encubierta del comercio, para proteger *"la moral, la seguridad o el orden públicos"*, *"la salud o la vida humana animal o vegetal"*, *"la propiedad intelectual"* y las *"mercancías o servicios de personas discapacitadas, de instituciones filantrópicas o del trabajo penitenciario"*.

Es menester indicar, finalmente, que las medidas "medioambientales para proteger la salud y la vida humana, animal y vegetal" (artículo 9.14.2) o las "especificaciones técnicas para promover la conservación de los recursos naturales" (artículo 9.7.5) incluidas en una contratación administrativa –que fomentan las compras o adquisiciones "verdes"–, no se reputan como mecanismos que discriminen, hagan nugatoria la libre concurrencia o que lesionen la cláusula del trato nacional.

En el caso costarricense la única excepción al principio del trato nacional y, por consiguiente, a los principios de igualdad y libre concurrencia, lo constituye el supuesto de la PYMES, puesto que, en el Anexo 9.1.2 (b) (i), Sección G "Notas Generales" del TLC República Dominicana-Centroamérica-EE.UU se dispuso que el Capítulo 9 de Contratación Pública no se aplica a los programas de compras de la Ad-

---

12 *V.* F. Chacón, *op. cit.*, pp. 418-421.

ministración pública para favorecer a las pequeñas, medias y micro empresas (PY-MES), con lo que se les concede una posición preferente por virtud de una acción afirmativa dada su posición sustancialmente en desventaja y la necesidad de fomentarlas como factor esencial de cohesión social y económica y de desarrollo de las regiones detraídas[13].

B. Publicidad y transparencia:

El TLC, contiene en el Capítulo 9, algunos acuerdos –respecto de los servicios, mercancías y entes públicos que cubre– para que la publicidad funcione como una garantía en favor de los proveedores extranjeros de cualquiera de las partes, para evitar una exclusión o discriminación por falta de transparencia. Así el artículo 9.3 denominado *"Publicación de medidas para la contratación"* dispone que cada parte debe, oportunamente, "*(a) publicar*[14] *toda ley y reglamento, y sus modificaciones, relacionada con la contratación; (b) poner a disposición del público cualquier procedimiento, sentencia judicial y decisión administrativa de aplicación general, relacionada con la contratación; y (c) a solicitud de una Parte, facilitar a esa Parte una copia de un procedimiento, una sentencia judicial o una decisión administrativa de aplicación general, relacionada con la contratación".*

En lo relativo a la "*Publicación del aviso de contratación futura*", el artículo 9.4 del TLC dispone que "*1. (...) una entidad contratante publicará con anticipación un aviso invitando a sus proveedores interesados a presentar ofertas para cada contratación cubierta. 2. La información en cada aviso incluirá, como mínimo, una indicación de que la contratación está cubierta por el Capítulo, una descripción de dicha contratación, cualquier condición requerida de los proveedores para participar en la misma, el nombre de la entidad contratante, la dirección donde se puede obtener cualquier documentación relacionada con la contratación, si fuere aplicable, cualquier monto que deba pagarse por los documentos de contratación, los plazos y la dirección para la presentación de ofertas y el tiempo para la entrega de las mercancías o servicios contratados. 3. Cada Parte incentivará a sus entidades contratantes a publicar información relativa a los planes de futuras contrataciones, lo antes posible en su respectivo año fiscal*".

Por su parte, el artículo 9.6 "Documentos de contratación", establece que la entidad contratante debe proporcionarle "1. (...) a los proveedores interesados los documentos de la contratación que incluyan toda la información necesaria que les permita preparar y presentar ofertas adecuadas. Los documentos de contratación incluirán todos los criterios que la entidad contratante considerará para adjudicar el contrato, incluyendo todos los factores de costo y sus ponderaciones, o según el caso, los valores relativos que la entidad contratante asignará a esos criterios en la evaluación de las ofertas". Ese mismo numeral en el punto 2, permite que la entidad con-

---

[13] *V.* José Antonio Moreno Molina. *Contratos públicos: Derecho comunitario y derecho español*, MacGraw-Hill, Madrid, 1996, pp. 64-65

[14] El artículo 9.17 del TLC define "publicar" como *"difundir información a través de un medio electrónico o en papel, que se distribuye ampliamente y se encuentre fácilmente disponible al público en general".*

tratante cumpla con esa obligación a través de una publicación electrónica[15] accesible para todos los proveedores interesados, caso contrario debe proveerlos en forma escrita a los que no hayan podido accederlos. El punto 3 del artículo 9.6 le impone a la entidad pública contratante el deber de hacerle llegar las modificaciones de los criterios para adjudicar a todos los proveedores cuya identidad sea conocida y en caso contrario de la misma manera en que se transmitió la información original, todo con tiempo suficiente para que los proveedores modifiquen la oferta y la vuelvan a presentar.

El artículo 9.11.1 del Capítulo 9 del TLC le impone a las administraciones públicas informar a los proveedores participantes la adjudicación y suministrarle al proveedor cuya oferta no fue elegida la información pertinente sobre la decisión y las ventajas relativas de la oferta ganadora. Luego, el numeral 9.11.2 impele a la entidad pública contratante a publicar un aviso donde se indique, entre otros extremos, el nombre del proveedor adjudicado y el valor de la adjudicación. Finalmente, el artículo 9.11.3 del TLC, también, obliga a la entidad pública contratante a mantener registros e informes relacionados con los procedimientos de contratación y la adjudicación de contratos, durante al menos 3 años después de la fecha de la adjudicación de un contrato.

C. Principio de integridad:

El artículo 9.13 del TLC establece, en aras de garantizar la lucha contra la corrupción, que cada Estado parte del Tratado debe incorporar al ordenamiento jurídico interno o mantener vigentes los procedimientos necesarios *"para declarar la inelegibilidad para participar en las contrataciones (...) ya sea indefinida o por un período establecido, de los proveedores que la Parte determine que hayan participado en actividades ilegales o fraudulentas relacionadas con la contratación".*

Esta norma resulta de gran importancia para garantizar no solo la capacidad técnica, económica y legal de un oferente eventual, sino también, la solvencia moral, lo que transparenta y sanea los procedimientos de contratación administrativa, evitando la corrupción y fomentando el uso racional de los recursos públicos.

4. *Determinación del procedimiento de contratación*

El TLC incluye una serie de normas, como parte de la fase de preparación de los contratos administrativos cubiertos, para determinar el procedimiento de contratación que debe ser observado, las que sistematizaremos a continuación.

---

15 Las referencias a los procedimientos de contratación electrónicos en el TLC son prácticamente nulas, esta es la única norma que hace referencia parcial a las nuevas tecnologías de la información y la comunicación (TIC's) en el TLC, por lo que puede concluirse que su desarrollo en este acuerdo comercial de carácter multilateral es embrionario, pudo haberse aprovechado la ocasión para estandarizar los procedimientos de contratación electrónicos en la región. Sobre las administraciones públicas electrónicas en general *V.* Ernesto Jinesta Lobo, "Administración pública electrónica: Retos y desafíos para su regulación en Iberoamérica". En *Desafíos del Derecho Administrativo Contemporáneo*, Tomo I –Víctor Hernández-Mendible, coordinador–, Ediciones Paredes, Caracas, 2009, pp. 171-191.

A. Regla: *"Licitación abierta"*:

En términos generales, el artículo 9.9.1 TLC establece como el procedimiento de contratación general y de regla la *"licitación abierta"*. El artículo 9.17 entiende por *"procedimientos de licitación abiertos" "cualquier método de contratación de una Parte, excepto métodos de contratación directa según lo establecido en el artículo 9.9.2, siempre que dichos métodos sean consistentes con este Capítulo"*. Por supuesto que cada ordenamiento jurídico interno o nacional de cada uno de los Estados parte del acuerdo multilateral admite diversas modalidades de procedimientos de licitación (*v. gr.* para el caso costarricense se tiene la licitación pública y la abreviada que supone un registro de proveedores).

Cabe advertir que el artículo 9.1.6 del TLC establece, expresamente, la prohibición para los Estados parte de fragmentar ilícitamente la adquisición de mercancías y servicios con el fin de eludir los procedimientos de licitación abierta y, en general, las obligaciones que dimanan del acuerdo multilateral, lo que supone un reforzamiento y voto de confianza para los procedimientos de licitación abierta.

B. Modalidades específicas de licitación abierta (registro de proveedores y precalificación):

El artículo 9.8.1 del TLC, hace referencia a la licitación abierta con fundamento en un registro de proveedores previamente conformado e indica que cuando una entidad exija que los proveedores se registren como requisito o condición para participar en una contratación, debe publicarse un aviso invitando a los proveedores a postularse en tal registro, debiendo publicarse con suficiente antelación para que el proveedor disponga de tiempo para plantear la gestión. Esta norma pretende evitar que la inclusión en el registro de proveedores se convierta en un obstáculo temporal o formal para que los proveedores extranjeros de una de las partes del acuerdo comercial participen en las contrataciones de otra de las partes.

En lo concerniente a la modalidad de la licitación abierta con precalificación, el artículo 9.8.1 del TLC prescribe que cuando una entidad exija que los proveedores sean calificados de antemano como requisito o condición para participar en una contratación, debe publicarse un aviso invitando a los proveedores a postularse para tal calificación, debiendo publicarse con suficiente anticipación para que el proveedor disponga de tiempo para plantear su solicitud y para que la entidad evalúe. Esta norma pretende evitar que la calificación previa se convierta en un obstáculo temporal o formal para que los proveedores extranjeros participen en las contrataciones de otras partes. En todo caso, el artículo 9.8.2 preceptúa que la entidad contratante debe limitar toda condición de participar a aquellas esenciales para garantizar que el proveedor posee la capacidad legal, técnica y financiera para cumplir con los requisitos y las especificaciones técnicas de la contratación, reconocer como proveedor calificado a cualquiera de otra parte que haya cumplido las condiciones necesarias para participar y fundar las decisiones de calificación en las condiciones de participación establecidas de antemano en los avisos o documentos de la contratación. El numeral 9.8.5, de su parte, dispone que la entidad contratante debe comunicar, oportunamente, a cualquier proveedor que haya solicitado la calificación, su decisión y cuando se trata del rechazo o del no reconocimiento a un proveedor como calificado, debe, a solicitud del proveedor, proporcionarle sin demora una explicación por escrito de las razones de la decisión.

C. Excepciones: Otros procedimientos de contratación diferentes a la "licitación abierta":

El artículo 9.9.2 TLC admite una serie de supuestos excepcionales en los que puede emplearse procedimientos diferentes a la "licitación abierta", previstos en los ordenamientos jurídicos nacionales *"A condición de que (...) no se utilicen como medio para evitar la competencia o para proteger a proveedores nacionales"*. La condición indispensable, será, entonces, que ese procedimiento de contratación diverso a la "licitación abierta", no suprima la libre concurrencia y no se transforme en un mecanismo que enerve la aplicación del principio o cláusula del "trato nacional".

C.1) Degradación del procedimiento de licitación abierto.

El inciso a) del artículo 9.9.2, establece como excepción al procedimiento de licitación abierta cuando *"ante la ausencia de ofertas que cumplan con los requisitos esenciales establecidos en los documentos de contratación establecidos en un aviso previo de contratación futura o invitación a participar, incluyendo cualquier condición para la participación, siempre que los requisitos del aviso o invitación inicial no se hayan modificado sustancialmente"*. Este precepto admite la degradación lícita de los procedimientos de *"licitación abierta"* cuando han resultado infructuosos, por lo que se podrán utilizar otros que brinden mayor flexibilidad, el único requisito es que de manera sobrevenida no se hayan variado sustancialmente los requisitos o condiciones originalmente dispuestos, lo que, obviamente, contraría los principios de igualdad y libre concurrencia y, eventualmente, podría impactar la cláusula de *"trato nacional"*.

C.2) Prestaciones personalísimas, mercancías exclusivas y el proveedor único.

El artículo 9.9.2 (b) contempla la hipótesis de prestaciones contractuales que incluyen obligaciones personalísimas por el contratista, la adquisición de mercancías exclusivas cuando no existan en el mercado artículos sucedáneos similares o de los proveedores únicos, casos en los que no resulta conveniente o razonable someter a un procedimiento de "licitación abierta" el objeto de contratación al suponer un uso irracional de los recursos y complicar, innecesariamente, la contratación. Este precepto dispone que se exceptúa de la "licitación abierta" *"en el caso de obras de arte o por razones relacionadas con la protección de derechos exclusivos de propiedad intelectual, tales como patentes o derechos de autor, o información reservada, o cuando por razones técnicas no haya competencia, las mercancías o servicios sólo pueden ser suministrados por un proveedor determinado y no exista otra alternativa o substituto razonable"*.

C.3) Entrega de mercancías o productos adicionales a los contratados previamente.

El artículo 9.9.2 c), incluye como excepción de los procedimientos de "licitación abierta" el caso de las *"entregas adicionales del proveedor original que tengan por objeto ser utilizadas como repuestos, ampliaciones, o servicios continuos para equipo existente, programas de cómputo, servicios o instalaciones, cuando un cambio de proveedor obligue a la entidad a adquirir mercancías o servicios que no cumplan con los requisitos de compatibilidad con los equipos, programas de cómputo, servicios o instalaciones existentes."*

Este supuesto debe concordarse con el anterior de las mercancías exclusivas o del proveedor único, por cuanto, cuando se trata de la adquisición de productos originales que sirven de repuesto, se suele dar tal circunstancia. El acudir a un proveedor diferente del original, como lo apunta el numeral de comentario, podría generar un riesgo y efecto negativo por la eventual incompatibilidad con los productos y mercancías previamente adquiridas. Este supuesto excepcional puede obedecer, también, a necesidades de normalización y estandarización de los programas y productos empleados por un ente u órgano público.

C.4) Mercancías adquiridas en mercado de productos básicos.

El artículo 9.9.2 (d), excluye de los procedimientos de "licitación abiertos" la adquisición de mercancías en un *"mercado de productos básicos"*, en tales supuestos, dado lo rutinario de tales adquisiciones y el carácter genérico de los productos comprados, lo recomendable es que se adquieran mediante una subasta o remate a la baja.

C.5) Adquisición de prototipos o productos o servicios desarrollados a petición del adquirente.

El artículo 9.9.2 (e) contempla como excepción de los procedimientos de licitación abiertos, cuando una entidad contratante "*adquiera prototipos o un primer producto o servicio que se desarrolle a petición suya en el curso de, y para la ejecución de, un determinado contrato de investigación, experimentación, estudio o desarrollo original*". Las razones de la excepción resultan obvias, por cuanto, el prototipo, proyecto o desarrollo han sido concebidos, específicamente, para el potencial adquirente y por virtud de su requerimiento, siendo que ningún otro proveedor está en condiciones de ofrecerlo.

La salvedad que introduce este inciso del TLC en esta materia es que "*Una vez ejecutados dichos contratos, las adquisiciones posteriores de productos o servicios se ajustarán a lo dispuesto en este Capítulo*".

C.6) Servicios adicionales de construcción no incluidos en el contrato original.

El artículo 9.9.2 (f), excluye de los procedimientos de licitación abiertos los "*servicios adicionales de construcción que no fueron incluidos en el contrato original, pero que figuran dentro de los objetivos de la documentación original de la contratación y que debido a circunstancias no previstas resulten necesarios para complementar los servicios de construcción descritos* (…)".

Esta hipótesis se encuentra vinculada a la contemplada en el inciso c), con la diferencia, que está referida de manera exclusiva a los "servicios adicionales de construcción", por lo que debe existir un contrato original en fase de ejecución exitosa o plena y satisfactoriamente ejecutado. El único límite a esta excepción es de orden cuantitativo, ya que, *"el valor total de los contratos adjudicados para dichos servicios adicionales de construcción no excederá el 50% del monto del contrato original"*, de manera que si se excede de tal porcentaje, se entiende que se trata de un contrato administrativo nuevo y diferente y no de uno adicional o complementario, que debe ser sometido a la regla procedimental sentada en el artículo 9.9.1, salvo si concurre otra de las excepciones contempladas en el numeral 9.9.2.

C.7) Contratación en situaciones de emergencia o urgencia.

De manera congruente con la mayoría de los ordenamientos jurídicos internos de la región y el reconocimiento del principio constitucional y administrativo de la necesidad que desplaza, ante circunstancias anormales, al de legalidad y permite un ordenamiento jurídico ad hoc ajustado a la situación anómala, el artículo 9.9.2 (g) reconoce como excepción de los procedimientos de licitación abiertos los procedimientos de contratación en estados de necesidad o urgencia para solventar una calamidad pública provocada por un acontecimiento imprevisible derivado de una causal de fuerza mayor o de un caso fortuito (*v. gr*. huracanes, terremotos, tsunamis, erupciones volcánicas, golpes de Estado, guerras civiles, etc.) y evitar daños y perjuicios más graves a las cosas y a las personas. Ese numeral dispone que *"en la medida en que sea estrictamente necesario, cuando, por razones de urgencia ocasionadas por acontecimientos imprevisibles para la entidad contratantes, sea imposible obtener las mercancías o servicios a tiempo mediante los procedimientos de licitación abiertos y el uso de estos procedimientos ocasionaría perjuicios graves a la entidad contratante, a sus responsabilidades con respecto a su programa, o a la Parte"*.

5. *Formación y perfección del contrato público*

A. Cartel:

El cartel de un procedimiento de licitación abierta es un conjunto de especificaciones o condiciones técnicas[16], financieras y legales, generales o especiales que deben ser claras, suficientes, concretas y objetivas, en atención al objeto específico del contrato administrativo. Otro propósito fundamental del cartel lo constituye el respeto y observancia efectiva de los principios rectores de los procedimientos de contratación referidos supra.

El TLC contiene normas relevantes sobre el particular. En primer término, el artículo 9.6.1 indica que "*Una entidad contratante proporcionará a los proveedores interesados documentos de contratación que incluyan toda la información necesaria que les permita preparar y presentar ofertas adecuadas. Los documentos de contratación incluirán todos los criterios que la entidad contratante considerará para adjudicar el contrato, incluyendo todos los factores de costo y sus ponderaciones, o según el caso, los valores relativos que la entidad contratante asignará a esos criterios en la evaluación de las ofertas*". De esta manera se garantizan los principios de libre concurrencia, igualdad, transparencia y publicidad y de trato nacional, el contenido de los "*documentos de contratación*", es de suma importancia, por cuanto, debe ser claro y preciso, facilitando la formulación de ofertas adecuadas, además debe incluirse el sistema de evaluación de las ofertas y los factores a ponderar.

---

[16] El artículo 9.17 del TLC define la especificación técnica de la siguiente manera: "*significa una especificación que establece las características de las mercancías a ser adquiridas o sus procesos o métodos de producción conexos, o las características de servicios a ser adquiridos o sus métodos de operación relacionados, incluyendo las disposiciones administrativas aplicables y los requisitos relacionados con los procedimientos de evaluación que una entidad fija. Una especificación técnica también puede incluir o referirse exclusivamente a materias relativas a terminología, símbolos, embalaje, o requisitos de marcado o etiquetado aplicables a una mercancía, proceso, servicio o método de producción u operación*".

De manera general el artículo 9.8.2 (a) establece que toda entidad contratante debe "limitar toda condición para participar en la contratación, a aquellas que sean esenciales para garantizar que el proveedor posee la capacidad legal, técnica y financiera para cumplir con los requisitos y las especificaciones técnicas de la contratación", esto es, las condiciones y requisitos para participar como oferente deben ser aquellas necesarias y razonables para garantizar la idoneidad legal, técnica y financiera del eventual adjudicatario.

En lo referente a la modificación sobrevenida de los criterios del cartel o condiciones establecidas en los "documentos de contratación", el artículo 9.6.3 dispone que si una de las partes del acuerdo multilateral *"en el curso de una contratación"* modifica los criterios apuntados en el párrafo 1°, debe comunicarlo por escrito a todos los oferentes que participan en la contratación al momento de la modificación que sean identificables y por publicación a los que no sean conocidos, todo con antelación suficiente, para permitirles ajustar la oferta y volverla a presentar. La normativa no establece si se trata de modificaciones esenciales o no, estimamos que se refiere a las no esenciales, pues de lo contrario, varía el objeto del contrato y sus fines, tampoco se especifica en cuántas ocasiones se pueden modificar o un límite temporal para introducirlas.

En punto al contenido de las especificaciones técnicas del cartel, el artículo 9.7, establece ciertos límites en aras de lograr la vigencia de los principios de la libre competencia, la igualdad y la cláusula de trato nacional. Así, se impide establecer especificaciones técnicas que tengan por *"propósito o efecto crear obstáculos innecesarios al comercio entre las partes"* (párrafo 1°), que refieran a características específicas *"de diseño o descriptivas"* (párrafo 2°, inciso a) y que no se funden en normas internacionales aplicables o, en su defecto, nacionales reconocidas (párrafo 2°, inciso b). Asimismo, se impide utilizar especificaciones técnicas *"que requieran o hagan referencia a determinadas marcas o nombres comerciales, patentes, diseños o tipos, ni orígenes específicos o productores o proveedores"*, salvo que no exista otra manera precisa o comprensible de describir los requisitos de la contratación, en cuyo caso se debe incluir expresiones como la de "equivalente" (9.7.3). Finalmente, se impide incluir cualquier estipulación contractual para brindar asesoría previa y que pueda aprovecharse por el asesor para preparar o adoptar una especificación técnica que le favorezca en una contratación futura y que impida la libre competencia (artículo 9.7.4).

El artículo 9.8.4 también dispone que ninguna entidad contratante puede establecer como condición para participar en una contratación que *"un proveedor haya sido adjudicatario previamente de uno o más contratos por parte de una entidad contratante, o que el proveedor tenga experiencia de trabajo previa en el territorio de la Parte"*, la norma impone que la evaluación de la capacidad financiera y técnica de cualquier proveedor se realice *"de acuerdo con la actividad comercial fuera del territorio de la parte de la entidad contratante, así como su actividad, si la tuviera, en el territorio de la Parte de la entidad contratante"*. El fin de estas normas es actuar el principio del trato nacional.

B. Publicación del aviso de contratación:

El artículo 9.4.1 establece que la entidad contratante debe publicar *"con anticipación un aviso invitando a proveedores interesados a presentar ofertas para cada contratación cubierta"*, no se establecen con claridad los plazos, de manera que resultan aplicables las legislaciones internas, en cuanto resulten compatibles con los fines y propósitos del acuerdo multilateral.

El contenido del aviso es definido en el artículo 9.4.2 al preceptuar que incluirá "como mínimo, una indicación de que la contratación está cubierta por el Capítulo, una descripción de dicha contratación, cualquier condición requerida de los proveedores para participar en la misma, el nombre de la entidad contratante, la dirección donde se puede obtener cualquier documentación relacionada con la contratación, los plazos y la dirección para la presentación de las ofertas y el tiempo para la entrega de las mercancías o servicios contratados".

C. Oferta:

C.1) Contenido y requisitos.

A grosso modo el TLC se ocupa de establecer el contenido y requisitos de las ofertas para que sean consideradas elegibles, así el artículo 9.10.1 establece que para que una oferta pueda ser considerada para la adjudicación *"debe ser presentada por escrito y cumplir, al momento de ser presentada, con los requisitos esenciales de los documentos de contratación suministrados de antemano por la entidad contratantes a todos los proveedores participantes y proceder de un proveedor que cumpla con las condiciones de participación que la entidad contratante ha comunicado de antemano a todos los proveedores participantes"*.

El TLC no se ocupa de aspectos esenciales como la subsanación de los defectos formales de las ofertas, su plazo de vigencia, la subcontratación, las diversas modalidades de ofertas (en consorcio o conjuntas), de su apertura y aclaración, la garantía de participación y sus diversas vicisitudes (monto, insuficiencia, formas de rendirla, sustitución, vigencia, ejecución y devolución) con lo que se trata de extremos que quedaran –con no pocos problemas de certeza y seguridad jurídica– librados a la aplicación de los ordenamientos jurídicos nacionales, en cuanto resulten compatibles con los fines y espíritu del acuerdo multilateral de inversión.

C.2) Confidencialidad de la información brindada.

El artículo 9.12 le impone a los Estado parte, sus entidades contratantes y autoridades de revisión de la ofertas, el deber de no divulgar información de carácter confidencial contenida en las ofertas, sin la autorización formal del proveedor u oferente que la haya proporcionado con el fin de participar en un procedimiento de contratación, cuando dicha divulgación puede perjudicar los intereses comerciales legítimos de una persona –proveedores o entidades-, incluyendo la protección de la propiedad intelectual, perjudicar la competencia leal entre proveedores, constituir un obstáculo para el cumplimiento de la ley o ir en contra del interés público.

Esta es una norma indispensable para asegurarle a los oferentes o proveedores una mayor soltura y certeza al momento de formular ofertas adecuadas y completas, sabiendo que la información confidencial o no divulgada, cubierta por secreto industrial, comercial, bancario o financiero o de otra índole, se mantendrá en reserva y que todo los entes públicos y sus funcionarios que intervienen tienen un acusado deber de sigilo. Desde luego que en aquellos ordenamientos jurídicos internos donde no existe un precepto específico en el régimen de la contratación debe ser aplicado con todo rigor y lo enriquece ostensiblemente.

C.3) Plazo de presentación.

En lo relativo al plazo de presentación de las ofertas, el artículo 9.5.1 dispone, como principio general, que se debe otorgar *"tiempo suficiente para preparar y presentar las ofertas, tomando en cuenta la naturaleza y complejidad de la contratación"*, en todo caso este artículo estipula que en *"ningún caso"* se *"otorgará un plazo menor de 40 días"* desde la fecha de publicación del aviso de contratación hasta la data límite para presentar ofertas. El límite superior del plazo –fijado en 40 días–, le permite un amplio margen de discrecionalidad al ente público contratante, limitado solo por los conceptos jurídicos indeterminados de "tiempo suficiente" para preparar y presentar la oferta y "naturaleza y complejidad de la contratación".

El artículo 9.5.2 admite plazos menores a 40 días, *"pero en ningún caso menor a 10 días"*, por ejemplo, cuando se trata de la adquisición de bienes y servicios comerciales que se venden u ofrecen para la venta o son regularmente comprados o utilizados por compradores no gubernamentales para propósitos no gubernamentales o ante situaciones de emergencia imprevistas justificadas por la entidad contratante.

Estos plazos establecidos en el TLC para presentación de las ofertas tienen un fuerte impacto en las legislaciones internas de los Estados parte, sobre todo, cuando se le concede a los tratados o convenios internacionales un rango supra legal, por lo que deberá haber un ajuste progresivo del derecho interno a tales disposiciones.

C.4) Calificación y evaluación.

En cuanto a la calificación el artículo 9.8.2 c) establece que toda decisión de calificación debe sustentarse *"únicamente en las condiciones de participación que han sido establecidas de antemano, en avisos, o en los documentos de contratación"*.

Por su parte el artículo 9.8.5 le impone a toda entidad contratante el deber de comunicar, oportunamente, a todo proveedor que se someta a la calificación, su decisión al respecto.

D. Adjudicación:

El acto de adjudicación es esencial en la perfección del contrato administrativo, y se define como el acto administrativo de voluntad unilateral por el que se le pone término normal al procedimiento respectivo de contratación, por su medio uno de los oferentes o proveedores elegibles es seleccionado por la entidad pública contratante para que asuma su ejecución cabal e íntegra y, en general, el cumplimiento del objeto del contrato[17].

---

[17] *V.*, Ernesto Jinesta Lobo, *Contratación administrativa* –Tomo IV Tratado de Derecho Administrativo–, p. 315.

D.1) Criterios para la adjudicación.

De acuerdo con el artículo 9.10.2 del TLC el acto de adjudicación debe recaer, después de la calificación y evaluación de las ofertas elegibles, sobre el oferente o proveedor que la entidad haya determinado *"plenamente capaz para ejecutar el contrato"* y *"cuya oferta resulte la más ventajosa según los requisitos y criterios de evaluación establecidos en los documentos de contratación"*. Dos son los criterios de carácter objetivo que emplea el TLC para el acto de adjudicación la plena capacidad del oferente y que la oferta sea la más ventajosa para el respectivo ente público, tales criterios reducen la discrecionalidad y, sobre todo, cualquier arbitrariedad al respecto e imponen un reto de adecuación a tales parámetros de los ordenamientos jurídicos internos o nacionales. Los desafíos que estos criterios objetivos que determinan el contenido del acto de adjudicación se proyectan, al propio tiempo, a los sistemas o métodos nacionales de evaluación de las ofertas y sus diversos factores o componentes que deben ser fiel reflejo y garantía de aquellos.

D.2) Comunicación de la adjudicación.

En aras de garantizar el debido proceso y la defensa del resto de los oferentes elegibles, el TLC establece un régimen de comunicación del acto de adjudicación, así el artículo 9.11.1 dispone que la entidad pública contratante debe informar *"sin demora a los proveedores participantes las decisiones sobre la adjudicación de contratos"* y a requerimiento de un oferente elegible no seleccionado debe facilitarle la *"información pertinente a las razones de dicha decisión y las ventajas relativas de la oferta ganadora"*. En suma, no basta con comunicar debidamente motivado el acto de adjudicación si un oferente elegible que no fue adjudicatario requiere información de su no escogencia, puesto que, en tal supuesto debe motivarse, también, su exclusión y cuáles fueron las ventajas comparativas ofrecidas por el que resultó adjudicatario.

El artículo 9.11.2 garantiza, también, una publicidad general de las adjudicaciones, pues se obliga a la entidad contratante a publicar –suponemos en diarios de considerable circulación y oficiales– un aviso contentivo del nombre de la entidad, la descripción de las mercancías o servicios objeto del contrato, el nombre del proveedor que resulto adjudicatario, el valor económico de la adjudicación y, en caso de no haberse utilizado el procedimiento de licitación abierto, las circunstancias que justificaron emplear otro procedimiento de contratación.

Finalmente, la entidad debe mantener registros e informes sobre la adjudicación de los contratos, al menos durante tres años después de la fecha de adjudicación de un contrato (artículo 9.11.3).

6. *Régimen de impugnación en los procedimientos de contratación administrativa*

Unos de los aspectos medulares en todo régimen de contratación administrativa, lo constituye las posibilidades efectivas de recurrir contra los actos administrativos de efectos jurídicos propios que se dictan durante el curso del procedimiento respectivo de contratación que se haya sustanciado, en aras de garantizar los derechos fundamentales y humanos al debido proceso y la defensa.

El TLC en su artículo 9.15 establece un régimen común o general de impugnación o revisión que se proyecta a todas las etapas del respectivo procedimiento de contratación seguido y, desde luego, respecto de aquellos actos administrativos que producen un efecto jurídico directo e inmediato, por cuanto, rige la regla general según la cual los actos de trámite que no tienen ese tipo de efecto jurídico son inimpugnables, en cuanto no suspenden o le ponen término, de manera directa o indirecta, el curso de los procedimientos.

A. Autoridad administrativa o jurisdiccional imparcial o independiente.

El artículo 9.15.1 se encarga de establecer que cada Estado parte debe contar, "*al menos*" con "*una autoridad administrativa o judicial imparcial o independiente de sus entidades contratantes para recibir y revisar las impugnaciones que los proveedores presenten con respecto a las obligaciones de la Parte y sus entidades bajo este Capítulo y para emitir resoluciones y recomendaciones pertinentes*". El precepto, le ofrece a los Estados parte, la opción de contar con tal garantía sea en la sede administrativa o bien en la jurisdiccional, sin embargo, lo idóneo resulta que en sendas órbitas intervenga una autoridad imparcial o independiente.

En la vía administrativa se logra a través de la creación de órganos desconcentrados en grado máximo que garanticen independencia del criterio político, una sujeción al principio de objetividad y la utilización de parámetros estrictamente técnicos y que conozcan y resuelvan de las impugnaciones administrativas por virtud de una jerarquía impropia. Esto se obtiene a través de la creación de Tribunales Administrativos encargados de la Contratación Administrativa o bien mediante las denominadas "entidades de fiscalización superior" que son las Contralorías Generales –con la competencia de supervisar o fiscalizar los aspectos hacendarios y presupuestarios– o Tribunales de Cuentas.

En el terreno jurisdiccional, debe existir una jurisdicción contencioso-administrativa universal, plenaria y robusta, que le permita a los eventuales oferentes o proveedores acceder fácilmente a la tutela judicial, mediante procesos contencioso-administrativos especiales diseñados para conocer y resolver de los extremos concernientes a la contratación administrativa, de manera sumaria, preferente y célere, habida cuenta del interés público o general que existe en la satisfacción pronta de las necesidades del conglomerado social. Como se ve el artículo 9.15.1 impone serios retos a las legislaciones nacionales para su plena conformidad con el acuerdo multilateral de inversión.

Otra vía factible que combina la esfera administrativa y jurisdiccional es la posibilidad de establecer un recurso de apelación por jerarquía impropia bifásica contra los actos de la administración pública activa contratante que sea conocido y resuelto por un órgano jurisdiccional, solución que resulta factible si hay previsión constitucional habilitante para evitar la lesión de los principios de separación de funciones y de reserva de jurisdicción.

El artículo 9.15.1 va más allá, al preceptuar que "*Cuando una autoridad que no sea dicha autoridad imparcial revise inicialmente una impugnación presentada por un proveedor, la Parte garantizará que los proveedores puedan apelar la decisión inicial ante un órgano administrativo o judicial imparcial, independiente de la entidad contratante objeto de la impugnación*". A tenor de esta norma del TLC, se admite que haya órganos de la administración activa contratante que conozcan y resuelvan de un recurso horizontal (*v. gr*. de una revocatoria), sin embargo, se establece que el recurso vertical –alzada o apelación– debe ser conocido o resuelto por una autoridad administrativa o jurisdiccional independiente y separada de la entidad contratante.

B. Tutela cautelar.[18]

El artículo 9.15.2 del TLC impone la necesidad de incluir dentro de cada ordenamiento jurídico interno un sistema de medidas cautelares abierto y flexible, que le permita al proveedor u oferente solicitar medidas provisionales oportunas y necesarias, de carácter positivo o negativo, en tanto se resuelve el mérito del asunto. Las medidas cautelares, forman parte del contenido esencial del derecho fundamental y humano a la tutela judicial efectiva, para garantizar, provisionalmente, la eficacia de una resolución de fondo cuando es impugnado un extremo determinado.

Tales medidas cautelares tienen como presupuestos fundamentales el *fumus boni iuris* o apariencia de buen derecho y el *periculum in mora* o peligro en la mora que deriva del tiempo insumido para resolver, definitivamente, la impugnación administrativa o jurisdiccional. Las medidas cautelares deben tener ciertas características estructurales básicas e indeclinables tales como la provisionalidad, instrumentalidad, urgencia y sumariedad.

Así el referido numeral dispone que "*Cada parte estipulará que la autoridad establecida o designada en el párrafo 1 podrá tomar medidas precautorias oportunas, mientras se encuentre pendiente la resolución de una impugnación, para preservar la oportunidad de corregir un potencial incumplimiento del presente Capítulo, incluyendo la suspensión de la adjudicación de un contrato o la ejecución de un contrato que ya ha sido adjudicado*". Esta norma impone serios desafíos a las legislaciones nacionales que no cuentan, en materia de contratación administrativa, con un sistema cautelar abierto y flexible, que deben modificarlo y modernizarlo o, incluso, crearlo cuando es francamente restrictivo –como sucede en el caso costarricense, que en los artículos 90, párrafo 2° y 92, inciso e), de la Ley de la Contratación Administrativa se dispone que la impugnación en sede jurisdiccional del acto de adjudicación será "sin efecto suspensivo"–[19].

---

18 *V*. Ernesto Jinesta Lobo. *La tutela cautelar atípica en el proceso contencioso-administrativo*, San José, Ediciones Colegio de Abogados de Costa Rica, 1996, *in totum*; Ernesto Jinesta Lobo. "Últimas orientaciones jurisprudenciales y doctrinales en materia de suspensión de la ejecución del acto o disposición impugnada en el Contencioso-Administrativo", *Revista Ivstitia*, año 10, Nos. 109-110, enero-febrero, 1996, pp. 4-21; Ernesto Jinesta Lobo. "La tutela sumaria cautelar". En *La gran reforma procesal*, San José, Editorial Guayacán, 2000, pp. 237-248; Ernesto Jinesta Lobo. "Fundamentos constitucionales de la nueva jurisdicción contencioso-administrativa", *Revista de Derecho Público* No. 6, Julio-Diciembre, 2007, pp. 26-28; Ernesto Jinesta Lobo, et alt, *El nuevo proceso contencioso-administrativo*, Tomo I, San José, Editorial Jurídica Continental, 2008, pp. 173-224 y Ernesto Jinesta Lobo, *Manual del proceso contencioso-administrativo*, San José, IUSconsultec y Editorial Jurídica Continental, 1ª Reimpresión 1ª. Edición, 2008, pp. 81-107.

19 Exclusión legislativa radical que hemos criticado por ser, eventualmente inconstitucional, al lesionar el derecho fundamental a la tutela cautelar proclamado en las sentencias de la Sala Constitucional de Costa Rica Nos. 6224-2005 y 17306-2008 *V*. Ernesto Jinesta Lobo. Contratación Administrativa –Tomo IV Tratado de Derecho Administrativo-, pp. 331-335.

C. Transparencia, publicidad y seguridad jurídica en los procedimientos de impugnación.

El artículo 9.15.3 del TLC le impone a los Estados parte del acuerdo multilateral de inversión, lograr niveles aceptables de transparencia y publicidad en cuanto a los procedimientos de impugnación o revisión, lo que abona la seguridad jurídica de los proveedores inversionistas. Así en ese precepto se manda que tales procedimientos *"estén disponibles en forma escrita al público y que sean oportunos, transparentes, eficaces y compatibles con el principio del respeto del debido proceso".*

El numeral 9.15.4 obliga a los Estados parte que *"todos los documentos relacionados a una impugnación de una contratación estén a disposición de cualquier autoridad imparcial (...)".*

Estos ordinales le imponen al derecho interno de cada Estado parte un deber de adecuación y concordancia con el Tratado, a través de reformas legislativas sustanciales que aseguren la simplicidad, celeridad, eficiencia y eficacia de tales procedimientos administrativos de revisión, lo que se obtiene con su simplificación y desregulación y, sobre todo, estableciendo procedimientos comunes o generales sencillos que eviten la dispersión y atomización mediante regulaciones especiales o sectoriales innecesarias por alambicadas que generan en los proveedores incertidumbre y confusión.

D. Derechos de los proveedores en la fase de impugnación.

Un primer derecho de los proveedores u oferentes elegibles es que se les comunique por escrito lo que la autoridad administrativa o judicial independiente e imparcial resuelvan (artículo 9.15.5), obviamente, de manera motivada.

El numeral 9.15.7 del TLC estipula que cada parte debe garantizarle al proveedor que cuando plantea una impugnación no le perjudicará para participar en procedimientos de contratación en curso o futuros. De esta manera se garantiza que se puedan ejercer los derechos al debido proceso, el contradictorio y la defensa sin sufrir represalias de ningún tipo.

El artículo 9.15.6 establece los siguientes derechos a favor de los proveedores:

a. Plazo suficiente para preparar y presentar las impugnaciones por escrito –en aras del debido proceso y la defensa-, el que no puede ser "en ningún caso" menor a 10 días, contado a partir del momento en que el fundamento de la resolución que es impugnada fue conocido por el proveedor o de aquel en que debió ser razonablemente conocido por éste

b) Oportunidad para revisar los documentos relevantes y para ser oídos por la autoridad de manera oportuna.

c) Oportunidad para contestar o ejercer el contradictorio respecto de las alegaciones de la entidad contratante frente al reclamo del proveedor

d) Entrega por escrito, sin demora, de lo resuelto en cuanto a la impugnación, incluyendo la motivación o explicación de los fundamentos utilizados para adoptar la resolución.

CAPÍTULO XII
SINOPSIS DE LA CONTRATACIÓN ADMINISTRATIVA EN URUGUAY

Carlos E. DELPIAZZO*

I. REGLAS DE CONTRATACIÓN

1. *Normas positivas*

En Uruguay no existe una normativa legal ordenada y sistemática en materia de contratación pública. Por el contrario, existe un conjunto de disposiciones que regulan diversos procedimientos administrativos de formación de los contratos y múltiples normas dispersas referentes a distintos aspectos de los diferentes contratos posibles1. Al respecto, pueden considerarse cuatro momentos o épocas.

---

* Doctor en Derecho y Ciencias Sociales por la Universidad Mayor de la República Oriental del Uruguay. Catedrático de Derecho Administrativo en la Facultad de Derecho de la Universidad de Montevideo. Ex Catedrático de Derecho Administrativo, de Derecho Informático y de Derecho Telemático en la Facultad de Derecho de la Universidad Mayor de la República. Ex Decano de la Facultad de Derecho de la Universidad Católica del Uruguay Dámaso Antonio Larrañaga. Autor de 76 libros y más de 500 trabajos publicados en el país y en el exterior. Profesor Invitado del Instituto Nacional de Administración Pública (España). Profesor Visitante de la Especialización en Derecho Administrativo de la Universidad de Belgrano (Argentina). Profesor Extraordinario Visitante de la Universidad Católica de Salta (Argentina). Miembro del Comité Académico de la Maestría de Derecho Administrativo de la Facultad de Derecho de la Universidad Austral (Argentina) y de la Comisión Académica del Programa de Doctorado de Derecho Administrativo Iberoamericano liderado por la Universidad de La Coruña (España). Ex Director y miembro del Instituto Uruguayo de Derecho Administrativo, del Instituto de Derecho Administrativo de la Universidad Notarial Argentina, de la Asociación Argentina de Derecho Administrativo, de la Asociación de Derecho Público del Mercosur, de la Asociación Centroamericana de Derecho Administrativo, de la Academia Internacional de Derecho Comparado, de la Asociación Iberoamericana de Derecho Administrativo, y del Instituto Internacional de Derecho Administrativo. Secretario General del Foro Iberoamericano de Derecho Administrativo.

1 Carlos E. Delpiazzo. *Normas y principios de la contratación administrativa*, F.C.U., Montevideo, 2002, p. 9 y ss.; y *La contratación pública en Uruguay*, en José A. Moreno Molina y

Prescindiendo de otros antecedentes, una **primera época** está pautada por la aprobación de la *ley Nº 9.542 de 31 de diciembre de 1935*, sobre la cual pudo señalarse que "excepto las leyes de 1829 y 1860 y las relativas a los gobiernos municipales –hay además algunas disposiciones aisladas– todo el régimen de licitaciones ha sido y es aún en gran parte administrativo, es decir, creado por reglamentos y decretos del propio Poder Ejecutivo, con el plausible propósito de introducir la máxima corrección y moralidad posible en las contrataciones del Estado"[2].

En una **segunda época**, debido a que la contratación pública implica normalmente un egreso de fondos para la Administración y a veces un ingreso de recursos, no es de extrañar que muchas disposiciones relativas a la materia se hayan incluido en normas presupuestales. Entre ellas, merece especial destaque el *art. 512 de la ley Nº 13.640 de 26 de diciembre de 1967*, en virtud del cual el Poder Legislativo autorizó al Poder Ejecutivo "a poner en vigencia, por vía reglamentaria y con carácter experimental, de acuerdo con el Tribunal de Cuentas, las bases del sistema de registración, administración y contralor financiero, contenidas en el Proyecto de Ley de Contabilidad y Administración Financiera aprobado por el Tribunal de Cuentas, dando cuenta a la Asamblea General".

Al amparo de la citada norma legal, se dictó el *Decreto Nº 104/968 de 6 de febrero de 1968*, disponiéndose la aplicación del referido Proyecto por parte de todos los organismos estatales, conteniendo una sección dedicada a los "contratos del Estado" (arts. 29 a 61) [3].

En una **tercera época**, dicho reglamento recibió reconocimiento legislativo a través de los *arts. 450 a 592 de la ley Nº 15.903 de 10 de noviembre de 1987*, superando así algunas vacilaciones interpretativas acerca del rango normativo del contenido del anterior Decreto Nº 104/968[4].

En el año 1990, a través de un proceso de consultas y reflexión que contó con la participación de todos los organismos involucrados, se gestó un conjunto de reformas que fueron aprobadas en los *arts. 653 a 660 de la ley Nº 16.170 de 28 de diciembre de 1990*[5], encomendándose al Poder Ejecutivo (art. 656) "la confección de un Texto Ordenado de las Normas sobre Ordenamiento Financiero contenidas en el art. 450 y siguientes de la ley Nº 15.903 de 10 de noviembre de 1987 y sus modificativas".

Andry Matilla Correa (Coordinadores) - *Contratos públicos en España, Portugal y América Latina*, Difusión, Madrid, 2008, p. 707 y ss.

2 Enrique Sayagues Laso. *La licitación pública*, Acali, Montevideo, 1978, p. 16.

3 Carlos E. Delpiazzo. "El Proyecto de Ley de Contabilidad y Administración Financiera. Consideraciones acerca de su jerarquía normativa", en *La Justicia Uruguaya*, Montevideo, 1978, tomo LXXVIII, sección Doctrina, p. 45 y ss.

4 Carlos E. Delpiazzo - "Acerca de una reciente modificación al Proyecto de Ley de Contabilidad y Administración Financiera", en *Anales del Foro*, Montevideo, 1984, No. 46, p. 18 y ss.

5 Alberto Sayagues Areco. *El nuevo régimen de compras*, F.C.U., Montevideo, 1991, p. 39 y ss.

Ese mandato fue cumplido por el Poder Ejecutivo a través del *Decreto Nº 95/991 de 26 de febrero de 1991*, cuyo art. 6º autorizó su cita como "Texto Ordenado C.A.F." o "TOCAF"[6].

Dicho primer TOCAF mantuvo una sección dedicada a los "contratos del Estado" (arts. 33 a 67), regulando fundamentalmente los procedimientos de contratación[7], sufriendo distintas modificaciones en los años sucesivos[8].

Al presente, en lo que puede considerarse una **cuarta época**, conforme a los *arts. 13 a 57 de la ley Nº 18.834 de 4 de noviembre de 2011* se dedicó el capítulo I de su sección III a modificar el régimen de "Compras estatales" y su control por el Tribunal de Cuentas[9].

Atento a la calidad y cantidad de los cambios introducidos, el art. 55 de dicha ley encomendó al Poder Ejecutivo la actualización del TOCAF, dando cuenta a la Asamblea General, y el art. 56 cometió a la Agencia de Compras y Contrataciones del Estado (ACCE) su difusión[10].

Dando cumplimiento al mandato legislativo, el Poder Ejecutivo emitió el *Decreto Nº 150/012 de 11 de mayo de 2012*, el cual aprueba el actual TOCAF con una estructura similar a las normas anteriores, conteniendo un conjunto de disposiciones de lo que sigue denominándose "contratos del Estado" (arts. 33 a 79), comprendiendo las siguientes materias[11]: a) normas sobre procedimientos (arts. 33 a 37 y 44 a 46); b) normas sobre determinados contratos (arts. 40 a 44); c) normas relativas a los pliegos de condiciones (arts. 47 y 48); d) normas sobre publicidad (arts. 50 a 56); e) normas sobre preferencias (arts. 57 a 62); f) normas sobre las ofertas y sus garantías (arts. 63 a 65); g) normas sobre admisibilidad, conveniencia y adjudicación de las ofertas (arts. 66 a 68); y h) normas sobre celebración y ejecución contractual (arts. 69 a 79).

Paralelamente, con la aprobación de la *ley Nº 18.786 de 19 de julio de 2011*, se reguló con detalle el contrato de participación público privada, siendo el único

---

6 Carlos E. Delpiazzo. *Génesis y evolución del TOCAF*, en Carlos E. Delpiazzo (Coordinador) – *Comentarios al TOCAF sobre la Hacienda Pública*, U.M., Montevideo, 2012, p. 11 y ss.; y *Texto Ordenado de la Ley de Contabilidad y Administración Financiera actualizado, anotado y concordado*, Editorial Universidad, Montevideo, 1996.

7 Carlos E. Delpiazzo. *Manual de Contratación Administrativa*, tomo I, Montevideo, 1992, p. 159 y ss.

8 Carlos E. Delpiazzo. *Texto Ordenado de Contabilidad y Administración Financiera*, F.C.U., Montevideo, 2001 a 2010, segunda a octava ediciones.

9 Alberto Sayagues Areco. *Reformas al sistema de compras estatales*, Montevideo, 2011, p. 119 y ss.

10 Carlos E. Delpiazzo. "A propósito del tercer TOCAF", en *La Justicia Uruguaya*, tomo 146, Sección Doctrina, Montevideo, 2012, p. 3 y ss.

11 Carlos E. Delpiazzo. *Texto Ordenado de Contabilidad y Administración Financiera*, F.C.U., Montevideo, 2012, novena edición actualizada.

contrato que tiene una ley específica[12], rigiéndose los demás, en cuanto a su objeto por normas aisladas o previsiones contenidas en los pliegos de condiciones.

2. *Principios generales*

La indicada ausencia de un régimen general de contratación pública, unida a la dispersión normativa señalada, ha determinado que se atribuya una especial importancia a los principios generales de Derecho, tanto por la doctrina[13] como por la jurisprudencia[14].

Al respecto, el 149 del TOCAF enuncia expresamente los siguientes: a) flexibilidad, b) publicidad, c) igualdad, d) concurrencia, e) razonabilidad, f) delegación, g) ausencia de ritualismo, h) materialidad frente al formalismo, i) veracidad salvo prueba en contrario, j) transparencia y k) buena fe, señalando que los mismos "servirán de criterio interpretativo para resolver las cuestiones que puedan suscitarse en la aplicación de las disposiciones pertinentes"[15].

II. PROCEDIMIENTOS DE CONTRATACIÓN

1. *Licitación pública*

La licitación pública es el procedimiento competitivo de contratación que nuestro Derecho regula con mayor detalle[16].

---

12 Carlos E. Delpiazzo (Coordinador). *Comentarios a la Ley de Participación Público Privada*, U.M., Montevideo, 2012, p. 11 y ss., y "PPP y concesiones en Uruguay", en Bruno Cavalcanti y Andry Matilla (Coordinadores). *Estudios latinoamericanos sobre concesiones y PPP*, Ratio Legis, Sao Paulo, 2013, p. 299 y ss.

13 Carlos E. Delpiazzo. "Recepción de los principios generales de Derecho por el Derecho positivo uruguayo", en A.A.V.V. *Los principios en el Derecho Administrativo Iberoamericano. Actas del VII Foro Iberoamericano de Derecho Administrativo*, Netbiblo, La Coruña, 2008, p. 607 y ss.; y "Reconocimiento de los principios generales de Derecho en el Derecho Administrativo uruguayo", en Jaime Arancibia y José Ignacio Martínez (Coordinadores). *La primacía de la persona. Estudios en homenaje al Prof. Eduardo Soto Kloss*, Legal Publishing, Santiago de Chile, 2009, p. 229 y ss.

14 Carlos E. Delpiazzo y Graciela Ruocco. "*Tratado Jurisprudencial y Doctrinario sobre Actos y Contratos de la Administración*, La Ley Uruguay, Montevideo, 2013, tomo I, p. 226 y ss., y tomo II, p. 1095 y ss.

15 Carlos E. Delpiazzo. "Los principios generales en la contratación pública", en Juan Carlos Cassagne y Enrique Rivero Isern (Directores). *La contratación pública*, Hammurabi, Buenos Aires, 2007, tomo 1, p. 543 y ss.; y "Eficacia aplicativa de los principios generales de Derecho en la contratación administrativa", en *Anuario de Derecho Administrativo*, Montevideo, 2006, tomo XIII, p. 65 y ss.

16 Carlos E. Delpiazzo. *Derecho Administrativo General*, A.M.F. Montevideo, 2015, volumen 1, segunda edición actualizada y ampliada, p. 486 y ss., y Carlos E. Delpiazzo y Graciela Ruocco. *Tratado Jurisprudencial y Doctrinario sobre Actos y Contratos de la Administración, cit.*, tomo I, p. 239 y ss.

Tradicionalmente se la ha definido de modo descriptivo como un procedimiento, relativo al modo de celebrarse determinados contratos, cuya finalidad es la determinación de la persona que ofrece a la Administración condiciones más ventajosas; consiste en una invitación a los interesados para que, sujetándose a unas determinadas bases, llamadas pliegos de condiciones, formulen propuestas de las cuales la Administración selecciona la más ventajosa, y todo el procedimiento se inspira para alcanzar la finalidad buscada, en los principios de igualdad de los licitantes y cumplimiento estricto del pliego.

Su estudio suele realizarse siguiendo la ya decantada diferenciación que hace la doctrina entre las etapas preparatoria, esencial e integrativa[17].

En la **etapa preparatoria**, que es interna de la Administración, revisten especial importancia los trabajos de preparación, la presupuestación necesaria y la confección de los pliegos de condiciones.

Seguidamente, la **etapa esencial** comprende los actos dirigidos a lograr la manifestación de voluntad común de la Administración y de un tercero cocontratante.

Consecuentemente, esta etapa comienza con el *llamado a licitación,* que es un acto administrativo consistente en un llamado de demanda que involucra un pedido de ofertas. Como tal, el llamado a licitación requiere ser dotado de publicidad, aun cuando no debe confundirse la manifestación de voluntad de la Administración (acto jurídico) con la publicidad de la misma (operación material).

Al respecto, el art. 51 del TOCAF preceptúa que "se deberá efectuar la publicación en el Diario Oficial y en el sitio web de Compras y Contrataciones Estatales, sin perjuicio de otros medios que se consideren convenientes para asegurar la publicidad del acto" (inc. 1°).

En la fecha prevista se procederá al *acto de apertura* de las propuestas, en el que se dan a conocimiento público las ofertas y lo normal es que se documente en un acta[18].

Conforme al art. 65 del TOCAF, "La apertura de las ofertas se hará en forma pública en el lugar, día y horas fijados en las publicaciones en presencia de los funcionarios que designe a tal efecto la Administración pública licitante y de los oferentes o sus representantes que deseen asistir (inc. 1°). Abierto el acto no podrá introducirse modificación alguna en las propuestas, pudiendo, no obstante, los presentes formular las manifestaciones, aclaraciones o salvedades que deseen (inc. 2°). En dicho acto no se podrá rechazar la presentación de ninguna propuesta sin perjuicio de su invalidación posterior y se controlará si en las propuestas se ha adjuntado la garantía constituida, cuando ello correspondiera (inc. 3°). Finalizado el acto, se la-

---

17 Renato Alessi. *Instituciones de Derecho Administrativo*, Bosch, Barcelona, 1970, tomo I, p. 193 y ss.; Roberto Dromi. *Licitación pública*, E.C.A., Buenos Aires, 1995, p. 96 y ss.; y Alberto Ramón Real, "Licitación pública. Adjudicación y contrato. Vicios", en *La Justicia Uruguaya*, tomo 76, sección Doctrina, p. 77 y ss.

18 José Miguel Delpiazzo Anton. "Presentación y apertura de ofertas", en Carlos E. Delpiazzo (Coordinador). *Comentarios al TOCAF sobre la Contratación Pública*, U.M., Montevideo, 2013, tomo I, p. 371 y ss.

brará acta circunstanciada que será firmada por los funcionarios actuantes y los oferentes que lo deseen hacer, quienes podrán dejar consignadas las constancias que estimen necesarias (inc. 4°).

Con posterioridad al acto de apertura, sobrevendrá el *examen de admisibilidad* en función del cual las propuestas (individualmente consideradas) serán rechazadas o admitidas[19].

Cumplido el examen de admisibilidad de cada una de las propuestas (por separado), se pasa al estudio (comparativo) de las mismas a fin de realizar el *examen de conveniencia*, al que el art. 66 del TOCAF pone a cargo de una Comisión Asesora de Adjudicaciones.

El pronunciamiento de la Comisión Asesora de Adjudicaciones contentivo del estudio de las ofertas presentadas es normalmente llamado *preadjudicación*. Consiste en un informe que, desde el punto de vista formal, debe ser fundado y necesario, es decir, que debe contener la explicitación de las razones en base a las cuales se aconseja la adjudicación a favor de una oferta en detrimento de otra y a la vez debe existir, o sea, no se puede prescindir de ese dictamen. En cambio, no es vinculante, es decir, que no obliga al órgano de adjudicación a proceder conforme a lo dictaminado.

Recaída la preadjudicación, conforme al art. 67 del TOCAF, se prevé que en todo procedimiento competitivo de contratación cuyo valor supere el cuádruple del monto máximo para la licitación abreviada correspondiente al organismo, la Administración deberá dar vista del expediente a los oferentes, a cuyo efecto se pondrá el expediente de *manifiesto por cinco días*, notificándose a los interesados en forma personal o por telegrama colacionado, dentro de las 24 horas de decretado el trámite aludido.

Dentro de dicho término, los oferentes podrán formular por escrito las *consideraciones* que les merezca el proceso cumplido hasta el momento y el dictamen o informe (no se habla de acto administrativo) de la Comisión Asesora de Adjudicaciones. Los escritos que se formulen en esta etapa por los interesados serán considerados por la Administración como una petición, de acuerdo a lo dispuesto por los arts. 30 y 318 de la Constitución, a tener en consideración al momento de dictar la resolución de adjudicación, y respecto de la que debe existir informe fundado.

Con la resolución de *adjudicación*, prevista en el art. 68 del TOCAF, se cierra la etapa esencial del procedimiento licitatorio. Se trata de un típico acto administrativo, precontractual y separable cuyo contenido y fin es determinar la oferta más ventajosa y conveniente para la Administración. Se distingue del pronunciamiento de la Comisión Asesora de Adjudicaciones por su radical diversidad de naturaleza jurídica.

---

19 Carlos E. Delpiazzo y Graciela Ruocco. *Tratado Jurisprudencial y Doctrinario sobre Actos y Contratos de la Administración, cit.*, tomo I, p. 263 y ss.; y Carlos E. Delpiazzo. *Contratación Administrativa, cit.*, p. 207 y ss.

Determinada la voluntad administrativa en el caso concreto, comienza la **etapa integrativa** o de formalización del contrato, que se opera en la forma que el Derecho positivo prevea para cada caso.

2. *Otros procedimientos legalmente previstos*

El Derecho positivo uruguayo reconoce multiplicidad de procedimientos de selección del cocontratante de la Administración[20].

A) *Licitación abreviada*

La denominada "licitación abreviada", aparece mencionada en el art. 33 del TOCAF, que establece un límite cuantitativo para este procedimiento, y regulada en el art. 52 del mismo.

El procedimiento de la licitación abreviada se inicia, como todo procedimiento administrativo de contratación, con un decisión de la Administración, es decir, con un acto administrativo por el cual ésta dispone lo conveniente en orden al contrato que procura celebrar, en función del cual va a poner en marcha el procedimiento apropiado, para seleccionar al sujeto con el cual alcanzar ese contrato.

De acuerdo al citado art. 52 del TOCAF, "Cuando corresponda el procedimiento de licitación abreviada, se deberá publicar la convocatoria en el sitio web de Compras y Contrataciones Estatales, sin perjuicio de otros medios que se estimen convenientes, debiendo realizarse la publicación en dicho sitio web como mínimo tres días antes de la apertura de ofertas.

Este plazo podrá reducirse hasta cuarenta y ocho horas anteriores a la apertura, cuando la urgencia o conveniencia así lo requieran" (inc. 1°). "Los motivos de la excepción deberán constar en el acto administrativo que disponga el llamado y deberá, en este caso, invitarse como mínimo a tres firmas del ramo, asegurándose que la recepción de la invitación se efectúe por lo menos con dos días de antelación a la apertura de la propuesta. Deberán aceptarse todas las ofertas presentadas por firmas no invitadas" (inc. 2°).

B) *Licitación privada*

Con la denominación de "licitación privada" he designado antes de ahora al procedimiento legalmente innominado a que refiere el art. 33, lit. C), núm. 2) del TOCAF, a cuyo tenor procederá "cuando la licitación pública, abreviada o remate resultaren desiertos, o no se presentaren ofertas válidas o admisibles, o las mismas sean manifiestamente inconvenientes". En tales supuestos, "la contratación deberá hacerse con bases y especificaciones idénticas a las del procedimiento fracasado y,

---

[20] Carlos E. Delpiazzo. *Derecho Administrativo General*, cit., volumen 1, segunda edición actualizada y ampliada, p. 501 y ss., y Cristina Vázquez. "Variedad de procedimientos de contratación", en Carlos E. Delpiazzo (Coordinador). *Renovación de la contratación pública*, F.C.U., Montevideo, 2013, p. 117 y ss.

en su caso, con invitación a los oferentes originales, además de los que estime necesarios la Administración"[21].

Se trata pues, de un procedimiento subsidiario y de excepción. Nunca puede ser un procedimiento principal, porque está previsto como un sucedáneo de un procedimiento previo frustrado.

C) *Contratación directa*

En orden a la caracterización de la contratación directa, cabe decir que es un procedimiento a través del cual la Administración elige discrecionalmente al cocontratante y luego celebra con él, el contrato respectivo[22].

Por eso, el calificativo de directa está aludiendo a ese poder jurídico, que en determinados supuestos tiene la Administración, de seleccionar discrecionalmente al cocontratante.

Esta discrecionalidad de que goza la Administración no debe confundirse con el sistema de libre elección en la formación del contrato. La contratación directa es también una manifestación del sistema de restricción, porque está regulada y prefigurada como un mecanismo excepcional; sólo puede verificarse en determinadas hipótesis, que son las que prevé expresamente la ley, sea por razón de monto o por alguna de las causales establecidas al efecto.

D) *Pregón o puja a la baja*

Conforme al art. 34 del TOCAF, se estatuye la aplicación del procedimiento de pregón o puja a la baja "cuando de la contratación a realizar se deriven gastos de funcionamiento o de inversión para la Administración y la misma tenga un objeto preciso, concreto y fácilmente determinable que permita establecer y uniformizar, en forma previa, sus requisitos básicos y esenciales así como los extremos que deberán acreditar y cumplir los eventuales oferentes. La adjudicación se realizará al postor que ofrezca un precio menor excepto que se haya previsto la adjudicación parcial a dos o más oferentes (inc. 1°). El pregón o puja a la baja podrá realizarse en forma convencional o electrónica (inc. 2°). El Poder Ejecutivo, con el asesoramiento de la Agencia de Compras y Contrataciones del Estado, reglamentará este procedimiento previo dictamen del Tribunal de Cuentas (inc. 3°).

Guardando paralelismo con la regulación del remate, el pregón o puja a la baja tiende a objetivar el procedimiento, para lo cual se requiere que el objeto de que se trate sea preciso, concreto y fácilmente determinable o estandarizado, de modo que la variable precio devenga la decisiva[23].

---

21 Carlos E. Delpiazzo. *Manual de Contratación Administrativa*, Editorial Universidad, Montevideo, 1996, tomo I, tercera edición actualizada, p. 49 y ss.; y *Contratación Administrativa*, U.M., Montevideo, 1999, reedición 2004, p. 82 y ss.

22 Cristina Vignone, Natalia Carbajal y Alberto Canessa. "La contratación directa en el Estado: concepto y realidad actual", en *Rev. de Derecho y Tribunales*, Montevideo, 2009, No. 10, p. 63 y ss.

23 Lucía Villamil. "El pregón, subasta inversa o puja a la baja", en Carlos E. Delpiazzo (Coordinador). *Renovación de la contratación pública*, F.C.U., Montevideo, 2013, p. 191 y ss.; y

De acuerdo al art. 54 del TOCAF, se prevé que "Cuando se utilice el procedimiento de pregón o puja a la baja, deberá conferirse amplia publicidad al mismo y se efectuarán publicaciones en el sitio web de Compras y Contrataciones Estatales y otros medios idóneos de publicidad, con una antelación no menor a diez días de la fecha fijada para la puja (inc. 1°). También podrá invitarse a firmas del ramo a que corresponda el contrato, asegurándose que la recepción de la invitación se efectúe por lo menos con cinco días de antelación a la puja, debiendo igualmente aceptarse la participación de firmas no invitadas (inc. 2°)".

Según dicha normativa, se posibilita la opción de que el procedimiento se tramite a través de medios convencionales o de las nuevas tecnologías de la información y las comunicaciones.

E) *Subasta o remate*

Conforme al art. 35 del TOCAF, "Se podrá aplicar el procedimiento de subasta o remate cuando de la contratación a realizar se deriven entradas o recursos para la Administración y la misma tenga un objeto preciso, concreto y fácilmente determinable. La adjudicación se realizará al mejor postor".

Agrega el art. 53 del TOCAF, que "Cuando se utilice el procedimiento de subasta o remate, deberá conferirse amplia publicidad al mismo y se efectuarán publicaciones en el sitio web de Compras y Contrataciones Estatales y en un diario de circulación nacional con una antelación no menor a quince días de la fecha fijada para la subasta (inc. 1°). Cuando la subasta se realice en un departamento del interior del país, se efectuará dicha publicación en un diario de circulación del respectivo departamento (inc. 2°). La subasta o remate podrá realizarse en forma convencional, electrónica o a través de las bolsas de valores en su caso (inc. 3°)".

Como es sabido, el remate consiste en la adjudicación de bienes ajenos, en público y al mejor postor, hecha por personas que hacen de ello su profesión habitual, que son obviamente los rematadores. Dicha actividad profesional está regulada en el llamado estatuto jurídico de los rematadores, en cuyo marco se prevén las normas sobre los denominados remates oficiales, que no son otros que aquellos que se celebran por encargo de Administraciones públicas.

Tal estatuto está contenido básicamente en el decreto ley N° 15.508 de 23 de diciembre de 1983 y su Decreto reglamentario N° 495/984 de 7 de noviembre de 1984[24].

F) *Convenios marco*

Se trata de un procedimiento nuevo altamente condicionado por el empleo de las nuevas tecnologías[25]. En virtud del art. 36 del TOCAF, "El Poder Ejecutivo po-

---

Laura Scavone. "El pregón o puja a la baja", en Carlos E. Delpiazzo (Coordinador) – "*Comentarios al TOCAF sobre la Contratación Pública*, U.M., Montevideo, 2013, tomo I, p. 265 y ss.

24 Mario San Cristóbal. "Remate", en Carlos E. Delpiazzo (Coordinador). *Comentarios al TOCAF sobre la Contratación Pública*, U.M., Montevideo, 2013, tomo I, p. 285 y ss.; y Amaro Flores Sienra. *Práctica profesional del rematador*, F.C.U., Montevideo, 1990.

drá crear con el asesoramiento de la Agencia de Compras y Contrataciones del Estado, previo dictamen del Tribunal de Cuentas, un régimen de convenios marco, para bienes, obras y servicios de uso común en las Administraciones Públicas Estatales, basado en que: a) el objeto del contrato sea uniforme y claramente definido; b) se realice un llamado público a proveedores; c) haya acuerdo con un número mínimo, si es posible, de dos proveedores en precios, condiciones de compra y especificaciones de cada objeto de compra por un período de tiempo definido; d) se publiquen los catálogos electrónicos de bienes y servicios comprendidos en convenios marco; e) los ordenadores competentes de los organismos públicos tengan la posibilidad de compra directa por excepción, de los objetos y a las empresas comprendidas en el convenio, previa intervención del gasto; f) de corresponder, los precios o costos estén escalonados según el volumen de compras que se realicen en el período; y g) los bienes y servicios que se incluyan en este régimen deberán ser objeto de estudios de mercado previos a su inclusión".

Significa que un convenio marco comprende la publicación de un listado de productos, en el que se establecen proveedores, precios y otras condiciones de compra que se mantendrán durante un período de tiempo predefinido en una "tienda virtual", entendiendo por tal el espacio electrónico donde se encontrará el conjunto de productos disponibles correspondiente a los Convenios Marco vigentes, sus condiciones de contratación y los proveedores asociados.

Por lo tanto, toda Administración pública estatal interesada en la adquisición de un producto incluido en un Convenio Marco vigente, podrá adquirirlo al proveedor y en las condiciones allí establecidas, sin necesidad de gestionar un nuevo procedimiento.

G) *Iniciativas*

Con antecedentes de rango reglamentario en materia de obras públicas, los arts. 19 y 20 de la ley N° 17.555 de 18 de setiembre de 2002 regularon la llamada simplemente **iniciativa**, como un procedimiento autónomo, el cual se encuentra reglamentado por el Decreto N° 442/002 de 28 de setiembre de 2002[26].

Conforme a dicha normativa, se faculta al Estado, los Entes Autónomos, los Servicios Descentralizados y los Gobiernos Departamentales "a recibir iniciativas relativas a actividades susceptibles de ser ejecutadas directamente por los organismos referidos o de ser concesionadas de acuerdo".

Al respecto, el procedimiento y los derechos de los promotores de la iniciativa se ajustarán a las siguientes bases:

a) en la fase de presentación de la iniciativa, el promotor asumirá los riesgos de su elaboración y la Administración dispondrá de un plazo máximo de 90 días para examinarla, debiendo guardarse confidencialidad;

---

25 Isabel Segade. "Convenios marco", en Carlos E. Delpiazzo (Coordinador). *Comentarios al TOCAF sobre la Contratación Pública*, U.M., Montevideo, 2013, tomo I, p. 297 y ss.

26 Carlos E. Delpiazzo y Graciela Ruocco. *Tratado Jurisprudencial y Doctrinario sobre Actos y Contratos de la Administración, cit.*, tomo I, p. 255 y 256.

b) en caso de ser aceptada la iniciativa por la Administración, ésta levantará la confidencialidad y requerirá los estudios de factibilidad, los que serán llevados a cabo por el promotor a su cargo y controlados en su calidad, costo y plenitud por la Administración;

c) cumplida dicha etapa a satisfacción de la Administración, ésta dispondrá de un plazo máximo de 120 días para convocar a audiencia pública, llamar a licitación o promover el procedimiento competitivo que determine por razones de buena administración, el cual podrá adjudicarse por subasta pública;

d) adoptada por la Administración la decisión de someter la iniciativa a cualquiera de los procedimientos competitivos señalados, la iniciativa quedará transferida de pleno derecho a la Administración;

e) si el promotor se presentare al procedimiento competitivo solo o integrado a un consorcio o sociedad, tendrá como única compensación el derecho a beneficiarse con un porcentaje no menor al 5 % ni mayor al 20 % sobre el valor ofertado, no deberá abonar los pliegos y si su oferta no resultara ganadora, podrá solicitar que se promueva un procedimiento de mejora de oferta; y

f) si el promotor resolviese no presentarse al procedimiento competitivo, tendrá como única compensación el derecho al cobro de una compensación por única vez equivalente al costo efectivamente incurrido y comprobado en la etapa previa, la que será abonada por el adjudicatario.

Un procedimiento similar, llamado de **iniciativa privada**, se introduce en los arts. 35 y 36 la ley de participación público privada N° 18.876 de 19 de julio de 2011[27].

H) *Procedimientos especiales*

De acuerdo al art. 37 del TOCAF, "el Poder Ejecutivo, los órganos de los artículos 220 y 221 de la Constitución de la República y los Gobiernos Departamentales, con el asesoramiento de la Agencia de Compras y Contrataciones del Estado, podrán promover regímenes y procedimientos de contratación especiales basados en los principios generales de contratación administrativa, cuando las características del mercado o de los bienes o servicios lo hagan conveniente para la Administración... En todos los casos será necesario contar previamente con el dictamen favorable del Tribunal de Cuentas".

Consecuentemente, a partir de 1993, invocando expresamente lo dispuesto en la citada disposición, se aprobaron **diversos regímenes especiales**, contemplando realidades tan diversas como la contratación de servicios de recapacitación laboral, de transporte de personal, materiales, equipos y otros implementos de trabajo me-

---

[27] Maximiliano Cal Laggiard. "Procedimiento de iniciativa privada", en Carlos E. Delpiazzo (Coordinador). *Comentarios a la ley de participación público privada*, U.M., Montevideo, 2012, p. 231 y ss.

diante vehículos con chofer, de suministro de sistema computarizado de control vehicular, o de implementación de mesas de compras de ciertos insumos[28].

Más cerca en el tiempo, a partir de la aplicación de una serie de procedimientos especiales establecidos al amparo del art. 37 del TOCAF, nacen en nuestro Derecho **varios regímenes de compras centralizadas** que, desde el punto de vista institucional han dado lugar a las denominadas Centrales de Compras[29].

Al presente, en virtud del art. 163 de la ley Nº 18.172 de 31 de agosto de 2007, funciona "en el Ministerio de Economía y Finanzas la Unidad Centralizada de Adquisiciones (UCA), como órgano desconcentrado del Poder Ejecutivo, la que actuará con autonomía técnica", incorporando anteriores unidades centralizadas con competencia en materia de medicamentos y alimentos.

III. FORMACIÓN DE LOS CONTRATOS

1. *Etapa preparatoria*

Como punto de partida de todo procedimiento de contratación administrativa, es inocultable la trascendencia teórica e importancia práctica que tiene la adecuada preparación de los pliegos de condiciones en orden a la buena administración[30].

Para su *caracterización*, puede decirse que el pliego de condiciones es el conjunto de cláusulas elaboradas unilateralmente por la Administración con el triple fin de especificar el suministro, obra o servicio a licitar (objeto), establecer las condiciones del contrato a celebrarse (relación jurídica) y determinar aspectos del trámite a seguir (procedimiento)[31].

Además de ese triple fin –definir el objeto, la relación jurídica y el procedimiento para la selección del cocontratante– el pliego de condiciones cumple una *doble función*[32]:

---

28 Carlos E. Delpiazzo. "Derecho Administrativo General" *cit.*, volumen 1, segunda edición actualizada y ampliada, p. 512 y ss.; y Carlos E. Delpiazzo y Graciela Ruocco. *Tratado Jurisprudencial y Doctrinario sobre Actos y Contratos de la Administración, cit.*, tomo I, p. 256 y ss.

29 Solange Nogues, Carolina García, Edgardo Martínez, Germán Pérez y Mariana Buzo. "Sistema de compras centralizadas en el Uruguay", en *Rev. de Derecho de la Universidad de Montevideo*, Año IX (2010), No. 18, p. 47 y ss.

30 Carlos E. Delpiazzo. "Planificación de la contratación pública", en Jaime Rodríguez Arana, Carlos E. Delpiazzo y otros (Editores). *Bases y retos de la contratación pública en el escenario global. Actas del XVI Foro Iberoamericano de Derecho Administrativo*, Editorial Jurídica Venezolana International, Caracas, 2017, p. 311 y ss.

31 Carlos E. Delpiazzo. *Manual de Contratación Administrativa, cit.*, tomo 1, tercera edición actualizada, p. 94 y ss.; *Contratación Administrativa, cit.*, p. 166; *Derecho Administrativo Uruguayo*, Porrúa - UNAM, México, 2005, p. 262 y ss.; y *Derecho Administrativo General cit.*, volumen 1, segunda edición actualizada y ampliada, p. 487 y ss.

32 José María Boquera Oliver. *La selección de contratistas*, Instituto de Estudios Políticos, Madrid, 1963, p. 48.

a) antes del perfeccionamiento del contrato, indica a los interesados las condiciones que deben reunir sus ofertas, las características de lo que se demanda y aspectos tan importantes para los proponentes como modalidades de cotización, formas de pago del precio, plazo de mantenimiento de la oferta, monto y formas de la garantía, lugar, día y hora del acto de apertura, etc.; y

b) cuando el contrato se perfecciona, el pliego se convierte en la parte sustancial del contenido contractual, incorporándose al mismo y constituyéndose, al decir de la doctrina, en "ley del contrato".

Desde el punto de vista de su *naturaleza jurídica*, es necesario distinguir entre los pliegos de condiciones generales y los pliegos de condiciones particulares. Respecto a los primeros, se entiende que constituyen verdaderos reglamentos –así los califica expresamente por dos veces el art. 47 del TOCAF– y que, como tales, deben publicarse. En cambio, los segundos se reputan actos administrativos para cuya comunicación basta la notificación a los interesados[33]. En el Derecho uruguayo, se realizan varias distinciones en cuanto a la tipología de pliegos de condiciones.

En primer lugar, *atendiendo a su contenido*, los arts. 47 y 48 del TOCAF distinguen entre "pliegos de bases y condiciones generales" y "pliegos de bases y condiciones particulares".

Según decantada enseñanza, "Los primeros contienen cláusulas aplicables a todos los contratos de la misma categoría; los segundos las cláusulas relativas a un contrato determinado"[34].

Al tenor del mencionado art. 47 del TOCAF, "El Poder Ejecutivo, previo informe de la Agencia de Compras y Contrataciones del Estado y con la conformidad del Tribunal de Cuentas, podrá formular reglamentos o pliegos únicos de bases y condiciones generales para los contratos de:

a) Suministros y servicios no personales[35].

b) Obras públicas[36].

Por su parte, el art. 48 del TOCAF establece que "El pliego de bases y condiciones generales será complementado con un pliego de bases y condiciones particulares por cada contratación" (inc. 1°).

---

[33] Carlos E. Delpiazzo. *Derecho Administrativo General, cit.*, volumen 1, segunda edición actualizada y ampliada, p. 488.

[34] Enrique Sayagues Laso. *Tratado de Derecho Administrativo*, Montevideo, 1963, tomo I, p. 561.

[35] Por Decreto No. 131/014 de 19 de mayo de 2014 se aprobó el Pliego Único de Bases y Condiciones Generales para la Contratación de Suministros y Servicios no Personales.

[36] Por Decreto No. 257/015 de 23 de setiembre de 2015 se aprobó el Pliego Único de Bases y Condiciones para los Contratos de Obra Pública, y por Decreto No. 171/016 de 6 de junio de 2016 se le efectuó un agregado al art. 11.3.5 sobre actualización de precios.

En segundo lugar, otra clasificación interesante es la que, *atendiendo al criterio de la mayor o menor exhaustividad de sus estipulaciones,* distingue entre pliegos de condiciones analíticos y sintéticos.

Así, en tanto en los pliegos de condiciones analíticos se establecen minuciosamente todas las condiciones relativas al objeto, la relación jurídica y el procedimiento, dejando librado a los oferentes prácticamente la sola indicación del precio como elemento variable, en los pliegos de condiciones sintéticos se fijan las bases de modo abreviado y se habilita a los proponentes la determinación de la forma, modo, precio, plazo y demás especificaciones de la prestación solicitada[37].

En tercer lugar, *atendiendo a la sustantividad de su contenido,* suelen contraponerse los denominados pliegos administrativos a los pliegos técnicos.

Mientras que los primeros contienen fundamentalmente cláusulas de orden jurídico, los segundos se caracterizan por contener primordialmente cláusulas de carácter técnico[38].

2. *Etapa esencial*

La etapa esencial se inicia con el **llamado** que realiza la Administración y culmina con el acto decisorio correspondiente.

La respuesta al llamado está dada por la **presentación** de los interesados, que constituye un acto jurídico particular y unilateral de quien ha decidido ser oferente y que traduce su voluntad de contratar en los términos de la misma.

Al respecto, el art. 63 del TOCAF dispone que "Los oferentes deberán presentar sus ofertas en las condiciones que se establezcan en los pliegos respectivos, agregando cualquier otra información complementaria pero sin omitir ninguna de las exigencias esenciales requeridas, pudiendo la Administración definir los medios que regirán en cada caso, para su presentación, según lo considere más adecuado para lograr la mayor concurrencia de oferentes" (inc. 1°).

En cuanto a su contenido, agrega la norma que "Las ofertas deberán ajustarse razonablemente a la descripción del objeto requerido, teniendo en cuenta la complejidad técnica del mismo" (inc. 2°).

Desde el punto de vista formal, la disposición se cierra disponiendo que "Las ofertas podrán presentarse personalmente contra recibo, en el lugar habilitado al efecto o por correo, fax, en línea a través de los sitios web de compras estatales u otros medios remotos de comunicación electrónica según lo disponga el llamado, no siendo de recibo si si no llegaren cumpliendo el plazo, lugar y medio establecido" (inc. 5°)[39].

---

37 Bartolomé Fiorini e Ismael Mata. *Licitación pública. Selección del contratista estatal,* Abeledo Perrot, Buenos Aires, 1972, p. 79.

38 Roberto Dromi. *Licitación pública, cit.*, p. 259.

39 José Miguel Delpiazzo Anton. *Presentación y apertura de ofertas, cit.*, p. 381 y ss.

Por eso, bien se ha dicho que la presentación de la propuesta "es la actuación física o virtual del proveedor participante en el proceso de selección por la que hace conocer ante la entidad su oferta para competir por hacerse del contrato"[40].

En cuanto a la **apertura** de las ofertas, es la etapa en que se dan a conocimiento público las ofertas y lo tradicional es que se documente en un acta[41].

El ya citado art. 65 del TOCAF subraya el carácter de acto público de la apertura. Conforme a esta disposición, "La apertura de las ofertas se hará en forma pública en el lugar, día y hora fijados en las publicaciones en presencia de los funcionarios que designe a tal efecto la Administración pública licitante y de los oferentes o sus representantes, que deseen asistir" (inc. 1°).

Desde el punto de vista formal, la apertura puede concretarse no sólo en forma presencial sino también virtual.

Cumplida la recepción de las ofertas y efectuada la apertura de las mismas, la Administración debe proceder a su **examen de admisibilidad** –que es una cuestión previa y distinta a la posterior valoración de su conveniencia– consistente en apreciar la "correspondencia" de la oferta presentada a tiempo, a las exigencias contenidas en los pliegos de condiciones y demás normas aplicables[42].

Por eso, no puede confundirse el examen de admisibilidad de cada oferta (analizada individualmente) con la posterior valoración de su conveniencia (realizada comparativamente con las demás admitidas).

En tal sentido, el art. 47 del TOCAF incluye en su núm. 1° "los requisitos de admisibilidad de las propuestas" como parte de los pliegos generales, en tanto que el art. 48 refiere en su lit. C) a "el o los principales factores que se tendrán en cuenta para evaluar las ofertas así como la ponderación de cada uno" como contenido necesario de los pliegos particulares[43].

Del mismo modo, el art. 66 del TOCAF prevé que "El informe de la Comisión Asesora de Adjudicaciones deberá contener los fundamentos que respalden su juicio de admisibilidad y su opción por la oferta más conveniente, exponiendo las razones de la misma" (inc. 3°).

Más específicamente, el examen de admisibilidad aparece regulado en los arts. 63 y 65 del TOCAF[44].

---

40 Juan Carlos Morón Urbina. *La contratación estatal*, Gaceta Jurídica, Lima, 2016, p. 517.

41 Carlos E. Delpiazzo. *Contratación Administrativa, cit.*, p. 173.

42 Carlos E. Delpiazzo. *Contratación Administrativa, cit.*, p. 207 y ss.

43 Carlos E. Delpiazzo. "Diseño de pliegos contractuales y buena administración" en Carlos E. Delpiazzo y José Luis Echevarría Petit (Coordinadores) – *Cuaderno 2 de Contratación Pública*, U.M., Montevideo, 2017, p. 36 y ss.

44 Carlos E. Delpiazzo y Graciela Ruocco, *Tratado Jurisprudencial y Doctrinario sobre Actos y Contratos de la Administración, cit.*, tomo I, p. 266.

De acuerdo al ya citado inc. 1° del art. 63 del TOCAF, "Los oferentes deberán presentar sus ofertas en las condiciones que se establezca en los pliegos respectivos, pudiendo agregar cualquier otra información complementaria pero sin omitir ninguna de las exigencias *esenciales* requeridas".

A su vez, el art. 65 del TOCAF establece en su inc. 5° que "La admisión inicial de una propuesta no será obstáculo a su rechazo si se constataren luego defectos que violen los requisitos legales o aquellos *sustanciales* contenidos en el respectivo pliego". Y agrega en el inc. 6°: "Se consideran apartamientos *sustanciales* aquellos que no pueden subsanarse sin alterar materialmente la igualdad de los oferentes".

De dichos textos merece destacarse la referencia a "esenciales" y "sustanciales" para calificar las exigencias requeridas para la admisibilidad de las propuestas. Quiere decir que las mismas pueden omitir exigencias no esenciales y contener apartamientos no sustanciales sin que tales circunstancias aparejen su inadmisión o rechazo.

Adicionalmente, para la realización del juicio de admisión, agrega el art. 65 en su inc. 7° que, "La Administración podrá otorgar a los proponentes un plazo máximo de dos días hábiles para salvar los defectos, carencias *formales* o errores evidentes o *de escasa importancia*". Por lo tanto, a diferencia de los aspectos sustanciales o esenciales, los defectos o carencias formales así como los errores evidentes o de escasa importancia no meritan el rechazo de una oferta sino el otorgamiento de un plazo de dos días para su subsanación.

Respecto a la posterior comparación de las ofertas admisibles en orden al **examen de conveniencia**, conforme al citado art. 65 del TOCAF, "Examinada la admisibilidad de las ofertas, a los efectos de determinar la *oferta más conveniente a los intereses de la Administración pública y las necesidades del servicio*, se tendrán en cuenta los factores de evaluación cuantitativos y cualitativos aplicables en cada caso, que deberán constar en el pliego de condiciones particulares.

Se deberá:

a) Prever razonablemente una ejecución efectiva y eficiente del contrato.

b) Obtener las mejores condiciones de contratación de acuerdo con las necesidades de la Administración.

c) Juzgar los antecedentes de los oferentes y el contenido de las ofertas en base a los criterios objetivos que se determinen en los pliegos".

En esta etapa, dos temas adquieren importancia relevante: en primer lugar, los criterios de evaluación de las ofertas; y en segundo lugar, las denominadas preferencias a favor de determinadas propuestas.

En cuanto a los criterios de evaluación, a los efectos de determinar cuál es la oferta más conveniente, cabe distinguir entre elementos cualitativos y cuantitativos, remitiendo a los pliegos[45].

---

45 Carlos E. Delpiazzo. *Derecho Administrativo General, cit.*, volumen 1, segunda edición actualizada y ampliada, p. 495; y Carlos E. Delpiazzo y Graciela Ruocco. *Tratado Jurisprudencial y Doctrinario sobre Actos y Contratos de la Administración, cit.*, tomo I, p. 267 y ss.

Son elementos cualitativos aquellos que apuntan a consideraciones subjetivas de la propuesta, tales como antecedentes, calidad, experiencia, prestación de mejor asistencia técnica, etc.

Son, en cambio, elementos cuantitativos aquellos que refieren a parámetros medibles, como precios, volumen, peso, cantidad, etc.

Además, la legislación nacional consagra un *régimen de preferencias*, orientado en cuatro sentidos principales:

a) las preferencias a los bienes, servicios y obras públicas nacionales (arts. 58 y 45 del TOCAF);

b) la preferencia a las empresas ubicadas en el Departamento en que se efectúa la obra, en el caso de determinadas construcciones (art. 117 de la ley de viviendas N° 13.728 de 17 de diciembre de 1968);

c) las preferencias a las propuestas que ofrezcan soluciones favorables para la colocación de productos nacionales exportables (art. 62 del TOCAF); y

d) las preferencias a los bienes, servicios y obras públicas fabricados o brindados por micro, pequeñas y medianas empresas (art. 69 del TOCAF y art. 136 de la ley N° 18.046 de 24 de octubre de 2006, con la redacción actual del art. 46 de la ley N° 18.362 de 6 de octubre de 2008).

La etapa esencia se cierra normalmente con el acto de **adjudicación**, a partir del cual comienza la etapa integrativa.

En orden a su *caracterización*, mientras que la llamada preadjudicación es un dictamen, o sea, una opinión calificada por la idoneidad de los integrantes de la Comisión Asesora de Adjudicaciones, la adjudicación es la decisión del ordenador competente, o sea, una manifestación de voluntad de la Administración, emanada de un órgano de la misma, que se imputa como voluntad de la persona pública estatal de que se trata. No es, por consiguiente, una mera opinión sino que es una decisión.

Por su *naturaleza jurídica*, la adjudicación es un acto administrativo que traduce un obrar discrecional de la Administración que no la habilita a proceder arbitrariamente, ya que la elección de la oferta más conveniente requiere razonablemente y de buena fe que se hayan comparado las ofertas, se haya justificado la opción desde el punto de vista económico, se haya demostrado su ventaja, se hayan respetado los límites establecidos en los pliegos, y haya habido ajuste a los dictámenes previamente emitidos o, en caso de verificarse apartamiento de los mismos, la motivación suficiente para justificar ese apartamiento.

En cuanto a sus efectos, el acto de adjudicación genera un derecho subjetivo a favor del adjudicatario y produce el correlativo deber jurídico de contratar con el adjudicatario por parte de la Administración. Este deber administrativo se traduce en el impedimento de contratar el objeto licitado, con cualquier otro sujeto.

3. *Etapa integrativa*

En orden al perfeccionamiento contractual, de acuerdo a nuestra doctrina tradicional, si no se exige la firma del contrato u otra formalidad, se entiende que el vínculo contractual queda perfeccionado luego de la adjudicación en el entendido de que misma implica la aceptación de una propuesta y, por ende, la conjunción de propuesta más aceptación determinan el perfeccionamiento del contrato, de lo cual el interesado toma conocimiento mediante la notificación[46].

No obstante, corresponde separar conceptualmente la adjudicación del contrato, entendiendo que la licitación pública es un procedimiento administrativo previo y distinto a la contratación, por lo que corresponde separar el acto de adjudicación –que es un acto administrativo unilateral de la Administración– y el contrato –que es un acto bilateral– en el cual se verifica la conjunción de dos voluntades, la de la Administración y la del proponente ganancioso[47].

La precedente distinción entre el procedimiento administrativo de selección, el acto de adjudicación como manifestación unilateral de voluntad administrativa y el contrato como vínculo bilateral, es útil en orden a determinar en qué momento y cómo nacen los recíprocos derechos y obligaciones entre Administración y administrado[48].

Cuando ese contrato debe ser formalizado en documento público o privado, la distinción teórica surge palmariamente manifestada también en la práctica, porque tenemos un acto administrativo que adjudica y luego un contrato que las partes firman.

La dificultad se plantea cuando el contrato no se celebra por escrito. Para esta segunda hipótesis en que el contrato no se documenta, la opinión mayoritaria se inclina por entender que el acuerdo de voluntades se produce con la notificación aceptada del acto de adjudicación[49].

Así parece recogerlo el art. 69 del TOCAF, a cuyo tenor "El contrato se perfeccionará con la notificación al oferente del acto de adjudicación dictado por el ordenador competente, previo cumplimiento de lo dispuesto en el art. 211, lit. B) de la Constitución de la República, sin perjuicio de que en los pliegos de bases y condiciones generales y particulares o en la resolución de adjudicación, se establezca la forma escrita o requisitos de solemnidad a cumplir con posterioridad al dictado del mencionado acto o existan otras condiciones suspensivas que obsten a dicho perfeccionamiento".

---

46 Enrique Sayagues Laso. *Licitación pública, cit.*, p. 103.

47 Juan José Carbajal Victorica. Consulta, en *Rev. de Derecho Público y Privado*, Montevideo, 1958, tomo 41, p. 282 y ss.

48 Carlos E. Delpiazzo. *Manual de Contratación Administrativa, cit.*, tomo 1, tercera edición actualizada, p. 119 y ss.; *Contratación Administrativa, cit.*, p. 166; *Derecho Administrativo Uruguayo, cit.*, p. 202 y ss.; y *Derecho Administrativo General, cit.*, volumen 1, segunda edición actualizada y ampliada, p. 499 y ss.

49 José Luis Echevarria Petit. "Acerca de la adjudicación en la licitación pública", en *Rev. de Derecho de la Universidad de Montevideo*, Año I (2002), No. 1, p. 107 y ss.; y Elías Mantero Mauri. *Perfeccionamiento y responsabilidad civil en los contratos con la Administración*, A.M.F., Montevideo, 2011, y "Perfeccionamiento del contrato y responsabilidad estatal en el procedimiento licitatorio", en *Rev. de Derecho de la Universidad de Montevideo*, Año II (2003), No. 4, p. 125 y ss.

IV. EJECUCIÓN DE LOS CONTRATOS

1. *Poderes de la Administración*

La doctrina tradicional, seguida por la jurisprudencia mayoritaria, ha sostenido la existencia de poderes o prerrogativas exorbitantes de principio en cabeza de la Administración, incluyendo las de dirección y control, sancionatoria, de modificación unilateral y de rescisión unilateral[50].

En cambio, la doctrina actual, con apoyo de calificada jurisprudencia, ha reaccionado contra ese enfoque[51], rechazando la teoría de los poderes implícitos en el caso y postulando un enfoque de la cuestión desde la perspectiva de la eficacia vinculante del contrato como regla de Derecho obligatoria para ambas partes[52].

Consecuentemente, a falta de norma expresa, se postula la ilegitimidad de los actos administrativos que modifican o extinguen los contratos[53].

En primer lugar, respecto al denominado **poder de dirección y control** del contrato, el mismo no es de principio y debe estar expresamente previsto, de modo que su ejercicio estará acotado por tal previsión y por el objeto del contrato, que no podrá ser desnaturalizado, pudiendo referir a aspectos materiales, técnicos, financieros u otros[54].

A falta de ley –que no existe– dicha previsión puede estar contenida en un reglamento, o incluso en el contrato (que comprende el pliego). Si no hay previsión legal, reglamentaria o contractual, no es posible el ejercicio de poderes de dirección o de fiscalización, porque no son potestades que la Administración tenga por el solo hecho de ser Administración, sino que requieren de fundamento jurídico positivo.

En segundo lugar, el llamado **poder de modificación unilateral** tampoco es de principio sino que debe estar previsto, sea por vía legal, sea por vía reglamentaria o sea por vía contractual, con la precisión realizada en cuanto a la posible previsión en el pliego y su incorporación al contrato.

---

50 Enrique Sayagues Laso. "Tratado de Derecho Administrativo" *cit.*, tomo I, p. 569 y ss. y 574 y ss.

51 Augusto Duran Martínez. "¿Prerrogativas exorbitantes?", en *Estudios de Derecho Administrativo*, La Ley Uruguay, Montevideo, 2013, No. 8, p. 565 y ss.

52 Carlos E. Delpiazzo. *Contratación Administrativa, cit.*, p. 213 y ss. y 241 y ss.; *Derecho Administrativo Uruguayo*, Porrúa – UNAM, México, 2005, p. 211 y ss. y 220 y ss.; *Derecho Administrativo General, cit.*, volumen 1, segunda edición actualizada y ampliada, págs. 387 y ss. y 402 y ss.; "Los contratos como reglas de Derecho", en Rodríguez Arana, Jaime y otros (Coordinadores). *Fuentes del Derecho Administrativo. IX Foro Iberoamericano de Derecho Administrativo*, R.A.P., Buenos Aires, 2010, p. 667 y ss.; y "Nuevamente sobre el contrato como regla de Derecho", en *Estudios de Derecho Administrativo*, La Ley Uruguay, Montevideo, 2011, No. 3, p. 57 y ss.

53 Carlos E. Delpiazzo y Graciela Ruocco. *Tratado Jurisprudencial y Doctrinario sobre Actos y Contratos de la Administración, cit.*, tomo I, p. 222.

54 Carlos E. Delpiazzo. "Contratación Administrativa" *cit.*, p. 215 y ss.; "Derecho Administrativo Uruguayo" *cit.*, p. 220 y 221; y "Derecho Administrativo General" cit., volumen 1, p. 397, y Carlos E. Delpiazzo y Graciela Ruocco. "Tratado Jurisprudencial y Doctrinario sobre Actos y Contratos de la Administración" *cit.*, tomo I, p. 338 y ss.

Al igual que en el caso anterior, no puede considerarse un poder ilimitado sino que está acotado por el principio de juridicidad, por la imposibilidad de alterar la esencia del objeto del contrato, y por la incolumidad de la ecuación económico financiera del contrato[55].

Este enfoque que limita y en muchos casos niega el poder unilateral de modificación por parte de la Administración tiene apoyatura positiva en nuestra Constitución (arts. 7, 10 y 32) y en nuestra legislación (especialmente en el art. 1291 del Código Civil y en el art. 74 del TOCAF).

En tercer lugar, el denominado **poder sancionatorio**, respecto al cual tradicionalmente se ha dicho que para su aplicación la Administración puede proceder de oficio, unilateralmente (sin necesidad de acudir ante el juez), tampoco es implícito ni de principio y, por ende, sólo podrá ejercitarse si existe previsión en el contrato o en los pliegos, ya que se carece de una norma general que lo contemple[56].

2. *Derechos del cocontratante*

El primero de los derechos del cocontratante es el derecho al **cumplimiento de las obligaciones asumidas por la Administración** que, en muchos casos, se concreta en el derecho a percibir el precio, lo cual nos enfrenta al tema del pago de las obligaciones contractuales debidas por la Administración.

Este tema puede tener, desde el punto de vista teórico, un doble enfoque.

En primer lugar, puede ser examinado *desde la perspectiva del proceso del gasto*, el cual se inicia, existiendo una partida presupuestal habilitada, con el denominado acto de compromiso, seguido luego por la liquidación y finalmente el pago, conforme a lo previsto en los arts. 21 y 22 del TOCAF respectivamente.

---

55 Carlos E. Delpiazzo. "Contratación Administrativa" *cit.*, p. 216 y ss.; *Derecho Administrativo Uruguayo, cit.*, p. 221 y ss.; y *Derecho Administrativo General, cit.*, volumen 1, segunda edición actualizada y ampliada, p. 397 y ss., y Carlos E. Delpiazzo y Graciela Ruocco. *Tratado Jurisprudencial y Doctrinario sobre Actos y Contratos de la Administración, cit.*, tomo I, p. 338 y ss., Augusto Duran Martínez. "Ejecución de los contratos administrativos", en *Instituto De Derecho Administrativo. "Contratación Administrativa"*, F.C.U., Montevideo, 1989, p. 59 y ss., y "Efectos y cumplimiento de los contratos administrativos", en *A.A.V.V. la contratación administrativa en España e Iberoamérica*, Cameron May, Londres, 2008, p. 743 y ss.; Mariella Saettone. "Algunas reflexiones sobre el *jus variandi* en la contratación administrativa uruguaya", en Carlos E. Delpiazzo (Coordinador). *Renovación de la contratación pública*, F.C.U., Montevideo, 2013, p. 307 y ss.; Carlos Guariglia. "Mutabilidad o inmutabilidad de las prestaciones objeto de los contratos administrativos en el Derecho Administrativo uruguayo", en *Estudios de Derecho Administrativo*, La Ley Uruguay, Montevideo, 2013, No. 8, p. 461 y ss.; y Pablo Leiza Zunino. *Contratos de la Administración Pública. Teoría. Principios. Aplicación práctica,* F.C.U., Montevideo, 2012, p. 464 y ss.

56 Carlos E. Delpiazzo. *Contratación Administrativa, cit.*, p. 219 y ss.; *Derecho Administrativo Uruguayo, cit.*, p. 224 y 225; y *Derecho Administrativo General, cit.*, volumen 1, segunda edición actualizada y ampliada, p. 438 y 439, y Carlos E. Delpiazzo y Graciela Ruocco. *Tratado Jurisprudencial y Doctrinario sobre Actos y Contratos de la Administración, cit.*, tomo I, p. 338 y ss.

En segundo lugar, *desde la perspectiva del cumplimiento de las obligaciones contractuales* de la Administración, es posible indagar cómo cumple la Administración sus obligaciones de pagar, lo que conduce a analizar la cuestión en vía administrativa y en vía jurisdiccional, según la Administración pague espontáneamente o deba ser forzada a pagar.

Por una parte, la ocurrencia del pago en vía administrativa admite distinguir entre el pago contado y el pago diferido, con diferentes regulaciones positivas.

Por otra parte, cuando el pago no se verifica espontáneamente y es necesario acudir a la vía jurisdiccional, son de aplicación un conjunto de normas presupuestales y procesales de carácter general. Entre ellas, cabe citar el decreto ley N° 14.500 de 8 de marzo de 1976 sobre reajuste de las obligaciones, y los arts. 400 y 401 del Código General del Proceso, relativos a la ejecución de sentencias contra las entidades estatales.

La problemática referida a la obligación de la Administración de pagar y, por lo tanto, al derecho del cocontratante a percibir el pago respectivo, tiene relación directa con su derecho al **mantenimiento de la ecuación económico financiera** del contrato, la que reviste particular trascendencia en aquellos casos en que el contrato no se cumple instantáneamente, sino que la prestación que lo motiva se ve diferida a través del tiempo[57].

Evidentemente, en todo negocio siempre hay un elemento de *riesgo normal* desde el punto de vista de su consideración económica –el riesgo que asume todo empresario cuando encara una determinada actividad– pero puede haber también hipótesis de riesgo anormal.

Ese álea o *riesgo anormal* es el que plantea alguna dificultad en su consideración desde el punto de vista jurídico, cuando se rompe el equilibrio económico financiero del contrato.

Dentro del álea anormal, la ruptura del equilibrio económico financiero del contrato puede producirse por causas imputables a la Administración, en cuanto no cumpla lo pactado; por causas imputables al Estado que modifica el contrato; por causas originadas fuera de la Administración e incontrolables por ella; y por hechos de la naturaleza o del hombre, ajenos a las partes contratantes.

En el primer caso, es decir, cuando el equilibrio económico financiero se ve quebrado por causas inherentes a la Administración contratante que no cumple lo pactado, se configura un *supuesto de incumplimiento*, conforme a las normas del Derecho común.

En el segundo caso, o sea, cuando hay causas que son imputables al Estado y que modifican el contrato (cuando hay lo que se denomina un "álea administrativa"), entonces se verifica la denominada *teoría del hecho príncipe*.

---

[57] Carlos E. Delpiazzo. "Aspectos de interés en la ejecución de los contratos públicos", en *Rev. de Derecho y Tribunales*, Montevideo, 2017, No. 32, p. 59 y ss.; y Graciela Ruocco. "Ejecución de los contratos", en *Instituto De Derecho Administrativo – Contratación Administrativa,* F.C.U., Montevideo, 1989, p. 77 y ss.

En el tercer caso, vale decir, cuando las causas son originadas fuera de la Administración y son incontrolables por ella (cuando hay un "álea económica"), pero no dependientes directamente de la parte administrativa contratante, se configura la *teoría de la imprevisión.*

Una variante en el planteo de las consecuencias del álea económica, es la que deriva de la *teoría de las sujeciones imprevistas.*

Finalmente en el cuarto caso, cuando el equilibrio económico financiero del contrato se rompe por hechos de la naturaleza o del hombre, pero ajenos a la Administración y a su cocontratante, la hipótesis que ocurre es *el caso fortuito o la fuerza mayor.*

3. *Importancia del equilibrio contractual*

Según decantada enseñanza, en todo contrato que celebra la Administración debe protegerse "el resultado económico que perseguía el contratante, es decir, usando la denominación generalizada en el Derecho francés, la ecuación financiera del contrato... En todos los casos la situación del contratante debe ser finalmente tal que pueda lograr las ganancias razonables que habría obtenido de cumplirse el contrato en las condiciones originarias. La situación del contratante en este aspecto resulta a veces más ventajosa que si estuviera bajo las reglas del Derecho privado, como lo demuestra la elaboración jurisprudencial y doctrinaria sobre la teoría de la imprevisión"[58].

Al presente, existe acuerdo en que el equilibrio económico financiero del contrato público es, a la vez, un principio general de Derecho, un derecho del contratista y una obligación de la Administración.

En primer lugar, el equilibrio financiero del contrato administrativo es un **principio general de Derecho** que preside toda manifestación de la contratación administrativa, no requiriendo, por tanto, de explicitación en normas positivas[59].

Como bien se ha dicho, "Si bien depende de cada contrato, existen principios o criterios generales que dominan el contractualismo administrativo tales como los de colaboración, equilibrio económico e interés público, sin perjuicio de la plena aplicación de principios generales como son la equidad, buena fe, intención común y negación del enriquecimiento sin causa. De la conjunción de esos principios derivan prerrogativas de la Administración... y correlativas garantías para el cocontratante". Entre ellas, se destaca "el derecho a percibir una retribución que ante el equilibrio dinámico de los contratos administrativos, deberá ser adecuada especialmente en los contratos de tracto sucesivo, para asegurar el resultado lícito que el concontratante persiguió al contratar ante circunstancias supervinientes. Se trata de mantener la ecuación o equilibrio financiero respecto a la cual De Laubadere expresa que no es una especie de seguro del contratista contra los déficits eventua-

58 Enrique Sayagues Laso. *Tratado de Derecho Administrativo, cit.*, tomo I, p. 569 y 570.

59 Carlos E. Delpiazzo y Graciela Ruocco. *Tratado Jurisprudencial y Doctrinario sobre Actos y Contratos de la Administración, cit.*, tomo I, p. 346 y ss.; y Julio A. Prat. *Derecho Administrativo*, Acali, Montevideo, 1978, tomo 3, volumen 2, p. 306 y ss.

les de la explotación sino una equivalencia honesta entre cargas y ventajas que el contratante ha tomado como un cálculo al contratar y que le llevó a ello"[60].

En segundo lugar, el mantenimiento de la ecuación económico financiera contractual no es sólo un principio rector de toda contratación pública, sino también un **derecho del cocontratante** de la Administración que no requiere de texto expreso en el contrato, sino que es de principio[61].

En tercer lugar, la proclamación del mantenimiento de la ecuación económico financiera de los contratos de la Administración, conlleva necesariamente el reconocimiento del derecho del contratista a que así ocurra y de la correlativa **obligación de la Administración** al respecto.

Así lo ha reconocido nuestra jurisprudencia[62] ya que "La relación sinalagmática de las prestaciones recíprocas existente al momento de la constitución del vínculo jurídico debe mantenerse incólume durante toda la etapa de ejecución del contrato. Es el rasgo más relevante de la contratación estatal respecto de la contratación privada, que se traduce en el derecho inalienable del contratista al precio cierto o la intangibilidad de la remuneración, puesto que las condiciones económicas pactadas se configuran como un elemento *no varietur* del contrato, que no pueden ser alteradas unilateralmente por la Administración Pública ni por el acaecimiento de circunstancias externas a las partes"[63].

V. EXTINCIÓN DE LOS CONTRATOS

En orden a la extinción de los contratos, cabe distinguir entre motivos de extinción y modos de extinción. Son *motivos* de extinción aquellas circunstancias de hecho o de Derecho que llevan a la finalización del contrato mientras que son *modos* de extinción las formas o actos jurídicos a través de los cuales la extinción se produce[64].

---

60 Felipe Rotondo Tornaria. *Manual de Derecho Administrativo*, Del Foro, Montevideo, 2002, p. 242 y 243.

61 Carlos E. Delpiazzo. *Derecho Administrativo Uruguayo, cit.*, p. 220 y 226; *Derecho Administrativo General, cit.*, volumen 1, segunda edición actualizada y ampliada, p. 404 y ss.; Carlos E. Delpiazzo y Graciela Ruocco. *Tratado Jurisprudencial y Doctrinario sobre Actos y Contratos de la Administración, cit.*, tomo I, p. 343 y ss.; y Julio A. Prat. *Derecho Administrativo*, Acali, Montevideo, tomo 3, vol. 2, p. 306 y ss.

62 Carlos E. Delpiazzo y Graciela Ruocco. *Tratado Jurisprudencial y Doctrinario sobre Actos y Contratos de la Administración, cit.*, tomo II, p. 1457 y ss.

63 Rodrigo Escobar Gil. *Teoría General de los Contratos de la Administración Pública*, Legis, Bogotá, 2003, p. 400.

64 Juan Pablo Cajarville Peluffo. *Sobre Derecho Administrativo*, F.C.U., Montevideo, tomo II, p. 422 y ss.

1. *Motivos*

En cuanto a los motivos de extinción, ellos pueden ser: relativos al propio contrato, relativos a la ejecución del contrato, o relativos a los sujetos contratantes[65].

En primer lugar, entre los **motivos relativos al propio contrato**, tenemos la ilegitimidad y el mérito.

Cuando el contrato se extingue por razones de juridicidad puede aparejar o no según los casos la obligación de reparar, pero cuando se extingue por razones de mérito, es decir, de oportunidad o de conveniencia, siempre debe mediar reparación.

En segundo lugar, en cuanto a los **motivos relativos a la ejecución del contrato**, cabe señalar el cumplimiento, el incumplimiento, la fuerza mayor, y la modificación unilateral por la Administración.

No merece especial análisis la hipótesis normal de extinción por *cumplimiento*.

Respecto al *incumplimiento*, es preciso reafirmar que el causado por la Administración obliga a ésta a indemnizar, mientras que el incumplimiento provocado por el cocontratante implica la pérdida del depósito de garantía, una eventual indemnización, y la posibilidad de que el contrato sea ejecutado por un tercero a cargo del adjudicatario.

Con relación a la *fuerza mayor*, no da derecho a la indemnización, pero parte de la doctrina distingue entre la fuerza mayor absoluta, que es precisamente la que no da lugar a indemnización, y la fuerza mayor relativa, que puede dar lugar a reparaciones parciales.

Por lo que refiere a la *modificación unilateral por la Administración*, debe ser siempre indemnizada, asumiendo que su procedencia en el caso deriva de una previsión expresa.

En tercer lugar, respecto a los **motivos relativos a los sujetos contratantes**, son aquellos que refieren a la propia Administración o al cocontratante como, por ejemplo, la supresión de la Administración que contrató y del lado del cocontratante su muerte o incapacidad si es una persona física, y su liquidación si se trata de una persona jurídica.

2. *Modos*

Respecto a los modos de extinción de los contratos, los mismos pueden ser: de pleno Derecho, por mutuo acuerdo, por decisión de un juez, por decisión del cocontratante, o por decisión unilateral de la Administración[66].

---

[65] Carlos E. Delpiazzo. *Derecho Administrativo General, cit.*, volumen 1, segunda edición actualizada y ampliada, p. 454 y ss.

[66] Carlos E. Delpiazzo. *Derecho Administrativo General, cit.*, volumen 1, segunda edición actualizada y ampliada, p. 455 y ss.

Desde el punto de vista del Derecho positivo uruguayo, salvo el caso de la potestad administrativa de extinguir el contrato por decisión unilateral, los demás modos de extinción mencionados no plantean dificultades.

Cuando el modo de extinción del contrato obedece a una decisión unilateral de la Administración, ella puede estar basada en distintos supuestos: que el contrato sea ilegítimo, que el contrato sea inconveniente, que el contrato haya sido incumplido por el cocontratante, que se declare que el contrato fue integralmente cumplido, que se declare la fuerza mayor o por circunstancias relativas a los sujetos.

En tales casos, es evidente que puede generarse un conflicto entre las partes, el que debe ser sometido, en principio, a resolución de un juez o, eventualmente, de uno o más árbitros si mediare compromiso en tal sentido.

Tres aspectos merecen especial atención en relación a la pretendida potestad de extinción unilateral por la Administración de los contratos que celebra: su fundamento teórico, su base positiva y las defensas de que dispone la contraparte frente a tal caso[67].

En primer lugar, en cuanto al **fundamento teórico** de la extinción del contrato por decisión unilateral, se invoca generalmente a la doctrina francesa, que se basa en el interés público que está en juego en los contratos administrativos.

No obstante, debe tenerse en cuenta que el respeto de los individuos y sus derechos fundamentales –los cocontratantes son individuos, sean personas físicas o empresas– también es de interés público; una vez celebrado el contrato, éste genera derechos además de obligaciones y estos derechos no pueden extinguirse unilateralmente por la Administración, porque ello implicaría avasallar derechos adquiridos por el cocontratante por virtud de la eficacia vinculante del contrato, que es regla de Derecho conforme a la ley orgánica del Tribunal de lo Contencioso Administrativo, y es la ley de las partes, como lo dice el Código Civil.

En realidad, no hay que preguntarse si la Administración puede extinguir unilateralmente los contratos que celebra, sino si la Administración puede dictar actos administrativos unilaterales, que extingan un contrato, que es bilateral. Porque cuando la Administración extingue un contrato mediante un acto administrativo, lo hace a través de la manifestación de voluntad de una sola de las partes que intervino en el pacto.

Por lo tanto, para determinar si la Administración puede por la vía del acto administrativo (unilateral) extinguir el contrato (bilateral), es imprescindible analizar las distintas hipótesis en que ello podría teóricamente ocurrir.

En cuanto a la revocación por mérito, es necesario que ella esté pactada en el contrato o que surja de la ley ya que la potestad de rescindir unilateralmente no es un poder de principio o implícito de la Administración, es decir, que disponga de él sin basamento legal o contractual, porque no se dan los supuestos de la teoría de los

---

67 Carlos E. Delpiazzo. *Derecho Administrativo General*, *cit*., volumen 1, segunda edición actualizada y ampliada, p. 455 a 457, y Carlos E. Delpiazzo y Graciela Ruocco. *Tratado Jurisprudencial y Doctrinario sobre Actos y Contratos de la Administración*, *cit*., tomo I, p. 386 y 387.

poderes implícitos que son: que sea imprescindible (no lo es porque siempre se puede acudir al juez), que no esté conferido a otro órgano del Estado y que no viole reglas de Derecho (que en este caso se violarían, porque el contrato es regla de Derecho)[68].

En los demás casos que no son por razones de mérito, la extinción derivada del conflicto entre las partes debe ser resuelta por el juez y esta competencia del Poder Judicial no puede descartarse por ley ya que esa ley sería inconstitucional; no puede descartarse por el contrato, porque la competencia es de orden público; y tampoco puede descartarse en virtud de la denominada teoría de los poderes implícitos porque acabamos de ver que no se configuran los supuestos requeridos para que ella sea aplicable.

En segundo lugar, en cuanto a la **base positiva** de esta potestad exorbitante, tradicionalmente nuestro Derecho careció de ella. Fue en época reciente que dos normas de carácter autoritario –que deben interpretarse restrictivamente– han contemplado tal posibilidad en determinados supuestos.

Por un lado, se establece en el *art. 70 del TOCAF* que "La Administración podrá rescindir unilateralmente el contrato por incumplimiento grave del adjudicatario, debiendo notificarlo de ello.

No obstante, la misma se producirá de pleno derecho por la inhabilitación superviniente por cualquiera de las causales previstas en la ley" (inc. 1°). Agrega la norma que "La rescisión por incumplimiento del contratista aparejará su responsabilidad por los daños y perjuicios ocasionados a la Administración y la ejecución de la garantía de fiel cumplimiento del contrato, sin perjuicio del pago de la multa correspondiente" (inc. 2°).

Aunque la disposición circunscribe la hipótesis de aplicación al caso de incumplimiento grave, lo cierto es que reconoce el ejercicio de la potestad rescisoria unilateral sin necesidad de previsión contractual sólo a favor de la Administración y no de su cocontratante, implicando una distorsión del equilibrio contractual debido y, por ende, una desnaturalización del contrato como tal[69].

---

68 Carlos E. Delpiazzo. "Acerca de la extinción de los contratos públicos", en Carlos E. Delpiazzo (Coordinador). "*Renovación de la contratación pública*", F.C.U., Montevideo, 2013, p. 359 y ss.; *Contratación Administrativa, cit.*, p. 249 y ss.; *Derecho Administrativo Uruguayo, cit.*, p. 234 y ss.; y *Derecho Administrativo General, cit.*, volumen 1, p. 416 y ss., y Carlos E. Delpiazzo y Graciela Ruocco. *Tratado Jurisprudencial y Doctrinario sobre Actos y Contratos de la Administración, cit.*, tomo I, p. 385 y ss.; Juan Pablo Cajarville Peluffo. "Extinción de los contratos de la Administración", en *Instituto de Derecho Administrativo. Contratación Administrativa,* F.C.U., Montevideo, 1989, p. 123 y ss.; Mariella Saettone. "Extinción del contrato administrativo", en *Estudios de Derecho Administrativo*, La Ley Uruguay, Montevideo, 2013, No. 8, p. 527 y ss.; y y Pablo Leiza Zunino. *Contratos de la Administración Pública. Teoría. Principios. Aplicación práctica, cit.*, p. 588 y ss.

69 Florencia Berro. "Extinción del contrato por rescisión unilateral por la Administración", en Carlos E. Delpiazzo (Coordinador). *Comentarios al TOCAF sobre la Contratación Pública* U.M., Montevideo, 2012, tomo I, p. 475 y ss.

Por otro lado, el *art. 51 de la ley N° 18.786 de 19 de julio de 2011*, limitado al ámbito del contrato de participación público privada y con un alcance más acotado, en tanto requiere la previsión en el propio contrato (como lo confirma el art. 17, lit. i) contempla entre las causales de extinción del contrato la "rescisión unilateral y anticipada del contrato por incumplimiento del contratista" (lit. c)[70].

70 Carlos E. Delpiazzo. "Extinción del contrato de participación público privada", en *Estudios de Derecho Administrativo,* La Ley Uruguay, Montevideo, 2012, No. 6, p. 353 y ss.

CAPÍTULO XIII
EL SISTEMA DE COMPRAS PÚBLICAS PERUANO

Juan Carlos MORÓN URBINA
Milagros PAREDES CARRANZA*

INTRODUCCIÓN

El presente trabajo tiene por objeto exponer las notas fundamentales del Sistema de Compras Públicas Peruano, a fin de contribuir al entendimiento de una de las materias que ha alcanzado especial relevancia en los últimos tiempos. En efecto, en los diversos países la compra pública representa un importante porcentaje respecto del Producto Bruto Interno, en el caso de Perú un 9% aproximadamente.

Es por ello que hoy en día la compra pública no es solo el mecanismo para que las entidades de la Administración Pública se procuren los bienes, servicios y obras necesarios para cumplir sus funciones bajo las mejores condiciones de calidad y precio; sino también un instrumento para el logro de las políticas de gobierno, como pueden ser: El cuidado del medio ambiente, la promisión de sectores sociales desfavorecidos o de las MYPES, el impulso y reactivación de la economía interna, entre otros.

Adicionalmente, dada la globalización de los mercados, la compra pública de un Estado se ha convertido en oportunidad de negocio para los empresarios de otros Estados, dando lugar a que en los Acuerdos de Libre Comercio que actualmente suscriben los distintos países, la práctica general sea la incorporación de un Capítulo de Compras Públicas. Este es el caso, por ejemplo, de los acuerdos suscritos por Perú con EE.UU., Canadá, EFTA, Japón, Corea del Sur, la Unión Europea, entre otros.

---

* Abogada por la Pontificia Universidad Católica del Perú - PUCP. Máster en Derecho de la Contratación Pública por la Universidad de Castilla - La Mancha. Docente en el curso de Obras Públicas del Diplomado de Especialización en Regulación, Gestión y Supervisión de Contratos del FRI - ESAN. Adjunta de docencia del curso de pregrado de Derecho Administrativo I en la Facultad de Derecho de la PUCP. Expositora en diversos seminarios y talleres organizados por el Ministerio de Economía y Finanzas, OSCE y diversas universidades. Ex Supervisora de Interpretación Normativa de la Dirección Técnico Normativa del OSCE. Asociada senior del estudio Echecopar.

Teniendo claridad sobre la importancia actual de la compra pública a continuación, se expone el sistema peruano partiendo de sus bases constitucionales, para luego revisar la configuración misma del sistema y, por último, revisar los compromisos asumidos en el marco de la integración internacional con otros Estados y grupos de Estados.

I. BASE CONSTITUCIONAL DEL SISTEMA DE COMPRAS PÚBLICAS

La Constitución Política de Perú de 1993 (en adelante, la "Constitución") enuncia en su Título III los principios generales del régimen económico nacional, la Economía Social de Mercado, entre los cuales la compra pública tiene un lugar preferente.

El artículo 58 la Constitución establece que "*La iniciativa privada es libre. Se ejerce en una economía social de mercado* (...)", mientras que al Estado compete orientar el desarrollo del país y promover la prestación de servicios públicos a la población.

Por su parte, el artículo 59 la Constitución establece que el Estado debe estimular la creación de riqueza, garantizando para ello "(...) *la libertad de trabajo y la libertad de empresa, comercio e industria* (...)" a los particulares.

Adicionalmente, el artículo 61 de la Constitución impone al Estado el deber de fomentar y proteger la libre competencia, combatiendo el abuso de posición de dominio y las prácticas restrictivas; partiendo de la premisa que el mercado es el ámbito natural donde los particulares desarrollan su actividad económica y generan riqueza para la sociedad.

Como se puede advertir, la Constitución peruana reconoce a los particulares la libre iniciativa privada y les garantiza las libertades de empresa, comercio e industria, con la finalidad que estos puedan desplegar libremente su actividad en el mercado, bajo condiciones de libre competencia, y así poder generar riqueza para sí mismos y para la sociedad en su conjunto. Esto, en tanto es solo a partir de la recaudación de impuestos derivada de la actividad privada que el Estado puede solventar su propio funcionamiento y la prestación de servicios a públicos a la población.

La única limitación para la actividad privada es observar los requisitos previstos en el ordenamiento jurídico, que buscan armonizar esta actividad con el interés general, en tanto el Estado peruano es un Estado Social y Democrático de Derecho, que tiene como finalidad última garantizar el pleno ejercicio de los derechos e intereses de los ciudadanos.

En este contexto, el artículo 76 de la Constitución establece las bases del Sistema de Compras públicas, en los siguientes términos: "*Las obras y la adquisición de suministros con utilización de fondos o recursos públicos se ejecutan obligatoriamente por contrata y licitación pública, así como también la adquisición o la enajenación de bienes* (...) *La contratación de servicios y proyectos cuya importancia y cuyo monto señala la Ley de Presupuesto se hace por concurso público. La ley establece el procedimiento, las excepciones y las respectivas responsabilidades.*"

Conforme establece la Constitución, las compras públicas deben realizarse, necesariamente, a través de un procedimiento de selección público y de competencia abierta, con la finalidad de obtener propuestas que satisfagan la mejor relación calidad-precio, maximizando los fondos públicos invertidos.

En efecto, al ocuparse del análisis del artículo 76 de la Constitución, el Tribunal Constitucional ha señalado lo siguiente: "*La función constitucional de esta disposición es determinar y, a su vez, garantizar que las contrataciones estatales se efectúen necesariamente mediante un* ***procedimiento peculiar*** *que asegure que los bienes, servicios u obras se obtengan* ***de manera oportuna, con la mejor oferta económica y técnica, y respetando principios tales como la transparencia en las operaciones, la imparcialidad, la libre competencia y el trato justo e igualitario a los potenciales proveedores****. En conclusión, su objeto es lograr el mayor grado de eficiencia en las adquisiciones o enajenaciones efectuadas por el Estado, sustentado en el activo rol de principios antes señalados para evitar la corrupción y malversación de fondos públicos.*"[1] (Énfasis agregado).

De esta manera, el Tribunal Constitucional peruano enuncia la finalidad del precepto constitucional, garantizar que las entidades de la Administración Pública se procuren oportunamente y bajo las mejores condiciones de calidad y precio, los bienes, servicios y obras necesarios para cumplir con las funciones de su competencia, intrínsecamente vinculadas con la satisfacción del interés general. A tal efecto, resulta indispensable la observancia de los principios propios de la compra pública, inspirados por la Economía Social de Mercado.

Adicionalmente, el precepto constitucional remite a la ley (principio de legalidad) para que sea esta la que establezca los requisitos y procedimientos que deben observarse en las compras públicas, así como también las excepciones y las responsabilidades que acarrea su incumplimiento.

La norma originaria que creó el Régimen General de Compras Públicas peruano es la Ley No. 26850, Ley de Contrataciones y Adquisiciones del Estado, publicada en el diario oficial El Peruano el 3 de agosto de 1997, y que fue reglamentada mediante Decreto Supremo N° 039-98-PCM, publicado en el diario oficial El Peruano el 28 de septiembre de 1998.

A lo largo de los años estas normas sufrieron diversas modificaciones para luego, en 2009, ser derogados por el Decreto Legislativo No. 1017 y su Reglamento, aprobado por Decreto Supremo No. 184-2008-EF. Normas que, a su vez sufrieron diversas modificaciones, hasta su derogación el 9 de enero de 2016, por la Ley No. 30225 y su Reglamento, aprobado por Decreto supremo No. 344-2018-EF (en adelante, la "LCE") y el "RLCE", respectivamente), normas actualmente vigentes, aunque con modificaciones.

Como punto final de esta sección, es importante precisar que el artículo 76 de la Constitución no solo atañe a los contratos de aprovisionamiento que celebra el Estado peruano, regulados por la LCE, sino también a los regímenes especiales de contratación estatal creados por ley especial, y a los mecanismos de promoción de la

---

[1] Sentencia recaída sobre el Expediente No. 020-2003-AI/TC, de fecha 17 de mayo de 2004.

inversión privada en la construcción de infraestructura de uso público y la prestación de servicios públicos, como las Asociaciones Público Privadas, las concesiones, etc[2], que tienen su propio régimen legal, fuera del ámbito de la LCE. Esta es quizás una de las notas particulares de la contratación pública peruana, que no se encuentra regulada en un régimen jurídico unitario, como en la mayoría de los países, sino en regímenes perfectamente diferenciados, cada uno con su propio ente rector.

II. PRINCIPIOS DEL SISTEMA PERUANO DE COMPRAS PÚBLICAS

Como se ha indicado previamente, ha sido el propio Tribunal Constitucional el que se ha encargado de identificar los principios esenciales de la compra pública: Libre Competencia, Eficiencia, Imparcialidad, Transparencia y Trato Justo e Igualitario. Principios que han sido recogidos en las distintas versiones de la Ley de Contrataciones del Estado, con algunas variaciones en su previsión y siempre acompañados de novedosos principios, a la vez que se excluían otros por considerarse más propios del Derecho Público en general.

Los principios de la compra pública que actualmente consagra la LCE, en calidad de normas jurídicas en sí mismas, son los siguientes:

> *"a) Libertad de concurrencia. Las Entidades promueven el libre acceso y participación de proveedores en los procesos de contratación que realicen, debiendo evitarse exigencias y formalidades costosas e innecesarias. Se encuentra prohibida la adopción de prácticas que limiten o afecten la libre concurrencia de proveedores.*
>
> *b) Igualdad de trato. Todos los proveedores deben disponer de las mismas oportunidades para formular sus ofertas, encontrándose prohibida la existencia de privilegios o ventajas y, en consecuencia, el trato discriminatorio manifiesto o encubierto. Este principio exige que no se traten de manera diferente situaciones que son similares y que situaciones diferentes no sean tratadas de manera idéntica siempre que ese trato cuente con una justificación objetiva y razonable, favoreciendo el desarrollo de una competencia efectiva.*
>
> *c) Transparencia. Las Entidades proporcionan información clara y coherente con el fin de que todas las etapas de la contratación sean comprendidas por los proveedores, garantizando la libertad de concurrencia, y que la contratación se desarrolle bajo condiciones de igualdad de trato, objetividad e imparcialidad. Este principio respeta las excepciones establecidas en el ordenamiento jurídico.*
>
> *d) Publicidad. El proceso de contratación debe ser objeto de publicidad y difusión con la finalidad de promover la libre concurrencia y competencia efectiva, facilitando la supervisión y el control de las contrataciones.*
>
> *e) Competencia. Los procesos de contratación incluyen disposiciones que permiten establecer condiciones de competencia efectiva y obtener la propuesta más ventajosa para satisfacer el interés público que subyace a la contratación. Se encuentra prohibida la adopción de prácticas que restrinjan o afecten la competencia.*

---

[2] Regulados por el Decreto Legislativo No. 1224.

f) Eficacia y Eficiencia. El proceso de contratación y las decisiones que se adopten en su ejecución deben orientarse al cumplimiento de los fines, metas y objetivos de la Entidad, priorizando estos sobre la realización de formalidades no esenciales, garantizando la efectiva y oportuna satisfacción de los fines públicos para que tengan una repercusión positiva en las condiciones de vida de las personas, así como del interés público, bajo condiciones de calidad y con el mejor uso de los recursos públicos.

g) Vigencia Tecnológica. Los bienes, servicios y obras deben reunir las condiciones de calidad y modernidad tecnológicas necesarias para cumplir con efectividad la finalidad pública para los que son requeridos, por un determinado y previsible tiempo de duración, con posibilidad de adecuarse, integrarse y repotenciarse si fuera el caso, con los avances científicos y tecnológicos.

h) Sostenibilidad ambiental y social. En el diseño y desarrollo de la contratación pública se consideran criterios y prácticas que permitan contribuir tanto a la protección medioambiental como social y al desarrollo humano.

i) Equidad. Las prestaciones y derechos de las partes deben guardar una razonable relación de equivalencia y proporcionalidad, sin perjuicio de las facultades que corresponden al Estado en la gestión del interés general.

j) Integridad. La conducta de los partícipes en cualquier etapa del proceso de contratación está guiada por la honestidad y veracidad, evitando cualquier práctica indebida, la misma que, en caso de producirse, debe ser comunicada a las autoridades competentes de manera directa y oportuna."[3]

Adicionalmente, en su declaración de principios, la LCE consagra el principio del *Best Value For Money* o Maximización del Valor del Dinero de los Contribuyentes, como sigue: "*La presente Ley tiene por finalidad establecer normas orientadas a* ***maximizar el valor de los recursos públicos*** *que se invierten y a promover la actuación bajo el enfoque de gestión por resultados en las contrataciones de bienes, servicios y obras, de tal manera que estas se efectúen en forma oportuna y bajo las mejores condiciones de precio y calidad, permitan el cumplimiento de los fines públicos y tengan una repercusión positiva en las condiciones de vida de los ciudadanos. Dichas normas se fundamentan en los principios que se enuncian en la presente Ley.*"[4] (Énfasis agregado).

Nota aparte merece el principio de Integridad, cuya inclusión en la LCE ha sido una reacción al contexto actual generado por los escándalos de corrupción vinculados con la participación de las constructoras brasileras, con socias constructoras nacionales, en las compras públicas de obras y mecanismos de promoción de la inversión en la prestación de servicios públicos y construcción de infraestructura de uso público.

Reacción que no solo comprende la inclusión de este principio, sino también la previsión de una serie de medidas "anticorrupción" a lo largo de la LCE y el RLCE.

---

[3] Artículo 2.

[4] Artículo 1.

III. ÁMBITO DE APLICACIÓN DE LA LCE

Toda entidad de la Administración Pública, independientemente del nivel de gobierno al que pertenece (nacional, regional o local), el poder del Estado al que se adscribe (Ejecutivo, Legislativo o Judicial), o incluso si se trata de un organismo constitucionalmente autónomo o empresa del Estado, tiene el deber de observar las previsiones de la LCE y del RLCE a efecto de realizar las compras de bienes, servicios y obras que se financian con cargo a fondos públicos.

Asimismo, la propia LCE recoge varios de los supuestos en los que sus disposiciones no resultan aplicables para llevar a cabo compras públicas, ya sea porque se trata de contratos o acuerdos que el Estado celebra pero que no tienen por finalidad el procuramiento de bienes, servicios y obras, o porque aun teniéndolo la eficiencia y eficacia exigen su exclusión. La LCE los divide en dos grandes grupos:

(i) Aquellos supuestos totalmente excluidos de su ámbito, como: Contratos bancarios y financieros, salvo la contratación de seguros y el arrendamiento financiero; contrataciones que realicen los órganos del Servicio Exterior de la República para su funcionamiento y gestión fuera del territorio nacional; contrataciones del Ministerio de Relaciones Exteriores para atender la transmisión del mando supremo y cumbres internacionales previamente declaradas de interés nacional y sus eventos conexos; contratación de notarios públicos para que ejerzan las funciones previstas en la LCE y el RLCE; contratación de servicios de conciliadores, árbitros, centros de conciliación, instituciones arbitrales, miembros o adjudicadores de la Junta de Resolución de Disputas y demás derivados de los medios de solución de controversias previstos en la LCE; contrataciones realizadas de acuerdo con las exigencias y procedimientos específicos de una organización internacional, Estados o entidades cooperantes, siempre que se deriven de operaciones de endeudamiento externo y/o donaciones ligadas a dichas operaciones; contratos de locación de servicios celebrados con los presidentes de directorios, que desempeñen funciones a tiempo completo en las entidades públicas; compra de bienes mediante remate público; y mecanismos de promoción de la inversión privada en la prestación de servicios públicos y proyectos infraestructura de uso público.

(ii) Aquellos supuestos que si bien están excluidos del ámbito de la LCE, su configuración es objeto de supervisión por parte del ente rector de la compra pública, el Organismo Supervisor de las Contrataciones del Estado - OSCE: Contrataciones cuyos montos sean iguales o inferiores a ocho (8) Unidades Impositivas Tributarias (US$ 8,800 aproximadamente), salvo las compras de bienes y servicios a través del Catálogo Electrónico de Acuerdo Marco; contratación de servicios públicos, siempre que no exista la posibilidad de contratar con más de un proveedor; convenios de colaboración u otros de naturaleza análoga suscritos entre entidades públicas que no persigan fines de lucro; contrataciones realizadas de acuerdo con las exigencias y procedimientos específicos de una organización internacional, Estados o entidades cooperantes, que se deriven de donaciones efectuadas por estos, siempre que dichas donaciones representen por lo menos el 25% del monto total de las contrataciones involucradas o provengan de organismos multilaterales financieros; contrataciones que realice el Estado peruano con otro Estado, siempre que ese otro Estado realice las prestaciones a través de sus propios organismos, dependencias o empresas estatales; contrataciones realizadas con proveedores no domiciliados en el país bajo determinadas condiciones; y contratación de seguros patrimoniales con proveedores no domiciliados también bajo ciertas condiciones.

Todas las demás compras que lleven a cabo las entidades públicas erogando fondos públicos, deben realizarse observando las disposiciones de la LCE y del RLCE, bajo responsabilidad de los funcionarios públicos competentes.

De otro lado, es importante precisar que pese al ánimo unificador de la LCE, la propia Constitución permite que por razones socioeconómicas mediante ley se establezcan excepciones al Régimen General de Compras Públicas, siempre que se respeten los principios de la compra pública, como ha señalado el Tribunal Constitucional: "(...) *si bien es cierto que la Ley de Contrataciones del Estado representa la norma de desarrollo constitucional que recoge los principios señalados en el artículo 76° de la Constitución, también lo es que el contexto socioeconómico puede determinar la necesidad de establecer mecanismos excepcionales de adquisición, conforme lo señala la propia Constitución, y cuya única condición exigible será que estén regulados por ley y que respeten los principios constitucionales que rigen toda adquisición* ***pública****. Es claro, entonces, que ningún mecanismo de adquisición será válido si no respeta los principios de eficiencia, transparencia y trato igualitario.*"[5]

Es así que mediante leyes específicas se han creado Regímenes Especiales de Compras Públicas, aproximadamente treinta, unos transitorios y otros permanentes, en atención a necesidades particulares de procuramiento, ya sea su alta especialización o urgencia (el de Qali Warma, entidad pública encargada de proporcionar alimentación a la población escolar, o el creado para realizar las compras para la realización de los Juegos Panamericanos Lima 2019), o por las características particulares de determinadas entidades públicas (es el caso de Petroperú, empresa de hidrocarburos que por sus altos niveles de inversión y necesidad de competir en semejantes condiciones con los particulares ha sido dotada de un régimen especial).

No obstante, en su mayoría, estos regímenes especiales abordan diseños alternativos a la fase del proceso de selección de proveedores y solo excepcionalmente a las fases preparatoria de la compra y de ejecución del contrato. Además, la tendencia a abreviar plazos en la fase de selección conlleva el debilitamiento de la transparencia y de los mecanismos de control interno, así como menos efectividad derechos de los proveedores, por ejemplo, para solicitar aclaraciones las bases, solicitar el pronunciamiento del OSCE, preparación de ofertas, interposición de apelación a la buena pro, etc.

IV. HERRAMIENTAS DE GESTIÓN DE LA COMPRA PÚBLICA

El Registro Nacional de Proveedores - RNP.

En el Sistema de Compras Públicas peruano la regla general es la libre participación de los particulares, nacionales y extranjeros sin distinción; lo que no obsta la necesidad de que estos cumplan determinados requisitos para hacer efectiva su participación.

---

5 Sentencia recaída sobre el Expediente No. 020-2003-AI/TC, de fecha 17 de mayo de 2004.

Entre estos requisitos se encuentra contar con inscripción vigente en el RNP, que es la base de datos que sistematiza la información oficial de los proveedores del Estado, como la relativa a su constitución, órganos societarios, principales funcionarios, representantes y apoderados, domicilio oficial, experiencia (en caso de obras y consultoría de obras).

Ahora bien, en el RNP un particular puede inscribirse como proveedor de bienes, de servicios, de consultoría de obras y de ejecución de obras, previa acreditación de los respectivos requisitos. La inscripción en este registro tiene vigencia indeterminada, pero se encuentra sujeta a la obligación de actualizarla periódicamente y cuando ocurren hechos de importancia (cambio de gerente general, cambio de domicilio, variación del accionariado, etc.).

Además, en caso de los ejecutores de obra, el RNP emite el Certificado de Capacidad Libre de Contratación, sobre la base de la experiencia acreditada por estos proveedores ante dicho registro, certificado que constituye requisito a ser presentado a las entidades para suscribir contratos de obra.

Por último, entre las funciones del RNP se encuentra la de administrar la "Relación de Proveedores Sancionados" por el Tribunal de Contrataciones del Estado, con multa o inhabilitación para participar en procesos de selección y contratar con el Estado (temporal o permanente), por haber infringido las disposiciones de la LCE.

El Sistema Electrónico de Contrataciones del Estado - SEACE.

El SEACE es el sistema electrónico que permite la difusión de las compras públicas, incluso de aquellas que se realizan bajo regímenes especiales; además es un sistema transaccional, que permite realizar compras electrónicas.

Todas las entidades de la Administración Pública tienen acceso al SEACE, previo registro, y están obligadas a convocar a través de este sistema los procedimientos de selección que realizan y publicar en este la información de todas las compras que llevan a cabo, incluyendo la de aquellas que se realizan bajo regímenes especiales, e incluso indicar qué tratados de libre comercio resultan aplicables a cada procedimiento de selección.

Además, el SEACE es el medio oficial para la notificación de todos los actos administrativos emitidos durante los procedimientos de selección: Convocatoria, bases, pliegos absolutorios de consultas y observaciones, bases integradas, otorgamiento de la buena pro, etc. En esa medida, la LCE establece como obligación de los particulares que participan en las compras públicas revisar permanentemente este sistema, para ejercer los derechos que esta norma les otorga.

El Tribunal de Contrataciones del Estado también está obligado a notificar a través del SEACE todas las actuaciones de los procedimientos administrativos a su cargo (apelación de buena pro y sancionador), desde el inicio de los procedimientos hasta su culminación, con la emisión de la respectiva resolución que agota la vía administrativa.

El Sistema Nacional de Programación Multianual y Gestión de Inversiones - INVIERTE.PE.

En primer orden, es necesario precisar que en algunos casos la compra pública puede ser considerada como un estadio del ciclo de inversión pública, especialmente cuando se trata de la ejecución de obras públicas.

En estos casos, antes de iniciar el proceso de contratación, es necesario cumplir los requisitos del Sistema Nacional de Programación Multianual y Gestión de Inversiones - INVIERTE.PE[6], cuyo ente rector es la Dirección General de Inversión Pública del Ministerio de Economía y Finanzas, y tiene a su cargo establecer los lineamientos de este sistema.

Conforme a dichos lineamientos, el ciclo de inversión comprende: (i) Programación multianual de inversiones: Defunción los indicadores de brechas y se desarrolla la programación multianual, además de establecer la cartera de proyectos y su consolidación en el Programa Multianual de Inversiones del Estado; (ii) Formulación y evaluación: Cumplimentación de las fichas técnicas o desarrollo de los estudios de pre inversión, según corresponda, así como la evaluación y registro de cada proyecto en el Banco de Inversiones; (iii) Ejecución: Elaboración del expediente técnico y ejecución del proyecto, así como labores de seguimiento físico y financiero a través del Sistema de Seguimiento de Inversiones; y (iv) Funcionamiento: Reporte del estado de los activos, programación del gasto para fines de operación y mantenimiento; y evaluación *ex post* de los proyectos de inversión.

Es en la segunda de estas fases, de Ejecución, en la que normalmente se inserta la compra pública, ya sea para contratar la elaboración del expediente técnico de obra, la ejecución de obras públicas o ambas prestaciones (concurso oferta o llave en mano), pero también para comprar los bienes y servicios de proyectos de inversión que no necesariamente implican trabajos constructivos, sino más bien la prestación de servicios a la población (mejora de capacidad resolutiva de servicios a cargo municipalidades, por ejemplo). En la fase de programación, también es usual que las entidades contraten la elaboración de los estudios de pre inversión.

Además, durante la ejecución de los contratos de obra pública, pueden presentarse situaciones extraordinarias que hagan necesaria la ejecución de prestaciones adicionales para alcanzar la meta original del contrato y que normalmente comprometen mayor presupuesto, por lo que también es necesario que la entidad contratante coordine con los operadores de INVIERTE.PE, ya sea para informar el incremento del presupuesto o incluso verificar la viabilidad del proyecto de inversión, cuando la ejecución de las prestaciones adicionales determina la variación sustancial de dicho proyecto.

Supuesto similar se presenta cuando la entidad ha contratado de forma conjunta la ejecución de la elaboración del expediente técnico de obra y la ejecución de esta última, a través de la modalidad de concurso oferta, caso en el que es usual que el monto del expediente arroje un presupuesto superior al originalmente previsto, ya sea por un cambio normativo posterior al inicio del contrato (modificación de las normas técnicas de edificaciones, modificación de las normas técnicas infraestructu-

[6] Creado por Decreto Legislativo No. 1252, vigente desde el 24 de febrero de 2017.

ra hospitalaria, etc.), por imposición de la autoridad técnica competente, entre otros; siendo necesario modificar la meta presupuestaria original y, por ende, coordinar con INVIERTE.PE como se ha indicado.

Sistema Nacional de Presupuesto.

A diferencia de INVIERTE.PE, que solo atañe a algunas de las compras que realizan las entidades de la Administración Pública, el Sistema Nacional de Presupuesto Público comprende a todas las compras públicas sin excepción, incluso a aquellas bajo regímenes especiales y a las que fuera del ámbito de la LCE. Esto, pues la compra pública es parte del ciclo presupuestal mismo.

En efecto, el Sistema Nacional de Presupuesto Público es el conjunto de órganos, normas y procedimientos que conducen el proceso presupuestario de todas las entidades del Sector Público peruano (Unidades Ejecutoras), en todas sus fases (Proyecto de Presupuesto, Aprobación Presupuestal, Ejecución Presupuestal y Evaluación Presupuestal). Su ente rector es la Dirección General del Presupuesto Público, dependiente del Viceministerio de Hacienda del Ministerio de Economía y Finanzas, y por las Unidades Ejecutoras de los vineles de gobierno nacional, regional y local.

Así, por regla general una entidad de la Administración Pública será a la vez una Unidad Ejecutora para efectos presupuestarios y también entidad contratante para efectos de la LCE; no obstante, existen también casos en los que una entidad comprende varias Unidades Ejecutoras para efectos presupuestales, como es el caso de los Ministerios, que además de realizar compras a través de su Dirección de Línea competente, tienen adscritos una serie de programas, proyectos y similares, que pueden o no tener autonomía para realizar compras directamente, en estos casos, la Unidad Ejecutora no coincide, necesariamente, con la entidad contratante.

Cualquiera fuere el caso, lo cierto es que la programación de la compra pública se encuentra intrínsecamente vinculada al ciclo presupuestario, de tal manera que tan pronto como se inicia la formulación del Presupuesto Público del Estado (primer semestre del año presupuestario previo), cada entidad de la Administración Pública debe formular internamente su Cuadro de Necesidades. Esto, a partir de los requerimientos de bienes, servicios y obras de sus Áreas Usuarias, las que deben formular estos requerimientos sobre la base del Plan Operativo Institucional (metas y objetivos para el ejercicio anual), compatibilizado con el proyecto de Presupuesto Institucional de Apertura para el nuevo año fiscal.

Luego, a partir del Cuadro de Necesidades, el Órgano Encargado de las Contrataciones –OEC de cada entidad debe elaborar el Plan Anual de Contrataciones–PAC, considerando todas las compras que realizará en el siguiente ejercicio presupuestal, incluyendo aquellas que se realizan bajo regímenes especiales y las excluidas del ámbito de la LCE, como por ejemplo las compras de bienes y servicios a través de Catálogo Electrónicos de Convenio Marco, las Compras Corporativas y las compras iguales o menores a 8 UIT.

Una vez aprobado el Presupuesto Institucional de Apertura, el OEC debe realizar los ajustes que corresponda en el PAC y el Titular de la Entidad aprobarlo a más tardar a los quince días hábiles siguientes a la aprobación del Presupuesto Institucional de Apertura. Asimismo, el PAC debe ser publicado en el SEACE dentro de los cinco días hábiles siguientes a su aprobación. Todo esto, de forma previa al inicio del nuevo año fiscal.

Esta última exigencia, de publicar el PAC en el SEACE, obedece al principio de transparencia y tiene por objeto que de antemano los particulares conozcan las oportunidades de participación en las compras públicas; si bien durante el ejercicio presupuestal pueden incluirse o excluirse compras en dicho plan, estas modificaciones también deben registrarse en el SEACE.

Ahora bien, es importante precisar que la vinculación entre la compra pública y el ciclo presupuestal no se agota en la obligación de preparar y mantener actualizado el PAC, sino que atañe también al proceso de compra mismo. Efectivamente, para convocar cada procedimiento de selección, la entidad contratante debe contar previamente con la Certificación de Crédito Presupuestario, emitida por su Oficina de Presupuesto conforme a los lineamientos del Sistema Nacional de Presupuesto Público.

Por último, una vez suscrito el contrato de procuramiento, el pago al contratista se realiza a través del sistema bancario nacional, mediante la interconexión del SEACE con el Sistema de Administración Financiera del Estado, administrado por el Ministerio de Economía y Finanzas, a efecto de permitir que se complete el ciclo presupuestal y el referido ministerio pueda controlar a cabalidad la erogación de los fondos públicos.

V. FASES DE LA COMPRA PÚBLICA

El proceso de compra pública peruano contempla tres fases: (i) actuaciones preparatorias; (ii) selección de proveedores; y (iii) ejecución contractual.

Actuaciones preparatorias.

Estas actuaciones dan inicio al proceso de compra y pueden realizarse a partir del inicio del año fiscal, conforme a la oportunidad prevista en el PAC del respectivo año fiscal, aprobado y publicado en el SEACE a fines del año fiscal previo. En efecto, para iniciar un proceso de compra es requisito indispensable que la compra esté prevista en el PAC, si no es así porque se trata de una necesidad nueva o causa similar, en primer lugar, deberá ser incluida en el PAC.

A partir del PAC, las actuaciones preparatorias de cada compra se inician con la definición de las características específicas del bien, servicio u obra, en los denominados: especificaciones técnicas, términos de referencia o expediente técnico, respectivamente. Estas características son definidas por el Área Usuaria que formula el requerimiento, directamente o a través de terceros especializados, como suele suceder con la elaboración de estudios de pre inversión y expedientes técnicos de obra.

Ya con las especificaciones técnicas, términos de referencia o expediente técnico, el OEC realiza una indagación de mercado para definir el precio de la compra, pero también para verificar si las características definidas por el usuario pueden ser cumplidas por el mercado, si son acordes a la tecnología vigente, etc., así como para verificar condiciones comerciales como plazo de garantía, descuentos por cantidad, condiciones de entrega. etc. Para realizar estas indagaciones, el OEC debe emplear fuentes como cotizaciones (de proveedores cuyas actividades estén directamente relacionadas con el requerimiento), presupuestos, portales o páginas web, catálogos, precios históricos, estructuras de costos entre otros, según corresponda al objeto de la compra.

Como resultado de la indagación de mercado, se determina el valor estimado, para bienes y servicios, o el valor referencial, para la ejecución y consultoría de obras, pero también importantes aspectos como la existencia o no de pluralidad de marcas o postores en condiciones de cumplir con las características y participar en el procedimiento de selección, la necesidad de distribuir la buena pro, entre otras. Cabe precisar que, en el caso de ejecución de obras, el valor referencial corresponde al monto del presupuesto de obra que obra en el expediente técnico, usualmente elaborado por consultores externos.

Contando con las especificaciones técnicas, términos de referencia o expediente técnico, según corresponda, y la indagación de mercado, el Comité de Selección designado (conformado por tres miembros, cuando menos uno del Área Usuaria, uno del OEC y uno que cuente con conocimiento técnico en el objeto de la compra) o el OEC, según el procedimiento de selección del que se trate, elabora las bases del procedimiento de selección, empleando para tal efecto las Bases Estandarizadas aprobadas por el OSCE mediante Directiva N° 015-2017-OSCE/CD.

A consecuencia de las actuaciones preparatorias, se genera un Expediente de Contratación, en el cual se incorpora el requerimiento del Área Usuaria; las especificaciones técnicas, términos de referencia o expediente técnico, según corresponda; la indagación de mercado; la Certificación del Crédito Presupuestario, las bases del procedimiento de selección, entre otros. Una vez aprobado este expediente, el Comité de Selección o el OEC, según corresponda, puede convocar el respectivo procedimiento de selección.

Selección de proveedores.

La versión vigente de la LCE, modificada por el Decreto Legislativo No. 1444, considera como mecanismos de selección a los siguientes: el procedimiento de selección, la contratación directa, las compras corporativas (facultativas u obligatorias), la subasta inversa electrónica (para la compra de bienes y servicios comunes, que cuentan con ficha técnica aprobada), los catálogos electrónicos de Convenio Marco (para bienes y servicios comunes de alta demanda) y el Convenio de Encargo.

Sin embargo, dado que la finalidad de la fase de selección es contratar con el proveedor cuya oferta satisfaga la mejor relación calidad-precio, en condiciones de competencia, libre concurrencia, igualdad de trato, publicidad y transparencia, la convocatoria de un procedimiento de selección es la regla general, como requiere el artículo 76 de la Constitución Política peruana.

Así, existen causales taxativamente previstas por la LCE para contratar directamente, ante situaciones excepcionales directamente vinculadas con el interés general: situaciones de emergencia (catástrofes), desabastecimiento que impida el funcionamiento de una entidad, secreto militar, existencia de un único proveedor en el mercado, contratación entre entidades públicas por costos de oportunidad, publicidad estatal, servicios personalísimos, etc.

Bajo el ámbito de Perú Compras (la central de compras del Estado peruano), se encuentra la Subasta Inversa Electrónica, mecanismo previsto para la compra de bienes y servicios comunes, cuyas características han sido estandarizadas mediante fichas aprobadas por el referido organismo. Así, los proveedores compiten solo por precio, y se requiere de al menos dos ofertas válidas para poder adjudicar la buena pro.

También bajo el ámbito de Perú Compras se encuentra la contratación de bienes y servicios a través de los Catálogos Electrónicos de Acuerdo Marco, pero igualmente limitada a los catálogos que Perú Compras genera y administrativa. Actualmente, Perú tiene quince catorce catálogos para la compra de bienes y servicios de rotación en la Administración Pública, por ejemplo: Computadoras, impresoras y consumibles para estas, bienes de ayuda humanitaria, pasajes aéreos, etc.; catálogos que se encuentran distribuidos en ocho Acuerdos Marco suscritos con proveedores.

Si en caso dado un determinado bien o servicio cuenta con ficha de subasta inversa y, a la vez, se encuentra comprendido en un catálogo de Convenio Marco, la regla general es contratarlo a través de este segundo mecanismo.

Las compras corporativas, que permiten satisfacer la necesidad de un conjunto de entidades públicas, permitiéndoles acceder a los beneficios de las economías de escala, también se encuentran bajo el ámbito de Perú Compras. Pese a los beneficios potenciales estas compras que puedan representar, en la práctica no son muy frecuentes, dado que implican coordinar con las entidades públicas contratantes requerimientos funcionales, características técnicas y condiciones de ejecución de los bienes o servicios a ser contratados, lo que representa una importante dificultad para llevarlas a cabo.

En cuanto al mecanismo por excelencia, el procedimiento de selección, además de los más conocidos, como la Licitación Pública (para la compra bienes y ejecución de obras) y el Concurso Público (para la contratación de servicios en general y consultoría), también se contemplan: la Adjudicación Simplificada, para compras de bienes, servicios en general y obras por montos menores; la Selección de Consultores Individuales, para contratar consultorías por montos menores que se contratan con personas naturales; y la Comparación de Precios, para compras de bienes y servicios en general, de disponibilidad inmediata, fáciles de obtener y que se comercialicen bajo oferta estándar, que aún no cuentan con ficha de Subasta Inversa.

Cada uno de estos procedimientos de selección se inicia con la respectiva convocatoria a través del SEACE, oportunidad en la que se publican las bases, y concluyen con la suscripción del respectivo contrato entre el postor adjudicatario y la entidad contratante; esto último, luego del otorgamiento de la buena pro.

Respecto de la evaluación de las ofertas, esta se basa, principalmente, en: (i) la acreditación de requisitos mínimos que determinan su admisibilidad; y (ii) la acreditación de factores de evaluación que dan lugar a la obtención de puntaje. En ambos casos, la acreditación es documental, conforme a los criterios específicos previstos en las bases, y en idioma español, de tal manera que los documentos en idioma distinto deben ser traducidos, salvo documentación técnica de fabricantes, como catálogos, fichas técnicas, diagramas, etc.

Entre los requisitos mínimos que prevén en las bases, se encuentran los denominaos “requisitos de calificación”, que son los siguientes: (a) Capacidad legal, referida otorgados por la autoridad competente para prestar el objeto de la compra (por ejemplo, registro sanitario, inscripción en Registro de Entidades Prestadoras de Servicios de Intermediación Laboral, autorización para transporte de residuos sólidos, etc.); (b) Capacidad técnica y profesional, como equipamiento estratégico, infraestructura estratégica, experiencia y/o calificaciones del personal clave, etc.; y (c) Experiencia del postor. Pero también se encuentran requisitos generales, como la presentación de la declaración jurada de no estar inhabilitado para participar en procesos de selección y contratar con el Estado[7], etc.

Los factores de evaluación que se prevén en las bases varían según el objeto de la compra, por ejemplo: Garantía comercial o plazo de entrega en bienes; calificaciones y experiencia del personal clave y equipamiento en servicios, consultorías y obras; el precio en bienes y obras; certificaciones internacionales de calidad: ISO, ASTM, Energy Star; CE, OSHAS, etc. Pero independientemente de si la compra tiene por objeto bienes, servicios o una obra, siempre consideran la experiencia del postor, pues como ha indicado el OSCE, "(…) *la experiencia constituye un elemento fundamental en la evaluación de los proveedores, debido a que le permite a las Entidades determinar, de manera objetiva, la idoneidad de los mismos para ejecutar las prestaciones requeridas, al comprobarse que estos han ejecutado previamente prestaciones iguales o similares a las que se requiere contratar.*"8 De hecho, tan importante es la experiencia en el sistema peruano, que incluso determina la forma en que una empresa adquiere el control de otra, pues según el esquema que se emplee operará o no la transmisión de la experiencia.

Ahora bien, en la mayoría de los procedimientos de selección los particulares tienen derecho a formular consultas y observaciones sobre las disposiciones de las bases, a solicitar la elevación del pliego absolutorio de consultas y observaciones ante el OSCE para su pronunciamiento, a denunciar la incorrecta integración de bases, a participar individualmente o en consorcio, etc.

En relación con la participación en consorcio, cabe precisar que durante el procedimiento de selección basta que los integrantes del Consorcio presenten como parte de su oferta una Promesa Formal de Consorcio con firmas legalizadas ante Notario Público; solo en caso el consorcio gane la buena pro, como requisito para la suscripción del contrato de aprovisionamiento, tendrá que presentar el contrato de consorcio mediante el que se constituye como tal, igualmente con firmas legalizadas ante Notario Público. Además, en esta forma de participación la experiencia del postor la podrán acreditar todos los integrantes del consorcio que se obligan a ejecutar las obligaciones objeto de la compra. El punto negativo de la participación en consorcio sería que sus integrantes son solidariamente responsables de su actuación conjunta en todo el proceso de compra, aun así, en materia sancionadora cabe individualización de responsabilidad a través de la presentación medios probatorios idóneos.

Nota aparte merece el derecho a impugnar en los procedimientos de selección, esto a través del recurso de apelación que se interpone ante el Tribunal de Contrata-

---

7 *Si bien en el sistema peruano la participación en las compras públicas es libre, sin siquiera distinguir entre proveedores nacionales y extranjeros, la LCE prevé en su artículo 11 impedimentos que limitan dicha participación, ya sea porque el proveedor ha sido sancionado con inhabilitación por el Tribunal de Contrataciones del Estado, por su vinculación con altos funcionarios públicos del Estado (presidente de la república, ministros, congresistas, ministros, magistrados, etc.) o con sus familiares o empresas; por conflicto de interés al haber participado en la determinación de las características, precio, etc. de la compra, no haber pagado pensión de alimentos, etc.*

8 Opinión No. 105-2015/DTN.

ciones del Estado si el valor referencial es superior a 50 UIT, o ante el Titular de la Entidad contratante, si es igual o menor a dicho monto. En el primer caso, el impugnante deberá otorgar una garantía del 3% del valor referencial con un límite de 300 UIT, mediante carta fianza o depósito en la cuenta bancaria del OSCE; garantía que se devolverá al impugnante si el recurso es declarado fundado (en su totalidad o en parte) o si a raíz de este le Tribunal declara de oficio la nulidad, al advertir vicios insubsanables de ilegalidad.

Finalmente, las entidades de la Administración Pública pueden celebrar convenios de encargo con otra entidad pública o con un organismo internacional, a efecto que sean estos los que lleven a cabo el procedimiento de selección e incluso las actuaciones preparatorias. De estas dos posibilidades, es el encargo a organismo internacional el más empleado, pese a su carácter excepcional, pues solo puede ser empleado previa autorización expresa, cuando el objeto de la contratación sea calificado como especializado o complejo. Este uso del encargo a organismos internacionales responde, principalmente, a la falta de capacidad de gestión de algunas entidades, pues aun cuando se trata de una entidad pública sofisticada, ciertos objetos pueden escapar a su ámbito natural de contratación, como, por ejemplo, la construcción de una nueva sede institucional, etc.

Ejecución contractual.

Esta fase se inicia con la suscripción del contrato de procuramiento entre el postor adjudicatario de la buena pro y la entidad de la Administración Pública. Ahora bien, el ordenamiento jurídico peruano no incorpora la distinción entre contratos públicos y contratos de las Entidades del Estado, denominando indistintamente como contrato administrativo a todo contrato que celebran las entidades de la Administración Pública con cargo a recursos públicos. Bajo esta categoría se enmarcan los contratos de procuramiento, que se celebran al amparo de la LCE.

Respecto de estos contratos, el Tribunal Constitucional ha señalado lo siguiente: "*La contratación estatal tiene un cariz singular que lo diferencia de cualquier acuerdo de voluntades entre particulares, ya que al estar comprometidos recursos y finalidades públicas, resulta necesaria una especial regulación que permita una adecuada transparencia en las operaciones.*"[9]

Conforme a lo señalado por dicho Tribunal, los contratos de procuramiento, tienen dos notas que los distinguen de los contratos suscritos entre particulares o de otros contratos administrativos, que son: (i) la erogación de fondos públicos; y (ii) el involucramiento del interés general; motivo por el cual han sido merecedores de una regulación particular a través de la LCE.

Es por ello que si bien la LCE reconoce la aplicación del principio de Equidad, de tal manera que entre las prestaciones y derechos de las partes (particular, en calidad de contratista, y entidad de la Administración Pública, en calidad de contratante) exista una razonable relación de equivalencia y proporcionalidad, se precisa que ello no implica dejar de lado las facultades exorbitantes, que en el derecho peruano constituyen técnicas de aseguramiento del interés general subyacente al contrato, tales como la dirección de la ejecución contractual; la aplicación automática de penalida-

[9] Sentencia recaída sobre el Expediente No. 020-2003-AI/TC, de fecha 17 de mayo de 2004.

des (por mora y otras especificas) y la resolución unilateral del contrato si las penalidades alcanza el límite del 10% del monto contractual original; la intervención económica del contrato de obra ante el incumplimiento del cronograma de obra acelerado; la facultad de aprobar prestaciones adicionales y la imposibilidad del contratista de someter a arbitraje su denegatoria; etc.

A la vez que se establecen una serie de limitaciones para el contratista, como plazos determinados para solicitar la entrega de adelantos, bajo sanción de perder el derecho a estos; la limitación de la subcontratación a su previsión en las bases, autorización previa de la entidad y porcentajes máximos para tal autorización; la prohibición de la cesión de su posición en el contrato, permitiéndose únicamente la decisión del derecho al pago de la contraprestación; limitaciones al cambio del personal clave propuesto en la oferta; la supeditación de la ampliación del plazo contractual a la aprobación previa de la entidad y bajo causales tasadas; etc.

Bajo este esquema, sucede muchas veces que las entidades contratantes por cuestiones de idiosincrasia, como el temor al control gubernamental, olvidan que una de las características más distintivas de los contratos de procuramiento es la de ser un "*contrato de colaboración*", como bien señala Manuel María Diez: "(...) *los contratos administrativos son en muchos casos contratos de colaboración y el particular actúa colaborando con la administración*"[10], y consideran al contratista como a una especie de enemigo, en lugar de actuar bajo las reglas de la buena fe y cooperar con este para lograr la oportuna e idónea ejecución del contrato.

En esa medida, muchas veces el desenlace de los contratos suscritos al amparo de la LCE no es el normal de todo contrato, el cumplimiento, sino la resolución por las partes ante la generación de una serie de controversias durante su ejecución. Ante esta realidad, y al amparo del artículo 63 de la Constitución[11], la LCE establece que la competencia para la solución de las controversias en materia de compras públicas no corresponde a la justicia ordinaria (acción contencioso administrativa ante el Poder Judicial) sino a mecanismos específicos como la conciliación, Junta de Resolución de Disputas (obras de envergadura) y arbitraje administrativo. Esto, en tanto es necesario resolver las controversias de forma célere (un año en arbitraje, frente los ocho años que en promedio puede tomarse la justicia ordinaria peruana para resolver) y con criterio especializado, dada la diversidad y complejidad de objetos que la compra pública comprende, desde obras de alta especialidad y complejidad, que

---

10 María Diez, Manuel. *Derecho Administrativo*, Editorial Plus Ultra, 2ª edición, Tomo III, Buenos Aires 1979, p. 23.

11 "***Artículo 63.-*** *La inversión nacional y la extranjera se sujetan a las mismas condiciones.*

La producción de bienes y servicios y el comercio exterior son libres. Si otro país o países adoptan medidas proteccionistas o discriminatorias que perjudiquen el interés nacional, el Estado puede, en defensa de éste, adoptar medidas análogas.

En todo contrato del Estado y de las personas de derecho público con extranjeros domiciliados consta el sometimiento de éstos a las leyes y órganos jurisdiccionales de la República y su renuncia a toda reclamación diplomática. Pueden ser exceptuados de la jurisdicción nacional los contratos de carácter financiero. El Estado y las demás personas de derecho público pueden someter las controversias derivadas de relación contractual a tribunales constituidos en virtud de tratados en vigor. ***Pueden también someterlas a arbitraje nacional o internacional, en la forma en que lo disponga la ley***". *(Énfasis agregado).*

incluyen diseño, equipamiento, puesta en marcha y hasta operación asistida, hasta sofisticados softwares hechos a medida, pasando por todo tipo de bienes (medicamentos, maquinaria pesada, baldosas podotáctiles, equipo biomédico, etc.) y servicios (limpieza, seguridad, transporte y disposición de residuos sólidos peligrosos, gerenciamiento de proyectos, etc.).

El contrato culmina con el pago de la última prestación en el caso de bienes y servicios, y con el consentimiento de la liquidación y el pago del saldo de obra, en el caso de los contratos de obra; no obstante, el contratista mantiene responsabilidad por vicios ocultos por el plazo previsto en el contrato.

VI. LA COMPRA PÚBLICA Y LOS ACUERDOS DE LIBRE COMERCIO

En los últimos años, el derecho de la contratación pública se ha visto influenciado por acción del derecho supranacional, a partir de los denominados acuerdos de libre comercio suscritos por Perú[12], por cuanto dichos acuerdos incorporan reglas vinculantes en materia de compras públicas, que los estados parte recíprocamente se comprometen a observar, incorporándolas en sus respectivas legislaciones.

Los principales compromisos asumidos por Perú en materia de compras públicas son los siguientes:

Publicidad de la regulación de compras públicas. - Publicar las normas jurídicas que regulan la contratación pública, así como sus modificaciones, a través de medios electrónicos.

Trato Nacional y No Discriminación. - Otorgar a las mercancías y servicios de las otras partes, así como a sus proveedores, un trato no menos favorable que el trato más favorable que cada parte otorga a sus propias mercancías, servicios y proveedores.

Valorización de las contrataciones. - Determinar el valor de las contrataciones considerando su duración completa y todas las formas de remuneración que podrían estipularse. Así como el compromiso de no dividir una contratación en contracciones distintas o utilizar cualquier otro mecanismo para evadir los compromisos.

No direccionar las especificaciones técnicas a un proveedor en particular. - Establecer especificaciones técnicas en términos de desempeño y requisitos funcionales, en lugar de características descriptivas o de diseño; empleándose normas internacionales, de ser aplicables, o en normas nacionales, reglamentos técnicos nacionales, códigos de construcción, etc.

Uso de medio electrónicos. - Proveer a través de medios electrónicos información sobre oportunidades futuras de contratación y los documentos de contratación, así como de recibir ofertas.

Publicación de planes futuros de contratación. - Cada año fiscal publicar a través de medios electrónicos un aviso relativo a los planes futuros de contratación, precisando el objeto a contratar y el período estimado en que se realizará la contratación.

---

[12] Entre estos, los suscritos con EE.UU., Canadá, EFTA, Japón, Corea del Sur, la Unión Europea, Alianza del Pacífico, etc.

Aviso de contratación pública. - Publicar con anticipación un aviso invitando a los proveedores interesados a presentar ofertas, o de corresponder, solicitudes para participación, conteniendo descripción de la contratación pública y demás información relevante para la participación

Procedimiento de contratación. - Adjudicar los contratos mediante procedimientos de Licitación Abierta en los que cualquier proveedor interesado pueda presentar oferta, así como reglas específicas para la licitación.

Documentos de contratación. - Brindar a los proveedores toda la información necesaria para preparar y presentar su oferta, incluyendo las modificaciones con tiempo suficiente. Como mínimo, dichos documentos deben incluir una descripción de la naturaleza y cantidad del objeto de la contratación, condiciones de participación y los criterios de evaluación para la adjudicación del contrato, reglas aplicables a la subasta electrónica, de ser el caso, fecha, hora y lugar de apertura de ofertas, fecha de entrega del bien o plazo de ejecución del servicio, condiciones de pago.

Plazo para la presentación de ofertas. - Proporcionar a los proveedores tiempo suficiente para presentar sus ofertas, teniendo en consideración la naturaleza y complejidad de esta; un plazo no menor de 30 días desde la publicación del aviso de contratación a la fecha final para la presentación de ofertas.

Información sobre la adjudicación. - Publicar sin dilaciones la decisión de adjudicación de un contrato, así como de proporcionar a los proveedores no elegidos las razones de su no selección, a través medio electrónico, conteniendo como mínimo: nombre de la entidad, descripción del bien o servicio, fecha de adjudicación, proveedor adjudicado, valor del contrato, procedimiento de contratación utilizado.

Procedimientos de impugnación. - Establecer un procedimiento de revisión administrativo o judicial, que observe el Debido Proceso y dé lugar a una decisión motivada y oportuna; así como el compromiso de establecer un plazo suficiente para preparar y presentar la impugnación por escrito, no menor a 10 días calendario.

Integridad en las prácticas de contratación. - Establecer sanciones administrativas o penales para enfrentar la corrupción en las contrataciones, así como políticas y procedimiento para evitar el conflicto de intereses en las Entidades.

Información no divulgable. - Compromiso de las partes, sus entidades y autoridades de revisión, de no divulgar información confidencial sin la autorización por escrito del proveedor que la haya proporcionado, cuando dicha divulgación pudiera perjudicar intereses comerciales legítimos de una determinada persona o podría perjudicar una competencia justa entre los proveedores.

Otros procedimientos de contratación. - Posibilidad de adjudicar contratos por otros medios distintos a los procedimientos de licitación, siempre que no sea para evitar la competencia, proteger a proveedores nacionales o discriminar a los proveedores de las otras partes.

Si bien estas normas supranacionales obligaron a adecuar las disposiciones del Régimen General de Compras Públicas, las adecuaciones no fueron muchas porque la regulación previa ya cumplía con gran parte de las previsiones de los compromisos antes detallados.

En este sentido, actualmente tanto la LCE como el RLCE recogen reglas plenamente compatibles con dichos compromisos, en incluso el SEACE ha sido adecuado de tal manera que la ficha electrónica de cada procedimiento de selección detalle automáticamente los acuerdos de libre comercio que resultan aplicables, en función de las entidades de la Administración Pública comprendidas y los topes establecidos por el Ministerio de Economía y Finanzas.

VII. EL CONTROL DE LA COMPRA PÚBLICA

En Perú el control las compras públicas se encuentra a cargo de diversas autoridades administrativas:

El Titular de la Entidad de la Administración Pública, respecto de las compras de su representada lleva a cabo.

El OSCE, que es una autoridad administrativa independiente adscrita Ministerio de Economía y Finanzas, que cuenta con competencia para supervisar todas las compras que se realizan bajo el ámbito de la LCE, bajo distintas estrategias: Supervisión aleatoria, atención de denuncias, emisión de pronunciamiento sobre el pliego absolutorio de consultas y observaciones, etc.

La Contraloría General de la Republica, organismo constitucionalmente autónomo, rector del Sistema Nacional de Control que tiene capacidad para ejercer control gubernamental de las compras públicas en el sentido más amplio: de la regularidad o de legalidad; de la gestión o de los resultados; de oficio (auditorias y supervisiones) o a instancia de parte (entidades, postores, etc.).

Asimismo, esta autoridad puede realizar control previo, control concurrente y control posterior, según estime conveniente al interés público.

El Congreso de la República, que tiene competencia para ejercer fiscalización, a nivel político, de temas vinculados con el interés general, como son las compras públicas, y que en los últimos tiempos incluso dio lugar a la censura de un ministro, vinculada con la compra de computadoras mediante catálogo electrónico de Convenio Marco.

Adicionalmente, existen los mecanismos de denuncia ciudadana contra actos de corrupción en contrataciones que se pueden presentar ante el OSCE y la Contraloría General de la Republica, así como los esquemas de Veedurías Ciudadanas que promueve la Contraloría General de la Republica[13].

A estos mecanismos se suma la denuncia anticorrupción en el marco del Decreto Legislativo No. 1327, como reacción al contexto actual de desconfianza generado por los escándalos de corrupción vinculados con la participación de las constructoras brasileras, con socias constructoras nacionales, en las compras públicas de obras y mecanismos de promoción de la inversión en la prestación de servicios públicos y construcción de infraestructura de uso público.

---

[13] R.C. N.° 155-2006-CG y 374-2006-CGR.

En efecto, mediante el Reglamento de dicho decreto legislativo, aprobado por Decreto Supremo No. 010-2017- JUS, se previeron los mecanismos para incentivar y facilitar las denuncias de actos de corrupción en cualquier entidad de la Administración Pública; entre estos, la obligación de dichas entidades de entregar a los participantes el "Instructivo para denunciar actos de corrupción en los procesos de contratación", el cual sugiere denunciar las siguientes conductas: adecuación o manipulación de las especificaciones técnicas, el expediente técnico o términos de referencia, para favorecer indebidamente a un proveedor específico; generación de falsas necesidades con la finalidad de contratar obras, bienes o servicios; otorgamiento de la buena pro obviando deliberadamente pasos requeridos por ley; permisibilidad indebida frente a la presentación de documentación incompleta de parte del ganador de la buena pro; otorgamiento de la buena pro a postores de quienes se sabe han presentado documentación falsa o no vigente; otorgamiento de la buena pro (o ejercicio de influencia para el mismo fin) a empresas ligadas a ex funcionarios que están impedidos para contratar con el Estado; admisibilidad de postor (o ejercicio de influencia para el mismo fin) ligado a una misma empresa, grupo empresarial, familia o allegado/a, que está impedido para contratar con el Estado; pago indebido por obras, bienes o servicios no entregados o no prestados en su integridad; sobrevaloración deliberada de obras, bienes o servicios y su consecuente pago en exceso a los respectivos proveedores; negligencia en el manejo y mantenimiento de equipos y tecnología que impliquen la afectación de los servicios que brinda la entidad.

Esta denuncia se presenta ante la entidad contratante, la que se encuentra obligada a garantizar la absoluta reserva de la información relativa a la identidad del denunciante cuando este lo requiera, a la materia de denuncia, y a las actuaciones derivadas de la misma; así como, medida de protección al denunciante, su identidad será confidencial, reemplazándola por un código cifrado generado mediante un aplicativo informático.

CAPÍTULO XIV
LOS CONTRATOS PÚBLICOS EN ARGENTINA

Alejandro PÉREZ HUALDE

INTRODUCCIÓN

La doctrina administrativista en Argentina ha dedicado grandes esfuerzos a la búsqueda de un criterio objetivo que permitiera distinguir en forma precisa y clara los contratos que se encuentran bajo la órbita del Derecho Administrativo de aquellos que no lo están. Así es como se formularon diversas teorías[1] que pusieron el acento en aspectos tales como en la sola presencia del sujeto Administración Pública, o en la existencia de formalidades y de procedimientos característicos para su celebración, en su vinculación material con algún servicio público, en su finalidad de utilidad pública, etc. y no ha faltado quien ha considerado inútil esta distinción.

También hay quien sostiene que la administración siempre, en todos los casos, celebra contratos regidos, aunque con distinto grado de incidencia de acuerdo a la naturaleza de cada uno, por las normas imperativas del derecho público, por lo que aconsejan abandonar la distinción y adoptar la denominación de *"contratos de la administración"*. En este caso, Gordillo reconoce que el de concesión de la explotación de un servicio público es uno de los que presenta mayor incidencia del régimen público.

I. DOCTRINA GENERAL DE LA CORTE SUPREMA DE JUSTICIA DE LA NACIÓN SOBRE CONTRATOS ADMINISTRATIVOS

Hace su aporte la doctrina española cuando pone en evidencia que la distinción entre contratos administrativos y privados tiene como utilidad no la de determinar la naturaleza jurídica de los primeros sino la de poder precisar el régimen jurídico aplicable a los cuatro aspectos fundamentales de esta clase de contratos: *"jurisdicción competente, reglas de fondo administrativas o civiles, privilegios posicionales de la Administración y perspectiva del Tesoro Público"*.

---

[1] Ver una prolija exposición de las distintas corrientes en Miguel Ángel Berçaitz, *Teoría general de los contratos administrativos*, 2ª edic., Depalma, Buenos Aires, 1980.

Sin adentrarse en esta discusión, la doctrina de la Corte Suprema argentina, en voto de Fayt –en disidencia– en el caso *"Dulcamara"*[2] –luego mayoritario en el caso *"Cinplast"*[3]–, ha destacado que los contratos administrativos constituyen una especie dentro del género de los contratos y que, por ello, queda subsumida su definición en la contenida en el Código Civil y Comercial de la Nación[4]: *"contrato es el acto jurídico mediante el cual dos o más partes manifiestan su consentimiento para crear, regular, modificar, transferir o extinguir relaciones jurídicas patrimoniales"*; pero, también en un claro enrolamiento en las filas de quienes sostienen la sustantividad del contrato administrativo, en la medida en que ha establecido una serie de principios que tienen particular aplicación en el campo de los contratos públicos; en especial, admite que la presencia aun implícita de *"cláusulas exorbitantes"* al derecho común es un factor esencial de distinción respecto de los contratos privados[5].

Respecto del contrato administrativo, dice nuestro máximo Tribunal en el –ya mencionado– "Cinplast" que "*en tales contratos una de las partes intervinientes es una persona jurídica estatal, su objeto está constituido por un fin público o propio de la Administración y contiene, explícita o implícitamente, cláusulas exorbitantes del derecho privado*".

Este abordaje conceptual del contrato administrativo ha sostenido lo que la doctrina ha denominado la *"teoría del contrato administrativo"* que tiene la virtualidad de proyectar el posicionamiento privilegiado y dominante de la Administración en todos los contratos, sean cuales fueren, y con ella su facultad de gozar del privilegio de ejercer sus prerrogativas contractuales aun cuando ellas no se encuentren en forma explícita en alguno de los documentos que instrumentan el contrato; la *"teoría"*, con sus cláusulas exorbitantes al derecho privado, la acompaña siempre.

---

2 Fallos de la Corte Suprema de Justicia de la Nación Argentina (en adelante Fallos), tomo 313, p. 376.

3 Fallos, tomo 316, p. 212.

4 Nos referimos al art. 957 del nuevo código unificado civil y comercial vigente desde agosto de 2015, en adelante CCCN.

5 No obstante esa afirmación, ya se detectan reacciones positivas en la jurisprudencia de nuestra Cámara Nacional Contencioso Administrativa Federal, sala III, que en el caso *"Telefónica Móviles Argentina SA c/ Comisión Nacional de Comunicaciones"*, el 27/4/2018 resolvió *"declarar la invalidez de la resolución por la cual la CNC le impuso a la empresa actora una multa por la interrupción del servicio telefónico móvil por ella prestado, pues tal interrupción no superó ni la intensidad ni la extensión previstas en la norma que regula la cuestión. Sin que resulte óbice a ello la ubicación de la relación jurídica entre los prestadores del servicio y la organización administrativa en la categoría de la sujeción especial ni tampoco la eventual calificación de la actividad como 'servicio público', ya que es evidente que la legalidad de los actos administrativos que restringen la esfera jurídica de los destinatarios (como lo son aquellos que imponen sanciones) se encuentra inexcusablemente subordinada a la satisfacción de los presupuestos normativos correspondientes"*; la autoridad había impuesto una sanción no prevista en el contrato invocando una implícita prerrogativa de sanción. Ver fallo y crítica positiva de Héctor Mairal, "Una sentencia esclarecedora frente al mal uso del derecho comparado", en *Revista Jurídica El Derecho Administrativo*, t. 2018, Editorial Universitas, Buenos Aires, 2019, p. 292.

II. LAS CLÁUSULAS EXORBITANTES

Nosotros, siguiendo fundamentalmente a Mairal[6] –en Argentina- y a Meilán Gil[7] –en España-, hemos manifestado nuestras diferencias con la denominada *"teoría del contrato"* por cuanto hemos cuestionado la exorbitancia de las denominadas cláusulas contractuales; en especial cuando se pretende incluir su naturaleza contractual y –además- la posibilidad de su carácter implícito.

Negamos esa *"exorbitancia"* que radicaría en el erróneo supuesto de que su incorporación en un contrato entre privados sería motivo de su tacha de nulidad.

Sostenemos que algunos contratos públicos, que son –en mayor o menor medida– todos los que celebra la Administración, pueden contener cláusulas expresas que habilitan facultades extraordinarias a favor de la parte pública pero que, en modo alguno, pueden alcanzar un contenido que fuera inválido o inadmisible –más aún: nulo– en el derecho común de los contratos en general dentro del cual está contenido también ese –y todos– los contratos administrativos. Consideramos inaceptable el grado de exorbitancia sostenido por la *"teoría"*; pues *"el contrato, a diferencia del acto, permite o demanda una igualdad de posiciones, aunque las partes sean de diferente naturaleza"*[8].

Negamos la existencia de cláusulas contractuales que trasunten algún *"poder"* de la Administración si por tal se entiende la presencia de instrumentos contractuales válidos que habiliten a la parte estatal a exceder el límite que les imponen los principios que rigen a los contratos, a todos, a los públicos y a los privados: *"pactae sunt servandae"*. Es más, demostramos que las denominadas *"prerrogativas"* en general son cláusulas que se encuentran también en el Código Civil en cabeza del locatario de la locación de obra, o de otros contratos, o son propios de la naturaleza jurídica del mismo, –y por ello presentes en todos–, lo que pone en evidencia la inexistencia de la mencionada desigualdad contractual natural[9].

---

6 Héctor Mairal. "De la peligrosidad o inutilidad de una teoría general del contrato administrativo", en *Revista El Derecho*, 179-675; y también en "El aporte de la crítica a la evolución del derecho administrativo", en *Revista El Derecho*, 180-849. Apoya expresamente Agustín A. Gordillo. "La mutación del contrato administrativo", en *Cuestiones de Contratos Administrativos en homenaje a Julio Rodolfo Comadira*, Jornadas Organizadas por la Universidad Austral, Facultad de Derecho, Ediciones RAP, Buenos Aires, 2007, p. 835 y ss. En contra Jorge H. Sarmiento García, "Primeras reflexiones sobre la tesis de Mairal frente al 'Contrato Administrativo'", *Revista Jurídica El Derecho*, t. 180, p. 849.

7 José Luis Meilán Gil, "Unidad del contrato público e interés general: itinerario de una investigación", en *Revista Jurídica El Derecho Administrativo*, t. 2018, Editorial Universitas, Buenos Aires, 2019, p. 565 y ss.

8 José Luis Meilán Gil, Unidad…, *op. cit.*, p. 571.

9 Alejandro Pérez Hualde, "Exorbitancia de las prerrogativas de la administración en los contratos", en AIDA, Opera Prima de Derecho Administrativo, *Revista de la Asociación Internacional de derecho Administrativo*, No. 9, Enero-junio 2011, Universidad Nacional Autónoma de México, UNAM, México, 2011, p. 175-226.

El maestro mexicano Jorge Fernández Ruiz, adhiere a la teoría dejando constancia de que la exorbitancia sólo puede serlo respecto del derecho privado *"más no contrarias al derecho público"*[10].

De igual modo, tampoco existe base o fundamento estrictamente contractual para el ejercicio de prerrogativas públicas por particulares, contratistas o cocontratantes o concesionarios de la administración, sobre terceras personas. Los casos en que aparece algún particular ejerciendo facultades en el marco de cumplimiento de algún contrato, como el de concesión de un servicio público o de explotación de un bien del dominio público, no se trata de prerrogativas contractuales sino del ejercicio de atribuciones propias de la función pública, que pueden ser ejecutadas dentro del marco del contrato, pero cuyo fundamento reposa en el régimen jurídico propio del servicio o de la función, ambos de carácter público, confiados en forma precaria por ser necesarios para su mejor cumplimiento; pero que no generan derecho contractual a su ejercicio y son siempre recuperables para el Estado, por cualquier causa, más allá de las consecuencias y responsabilidades contractuales económicas que pueda generar en favor del concesionario que las ejercía.

Coincidimos nuevamente con Meilán Gil[11] en su *"propuesta de revisión"*, en que no existe exorbitancia admisible en el campo contractual, sea que fuere público o de derecho común. Por lo tanto la posible presencia de cláusulas de tal carácter no es la pauta para distinguir contratos públicos de los privados. La atribución de facultades distintas, cuando las hay, factibles de ser ejercidas por la Administración sobre la otra parte, o por ésta respecto de otras personas, encuentra su fundamento en causas y razones que son extrañas al contrato.

Pues si bien se presentan en su ámbito específico de operación, no existen instrumentos contractuales que permitan su demanda, la imposición –ni siquiera judicial– de su sostenimiento ni su permanencia en cabeza del particular en cualquier supuesto que fuera.

La finalidad pública se encuentra presente en todos los contratos que firma la Administración, sea cual fuere el grado de incidencia del derecho público sobre su régimen, está presente de igual modo en un contrato de los denominados *"administrativos"* como también en aquellos que celebra la administración que son, para nosotros erróneamente, denominados *"privados"* o de *"derecho común"* en la terminología de Marienhoff[12]. Los fines de la Administración están presentes en sus contratos públicos y en también en sus pretendidamente *"privados"*. Pues no puede ésta celebrar contratos donde la finalidad de utilidad pública, o de la propia Administra-

---

10 Jorge Fernández Ruiz, *Derecho Administrativo. Contratos*, 2da. ed., Editorial Porrúa, México, 2003, p. 81.

11 José Luis Meilán Gil, "Las prerrogativas de la administración en los contratos administrativos: propuesta de revisión", en Sección Doctrina de la Revista Argentina del Régimen de la Administración Pública, *RAP*, director Eduardo Mertehikián, año XXXVI, No. 431, Buenos Aires, 2014, p. 7 y ss.

12 Miguel S. Marienhoff, *Tratado de Derecho Administrativo*, tomo III-A, Abeledo-Perrot, Buenos Aires, 1983; también en *El Derecho Administrativo argentino, hoy*, Ciencias de la Administración. División Estudios Administrativos, Buenos Aires, 1996.

ción, que es también una finalidad pública, estén ausentes porque estarían fuera de su objeto y razón jurídica de ser. Recordemos que la Administración no es libre para contratar sobre lo que desee sino que está sujeta a su objeto siempre en el marco del principio de juridicidad y su objeto es exclusivo y excluyente.

Sólo la vinculación directa con las funciones esenciales del Estado y la cobertura de los servicios y funciones públicos, legalmente así calificados, son los únicos supuestos que pueden justificar, siempre que fuera necesario, el empleo de facultades de *"poder"* de parte de la Administración que pueden ser ejercidas aun sobre la contraparte del contrato. Pero la base de esas facultades, en ese caso concreto, no será contractual. Pues no surgen de un contrato sino de otras normas constitucionales y legales que le imponen deberes y obligaciones de garantía al Estado y que éste debe ejercer para cumplir con sus fines propios y específicos. Esos *"poderes"*, que surgen de la naturaleza de la tarea a cumplir y que la Administración posee –y que tiene la facultad y el deber de emplear– antes, durante y después del contrato, tanto no dependen de él, que –dadas las circunstancias que lo requieran– los ejercería aun cuando no hubiera relación contractual alguna, o sobre personas que se encontraran fuera de alcance del contrato, como es el caso de los empleados del concesionario, que están fuera del contrato público, y deben soportar la limitación efectiva de su derecho de huelga en aras del principio de *"continuidad"* de los servicios públicos[13].

En otras palabras, se trata de actos de autoridad propios del ejercicio que el Estado puede hacer de sus funciones de policía, desde el mismo –o desde otro– órgano ajeno al contrato, fundado en deberes-facultades atribuidos por la Constitución y las leyes, y que, de ningún modo, consisten en *"cláusulas contractuales exorbitantes"* sino en facultades propias de autoridad que carecen de base contractual y encuentran su fundamento en la naturaleza de las funciones y cometidos del Estado calificadas, reiteramos, por la Constitución y las leyes[14].

Consideramos que la Administración, ya desde hace unos quinientos años[15], concurre al ámbito del contrato como uno de los medios aptos para la realización de sus cometidos públicos sin estar obligada a ello; es más, es válido pensar que lo ha hecho luego de una meditada estrategia de ejecución para el mejor cumplimiento de sus objetivos, pues cuenta con otros instrumentos jurídicos que le permiten realizar y gestionar esos fines; pero habiendo recurrido calculadamente a ese instituto jurídico, debe someterse a sus reglas propias, sobre todo a sus principios esenciales, que lo rigen desde los tiempos del Derecho Romano, como el *"lex inter partes"*, el *"pactae sunt servandae"*, el *"rebus sic stantibus"*, sin los cuales no hay contrato.

---

13 Lo hemos analizado en nuestro Alejandro Pérez Hualde, *Concesión de servicios públicos*, Astrea Ediciones RAP, Buenos Aires, 2017.

14 Juan Carlos Cassagne, "El contrato administrativo en la actualidad", en *Cuestiones de Contratos Administrativos en homenaje a Julio Rodolfo Comadira*, Jornadas Organizadas por la Universidad Austral, Facultad de Derecho, Ediciones RAP, Buenos Aires, 2007, p. 631 y ss.

15 Así lo hacen notar Luis José Béjar Rivera y Juan Manuel Otero Varela, "Panorama general de la contratación administrativo en México", en *XII Foro Iberoamericano de Derecho Administrativo, "Contratación pública"*, vol. II, Adrus Editores, Arequipa, 2013, p. 401.

III. PRINCIPIOS Y RÉGIMEN LEGAL NACIONAL

El régimen federal que adopta la Constitución Argentina con sus particulares notas que lo diferencian de otros, ha ocasionado que cada provincia-estado federal, posea una propia legislación de contratos administrativos en general y también en especial cuando se trata del empleo público, las obras públicas, los suministros, etc. Analizaremos someramente el régimen general establecido para el Gobierno Federal.

El panorama que nos ofrece la legislación y la jurisprudencia es de amplia riqueza y nos brinda un gran campo de trabajo, sobre todo, por sus complejidades e indefiniciones.

1. *Los fallos de la Corte Suprema y el Reglamento de Contrataciones del Estado Nacional*

La Corte Suprema ha establecido el principio que reza: "*en modo alguno el texto constitucional determina que resulte una característica esencial de los servicios públicos que éstos deban ser prestados por entes estatales ni en condiciones monopólicas. El constituyente de 1994 ha contemplado los servicios públicos poniendo el acento en el interés y en la protección de los derechos de los consumidores y usuarios, tal como resulta de manera elocuente, por lo demás, del primer párrafo del citado art. 42; y ha dejado librado al criterio del legislador –siempre que se asegure la calidad y eficiencia del servicio bajo un marco regulatorio adecuado y con organismos de control pertinente– determinar la naturaleza de la persona o personas –estatal, pública, mixta o privada– que tendrán a su cargo la prestación del servicio y las condiciones bajo las cuales se la llevará a cabo*"[16].

Pero en el terreno de las prerrogativas, la misma Corte ha reiterado su adhesión, pero también fortalece su soporte a principios fundamentales que ponen un límite a lo que pareciera un alineamiento incondicional a la *"teoría del contrato"* expuesta –como vimos– en *"Cinplast"*, y acerca así su posición al reconocimiento de la presencia de puntos de encuentro con el derecho que rige a los contratos en general. En este sentido el fallo *"Lix Klett* [17], incluye una prolija referencia a la trayectoria doctrinaria del alto Tribunal en la materia.

Así se mencionan expresamente, y se remite a ellos, los casos "Hotel Internacional Iguazú"[18], *"Radeljak"*[19], *"Vicente Robles"*[20], *"Más Consultores"*[21], *"Servicios Empresarios Wallabies"*[22], *"Ingeniería Omega"*[23], *"Carl Chung Ching Kao"*[24], *"Magnarelli"*[25], *"Laser Disc"*[26], *"Indicom"*[27] *y "Roberto Punte"*[28].

---

16 Corte Suprema, expte. No. N.271.XLVIII y N.253.XLVIII, *"Recurso de hecho: NSS SA c/ Gobierno de la Ciudad de Buenos Aires"*, del 15 de julio de 2014.

17 Fallos, tomo 335, p. 1385, de julio de 2012.

18 Fallos, tomo 308, p. 618 de 1986.

19 Fallos, tomo 311, p. 2831 de 1988.

20 Fallos, tomo 316, p. 382 de 1993.

21 Fallos, tomo 323, p. 1515 de 2000.

22 Fallos, tomo 323:1841 de 2000.

El Régimen de Contrataciones del Estado Nacional de la República Argentina se encuentra en el Decreto Delegado N° 1023/2001, reglamentado por Decreto 1030/2016, en adelante denominaremos RCE, es de aplicación obligatoria (art. 2) a todas las entidades incluidas en la Ley de Administración Financiera 24156, en su art. 8 inc. 2, es decir, a la *"Administración Nacional, conformada por la Administración Central y los Organismos Descentralizados, comprendiendo en estos últimos a las Instituciones de Seguridad Social"*.

La amplitud comprensiva es importante en cuanto a los sujetos, pues cabe hacer notar que hasta entes privados podrían caer bajo su imperio; los parámetros de análisis son dos: *"patrimonio"* y *"sujeto de la decisión"*. La sola presencia del Estado en cualquiera de ellos determina la aplicación del régimen público exorbitante a sus contratos.

En cuanto a los contratos excluidos (art. 5 RCE) solamente han sido colocados fuera de su alcance el de empleo público –que tiene su propia ley–, las compras de caja chica, los que se celebren con estados extranjeros o con organismos multilaterales de crédito internacional y las operaciones de crédito público.

2. *La legislación específica sobre contratos de concesión de obras, de explotación del dominio y de servicios públicos*

La aún vigente Ley 17520 de concesiones de obras, que fue dictada hace más de cincuenta años por un gobierno *"de facto"*, incluye el supuesto de *"construcción, conservación o explotación de obras públicas mediante el cobro de tarifas o peaje"* (art. 1°) con lo que resulta implícita la concesión de explotación de la prestación de un servicio público cuando la necesidad que satisface la obra concesionada se encuentra bajo ese régimen público. Tal es el caso de las autopistas, corredores fluviales, transporte de energía y de gas, etc.

La ley ha contemplado sólo al contrato de concesión de obra pública y no al contrato de concesión de servicio público. Nos vemos obligados a deducir que ese contrato de concesión de obra se transforma en concesión de servicio público en el momento en que esa *"tarifa o peaje"* es cobrada a cambio de la prestación de un servicio en condiciones de *"obligatoriedad"* que tiene por objeto satisfacer una necesidad ejerciendo una actividad que ha sido capturada de las actividades del mercado y ha sido sometida a un régimen de derecho público exorbitante[29].

---

23 Fallos, tomo 323:3924 de 2000.

24 Fallos, tomo 324:3019 de 2001.

25 Fallos, tomo 326:1280 de 2003.

26 Fallos, tomo 326:3206 de 2003.

27 Fallos, tomo 327:84 de 2004.

28 Fallos, tomo 329:809 de 2006.

29 Alejandro Pérez Hualde, *El usuario y el servicio público en argentina*, en Jaime Rodríguez-Arana Muñoz y Raúl Canosa Usera, editores, "Derecho de los consumidores y usuarios: una perspectiva integral", Villanueva Centro Universitario, Netbiblo, La Coruña, 2008, p. 174-192.

La legislación nos coloca frente a la necesidad de considerar al contrato de concesión de obra y avanzar sobre él desde las pautas y principios aplicables a los servicios públicos para establecer las modificaciones que impone la naturaleza de la prestación comprometida. De ese modo es que resulta inevitable poner en evidencia el poco fructífero campo de discusión y de polémica que provoca la indefinición de los territorios que deberían ser precisos y transparentes.

Uno de los terrenos donde se percibe la incerteza de la normativa es cuando la ley estipula el contenido imprescindible del contrato de concesión en su art. 7º: *"deberá definir: el objeto de la concesión; su modalidad, de acuerdo a lo establecido en el artículo 2º de esta ley; el plazo; las bases tarifarias y procedimientos a seguir para la fijación y los reajustes del régimen de tarifas; la composición y las facultades de la representación o de la delegación a que se refiere el artículo 5º de esta ley; la indicación –si correspondiese- de utilizar recursos del crédito para financiar las obras según lo previsto en el artículo 5º de esta ley; las garantías a acordar por el Estado; los alcances de la desgravación impositiva, si la hubiere; el procedimiento de control contable y de fiscalización de los trabajos técnicos; las obligaciones recíprocas al término de la concesión; las causales y las bases de valuación para el caso de rescisión".*

Como se observa, varios de los contenidos son propios de la concesión de servicios públicos (*"tarifas"*... *"delegación"*...) y no de la de obra, que pretende regular con exclusividad.

Este instrumento legal fue modificado por la Ley 23696, de *"reforma del Estado"*, a fin de posibilitar la concesión de obras ya terminadas para la explotación a cambio de su mantenimiento y para limitar la rentabilidad en una relación con las inversiones (art. 57). El instrumento legal mantiene el tratamiento indiferenciado entre concesión de obras y de servicios públicos cuando establece que *"se aclara que podrán otorgarse concesiones de obra para la explotación, administración, reparación, ampliación, conservación o mantenimiento de obras ya existentes, con la finalidad de obtención de fondos para la construcción o conservación de otras obras que tengan vinculación física, técnico o de otra naturaleza con las primeras, sin perjuicio de las inversiones previas que deba realizar el concesionario. Para ello se tendrá en cuenta la ecuación económico-financiera de cada emprendimiento, la que deberá ser estructurada en orden a obtener un abaratamiento efectivo de la tarifa o peaje a cargo del usuario*[30].

[30] La norma aclara también que: *"La tarifa de peaje compensara la ejecución, modificación, ampliación, o los servicios de administración, reparación, conservación, o mantenimiento de la obra existente y la ejecución, explotación y mantenimiento de la obra nueva. En cualquier caso, las concesiones onerosas o gratuitas, siempre que las inversiones a efectuar por el concesionario no fueren a ser financiadas con recursos del crédito a obtenerse por el estado o por el concesionario con la garantía de aquel, podrán ser otorgadas por el Ministerio de Obras y Servicios Públicos mediando delegación expresa del Poder Ejecutivo Nacional, delegación que podrá efectuarse en cualquier estado del trámite de adjudicación, incluso con anterioridad a la iniciación del procedimiento de contratación que corresponda según el régimen de la presente ley" (art. 58)".*

El marco normativo, que fue determinado en el inicio de la denominada *"reforma del Estado"* y que marcaba un hito histórico en la evolución del concepto mismo de servicio público –como lo afirma Bianchi[31]–, fue dictado con plena conciencia de que lo que se perseguía era la transferencia fuera del Estado de la explotación de todos los servicios públicos, y aun así decidió mantener la poca claridad en la definición de los campos de alcance entre concesión de obra y de servicio público.

Deja el espacio al intérprete para que haga aplicación de las normas correspondientes en los distintos aspectos que puede abarcar la concesión. Por ello es frecuente que la realidad jurídica lo coloque ante un contrato de concesión de obra –durante el tiempo de la construcción y explotación-, pero que en los aspectos esenciales del servicio que se preste –si fuera el caso- tome plena vigencia la normativa relacionada con la concesión del servicio público, y también, siempre, jueguen su especial rol las normas que rigen el tratamiento de la concesión de explotación de bienes del dominio público.

La jurisprudencia de nuestro máximo tribunal ha acompañado tibiamente esta ponderación afirmando que "*la concesión constituye un contrato de derecho público supeditado al régimen legal, comprensivo de los poderes de policía del Estado, que rige lo concerniente a la organización y procedimiento del servicio, aunque en su aspecto económico el equilibrio de la situación del concesionario deba, en principio, ser respetado*"[32]; y decimos "tibiamente" porque pareciera que supedita, de algún modo –dice "en principio"–, las exigencias del servicio público a la economía del contrato de concesión de obra.

La confusión entre estos dos conceptos de concesión –de obra y de servicio públicos–, que hizo notar Sayagués Laso[33] sobre el final del siglo XIX, aún subsiste a fines del XX; y también en estos tiempos porque no es clara ni precisa su diferenciación. Y esto ocurre porque fundamentalmente se hace pie en un aspecto que consideramos desacertado. Sostiene Fanelli Evans, siguiendo la posición de Barra, que lo fundamental es el contrato de la construcción de la obra, por lo cual la concesión será siempre –en todos sus tramos– de obra pública y lo accesorio será el servicio público involucrado; aun cuando la explotación posterior fuera de uno de aquellos servicios sometidos legalmente al régimen público regirá el primero hasta que se termine de cobrar la obra. Recién después, si se prorroga su plazo, o sólo se concede la explotación del servicio, es donde él pasa a ser lo fundamental, y la concesión –consecuentemente– recién desde entonces será de servicio público propiamente.

Coherente con esta posición, con la que disentimos, está la de Guido Tawil[34] quien sostiene que el régimen del código civil sobre bienes del dominio público re-

---

31 Alberto Bianchi, *La regulación económica*, t.1, prólogo de Agustín Gordillo, Ábaco, Buenos Aires, 2001.

32 Fallos, 211:1162 del año 1948.

33 Enrique Sayagués Laso, *Tratado de Derecho Administrativo*, tomo I, 6ª edic., puesta al día en 1988 por Daniel Martins, Clásicos Jurídicos Uruguayos, reimp., Montevideo, 1991.

34 Guido Santiago Tawil, "Los tratados de protección y promoción recíproca de inversiones. La responsabilidad del Estado y el arbitraje internacional", en *Revista La Ley*, t. 2000-D, p. 1106 y ss.

ción comienza desde la terminación del cobro de la obra, al final de la concesión cuando se transfieren los bienes a la concedente. Se argumentaba que ello era así por haber quedado implícitamente derogado el viejo código civil por la ley de reforma del Estado 23696 en ese aspecto. Hoy este argumento habría decaído en la medida en que el art. 235 inc. f. CCCN ha reiterado aquel contenido.

Nosotros consideramos que cuando el servicio público está presente, con su régimen público –aquí sí– exorbitante, pasa a ser lo fundamental sea cual fuere el método de contratación o de construcción de la infraestructura (autopista, tendido de alta tensión, gasoducto, vías férreas, etc.). De lo contrario, de seguirse el razonamiento de la posición expuesta, existiría un lapso prolongado, todo el necesario para el pago de la obra construida, donde prevalecerían los fines y objetivos del contrato de construcción por sobre los principios del régimen del servicio público. Ello es incompatible porque supone una inadmisible –aun cuando fuera provisoria– contractualización de las facultades y prerrogativas públicas de la concedente y también de las atribuidas al concesionario.

La principal crítica que nos merece esta política legislativa respecto de las concesiones en general es que no ha precisado de modo indudable que cuando el servicio a prestar es uno de aquellos determinados bajo su propio régimen específico, la concesión de obra pública que se pueda celebrar cede terreno y pasa a ser accesoria de la principal que es la concesión del SP. Es lo que indica claramente el juego de los principios de Derecho Público aplicables; aunque hay que reconocer que, entonces, no deja de generar una gran duda acerca de su aplicación y –consecuentemente–, produce la lógica inseguridad que dificulta hoy el financiamiento de grandes emprendimientos.

Nos recuerda Sarmiento García que el contrato de concesión de SP es "principal" y ello es así porque: "son principales aquellos inherentes al fondo del negocio del que se trata, esto es, a la causa del contrato, mientras que son accesorios los que ayudan a los principales en la obtención del fin perseguido"[35].

En nuestro caso, cuando sobre el contrato de concesión de obra pública se ha montado la construcción de una infraestructura destinada a cumplir con la prestación de un servicio público, ese contrato para a ser accesorio del principal que es la concesión del servicio; pues es la concesión de obra la que *"ayuda"* a la ejecución adecuada y al cumplimiento de las causas del *"principal"* que es el servicio público comprometido.

Es este segundo contrato, sin duda, el que determinó la necesidad del primero y, que le da sentido en el mundo jurídico, y es el que impone su régimen –aquí sí exorbitante– a toda la relación; salvaguardando siempre los intereses y derechos *"resultantes"* del concesionario constructor de la obra[36].

---

35 Jorge Sarmiento García, *Concesión de servicios públicos*, Ciudad Argentina, Buenos Aires, 1999.

36 Atención siempre al art. 965 del CCCN que protege constitucionalmente los derechos resultantes del contrato.

Para salvar esta situación lo cierto es que ha sido necesario el dictado de un régimen legislativo específico para cada uno de los principales servicios públicos de nuestro país[37]. La sola lectura de las normas que contiene cada uno de estos marcos normativos pone de relieve, y llama la atención, por la profusa repetición de normas jurídicas que deberían estar contenidas en un régimen común. Son las mismas determinaciones en uno y en otro a tal punto que cuando aparece alguna diferencia se hace merecedora de un exhaustivo análisis.

En general, entonces, cada servicio público ofrece su propio régimen pero no puede escapar a la aplicación de los principios contenidos en el RCE, en tanto y en cuanto ellos han sido establecidos para la contratación pública en general, ni de la Ley de concesiones que también establece pautas para ellas en particular.

IV. CONTRATOS EN EL DERECHO ADMINISTRATIVO GLOBAL

Finalmente, cabe hacer algunas consideraciones sobre el Derecho Administrativo global, aplicable –cada vez en mayor grado– a los contratos que trascienden nuestras fronteras en sus efectos. Coincidimos con Moreno Molina[38] en que la contratación pública es uno de los ámbitos *"que mejor refleja en la actualidad el proceso de formación, desarrollo y consolidación de este derecho administrativo global"*. Como destaca el autor, en estos días contamos con legislación, acuerdos, órganos de decisión y jurisprudencia, que han fijado principios y normas de procedimiento en relación con los contratos.

El fenómeno de la globalización nos ubica frente a la interrelación de otros valores que se suman en su pretensión de realización completando, aunque –algunas veces– interfiriendo, los propios del servicio público que el contrato de concesión se ve compelido a realizar. Claro ejemplo de ello es cómo los intereses de liberalización y expansión del mercado europeo imponen sus propias reglas a cada uno de los países miembros y éstos se ven obligados a adaptar sus requerimientos[39] de cohesión social a aquellas exigencias que se evidencian en normas de contratación pública, requerimientos de apertura a empresas de la Unión, etc.

El fenómeno de la globalización ha traído el Derecho Administrativo Global, que existe porque existe la actuación administrativa global; y una parte relevante de esa actuación es la de nivel contractual de los estados también sujetos de ese Derecho.

---

37 Así la concesión de electricidad se ajustará a la Ley 24065, la del gas domiciliario se someterá a la Ley 24076, la de agua potable y saneamiento del Gran Buenos Aires, a la Ley 26221, la de comunicaciones por el Dec. 1185/1990, los servicios aeroportuarios por el Dec. 375/1997, etc.

38 José Antonio Moreno Molina, *Derecho global de la contratación pública*, Foro de Jóvenes Administrativistas, AIDA, IDEA, editorial Ubijus, México, 2011.

39 José Antonio Moreno Molina, "La nueva ley española de contratos del sector público", en *Revista Jurídica El Derecho Administrativo*, t. 2018, Ed. Universitas, Buenos Aires, 2019. p. 528 y ss.

1. *El contrato de la Administración con empresas extranjeras donde se aplica la jurisdicción y el derecho Internacional*

El Estado que contrata, tanto cuando lo hace a nivel local como cuando fuera a nivel internacional, va acompañado de su sujeción a reglas propias de las que no puede apartarse y esa circunstancia no es ignorada por su contraparte. Esas reglas tienen efectos que no hay que magnificar; coincidimos con la doctrina española –con Eduardo García de Enterría[40]– en la medida en que considera que *"el problema no ha de plantearse en términos de singularidad, sustantividad o exorbitancia, sino, más sencillamente, sin dramatismos, inquiriendo cuáles son esas modulaciones o variantes que introduce la presencia subjetiva de la administración sobre la abstracta institución contractual".*

La celebración de un contrato de la Administración a nivel internacional no ofrece mayores dificultades porque normalmente se incluyen en él las normas a las que se sujetarán los comportamientos de las partes durante la ejecución; las leyes aplicables y la jurisdicción de los tribunales deseados por las partes. La relación contractual, en modo creciente e inexorable, en proporción directa a su envergadura económica, va escapando al Derecho Administrativo de los países contratantes tanto en su contenido normativo como en su jurisdicción.

Reflexiona Gordillo: "*un país que aspira a desarrollarse no puede abstenerse de actuar en el concierto de las naciones: las Naciones Unidas, la Organización de los Estados Americanos, el Grupo de Acción Financiera Internacional GAFI, la Organización para la Cooperación y el Desarrollo Económicos, OCDE, la Organización Mundial del Comercio, OMS, la Organización Internacional del Trabajo, el Centro Internacional de Arreglo de Conflictos de Inversión, CIADI, la Corte Internacional de Arbitraje con sede en París, son ejemplos que nos vienen fácil a la mente*", y –nosotros agregamos– esa actuación usualmente se somete a jurisdicciones y derecho internacionales[41].

2. *Contratos de la Administración con empresas nacionales pero con aplicación del derecho internacional por tribunales foráneos*

Las dificultades aparecen cuando la Administración celebra contratos nacionales, en el ámbito de su ordenamiento jurídico habitual, pero por el hecho de encontrarse involucradas empresas extranjeras en la composición accionaria, antes de la celebración o aun sobrevinientemente, se tornan aplicables una serie de normas de carácter internacional de protección a esos inversores externos. Son normas que se encuentran previstas en tratados de protección de inversiones que la República ha celebrado con más de cincuenta países, y que reiteradamente ha renovado en los últimos años.

---

40 Eduardo García De Enterría y Tomás-Ramón Fernández, notas de Agustín Gordillo, *Curso de Derecho Administrativo*, tomo I, 1ª edición argentina, Thomson-Civitas, La Ley, Buenos Aires, 2006.

41 Agustín A. Gordillo, "La corrupción como delito de lesa humanidad", *Revista Jurídica de San Luis*, Nro. 1, mayo 2017 del 17-05-2017, Ediciones IJ, Buenos Aires, cita: IJ-CCCXLIV-670.

Durante la década de los '90 del siglo pasado, Argentina suscribió esos más de cincuenta Tratados de Protección Recíproca de Inversiones con el objeto de brindar garantía de que las inversiones extranjeras gozaran de protección y plena seguridad en la aplicación del principio de *"tratamiento justo y equitativo"*, y de que las partes contratantes no adoptarían medidas de expropiación o nacionalización salvo por causa de utilidad pública, sin discriminación, y dando lugar al pago de una compensación pronta y adecuada. En estos acuerdos se incluyeron también normas que establecen un tratamiento no menos favorable que el acordado a los inversores locales, también uno idéntico al que se le otorgue a la nación más favorecida en otro tratado, reglas sobre libre transferencia de divisas, y finalmente, normas que aceptan expresamente el sometimiento de las disputas que se ocasionen a centros internacionales bajo los tribunales de composición de diferendos que funcionan bajo el denominado *"Centro Internacional de Arreglo de Diferencias Relativas a Inversiones"* (CIADI)[42] en el ámbito del Banco Mundial[43].

Si bien se registran algunos casos anteriores, con motivo de la crisis de 2002, la devaluación del peso argentino que sobrevino de inmediato, más el congelamiento de todo incremento de tarifas de los servicios públicos, colocó al sistema jurídico de contrataciones en la necesidad imperiosa de proceder a la renegociación de todos sus contratos públicos, en especial aquellos contratos de concesión y de licencia.

Con diversas normas e instrumentos, el gobierno argentino fue reformulando algunos de esos contratos objeto de reclamo internacional mediante la aplicación de una política pragmática y sin reglas de tipo general. Los tiempos prolongados que empleó le acarrearon al país la interposición de numerosos reclamos ante esos tribunales del CIADI y la República Argentina aceptó su competencia, se hizo parte, concurrió y presentó su defensa en todos los procesos iniciados en su contra en ese ámbito internacional.

Cabe destacar que, como su denominación gramaticalmente lo indica, se trata de *"centros de arreglo de diferendos"* que carecen de carácter jurisdiccional estrictamente; que tampoco es arbitral –aunque sus decisiones se denominen *"laudos"*–, sino que poseen naturaleza más propia de una amigable composición, pero que tienen el peso moral público de constituir una instancia buscada y aceptada por nuestro país –por sucesivos gobiernos– con el fin de procurarse la confianza de los inversores extranjeros.

En la generalidad de los conflictos planteados, más de cuarenta en su momento más crítico, algunos elementos nos permiten sostener que se han producido acuerdos en las renegociaciones puesto que se han concluido procesos ante el CIADI por existir un pedido del demandante o por la existencia de un arreglo que ha sido puesto en conocimiento del tribunal y éste ha tomado razón de él; es el caso de –al menos– catorce causas ya extinguidas. También existen procesos que han sido suspendidos unilateralmente por sus reclamantes en su trámite por haberse producido un acuerdo

---

42 https://icsid.worldbank.org/ICSID

43 Guido Santiago Tawil, Los conflictos en materia de inversión, la jurisdicción del CIADI y el derecho aplicable. A propósito de las recientes decisiones en los casos *"Vivendi"*, *"Wena"* y *"Maffezini"*, en *Revista La Ley* de los días 20 y 21 de noviembre de 2002.

–presumimos provisorio– entre las partes y también encontramos otros que se encuentran suspendidos por falta de depósito de los gastos; es decir, un total de más de veinte causas detenidas o suspendidas por voluntad del demandante.

Conforme al texto de la Ley 24353 se aprobó en julio de 1994 el *"Convenio sobre Arreglo de Diferencias Relativas a Inversiones entre Estados y Nacionales de otros Estados"*, adoptado en Washington (Estados Unidos de América) el 18 de marzo de 1965, según el cual *"Todo Estado Contratante reconocerá al laudo dictado conforme a este Convenio carácter obligatorio y hará ejecutar dentro de sus territorios las obligaciones pecuniarias impuestas por el laudo como si se tratare de una sentencia firme dictada por un tribunal existente en dicho Estado. El Estado Contratante que se rija por una constitución federal podrá hacer que se ejecuten los laudos a través de sus tribunales federales y podrá disponer que dichos tribunales reconozcan al laudo la misma eficacia que a las sentencias firmes dictadas por los tribunales de cualquiera de los estados que lo integran"* (art. 54.1).

No obstante ello, nuestro país exige, para su efectiva ejecución, su convalidación por la Justicia argentina, lo cual implica una nueva revisión del caso. Esta posición ha sido motivo de rechazo por el CIADI y ha traído al país algunas sanciones económicas, como lo ha puesto en evidencia Alberto Spota (h)[44].

Una evaluación de los hechos y de las soluciones, reales o aparentes, producidas en estos tiempos críticos para la economía de Argentina, que analizamos, nos permite hacer notar que los procedimientos ante los tribunales CIADI se han visto reiteradamente desvirtuados por los notables excesos en la reclamación. Es profusa y evidente la *"plus petitio"* –escandalosa en muchos de los reclamos–, que sólo se explica por la impunidad debido a la falta de sanción a ellas. Pero debería llevarnos a reflexionar sobre si es verdadero el carácter componedor de la instancia que, se supone, es amistosa de estados parte de organismos multilaterales supranacionales. Son numerosos –casi sin exclusiones– los casos en que el laudo adverso ha contenido una condena que ha alcanzado sumas muy inferiores a un tercio de las inicialmente reclamadas; lo que permitiría suponer que le asistía alguna razón al país demandado en su resistencia a pagar sumas infladas en modo injustificado.

La jurisprudencia de la Corte Suprema, siguiendo al viejo art. 1198 CCiv, ha establecido que: "los contratos deben celebrarse, interpretarse y ejecutarse de buena fe y de acuerdo con lo que las partes verosímilmente entendieron o pudieron entender, obrando con cuidado y previsión. Dicha regla tiene singular importancia en los contratos administrativos, en los cuales se supedita su validez y eficacia al cumplimiento de las formalidades exigidas por las disposiciones legales vigentes en cuanto a la forma y procedimientos de contratación"; es una norma que hoy, en el art. 961 CCCN expresa: "Buena Fe. Los contratos deben celebrarse, interpretarse y ejecutarse de buena fe. Obligan no sólo a lo que está formalmente expresado, sino a todas las consecuencias que puedan considerarse comprendidas en ellos, con los alcances en que razonablemente se habría obligado un contratante cuidadoso y previsor".

---

[44] Alberto Antonio Spota (h), El contrato de concesión de servicios públicos (a propósito del inversor español en la República Argentina), en Enrique M. Alonso Regueira, director, prólogo de Alberto Antonio Spota (h), *Estudios de Derecho Público*, Asociación de Docentes, UBA, Facultad de Derecho y Ciencias Sociales, Buenos Aires, 2013, p. 921 y ss.

Consecuentemente, la norma nos lleva a la reflexión de que está claro que en el contrato público, nacional o internacional, lo que entendió y pudo entender la Administración al contratar, su finalidad perseguida y el contenido exacto de su única intención posible, de acuerdo al principio de legalidad, es por principio general, formal y oficialmente conocido por su contraparte privado en la contratación –cuidadoso y previsor–, sea que fuera local o extranjero; es una presunción *"iure et de iure"*.

V. EL RÉGIMEN DE LOS CONTRATOS *"DE CONSUMO"* EN EL NUEVO CCCN

Finalmente, no podemos cerrar este análisis del moderno marco legislativo de los contratos administrativos sin considerar la normativa específica del CCCN, y –sobre todo– en materias como los contratos *"de larga duración"* (art. 1011) y las referencias al contrato de concesión (art. 1502 y 1506), las limitaciones objetivas establecidas sobre la embargabilidad de los bienes afectados a un servicio público (art. 241) y las normas precisas sobre el Contrato de Consumo, en especial su art. 1093 que sostiene: *"Contrato de consumo es el celebrado entre un consumidor o usuario final con una persona humana o jurídica que actúe profesional u ocasionalmente o con una empresa productora de bienes o prestadora de servicios, pública o privada, que tenga por objeto la adquisición, uso o goce de los bienes o servicios por parte de los consumidores o usuarios, para su uso privado, familiar o social"*.

El texto hace referencia explícita a empresa *"prestadora de servicios pública o privada"*; lo que indicaría su aplicación a la relación usuario-concesionario del servicio público; con ello la norma civil y comercial se introduce en la esfera de legislación sobre contratación pública.

Esta primera conclusión merece algún comentario como el hecho innegable de que sólo alcanzaría a aquellos usuarios que se identifican con el concepto de consumidor que nos trae el art. 1092 CCCN: *"Relación de consumo. Consumidor. Relación de consumo es el vínculo jurídico entre un proveedor y un consumidor. Se considera consumidor a la persona humana o jurídica que adquiere o utiliza, en forma gratuita u onerosa, bienes o servicios como destinatario final, en beneficio propio o de su grupo familiar o social. Queda equiparado al consumidor quien, sin ser parte de una relación de consumo como consecuencia o en ocasión de ella, adquiere o utiliza bienes o servicios, en forma gratuita u onerosa, como destinatario final, en beneficio propio o de su grupo familiar o social"*.

De la lectura atenta del texto y de la observación de la realidad surge que hay toda una categoría de usuarios que no utilizan el servicio público como *"destinatario final"*, que es un elemento reiterado en todo el espectro que la norma busca incluir, y son numerosos los sujetos que incorporan el uso comercial del servicio público en un proceso productivo del cual son explotadores. Un ejemplo es el uso del servicio público eléctrico de todos aquellos empresarios y comerciantes que caben –o no– dentro de la categoría de *"grandes"* usuarios; también aquellos que la Corte Suprema ha identificado como *"usuarios no residenciales"* del servicio de gas en su fallo *"CEPIS"* –ya mencionado–; o quienes usan el corredor vial, fluvial o el transporte aéreo para la distribución de sus productos o traslado de sus materias primas; en general quienes emplean el suministro de gas natural para sus negocios y la producción de bienes sujetos a las distintas formas de comercialización.

Ninguno de ellos es *"destinatario final"* ni lo usa para *"beneficio propio o de su grupo familiar o social"*; en todos los casos se incorpora a un proceso productivo comercial que tiene otro destinatario y, no obstante esa circunstancia, se encuentra en una *"relación de consumo"* conforme a la norma del art. 42 CN, como lo ha sostenido la CSJN en varios de sus fallos, pero afuera para la normativa civil y comercial.

Entendemos que la normativa primordial será la que comprende el marco regulatorio del respectivo servicio y que las normas incorporadas por el CCCN servirán, en todo caso, de orientación en la interpretación favorable frente a ellas de acuerdo a los arts. 1094 *–in fine–* y 1095 que establecen que *"Las normas que regulan las relaciones de consumo deben ser aplicadas e interpretadas conforme con el principio de protección del consumidor y el de acceso al consumo sustentable. En caso de duda sobre la interpretación de este Código o las leyes especiales, prevalece la más favorable al consumidor"...* y que *"El contrato se interpreta en el sentido más favorable para el consumidor. Cuando existen dudas sobre los alcances de su obligación, se adopta la que sea menos gravosa".*

La presencia del sujeto vulnerable deberá ser detectada en todos los casos como comprobación necesaria, tal como se efectuó en *"CEPIS"*, para analizar la representación de los intereses difusos de los usuarios *"no residenciales"* y determinar su exclusión de ese proceso por no hallarse comprometida, respecto de ellos, la posibilidad de acceso a la justicia45.

VI. REFLEXIONES FINALES

La globalización, que es un hecho que no se discute sino que se asume y enfrenta en sus consecuencias del modo más apropiado para nuestros intereses comunitarios y de región, impone la necesidad de conformar un nuevo jurista que ilumine a nuestros funcionarios responsables de llevar adelante los contratos que tienen especial impacto en la vida cotidiana, digna y equitativa que deseamos para nuestros pueblos, a fin de lograr lo mejor que se puede obtener de esta nueva cosmovisión.

No es posible pensar en países asilados, regidos por su intacta pretendida soberanía nacional, sin sujeciones de especie alguna y que sobre esos pilares pueda componer una actuación beneficiosa para sus habitantes y administrados.

La globalización sólo nos impone no ignorarla y nos exige conocer profundamente sus reglas de actuación a fin de evitar sorpresas y consecuencias que debimos prever al momento en que decidimos interactuar y contratar en ese ámbito con el mundo que ya se rige por sus reglas.

---

[45] Fallo CS, *"Cepis"*, Considerandos No. 12 y 13 del voto de Lorenzetti y Highton, 22 de Maqueda y 28 de Rosatti.

Por estas razones es que nos ha resultado de gran utilidad adentrarnos en la doctrina de los administrativistas europeos pues ellos tienen ya un valioso entrenamiento en su desempeño en el marco de sistemas jurídicos supranacionales y de integración.

Investigaciones en equipo como la que acoge este ensayo, donde participamos doctrinarios de los distintos países que atravesamos dificultades y necesidades muy parecidas, son un modo efectivo de contribuir a la respuesta que exige el mundo globalizado y que también debe ser global en su juridicidad.

CUARTA PARTE
LA CONTRATACIÓN PÚBLICA EN NORTEAMÉRICA

CAPÍTULO XV
INTRODUCCIÓN AL ESTUDIO DE LA CONTRATACIÓN PÚBLICA EN USA

César Augusto ROMERO MOLINA*

INTRODUCCIÓN

La contratación pública en la mayoría de los países democráticos que obedecen a un estado constitucional está regida por principios y normas para su correcta ejecución y consumación. Es de anotar que los principios y normas tienen objetivos diferentes, pues mientras los primeros plantean una exigencia de justicia y equidad que debe hacer parte del razonamiento que busca tal fin por medio de las normas, que tienden a ser cánones que aplican a una determinada situación o no. Entendido así los principios, se constituyen en la guía para el obligatorio razonamiento que se debe hacer para aplicar una norma[1].

En consecuencia, a través de este escrito, lo que se pretende es mirar algunos de esos principios que orientan la contratación pública por parte del gobierno los Estados Unidos de Norte América, bien Federal o Estatal, considerado como el consumidor público más grande del mundo[2], haciendo énfasis en aquellos referidos a la ética, transparencia e integridad, sin excluir la importancia que tienen otros como la eficiencia, mejor valor, uniformidad, transparencia, competición, integridad.

---

* Profesor de Derecho Administrativo. Universidad de Santo Tomás de Aquino de Colombia.

1 Dworkin trata el tema de los principios al observar que los abogados argumentan no solo a partir de normas, sino también a partir de otro tipo de estándares que definitivamente no son normas. Entre estos otros tipos de estándares, Dworkin señala dos (aunque deja ver que puede haber otros): principles y policies. Aquí interesan solo los primeros, los cuales vagamente define Dworkin así: << *I call a 'principle' a standard that is to be observed, not because it will advance or secure an economic, political, or social situation deemed desirable, but because it is a requirement of justice or fairness or some other dimension of morality*>>.

2 *Cf.* M. Worthington., F. Alsto., L. Golsdman. *Contracting with the Federal Government.* 4 Edition. 1998. p. 33.

I. RESEÑA HISTÓRICA DE LA CONTRATACIÓN PÚBLICA EN ESTADOS UNIDOS

La contratación pública en Estados Unidos tiene su origen en el año 1795. En ese momento histórico, el Congreso aprobó la Purveyors of Public Supplies Act (Ley de los Proveedores de Suministros Públicos), donde se facultó a la Marina y al Ejército a suscribir contratos con particulares, con el fin de abastecer sus suministros. Posteriormente e iniciando el siglo 19, se aprobaron diferentes leyes que fueron moldeando algunos de los parámetros vigentes. En el mismo siglo, hacia el año 1861 se aprobó la Civil Sundry Appropriations Act (Ley de Adquisición Civil de Objetos Diversos), donde los principios referentes a la publicidad de la contratación se conservaron hasta después de finalizar la Segunda Guerra Mundial. Desde esos inicios, el congreso a través de leyes se enfocó en la publicidad de la contratación, con el fin de evitar que haya lugar a actos de corrupción. Durante la segunda guerra mundial, la tendencia a hacer pública la contratación fue abandonada por razones de emergencia basadas en el enfoque a la guerra, pero una vez terminada, se restableció la práctica de respetar la publicidad como principio en la contratación pública[3].

Posterior a la guerra, la Administración en Estados Unidos empezó a establecer regulaciones y normas referentes a la contratación pública, con el propósito de unificar las leyes que existían. En el ámbito civil, el General Services Administration aprobó en 1959 las Federal Procurement Regulations (FPR). Por otra parte, el Departamento de Defensa promulgó la Armed Services Procurement Regulation (ASPR) para regular adquisiciones de las Fuerzas Armadas, que en la segunda mitad del siglo 20 pasó a identificarse como el Reglamento de Adquisiciones de la Defensa (Defense Acquisition Regulation - DAR). En 1984, las Federal Procurement Regulations (FPR) pasaron a ser la Federal Acquisition Regulation (FAR) donde se unificó la FPR, la DAR y la normativa que regula las adquisiciones de la NASA. Las FAR actualmente están incorporadas como Capítulo 1 del Code of Federal Regulations y se encuentran divididas en 52 partes, se publican en el Federal Register lo que les otorga fuerza legal. Por lo tanto, puede afirmarse que la normativa indicada en el tema de contrataciones públicas en Estados Unidos son las Federal Acquisition Regulations (FAR), a pesar de existir numerosas normas que difieren de la unificación legislativa que persigue la FAR, cuyo órgano encargado de ejecutarlas es la Oficina de Política de Contrataciones Federales (Office of Federal Procurement Policy - OFPP)[4].

---

3 *Cf.* A.B. Bianchi. "Teoría de los contratos administrativos. Algunas reflexiones críticas sobre la peligrosidad o inutilidad de una teoría general del contrato administrativo (Una perspectiva desde el derecho administrativo de los Estados Unidos) Segunda Parte", *Revista El Derecho*, 185-714, 1999.

4 *Cf.* A.B. Bianchi. "Teoría de los contratos administrativos. Algunas reflexiones críticas sobre la peligrosidad o inutilidad de una teoría general del contrato administrativo (Una perspectiva desde el derecho administrativo de los Estados Unidos) Segunda Parte", *Revista El Derecho*, 185-714, 1999.

Por otra parte, existe también el Contracting Officer (CO)[5], representando al Gobierno ante los particulares que suscriben el contrato. Existen ocasiones en las que se apoya en un representante técnico (Contracting Officer´s Technical Representative). Toda vez que el contrato sea de complejidad, el Contracting Officer cumple tres funciones diferentes: (a) el Procuring Contracting Officer, que tiene a su cargo principalmente la adjudicación del contrato; (b) el Administrative Contracting Officer (ACO), que ejerce la administración del contrato, lo que incluye la negociación de las modificaciones que se introduzcan durante la ejecución y (c) el Termination Contracting Officer (TCO), cuya función consiste en: (i) revocar el contrato por razones de interés público (convenience) y (ii) rescindir por incumplimiento (default)[6].

II. GENERALIDADES DE LA CONTRATACIÓN PÚBLICA EN U.S.A.

En la mayoría de los casos, los países promulgan leyes de contratación para regular la adquisición de bienes y servicios, por lo que Estados Unidos no es la excepción, pues es una actividad directamente relacionada con la existencia de un país. El gobierno federal de Estados Unidos es el más grande consumidor de bienes y servicios del mundo, pues gasta billones de dólares en esa actividad al año. Entre los que más gastan se encuentra el Departamento de Defensa, la NASA, el Departamento de Seguridad Nacional y entre los bienes y servicios más comprados por el Gobierno son los artículos y accesorios de oficinas, que constituyen un mercado importante de negocios, así como servicios profesionales de gestión y de apoyo, investigación científica para el desarrollo, contratos de obra (construcción), vehículos, aeronaves y sus componentes y, siempre para ello se debe contar con un buen historial de negocios, capital de trabajo, presentar propuestas, inversiones, gestión y cumplimiento por la FAR (Federal Adquisition Regulation) que es el Reglamento Federal de Adquisiciones. Este contempla un proceso de compras con el Gobierno Federal, el cual está disponible en páginas web tales como:

-https://www.acquisition.gov/far/loadmainer.html[7].

-https://www.acquisition.gov/agencysuppregs.asp[8].

Existe diferencia entre los contratos gubernamentales y los contratos comerciales, por ejemplo, para la finalización de un contrato, el pago, las especificaciones del

---

5 Es un funcionario que hace parte de la administración, idóneo dentro del proceso de contratación y que además está facultado a través de la agencia gubernamental a la cual pertenece.

6 *Cf.* A.B. Bianchi. "Teoría de los contratos administrativos. Algunas reflexiones críticas sobre la peligrosidad o inutilidad de una teoría general del contrato administrativo (Una perspectiva desde el derecho administrativo de los Estados Unidos) Segunda Parte", *Revista El Derecho*, 185-714, 1999.

7 Ultimo acceso noviembre 2016.

8 Ultimo acceso noviembre 2016.

contrato, la auditoría, etc. En las páginas web de la FAR y que anteriormente fueron enunciadas, contienen indicaciones sobre normas laborales y éticas, destinadas a contratistas gubernamentales, por ejemplo la igualdad de oportunidades, horarios y salarios, elegibilidad laboral, código de ética empresarial[9].

Hay que señalar varios aspectos que diferencian claramente la contratación pública de la privada, entre las cuales se encuentran[10]:

1. Procedimientos que promueven la publicación, asegurando la transparencia en la contratación, de tal modo que quienes participen en el proceso de adjudicación, tengan igualdad de oportunidades.

2. Normativa contable que se encargue de fijar precios y pago.

3. Procedimientos que faciliten la modificación por parte del gobierno, de manera unilateral del contrato durante su ejecución.

4. Técnicas que permiten la supervisión administrativa del contrato en el transcurso de su ejecución, con el fin de asegurar la razonabilidad de productos y sus precios.

5. Normativa contractual que otorgue herramientas que permitan finalizar el contrato anticipadamente cuando el interés público lo requiere.

6. Normativa contractual que establece parámetros diferentes a los empleados en el derecho privado, referentes al pago.

7. Objetivos de carácter social, que permita adjudicar contratos a pequeñas empresas o con desventaja y a compañías nacionales, dando prioridad a principios constitucionales que hacen parte de un Estado Democrático.

Es importante mencionar que la principal diferencia se encuentra en guardar el interés público sobre el particular[11]. No hay razón para que los intereses del contratista estén por encima del bienestar general, porque prima el interés público. El contrato público no puede ser fuente de enriquecimiento injusto del cocontratante.

1. *La selección del contratista*

La Competition in Contracting Act (CICA) rige los procesos referentes a la selección del contratista. Determina dos métodos competitivos, esto es el sealed bidding y el competitive proposal o competitive negotiation, a través de los cuales se busca impulsar una competencia plena y abierta.

---

9 *Cf.* H. A. Mairal, "La teoría del Contrato Administrativo y el Derecho Norteamericano". *EDA*, 00/01-525.

10 *Cf.* A.B, Bianchi. "Teoría de los contratos administrativos. Algunas reflexiones críticas sobre la peligrosidad o inutilidad de una teoría general del contrato administrativo (Una perspectiva desde el derecho administrativo de los Estados Unidos) Primera Parte", *Revista El Derecho,* 184-900, 1999.

11 *Cf. Pacific Architecs and Engineers Inc vs United States*, 203 Court of Claims 449; 491 Federal Reporter, 2nd Series 734 (1974).

El primero trata acerca de la presentación de la oferta a través de sobre cerrado (sealed) y el segundo es un sistema de acuerdo entre quienes suscriben el contrato por negociación con el futuro cocontratante[12].

El más usado es el sealed bidding[13] en aquellas ocasiones en las que se den cuatro factores, los cuales son:

1. Que haya suficiente tiempo como para ejecutar el procedimiento;
2. Que la adjudicación se haya realizado sobre factores relativos al precio;
3. Que no sea necesario adelantar negociaciones con los oferentes y
4. Se requiere que exista más de una oferta.

Si no se ha dado cualquiera de los requisitos, se establece que se debe acudir al segundo sistema. La principal diferencia radica en que en el primero la adjudicación es realizada sin necesidad de negociación, teniendo en cuenta solamente el precio ofrecido y factores que se relacionan a este. En cuanto al segundo sistema, comienza una negociación entre los oferentes y el gobierno, con el fin de llegar a un buen precio.

Por otra parte, la Competition in Contracting Act (CICA)[14] establece otras excepciones al emplear procedimientos que puedan garantizar la plena y abierta competencia, entre las cuales se encuentran las siguientes[15]:

1. Que sea probado que solo existe un proveedor del bien o servicio requerido;
2. Que exista urgencia;
3. Que solo se adjudique a un proveedor con el propósito de: (a) conservar sus servicios o productos en caso de emergencia nacional, (b) conservar un amplio contenido de investigación o desarrollo especializado para acudir al apoyo de una institución educativa, o sin fines de lucro, o a un centro de investigación sostenido con fondos federales, y (c) solicitar los servicios de un perito dentro de un litigio (judicial o administrativo) o en una solución alternativa de conflictos en que sea parte el Gobierno Federal;
4. Que a través de un tratado o acuerdo internacional sea exigible el uso de un procedimiento no competitivo;

---

12 *Cf.* M.M. Kate. 'Competition in Federal Contracting: An Overview of the Legal Requirements', *Congressional Research Service*. 2011. P. 3-4.

13 *Cf.* P. McAfee, 'Auctions and Bidding'. *Journal of Economic Literature*, Vol. 25, 1987, p. 699-738.

14 Definition of Competition in Contracting Act (CICA): A policy established in 1984 to encourage competition for government contracts. The idea behind the policy is that the increased competition will result in improved savings to the government through more competitive pricing. The Act applies to all solicitations for bids issued after April 1, 1985.

http://www.investopedia.com/terms/c/competition-in-contracting-act.asp

15 Competition in Contracting Act. United States Department of Labor. Office of the Assistant Secretary for Administration and Management. https://www.dol.gov/oasam/regs/statutes/253.htm.

5. Que por medio de legislación, la contratación pública sea con otra agencia del gobierno, con un determinado proveedor o con determinada marca;

6. Que se vea implicada la seguridad nacional;

Siempre para negociar con el gobierno, se debe indagar en el sistema de clasificación de industria, el cual es utilizado para categorizar bienes y servicios a través de un código NAICS (North American Industry Classifications Number) el cual está disponible en la página web: http//:www.census.gov/cos/www/naics/[16].

En lo que a regulación federal se refiere, el sistema de gobierno federalista de los Estados Unidos permite que cada Estado expida una regulación propia, independiente a ello se pueden establecer que cada uno de los 50 estados posee su propia regulación de contratación interna, así entonces hay por lo menos 50 regímenes diferentes y un código federal que rige todo el país <<Code of Federal Regulations>>[17], el cual abarca la contratación pública federal que se incluye en el FAR al cual se hizo referencia anteriormente, documento cuya expedición está a cargo de la Secretaría de Defensa en conjunto con la GSA <<General Service Administration>>[18], el

---

[16] Ultimo acceso noviembre 2016.

[17] The CFR annual edition is the codification of the general and permanent rules published by the Office of the Federal Register (part of the National Archives and Records Administration) and the Government Publishing Office. Browse Code of Federal Regulations (Annual Edition). *FDsys. US Government Publishing Office Federal Digital System.*

[18] La GSA es una entidad del poder ejecutivo cuya función es la de contratar los bienes, servicios y obras requeridos y de uso común por las entidades. La GSA adquiere (1) bienes y servicios de uso común a través de contratos directos o a través del <<Federal Supply Schedule (FSS)>> [Catálogos de Abastecimiento Federal]; (2) servicios de telecomunicaciones; y (3) oficinas. (*Cfr*. Nash, Schooner y O'Brien 1998: 270-271)

El régimen de contratación pública de los Estados Unidos prevé principalmente dos tipos de modalidades de selección: el <<Sealed Bidding>> [Sobre Sellado] y el <<Negotiated Procurement>> [Procedimiento Negociado].

a) Sobre Sellado: En este tipo de proceso, presentadas las propuestas, éstas son abiertas en público. La buena pro es otorgada a aquella propuesta que resulte más beneficiosa a la entidad convocante, considerando al precio como uno de los factores de evaluación. Antes de la Publicación del <<Competition in Contracting Act (CICA)>> [Ley de Competencia en las Contrataciones], este tipo de proceso era la metodología de contratación preferida. Bajo el CICA, el Sobre Sellado es ahora una de las modalidades de contratación. (*Cfr*. Nash, Schooner y O'Brien 1998: 460-461)

b) Procedimiento Negociado: En este tipo de proceso, presentadas las propuestas, éstas son abiertas en secreto, a fin de que ningún postor pueda conocer ni el precio ni las demás condiciones propuestas por los otros participantes. A partir de este momento, la entidad convocante primero evalúa la capacidad técnica de cada postor, los méritos técnicos de su propuesta y todos los otros factores de evaluación para elegir a quienes pasarán a la etapa de negociación. Por ello, deben eliminarse a los postores que no respondan a los requerimientos de las bases. Esto implica que la entidad convocante solicite a los que han resultado preseleccionados, la mejora de sus propuestas, comenzando las negociaciones que se manifiestan en discusiones orales y escritas. Esta fase se denomina <<competitive range>> [rango competitivo]. Superada esta etapa la entidad convocante requiere la presentación de nuevas propuestas. Estas incluirán mejoras en cualquiera de los ítems que la integran. Y así sucesivamente se continúa administrador de la NASA y como se mencionó, el FAR hace parte del CFR y puede decirse que es el principal reglamento de la contratación pública federal y, es ejecutado por un órgano llamado Office of Federal Procurement Policy (OFPP), oficina de política de contrataciones federales.

Las personas que intervienen en las contrataciones son claves para su ejecución y actúan por delegación de las agencias a las cuales pertenecen, por ejemplo: el Contracting Officer (CO), que es quien representa al gobierno ante los contratistas particulares. El Contracting Officer tiene a su cargo la adjudicación del contrato, así como el Administrative Contracting Officer que incluye tareas como la negociación de modificaciones en la ejecución del contrato, el Termination Contracting Officer cuya función consiste en revocar el contrato por incumplimiento (default) y de esta forma proteger las finalidades de la contratación y el interés de gobierno en cumplir sus fines y los principios de la contratación pública, los cuales son la fuente que inspira las diferentes reglamentaciones en materia de contratos públicos.

2. *Ejecución del contrato y modificaciones*

Durante la ejecución de un contrato, puede haber varias modificaciones cuando el precio es fijo, donde se incrementan o disminuyen las metas a realizar por parte del contratista. Es denominado ius variandi. Durante la negociación con el gobierno, este puede cambiar de opinión, siendo este un derecho que tiene, así como el de examinar el trabajo que desea e incluso de suspenderlo. Este derecho tiene su origen en que es necesario satisfacer las nuevas exigencias que se presentan, y el gobierno toma el riesgo de pagar el aumento de precio (equitable adjustments)[19] que produzcan los cambios realizados. Es por esta razón que la mayoría de los contratos contienen las llamadas Change clauses (cláusulas de modificación) que permiten al gobierno a introducir unilateralmente cambios en las condiciones contractuales, y se ha permitido además solicitar los servicios de otro contratista para ejecutar las nuevas obras si el precio ofrecido por éste era más conveniente que el del primer contratista.

De manera general y como forma de agrupar las diferentes change clauses regularmente disponibles en los contratos, la regulación administrativa organizada a través de las Federal Acquisition Regulations, ha determinado algunas cláusulas modelo que son las que constantemente se emplean. Así se han elaborado dos cláusulas, una para contratos de suministro y otra para contratos de construcción que determinan tanto la manera que debe llevarse a cambio para implantar las reformas como los límites de éstas. Según Cibinic-Nash[20], estas reformas promueven cuatro propó-

---

con el procedimiento hasta que la entidad convocante selecciona al que considera mejor. (*Cfr.* Dromi 1999: 131-132)

[19] *Cf.* J.F. Shea Co. V. United States, 10 Cl. Ct. 620 (1986). Where a contract was bid in a lump sum, the equitable adjustment for substitution of work is computed by the following formula: (1) Adjusted contract price; (2) Less projected cost without changed conditions; (3) Plus actual cost under changed conditions; (4) Plus reasonable profit/overhead computed in accordance with governing regulations on difference between 2 and 3.

[20] *The Nash & Cibinic Report* is the only monthly periodical that brings you the personal insights of some of the most experienced and knowledgeable individuals in government contracting. Features include: • Thought-provoking analysis of critical, current, and controversial

sitos: (i) ofrecer al contrato una flexibilidad ejecutora tal que le admita adaptarse a los adelantos tecnológicos; (ii) aprobar al contratista una realización de la obra más eficiente; (iii) permitir al contracting officer[21] decidir sobre adicionales de obra sin tener que acudir a la suscripción de un nuevo contrato y (iv) proporcionarle al contratista los medios legales necesarios para dirigir sus reclamos.

Con respecto a la forma de establecer los cambios, generalmente el contracting officer los realiza de forma unilateral, asimismo, el nuevo precio estará pactado antes de la ejecución del trabajo, a no ser que no fuera posible por causa de la urgencia, donde debe determinarse un precio mínimo. No es usual que los contratos determinen cláusulas que sólo autoricen aquellos cambios acordados bilateralmente por las partes, pero de existir el gobierno no puede imponer tales cambios unilateralmente.

Con respecto a si es posible incluir modificaciones no expresamente especificadas, Cibinic-Nash, expresan que esto está autorizado solamente en el contrato de construcción, toda vez que se trate de reformas permitidas. Realmente más que cambios específicos, son calidades muy extensas de cambios imprevistos que el contracting officer está facultado para ordenar, de manera que a pesar de no poder efectuar cambios que excedan estas calidades, la verdad es que la discrecionalidad de aquel funcionario parece ser importante.

Las reformas en el contrato conciben precisamente ajustes en los precios. Se origina entonces el llamado ajuste equitativo (equitable adjustment) de los términos económicos, que fue determinado por la Court of Claims como las medidas correctivas que se utilizan para conservar al contratista intacto (whole) toda vez que el gobierno modifique el contrato. Igualmente el Armed Services Board of Contract Appeals (ASBCA)[22] precisó el cálculo del equitable adjustment indicando que la medida del ajuste equitativo es la diferencia que se presenta entre el costo razonable de ejecución sin que haya modificaciones o reformas y el costo razonable de ejecución con las modificaciones.

---

federal procurement issues • An invitation to attend the Nash and Cibinic Report Roundtable Conference • An invitation to attend the Government Contracts Year-In-Review Conference.

21 Career Development, Contracting Authority, and Responsibilities. 1.602-1 Authority. (a) Contracting officers have authority to enter into, administer, or terminate contracts and make related determinations and findings. Contracting officers may bind the Government only to the extent of the authority delegated to them. Contracting officers shall receive from the appointing authority (see **1.603-1**) clear instructions in writing regarding the limits of their authority. Information on the limits of the contracting officers' authority shall be readily available to the public and agency personnel.

(b) No contract shall be entered into unless the contracting officer ensures that all requirements of law, executive orders, regulations, and all other applicable procedures, including clearances and approvals, have been met. https://www.acquisition.gov/far/current/html/ Subpart %201_6.html (ultimo acceso: noviembre 216)

22 *Cf.* The Armed Services Board of Contract Appeals (ASBCA) is a neutral, independent forum whose primary function is to hear and decide post-award contract disputes between government contractors and the Department of Defense and other government agencies with whom the ASBCA has entered into agreements to provide services. **Armed Services Board of Contract Appeals**. http://www.wingovernmentcontracts.com/armed-services-board-of-contract-appeals.htm

III. LA ÉTICA EN LA CONTRATACIÓN PÚBLICA

En los diferentes ordenamientos jurídicos, se recalca la aplicación de principios generales de Derecho, de tal manera que, son principios toda vez que componen los orígenes o bases de todo ordenamiento; son generales en virtud de que <<trascienden un precepto concreto y no se confunden con apreciaciones singulares o particulares>>, y son reglas de Derecho, puesto que configuran disposiciones de orden jurídico, de tal manera que no son <<simples criterios morales, buenas intenciones o vagas directivas>>[23], y dentro de los principios más relevantes está el de la ética.

La ética forma parte de una de las ramas de la filosofía que se encarga de estudiar las reglas y tratados de la conducta humana. Por otra parte, la moral se define como Perteneciente o relativo a las acciones de las personas, desde el punto de vista de su obrar en relación con el bien o el mal y en función de su vida individual y, sobre todo, colectiva[24]. Por lo tanto, la ética y moral son términos que aparentemente son diferentes, pero que se relacionan entre sí, por lo que es indispensable referirse a ambos. Para el tratado que nos ocupa, con respecto a la ética en la contratación pública, Rodríguez Arana la define como la <<ciencia de la actuación de los funcionarios orientados al servicio público, al servicio de los ciudadanos>>, e indica que "en una palabra, la Ética de la función pública es la ciencia del servicio público[25].

Quienes laboran para el Estado son llamados de diferentes maneras, dependiendo de los regímenes jurídicos que existen a nivel mundial, en algunos casos como <<funcionarios>>, <<empleados>>, <<agentes>> e incluso <<servidores>> públicos, de tal forma que se hace necesario subrayar que este último término ha logrado gran alcance en los tiempos actuales, ya que hace énfasis en la noción del servicio que se suministra, y no tanto en el desarrollo de las funciones.

Es por ello que son personas que se comprometen exclusivamente en razón del servicio del interés público, siendo necesario que se demuestre un comportamiento de acuerdo con los fundamentos que exige la defensa de dicho interés, lo que se evidencia en el cumplimiento de los principios generales de derecho, prioritarios en cualquier ordenamiento jurídico[26].

Quienes son servidores públicos están en el deber de no perder de vista una conducta en su actuar que sea honesta en las funciones que le han sido encargadas priorizando el interés público sobre cualquier otra clase de interés particular. De esta manera, también al exteriorizar la apariencia de que está actuando de forma honesta, evidenciando la integridad en su actuar. En efecto, puede proporcionarse la disposición en la actualidad de incluir en el ordenamiento jurídico de conducta en la fun-

---

23 *Cf.* C.E. Delpiazzo, *Derecho Administrativo Uruguayo*, 1ª Edición, Ed. Porrúa, México, 2005, p. 12.

24 Real academia española. Consultado en: http://lema.rae.es/drae/?val=moral. (Consultado el 23/02/17)

25 *Cf.* J. Rodríguez, "Sobre ética pública en la Administración Pública", *Anuario de Derecho Administrativo*, Tomo IX, 2002, p. 59.

26 *Cf.* J. Rodríguez, J.A. Moreno, E. Jinesta, K. Navarro, *Derecho Internacional de las contrataciones administrativas,* 1ª Edición, Ed. Konrad Adenauer Stiftung, 2011, p. 29 y ss.

ción pública, la suposición referida a que se causará la violación a los preceptos normativos no sólo quebrantando en forma directa los mismos, sino también ante cualquier acción en el ejercicio de la función pública que exteriorice la apariencia de violar las disposiciones normativas vigentes, lo cual exige que los servidores públicos evadan la demostración de una conducta que otorgue la imagen de estarse configurando un actuar no ético.

IV. LA ÉTICA COMO PRINCIPIO EN LA CONTRATACIÓN PÚBLICA EN ESTADOS UNIDOS DE AMÉRICA

Uno de los principales desafíos que se plantea la contratación pública en muchos países incluyendo USA, es la lucha contra la corrupción en la adjudicación y ejecución de los contratos públicos. Es común que a cambio de una larga lista de dádivas que van desde la entrega de dinero hasta favores sexuales se vulnere el principio de la ética. Es ahí donde este principio, que debería estar implícito en dicha actividad, debe empezar a instituirse como mecanismo principal y regulador de las relaciones contractuales.

En Estados Unidos el Federal Bureau of Investigation (FBI) ha catalogado la lucha contra la corrupción pública como un asunto de máxima prioridad (Top Criminal Priority) ya que esta oficina tiene atribuciones para investigar asuntos de corrupción pública, tanto a nivel federal como local, en las diferentes ramas del poder público.

En la vida actual, son muchos los factores que influyen para que las personas tropiecen en su ética e incurran en corrupción en lo que a contratación pública se refiere, así es como los movimientos oscilantes de las economías de los países, el declive en la oferta y remuneración de los empleos, que afectan las finanzas personales y familiares. Sin duda son algunos de esos factores[27].

La mayoría de los servidores públicos que trabajan en las localidades o estados y los demás niveles federales de gobierno, son honestos y dedicados, además tratan de hacer las cosas bien a diario, en sus acciones para la comunidad y el Estado en general.

Desafortunadamente hay un grupo reducido de servidores públicos que solo se ocupan de su provecho particular. Este tipo de corrupción es lo que golpea fuertemente la democracia, lo cual es la prioridad en materia investigativa por parte del FBI.

---

27 An excerpt representative of FBI's Activities with respect to public corruption at the Federal State and local levels is provided below (U.S. Federal Bureau of Investigation).

La U.S. Government Accountability Office (GAO) es una entidad pública autónoma que depende del Congreso de los Estados Unidos. Tiene a su cargo la fiscalización del gasto de los recursos públicos. Entre las funciones de la GAO están: llevar a cabo auditorías a las entidades del gobierno federal a fin de determinar si el gasto de los recursos públicos es eficiente y efectivo; investigar cuando se presentan denuncias sobre actividades ilegales e ilícitas; informar acerca del nivel de cumplimiento de los objetivos de los programas y políticas del gobierno; presentar para consideración del Congreso un análisis de las políticas; emitir decisiones y opiniones sobre la regulación interna de las entidades federales, así como de las impugnaciones presentadas contra los otorgamientos de la buena pro; etc.

En cuanto a las investigaciones de contratación pública, existen faltas al principio de la ética en diversos sentidos, pues de las varias fases que provee dicha contratación, pueden derivarse actos de corrupción, así entonces desde de las etapas de planeación (planificación), solicitudes de propuestas, preparación de las propuestas de los contratistas, negociaciones, adjudicación del contrato, ejecución del contrato, las faltas a la ética son una desafortunada realidad.

BIBLIOGRAFÍA

BIANCHI, A.B., "Teoría de los contratos administrativos. Algunas reflexiones críticas sobre la peligrosidad o inutilidad de una teoría general del contrato administrativo (Una perspectiva desde el derecho administrativo de los Estados Unidos) Primera Parte", *Revista El Derecho*, 184-900, 1999.

__________, "Teoría de los contratos administrativos. Algunas reflexiones críticas sobre la peligrosidad o inutilidad de una teoría general del contrato administrativo (Una perspectiva desde el derecho administrativo de los Estados Unidos) Segunda Parte", *Revista El Derecho*, 185-714, 1999.

US Government Publishing Office Federal Digital System., *Browse Code of Federal Regulations (Annual Edition).* FDsys.

Government Contracting. A Public Solutions handbook. Edited by Robert A. Shick.

KATE, M.M., "Competition in Federal Contracting: An Overview of the Legal Requirements", *Congressional Research Service,* 2011, p. 3-4.

J.F. Shea Co. V. United States, 10 Cl. Ct. 620 (1986).

MCAFEE, P., "Auctions and Bidding". *Journal of Economic Literature*, Vol. 25, 1987, p. 699-738.

MAIRAL, H.A., "La teoría del Contrato Administrativo y el Derecho Norteamericano". *EDA*, 00/01-525.

RODRÍGUEZ, J., Moreno, J.A., Jinesta, E., Navarro, K., *Derecho Internacional de las contrataciones administrativas,* 1ª Edición, Ed. Konrad Adenauer Stiftung, 2011, p. 29 y ss.

RODRÍGUEZ, J., "Sobre ética pública en la Administración Pública", *Anuario de Derecho Administrativo*, Tomo IX, 2002, p. 59.

Webgrafía

-Armed Services Board of Contract Appeals.

http://www.wingovernmentcontracts.com/armed-services-board-of-contract-appeals.htm

-Competition in Contracting Act. United States Department of Labor. Office of the Assistant Secretary for Administration and Management. https://www.dol.gov/oasam/regs/statutes/253.htm.

-Definition of Competition in Contracting Act (CICA): A policy established in 1984 to encourage competition for government contracts. The idea behind the policy is that the increased competition will result in improved savings to the government through more competitive pricing. The Act applies to all solicitations for bids issued after April 1, 1985.

http://www.investopedia.com/terms/c/competition-in-contracting-act.asp

-No contract shall be entered into unless the contracting officer ensures that all requirements of law, executive orders, regulations, and all other applicable procedures, including clearances and approvals, have been met. https://www. acquisition.gov/far/current/html/Subpart%201_6.html

-Real Academia Española. Consultado en: http://lema.rae.es/drae/?val=moral

CAPÍTULO XVI
EL CONTRATO ADMINISTRATIVO EN MÉXICO. UN ACERCAMIENTO A SU MARCO JURÍDICO GENERAL

Juan Manuel OTERO VARELA*

INTRODUCCIÓN

Antes de iniciar con la temática que se pretende abordar en este trabajo, es importante agradecer la invitación para participar en este proyecto sobre un estudio comparado sobre contratos públicos, particularmente a quienes han intervenido para que así sea, como es el caso de los profesores Jaime Rodríguez-Arana Muñoz, José Antonio Moreno Molina y Luis José Béjar Rivera.

Ahora bien, por lo que hace al objetivo de este trabajo, se busca brindar una visión general de la forma en la que se encuentran regulados los contratos administrativos en el sistema jurídico mexicano, partiendo de su conceptualización y elementos, así como la forma en la que son contemplados en la Constitución Política de los Estados Unidos Mexicanos (CPEUM) y las diversas disposiciones legales secundarias que reglamentan tales preceptos constitucionales, con la finalidad de mostrar la amplitud de la materia y la dispersión normativa que existe sobre la misma.

Una vez dimensionada la complejidad normativa de la materia, se tomarán como ejemplo las operaciones jurídicas derivadas de adquisición y arrendamiento de bienes muebles, prestación de servicios de cualquier naturaleza y obras públicas, que son las materias más comunes en la contratación pública, no solamente por su objeto, sino también por el volumen y tipo de procedimientos que abarcan.

---

* Licenciado en Derecho; Maestro en Ciencias Jurídicas y Doctor en Derecho por la Universidad Panamericana, Campus México. Profesor Investigador de la Universidad Panamericana, Campus México. Miembro del Sistema Nacional de Investigadores del CONACYT. Miembro asociado del Foro Iberoamericano de Derecho Administrativo.

Finalmente, es importante destacar que el presente artículo busca establecer un panorama general de la contratación pública en el sistema jurídico mexicano, pero de ninguna manera se puede entender como un estudio exhaustivo acerca del tema, por lo que desde ahora me disculpo si fueron omitidas figuras, modalidades o aspectos adicionales que el lector pudiera considerar.

I. MARCO REGULATORIO DE LOS CONTRATOS ADMINISTRATIVOS

El Estado mexicano ha adoptado una clasificación dual para la actividad contractual que desarrolla como parte de su función administrativa, por un lado realiza operaciones jurídicas que puede instrumentar a través de contratos cuya formalización, contenido obligacional y efectos, se rigen por normas de derecho privado, surgiendo así los llamados contratos privados de la Administración[1]; mientras que por el otro, existen los contratos administrativos, aunque también se les conoce como contratos públicos que, por diversas circunstancias, se encuentran sujetos a un régimen jurídico especial, que responde a normas de derecho público.

Es en función de esta última figura contractual que se desarrolla el presente trabajo, a través del cual se busca realizar una revisión del contrato administrativo en México y su marco regulatorio.

La actividad contractual del Estado mexicano se encuentra dispersa en diversas disposiciones constitucionales y legislativas, dicho de otra manera, no existe una codificación que aglutine la materia y mucho menos que indique todos los procedimientos, formas, tipos y características de dichos instrumentos jurídicos, lo que hace que el análisis de esta materia sea complejo, debido a lo heterogéneo de su regulación.

Para esbozar un panorama sobre el particular, podemos decir que actualmente existen al menos tres grandes rubros o bloques de contratos estatales que pueden ser perfectamente identificados desde el texto de la Constitución Política y hasta su regulación secundaria.

De acuerdo con lo anterior, podríamos empezar por el bloque más fácilmente identificable, el más visible y conocido, no solamente por su amplitud, sino también por ser la base originaria de la actividad contractual del Estado, el artículo 134 constitucional, que refiere a los procedimientos de contratación para la adquisición, arrendamiento y enajenación de todo tipo de bienes, prestación de servicios de cualquier naturaleza y la contratación de obra pública que realice la Federación, así como las entidades federativas.

De este precepto se desprenden diversas leyes que reglamentan parte de la actividad contractual del Estado mexicano, como es el caso de la Ley de Adquisiciones,

---

1 También se les conoce como contratos civiles de la Administración. Para un mayor análisis ver A. Nava Negrete. "Contratos Privados de la Administración Pública" en A. Nava Negrete. *Estudios Administrativos*, Serie doctrina jurídica No. 505, Instituto de Investigaciones Jurídicas UNAM, México 2011, p. 1-39.

Arrendamientos y Servicios del Sector Público (LAASSP)[2]; la Ley de Obras Públicas y Servicios Relacionados con las mismas (LOPSRM)[3]; la Ley Federal para la Administración y Enajenación de Bienes del Sector Público (LFAEBSP)[4] y la Ley de Asociaciones Público Privadas (LAPP).

Esta última ley, además de hacer referencia al mencionado artículo 134 constitucional, encuentra también su base en el quinto párrafo del artículo 25 de la misma Carta Magna, que faculta al Estado a "[...] participar por sí o con los sectores social y privado, de acuerdo con la ley, para impulsar y organizar las áreas prioritarias del desarrollo."

Como consecuencia del precepto de referencia, la LAPP busca crear un marco jurídico para formalizar asociaciones de la Administración Pública Federal con particulares, para la prestación de servicios al sector público o al usuario final, incluidos aquellos en los que se requiera construir infraestructura provista total o parcialmente por el propio particular, mediante esquemas de financiamiento distintos a los contemplados por la LAASSP y por la LOPSRM, buscando una mayor agilidad en la asignación de dichos proyectos, así como la asunción equitativa de riesgos en el desarrollo de los mismos, mediante una relación contractual de largo plazo.

Estas leyes resultan aplicables para la Administración Pública Federal Centralizada y Paraestatal, quedando exceptuadas de su aplicación los organismos constitucionales autónomos y las empresas productivas del Estado y, en los casos de la LAASSP y la LOPSRM, los Centros Públicos de Investigación cuando actúen con recursos autogenerados[5], así como todas aquellas operaciones que celebren las dependencias con las entidades, o entre entidades, y los actos jurídicos que se celebren entre dependencias, o bien los que se lleven a cabo entre alguna dependencia o entidad de la Administración Pública Federal con alguna perteneciente a la administración pública de una entidad federativa o con personas de derecho público con autonomía derivada de la Constitución o municipios, siempre y cuando la dependencia o entidad obligada a entregar el bien o prestar el servicio, tenga capacidad para hacerlo por sí misma, al menos hasta en un 51% del monto total del contrato.[6]

Por lo que hace a los poderes Legislativo y Judicial, éstos tienen sus propios reglamentos, que regulan la forma en la cual celebrarán sus contratos administrativos, al igual que los entes constitucionales autónomos.[7]

En un segundo rubro se encuentran los instrumentos jurídicos relacionados con la reciente reforma constitucional en materia energética, previstos en el artículo 27,

---

2 Publicada en el Diario Oficial de la Federación del 4 de enero de 2000.

3 Publicada en el Diario Oficial de la Federación del 4 de enero de 2000.

4 Publicada en el Diario Oficial de la Federación del 19 de diciembre de 2002.

5 *Cf.* Artículo 1, párrafo cuarto de la LAASSP.

6 *Cf.* Artículos 1, párrafo quinto de la LAASSP y 4 de su Reglamento.

7 Como ejemplo destacamos al Banco de México (Banxico), la Comisión Nacional de los Derechos Humanos (CNDH), el Instituto Nacional de Estadística, Geografía e Información (INEGI), el Instituto Federal de Telecomunicaciones (IFT), el Instituto Nacional Electoral (INE), entre otros.

párrafos sexto y séptimo, de la Constitución Política[8] y la Ley de la Industria Eléctrica[9] y la Ley de Hidrocarburos[10], que establecen un nuevo régimen en las operaciones relacionadas con proyectos de generación de energía eléctrica, así como en materia de petróleo e hidrocarburos, respectivamente.

La inserción de este rubro es una de las más novedosas a nivel constitucional y legal, toda vez que responde a la reciente reforma del sector energético, que busca elevar la productividad de México mediante una profunda transformación en la industria petrolera mexicana y en las actividades del Sistema Eléctrico Nacional, a través de la apertura del sector a la competencia para atraer inversiones, es por ello que de acuerdo con el texto constitucional, tanto la actividad de exploración como la de extracción del petróleo y demás hidrocarburos, así como de generación y suministro de energía eléctrica, se puede llevar a cabo mediante asignaciones a empresas productivas del estado o a través de contratos con éstas o con particulares, con el propósito de obtener ingresos para el estado que contribuyan al desarrollo de largo plazo de la nación.

Si bien los procedimientos de asignación o de adjudicación de estos contratos se encuentran sujetos al derecho público, estos contratos se han querido asociar al derecho mercantil, a pesar de estar regulados en leyes de orden público, situación que aun permite dudar acerca de su naturaleza jurídica real.

Por último, podemos encontrar un tercer bloque de contratos públicos mencionados en el artículo 26, apartado A, párrafo tercero, de la Constitución, cuyo objeto, por regla general, atiende más directamente a condiciones de orden político y a la instrumentación de políticas públicas que a prestaciones de contenido económico, toda vez que faculta al Ejecutivo Federal para que se coordine con otros niveles de gobierno o concierte con los particulares, las acciones a realizar para la elaboración y ejecución del Plan Nacional de Desarrollo.

El panorama que antecede es propio de la materia Federal, sin embargo, los contratos correspondientes al primer bloque, es decir, aquellos regulados por el artículo 134 constitucional se replican en las entidades federativas, dado que cada una de ellas tiene facultades para expedir sus propias leyes de contratación, acorde a lo previsto en dicho precepto. Es por ello que resulta importante destacar que, para efectos de este trabajo, nos habremos de abocar al marco regulatorio de los contratos y procedimientos de este primer bloque en el ámbito Federal, particularmente en lo que se refiere a las materias de adquisiciones, arrendamientos, servicios y obra pública.

---

8 Estos párrafos fueron reformados mediante el *Decreto por el que se reforman y adicionan diversas disposiciones de la Constitución Política de los Estados Unidos Mexicanos, en Materia de Energía*, publicado en el Diario Oficial de la Federación del 20 de diciembre de 2013. El régimen transitorio de dicho Decreto establece las líneas generales de lo que deberá contener la legislación secundaria, particularmente, el Artículo Cuarto Transitorio regula las modalidades de contratación, indicando que deberán ser, entre otras: "[...] de servicios, de utilidad o producción compartida, o de licencia, para llevar a cabo, por cuenta de la Nación, las actividades de exploración y extracción del petróleo y de los hidrocarburos sólidos, líquidos o gaseosos, incluyendo las que puedan realizar las empresas productivas del Estado con particulares [...]"

9 Publicada en el Diario Oficial de la Federación del 11 de agosto de 2014.

10 Publicada en el Diario Oficial de la Federación del 11 de agosto de 2014.

II. CONCEPTO DE CONTRATO ADMINISTRATIVO Y SUS ELEMENTOS

Conceptualizar al contrato público o administrativo es una labor compleja, se trata de una categoría en la que no existe consenso doctrinal y concurren múltiples teorías para tratar de darle sustancia, así como para concretar su naturaleza y alcances, lo que ha dado pie a un sinnúmero de definiciones, incluso en el caso del Poder Judicial Federal, se observan criterios que adoptan las más variadas posturas.[11]

No es el objetivo de este trabajo repasar las doctrinas generadas con motivo de la naturaleza del contrato administrativo[12], es por ello que preferimos acotar las variantes conceptuales que pudieran desprenderse de cada teoría y proponemos que para efectos de nuestro análisis se considere al contrato administrativo como un acuerdo de voluntades, suscrito entre el Estado y un sujeto público o privado, adjudicado con motivo de la instrumentación de un procedimiento administrativo previamente establecido, a través del cual se generan compromisos recíprocos subordinados a un régimen de derecho público, encaminado a la satisfacción del interés general.

Es necesario abundar un poco en este concepto, con la finalidad de poder precisar los elementos característicos de esta categoría jurídico administrativa, los cuales se desprenden de la simple lectura al mismo, considerando las particularidades del derecho mexicano.

1. *Elemento subjetivo*

El Estado como una de las partes, puede abarcar, además de las entidades y dependencias de la Administración Pública y empresas productivas del Estado, como ejecutores naturales de esta actividad, a las unidades administrativas de los organismos públicos con autonomía derivada de la Constitución y de los poderes legislativo y judicial, que en términos de la competencia que les ha sido conferi-

---

11 Existen precedentes que destacan que para determinar la naturaleza de los contratos que el poder público celebra con los particulares, debe atenderse a la finalidad que se persiguió al celebrarlos. Ver tesis: "Contratos administrativos con el Gobierno, naturaleza de los". Segunda Sala SCJN, Quinta Época, Tesis aislada 319344, visible en el SJFyG, T. CVIII, s.a., p.17; otras tesis apelan al régimen exorbitante al que se encuentran sujetos dichos instrumentos. Ver: "Contratos administrativos. Se distinguen por su finalidad de orden público y por el régimen exorbitante del Derecho Civil a que están sujetos". Pleno SCJN, Novena Época, Tesis Aislada, P. IX/2001, visible en el SJFyG, XIII, abril de 2001, p. 324; finalmente, existen otros criterios que proponen la concurrencia de diversos factores para considerar un contrato como de carácter administrativo, como lo serían 1) El interés social y el servicio público; 2) La desigualdad de las partes, donde una necesariamente debe ser el Estado; 3) La existencia de cláusulas exorbitantes; y, 4) La jurisdicción especial. Ver "Contrato administrativo y contrato civil o mercantil. Diferencias". Tribunales Colegiados de Circuito, Novena Época, Tesis Aislada, VI.3o.A.50 A, visible en el SJFyG, XIV, octubre de 2001, p. 1103.

12 Ver J. Fernández Ruiz, *Derecho administrativo. Contratos.* Porrúa, México 2000, p. 70 y ss.

da a través de una determinada disposición legal o reglamentaria, ejercen esta función administrativa.[13]

Por lo respecta al sujeto que contrata con el Estado, si bien es cierto que este tipo de instrumentos jurídico-administrativos se suscriben generalmente con particulares, ya sea personas físicas o morales con capacidad para comprometerse, también lo es que en el derecho mexicano existe la posibilidad de que el contratista sea otro órgano u organismo de carácter público e incluso una entidad federativa, en términos de su competencia.

Al tratarse de un acuerdo de voluntades, se advierte que implica una intencionalidad de las partes de obligarse recíprocamente en un determinado sentido, exceptuando de este componente subjetivo la parte negocial de la operación jurídica, toda vez que su contenido no puede ser negociado por las partes, haciendo de este detalle una diferencia importante entre los contratos públicos y aquellos suscritos bajo un régimen jurídico diverso. La falta de negociación en el acuerdo de voluntades ha ocasionado que el contrato administrativo sea considerado una especie de contrato de adhesión, toda vez que sus estipulaciones devienen de disposiciones legales de orden público.

Finalmente, es importante que los sujetos o partes en la relación jurídica contractual, cuenten con lo que Gaston Jèze destacaba como un poder legal de realizar actos jurídicos[14], es decir, con competencia, en el caso del o los entes públicos participantes y con capacidad legal para comprometerse por parte del particular, ya sea persona física o jurídica.

2. *Elemento formal*

Este elemento puede ser abordado bajo dos vertientes, por un lado, la forma en sentido estricto y, por el otro, las formalidades[15], entendiendo a estas últimas como los requisitos que han de observarse en la celebración del contrato y que pueden ser anteriores, concomitantes y posteriores al encuentro de ambas voluntades.

En el caso de la mayoría de los contratos públicos la Administración requiere llevar a cabo un procedimiento específico que constituye un requisito legal para la formación de la voluntad administrativa contractual y la selección de su contratista, es por ello que el procedimiento de adjudicación es de gran importancia, ya que es obligatorio para el Estado en los términos que el ordenamiento jurídico lo establezca y de no llevarse a cabo daría lugar a su nulidad absoluta.

Para que este procedimiento resulte obligatorio, es necesario que se encuentre previsto en ley, pues como veremos más adelante, para ciertos contratos, incluso

[13] *Ibidem*, p. 93. En el mismo sentido *Cf.* M.A. Berçaitz. *Teoría General de los Contratos Administrativos*. Depalma, Buenos Aires 1980, p. 261 y M.M. Diez. *Manual de Derecho Administrativo.* Plus Ultra, Buenos Aires, 1985, T. 1, p. 287.

[14] *Cf.* G. Jèze, *Servicios Públicos y Contratos Administrativos.* Editorial Jurídica Universitaria, México 2000, p. 494.

[15] *Cf.* L.H. Delgadillo Gutiérrez y M. Lucero Espinosa. *Compendio de Derecho Administrativo*, Porrúa, México 1998, p. 318.

desde el texto constitucional, se establece que debe mediar la realización del procedimiento de licitación pública, dejando a las leyes secundarias establecer otras bases, procedimientos, reglas o requisitos, cuando éste no sea idóneo para la adjudicación del contrato correspondiente.

Por lo que hace a la forma en sentido estricto del contrato, es factible señalar que al tener que ser suscrito entre ambas partes, requiere estar plasmado en un medio que justifique los compromisos generados. Actualmente, la forma se puede dar de una manera tradicional, es decir, que el instrumento jurídico obre materialmente por escrito, en un documento que sea firmado autógrafamente por las partes, aunque con el avance de las tecnologías de la información, también se ha dado paso a operaciones jurídicas que se instrumentan y se suscriben a través de medios electrónicos.

3. *Elemento objetivo*

Un tercer elemento de acuerdo al concepto del contrato administrativo materia de análisis es el objeto, que junto al acuerdo de voluntades es el elemento esencial básico y consiste en la prestación buscada por las partes, es decir, la consecuencia que se persigue al celebrar el acto jurídico, también se le conoce como contenido del contrato.

Con relación a este elemento, Fernández Ruiz comenta respecto del objeto que, como otro elemento esencial y básico de todo contrato: "[...] debe ser cierto, posible, lícito y determinado o determinable en cuanto a su especie, y consiste en la creación o transmisión de derechos y obligaciones –objeto directo– o, tratándose del objeto indirecto, en la cosa que el obligado debe dar o en el hecho que debe hacer o no hacer."[16]

La mayoría de los autores, incluso la Suprema Corte de Justicia de la Nación (SCJN), como ya se indicó en los criterios previamente citados, han vinculado al objeto del contrato administrativo con su finalidad, señalando que tales prestaciones deben estar relacionadas directamente con el interés público, la utilidad pública o el desarrollo de un servicio público.[17]

Aun así, es una realidad que el objeto de cualquier contrato que suscribe la Administración ya sea de carácter administrativo o bajo un régimen de derecho civil, se encuentra vinculado en mayor o menor medida al interés público, pues toda la actividad del Estado se encuentra dirigida a la satisfacción de esta finalidad.

---

16 *Cfr*. J. Fernández Ruiz, 2000, p. 97.

17 En este sentido Manuel María Díez destaca que *"[...] los contratos administrativos pueden tener por objeto una obra o servicio público y cualquier otra prestación que tenga por finalidad el fomento de los intereses y la satisfacción de las necesidades generales. Es precisamente este elemento el que diferencia los contratos administrativos de los que se han llamado contratos civiles de la Administración." Cfr*. M.M. Diez. 1985, p. 289.

4. *Elemento teleológico*

De acuerdo con el concepto propuesto en este estudio, incluso ha sido designado por la SCJN y por buena parte de la doctrina mexicana como uno de los elementos distintivos del contrato administrativo; sin embargo, no existe una postura clara acerca de la modalidad a la que debe atender el criterio finalista para la determinación de esta categoría.

Algunos autores refieren la existencia de una finalidad subjetiva o de los sujetos que contratan, distinguiendo así aquel fin que persigue el Estado, el cual consiste en el cumplimiento del cometido, programa, objetivo o meta que se pretende cubrir con los bienes, servicios o trabajos objeto del contrato, mientras que el particular contratista busca un beneficio económico con la celebración del contrato, haciendo de dicho interés su finalidad.

Esta perspectiva es claramente superficial; sin embargo, ciertamente refleja los intereses de las partes contratantes, haciendo referencia directamente al cumplimiento de las obligaciones contractuales, que en el caso del funcionario contratante se concretan en lo que se puede conocer como la finalidad inmediata del contrato, es decir, el cumplimiento de la norma jurídica que le da base o fundamento al acto jurídico, es decir, la norma jurídica habilitante, que para efectos de nuestro sistema jurídico se consagra en la CPEUM, que establece como finalidad de la actividad contractual estatal, la obtención de las mejores condiciones para el Estado, siendo replicado este objetivo o fin inmediato a la LAASSP y la LOPSRM, como leyes reglamentarias en la materia.

Bajo esta vertiente, la finalidad resulta plenamente congruente con el principio de legalidad y es por esta razón que consideramos que el contrato administrativo no es una figura extralegal, pues si bien puede no estar nominado en la norma jurídica, su contenido obligacional si debe estar previsto en ley, por lo menos en cuanto a las prestaciones, bienes o trabajos que pueden pactarse a su amparo, así como aquellas estipulaciones que le confieren potestades especiales o exorbitantes a la Administración frente al particular contratista.

Por otra parte, es importante señalar la existencia de un fin último al que debe atender naturalmente cualquier actuación de la Administración, incluyendo a los contratos administrativos, que no es otra cosa que la satisfacción del interés general, que deberá ser desentrañado atendiendo al caso concreto y no solamente considerando la finalidad prevista en la norma jurídica habilitante, que en el caso que hemos venido comentando sería la obtención de las mejores condiciones para el Estado.

III. LAS ADQUISICIONES, ARRENDAMIENTOS, SERVICIOS Y OBRAS PÚBLICAS

El artículo 134 constitucional dispone que las adquisiciones, arrendamientos y enajenaciones de todo tipo de bienes, prestación de servicios de cualquier naturaleza y la contratación de obra que realicen, se adjudicarán a través de licitaciones públicas, a fin de asegurar al Estado las mejores condiciones en cuanto a precio, calidad, financiamiento, oportunidad y demás circunstancias pertinentes. Dicho precepto también hace referencia a que cuando las licitaciones no sean idóneas para asegurar dichas condiciones, las leyes establecerán las bases, procedimientos, reglas, requisitos y demás elementos para acreditar la economía, eficacia, eficiencia, imparcialidad y honradez que aseguren las mejores condiciones para el Estado.

Tanto la LAASSP, como la LOPSRM regulan los procedimientos administrativos de adjudicación de los contratos y al igual que otros sistemas jurídicos, privilegian la licitación pública como regla general para adjudicar un contrato administrativo, operando como excepciones los procedimientos de invitación a cuando menos tres personas y la adjudicación directa.[18]

1. *El Procedimiento de Licitación Pública*

El procedimiento licitatorio inicia con la publicación de la convocatoria y concluye con la emisión del fallo o la cancelación del procedimiento. Acorde a su naturaleza se encuentra sujeto a los principios de publicidad, concurrencia, igualdad, transparencia y oposición o contradicción[19].

Para efectos del estudio de dicho procedimiento, usualmente se le divide en tres momentos o etapas, la primera refiere a las actividades previas al inicio del procedimiento; la segunda, que destaca al procedimiento en sí mismo, con todas sus actuaciones intermedias, y la tercera etapa, en la que se exponen los momentos posteriores a la adjudicación, mediante la emisión del fallo correspondiente.[20]

Expuesto lo anterior, en la primera etapa podemos encontrar las siguientes fases: a) La autorización presupuestaria[21], y b) Preparación de las bases o pliego de condiciones contenidas en la convocatoria[22].

En la segunda etapa se encuentran: a) La publicación de la Convocatoria, que deberá publicarse en el Diario Oficial de la Federación y en la plataforma electrónica de compras gubernamentales del Gobierno Federal[23]; b) La junta de aclaraciones, para resolver las posibles dudas sobre los términos de la convocatoria, destacando que las adecuaciones generadas con motivo de dichas aclaraciones son obligatorias para los interesados[24]; c) La presentación[25] y apertura de las ofertas[26]; d) La evaluación de las ofertas[27], y e) El acto de adjudicación o emisión del fallo[28].

---

18 Artículos 26, 40 y 41 de la LAASSP y 27, 41 y 42 de la LOPSRM.

19 *Cfr.* M. Lucero Espinosa, *La Licitación Pública.* Porrúa, México 1993, p. 33 y ss.

20 *Cfr. Ibidem,* p. 39 y ss. En el mismo sentido R. González Sandoval. *La Licitación Pública y el Contrato Administrativo. Aplicación y Medios de Defensa.* Porrúa, México 2008, p. 65 y ss.

21 Artículo 24 de las respectivas LOPSRM y LAASSP.

22 Artículos 31, 32 y 34 de la LOPSRM y 29, 30 y 33 de la LAASSP.

23 Artículos 32 y 30 de la LOPSRM y la LAASSP respectivamente. El sitio electrónico de compras gubernamentales es: *www.compranet.gob.mx.*

24 *Cf.* Artículos 34 y 35 de la LOPSRM y los diversos 33 y 34 de la LAASSP.

25 *Cf.* Artículos 36 de la LOPSRM y 34 de la LAASSP. Al respecto, Manuel Lucero Espinosa resume como características de esta fase del procedimiento licitatorio las siguientes: Debe ser secreta, por lo que su entrega será en sobre cerrado; hacerse en el lugar, hora y día previamente establecidos; por el oferente o persona debidamente autorizada; de acuerdo a las condiciones establecidas en el pliego o convocatoria de la licitación; son inalterable y no negociables,

En la tercera etapa se advierten las actividades siguientes: a) La notificación del fallo[29]; b) Perfeccionamiento del contrato administrativo[30]; c) El otorgamiento de garantías[31], y d) La administración del contrato, que comprende el cumplimiento de

---

y obliga al oferente a mantenerla durante el plazo fijado en las bases o hasta el momento de la emisión del fallo. *Cf.* M. Lucero Espinosa 1993, p. 45.

26 Al respecto Roberto Dromi destaca que "La apertura de los sobres y la lectura de las propuestas traducen una operación material y un acto de trámite de la Administración, respectivamente, por los que se permite a los oferentes tomar conocimiento de todas las propuestas, vigilar el proceso, verificar su legalidad y asegurar la imparcialidad del licitante y su trato igualitario. El acto es verbal y actuado, porque las leyes imponen el levantamiento de un acto en el que se refleje todo lo acontecido durante su desarrollo. Se celebra en presencia de funcionarios de la dependencia designados, de todos los que deseen presenciarlo." *Cfr.* J.R. Dromi. *El procedimiento administrativo.* Ciudad Argentina, Buenos Aires, 1999, p. 413.

27 Actualmente existen tres mecanismos de evaluación para determinar la solvencia de las propuestas presentadas: a) binario; b) de puntos y porcentajes, y c) de costo beneficio. Cf. Artículos 36 de la LAASSP y 51, 52 y 53 de su Reglamento.

28 Una vez realizada la evaluación de las propuestas, la convocante deberá pronunciarse respecto de la que estima ganadora, o bien, desechar el procedimiento en virtud de que no satisface a plenitud las mejores condiciones para el Estado. Esta decisión, acorde con Julio Rodolfo Comadira, la debemos de entender como un acto discrecional, pues se trata de una decisión enteramente libre y que normalmente dependerá de factores no jurídicos, sino técnicos, en cuyo caso, operará la llamada discrecionalidad técnica, máxime que la Administración goza de plena libertad para emitir el fallo adjudicatorio, teniendo como límite los propios contenidos en la ley específica y de las condiciones de la convocatoria, en cumplimiento del principio de legalidad. *Cfr.* J. R. Comadira. *La licitación pública (Nociones, Principios, Cuestiones)*, Depalma, Buenos Aires 2000, pp. 117-131.

29 De acuerdo con Manuel Lucero Espinosa, existen varios efectos derivados de la Adjudicación y su notificación: 1. Libera a los licitadores, cuyas ofertas hayan sido desestimadas, de cualquier obligación, así como a retirar sus documentos y garantías; 2. Notificada la adjudicación al beneficiario, queda concretada la contratación, con independencia de su formalización en el instrumento respectivo; 3. Nace el derecho del adjudicatario de ser indemnizado por los daños y perjuicios que se le ocasionen por la negativa del órgano convocante a la realización del contrato respectivo; 4. Constituye un punto de partida conforme al cual comienzan a generarse los derechos y las obligaciones de las partes contratantes; 5. Obliga a la Administración Pública a mantener inalterable las bases de la licitación, y 6. Da lugar a la obligación del adjudicatario de integrar la garantía del cumplimiento del contrato. *Cf.* M. Lucero Espinosa, 1993, p. 32 y ss.

30 La convocante deberá formalizar el contrato respectivo en la fecha prevista en bases o dentro del plazo legal correspondiente, que en materia de obras públicas, así como de adquisiciones, arrendamientos y servicios, no podrá ser superior en ambos casos a 15 días naturales, contados a partir de la notificación del fallo. *Cf.* Artículos 47 de la LOPSRM y 46 de la LAASSP.

31 En materia de adquisiciones, arrendamientos y servicios se regulan al menos dos garantías que deben constituirse por parte del proveedor adjudicado, la primera de ellas es la garantía de anticipo, que se constituye por el 100% del anticipo que, de así haberse previsto en bases, se deba otorgar por parte de la convocante. La segunda garantía es la de cumplimiento de contrato, que de manera habitual se solicita al proveedor adjudicado que sea constituida por un porcentaje del monto total del contrato. En materia de obras públicas, además de las garantías antes mencionadas, se debe constituir la de vicios ocultos, que se otorga por el contratista a la conclusión de la ejecución de los trabajos que le fueron encomendados y se constituye por un

los compromisos generados recíprocamente, es decir, las obligaciones de dar o hacer por parte del contratante adjudicado, así como la obligación de pago de la contraprestación pactada a cargo de la Administración.

Cabe señalar que hace relativamente poco tiempo se introdujo la figura del Testigo Social[32], como un mecanismo que permita garantizar la transparencia sobre los procedimientos licitatorios, además de ser un instrumento que permite la participación ciudadana en la vida pública.

El testigo social es un partícipe activo durante el procedimiento licitatorio, pues al final de éste, deberá emitir su testimonio (o dictamen sería más adecuado decir), en el que hace una valoración, desde una óptica ciudadana e imparcial, sobre el desarrollo de la licitación, mismo que deberá ser también publicado en el Diario Oficial de la Federación.

2. *Los Procedimientos de Excepción a la Licitación*

Como regla general, ante el fracaso de un procedimiento licitatorio, ya sea por la falta de oferentes, o bien, presentándose éstos, sus ofertas no fuesen estimadas solventes, la Administración, en su calidad de convocante, ya no está obligada a acudir nuevamente al procedimiento licitatorio y podrá optar por el procedimiento de invitación a cuando menos tres personas[33], o bien, dadas ciertas condiciones pueden acudir a la contratación directa.

También las leyes en materia de contratación prevén ciertos casos en los que no se debe de agotar el procedimiento licitatorio, tal es el caso de los supuestos de excepción a la licitación previstos en los artículos 43 de la LOPSRM y 41 de la LAASSP, entre los que se destacan las siguientes hipótesis: a) Se trate de obras de arte, licenciamiento exclusivo de patentes, derechos de autor u otros derechos exclusivos; b) Peligre el orden social, la economía, los servicios públicos, la salubridad, la seguridad o el ambiente de alguna zona o región del país como consecuencia de un caso fortuito o de fuerza mayor; c) Existan circunstancias que puedan provocar pérdidas o costos adicionales importantes, debidamente justificados; d) Se realicen con

---

período de doce meses posteriores al cumplimiento de sus obligaciones. Ver artículos 48 de la LAASSP, así como 48 y 66 de la LOPSRM, respectivamente.

32 De acuerdo a lo preceptuado por la Generalidad Tercera del *Acuerdo por el que se establecen los lineamientos que regulan la participación de los testigos sociales en las contrataciones que realicen en las dependencias y entidades de la Administración Pública Federal,* publicado en el DOF el día 16 de diciembre de 2004, se entiende por testigo social: *"Las personas físicas que pertenezcan o no a organizaciones no gubernamentales, así como las propias organizaciones no gubernamentales, que cuenten con el registro correspondiente ante la Secretaría, que a solicitud de las dependencias y entidades de mutuo o propio, o a solicitud de la Secretaría podrán participar con derecho a voz en las contrataciones que lleven a cabo las dependencias y entidades, emitiendo al término de su participación un testimonio público sobre el desarrollo de las mismas."*

33 La Invitación a cuando menos tres personas es una especie de licitación, pero con la variante de que se restringe la publicidad del llamado o convocatoria a unos cuantos invitados, por eso también se le conoce doctrinalmente como licitación cerrada. *Cf.* M. Lucero Espinosa. 1993, p. 59.

fines exclusivamente militares o para la Armada, o sean necesarias para garantizar la seguridad nacional; e) Derivado del caso fortuito o de fuerza mayor, y no sea posible obtener los bienes o servicios, o bien se pueda ejecutar la obra en el tiempo requerido para atender la eventualidad de que se trate; f) Si se hubiese rescindido el contrato adjudicado por causas imputables al proveedor o contratista, se podrá designar al siguiente en calificación de entre aquellos que participaron en la licitación; g) Se haya declarado desierta una licitación y no se hayan alterado esencialmente las bases de la licitación; h) Si se trata de servicios de consultorías, asesorías, estudios, investigaciones o capacitación, relacionados con el objeto del contrato, en cuyo caso siempre será por invitación a cuando menos tres personas; i) Se trate de obras, bienes o servicios como dación en pago a favor del Estado; j) Se trate de obras o equipos altamente especializados según las condiciones del contrato.

Por regla general, la adjudicación hecha con base en los supuestos que anteceden se realiza a través del dictamen previo de un órgano colegiado, que se encuentra facultado para recibir, estudiar y determinar la viabilidad del procedimiento que se pretende instrumentar. Como excepción a estos dictámenes se encuentran los supuestos que por su urgencia requieren de mayor oportunidad y, consecuentemente, únicamente se informa a dicho cuerpo de la adjudicación correspondiente.

3. *Contenido general de los contratos*

El contenido de los contratos, en términos de lo dispuesto por los artículos 46 de la LOPSRM y el 45 de la LAASSP, armonizados, exige como mínimo lo siguiente:

> a) Nombre, denominación o razón social de la dependencia o entidad convocantes y del contratista (así como la acreditación de su legal existencia y personalidad jurídica); b) La indicación del procedimiento conforme al cual se adjudicó el contrato; c) Los datos relativos a la autorización del presupuesto para cubrir el compromiso derivado del contrato; d) Descripción pormenorizada de los trabajos a ejecutar (tratándose de obras públicas), o de los bienes objeto del contrato (cuando se trate de adquisición o arrendamiento de bienes) o de los servicios a prestar; e) El precio a pagar, plazos, forma y lugar de pago, así como la mención de si es fijo o sujeto a ajustes, en cuyo caso tendrá que prever el mecanismo de ajustes; f) Plazos de ejecución de los trabajos, prestación de los servicios o entrega de los bienes objeto del contrato; g) En el caso de los arrendamientos, especificar si se otorga derecho a compra del inmueble; h) La forma, términos y porcentaje de la garantía de cumplimiento del contrato, así como la del anticipo, en caso de que se haya pactado; i) Las cláusulas relativas a la propiedad intelectual y la responsabilidad contractual derivada de violaciones a la misma; j) Los procedimientos para la solución de controversias, distintos al procedimiento de conciliación contenido en las leyes; k) La estipulación de penas convencionales; l) Causas de rescisión por las que la autoridad contratante podrá rescindir administrativamente el contrato, así como los supuestos para su terminación anticipada, y m) Los demás aspectos y requisitos que se hayan establecido en las bases de la licitación.

4. *Modalidades de los contratos*

Existen diversas modalidades aplicables a los contratos públicos regulados por la LAASSP y la LOPSRM. Estas modalidades responden también al tipo de bienes o servicios que se requieren por la propia Administración, algunas de ellas responden al período de vigencia de las obligaciones, otras responden a la forma en la que se dará cumplimiento a las mismas, ya sea en un solo momento o en forma sucesiva durante cierto período; sobre cantidades de bienes previamente determinadas o determinables, entre otros aspectos que se exponen a continuación:

A. *Contratos anuales*

Esta modalidad corresponde a aquellos instrumentos jurídicos que comprometen recursos presupuestarios por un período que puede comprender, como máximo, del primer día de enero y hasta el último día de diciembre de un mismo año, a los que se les denomina comúnmente de vigencia anual. Son los instrumentos más comunes en cuanto a su volumen, debido a que se encuentran sujetos al período normal de ejecución de recursos presupuestarios, que corresponde a un año calendario.

B. *Contratos plurianuales*

Aquellos contratos cuya vigencia rebasa un ejercicio presupuestario, es decir, que abarcan el ejercicio de recursos públicos por dos o más períodos presupuestarios. Su instrumentación requiere de la realización previa de ciertos de trámites administrativos de orden presupuestario, además de la implementación de los procedimientos administrativos habituales para su adjudicación.[34]

C. *Contratos abiertos*

La doctrina mexicana, ha definido al contrato de suministro como "[...] el que celebra la Administración Pública con algún particular a efecto de que éste le proporcione, de una forma continua, ciertos bienes o servicios que el ente administrativo requiere para sus tareas."[35]

No obstante, en nuestro derecho positivo no se establece en forma nominativa al contrato de suministro y mucho menos una categorización de los tipos de suministro que se pueden instrumentar, como es el caso de otros países; sin embargo, se regula al contrato abierto como una modalidad aplicable a las adquisiciones o arrendamientos de bienes muebles y a la prestación de servicios de cualquier tipo, cuyo objeto y fin puede ser asociado a una de las formas conocidas del suministro, cuya definición ha sido prevista, a guisa de ejemplo, en la legislación española, preceptuándole como aquel contrato en el que "*[...] el empresario se obligue a entregar una pluralidad de bienes de forma sucesiva y por precio unitario sin que la cuantía total se defina con exactitud al tiempo de celebrar el contrato, por estar subordinadas las entregas a las necesidades de la Administración.*"[36]

---

34 *Cf.* Artículos 25, párrafo tercero, de la LAASSP; 24 de la LOPSRM, y 50 de la Ley Federal de Presupuesto y Responsabilidad Hacendaria.

35 *Cfr.* R. I. Martínez Morales. *Derecho administrativo, Primer y Segundo Cursos*, Oxford University Press México, México 2005, p. 114.

36 *Cf.* Artículo 173, fracción I, inciso a), de la Ley 13/1995, de 18 de Mayo, de Contratos de las Administraciones Públicas, vigente hasta el 22 de junio de 2000.

En este sentido, aun cuando desde el punto de vista formal no se ha normado al contrato de suministro, la LAASSP y su Reglamento, regulan el contrato abierto, como una modalidad que permite realizar las mismas operaciones que son objeto del suministro, toda vez que atienden a obligaciones de tracto sucesivo, es decir, al otorgamiento de prestaciones periódicas que se desenvuelven en un lapso de tiempo prolongado.

Como ya se mencionaba, esta modalidad aplicable a los contratos de adquisiciones, arredramientos y prestación de servicios resulta procedente cuando se requieran bienes o servicios de manera reiterada, pero no es factible hasta ese momento determinar su número exacto.[37]

En este tipo de instrumentos se establece la cantidad mínima y máxima de los bienes, arrendamientos o servicios a contratar; o bien, el presupuesto mínimo y máximo que podrá ejercerse. El mínimo no podrá ser inferior al cuarenta por ciento del máximo, salvo que se trate de bienes de fabricación exclusiva, en cuyo caso se establecería un margen que no podría ser menor al ochenta por ciento[38]. En todo caso, los bienes o servicios deberán estar plenamente descritos con sus correspondientes precios unitarios, con la finalidad de que puedan ser pagados conforme se van prestando uno a uno.

A diferencia de los contratos habituales, en los que no resulta posible si quiera iniciar el procedimiento de contratación hasta no contar con la autorización presupuestaria que provea de los recursos necesarios para hacer frente a la totalidad de los compromisos que se pretenden adquirir[39], el contrato abierto puede ser suscrito siempre que la Administración cuente con recursos suficientes para cubrir la cantidad o el presupuesto mínimo correspondiente[40]. Esta distinción es importante, debido a que obliga a la Administración a consumir al menos el mínimo fijado en el contrato, mientras que compromete al proveedor a surtir la cantidad máxima estipulada en dicho instrumento.

D. *Contratos marco*

Esta modalidad tiene como objetivo unificar las condiciones técnicas y económicas de contratación por parte de la proveeduría, respecto de un bien o servicio determinado. Esta nueva forma de contratación fue incluida en el derecho positivo mexicano con las reformas a la LAASSP, publicadas en el Diario Oficial de la Federación mediante Decreto de fecha 29 de mayo de 2009.

El contrato marco es un acuerdo de voluntades que celebra un órgano público con uno o más posibles proveedores, mediante el cual se establecen de manera general las especificaciones técnicas y de calidad, alcances, precios y condiciones que regularán la adquisición o arrendamiento de bienes o la prestación de servicios

---

[37] *Cf.* J. Fernández Ruiz, 2000, p. 304.

[38] *Cf.* Artículo 47 de la LAASSP.

[39] *Cf.* Artículo 25, primer párrafo de la LAASSP.

[40] *Cf.* Artículo 85 del Reglamento de la LAASSP.

que, posteriormente, mediante contratos específicos, en su caso, formalicen otros órganos administrativos.[41]

Es importante señalar que, bajo esta mecánica de contratación, todos los proveedores que cumplan con los requisitos que se establezcan en el contrato marco que se haya suscrito, tendrán la posibilidad de participar en las contrataciones que para dicho bien o servicio realice la Administración Pública Federal, para lo cual deberán solicitar su adhesión al mismo, suscribiendo el convenio correspondiente.

E. *Contrato específico*

De acuerdo con lo previsto en el primer párrafo del artículo 14 del Reglamento de la LAASSP, la formalización de contratos específicos se instrumentará mediante un procedimiento de excepción en términos de lo previsto en el artículo 41, fracción XX de la LAASSP. Para tales efectos, el órgano administrativo requirente deberá considerar como investigación de mercado la realizada por la Secretaría de la Función Pública para celebrar el contrato marco y será responsabilidad del área usuaria o solicitante del contrato específico dictaminar la procedencia de dicha contratación.[42]

IV. CONCLUSIONES

En el derecho administrativo mexicano, al igual que la mayoría de los sistemas iusadministrativistas del mundo, se cuenta con legislación expresa respecto de la forma de contratar con el Estado.

Esta legislación se encuentra dispersa normativamente, lo que hace que su comprensión y aplicación sea compleja y poco homogénea, desde los procedimientos administrativos que la integran, hasta su interpretación e instrumentación por la autoridad administrativa.

Por otra parte, el Estado también es un agente económico, y por tanto, es su obligación impulsar el desarrollo económico de los capitales privados, una forma de hacerlo, es contratar con los particulares, lo que además representa una serie de ventajas que se traducen en obtener las mejores condiciones en cuanto a precio y calidad, pero a su vez, le permite no distraer sus propios recursos que deben estar destinadas a actividades sustantivas de su quehacer y no a la producción directa de bienes, servicios u obras.

El contrato administrativo es precisamente una forma voluntaria de colaboración entre la Administración y el particular, pues permite que sea el particular quien lo sustituya en la ejecución de una determinada obra, o bien, le habilita para que el particular le preste determinados servicios o le proporcione determinados bienes a ésta.

Existen diversas modalidades en la contratación administrativa, que permiten ajustar esta categoría a la naturaleza, las necesidades y requerimientos de la Administración.

---

[41] *Cf.* Artículo 17, segundo párrafo de la LAASSP y 14, primer párrafo de su Reglamento.

[42] *Cf.* Artículo 41, penúltimo párrafo la LAASSP y 71, último párrafo, de su Reglamento.

Los contratos públicos en el sistema jurídico mexicano se adjudican invariablemente a través de un procedimiento administrativo previamente establecido en ley, que le permite a la Administración crear convicción respecto de la selección de aquella persona que le ofrece las mejores condiciones para contratar, ya sea en precio, calidad, financiamiento, oportunidad o cualquier otra circunstancia pertinente.

BIBLIOGRAFÍA

NAVA NEGRETE, Alfonso. "Contratos Privados de la Administración Pública" en *Estudios Administrativos*, Serie doctrina jurídica No. 505, Instituto de Investigaciones Jurídicas UNAM, México 2011.

JÈZE, Gaston. *Servicios Públicos y Contratos Administrativos*. Editorial Jurídica Universitaria, México 2000.

FERNÁNDEZ RUIZ, Jorge. *Derecho administrativo. Contratos*. Porrúa, México 2000.

COMADIRA, Julio Rodolfo. *La licitación pública (Nociones, Principios, Cuestiones)*, Depalma, Buenos Aires 2000.

CASSAGNE, Juan Carlos. *El contrato administrativo*. AbeledoPerrot, Buenos Aires 2009.

DROMI, José Roberto. *El procedimiento administrativo*. Ciudad Argentina, Buenos Aires, 1999.

DELGADILLO GUTIÉRREZ, Luis Humberto y LUCERO ESPINOSA, Manuel. *Compendio de Derecho Administrativo*, Porrúa, México 1998.

LUCERO ESPINOSA, Manuel. *La Licitación Pública*. Porrúa, México 1993.

Miguel Ángel, BERÇAITZ. *Teoría General de los Contratos Administrativos*. Depalma, Buenos Aires 1980.

DIEZ, Manuel M. *Manual de Derecho Administrativo*. T.1, Plus Ultra, Buenos Aires, 1985.

GONZÁLEZ SANDOVAL, Rodrigo. *La Licitación Pública y el Contrato Administrativo. Aplicación y Medios de Defensa*. Porrúa, México 2008.

MARTÍNEZ MORALES, Rafael I. *Derecho administrativo, Primer y Segundo Cursos*, Oxford University Press México, México 2005.

CAPÍTULO XVII
LOS CONTRATOS ADMINISTRATIVOS EN CANADÁ. UN RÉGIMEN ENTRE EL DERECHO PÚBLICO Y PRIVADO

Luis José BÉJAR RIVERA*

INTRODUCCIÓN

Sin duda, primero que nada, corresponde agradecer la invitación recibida para participar en este proyecto sobre un estudio comparado sobre contratos públicos, en tal sentido me siento más que honrado por la participación que se me ha permitido, agradeciendo especialmente la intermediación de los profesores Jaime Rodríguez-Arana Muñoz y José Antonio Moreno Molina.

También un agradecimiento especial para las profesoras Martine Valois y Yenny Vega de la Facultad de Derecho de la Universidad de Montreal por la revisión al presente trabajo.

Por otra parte, el objetivo del presente trabajo es brindar un panorama general sobre el régimen legal sobre los contratos administrativos en el derecho canadiense. Nos parece un poco aventurado tratar de ir más allá, pues la formación del autor no corresponde a la de un especialista formado en el sistema jurídico canadiense. Así, aprovechamos esta introducción para hacer una advertencia al lector, pues a lo largo de este trabajo se estarán haciendo una serie de juicios y descripciones correspondientes a la de un abogado formado en la tradición romano canónica o *civil law*, no correspondiente en términos generales con el derecho canadiense, el cual de grosso modo podemos señalar perteneciente a la tradición del *common law*, aunque con un sistema civilista por lo que corresponde a la provincia de Quebec, de tal forma que la coexistencia de ambas influencias del derecho nos lleva a un diseño de sistema jurídico muy peculiar.

* Profesor Investigador de la Universidad Panamericana, Campus México. Visiting Research Fellow de la Facultad de Derecho de la Universidad de Montreal.

También es importante advertir que algunas expresiones pudieran no resultar del todo adecuadas, toda vez que el algunos casos, resulta imposible encontrar el equivalente exacto en otra lengua y por ello, se pudiese perder algún detalle. Así, también, a los expertos en contratación pública bajo el sistema de *common law*, de antemano ofrezco una disculpa por las impresiones en las que el autor pueda incurrir en virtud de nuestra formación y punto de vista sobre el tema.

Dicho lo anterior, el camino que se pretende seguir para el desarrollo de este trabajo, es hacer unos brevísimos comentarios sobre cómo se presenta la figura de los contratos administrativos en el derecho canadiense, unificando tanto cuestiones de derecho público como de derecho privado y, su comportamiento específico, teniendo como principal fuente de su derecho, el precedente judicial, es decir, los fallos de su Corte Suprema, aunque en la Provincia de Quebec existe la <<Ley para los contratos públicos>>, y que, junto con el <<Código Civil de Quebec>>, en gran medida ha recogido los fallos de la Suprema Corte.

En segundo lugar, basándonos principalmente en la obra Patrice Garant, autor de derecho administrativo, no obstante que el estudio de los contratos que celebra la Administración pública, en términos generales corresponde al derecho privado, se mostrarán las reglas generales de la contratación administrativa. Es importante señalar que el autor en comento incluye dentro de los contratos administrativos, los relativos a la contratación de personal para ejercer una función pública, sin embargo, para los efectos de este trabajo, ese tipo de contratos no serán estudiados y en todo caso, se considera que el tema correspondería más bien a las relaciones de función pública, que en el caso canadiense están mucho más cerca del derecho laboral[1] que del derecho administrativo[2].

Posteriormente, el trabajo se dirigirá a un análisis de los mecanismos de adjudicación de los contratos administrativos, siendo por supuesto la forma más usual, la licitación abierta, aunque en algunos casos, se admite la licitación cerrada o invitación (como se le conoce por ejemplo en el derecho mexicano) y por último se contemplan los llamados *contrats gré a gré,* que a falta de mejor expresión, podrían denominarse como de libre contratación.

Finalmente, haremos algunos breves comentarios sobre los contratos que puede celebrar la administración pública y algún comentario conclusivo.

I. LOS CONTRATOS ADMINISTRATIVOS. ENTRE EL DERECHO PÚBLICO Y EL DERECHO PRIVADO

A guisa de inicio, es importante destacar que en Canadá se ha seguido muy de cerca la misma tendencia del derecho administrativo británico, de tal forma que, no

1 El derecho laboral canadiense tiene la peculiaridad de ser considerado un derecho mixto, pues su naturaleza no puede ser del todo identificada con el derecho público o con el derecho privado, pues escapa a esa distinción, ya que invoca reglas de uno y de otro indistintamente. A mayor abundamiento, *Cf.* A. Émond, *Introduction au droit canadien,* 2ª ed., Wilson & Lafleur, Montréal 2016, p. 71.

2 *Cf. Dunsmuir c. Nouveau-Brunswick*, 2008 CSC 9.

resulta extraño que muchas de las temáticas y preocupaciones para su estudio tengan su origen en el derecho británico. Así, a partir de un fenómeno privatizador que se ha vivido en todo el mundo[3], tanto en los sistemas del *common law*, como en los sistemas de tradición civilista, en materias en materias propias de los servicios públicos, electricidad, agua potable, transporte, etc., se ha dejado cada vez más en manos de los particulares (en el entorno de tradición civilista, a partir de la concesión y en otros más a partir de la contratación, no necesariamente entendida como contratos administrativos en su concepción francesa[4]); en el mundo anglosajón, tal y como señala Murray Hunt:

> "Además de la privatización en su sentido más obvio, la reinvención del gobierno ha tomado una variedad de formas. Actividades que previamente estaban sometidas a un control administrativo duro, han sido desreguladas y otras actividades que anteriormente desarrollaban directamente los órganos públicos han sido 'contratadas' con el sector privado. Tal vez, de forma más dramática, las técnicas de la administración pública han sido rediseñadas en el molde del sector comercial privado [...] El contrato ha remplazado a la orden y el control como paradigma de la regulación."[5]

Reiterando lo que se ha venido señalando en las líneas precedentes, la regulación de los contratos administrativos, categoría en el mejor de los casos, híbrida entre el derecho público y el derecho privado. En este orden, el profesor canadiense Patrice Garant señala que:

> "La diferencia esencial que existe en nuestro derecho entre el contrato de la empresa privada y el contrato administrativo no es una diferencia de una categoría jurídica fundamental."[6]

El Código Civil de Québec señala que tanto los contratos públicos como privados se rigen por las reglas relativas al Libro de obligaciones, y en concreto, el artículo 1376 de dicho código señala expresamente la aplicación de dichas reglas al Estado, a sus organismos y a cualquier otra persona moral de derecho público que le pudiesen resultar aplicables otras reglas de derecho.

Así, tal como lo señalan Julie McCann & Martin Thiboutot:

> "Los contratos administrativos son de una naturaleza hibrida. Están sometidos a la vez tanto a reglas de derecho privado, (abundantes) reglas de derecho público y a principios jurisprudenciales que se han formado por el common law de los contra-

---

3 *Cf.* C. Greve & N. Ejersbo, *Contracts as Reinvented Institutions in the Public Sector: Cros-Cultural Comparison,* Praeger, Westport 2005, pp. 2 y ss.

4 Este sería el caso del derecho mexicano, donde en el sector energético se ha liberalizado bastante el tema de los contratos que celebra el monopolio público, la Comisión Federal de Electricidad, como Empresa Productiva del Estado.

5 M. Hunter, "Constitutionalism and the Contractualisation of Government in the United Kingdom", in M. Taggart (Ed.), *The province of Administrative Law*, Hart Publishing, Oxford 1997, p. 21.

6 P. Garant, *Droit administratif,* 6ª ed., Éditions Yvon Blais, Cowansville 2010, p. 349.

tos administrativos."[7]

En los sistemas de *civil law,* se ha establecido claramente que una de las principales diferencias entre el contrato privado y el contrato administrativo, es que tratándose de los primeros, rige a plenitud la libertad para contratar y la autonomía de la voluntad como única fuente de la obligación (claro está, nunca pudiendo ser una manifestación volitiva *contra lege*), por tanto, el contrato privado se convierte en *lex inter partes*; en contraposición, en los contratos administrativos, la Administración no tiene esa autonomía de la voluntad y por el contrario, por el principio de legalidad, tiene un pleno sometimiento a la ley, en el caso del contratista, en términos generales se acepta que éste se comporta como la parte adherente en un contrato de adhesión.

En este tenor, señala el profesor argentino Manuel María Díez:

> "[...] la conjunción de voluntades se opera adhiriéndose el contratista a las cláusulas prefijadas por el Estado para los respectivos casos. En estos casos la manifestación común se produce sin discusión, por simple adhesión del administrado, que acepta las cláusulas contractuales preparadas y redactadas por el Estado."[8]

Dentro de esta naturaleza mixta que guardan los contratos administrativos en el derecho canadiense, la libertad contractual para la administración se encuentra acotada. Tal como señala Denis Lemieux:

> "La libertad contractual de las personas públicas están mucho más limitadas que de las personas privadas, a pesar de que el Código Civil, que se aplica a todos los contratos públicos en Quebec, dice que el Estado y las personas morales de derecho público tienen la plena capacidad de una persona de derecho privado, incluido el derecho terminar cualquier contrato."[9]

No obstante lo anterior, no se debe perder de vista que la posición que guarda el interés general en materia de contrataciones administrativas, sin duda conlleva a que las relaciones contractuales con el Estado no pueden ni deben operar de la misma manera que lo hacen, cuando la relación contractual se presenta entre dos personas de derecho privado.

No son pocos en el mundo iberoamericano los autores que han teorizado al respecto, tanto como una variante de la teoría teleológica o finalista de los contratos públicos[10], e incluso con un derivado de la teoría de la desigualdad de las partes[11] y tal vez algunas otras variantes que se presentan en función de la teoría de las cláusulas exorbitantes al derecho común, que encuentran sus raíces en la jurisprudencia del

---

7 J. McCann & M. Thiboutot, 'Régime contractuel de l'État' in *JurisClasseur Québec. Droit Administratif*, LexisNexis, Montréal 2016, p. 19/4

8 *Cf.* M. M. Díez, *Manual de Derecho Administrativo,* 4ª ed., Plus Ultra, Buenos Aires 1985, p. 288.

9 D. Lemieux, 'Canada', en R. Noguellou & U. Stelkens (Eds.), *Droit Comparé des Contrats Publics*, Bruylant, Bruxelles 2010, p. 457.

10 J. Fernández Ruiz, *Derecho administrativo. Contratos.* Porrúa, México 2000, p. 78.

11 J.P. Comadira & H. J. Escola, *Derecho Administrativo Argentino,* Porrúa, México 2006, p. 566.

Consejo de Estado francés, con el fallo *Société Générale d'Armements* que referenciaba el clásico francés Gastón Jèze[12], señala la necesidad de la cláusulas exorbitantes tratándose de los contratos donde se protege al interés público y por ello es que se incluyen este tipo de cláusulas en el contrato, que de otra manera se entenderían ilegales y ventajosas para una de las partes.

En este tenor, la jurisprudencia canadiense, desde el siglo XIX reconoce expresamente esta posición de desigualdad natural en los contratos administrativos:

> "Se debe tener en cuenta que, los comisionados y el ingeniero en jefe, con quienes los contratistas tenían que tratar, y en quienes descansa un amplio poder, sin duda, investido, guardan una posición muy diferente a aquellas de las personas privadas o corporaciones contratando por su propia cuenta, o ingenieros empleados por partes así situadas. Ellos fueron designados por la Corona para administrar, supervisar y llevar a término una gran encomienda donde no tienen ningún interés privado o personal."[13]

Para el lector formado en los sistemas de tradición romano-canónica o napoleónica, mejor dicho, no se trata de una postura alejada de lo que se ha admitido históricamente como una de las razones de mayor peso en cuanto a la falta de equilibrio entre las partes contratantes, pues el factor relativo al interés público o interés general siempre ha permitido en esta tradición la posición especial y que podría decirse hasta ventajosa de la Administración frente a su contratista particular. Sin embargo, tratándose de la tradición del common law, la visión tradicional que se tiene sobre la materia de los contratos administrativos, al hacer en realidad pocas distinciones respecto del contrato privado, ha llevado a que la jurisprudencia incorpore poco a poco caracteres necesarios para justificar la falta de equilibrio entre las partes contratantes.

Así, en la visión que sostienen, tanto la doctrina como la jurisprudencia canadiense, señalan que es a partir del interés público que se justifica el régimen exorbitado al derecho privado, si bien es cierto, que el contrato en sí se entiende como privado, los mecanismos de adjudicación de los mismos claramente son tendientes a la protección del interés público. Garant señala:

> "Así pues, vemos la gran importancia del interés público en el procedimiento de contratación de la Administración Pública. Este principio debe inspirar su formación, su ejecución y asimismo, servir como regla de interpretación."[14]

II. LAS REGLAS DE FORMACIÓN DE LOS CONTRATOS

Se parte de la idea de competencia, y que en palabras del profesor mexicano Miguel Acosta Romero es: "[...] la facultad para realizar determinados actos, que le

---

12 *Cf.* G. Jèze, *Servicios Públicos y Contratos Administrativos,* Editorial Jurídica Universitaria, México 2007, p. 523.

13 Jones & Simpson v. La Reine (1877) 7 R.C.S. 570, 616.

14 P. Garant, *Op. Cit.,* p. 351.

atribuye a los órganos de la Administración Pública el orden jurídico"[15]; por tanto, la competencia es un presupuesto de la autoridad administrativa para la celebración de un contrato administrativo. Equivale pues, a la capacidad jurídica tratándose de las personas de derecho privado.

Así, las reglas relativas a la competencia en materia de contratos administrativos[16], se pueden enunciar de la siguiente forma.

Primera Regla.- Una administración pública solamente puede contratarse cuando se trate del cumplimiento del objeto de sus atribuciones en razón de la materia (*ratione materiae*).

En este sentido, los profesores mexicanos, Luis Humberto Delgadillo Gutiérrez y Manuel Lucero Espinosa señalan:

> "*El órgano administrativo debe ser competente para la celebración del contrato, toda vez que si no lo fuera existiría un vicio que lo tornaría nulo, Al actuar de acuerdo con su competencia y en ejercicio de la función administrativa deberá sujetarse a las disposiciones legales respecto de sus facultades* [...]".[17]

Una distinción importante en este punto, tal como lo destaca Garant en palabras de Stanley De Smith es que la Corona, como corporación del common law, tiene una competencia ilimitada en potencia para contratarse, excepto si está expresamente impedida para ello en términos de una ley (statute) o un principio del common law que se sobreponga a esa competencia. Las entidades públicas solo pueden celebrar contratos públicos dentro del espectro de su autoridad.[18] Posición que ha sido reiterada por la Suprema Corte canadiense[19].

Segunda Regla.- Ante la ausencia de una legislación restrictiva, o sin disposición legal en contrario, un órgano de la Administración gubernamental puede celebrar contratos sin tener autorización expresa por una ley o una resolución del consejo en virtud de la doctrina del mandato aparente o de la delegación de poder.

Bajo la teoría del mandato aparente, el funcionario público puede celebrar un contrato, a nombre y título del gobierno, aún sin tener disposición expresa que así lo faculte, dentro de un marco general de sus atribuciones[20].

---

15 M. Acosta Romero, *Compendio de Derecho Administrativo. Parte General,* Porrúa, México 1996, p. 375.

16 *Cf.* P. Garant, *Op. Cit.*, p. 363 y sigs.

17 L. H. Delgadillo & M. Lucero, *Compendio de Derecho Administrativo. Primer Curso*, 3ª ed., Porrúa, México 1998, p. 318.

18 *Cf.* P. Garant, *Op. Cit.*, p. 363.

19 *Cf.* P. G. Québec v. Labrecque & al. (1980) 2 RCS 1057.

20 El art. 2136 del C.C.Q. señala que el mandato no está restringido a un acto exclusivo, sino que incluye todos aquellos propios del cumplimiento del objeto del mandato. Adicionalmente, así ha sido sostenido por la jurisprudencia canadiense, *Cf. The Queen v. Transworld Shipping Ltd.*, 1975 CanLII 1051 (FCA).

En otro tenor, bajo la idea de delegación implícita de poder, ha cobrado especial importancia el fallo *Carltona Ltd. v. Commisiones of Works* de la jurisprudencia inglesa, del que se desprende lo siguiente:

> "En la administración del gobierno en este país, las funciones que le son otorgadas a los Ministros (y constitucionalmente dadas a los ministros porque son los constitucionalmente responsables) son funciones diversas que ningún ministro podría atender personalmente a todas [...] No se puede suponer que esta regulación significa que, en cada caso, el ministro en persona debe estar abocado al asunto en concreto. Los deberes impuestos a los ministros y los poderes que se les otorgan son normalmente ejercidos por oficiales responsables del departamento bajo la autoridad de los ministros. El despacho público no podría ser ejecutado si no fuese el caso. Constitucionalmente, la decisión de ese oficial es por supuesto, la decisión del ministro. El ministro es responsable, Él es quien responde ante el Parlamento por cualquier de las cosas que sus oficiales hayan realizado bajo su autoridad [...] Todo el sistema de organización departamental y administración está basado en que, los ministros siendo responsables ante el Parlamento, deberán ver que las labores importantes sean encargadas a oficiales experimentados."[21]

Es importante señalar que para el contratista del Estado, deberá existir también una total transparencia en cuanto a las atribuciones de las que goza el funcionario u oficial con el que están tratando el negocio contractual, de tal forma que el contratista, si es que las atribuciones del funcionario están claramente definidas en cuanto a su competencia y en cuanto a sus limitaciones, no podrá hacer valer a su favor la teoría de la competencia aparente del funcionario, pues no sería el caso[22].

De cualquier forma, el tema relativo al mandato aparente y a la delegación implícita de poderes al día de hoy no está exenta de debate, de tal forma que en la gran mayoría de los casos, dependerá de la resolución judicial que recaiga sobre el contrato si es que este es impugnado[23].

Tercera Regla.- Un órgano administrativo no puede obligar contractualmente a la Administración infragubernamental sin contar con disposición habilitante expresa en la ley, reglamento o por una resolución válidamente adoptada.

Está regla está referida a los órganos y organismos estatutariamente constituidos, y que como señala Garant: "[...] la verdadera razón de esta diferencia es que los poderes de los organismos públicos estatutarios, contrariamente a los de la Corona, son interpretados de forma estricta."[24] A diferencia de la anterior regla, referida a los ministerios y a la Corona, los organismos estatutarios, es decir, aquellos creados expresamente por la ley, se encuentran fuertemente sometidos al principio de legalidad, y por tanto, la interpretación jurisprudencial sobre sus atribuciones, ha sido igualmente interpretada con dureza.

---

21 [1943] 2 All E. R. 560.

22 Woodburn c. La Reine (1898) 29 SCR 112.

23 *Cf.* H. L. Molot, "The Carltona Doctrine and the recent Amendments to the Interpretation Act", *Ottawa Law Review*, Vol 26, No. 2, 1994, pp. 257-283.

24 P. Garant, *Op. Cit*, p. 374.

En los sistemas de *civil law*, claramente esto no causa ninguna extrañeza pues simplemente nos estamos refiriendo al entendimiento clásico de competencia. En palabras de los profesores españoles Eduardo Gamero Casado y Severiano Fernández Ramos:

> "[...] el órgano que debe dictar el acto se encuentra establecido en las normas atributivas de las competencias administrativas [...] requiere de una norma atributiva concreta y sólo podrá alterarse el ejercicio de la competencia por los mecanismos ya conocidos: delegación, avocación, sustitución, etc."[25]

Aunque también se reconoce por la Corte que en casos de urgencia se puede justificar cierta flexibilidad en cuanto a esta regla. De la misma forma, las compras ordinarias o mejor dicho, propias del día a día, no se consideran contratos en sentido estricto, sino más bien operaciones del día a día a efectuar por los funcionarios o agentes públicos.

Cuarta Regla.- A menos de que esté expresamente autorizado por una ley, la Administración no puede modificar mediante contrato, una ley, violar un otra ley o un reglamento de orden público.

Aunque esta regla resultaría un poco extraña de acuerdo a las concepciones propias del *civil law*, en sí, la regla hace referencia a que las atribuciones de la autoridad administrativa no son renunciables mediante contrato administrativo, cuando se trate de disposiciones que afecten al orden público, en contravención de una ley y por supuesto, que atente contra derechos fundamentales. En caso contrario, el contrato es nulo. Sin embargo, podemos interpretar que tratándose de disposiciones que no afecten al orden público, no se trate de una actuación expresamente contra lege o bien, importe peligro de una afectación a derechos fundamentales, la administración contratante, puede acordar ciertas omisiones o mejor dicho abstenerse de ciertas acciones (en relación con el propio contrato) de común acuerdo con el contratista.

No se debe perder de vista que bajo la visión canadiense del contrato administrativo, éstos se entienden como ley entre las partes derivada del Código Civil (de Québec) y por tanto, se trata esencialmente de un acto administrativo subordinado a la ley y a otros reglamentos[26].

Quinta Regla.- La autoridad contratante no puede, mediante contrato comprometerse a limitar sus poderes, privilegios e inmunidades conferidos en ley o una prerrogativa, o limitar indebidamente el ejercicio de los mismos.

En virtud de un elemental principio de soberanía del Parlamento es que se presenta que la Administración no puede renunciar o modificar sus prerrogativas vía contrato (o cualquier otra vía), sino que esto le corresponde únicamente al propio Parlamento (en términos de la Ley de Interpretación, art. 42 (1)), mediante la modificación de sus propias normas. En este tenor, la jurisprudencia ha sido firme[27]. Es

---

[25] E. Gamero & S. Fernández, *Manual Básico de Derecho Administrativo,* Tecnos, Madrid 2008, p. 377.

[26] *Cf.* P. Garant, *Op. Cit.*, pp. 374-375.

[27] *Cf. Renvoi sur le Régime d'assistance publicque du Canada*, [1991] 2RCS 525.

importante señalar que esta regla, en términos generales, hace referencia a disposiciones de leyes fiscales, por ejemplo que la administración municipal no puede convenir pagar impuestos en contravención a la exención conferida por el artículo 125 de la Constitución.

Sexta Regla.- La autoridad pública contratante no puede celebrar ningún contrato que tenga por efecto limitar la libertad de acción que requiere para el ejercicio de sus poderes en el interés público.

Está regla encuentra su raíz en la llamada freedom of executive action, que tiene su origen en un fallo británico Rederiaktiebolaget Amphitrite v. The King. A este respecto, señala Sue Nolen:

> "El principio de common law de la necesidad ejecutiva le otorga al gobierno la capacidad para concluir un contrato (de otra forma vinculante), si es que existe un impedimento para ejercer una acción ejecutiva o legislativa, sin pagar compensación alguna a la otra parte contratante. El razonamiento para este principio es que sería inapropiado de un gobierno elector decir que no puede hacer algo que el interés público requiere, por ejemplo construir un camino o una escuela, porque en virtud de un contrato privado se encontraría impedido para ello."[28]

Aunque en relación a esta regla, no se está refiriendo a la posibilidad que tiene la Administración Pública de rescindir el contrato de forma unilateral en razón de la oportunidad, como sería en las legislaciones latinoamericanas en general, el principio de libertad de acción ejecutiva se encamina a la irrenunciabilidad por parte de la Administración de sus propias atribuciones. Tal y como lo ha asumido la jurisprudencia canadiense:

> "Un ministro no puede, por acuerdo, privarse a sí mismo de un poder que le corresponde ejercerlo cuando así sea requerido en virtud del interés público, ni puede, válidamente convenir abstenerse de usar ese poder cuando así se requiera."[29]

Si la Administración actuase en contrario, claramente se encontraría atentando contra el interés público, por tanto, estaría en violación de las políticas públicas y de la justicia natural.

Séptima Regla.- La Administración Pública puede contratar de forma oral, salvo que la ley le exija que lo haga por escrito.

Probablemente, bajo las reglas de la tradición romano-canónica, ésta sea de una de las reglas que más llamen la atención, pues en esta tradición parecería una obviedad el requisito de que el contrato se establezca por escrito.

Ahora bien, también debemos destacar que la legislación en Canadá, en términos generales establece que los contratos que celebren las autoridades administrativas deberán estar por escrito, y que dado que los contratos administrativos tienen una inspiración y base en el derecho civil, donde se contemplan sin duda los llama-

---

28 S. Nolen, "Managing government contracts and Remedies for Breach" en <www.vgso.vic.gov.au/sites/default/files/Managing%20Government%20Contracts%20July%202010.pdf>, consultado el 6 de febrero de 2017.

29 *Cf. The King v. Dominion of Canada Postage Stamp Vending* [1930] RCS 500.

dos contratos consensuales o no formales (contrato oral), también es cierto que esta posibilidad de que la Administración celebre un contrato oral es realmente limitada, se debe tomar en consideración que de una u otra manera tiene que existir algún registro documento de la aceptación del contrato, así como de las condiciones generales bajo las cuales dicho contrato se ejecutará. En todo caso, la jurisprudencia canadiense ha insistido en la necesidad de establecer que exista algún tipo de manifestación del consentimiento por escrito, para que se interprete que existe un contrato[30].

III. LA SELECCIÓN DE CONTRATISTAS

En Canadá, la selección del contratista utiliza mecanismos ya bien conocidos en todos los sistemas jurídicos para la selección de contratistas. Estos mecanismos tienen por objeto garantizar que todos los particulares tengan igualdad de oportunidades para contratarse con la Administración Pública, de tal forma que ésta, con la mayor objetividad e imparcialidad posibles, garantizando también una eficacia administrativa que le permita cumplir con sus objetivos específicos en relación con dicho contrato.

La ley para los contratos de los organismos públicos de Québec recoge claramente las ideas torales de la contratación administrativa promoviendo:

> "0.1 Confianza pública en el procedimiento de contratación, dando testimonio de la integridad de los oferentes;
>
> 1° transparencia en los procedimientos contractuales;
>
> 2° trato honesto y equitativo a los oferentes;
>
> 3° La oportunidad para que los oferentes calificados puedan competir en las licitaciones hechas por los organismos públicos;
>
> 4° El uso de procedimientos de contratación eficientes y eficaces, incluyendo una evaluación cuidadosa y profunda en la consecución de los requisitos que se reflejen en el desarrollo sustentable y políticas ambientales del Gobierno;
>
> 5° La implementación de sistemas que aseguren la calidad de los bienes, servicios u obras públicas requeridas por los organismos públicos; y
>
> 6° rendición de cuentas a cargo de los titulares de los organismos públicos tendientes a la verificación del correcto destino de los fondos públicos."

Así, en el derecho canadiense son dos los modelos básicos de selección de contratistas: a) La adjudicación gré à gré[31], o adjudicación directa, pero que a falta de mejor traducción, se respetará su denominación en francés y, b) La adjudicación mediante licitación (l'appel d'offres); en cuanto a la segunda, sin duda el método más natural para el derecho administrativo, la Corte Superior ha establecido lo siguiente:

---

30 *Cf.* Plourde v. Commissaires d'écoles Rivière-Ouelle [1974] CA 47.

31 En la versión en inglés de la *Loi sur les contrats des organismes publics* de Québec, esté tipo de contratos son denominados 'mutual agreement'

"El procedimiento de licitación pública tiene diversos objetivos, entre ellos destacan los siguientes:

1. Permite a la administración pública financiar a las obras públicas al mejor precio posible, por medio de la competencia y eliminando las colusiones y esquemas que produzcan patrocinio y otras colusiones.

2. Permite a toda persona competente hacer negocios con el gobierno y los organismos dependientes.

3. Establecer un régimen de equidad en el procedimiento de concesión de los contratos en la búsqueda de favorecer la igualdad de oportunidades, de la importancia de adoptar reglas comunes aplicables por igual a todos los interesados."[32]

Es importante destacar en este punto que la oferta más baja, acorde tanto a la legislación de Québec y a nivel federal, de acuerdo con la *Politique sur les marchés*[33] prevé igualmente que el precio será el factor principal para la valorar la oferta o postura, entendiendo que en la mayoría de los casos, las ofertas serán lo suficientemente uniformes como para que sea algún factor de peso al momento de valorarlas.

También es importante señalar que tratándose de la licitación, las reglas y políticas de operación les permiten, con cierta flexibilidad (por lo menos a nivel de Ministerios), referirse a una licitación pública abierta o bien, cuando las condiciones así lo permitan, hacerlo mediante invitación.

En cuanto a las excepciones a la licitación y por tanto, entramos al terreno de los contratos *gré à gré*, en términos del artículo 13 de la *Loi sur les contrats des organismos publics*, es decir, que están exentos de agotar el procedimiento licitatorio, se establece que estos se pueden celebrar:

"1° si existe una situación de urgencia, importe peligro para las personas o para la propiedad;

2° si solo existe un contratista posible, en virtud de la existencia de una garantía, un derecho de propiedad o un derecho exclusivo, como sería el caso de los derechos de propiedad intelectual o un derecho basado en la exclusividad de una licencia o patente, o por su valor artístico, patrimonial o museológico de la propiedad requerida o servicio;

3° si el contrato involucra información confidencial o protegida, cuya apertura en una licitación ponga en riesgo su confidencialidad o bien, lesione al interés público;

4° si el organismo público considera que puede acreditar [...] que la licitación pública no serviría para tutelar al interés público dado el objeto del contrato; o,

5° En cualquier otro caso determinado por la regulación gubernamental."[34]

---

[32] Spécialistes en combustion S.D. (1976) lée c. Centre hospitalier Robert-Giffard, 1999 CanLII 11432 (QC CS)

[33] *Cf.* Artículo 9, en www.tbs-sct.gc.ca/pol/doc-fra.aspx?id=14494, consultado el día 7 de febrero de 2017.

[34] Art. 13, *Loi sur les contrats des organismes publics*.

En el mismo tenor, a rango federal, las excepciones sobre la licitación y por tanto, permiten a la autoridad tramitar el contrato *gré à gré* son:

> "a) el caso de extrema urgencia o si el retraso en la contratación sería perjudicial para el interés público;
>
> b) cuando el contrato tenga una cantidad estimada que no pase de:
>
> (i) $ 25.000,00 CND
>
> (ii) $ 100.000,00 CND cuando se trate de un contrato cuyo objeto sea relativo a servicios arquitectónicos o de ingeniería u otros servicios necesarios para la planificación, diseño, preparación o supervisión de la construcción, reparación, renovación o restauración de una obra,
>
> (iii) $ 100.000,00 CND, si se trata de un contrato que debe realizar un miembro del Consejo Privado de la Reina para Canadá, responsable de la Agencia canadiense para el desarrollo internacional y que por la prestación de servicios de ingenieros o arquitectos o de otros servicios necesarios para la planificación, diseño, preparación o supervisión de un programa o proyecto de ayuda para el desarrollo internacional;
>
> c) cuando por la naturaleza del contrato la licitación pública no sea adecuada para satisfacer al interés público;
>
> d) cuando el contrato no pueda ser ejecutado más por una sola persona."[35]

Como se ha venido señalando a lo largo de este trabajo, la idea de que el contrato administrativo está cimentado en reglas del *common law*, con la excepción de la legislación de Québec (aunque asumiendo su posición híbrida entre *common law* y *civil law*), el contrato administrativo resulta un instrumento dotado de amplia flexibilidad, incluso para determinar si se trata de una licitación abierta o una licitación cerrada o invitación, en cuyo caso, la administración contratante deberá justificar razonablemente las razones para elegir entre una u otra; tratándose de los contratos *gré à gré*, tanto el reglamento federal como la ley quebequés establecen las excepciones a la licitación y por tanto, acudir a este tipo de contratos vía adjudicación directa.

IV. LOS CONTRATOS ADMINISTRATIVOS

Nuevamente, la doble influencia que existe en el derecho canadiense (especialmente en el derecho de Québec) se hace presente en el tema de los contratos administrativos, con una fuerte influencia del derecho francés, en el cual se señala que:

> "Los contratos de la administración son [...] muy numerosos y de una gran diversidad. Y dentro de esa masa desordenada, dos grandes categorías se distinguen y están enmarcadas especialmente dentro de la ley: los contratos públicos [*marchés publics*] y las delegaciones del servicio público, son formas de contratos bastante antiguos [...]"[36]

---

[35] Art. 6, Règlement sur les marchés de l'État.

[36] J. Morand-Deviller, *Droit administratif,* 12ª ed., Montchrestien lextenso éditions, París 2011, p. 394.

Siguiendo esta influencia, en la *Loi sur les contrats des organismes publics*, se establecen como contratos administrativos:

> "(1) los contratos de suministro o adquisiciones, incluyendo los contratos para la compra o renta de bienes muebles, y que pueden incluirse los costos de instalación, funcionamiento y mantenimiento de dichos bienes;
>
> (2) los contratos de obra pública, regulados por la Ley de Construcciones (*Loi sur le bâtiment*), por lo que el contratista debe ser titular de una licencia en términos del capítulo IV de dicha ley;
>
> (3) los contratos de servicios, distintos de los contratos para integrar obras de arte a la arquitectura y al ambiente de los edificios y espacios públicos.
>
> Igualmente se consideran contratos sujetos a esta ley, con independencia de que recurran a fondos públicos o no:
>
> (1) los contratos de asociación público-privada, cuyo objeto sea el desarrollo de un proyecto de infraestructura, en los que el organismo público se asocia con un contratista para el diseño, ejecución y la explotación de dicha infraestructura;
>
> (2) cualquier otro contracto que así se determine por reglamento de gobierno."

En el ámbito federal, el *Règlement sur les marchés de l'État*, establece que serán considerados contratos administrativos: a) Adquisición de bienes (artículos, productos, instrumentos, mercancías, materiales o suministros), b) la contratación de servicios (excepto la contratación de personal calificado al servicio de su Majestad), y c) contratos de obra pública, en los que se incluyen los trabajos de construcción, reparación, renovación o restauración de una obra, exceptuando las navieras (se incluyen la instalación de estructuras prefabricadas, obras de dragado, demoliciones y la renta de equipo directamente vinculada a la ejecución del contrato)[37].

En fin, introducirse en cada uno de los contratos administrativos antes descritos, resultaría un tema imposible de agotar en este trabajo, por lo que simplemente nos limitamos a señalarlos.

V. REGLAS RELATIVAS A LA EJECUCIÓN DE LOS CONTRATOS ADMINISTRATIVOS

Tratando de ser más bien breves en este apartado pero no por ello, queríamos dejar de lado tocar temas relativos al cumplimiento o ejecución del contrato administrativo.

Resulta más que evidente la potestad que tiene la Administración para realizar todos los actos necesarios para la vigilancia del cumplimiento del contrato, y por tanto, es obligación del contratista soportar dichos actos de inspección y vigilancia, dado que el contrato administrativo se ejecuta con fondos públicos.

---

[37] *Cf.* Art. 2, *Règlement sur les marchés de l'État.*

En otro orden de ideas, se entiende que los contratos que celebra la Administración se rigen por el derecho común, por tanto, el principio de la inmutabilidad de las obligaciones contractuales también se aplica a estos[38]. Sin embargo, con los contratos administrativos, podemos señalar que se admiten cuatro formas de modificación de la obligación contractual: a) por mutuo consentimiento, b) por situaciones supervenientes, c) por intervención directa de legislador y, d) modificación unilateral del contrato por parte de la Administración.

En el primero de los casos, evidentemente no corresponde propiamente a la materia administrativa y así, se entiende que se debe ser especialmente cuidadosos para este tipo de modificaciones, máxime que normalmente la ley y los reglamentos son bastante estrictos al respecto. Sin embargo, la Corte Suprema ha hecho una interpretación un poco más flexibles, distinguiendo entre los casos que impliquen modificaciones sustanciales o modificaciones accesorias, y que en todo caso se deben atender al caso particular[39] e incluso, en su interpretación, la Corte ha atendido a las reglas de la aceptación tácita, tratándose de las modificaciones accesorias.

El segundo supuesto, que en términos generales lo podemos sintetizar como los casos de fuerza mayor, en términos del Código Civil de Québec, se trata de aquellos casos donde el contrato debe concluir anticipadamente, en virtud de la superveniencia de un evento imprevisible e inevitable[40]. En estos casos, la autoridad administrativa deberá admitir la realización de trabajos complementarios al contrato originario y/o acceder a retrasos y modificación de costos previstos originalmente.

En el tercero de los supuestos, la modificación del contrato por intervención del legislador, se debe partir de lo siguiente: es poco probable que el legislador realice algún tipo de modificación a la ley y que esto llegue a impactar directamente a la ejecución de un contrato, sin embargo, es razonable estar abiertos a esta posibilidad, así que dependiendo de la situación concreta que se presente, el contratista podría llegar a recurrir a la indemnización en determinado momento o que la Administración se vea en la necesidad de hacer alguna modificación en relación a la ejecución del contrato.

No obstante lo anterior, es importante señalar que la jurisprudencia ha señalado que la Administración no puede modificar sus propios reglamentos con el fin de incumplir con una obligación contractual; no obstante, el Reglamento en sí, sí podría modificar un contrato, pero para que la Administración pueda modificar ese reglamento, deberá contar con autorización legislativa para ello, y por supuesto, podría incurrir en algún tipo de responsabilidad[41].

Por último, prácticamente toda la doctrina iberoamericana contempla la posibilidad de la modificación unilateral del contrato administrativo, principalmente encontrando su origen en el derecho francés. En palabras de Martine Lombard & Gilles Dumont:

---

38 *Cf.* P. Garant, *Op. Cit.*, pp. 427-428.

39 *Cfr. Adricon v. East Angus* [1978] 1 RCS 1107.

40 *Cf.* Art. 1470 Código Civil de Québec.

41 *Cf. Lévis (Ville) c. Services sanitaires Champlain ltée*, 1987 CanLII 501 (QC CA), <http://canlii.ca/t/1ppm2>, consultado el día 8 de febrero de 2017.

> "El poder de modificación unilateral de los contratos está reconocido desde hace mucho tiempo por la jurisprudencia. El Consejo de Estado ha admitido, desde 1910 que un prefecto podría modificar el servicio de una compañía de trenes, ya establecido en el contrato (CE 21 de marzo de 1910, *Compagnié générale française des tramways*, *GAJA* No. 21), ya que cuenta con el poder suficiente y necesario para determinar dichas modificaciones y adiciones con el fin de asegurarse de que, protegiendo al interés público, el servicio funcionará de forma normal [...]"[42]

Sin embargo, esto no ocurre así en el derecho canadiense. Como ya se señaló antes, el principio rector en los contratos (aún los administrativos) es la inmutabilidad de la obligación, de hecho, como señala Garant[43], se podría uno a aventurar a señalar que por lo menos en Québec, incluso se considera que la teoría de la imprevisión no está contemplada por su sistema jurídico. De hecho, la Corte de Apelaciones de Québec, así lo ha señalado con anterioridad[44].

Siguiendo la anterior línea de pensamiento, en términos del Código Civil de Québec, se considera la posibilidad de la existencia de cláusulas abusivas en el contrato administrativo (que no confundir con las cláusulas exorbitantes), y por tanto, un juez podría determinar la nulidad de éstas e incluso del contrato, lo que podría llevar a una indemnización.

Al igual que en los apartados anteriores, tratar de agotar todos los temas en este trabajo resultan imposibles, de tal forma que se hace una exposición bastante general del tema y sin duda, con mucho camino por delante.

VI. CONCLUSIONES

La regulación de los contratos administrativos en Canadá no corresponde propiamente al derecho administrativo, sino que más bien se trata de un tema hibrido entre el derecho público y el derecho privado.

La *Lex inter partes* que rige a los contratos de derecho privado, también rigen a los contratos administrativos.

No se debe perder de vista que Canadá tiene un sistema jurídico mixto, pues en términos generales, responde a la tradición del *common law*, siguiendo en gran medida su modelo, no solo jurídico, sino político, pero por lo que hace a la Provincia de Québec, hacia su interior, sigue el modelo de *Civil Law*, con una fortísima influencia francesa.

Precisamente esto es lo que provoca el sistema hibrido o mixto tratándose de las contrataciones administrativas.

Ahora bien, se puede afirmar que en cuanto a los principios rectores de la contratación administrativa, así como en sus mecanismos de adjudicación, no encontra-

---

42 M. Lombard & G. Dumont, *Droit administratif,* 8ª ed., Dalloz, Paris 2009, p. 286.

43 *Cf.* P. Garant, *Op. Cit.*, pp. 434-435.

44 *Cf. Walsh & Brais Inc. c. Montréal (Communauté urbaine)*, 2001 CanLII 20665 (QC CA), <http://canlii.ca/t/1fcm7>, consultado el día 8 de febrero de 2017.

mos grandes diferencias en relación a la concepción francesa de los contratos administrativos. La gran diferencia es que el contrato en sí se rige por el Código Civil, y por tanto, muchas de las reglas propias del régimen exorbitante de derecho privado, no se aplican.

También es importante destacar que la figura del contrato administrativo en Canadá no es estática y está frecuentemente enfrentada a cambios, sea por modificaciones a la legislación en Québec, por la modificación a los reglamentos y directrices federales y más frecuentemente, por la jurisprudencia y los fallos judiciales.

BIBLIOGRAFIA

A.A., JurisClasseur Québec. *Droit Administratif*, LexisNexis, Montréal 2016.

DELGADILLO GUTIÉRREZ, Luis Humberto & LUCERO ESPINOSA, Manuel, *Compendio de derecho administrativo*. Primer Curso, 3ª ed., Porrúa, México 1998.

DÍEZ, Manuel María, *Manual de Derecho Administrativo*, 4ª ed., Plus Ultra, Buenos Aires 1985.

ÉMOND, André, *Introduction au droit canadien*, 2ª ed., Wilson & Lafleur, Montréal 2016.

FERNÁNDEZ RUIZ, Jorge, *Derecho Administrativo. Contratos*, Porrúa, México 2000.

GAMERO CASADO, Eduardo & FERNÁNDEZ RAMOS, Severiano, *Manual Básico de Derecho Administrativo*, Tecnos, Madrid 2008.

GARANT, Patrice, *Droit administratif*, 6ª ed., Éditions Yvon Blais, Cowansville 2010.

GREVE, Carsten & EJERSBO, Niels, *Contracts as Reinvented Institutions in the Public Sector: Cros-Cultural Comparison*, Praeger, Westport 2005.

JÈZE, Gaston, *Servicios Públicos y Contratos Administrativos*, Editorial Jurídica Universitaria, México 2007.

Lombard, Martine & Dumont, Gilles, *Droit administratif*, 8ª ed., Dalloz, Paris 2009.

MORAND-DEVILLER, Jacqueline, *Droit administratif*, 12ª ed., Montchrestien lextenso éditions, París 2011.

Noguellou, Rozen & Stelkens, Ulrich (Eds.), *Droit Comparé des Contrats Publics*, Bruylant, Bruxelles 2010.

Ottawa Law Review, Vol 26, No. 2, 194.

QUINTA PARTE
COMPLIANCE, SELF-CLEANING Y MEDIDAS DE AUTOCORRECCIÓN DE CONTRATISTAS

CAPÍTULO XVIII
COMPLIANCE Y SELF-CLEANING EN LA CONTRATACIÓN PÚBLICA

Jaime RODRÍGUEZ-ARANA MUÑOZ*

INTRODUCCIÓN

Los resultados de la lucha contra la corrupción aconsejan, hoy más que nunca, explorar la virtualidad operativa de las denominadas técnicas preventivas y precautorias para detener esta terrible lacra social que, poco a poco, carcome los fundamentos de la vida democrática y nos conduce a una pérdida inquietante del temple cívico de la población. En efecto, junto a la perspectiva represora y sancionadora, es conveniente explorar las posibilidades de la autorregulación regulada, más allá de visiones exclusivamente punitivas, también en materia de contratación pública.

La formación de los empleados públicos en los valores del servicio objetivo al interés general debe acompañarse del sólido compromiso de las empresas y sus dirigentes con la efectiva realización y cumplimiento de obligaciones atinentes a la limpieza de la contratación, evitando conductas ilícitas y, sobre todo, esto es lo más importante, asumiendo programas de *compliance* previos a la contratación y tramitando, en supuestos de prohibición o exclusión para contratar, de exigentes compromisos de *self-cleaning*, de auto saneamiento, que realmente garanticen la actuación empresarial con arreglo a exigentes criterios deontológicos.

La cultura empresarial, especialmente en los países anglosajones, incluye, como es sabido, dentro de la buena administración y del buen gobierno corporativo, estos programas de *compliance*. Medidas y acuerdos que en EEUU desde 2008 constituyen incluso requisitos para contratar con las Administraciones públicas. En la Unión Europea las Directivas de 2014, debido a la influencia británica y a la experiencia austríaca y alemana, reconocen compromisos de *self-cleaning* para levantar determinadas prohibiciones o exclusiones para contratar cuando los órganos competentes

---

* Prof. Dr. Dr. h. c. Jaime Rodríguez-Arana. Catedrático de Derecho Administrativo. Director del Grupo de Investigación de Derecho Público Global. Presidente del Foro Iberoamericano de Derecho Administrativo. Presidente del Consejo Académico de la Spin Off Ius Publicum Innovatio (IPI).

comprueben que las pruebas de fiabilidad ofrecidas por las empresas son serias y solventes. Es más, la Unión Europea configura como derecho del contratista incurso en causa de exclusión o prohibición para contratar con la Administración pública su levantamiento, su rehabilitación, como consecuencia del compromiso de auto saneamiento, de integridad. Eso sí, siempre que sea fiable a juicio del órgano competente administrativo.

Por ejemplo, en Brasil, la ley de 1 de agosto de 2013 modificada por la medida provisora número 703 de 2015, se incorpora a esta nueva tendencia que, más allá de conformar estos acuerdos de lenidad como la única forma de defensa empresarial frente a la responsabilidad penal de la persona jurídica por actos ilícitos cometidos por directivos en nombre y representación de la empresa, constituye un camino a explorar para afrontar con éxito la lucha contra la corrupción. Un combate que debe plantearse con inteligencia, también desde la autorregulación regulada, de forma integrada, combinando normas y compromisos de cumplimiento y, sobre todo, teniendo siempre presente que los habitantes puedan disponer de los mejores servicios y las mejores obras públicas que faciliten una digna calidad de vida.

Las medidas para combatir la corrupción en la contratación pública, como es bien sabido, se han desarrollado de manera significativa en los últimos años tras la constatación de ser este uno de los sectores más proclives a la proliferación de prácticas ilícitas. Los incumplimientos más graves de los deberes de objetividad e imparcialidad en la búsqueda del interés general son merecedores de reproche penal y de su condena pueden derivarse consecuencias administrativas tales como impedir adjudicar un contrato público a quienes hayan sido condenados por determinados delitos. Ahora bien, con independencia de la perspectiva punitiva, necesaria, un marco integral de lucha contra la corrupción exige además poner el acento en la prevención. Por ello, las acciones a emprender desde la normativa contractual deben centrarse en un enfoque preventivo que vincule tanto a la Administración como al ámbito empresarial y que evite el desvío de fondos públicos hacia intereses privados espurios.

Una regeneración en la gestión de los recursos públicos se debe llevar a cabo desde una mayor formación e independencia de las personas encargadas de la adjudicación contractual, pero también fomentando medidas de autorregulación que incrementen los controles internos en las propias empresas poniendo obstáculos a posibles conductas ilícitas. Esta posibilidad se encuentra refrendada por la OCDE y expresamente autorizada en los países anglosajones que se muestran favorables a considerar los programas de cumplimiento normativo (*Compliance*), los códigos internos de comportamiento ético y la adopción de pactos de integridad en las compras públicas.

Las nuevas Directivas europeas sobre contratación pública del año 2014 también incorporan instrumentos normativos dirigidos a prevenir y enfrentar los delitos cometidos por las empresas a través de las llamadas medidas autocorrectoras, de autolimpieza o de *self-cleaning*. La puesta en práctica de estas medidas supone un derecho para el operador económico de excepcionar la aplicación de una prohibición de contratar cuando pueda probar que ha adoptado mecanismos eficaces para corregir las consecuencias de su inadecuado comportamiento e impedir de manera efectiva que éste se vuelva a repetir.

Las instituciones, categorías y conceptos del Derecho Público en el Estado social y democrático de Derecho deben estar enraizadas en la suprema dignidad del ser humano y en los derechos fundamentales que de ella dimanan. La promoción de las condiciones que hagan posible la libertad solidaria de los ciudadanos vincula crecientemente al Derecho Administrativo, rama esencial del Derecho Público, y a la misma Administración pública. Hasta el punto que hoy el Derecho Administrativo y la Administración pública tienen un desafío pendiente: convertirse a fondo a los parámetros y vectores centrales de un modelo de Estado que patrocina indefectiblemente un compromiso permanente, dados los índices conocidos de corrupción en el sector público, con la mejora de las condiciones de vida de los ciudadanos. En este sentido, la contratación pública, como modalidad de actuación de las Administraciones públicas en colaboración con la iniciativa privada en un contexto de máxima publicidad y concurrencia, es muy importante, trascendental , para que los habitantes puedan disfrutar de obras y servicios públicos y de interés general universales, de calidad y asequibles.

Los derechos fundamentales de libertad, los clásicos derechos civiles y políticos, y también los derechos fundamentales sociales, aquellos destinados a asegurar condiciones de vida dignas a los ciudadanos, vinculan a los Poderes públicos y marcan el ambiente en el que discurren las categorías centrales del Derecho Administrativo. Así, el Derecho Administrativo es el Derecho que regula el poder público para la libertad solidaria de las personas y la Administración pública es una organización de servicio objetivo y permanente al interés general que ha de proteger, defender y promover los derechos fundamentales de las personas.

La Administración pública actúa ordinariamente de forma unilateral y en ocasiones acude a la sociedad para reclamar su colaboración para prestar servicios públicos o construir infraestructuras públicas que mejoren la calidad de vida de las personas. Para cumplir sus fines, también en materia de contratación, la Administración pública precisa realizar su tarea de forma adecuada y pertinente, sirviendo permanentemente y objetivamente el interés general.

Pues bien, constatadas relevantes insuficiencias y disfuncionalidades relevantes en el funcionamiento y actividad de las Administraciones públicas, surge el debate acerca de la necesidad de contar con aparatos y estructuras públicas que trabajen con equidad, con imparcialidad, con sensibilidad social y que sean capaces de resolver los asuntos en plazos razonables. En este sentido, se comprende fácilmente que una Administración caracterizada de esta manera esté en las mejores condiciones posibles para hacer posible el libre y solidario desarrollo de la personalidad de todos los ciudadanos.

La buena Administración, además de principio general de actuación administrativa y de obligación inherente a los Poderes públicos, es un derecho fundamental de los ciudadanos. Un derecho fundamental a cuyo través se puede promover los derechos fundamentales de los ciudadanos y así posibilitar a cada persona un espacio de dignidad propio de la condición humana.

Siendo como es la contratación pública, además de una categoría medular del Derecho Administrativo, una relevante política pública tendente a mejorar el nivel de vida de los ciudadanos resulta que su realización desde la perspectiva de la buena administración plantea preguntas e interrogantes que necesitan ser analizados por nuestra disciplina. Por una poderosa razón: si el Derecho Administrativo está vinculado por los postulados del Estado social y democrático de Derecho, y esté trae causa de la dignidad del ser humano y de sus derechos fundamentales, las categorías que componen esta rama del Derecho Público hoy deben ser explicadas y construidos desde nuevos esquemas, desde nuevas premisas que trasciendan los dogmas del Estado liberal que doten de mayor sensibilidad social al Derecho Administrativo. La buena administración aplicada a la contratación pública es un buen ejemplo de ello.

La buena administración trae consigo la necesidad de prevenir la corrupción en la contratación pues, por ejemplo en el ámbito de la Unión Europea, es una de las causas, junto al urbanismo y la financiación de los partidos políticos, que desencadena esta lacra social que solo en el año 2014 se cobró 120.000 millones de euros. En este sentido, las nuevas directivas comunitarias aprobadas en 2014, especialmente la número 24, regulan exhaustivamente los conflictos de intereses y establecen reglas y principios dirigidos a promover y facilitar la integridad en todas las fases de la contratación, desde la preparación, hasta la adjudicación, con especial hincapié en la ejecución. Es decir, la buena administración en la materia exige medidas preventivas y sancionadoras de las prácticas ilícitas que se producen, lamentablemente, en grado creciente en este tiempo.

La lucha contra la corrupción, también en materia contractual no es, sin embargo, un fin en sí misma, es un medio para que los ciudadanos puedan disfrutar de obras públicas, de servicios públicos que les permitan vivir en mejores condiciones, que les permitan también elegir de entre varias opciones aquella que mejor se adecue a sus necesidades. La Unión Europea parte de la premisa de la existencia de un mercado abierto, plural, competitivo. Por eso la propia directiva termina el régimen de las exclusiones para contratar reconociendo las llamadas técnicas de *self-cleaning*, los compromisos de integridad o probidad que pueden ser necesarios cuándo, efectivamente, se pongan en cuestión las más elementales reglas que deben caracterizar al sistema de mercado en economías presididas, como es el caso de la Unión Europea, por los principios del Estado social y democrático de Derecho.

En efecto, el párrafo 6 del artículo 57 de la Directiva comunitaria sobre contratación pública dispone que todo operador económico que se encuentre en alguna de las situaciones establecidas en los párrafos 1 o 4 del precepto:

> "[...]podrá presentar pruebas de que las medidas adoptadas por él son suficientes para demostrar su fiabilidad pese a la existencia de un motivo de exclusión pertinente. Si dichas pruebas se consideran suficientes, el operador económico no quedará excluido del procedimiento de contratación".

Es decir, el operador incurso en una de estas causales del párrafo 1 o 4 del artículo 57 de la directiva, puede solicitar al poder adjudicador el perdón a través de un compromiso en el que se documente fehacientemente que ahora es un operador fiable. Entonces, si las pruebas se consideran suficientes por el poder adjudicador para acreditar la fiabilidad del licitador, este no quedará excluido.

Se da carta de naturaleza a la voluntad de rectificación del licitador que arrepiente de su conducta y promete firmemente, a través de pruebas fehacientes, que ha adoptado medidas adecuadas para ser considerado fiable por el poder adjudicador.

El operador, pues, reconoce su culpa, y formula su propósito de la enmienda en virtud de pruebas que han de llevar al ánimo del poder adjudicador a reconocer le fiabilidad a partir de entonces.

El problema de esta novedosa institución, que existe además de en la Unión Europea en Estados Unidos, por la que se puede perdonar la pena de exclusión definitiva de un procedimiento de contratación es que la decisión del poder adjudicador debe ser rigurosa, motivada y, sobre todo, acreditada en sólidas y solventes razones que garanticen que es mejor para los principios de un mercado abierto, justo y razonable, admitir a determinado licitador en determinada licitación. De lo contrario, seguiremos fomentando la corrupción desde la misma actividad normativa.

I. LA CORRUPCIÓN EN EL SECTOR PÚBLICO

La corrupción, mal que nos pese, es una realidad. Una amarga y lamentable lacra que ha caracterizado, en determinados momentos con más intensidad que en otros, la vida del ser humano desde su aparición en el planeta y la vida de las instituciones y organizaciones, públicas y privadas. Tanto en la esfera individual como en el ámbito colectivo, la corrupción se puede decir que es connatural a la condición humana tal y como manifiesta la misma historia. Siendo inherente a las personas es posible, y deseable, que la transparencia y la integridad sean las cualidades que distingan las actuaciones de las personas físicas y, también, porque están compuestas por ellas, los comportamientos de las personas jurídicas.

La figura de la Hydra de Lerna es un buen símbolo de la potencia e intensidad de la corrupción. Como sabemos por la mitología griega, Hércules, encargado de eliminar al terrible animal, tuvo muchas dificultades a causa de sus múltiples cabezas y del veneno que supuraba cada vez que se aniquilaba una de ellas. Cada vez que Hércules cortaba una de sus muchas cabezas, surgían dos nuevas por lo que tuvo que pensar en algún sistema diferente a los empleados hasta el momento. Así, con el concurso de su sobrino, cada vez que cortaba una de las cabezas de la Hydra utilizaba trapos ardientes para quemar los cuellos decapitados. Hércules, como cuenta Apolodoro, cortaba las cabezas y su sobrino quemaba los cuellos degollados y sangrantes. Finalmente, Hércules acabó con la última cabeza del animal aplastándola debajo de una gran roca. Acto seguido, Hércules bañó su espada en la sangre derramada y después quemó las cabezas cortadas para que jamás volvieran a crecer. En fin, un método nada convencional pero efectivo que conjugó la potencia de Hércules con la inteligencia de su sobrino. Probablemente, la combinación de armas que se precisan para acabar con esta terrible lacra social: contundencia e inteligencia.

La corrupción, según el G-20, consume nada menos que el 5% del PIB mundial. Es decir, es la tercera *industria* más lucrativa de todas cuantas existen en este mundo. Es una lacra, señala el informe del G-20, que se ceba con las economías desarrolladas y con las subdesarrolladas. En estos momentos, la corrupción es el enemigo número 1 del comercio exterior. Por sorprendente que parezca, el G-20 alerta acerca del número de normas que regulan los mercados. Tal profusión de normas en buena medida constituye el caldo de cultivo en el que nace y se desarrolla esta terrible enfermedad que aqueja a todas las economías del mundo sin excepción.

La sobrerregulación o la re-regulación son, efecto, aliadas de la corrupción, así como el excesivo número de normas diseñadas para establecer el régimen del comercio interior y exterior. Por ello, se deben elaborar las normas que sean necesarias, ni más ni menos. Normas claras, previsibles y ciertas. No regulaciones confusas, constantes y que tantas veces atentan contra la misma seguridad jurídica al variar unilateralmente las reglas en función del capricho de quien gobierne en cada momento.

El informe del G-20 dado a conocer en este tiempo advierte sobre la necesidad de que las empresas se preocupen efectivamente del entrenamiento ético de sus empleados. Es decir, deben poner en marcha planes y programas exigentes de ética que vayan más allá de un simple barniz o de un uso políticamente correcto de la responsabilidad social corporativa. En efecto, no pocas veces, la responsabilidad social corporativa no es más que una forma de edulcorar la conciencia de ciertos dirigentes que pretenden, con algunas donaciones a determinadas ONGs, lavar algunas prácticas contrarias a los más elementales postulados de la ética y la moral.

La lucha contra la corrupción no es sólo cuestión de elaborar y aprobar normas y más normas. En muchas ocasiones incluso la proliferación de leyes y reglamentos lo que hace es facilitar la corrupción. La clave está en disponer de las normas que sean necesarias, claras y concretas y, sobre todo, de un compromiso ético real, constante y creciente.

La corrupción, bien lo sabemos, supone un atentado grave a la misma esencia del servicio público en la medida que supone que el funcionario o el político deliberadamente traicionan el sentido de la gestión objetiva de los intereses. En estos casos se produce, por tanto, una conversión del interés general en interés personal. Esa es su malicia y su peligro en un mundo en el que una de las máximas es que las empresas deben ganar cuanto más dinero mejor en el más breve plazo de tiempo posible y, en el ámbito político, los partidos deben conseguir el mayor número de votos por el procedimiento que sea. En ambos casos, el fin justifica los medios y, entonces, todo, absolutamente todo, vale.

II. INTERÉS GENERAL Y CONTRATACIÓN PÚBLICA

La Administración pública actúa ordinariamente de forma unilateral o bilateral. A través de actos y normas, y también buscando el concurso y la colaboración de terceros, de la iniciativa social. Las políticas públicas son tareas o quehaceres a cargo de los poderes públicos que se destinan, de una y otra forma, a través de las diferentes técnicas disponibles, a la mejora de las condiciones de vida de los ciudadanos. Esto es así, entre otras razones, porque en la democracia, gobierno del, para y por el pueblo, el complejo Gobierno-Administración debe estar y actuar al servicio objetivo del interés general, tal y como, por ejemplo, solemnemente reza el artículo 103 de la Constitución del Reino de España de 1978. Si así no fuera, si no se tuviera presente a la comunidad, a los usuarios de un servicio público o a quienes usarán de una determinada infraestructura, tales servicios u obras no estarían siendo realizados al servicio objetivo del interés general.

La actividad contractual que realizan las diferentes Administraciones públicas consiste, esencialmente, en ofrecer los mejores bienes y servicios públicos posibles a los ciudadanos contando con la colaboración del sector privado. Primero porque tales actividades no se pueden realizar directamente por la propia Administración y segundo porque, de esta manera, se asocia a la sociedad en la función de servicio al interés general, que ni es privativa de la Administración ni sólo a ella concierne.

En este contexto, conviene subrayar que la Administración cuándo contrata con empresas la realización de obras o servicios de naturaleza pública dispone de una posición jurídica especial que le permite disponer de una serie de poderes que sólo se justifican en la medida en que previamente estén justificados en lo concreto en razones de interés general. Por tanto, a través de la contratación del sector público es posible, y deseable, que los ahora llamados poderes adjudicadores garanticen que esa forma de prestar los servicios de interés general o de construir obras públicas se realice desde los postulados del servicio objetivo al interés general.

En efecto, de esta manera la Administración puede diseñar en la realidad de los pliegos de los contratos compromisos sociales tan relevantes como la protección medioambiental, la prohibición del trabajo infantil, los postulados del comercio justo, la lucha contra la discriminación, la promoción del empleo y un sinfín de especificaciones que en cada momento materializan las exigencias nada menos que del Estado social y democrático de Derecho. Así, de esta manera, el compromiso de la Administración y de las empresas con los derechos fundamentales de las personas se robustece y revitaliza, asumiendo, porque son compatibles, valores constitucionales como la eficacia y la equidad.

Es decir, la Administración pública cuándo contrata, por su mismo compromiso con el servicio objetivo del interés general, debe fomentar y facilitar, no sólo el ejercicio de los derechos fundamentales, sino los valores del propio Estado social y democrático de Derecho, los llamados en la Constitución española de 1978, principios rectores de la política social y económica, entre los que están la protección del medio ambiente, el derecho al trabajo, la protección social, el derecho a la salud, el fomento del desarrollo sostenible. Es más, a través de la contratación pública, en cuanto expresión del quehacer de las Administraciones públicas, debe posibilitarse la realización de los derechos fundamentales individuales también, porque estamos frente a una categoría jurídica, la de los derechos fundamentales sociales.

En efecto, tales cláusulas de contenido social han de ser integradas en un complejo jurídico que permita que la Administración pública, en colaboración con el sector privado, sea el social o el puramente empresarial, pueda poner a disposición de los ciudadanos obras, bienes y servicios de la mayor calidad posible con el más elevado compromiso social. Tal pretensión, ni es imposible ni es consecuencia de planteamientos retóricos. Es posible siempre y cuándo se parta de los postulados del pensamiento abierto, plural, dinámico y complementario que encierra la cláusula del Estado social y democrático de Derecho. Una metodología de acercamiento, tanto al Derecho Administrativo, como a las Políticas Públicas, que cuándo se aplica produce resultados en los que se aprecia el equilibrio entre sensibilidad social, libertad económica y rigor jurídico. Es decir, es posible, y deseable, que la actividad pública, también en concurso con la sociedad misma, pueda armonizar criterios de eficacia, solidaridad y promoción de los derechos fundamentales de las personas.

En este contexto, la contratación como política pública contribuye, debe contribuir, a una mayor humanización de la realidad pues es posible, vaya si lo es, diseñar las técnicas contractuales de manera que la centralidad de la dignidad del ser humanos brille por su presencia. Simplemente con establecer estímulos fiscales a las más variadas expresiones del denominado comercio justo, por ejemplo, ya estaríamos trabajando en esa dirección.

Las políticas públicas en el Estado social y democrático de Derecho son políticas para la mejora de las condiciones de vida de las personas contando con las iniciativas de la ciudadanía –que es plural– y con el dinamismo social. Si no se tuviera en cuenta la opinión de quienes son los principales destinatarios, y usuarios, de los servicios y obras públicas que se prestan u ofrecen a través de la contratación, se estarían implementando políticas extra democráticas por la ausencia de participación. La participación social en materia de contratación es fundamental porque permite aportar a los pliegos aspectos d la realidad, cuestiones que preocupan a los usuarios, algo que, a fuer de ser complejo, es cierto, permitiría muchas veces evitar grandes errores de diseño o de concepto en la contratación pública. En este sentido es indispensable que se asocie la participación social a los procesos de evaluación de la calidad de los bienes, obras y servicios objeto de la contratación pública.

Las políticas públicas en materia contractual reclaman numerosas reformas: en lo que se refiere a la simplificación de los procedimientos, en lo que se refiere a las denominadas relaciones intergubernamentales entre las distintas Administraciones que en ocasiones intervienen en la contratación pública, en lo que se refiere a la gestión integrada, y, finalmente, en lo que afecta a la inclusión equilibrada de cláusulas de comercio justo o de control social que manifiesten claramente que la contratación pública está enmarcada en los postulados del Estado social y democrático de Derecho.

Es decir, hay que tener presente las aspiraciones del sector, las opiniones de los usuarios de los servicios y obras públicas objeto de la contratación, la protección del medio ambiente o del patrimonio histórico artístico o, también, por ejemplo, la gestión integrada de la costa o litoral, sin olvidar determinadas especificaciones en materia social que son de alguna manera el reflejo de la cláusula del Estado social y democrático de Derecho en materia de contratación pública.

Las políticas de contratación del sector público, pues, deben articularse atendiendo a todos los sectores sociales, sin exclusión de ninguno. Y desde estos postulados debe negarse que la mejora de un grupo social haya de hacerse necesariamente a costa de otros grupos o sectores. Todos los sectores y todas las realidades en juego han de estar presentes en la mente y en la acción de quienes toman decisiones en esta cuestión tan multidisciplinar como es la contratación pública. En efecto, a través de los contratos públicos se deben ofrecer bienes y servicios integrales en los que el sector privado pueda alcanzar sus objetivos a la vez que se presta una atención especial a las consideraciones sociales, humanas, más relevantes.

Las políticas públicas de contratación pública se nos presentan como instrumentos a través de los cuáles, con pleno respeto por supuesto de la juridicidad es posible contribuir de manera directa y tangible a un mayor compromiso social concretado en el comercio justo, en el fomento de la conciliación laboral, en la protección ambiental o, entre otros, en la promoción del empleo. Es decir, la contratación pública tiene características y peculiaridades que, desde la cláusula del Estado social y democrático de Derecho, pueden traducirse en estos objetivos de tanta relevancia social.

Las apelaciones a la eficiencia en las reformas de la contratación pública son constantes. Valga, por ejemplo, lo afirmado por la Comunicación de la Comisión al Consejo, al Parlamento Europeo, al Comité Económico y Social Europeo y al Comité de las Regiones, en el Plan de Acción para la aplicación del marco jurídico de la contratación pública electrónica, de 13 de diciembre de 2004, al resaltar que esta modalidad de contratación está destinada a logra una mayor eficiencia en la contratación misma y en la gobernanza.

La Comisión Nacional de los Mercados y la Competencia (CNMC) acaba de publicar un estudio acerca de los diferentes sistemas de contratación pública y sus resultados no dejan lugar a dudas. La falta de competencia se dice en este análisis, fomenta la ineficiencia y la corrupción. Se calcula, según este informe preliminar, que el sobrecoste de las prácticas de contratación en nuestro país asciende a la friolera del 25% de los 194.000 millones de euros que anualmente se destinan a licitaciones de bienes y servicios públicos con cargo al Estado. En otras palabras, se podrían ahorrar en materia de contratación pública nada menos que 48.000 millones de euros, el 4.5% del PIB.

Según la CNMC, hay que empezar por erradicar toda una serie de prácticas ilícitas que merman sobremanera los costos de la contratación. Son los casos de pactos secretos de no competencia o de reparto de mercado y los cárteles económicos, prácticas que precisan de una legislación que permita actuar en el marco civil y penal.

Para la CNMC, algunas malas prácticas que deben eliminarse serían, entre otras, la adjudicación directa a empresas públicas o el establecimiento de plazos muy largos de duración de las concesiones administrativas sin causas objetivas o razonables. También hay que mejorar la transparencia y la publicidad, tantas veces dominadas por escenarios de opacidad, penumbra o ambigüedad, que enturbian la adjudicación a las mejores opciones. Por supuesto que es urgente el diseño de soportes tecnológicos que faciliten la elección de las ofertas mejores así como análisis rigurosos de eficiencia económica de los contratos, especialmente en lo que se refiere a una evaluación periódica acerca de los resultados obtenidos. El control, señala la CNMC, es deficiente y se encuentra regulado en normas dispersas y demasiado restrictivas.

En 2014, como se sabe, la Unión Europea aprobó un nuevo paquete de directivas en materia de contratación pública que España debe trasponer entre 2015 y 2016. Se trata de una buena oportunidad para modernizar los procedimientos de contratación y dotarlos de mayores dosis de objetividad y racionalidad. El dinero público es de todos los españoles y debe ser utilizado al servicio objetivo del interés general. Para que los ciudadanos dispongamos de servicios y obras públicas de calidad que permitan el mejoramiento de las condiciones de vida de todos. No puede ser que despilfarremos tantos millones de euros cuándo existen necesidades sociales acuciantes e imperiosas que precisan de medios y fondos crecientes.

III. LA LUCHA CONTRA LA CORRUPCIÓN EN LA DIRECTIVA DE CONTRATACIÓN PÚBLICA DE 2014

El 15 de enero de 2014, el Parlamento europeo aprobó en primera lectura la nueva Directiva sobre contratación pública asumiendo la propuesta del mismo Parlamento y del Consejo relativa a la contratación pública. Se trata de la nueva regulación de aplicación a los contratos públicos objeto de la Directiva. Entre las consideraciones que hace suyas esta resolución legislativa del Parlamento europeo, que ha de ser traspuesta en España antes de 2016, encontramos una primera referencia a la relevancia de los principios de libre circulación de mercancías, libertad de establecimiento, libre prestación de servicios, igualdad de trato, no discriminación reconocimiento mutuo, proporcionalidad y transparencia en un marco de competencia en orden a la adjudicación de los contratos públicos. Principios que, en efecto, preservan la naturaleza y fisionomía de la contratación como política pública orientada a la mejora de las condiciones de vida de los ciudadanos a partir de la construcción de obras públicas y del uso de servicios públicos y de interés general.

Por otra parte, la resolución legislativa del Parlamento europeo de 15 de enero de 2004 reconoce que:

> "[...] la contratación pública desempeña un papel clave en la Estrategia Europa 2020, establecida en la Comunicación de la Comisión de 3 de marzo de 2010 titulada «Europa 2020, una estrategia para un crecimiento inteligente, sostenible e integrador» («Estrategia Europa 2020»), como uno de los instrumentos basados en el mercado que deben utilizarse para conseguir un crecimiento inteligente, sostenible e integrador, garantizando al mismo tiempo un uso más eficiente de los fondos públicos. Con ese fin, deben revisarse y modernizarse las normas vigentes sobre contratación pública adoptadas de conformidad con la Directiva 2004/17/CE del Parlamento Europeo y del Consejo[1], y la Directiva 2004/18/CE del Parlamento Europeo y del Consejo[2], a fin de incrementar la eficiencia del gasto público, facilitando en particular la participación de las pequeñas y medianas empresas (pymes) en la contratación pública, y de permitir que los compradores utilicen mejor la contratación pública en apoyo de objetivos sociales comunes. Asimismo, es preciso aclarar determinadas nociones y conceptos básicos para garantizar la seguridad jurídica e incorporar determinados aspectos de reiterada jurisprudencia del Tribunal de Justicia de la Unión Europea relativa a la contratación pública".

Es decir, a través de la contratación pública se busca un crecimiento económico inteligente, sostenible e integrador en el que las pequeñas y medianas empresas tengan posibilidades de salir adelente. La referencia a la sostenibilidad apela a la dimensión ética de la contratación como factor para un desarrollo equulibrado, para un desarrollo humano, un desarrollo orientado, de otra manera no sería sostenible, a la mejora de las condiciones de vida de los habitantes.

El principio de igualdad de trato a los operadores económicos es pieza clave de la arquitectura de esta Directiva, así como los principios de transparencia y proporcionalidad, principios tan fundamentales como sistemáticamente orillados por

---

1 EP Resolución de 31 de Marzo de 2004, 2004/17/CE, DO L 134 de 30-4-2004, p. 1.

2 EP Resolución de 31 de Marzo de 2004, 2004/18/CE, DO L 134 de 30-4-2004, p. 114.

la actuación de numerosos poderes adjudicacdores que usan la discrecionalidad establecida al servicio de planteamientos nacionalistas y proteccionistas. Punto importante en la lucha contra la corrupción es la promoción de la transparencia y la prohibición de sortear la competencia o la transparencia en la contratación pública así como el uso interesado de la contratación para favorecer a determinados operadores.En estos supuestos, de no existir estas limitaciones o prohibiciones, la contratación pública, en lugar de ser lo que debe, una política pública orientada a la mejora de las condiciones de vida de los ciudadanos, se convertiría, muchos asi la conciben, como una oportunidad de enriquecimiento económico y como una forma de acceder al poder o de mantenerse en el sin reparar en los medios que se han de emplear para ello.

Es sabido que las decisiones más polémicas en materia de contratación, las que estadísticamente se llevan la palma en materia de corrupción, son las adjudicaciones. Por eso, el artículo 58 de la directiva reclama una dosis de objetividad en estas operaciones jurídicas digna de alabanza, que el artículo 57 pretende concretar fijando criterios racionales y rigurosos de adjudicación.

En capítulo aparte trataré acerca de las prohibiciones para concretar, las obligatorias y las facultativas, y de la posibilidad de rehabilitacion del contratista en aplicación de las medidas de self-cleaning previstas en el artículo 57 de la Directiva de 2014 sobre contrataciónpública.

Ciertamente, el capítulo dedicado a la integridad no puede merecer más que un juicio positivo, así como la regulación de los conflictos de interés pues hasta hora estas disposiciones no tenía acomodo en las Directivas en la materia. Sin embargo, la posibilidad de modificar un contrato con el límite del 50% de su precio, no sólo permitiría abrir el debate acerca de la novación del contrato a causa de la desnaturalización de uno de sus elementos esenciales, sino que invita a pensar en que tal previsión constituye o puede constituir una puerta abierta a la corrupción por obvias razones que están en la mente de quienes conocen el sector.

Esperemos, no obstante, que los Estados miembros en la trasposición de estas Directivas apuesten por los principios tradicionales de la contratación pública, por supuesto en su visión de política pública, y regulen de mejor manera aquellos aspectos de la vida contractual por los que se despilfarra tanto dinero público. Nos referimos a la elaboración de los pliegos, a la participación ciudadana en toda la vida del contrato, a una mejor regulación de la ejecución del contrato, al establecimiento de mayores limitaciones para la potestas variandi. Una institución, esta última, que merece un nuevo tratamiento más acorde a la función que caracteriza a la Administración pública, que no es otra que el servicio objetivo al interés general. Es decir, si la Administración quiere modificar el contrato, que no podrá superar el 20% del precio en ningún caso, deberá previamente justificar las razones de interés general de tal pretensión, que serán comunicadas al contratista y publicadas en la web del poder adjudicador para general conocimiento. Si hay reclamación, el Tribunal Administrativo de Contratos se pronunciará en un plazo breve. Asi, de esta manera, es probable que los pliegos se redacten de forma más concreta y rigurosa porque, como bien sabemos, el estigma de la potestas variandi arranca tantas veces precisamente de pliegos genéricos, imprecisos y ambiguos, el mejor caldo de cultivo para la corrupción.

Otro punto que debiera mejorarse en la trasposición que se haga de la Directiva de Contratación pública, se refiere a la transparencia y a la forma de motivar las adjudicaciones. Sencillamente, con exigir que en los casos de procedimientos negociados, no digamos ya si son sin publicidad, se suban a la web del poder adjudicador las actas de las reuniones mantenidas, resolvería muchos problemas. En el mismo sentido, la deliberaciones de los poderes adjudicadores podrían, además de ser publicadas *in integrum* en la web correspondiente, objeto de conocimiento general, bien porque se realicen en audiencia pública con posibilidad de intervención de los proponentes, bien sin esa publicidad.

En fin, el camino de la lucha contra la corrupción me parece que discurre por la senda de la máxima transparencia posible, sin miedo a pasarse porque en esta materia la luz nunca es demasiada.

IV. LOS COMPROMISOS DE *COMPLIANCE* EN LA LUCHA ANTICORRUPCIÓN: SENTIDO Y FUNCIONALIDAD

La corrupción en la contratación pública es una realidad. Hasta el punto que la Unión Europea en su informe de 2014 reconoce que junto a la financiación de los partidos políticos y al urbanismo, es una de las causas más importantes de esta lacra social. Siendo esto así, se comprueba en estos años de galopante corrupción que la tradicional perspectiva punitiva y represora, necesaria para castigar los ilícitos, no acaba de bajar los índices de la corrupción. De ahí que una perspectiva más amplia, integral, sea necesaria. En efecto, la prevención de la corrupción se nos presenta, desde este ángulo, como un camino útil. Como una vía a explorar que está siguiendo algunos países desde la perspectiva de la autorregulación regulada. Un fenómeno cada vez más relevante que pone el acento en asegurar el cumplimiento de sus obligaciones por parte del contratista.

Desde una perspectiva unilateral, la sanción frente a los casos de corrupción constituye la prohibición o exclusión para contratar y, es, desde luego, la solución clásica al problema. Sin embargo, junto a la necesidad de castigar el ilícito penal o administrativo, es menester también tener presente que, desde el pensamiento abierto, dinámico complementario y compatible, es menester integrar otros factores en esta cuestión como puede ser la existencia de un mercado competitivo que ofrezca buenos servicios y buenas obras públicas o buenos servicios. Por eso, como veremos, una vez incursa en una causa de prohibición o exclusión para contratar, en la Unión Europea existe el derecho del contratista, en un determinado marco, a solicitar que el órgano de contratación compruebe que ha adoptado las medidas adecuadas para ser fiable como contratista de la Administración pública.

Estas medidas de *self-clening* o de auoto saneamiento, son un remedio extraordinario para empresas incursas en causas de exclusión o de prohibición para contratar. Sin embargo, si se genera una cultura de la prevención pertinente e inteligente, hasta se podría pensar, como acontece en los Estados Unidos de Norteamérica, que la emisión de compromisos de *Compliance* por las empresas sea requisito para ser admitido a una licitación pública[3]. Es decir, los programas de *Compliance*, además de atenuar la responsabilidad penal de la empresa contratista ante los daños causados por su personal en nombre y por cuenta de la empresa, pueden ser medios eficaces para asegurar el cumplimiento de las obligaciones, jurídicas y éticas, por parte del contratista.

Ni que decir tiene que frente a una razonable política de promoción de programas de *Compliance* por parte de los contratistas, es necesaria también la existencia de códigos de conducta, buenas prácticas por parte de la Administración, por parte de los funcionarios que integran las mesas de contratación, por el personal al servicio de la Administración pública que forma parte de los Poderes adjudicadores. Esto es, hay que seguir programas de *Compliance* por ambas partes pues la corrupción, no lo olvidemos, es cosa de dos. Por cierto, los órganos de contratación y los Poderes adjudicadores, al igual que los Tribunales y Comisiones encargadas de la selección de personal al servicio de la Administración pública, deben estar integrados exclusivamente por personal no político. De otra manera, no se estaría atajando creíblemente la corrupción.

Si como parece el hecho de que las empresas dispongan de programas de *Compliance* para detectar la existencia de comportamientos y conductas ilícitas y de ponerlas en conocimiento de la Administración, atenúa la responsabilidad penal de las empresas, es lógico, deseable, que se establezca como una exigencia de contratación que las empresas contratistas de la Administración pública tengan un sistema de *Compliance* efectivo y en vigor al momento de enviar sus ofertas[4]. En este sentido, ha sido constante, dice Gómez-Jara, la inclinación de la doctrina especializada hacia estas prácticas pues la instauración de estos programas en los que resultan indispensables sistemas de denuncias internas, nombramiento de un oficial de cumplimiento, reacciones post-delictivas de investigación de los hechos denunciados, formación continuada, etc., son una necesidad para una mejor y más justar imputación o desimputación de los contratistas y también, por supuesto, para evitar la comisión de delitos[5].

Esta tendencia, que se nos antoja imparable, es consecuencia, no sólo de la operatividad de la denominada autorregulación regulada, sino de las exigencias del pensamiento abierto, dinámico y compatible aplicado a la lucha anticorrupción. Es decir, la colaboración de las empresas es fundamental para vencer a la corrupción. Para ello, es menester que se instalen estos programas de cumplimiento. Unos programas

---

3 *Cf.* AA. VV., *Government Compliance Handbook*, 4ª ed., 2012.

4 *Cf.* C. Gómez-Jara Díez, 'La responsabilidad penal de las personas jurídicas en el ámbito público: ¿hacia los compliance programs "anti-corrupción" como exigencias legales de contratación pública?', en A. Palomar Ojeda & M. Garcés Sanagustín (Dirs.), *La gestión de los fondos públicos: control y responsabilidades*, Aranzadi-Thomson, Madrid 2013, p. 1236

5 Es decir, estas prácticas, dice C. Gómez-Jara, *Op. Cit.*, p. 1247: "[…]constituyen un marcado incentivo para que las organizaciones adopten o implementen de manera efectiva dichos programas de cumplimiento puesto que constituyen su herramienta de defensa más evidente frente a una eventual imputación de responsabilidad penal."

llamados a prevenir y detectar las conductas ilícitas[6]. Prevención y detección precoz son dos armas fundamentales en el combate a la corrupción que estos instrumentos, cuando se implementan con rigor y seriedad, con sistemas de evaluación y seguimiento eficaces, realmente pueden obtener mejores resultados que la dimensión exclusivamente penal o punitiva.

Por ello, pensamos que en la implementación que se haga en el Reino de España de las Directivas de 2014 bien podría establecerse que como requisito *sine qua non* para poder presentarse a licitaciones públicas, las empresas presenten programas de *Compliance* solventes que deberían ser juzgados por Comisiones independientes establecidas al efecto integradas por personas de reconocido prestigio en la materia.

La estrategia de *Compliance* parte de la autorregulación y busca evitar el incumplimiento de las normas y, por supuesto, de las obligaciones que caracterizan la posición jurídica de quien contrata con la Administración pública.

En Estados Unidos desde 2008 es menester para contratar con la Administración pública contar con un programa de cumplimiento anti-corrupción[7]. Tal medida trae su causa de la experiencia de los programas de buen gobierno corporativo en el sector privado. Al igual que aconteciera con la introducción de códigos éticos al interior del sector público, que se establecieron a imagen y semejanza de lo que acontecía en el sector privado (*management* cualitativo[8]), ahora, tras constatar el fracaso de la perspectiva exclusivamente punitiva en el combate a la corrupción, se buscan otros caminos más complementarios y compatibles y se acude *mutatis mutandis* a estos programas de cumplimiento en el sector privado[9] adaptados, es lógico, a negocios en los que prima el interés general, como son los contratos públicos, una categoría jurídico-administrativa que, como queda expuesto, es expresión de la política pública de un Estado definido como social y democrático de Derecho.

La tendencia a la progresiva implementación de estos programas de cumplimiento anti-corrupción tuvo su apogeo en EEUU tras los escándalos de todos conocidos protagonizados por relevantes contratistas durante las operaciones militares desarrolladas en Irak y Afganistán, en las que asuntos de obvio interés general relativos a la seguridad se confiaron al sector privado.

Esta política pro *Compliance* anti-corrupción ha tenido mucho que ver la acción pública del Presidente Obama pues se puede apreciar recientemente el aumento de

---

6 Ver, J. Alonso Gallo, "Los programas de cumplimiento", en J. Díaz Maroto (Coord.), *Estudios sobre la reforma del Código Penal*, Madrid 2011, pp. 141 y ss.

7 Tal exigencia se repute como imprescindible para los contratos de una cuantía superior a los cinco millones de dólares y a partid del 24 de septiembre d 2007 con carácter general tras las pertinentes reformas de la legislación norteamericana. *Cf.* R. Schchters & S. Turner, "New challenges in Government Contractors in an Aggressive Enforcement Environment", en *Government Contractors Compliance*, *Op. Cit.*, pp. 7 y ss.

8 Ver J. Rodríguez-Arana Muñoz, *La dimensión ética de la función pública*, INAP, Madrid 2013, pp. 25 y ss.

9 *Cf.* C. Gómez-Jara, *Op. Cit.*, p. 1248; también C. Yunkins, *Enchancing Integrity-Aligning proposed contractor compliance requeriments with broader avances in Corporate Compliance*, The Government Contractor, No. 49, 2007, pp. 146 y ss.

los procedimientos sancionadores a cargo del Departamento de Justicia de los Estados Unidos, así como el crecimiento exponencial de las denominadas acciones *qui tam*[10], en las que personas físicas que denuncian determinados hechos delictivos que conocen en relación con empresas son beneficiarios de un porcentaje de la multa adoptada tras el acuerdo entre la Administración y la compañía[11].

Estos programas de cumplimiento se fundan sobre cuatro elementos[12]. Primero, integridad al tratar con funcionarios públicos, prohibiéndose expresamente toda promesa, dádiva o recompensas a este personal. Las relaciones entre el licitador o contratista y los funcionarios públicos encargados del procedimiento de adjudicación o de ejecución contractual deben constar por escrito y las conversaciones orales deben estar a disposición de quienes ostenten un interés legítimo en su difusión. Por supuesto, de las reuniones que se mantengan deberá siempre levantarse acta por escrito. En este punto, un asunto relevante que afecta a los conflictos de interés se refiere a la futura contratación del personal funcionario por la empresa una vez incluso que se supere el periodo de gracia en el que tras la salida de la función pública ha d abstenerse de mantener relaciones comerciales o profesionales con compañías con las que ha trabajado de algún modo de su condición de servidor público. En este punto, como en casi todos los que se refieren a la ética de las conductas de los funcionarios públicos, la transparencia y publicidad que ha de caracterizar su actividad y sus relaciones con las empresas privadas suele resolver siempre cualquier dilema o problema que se plantee.

El segundo de los argumentos sobre los que descansan estos programas de cumplimiento se refiere a la honestidad en el intercambio de información, prohibiéndose, es lógico, las falsedades documentales. Pienso que no solo se debe castigar este tipo penal sino también la puesta en conocimiento de los licitadores de información privilegiada. También debería encajar aquí la prohibición de facilitar más o menos información a unos licitadores que a otros y, por ende, cualquier manejo de la información que no siga las reglas de la objetividad y de la igualdad entre todos los licitadores.

El tercer elemento se refiere a la consolidación de las relaciones éticas con terceros prohibiéndose especialmente las comisiones ilícitas o *Kicks-backs*, hoy lamentablemente una práctica habitual en esta materia. El fortalecimiento ético pasa, en este tema, por mantener elevados estándares éticos en las denominadas subcontrataciones, muchas veces un mundo opaco e ignoto en el que se realizan grandes intercambios financieros al margen de la ética y la legalidad.

En cuarto y último lugar, estos programas de cumplimiento anti-corrupción deben fomentar la competencia leal evitándose toda suerte de prácticas encaminadas a que los licitadores o el marco jurídico general expresen subjetividad o favoritismo[13].

---

[10] Ver M. H. Lemos, "Special Incentives to Sue", en *Minnesota Law Review*, No. 95, 2011, pp. 782 y ss.

[11] *Cf.* C. Gómez-Jara, *Op. Cit.*, p. 1249.

[12] *Id.*

[13] Ver A.B. Styles, "Developing Effective, Transparent Compliance Program for Government Contractors", en *Government Contractors Compliance*, *Op. Cit.*, pp. 89 y ss.

Estos programas de cumplimiento anti-corrupción en materia contractual en los EEUU deben contener un mapa de riesgo, que es un análisis acerca de las principales áreas de corrupción que amenazan a una empresa. También el plan de Compliance debe contar con un Código de buena conducta que identifique buenas prácticas, un Código que debe elaborarse con la colaboración de los directivos y de los empleados de las empresas y que debe ser objeto de revisión periódica y de formación continuada.

En efecto, de un tiempo a esta parte, el mundo de las corporaciones también se ha inscrito en la moda de los códigos de ética. Se trata, más que de una moda pasajera, si es que puede utilizar esta expresión, de un compromiso permanente y renovado por hacer de las corporaciones instituciones de permanente humanización de la realidad en las que las personas encuentren un entorno de crecimiento personal en todos los sentidos.

Desde esta perspectiva, resulta bien relevante acercarse al modelo de código ético para empresas elaborado por el instituto de consejeros-administradores (ICA), que se puede encontrar en su web para general conocimiento. El documento consta de unos principios generales a los que siguen las obligaciones de accionistas, propietarios, administradores y directivos, sea en materia de dirección propiamente dicha, en relación con los clientes y proveedores de la empresa, en lo que atiende a los empleados o en relación con los competidores o la sociedad civil.

La Ética, ciencia práctica que analiza el comportamiento humano de acuerdo con los criterios de la recta razón, es hoy, al margen de otras consideraciones, el único dique de contención frente a la selva en que se ha convertido el mundo actual, en la que el dinero y el poder son, por la devoción que les profesan no pocos individuos, los dueños y señores de todos nosotros. Esta realidad, sin embargo, nos desafía frente al reto de construir empresas a escala humana en las que le legítimo beneficio sea compatible con un razonable desarrollo personal y profesional de quienes día a día sacan adelante las empresas.

La Ética debe predicarse de todos quienes intervienen, de una u otra manera, en la vida de la empresa: accionistas, propietarios, administradores y directivos. Las obligaciones de unos y otros garantizaran, desde la vertiente ética, que la empresa cumpla sus fines y que, se atiendan de manera equilibrada y razonable los derechos e intereses de todos los grupos de interés que viven en torno a la propia empresa: empleados, clientes, accionistas, proveedores y socios de negocio y sociedad en general. Ahora bien, la Ética va más allá de la mera compensación o equilibrio de los diferentes intereses en juego en la medida en que la referencia ética plantea la necesidad de que cada interlocutor realice bien su tarea. Ciertamente, en buena medida, el cumplimiento de las Normas: Leyes, Estatutos o Reglas de funcionamiento, constituyen un buen ejemplo de rectitud ética siempre y cuándo dichas reglamentaciones o disposiciones estén presididas por valores que permitan la mejora del hombre en cuanto hombre.

Los Códigos de Ética en las empresas deben señalar que los accionistas y propietarios se constituyan en garantes del cumplimiento de administradores y directivos. Además, el Código, como es lógico, nace, no con la pretensión de convertirse en el Código único de todas las empresas, sino como un marco general que habrá de ser concretado a la realidad de cada empresa. Por lo demás, la metodología que se propone implica que sería el Consejo de Administración de la compañía quien formula el Código y la Junta General quien lo aprueba.

Desde luego, los Códigos no son varitas mágicas que todo lo arreglan o que todo lo solucionan. Son medios adecuados para instalar en el ambiente empresarial criterios y principios que hagan del trabajo en la empresa un entorno de creciente humanización de la realidad compatible con la obtención de beneficios que también han de llegar a los trabajadores de la compañía. Y, para el tema que nos ocupa, valladares que aseguren el cumplimiento de las obligaciones éticas.

En la función pública y en la actividad pública en general, también han proliferado las codificaciones, justo en un tiempo en el que las actitudes y conductas éticas no son lo frecuente que debiera cuando se trata de servir intereses generales.

En 1981, la Asociación Internacional de Escuelas e Institutos de Administración pública recomendó reforzar la codificación los criterios éticos del servicio público y, por ello, el buen gobierno y la buena administración de lo público. Las razones de tal decisión se encuentran en un mundo complejo como el actual, la gestión de los intereses generales ofrece numerosos dilemas éticos que deben resolverse en el marco de los principios de buena administración y de buen gobierno, inspirados en última instancia en que los gestores y administradores ejercen poderes y potestades en nombre y representación de los ciudadanos y a ellos deben dar cuentas de tal encargo permanentemente y motivadamente.

En efecto, no sólo es necesaria la competencia y los conocimientos, hace falta que esos conocimientos, que siempre son un medio, se utilicen para hacer realizar el servicio objetivo al interés general. Por eso, en su trabajo diario el personal al servicio de las Administraciones públicas debe seguir los dictados del servicio objetivo al interés general. Las personas que laboran en la Administración pública son insensibles elementos de un aparato administrativo que mecánicamente está orientado al interés general. Son servidores públicos involucrados, especialmente los directivos, en el poder público y están obligados a definir objetivos sociales, a configurar políticas públicas o a seleccionar información· Es decir, deben ejercitar juicios éticos con mucha frecuencia y, por ello, parece aconsejable que dispongan de un marco que oriente la acción, en el que se establezcan con claridad los criterios rectores del servicio público, que nuestra Constitución resume en el servicio objetivo al interés general.

La codificación de principios y reglas éticas para el servicio público y para el buen gobierno y la buena administración es una tarea necesaria que ayuda a recuperar los valores de lo público y que debe tener presente la naturaleza del trabajo concreto que realizan las personas al servicio de las Administraciones públicas así como las exigencias de los ciudadanos, que disponen de un derecho a una buena Administración pública y que, por tanto, pueden y deben reaccionar jurídicamente ante la lesión de tal derecho fundamental.

En la elaboración de los Códigos de Ética pública y buen gobierno deben conjugarse elementos de diversa naturaleza, pues además de orientar y promover conductas éticas en la labor del personal al servicio de las Administraciones públicas, éstas deben articularse en sintonía con la protección de los derechos individuales de los propios empleados públicos. Así, por ejemplo, en el Código canadiense los funcionarios deben gozar en sus actividades privadas de los mismos derechos que cualquier otro ciudadano salvo que su limitación venga aconsejada por motivos de interés general. Del mismo modo, el Código australiano dispone, en relación con estos derechos, que:

> "[...] cuando el comportamiento personal no interfiere en el cumplimiento correcto de sus obligaciones oficiales y, cuando no perjudica a la integridad o prestigio del servicio público, no es de interés ni concierne al organismo en el que el funcionario presta sus servicios."

Es decir, los Códigos de Ética pública Buen Gobierno, aunque limiten la actividad de los funcionarios, en realidad refuerzan su talante de servidores públicos vinculados por el servicio objetivo al interés general en el marco del Estado social y democrático de Derecho.

Las normas escritas permiten conocer con objetividad los criterios de actuación del personal al servicio de las Administraciones públicas. Y, de otra parte, proporcionan un importante mecanismo para la resolución de conflictos. Además, la existencia de un conjunto de normas éticas escritas impedirá, o al menos harán más difícil, la corrupción en cualquiera de sus diferentes modalidades. Por otra parte, en muchos casos el Código puede servir al personal al servicio de las Administraciones públicas para rechazar formalmente determinadas propuestas incompatibles con el servicio objetivo al interés general. También la codificación permite que los directivos puedan exigir responsabilidades a los empleados públicos por sus actuaciones.

Un buen ejemplo en materia de códigos de ética para funcionarios públicos lo ofrece el de los funcionarios locales de habilitación nacional del Reino de España. En efecto, de un tiempo a esta parte pareciera que la simple aprobación de un código ético, para el sector profesional que sea, ya garantiza y asegura la rectitud ética en el ejercicio profesional de ese colectivo de personas. La fiebre de los códigos ha llevado, en algún caso, a un cierto efecto taumatúrgico muy alejado de la realidad de las cosas. Claro que los códigos ayudan a un mejor conocimiento de las obligaciones profesionales y permiten que los ciudadanos y los usuarios de determinados servicios conozcan en todo momento lo que cabe esperar de las personas aglutinadas en el sector que sea.

Sin embargo, no está de más señalar que la simple aprobación o promulgación de una norma no equivale al cumplimiento mecánico y automático de sus prescripciones. Es menester una labor de aplicación de la norma y también es necesario un cierto ambiente social proclive a los contenidos en la norma de que se trate. En el caso de los códigos éticos, teniendo presente esta reflexión, se pueden establecer, para cada sector profesional, principios, criterios que ayuden a la mejora del trabajo y, por ello, a una mayor exigencia ética. Al tratar de estas cuestiones no se debe olvidar que el trabajo profesional debe ser realizado en las mejores condiciones técnicas, por personas bien preparadas y que debe constituir una oportunidad para la humanización de la realidad, hoy bien a la baja debido a la moda de considerar a la persona como un objeto de usar y tirar en función de la utilidad reportada, sea en el sector público o en el privado.

El código de los funcionarios locales de habilitación nacional establece unos principios éticos fundamentales y unos principios de ética profesional, pensados lógicamente para el trabajo de este colectivo de funcionarios a los que los españoles debemos estar profundamente agradecidos por tantos motivos, entre los que no es el menos importante su labor de salvaguarda de la autonomía local así como de la profesionalización de la administración local.

Los principios rectores del código se fundan:

"[...] unos valores públicos, profesionales, éticos y democráticos, basados en el compromiso diario de servicio a los intereses públicos aunque ello suponga una renuncia a la promoción profesional."

Es decir, se deja claro desde el principio la idea de servicio público en toda su amplitud y con toda su fuerza. Algo que, en los tiempos en que vivimos, cada vez resulta más relevante.

Entre los principios éticos fundamentales figuran los de defensa y promoción de los valores democráticos, exigencia del artículo 9.2 de la Constitución; el cumplimiento de la legalidad, siendo de destacar la referencia que se hace al espíritu de la Constitución evitando así posibles excesos derivados de un positivismo jurídico que conculque, por ejemplo, la dignidad de la persona humana; el servicio al interés público, la jerarquía, la profesionalidad, la lealtad, la neutralidad; la imparcialidad, especialmente relevante en el mundo local, la dedicación al servicio público, la honestidad, la transparencia, la economía, la eficacia, la eficiencia y la formación permanente. Principios, todos ellos, propios y específicos del trabajo al servicio del interés público.

Por lo que se refiere a los principios de ética profesional, corolario en muchos casos de los principios generales, destacan: la objetividad, la independencia, la integridad, la excelencia, la calidad, la corrección, la proporcionalidad, la innovación, la iniciativa, la creatividad, la orientación al ciudadano, la información a los vecinos y la austeridad.

En fin, se trata de una buena iniciativa que, en mi opinión, ayuda a entender mejor el sentido del trabajo al servicio del interés general y que habla muy bien de un colectivo de funcionarios que, en términos generales, se ha distinguido por su profesionalidad y su capacidad para solucionar problemas concretos de los vecinos.

Junto a la existencia de códigos de conducta y de buenas prácticas, los programas de *Compliance* anti-corrupción deben disponer de revisiones periódicas que aseguran su efectiva implantación y realización. Es decir, los contratistas deben verificar periódicamente que el programa se cumple efectivamente y que, por ello, la sensibilidad ética en la compañía aumenta exponencialmente. Además, y esto es complejo y difícil, cada empresa debe tener un sistema que permita reportar o informar en tiempo a la Administración acerca de conductas ilícitas de personal de la compañía. Para ello se debe garantizar el anonimato y hasta incentivar y premiar estas denuncias pues siempre es preferible el interés general al particular. Los programas de cumplimiento incorporan también, es lógico, la realización de auditorías internas y externas acerca del grado de efectividad del programa y, por supuesto, la adopción de medidas disciplinarias internas cuándos se detectan comportamientos ilícitos. Finalmente, es menester que las empresas contratistas de la Administración en materia contractual colaboren plenamente con la Administración pública competente para perseguir estas conductas ilícitas, ministerio fiscal especialmente.

La exigencia de estos programas de cumplimiento anti-corrupción para las empresas que quieran contratar con la Administración pública en Estados Unidos de Norteamérica implica que han de aplicar respecto de sus empleados un estándar de diligencia debida así como informar a las Autoridades por escrito, adjuntando el material probatorio correspondiente, acerca de aquellas conductas ilegales de fraude, cohecho o cualquier tipo de actividad ilícita que detecten al interior de su propia compañía[14]. Estas regulaciones están modificando cualitativa y sustancialmente la praxis anterior de forma y manera que han aumentado exponencialmente las denuncias de los contratistas que llegan a las Autoridades públicas. Hasta el punto de que, como señala Gómez-Jara, los Tribunales están comenzando a considerar que la certificación que expresa la inexistencia d conductas ilícitas cuándo el contratistas debía estar al tanto de las mismas consiste una falsedad documental perseguible de oficio por las Autoridades competentes[15].

Algunas de las cuestiones que las Autoridades consideran relevantes en orden a la eficacia de estos programas de *Compliance* se refieren a si la empresa dispone realmente de mecanismos a través de los cuales los empleados pueden informar de conductas ilícitas, a si existe algún instrumento que preserve la documentación sensible para investigar las conductas denunciadas, a si el contratista adopta medidas adecuadas cuándo el sistema detecta fallos en el sistema de *Compliance*, a si el contratista revisa periódicamente la eficacia del procedimiento de control interno y a si el contratista ha declarado y ejecutado una política de no represalias contra los empleados denunciantes[16].

La experiencia norteamericana nos enseña que fue la regulación penal la que provocó la emergencia en el ámbito público la proliferación de los *Compliance programs*. Programas que en opinión de Gómez-Jara son la única defensa que las empresas contratistas tienen frente a imputaciones de responsabilidad penal por actuaciones de sus empleados en su nombre y representación y con la intención de beneficiarla[17].

En efecto, en esta dirección se pronuncia Gimeno Feliú pues en realidad si queremos que el principio de integridad brille con luz propia en esta materia y disponga de eficacia jurídica, es menester exigir estos programas de *Compliance* como requisitos para contratar con las Administraciones públicas[18]. En un mundo de legislación motorizada en el que reina la heterogeneidad de las normas, especialmente en materia punitiva, es menester que estos programas de buen gobierno y de buena administración de las empresas se implementen. De forma y manera que esta tarea de asegu-

---

14 *Cf.* C. Gómez-Jara, *Op. Cit.*, p. 1250

15 *Id.*

16 *Cf.* C. Gómez-Jara Díez, "Corporate Culpability as a Limit to the Overcriminalization of Corporate Criminal Liability: The interplay between Corporate Compliance, Self-regulation and Corporate Citizenship", en *New Criminal Law Review*, No. 14, 2011, pp. 78 y ss.

17 *Cf.* C. Gómez-Jara, *'La responsabilidad penal... Op. Cit*, p. 1251.

18 *Cf.* J. M. Gimeno Feliú, "La Reforma comunitaria en materia de contratos públicos y su incidencia en la legislación española: Una visión desde la perspectiva de la integridad", en *Las nuevas Directivas de Contratación Pública*, Aranzadi-Thomson-Reuters, Cizur menor, Navarra 2015, pp. 37-ss./94 y ss.

rar el cumplimiento de las obligaciones de los contratistas permita gestionar las consecuencias de que una compañía pueda sufrir como resultado del incumplimiento de leyes, reglamentos, normas, reglas, o estándares de conducta o comportamiento autorregulados[19].

V. EL *SELF-CLEANING* EN LA CONTRATACIÓN PÚBLICA: VIRTUALIDAD OPERATIVA Y REGULACIÓN EN LA UNION EUROPEA

La buena administración, como principio de organización administrativa, como obligación inherente al funcionamiento y actividad de los Poderes públicos o como derecho fundamental de los ciudadanos, trae consigo la necesidad de prevenir la corrupción en la contratación pues, por ejemplo en el ámbito de la Unión Europea es una de las causas que, junto al urbanismo y la financiación de los partidos políticos, solo en el año 2014 se cobró 120.000 millones de euros.

Insistimos, la mejor política en la lucha contra la corrupción es su prevención. Si actuamos con eficacia antes de que se produzca interviniendo sobre sus causas y sus motivaciones, esta es más difícil que se produzca. Se trata, pues, de una estrategia *ex ante* y *ex post*. Dada la experiencia de estos últimos años en los que la corrupción ha crecido exponencialmente, es menester trabajar en la prevención a través de programas de cumplimiento antes de la adjudicación y, también, a través del fomento del cumplimiento incluso en los casos en que las empresas hayan incurrido en corrupción y estén dispuestas a tomar medidas creíbles y fiables para que no vuelva a acontecer. Este es el marco de operatividad de la llamada estrategia de autosaneamiento, de autolimpieza o *self-cleaning* que está proliferando en este tiempo, principalmente en los países anglosajones y que la UE acaba de confirmar en sus últimas Directivas de 2014.

En este sentido, la realidad de la corrupción, en algunos países con tintes dramáticos, aconseja que, desde el pensamiento dinámico y compatible, se exploren distintas estrategias que fomenten el cumplimiento por parte de las empresas y también de la Administración pública. La protección de la competitividad del mercado o, lo que es lo mismo, la garantía de las mejores condiciones para que los ciudadanos dispongan de los mejores servicios públicos y las mejores públicas puede aconsejar que excepcionalmente los empresarios incursos en prohibiciones para contratar puedan ser rehabilitados[20] siempre y cuando la Administración contratante verifique que los compromisos ofrecidos por el empresario son suficientes para evitar la co-

---

19 *Cf.* M. A. Bernal Blay, "Los efectos de los programas de Compliance en la contratación pública", en *Las nuevas... Op. Cit.*, p. 413.

20 *Cf.* S. Williams Elegbe, *Fighting corruption in public procurement, A comparative analysis of discualification or debarment measures*, Hart Publishing, 2012, pp. 248 y ss. En opinión de este autor, pueden ser causa del levantamiento de las prohibiciones de contratar la existencia de una necesidad pública de mantener la financiación de empresas incursas en ilícitos penales, tal y como aconteció en los casos MCI World Com, Boeing e IBM. En este último caso, llama la atención que Boeing estuviera suspendida para licitar en EEUU y que se hubiera levantado la prohibición a los ocho días siempre que se verificara que la suspensión de la penalización tuviera efectos perjudiciales a largo plazo.

rrupción en el futuro. Es decir, estamos ante actuaciones de los contratistas incursos en corrupción sometidos a condición, que se dará si efectivamente a juicio de la Administración, en un procedimiento administrativo con todas las garantías y con audiencia a los interesados, se interés general aconseja conceder el derecho a la rehabilitación del que dispone el contratista incurso en prohibición de contratar.

Mientas que los programas de cumplimiento anticorrupción operan ordinariamente antes de la contratación, incluso como requisitos para presentarse a la licitación, el autosaneamiento o *self-cleaning* opera en supuestos relativos a empresas condenadas por corrupción que están dispuestas a rehabilitarse a través de creíbles y fiables medidas de cumplimiento. En el primer caso es una medida general de prevención de la corrupción, en el segundo se trata de actos administrativos de rehabilitación a favor del empresario incurso en corrupción en evitación y conductas ilícitas futuras tras una rigurosa evaluación de las medidas adoptadas por el contratista.

Siendo como es el interés general la piedra angular del derecho Administrativo, siempre que se pueda argumentar en lo concreto desde exigentes parámetros de racionalidad y de justicia, así como su lesión justifica la exclusión o prohibición de contratar con la Administración, también su preservación puede en determinados supuestos abrir la rehabilitación administrativa del incurso en corrupción.

La figura jurídica de la rehabilitación es bien conocida en el Derecho Público. Opera para resucitar categorías jurídicas o levantar determinadas prohibiciones de hacer normalmente como consecuencia de la realización de actos ilícitos o debido a la superación de los plazos de vigencia. En estos casos, por ejemplo la rehabilitación de concesiones o de licencias, es menester una resolución administrativa "*ad hoc*" tras el pertinente procedimiento administrativo dirigido a verificar que la afectación o lesión al interés general ha sido superada.

En estos supuestos, la actuación administrativa de comprobación de la credibilidad y solvencia de las medidas adoptadas por el contratista incurso en prohibición se dirige precisamente a declarar que es compatible con el interés general la rehabilitación del contratista. Williams-Elegbe hace referencia a la racionalidad de las excepciones a las prohibiciones para contratar, una racionalidad que trae causa precisamente del interés público, de la seguridad nacional, de las situaciones de emergencia y de las consecuencias económicas del impacto del levantamiento de las prohibiciones[21].

Tal y como señalan Pereira y Wallbach-Schwind, estas medidas de *self-cleaning*, para que no constituyan supuestos de impunidad, deben ser objeto de un examen riguroso y exhaustivo por parte de los órganos de contratación. De no ser así, si se operara en esta materia con superficialidad y frivolidad, hasta estas medidas serían contraproducentes pues la opinión pública se sentiría engañada con toda razón. De ahí que habría que pensar en dar publicidad e información a la ciudadanía de estas medidas con el fin de trabajar culturalmente desde esta óptica preventiva y de exigencia contra la corrupción.

---

21 *Cf.* S. Williams-Elegbe, *Op. Cit.*, p. 258.

Un análisis en profundidad del que se derivan ordinariamente pesadas cargas para el infractor y alteraciones radicales al interior del contratista que solicita este derecho. En estos supuestos, señalan estos autores, es menester una tarea de contraste jurídico acerca de la idoneidad o no de mantener la actividad empresarial o decantarse por su destrucción. El autosaneamiento, las medidas de *self-cleaning* no son creíbles ni sólidas sin la existencia de un riguroso plan de eliminación de las causas que produjeron el ilícito penal con el fin de asegurar que no volverán a repetirse[22]. Por eso, el compromiso con el cumplimiento y el combate a la corrupción por parte del contratista es fundamental. Hasta el punto de cuanto más fiables y creíbles sean los compromisos asumidos por el contratista más posibilidades de obtener la rehabilitación.

La clave para comprender la funcionalidad y virtualidad operativa de estas medidas de autosaneamiento reside, como hemos indicado, en la estrategia preventiva en el combate a la corrupción. Una perspectiva que no excluye la dimensión punitiva, ni mucho menos. Si a pesar de la prevención se produce la corrupción, entonces incluso la severidad de la reacción penal hasta puede ser más intensa. Es decir, las prohibiciones para contratar, las exclusiones para contratar, la declaración de incapacidad para contratar, ahora más allá de la connotación punitiva[23], deben comprenderse desde una nueva perspectiva, que la supera y que a la vez la integra.

En este sentido, las nuevas directivas comunitarias aprobadas en 2014, especialmente la número 24, regulan exhaustivamente los conflictos de intereses y establecen reglas y principios dirigidos a promover y facilitar la integridad en todas las fases de la contratación, desde la preparación, hasta la adjudicación, con especial hincapié en la ejecución. Es decir, la buena administración en la materia exige medidas preventivas y sancionadoras de las prácticas ilícitas que se producen, lamentablemente, en grado creciente en este tiempo. En los Estados Unidos de Norteamérica y en la Unión Europea ahora se trabaja desde esta perspectiva. Una perspectiva menos drástica dirigida a prevenir los daños que podría causar al interés general el contratista incurso en una causa o motivo de prohibición o exclusión para contratar. Si, como señalan Pereira y Wallbach-Schwind, ahora, siguiendo las nuevas tendencias del Derecho Comparado, se trata de prevenir los daños es preferible optar por el auto saneamiento[24] riguroso y exigente pues, además de fortalecer las opciones del poder adjudicador, que en esta hipótesis tendrá más licitantes donde elegir –mercado competitivo real– se puede evitar que una condena eterna a una empresa suponga su destrucción y la pérdida de muchos puestos de trabajo, ajenos a unas prácticas que suelen estar ubicadas en determinados departamentos y áreas de las empresas.

Desde luego no es un tema sencillo porque hasta ahora el criterio tradicional es el punitivo y desde esta óptica es desde la que se contemplan las prohibiciones o exclusiones para contratar. Sin embargo, es menester aproximarse a esta problema

---

22 *Cf.* C. Pereira & R. Wallbach-Schwind, 'Autosaneamento (self-cleaning) e reabilitação de empresas no direito brasileiro anticorrupção', en *Informativo Justen, Pereira, Oliveira e Talamini,* No. 102, Curitiba, visible en www.justen.com.br/informativo, consultado en agosto de 2015.

23 *Cf.* S. Williams-Elegbe, *Op. Cit.,* p. 261.

24 *Cf.* C. Pereira & R. Wallbach-Schwind, *Op. Cit.,* p.2

desde el pensamiento abierto, plural, dinámico y complementario, teniendo presente la realidad y operando con la razón y el compromiso con la justicia sin olvidar la vinculación de todas las categorías e instituciones del Derecho Administrativo al interés general de un Estado social y democrático d Derecho. Desde estos postulados es necesario diferenciar, como dicen Pereira y Wallbach-Schwind, la criminalización de la conducta pasada con la prevención de los daños futuros[25].

En la regulación europea actual, las nuevas Directivas aprobadas en 2014 establecen exclusiones para contratar, que son medidas que limitan el derecho a participar libremente en procedimientos de licitación. Son medidas administrativas aplicadas por los órganos de contratación para descalificar de los procedimientos de contratación pública a quienes incurran una serie de circunstancias. En realidad adoptan la forma de prohibiciones para contratar y la jurisprudencia del Tribunal Supremo español las ha calificado como medidas de garantía del interés general, como tachas negativas que impiden la contratación y, esto es lo relevante en este momento, como medidas administrativas que aunque limitan derechos no disponen de naturaleza sancionadora[26].

Es conveniente anotar que estas prohibiciones se adoptan en garantía del interés general por lo que cuando éste esté en peligro por obvias razones de competitividad del mercado o de elevado riesgo del derecho al trabajo de personas que poco o nada tienen que ver con la causa de exclusión o de la prohibición, se podrá rehabilitar, tras un severo y riguroso examen de la prevención de daños futuros, al incurso en exclusión o prohibición para contratar.

Las recientes Directivas europeas de 2014 establecen la exclusión obligatoria de los procesos de contratación pública de aquellos candidatos y licitadores que hubieran sido condenados por sentencia judicial firme en determinados casos. En efecto, la exclusión obligatoria de los contratistas, de los operadores económicos, de los licitadores, se produce cuándo los poderes adjudicadores hayan comprobado o tengan constancia de alguna forma de que han sido condenados mediante sentencia firme fundada en participación en una organización delictiva, en corrupción, en fraude, en delito de terrorismo o delito ligado a actividades terroristas, en blanqueo de capitales o financiación del terrorismo, o en trabajo infantil u otras formas de trata de seres humanos. Esta obligación de exclusión, que es imperativa para los poderes adjudicadores tal y como señala el artículo 57.1 de la directiva 24 de 2014 de contratación pública, y el artículo 38.4 de la Directiva sobre concesiones, se aplicará también cuando el condenado mediante sentencia firme sea un miembro del órgano de administración, de dirección o de vigilancia del operador económico o tenga poderes de representación, decisión o control en el mismo.

Tal prohibición obligatoria para contratar por causa de corrupción es, desde luego, una forma de preservar los principios generales que presiden la contratación

---

25 *Id.*

26 *Cf.* entre otras, Sentencias del Tribunal Supremo del Reino de España de 28 de marzo de 2006, de 31 de mayo de 2007 o de 18 de mayo de 2011.

pública asegurando con ello una real competencia en las adjudicaciones. Pero también, y sobre todo, es un instrumento preventivo del combate a la corrupción[27].

Sin perjuicio del reproche penal, que es cierto y no admite discusión, solo faltaría, la prohibición para contratar del artículo 57.1 de la Directiva de contratación pública tiene una relevante naturaleza preventiva[28] y también una obvia aflicción para el contratista que le provoca daños a su reputación y, por ende, perjuicios económicos al dejar de contratar con la propia Administración[29].

Medina Arnaiz reconoce que estas prohibiciones suponen un paso adelante en la lucha contra la corrupción pero advierte que su puesta en práctica se enfrenta a dificultades que complican su aplicación[30]. En concreto, señala esta profesora que los efectos de estas prohibiciones se desvirtúan ante cuestiones tan concretas como pueden ser la falta de calificación común respecto de los elementos integradores de las infracciones penales de las que traen causa las exclusiones, la falta de conocimiento de las condenas que implican la prohibición, la falta de reconocimiento en todos los Estados miembros de responsabilidad penal o la ausencia de un régimen procesal específico que posibilite las condenas[31].

También se produce la exclusión automática de un operador económico o contratista cuándo el poder adjudicador tenga conocimiento, párrafo 2 del artículo 57 de la Directiva de contratación pública, de que tal operador o contratista haya incumplido sus obligaciones en lo referente al pago de impuestos o cotizaciones a la seguridad social y que ello haya quedado establecido en una resolución judicial o administrativa firme y vinculante. En efecto, podrán ser excluidos por esta causa cuando el poder adjudicador pueda demostrar por cualquier medio adecuado que el operador haya incumplido sus obligaciones tributarias o con la seguridad social. En el primer caso, en el número 1 del artículo 57, la exclusión es automática, imperativa, en el segundo supuesto es facultativa para el poder adjudicador. En estos casos, se levanta la exclusión cuando el operador económico haya cumplido sus obligaciones de pago o celebrado un acuerdo vinculante con vistas al pago de sus impuestos.

Estas exclusiones, razonables y lógicas para garantizar un mercado íntegro, equitativo y razonable, pueden ser excepcionadas por los Estados miembros de la

---

27 El Libro Verde de 2011 sobre modernización del mercado europeo se refiere a esta doble naturaleza de las prohibiciones obligatorias para contratar al señalar que la exclusión de los licitadores por motivo de corrupción y, en general, por falta profesional (inhabilitación) es un instrumento idóneo para castigar y prevenir los comportamientos profesionales ilicitud. El reproche jurídico y la prevención de la corrupción deben ir siempre unidos porque el combate a esta lacra social ha de realizarse desde esquemas compatibles y complementarios.

28 *Cf.* K. Drew, "The Challenges Facing Debarment and the European Union Public Procurement Directive", en *Fighting Corruption and Promoting Integrity in Public Procurement*, OCDE, Paris 2005, pp. 267-276.

29 *Cf.* V. Hollard, L'exclusion des marchés publics (Annexe au rapport sur le projet de réforme du Code penal), Chambre de Commerce et d'Industrie de Paris, Paris 1989.

30 *Cf.* T. Medina Arnaiz, *Instrumentos jurídicos frente a la corrupción en la contratación pública: perspectiva europea y su incidencia en la legislación española,* p. p.324

31 *Id.*

Unión Europea, dice el párrafo 3 de este precepto para los casos expuestos anteriormente (corrupción, fraude, incumplimiento de obligaciones tributarias o laborales) por razones imperiosas de interés público como puede ser la salud pública o la protección del medio ambiente. Estamos en presencia de facultades propias de los poderes adjudicadores que de oficio pueden, si estiman que existen causas imperiosas de interés público, de interés general, levantar estas prohibiciones. El precepto *ad exemplum* se refiere a la salud pública o a la protección del medio ambiente, pero podría pensarse razonablemente en que, por ejemplo, la exclusión se excepcione cuándo se encuentre en grave peligro la publicidad y la concurrencia inherente a un sistema de mercado digno de tal nombre. En estos casos, la decisión del poder adjudicador habrá de estar suficientemente motivada en razones concretas de interés público pues este concepto es compatible con el Estado de Derecho cuándo se expresa en lo concreto y de forma sólidamente argumentada. Pensemos, por ejemplo, en una desproporcionada restricción de ofertas que ponga en cuestión la capacidad del poder adjudicar de seleccionar con arreglo a buenos servicios a buenos precios. O también, podemos reflexionar acerca de la exclusión de un contratista con miles de trabajadores cuya prohibición se ha debido única y exclusivamente a la conducta delictiva del área comercial o de la presidencia o dirección general.

Los poderes adjudicadores en el seno de la Unión Europea pueden excluir, por sí mismos o a petición de los Estados miembros, a los licitadores en los supuestos a los que se refiere el párrafo 4 de este artículo 57 de la directiva. A saber, cuándo el poder adjudicador pueda demostrar por cualquier medio apropiado que se hayan incumplido las obligaciones en materia medioambiental, social o laboral; cuándo el operador económico ha quebrado o está sometido a un procedimiento de insolvencia o liquidación, si sus activos están siendo administrados por un liquidador o por un tribunal, si ha celebrado un convenio con sus acreedores, si sus actividades empresariales han sido suspendidas o se encuentra en cualquier situación análoga resultante de un procedimiento de la misma naturaleza (en este caso se puede levantar la exclusión a iniciativa de un Estado miembro si el poder adjudicador comprueba que el operador económico estará en condiciones de ejecutar el contrato); cuando el poder adjudicador pueda demostrar por medios apropiados que el operador económico ha cometido una falta profesional grave que pone en entredicho su integridad; cuando el poder adjudicador tenga indicios suficientemente plausibles de que el operador económico ha llegado a acuerdos con otros operadores económicos destinados a falsear la competencia; cuándo no pueda resolverse con medios menos restrictivos un conflicto de interés; cuándo no pueda remediarse por medios menos restrictivos un falseamiento de la competencia derivado de la participación previa de los operadores económicos en la preparación del procedimiento d contratación; cuándo el operador económico haya mostrado deficiencias significativas o persistentes en el cumplimiento de un requisito de fondo en el marco de un contrato público anterior, de un contrato anterior con una entidad adjudicadora o de un contrato de concesión anterior que hayan dado lugar a la terminación anticipada de ese contrato anterior, a indemnización por daños o perjuicios o a otras sanciones comparables; cuando el operador económico haya sido declarado culpable de falsedad grave al proporcionar la información exigida para verificar la inexistencia de motivos de exclusión o el cumplimiento de los criterios de selección, haya retenido información o no pueda presentar los documentos justificativos requeridos; cuándo el operador económico haya intentado influir indebidamente en el proceso de toma de decisiones del poder adjudicador, obtener información confidencial que pueda conferir ventajas indebidas en el procedimiento de contratación o proporcionar negligentemente información engañosa que pueda tener influencia determinante en las decisiones relativas a exclusión, selección o adjudicación.

En los supuestos del párrafo primero del artículo 57, las exclusiones son imperativas, mientras que en los casos del párrafo 4 de dicho precepto de la Directiva e contratación pública las exclusiones son facultativas para los poderes adjudicadores, que para aplicarlas deberán motivarlas adecuadamente. Así lo señala, para salir de dudas, el mismo párrafo 5 del precepto al que nos referimos.

La lucha contra la corrupción, también en materia contractual no es, sin embargo, un fin en sí misma, es un medio para que los ciudadanos puedan disfrutar de obras públicas, de servicios públicos que les permitan vivir en mejores condiciones, que les permitan también elegir de entre varias opciones aquella que mejor se adecue a sus necesidades, que hagan posible y real, para ello, la publicidad y concurrencia para que los poderes adjudicadores seleccionen las mejores ofertas. El combate a la corrupción no se puede quedar estancado estáticamente en la criminalización de conductas pasadas sino que debe, además de castigar razonablemente los delitos, solo faltaría, prevenir los daños futuros.

La Unión Europea parte de la premisa de la existencia de un mercado abierto, plural, competitivo. Por eso la propia Directiva de contratación termina el régimen de las exclusiones para contratar reconociendo las llamadas técnicas de *self-cleaning*, los compromisos de integridad o probidad que pueden ser necesarios cuándo, efectivamente, se pongan en cuestión las más elementales reglas que deben caracterizar al sistema de mercado en economías presididas, como es el caso de la Unión Europea, por los principios del Estado social y democrático de Derecho.

Las nuevas Directivas de 2014 reconocen la posibilidad de excepcionar la aplicación de las exclusiones obligatorias a través de las medidas de autosaneamiento o de *self-cleaning*. Eso sí, siempre desde la óptica del principio de proporcionalidad, que exige que las prohibiciones no excedan de lo que sea apropiado o adecuado para lograr las finalidades establecidas en las Directivas en cuya virtud, como señalan Arrowsmith, Priess & Friton, se podrá eximir su aplicación a través de medidas de autocorrección cuando se pruebe que los candidatos o licitadores excluidos de participar en la licitación por concurrir en ellos un motivo de exclusión han adoptado medias eficaces para corregir las consecuencias de un comportamiento ilícito e impedir de manera efectiva que este se vuelva a repetir[32].

Las finalidades de las Directivas aluden, es lógico, a los principios sobre los que descansa la propia Unión Europa. Es decir, a los principios de libre circulación de mercancías y servicios, de transparencia, de igualdad y prohibición de la discriminación, de proporcionalidad.

---

32 *Cf.* S. Arrowsmith, H. H. Priess & P. Friton, "Self-Cleaning as a Defence to Exclusions for Misconduct-An Emerging Concept in EC Public Procurement Law?", en *PPLR*, vol. 18 (6), 2009, pp. 257-282. En Alemania y Austria las medidas de *self-cleaning* son aceptadas mientras que, por el contrario, en Francia y Grecia las Autoridades competentes en materia de contratación no consideran aceptables estas medidas autocorrectoras o de autosaneamiento.

Pues bien, el principio de proporcionalidad es el que mejor explica y justifica la adopción, en determinados casos, de estas medidas de autosaneamiento.

En efecto, las prohibiciones para contratar no pueden exceder de lo que es adecuado y necesario para cumplir las finalidades de las Directivas. Si realmente se comprueba que la causa de la exclusión o la prohibición ya no tiene sentido por haberse eliminado a base de implementar determinadas medidas internas en la empresa y así lo entiende el poder adjudicador tras un riguroso y exigente análisis y evaluación, como estas prohibiciones o exclusiones no son de naturaleza punitiva, entonces podría de forma excepcional levantarse dicho impedimento.

La Unión Europea, pues, a través de estas Directivas, se muestra favorable a la recuperación de credibilidad y fiabilidad perdida por un contratista que ha incurrido en una causa de prohibición o exclusión para contratar, si es que el poder adjudicador comprueba fehacientemente que el operador económico ha dispuesto las medidas de *self-cleaning* adecuadas para volver a merecer la condición de contratista capacitado para contratar con la Administración pública. Se reconoce, por tanto, en el Derecho Comunitario Europeo que operadores económicos penalizados, incursos en prohibición para contratar, puedan ejercer de nuevo su derecho a participar en licitaciones siempre y cuando hayan adoptado medidas adecuadas para reparar los perjuicios ocasionados y para evitar e impedir la realización de nuevos actos ilícitos.

La autorización de medidas autocorrectoras implica excepcionar la regla de la imposibilidad de contratar a contratistas incursos en causas de prohibición o exclusión siempre que a juicio del poder adjudicador, ejercicio de una potestad discrecional, hayan adoptado medidas eficaces y efectivas para corregir las consecuencias de un comportamiento ilícito de forma que éste presumiblemente no se vuelva a repetir.

La clave, a nuestro juicio, reside en el juicio de proporcionalidad que realizará el poder adjudicador para levantar o no la prohibición. El acto administrativo de rehabilitación en que consiste técnicamente el autosaneamiento supone el levantamiento de una prohibición por razones de interés general. Es la remoción de un obstáculo que impide el ejercicio de un derecho preexistente que no se puede realizar por la concurrencia de una determinada causa. Una vez que esta desaparece, siempre de acuerdo con el interés general, que debe ser concreto y motivado, entonces la prohibición pierde su razón de ser.

El principio de proporcionalidad, como bien sabemos, surge para limitar la arbitrariedad. Siendo la arbitrariedad todo ejercicio de poder irracional, realizado sin sometimiento a las reglas de la recta razón, resulta que la proporcionalidad se mueve en el ámbito de la racionalidad y reclama que el poder de la Administración sea adecuado al fin previsto en la norma que atribuye capacidad de obrar a la misma Administración pública. La proporcionalidad convoca a la adecuación entre medios y fines, a la coherencia y congruencia entre medios y fines. De forma que un ejercicio de poder desproporcionado significa que la acción concreta desborda la finalidad de la misma. Es decir, el juicio de proporcionalidad se refiere a la medida en que una acción es necesaria y adecuada para garantizar el fin establecido.

En materia de *Ius Puniendi*, de Derecho penal y Derecho Sancionador, el principio de proporcionalidad, junto a la reserva de ley para tipos e infracciones, y al *favor libertatis*, constituye uno de los principales elementos para resolver los problemas que se puedan plantear en esta materia. Por eso, hay que tener en cuenta para este juicio de ponderación en que ordinariamente se concreta el test de proporcionalidad el objetivo que se busca con la medida (eliminar la causa de la prohibición y evitar que se produzca en el futuro), si la medida es idónea para conseguir el fin (si el autosaneamiento favorece la publicidad, la concurrencia, la igualdad, la transparencia, la competitividad del mercado y, fundamentalmente, que el poder adjudicador pueda seleccionar de entre varias ofertas la que contribuya a la mejora de las condiciones de vida de los ciudadanos) y si existe una medida menos gravosa para alcanzar el fin perseguido (si la autocorrección es la medida menos lesiva, en estos casos, para asegurar los fines de la contratación pública).

En materia de proporcionalidad hay que tener en cuenta otra consideración que es relevante en el tema que tratamos. Me refiero a que este principio juega en el marco de la legitimidad del actuar de la Administración pues garantiza que la actuación pública este en sintonía con el interés general. Más bien, se trata de que la medida elegida sea la que exige el interés general. Por tanto las medidas de autosaneamiento deben estar suficientemente justificadas, lo que se producirá, si es el caso, tras el examen que el poder adjudicador realiza de los compromisos del contratista incurso en la prohibición y siempre que se cumplan las condiciones que la Directiva establece para la viabilidad de estas medidas de *self-cleaning*. Además de la motivación, que ha de seguir unos elevados estándares pues el ámbito de la discrecionalidad es intenso y extenso, debe acreditarse que las medidas autorizadas no lesionan injustificadamente el derecho de otros contratistas, lo que no es el caso porque lo que provocan es un refuerzo de la concurrencia. En otras palabras, cuanta más intensa y extensa sea el poder discrecional, más intensa y extensa será la motivación de su ejercicio.

La actuación proporcional es, desde otra perspectiva, una manifestación de buena Administración pública. El número 16 de la Carta Iberoamericana de los derechos y deberes de los ciudadanos aprobada en el seno del CLAD por los ministros de Administración pública de la región, señala que uno de los principios sobre los que descansa la buena Administración pública es el de proporcionalidad, en cuya virtud las decisiones administrativas deberán ser adecuadas al fin previsto en el Ordenamiento jurídico, dictándose en un marco de justo equilibrio entre los diferentes intereses en presencia evitándose limitar los derechos de los ciudadanos a través de la imposición de cargas o gravámenes irracionales o incoherentes con el objetivo propuesto.

En la Unión Europea es fundamental que a través de un mercado objetivo y competitivo, los poderes adjudicadores puedan, en un marco de concurrencia, seleccionar las mejores ofertas de cara a poner a disposición de los ciudadanos las mejores obras y los mejores servicios. Por eso, la decisión administrativa sobre las solicitudes de *self-cleaning* de los contratistas han de incardinarse en este objetivo básico para lo cual es muy importante la búsqueda del equilibrio entre los interés en presencia y, sobre todo, no limitar de forma irracional e incoherente los derechos de los ciudadanos.

En estos casos, el poder adjudicador debe realizar un juicio de ponderación teniendo en cuenta la especial intensidad del interés general en el caso concreto y, tras el examen de la solicitud del contratista, intentar dictar la medida más idónea, más pertinente, más adecuada para alcanzar la finalidad prevista.

La UE ha reconocido esta excepción a las prohibiciones para contratar, conformándola, como veremos, como un derecho del contratista sometido a una revisión del poder adjudicador, que podrá autorizarla si entiende que se cumplen los requisitos a que ahora haremos o referencia o denegarla, en cuyo caso deberá motivar tal resolución.

La regulación de las medidas de *self-cleaning* no son una novedad novedosa de este momento. El Comité de las Regiones ya se refería a ellas en el 2000, algunos Estados de la UE, Alemania, Austria e Italia por ejemplo, contaban con ellas en sus legislaciones. El denominado Reglamento Financiero[33] se refería expresamente a estas medidas de autosaneamiento y, en la actualidad, el artículo 57.6 de la Directiva de contratación pública –2014/24/UE– y el 38.9 de la Directiva de concesiones –2014 /23/UE– contemplan estas medidas autocorrectoras de forma concreta.

En efecto, el párrafo 6 del artículo 57 de la Directiva comunitaria dispone que todo operador económico que se encuentre en alguna de las situaciones establecidas en los párrafos 1 o 4 del precepto:

> "[...] podrá presentar pruebas de que las medidas adoptadas por él son suficientes para demostrar su fiabilidad pese a la existencia de un motivo de exclusión pertinente. Si dichas pruebas se consideran suficientes, el operador económico no quedará excluido del procedimiento de contratación."

A tal efecto, sigue diciendo la Directiva en este parágrafo 6:

> "El operador económico deberá demostrar que ha pagado o se ha comprometido a pagar la indemnización correspondiente por cualquier daño causado por la infracción penal o la falta, que ha aclarado los hechos y circunstancias de manera exhaustiva colaborando activamente con las autoridades investigadoras y que ha adoptado medidas técnicas, organizativas y de personal concretas, apropiadas para evitar nuevas infracciones penales o faltas.
>
> Las medidas adoptadas por los operadores económicos se evaluarán teniendo en cuenta la gravedad y las circunstancias particulares de la infracción penal o la falta.
>
> Cuando las medidas se consideren insuficientes, el operador económico recibirá una motivación de dicha decisión.
>
> Los operadores económicos que hayan sido excluidos por sentencia firme de la participación en procedimientos de contratación o de adjudicación de concesiones no tendrán derecho a acogerse a la posibilidad prevista en el presente apartado durante el período de exclusión resultante de dicha sentencia en el Estado miembro en el que la sentencia sea ejecutiva"

La Unión Europea prevé, pues, un sistema de inaplicación de las obligaciones por razones graves, imperiosas, de interés general, por motivos económicos, en virtud del juicio de proporcionalidad, por razones de regularización tributaria y a través de medidas de *self-cleaning*.

---

33 Reglamento (UE, Euratom) 966/2012, de 25 de octubre, artículo 106 1 *in fine*.

El juicio de la Administración contratante es un juicio prudencial basado en la proporcionalidad y teniendo presente la preeminencia del interés general en el caso concreto. Ciertamente, si la solicitud del contratista es seria, rigurosa y conduce al convencimiento por parte del poder adjudicador de que la causa de la prohibición ha desaparecido y que es razonablemente probable que no volverán a repetirse las conductas ilícitas, penales o administrativas, lo lógico y coherente es que se autorice la rehabilitación del contratista. Obviamente, se trata de una excepción a la regla general de la prohibición en la que está incurso el contratista por lo que el poder adjudicador debe ser especialmente estricto y severo en la apreciación de las razones esgrimidas por la empresa para obtener la rehabilitación.

Para que se produzca la rehabilitación del contratista incurso en prohibición o exclusión para contratar, según las Directivas de contratación de la UE para que recupere la fiabilidad y credibilidad perdida, es menester el pago o compromiso en relación con los daños causados, la colaboración con el esclarecimiento de los hechos y la adopción de medidas técnicas, organizativas o de personal que sean necesarias.

Es decir, el operador incurso en una de estas causales del párrafo 1 o 4 del artículo 57 de la Directiva, puede solicitar al poder adjudicador su rehabilitación a través de un compromiso en el que se documente fehacientemente que ya es un operador fiable. Entonces, si las pruebas se consideran suficientes por el poder adjudicador para acreditar la fiabilidad del licitador, este no quedará excluido.

Por tanto, se da carta de naturaleza a la voluntad de enmienda del licitador que se arrepiente de su conducta y promete firmemente, a través de pruebas fehacientes, que ha adoptado medidas adecuadas para ser considerado fiable por el poder adjudicador. El operador, pues, reconoce su culpa, y formula su propósito de la enmienda en virtud de pruebas que han de llevar al ánimo del poder adjudicador a reconocer le fiabilidad a partir de entonces.

Veamos los elementos que permiten el despliegue de la rehabilitación del contratista. Estas condiciones o requisitos deben darse todos conjuntamente pues son imprescindibles para acreditar la fiabilidad del contratista, especialmente en lo que se refiere a que en el futuro presumiblemente no se cometerán nuevos ilícitos.

En primer lugar es necesaria la colaboración del contratista en el esclarecimiento de los hechos que desencadenaron la prohibición de contratar. Sin el esclarecimiento de los hechos, las medidas de autosaneamiento no estarán amparadas en la realidad y, por ende, será muy complicado para el poder adjudicador valorar su pertinencia y coherencia para evitar nuevas conductas ilícitas en el futuro.

La colaboración completa del contratista debe facilitar el conocimiento de las circunstancias en las que se cometieron los ilícitos y las responsabilidades de todas las personas y de todos los individuos involucrados, directa o indirectamente, en los hechos. Obviamente cuanto más rápido se puedan conocer los hechos y cuanta mayor claridad y cumplimiento se pueda arrojar sobre lo acontecido más probabilidades de que se conceda la rehabilitación. En este sentido, si se pueden esclarecer los hechos de forma completa es más fácil para el poder adjudicador dimensionar adecuadamente las medidas de *self-cleaning* que sean más pertinentes[34]. Obviamente, la resistencia al esclarecimiento de los hechos, su ocultación o su manipulación son causas determinantes de la no concesión de la rehabilitación.

Una vez aclarados los hechos, la reparación de los daños efectivamente causados es más fácil así como la emisión del compromiso de su reparación. Para la concreción de los daños habrán de seguirse las reglas propias de los procesos jurídicos de indemnización de daños y perjuicios establecidos en la legislación de cada uno de los países de la UE.

Por lo que se refiere a la implementación de medidas técnicas, organizativas y de personal, es menester conocer la naturaleza de los hechos acontecidos para desde ellos proponer las medidas internas que permitan al contratista incurso en prohibición para contratar recuperar la fiabilidad y llevar al ánimo del poder adjudicador que tras su articulación tales conductas ilícitas presumible y razonablemente será muy difícil que vuelvan a repetirse al haberse desvanecido sus causas.

Estas medidas son de cara al futuro, para evitar que se repitan los hechos acontecidos. En realidad, una vez identificadas las causas de los ilícitos cometidos en el pasado, habrá que buscar la forma de invitar a salir de la empresa de forma inmediata, y explicada, a las personas, accionistas, directivos o empleados, que estuvieran involucrados en los hechos que desencadenaron los ilícitos cometidos. En el caso de los accionistas, es necesario adoptar las medidas que sean necesarias para que su salida sea real sin capacidad ni influencia sobre sus sucesores en la compañía.[35] Obviamente, el grado de desvinculación de la compañía de las personas involucradas en los ilícitos será proporcional a la intensidad de su responsabilidad en los hechos acecidos.

Las medidas de naturaleza técnica y organizacional se refieren específicamente a la implementación de acciones que impiden que los ilícitos cometidos se puedan volver a repetir. Son medidas de cara al futuro, medidas que solo se pueden implementar una vez que se hayan esclarecido de los hechos, indemnizado los daños, separado al personal responsable de la conducta ilícita. A partir de entonces, del momento en que se han identificado fehacientemente los problemas, es posible diseñar una estrategia concreta referida a medidas técnicas, estructurales y organizativas.

Siendo estas medidas de autosaneamiento de carácter eminentemente preventivo, el juicio prudencial que hará el poder adjudicador estará de alguna forma mediatizado por la naturaleza fuertemente preventiva de las medidas técnicas y organizativas presentadas por el contratista en el expediente de rehabilitación en que consiste el *self-cleaning*. Entre las medidas que pueden pensarse encontramos con planes de formación de ética orientados especialmente a prevenir las conductas ilícitas del pasado, la creación de unidades organizativas encargadas de supervisar determinadas políticas comerciales, el fortalecimiento control interno, el establecimiento de comités de ética formados por personas independientes, la periodicidad de la revisión de las medidas a adoptar. También es de tener en cuenta la existencia de órganos internos disciplinarios con procedimientos sancionadores gestionados por per-

---

[34] *Cf.* C. Pereira & R. Wallbach-Schwind, *Op. Cit.*, p. 4.

[35] *Id.*

sonal externo a la compañía. Es decir, toda la panoplia de acciones propias de los programas de *compliance* analizadas con anterioridad. Eso sí, aplicados especialmente a la prevención de los concretos ilícitos acontecidos en el pasado.

Estas medidas de autosaneamiento parten, como hemos indicado, de una cultura preventiva en la lucha contra la corrupción que potencie el cumplimiento superando una visión única y excluyente de tipo punitivo, vigente hasta ahora en muchas latitudes. Esta cultura empresarial, y también administrativa, a favor del cumplimiento de las obligaciones contribuye de forma decisiva a evitar distorsiones de la competencia en los procedimientos de adjudicación. Además, la cultura de la autolimpieza facilita también una contratación más abierta pues no se limita la concurrencia y, además garantiza la efectiva realización del principio de proporcionalidad pudiéndose tomar en consideración las medidas correctivas puestas en marcha por los operadores económicos incursos en prohibiciones de contratar, demostrando, como dice Medina Arnaiz, su fiabilidad[36].

El operador económico incurso en prohibición o exclusión para contratar dispone de un derecho a que se examinen las medidas de cumplimiento por él adoptadas con vistas a u posible admisión al procedimiento de adjudicación. Por tanto, si los poderes adjudicadores comprueban la suficiencia y proporcionalidad de las medidas propuestas se removerá el obstáculo que impide el ejercicio de un derecho preexistente que es el de presentarse libremente a licitaciones públicas. Es un derecho del contratista sometido al juicio realizado por el poder adjudicador a través de un procedimiento administrativo contradictorio en el que se resolverá acerca de la fiabilidad y credibilidad de la propuesta planteada por el contratista. El procedimiento administrativo terminará con un acuerdo de rehabilitación o no, en cuyo caso habrá de motivarse convenientemente la negativa.

En efecto, la directiva configura como un derecho de los operadores económicos el poder presentar pruebas de las medidas adoptadas para evitar nuevas infracciones penales o faltas para levantar la prohibición de contratar que les afecte, y lo hace de manera bastante clara, precisa e incondicionada[37]. Se trata de un derecho de cuya operatividad depende el juicio de un órgano administrativo, normalmente el poder adjudicador, aunque la Directiva realmente no concreta su identidad, por lo que serán los Estados miembros en la trasposición de la Directiva quienes dispongan de capacidad para determinar la naturaleza de estos entes públicos llamados a evaluar la operatividad de estas medidas de autosaneamiento.

La cuestión sobre la identidad de los órganos públicos que han eventualmente de pronunciarse, tras el pertinente procedimiento administrativo, dependerá de la legislación de cada Estado miembro. Pueden ser desde los poderes adjudicadores particulares hasta órganos diferentes bien centrales bien descentralizados o, sería lo mejor, órganos colegiados integrados por personalidades independientes de reconocido prestigio nacional o internacional. Un análisis de las regulaciones existentes (Austria, Alemania, Reino Unido, Francia o Hungría) hasta el momento in-

---

36 *Cf.* T. Medina Arnaiz, "Las medidas de self-cleaning en la Unión Europea", *Congreso Internacional de Contratación Pública*, Universidad de Castilla-La Mancha, 21 de enero de 2016.

37 *Cf.* M. A. Bernal, *Op. Cit.*, p. 417.

vita a pensar que serán los órganos de contratación concretos en cada caso quienes valorarán las medidas planteadas por los operadores económicos incursos en prohibición o exclusión para contratar. En el caso español, como apunta Medina Arnaiz, aun cuando el problema todavía no se ha planteado *ratione temporis* ya que estamos en período de *vacatio* hasta abril de 2016, se puede plantear una cierta complejidad cuando se compruebe que nuestra normativa contractual no es suficiente para dar cumplimiento a la obligación de resultado impuesta por la Directiva y se cuestione el efecto directo de los preceptos referidos a las medidas de *self-cleaning*.[38]

En el Reglamento de Ejecución (UE) 2016/7 de la Comisión Europea, de 5 de enero de 2016, por el que se establece el formulario normalizado del documento europeo único de contratación se exige una declaración formal por la que el operador económico afirma que no se encuentra incurso en causa de exclusión y que cumple los criterios de selección pertinente. Tal declaración, como es lógico, debe servir de prueba preliminar, en sustitución de certificados expedidos por Autoridades públicas o terceros. En concreto el documento a que nos referimos establece como criterios de exclusión: condenas penales, pago de impuestos o de cotizaciones a la seguridad social, insolvencia, conflictos de intereses o falta profesional, u otras causas de exclusión que pueden estar presentes en la legislación nacional.

En tal documento, en caso de condena penal, se pregunta a los operadores económicos: ¿ha adoptado medidas para demostrar su credibilidad pese a la existencia de un motivo pertinente de exclusión ('autocorrección')? Si se contesta afirmativamente se solicita que se describan las medidas adoptadas. En caso de que se haya declarado al contratista culpable de una falta profesional grave, se preguntara si ello es cierto y en caso de ser así se pide que se detallen las medidas autocorrectoras adoptadas. En el mismo sentido se procede si el operador económico ha celebrado acuerdos con otras empresas destinados a falsear la competencia, si el operador lo reconoce, se le pregunta si ha adoptado medidas de autosaneamiento y, en caso, afirmativo, que las concrete.

En fin, el hecho de que entre nosotros, en España, como apunta BERNAL BLAY, todavía la autorregulación no se encuentre regulada, constituye un serio obstáculo para que el autosaneamiento sea una realidad[39]. Es decir, resulta ineludible que las normas nacionales de trasposición acometan con urgencia el desarrollo sustancial y procedimental del artículo 57.6 de la Directiva 24 de 2014 concretando en qué consisten y que requisitos les son exigibles ex ante a los programas de *Compliance* para lograr su efectividad ex post[40]. Sin embargo, a pesar de la indeterminación del régimen jurídico, los Considerandos 71, 102 y 107 de la Directiva establecen algunos lineamientos a tener presente por los Estados miembros en la trasposición de la Directiva pues refieren a medidas que afecten al personal o a la organización, como la ruptura de todos los vínculos con las personas u organizaciones que participaron en las conductas ilícitas, medidas adecuadas de reorganización de per-

---

[38] *Cf.* T. Medina, *Op. Cit.*

[39] *Cf.* M. A. Bernal, *Op. Cit.*, p. 417.

[40] *Id.*

sonal, implantación de sistemas de información y control, creación de una unidad de auditoría interna para supervisar el cumplimiento y adopción de normas internas de responsabilidad e indemnización.

Estas previsiones establecidas en los Considerandos de la Directiva deben entenderse en un contexto de buena administración o buen gobierno, de forma y manera que, por ejemplo, la oficina de auditoría interna para supervisar el programa de *Compliance* si no está en manos de una personalidad o colegio de personalidades independiente, de poco o nada servirán. Es decir, las medidas de autosaneamiento deben ser fiables, creíbles y, sobre todo, aptas idóneas para evitar ciertamente nuevas conductas ilícitas.

En este sentido, se debe subrayar, como hace BERNAL BLAY, que la Directiva se refiere a la adopción de medidas apropiadas –en inglés *appropiate*, en francés *propres à*, en italiano *idonei*– para evitar nuevas infracciones penales o faltas, una expresión diferente de la atenuante utilizada en el Código Penal, artículo 31 bis, que señala que tales medidas deben ser eficaces[41]. En el caso de las medidas de *self-cleaning*, su idoneidad se valora ex ante por el ente público competente, mientras que en el caso del Código Penal la eficacia de tales medidas solo es posible evaluarla ex post, una vez que se han adoptado, cuando se han cometido ya nuevos delitos, momento en el que carece ya de sentido entrar a valorar los efectos atenuantes[42].

En marzo de 2015 se reformó en España el Código Penal con la promulgación de una Ley Orgánica y se dio nueva redacción al artículo 31 bis del Código, de manera que se exime de responsabilidad, no sólo se atenúa, a la persona jurídica de responsabilidad penal "que el órgano de administración haya adoptado y ejecutado con eficacia, antes de la comisión del delito, modelos de organización e inclusión que incluyen las medidas de vigilancia y control idóneas para prevenir delitos de la misma naturaleza o para reducir de forma significativa el riesgo de su comisión".

En relación con los órganos públicos que deben valorar las medidas propuestas por los contratistas incursos en prohibición para contratar, comparto la tesis de Bernal Blay cuándo señala que más que dejar estas decisiones en manos de los poderes adjudicadores concretos o de los órganos de contratación de cada contrato, es menester residenciar esta función en algún ente especializado en materia penal y administrativa que pueda unificar criterios en evitación de que si tal competencia se deja en manos de cada gestor público contractual se genere un ambiente de inseguridad[43].

Si fuera verdad que las causas de exclusión, o prohibiciones de contratar, quedaran con frecuencia sin verificar por los órganos de contratación, estas medidas de *Compliance* tendrían una eficacia muy limitada en relación con el acceso a un contrato público. Ahora bien, si resultara, que las causas de exclusión o prohibiciones para contratar se proyectaran también sobre los contratos en ejecución, entonces, como señala Benal Blay, en el marco de la opción de resolución de un contrato por

41 *Id.*, p. 419.

42 *Id.*

43 *Id.*, p. 420.

encontrarse el contratista en causa de exclusión en el momento de la adjudicación el autosaneamiento tendría más sentido[44]. En efecto, la legislación en materia de contratos debería comunicar las declaraciones de prohibición de contratar sobre aquellos contratos que la empresa se encontrara ejecutando en ese momento. Así, esta declaración se convertiría en prohibición de continuar la ejecución, incurriendo en causa de resolución que habría que incorporar a la legislación. Así, de esta manera, estos programas de autosaneamiento serían un estímulo para las empresas en el caso de que se pudiera levantar la prohibición de ejecución del contrato cuándos se considere que el programa de *Compliance* contemple medidas apropiadas para prevenir nuevas infracciones penales y administrativas[45].

VI. *SELF-CLEANING* EN EEUU Y EN EL BANCO MUNDIAL

En los Estados Unidos de Norteamérica, como sabemos, desde 2008 los programas de *compliance* se usan en el combate a la corrupción y son requisitos sine qua non para poder contratar con la Administración pública. Tal medida es consecuencia del cambio de mentalidad operado en esta materia, ahora más vinculada a la prevención y a la garantía del cumplimiento que a la dimensión exclusivamente punitiva y represiva.

Los programas de *compliance*, previos a la contratación, se complementan con las medidas *self-cleaning* para los contratistas incursos en prohibiciones para contratar. Ambos instrumentos, utilizados en momentos distintos del *iter* contractual, tienen, sin embargo, un denominador común: prevenir la corrupción a base de fortalecer los compromisos de cumplimiento del operador económico como manifestaciones de buen gobierno corporativo.

Es más, las medidas de *self-cleaning* surgen en el marco de los principios de buen gobierno corporativo como manifestaciones del compromiso de empresas responsables por implementar sistemas de control interno para prevenir e identificar conductas ilegales o de posible ilegalidad adoptando medidas de autosaneamiento cuándo efectivamente se produzcan actos o conductas ilícitas[46]. En estos casos, se presume que una corporación ética y responsable adoptará sistemas de control interno rigurosos y exigentes de manera que será muy difícil en el futuro que se puedan volver a cometer ilícitos. Es cierto, no se puede negar, que una compañía que disponga de estos requerimientos inspira confianza y credibilidad pero en verdad la clave de estas medidas reside en que el órgano de contratación pueda verificar y comprobar la solidez y calidad de las medidas y compromisos asumidos por quien en el pasado cometió actos ilícitos y ahora pretende la rehabilitación.

El sistema norteamericano parte de la base de que una empresa que en el pasado cometió actos ilícitos si posteriormente adopta medidas de autocorrección debe ser reconocida y hasta beneficiada de alguna manera[47]. En este sentido, aunque pueda

---

[44] *Id.*, p. 421.

[45] *Id.*, p. 422.

[46] *Cf.* R. J. Bednar, A. B. Styles & J. McDowell, en H. Punder, H. J. Priess & s. Arrowsmith, *Self-cleaning in Public Procurement Law*, Köln, 2009, pp. 157-185.

[47] *Cf.* C. Pereira, *Op. Cit.*, p. 5.

llamar la atención, en los EE. UU., la suspensión del derecho a firmar contratos con la Administración no tiene naturaleza punitiva sino, al contrario, la protección a la Administración para que solo pueda asumir compromisos contractuales con empresas éticas y responsables. Por eso, la suspensión de este derecho solo es posible frente a contratos futuros o prorrogados, nunca en relación con contratos en ejecución. Se busca, con esta medida, examinar si la empresa en cuestión es en la actualidad ética y responsable de manera que la Administración solo contrate con empresas responsables[48]. Es decir, si una compañía suspendida adopta medidas fiables para autocorregirse, podrá ser contratada por la Administración pública para demostrar que es una empresa responsable.

Es verdad que en el Derecho Norteamericano, por contraste con el europeo, dónde el *self-cleaning* juega en los casos de prohibiciones obligatorias para contratar, existe más margen de las Autoridades para autorizar rehabilitaciones. Por eso, por la especial flexibilidad que existe en el Derecho de los EEUU en esta materia, las medidas de autosaneamiento o de autolimpieza tienen mayor funcionalidad. Porque se considera que toda empresa que en el pasado ha sido antiética o irresponsable puede recuperar la fiabilidad comprometiéndose a adoptar medidas encaminadas a impedir que se puedan producir nuevos ilícitos. Es la lógica consecuencia de la naturaleza de *self-cleaning*, más preventivo y medida de buena gobernanza que reacción punitiva y represora frente a quien cometió ilícitos en el pasado. Esta forma de comprender el autosanemaiento trae causa también del pensamiento abierto, dinámico y complementario como fácilmente se puede colegir.

Entre las medidas de *self-clening* que podemos encontrar en la praxis norteamericana encontramos desde la implementación de programas de ética y *compliance*, hasta la adopción de controles internos, pasando por la colaboración en el esclarecimiento de las investigaciones de conductas ilegales. También se tiene en cuenta que la compañía haga frente a todas las indemnizaciones generadas por su pasada conducta ilícita, incluidos los costos de los análisis realizados en sede administrativa para comprobar la idoneidad de las medidas adoptadas. Igualmente, la existencia de procedimientos disciplinarios al interior de la empresa para castigar al personal responsable de los actos ilícitos no pasa desapercibido. Al igual que la adopción de acciones correctivas que impidan la realización de actos ilícitos o ilegales, a veces supervisadas por personalidades independientes. En la misma medida, si se reconoce por parte del contratista la gravedad de los ilícitos, tal expresión por parte del operador económico tendrá efectos beneficiosos para él.

Son también dignas de reseña, siquiera sea breve, las medidas de *self-cleaning* adoptadas al interior del Banco Mundial, una de las primeras instituciones supranacionales que más y mejor ha entendido el sentido y funcionalidad de estas decisiones administrativas Como señalan Pereira & Wallbach-Schwind, esta dimensión del *self-cleaning* en los EEUU permite una mayor iniciativa de contratistas y de Administraciones públicas que no están únicamente vinculados por la existencia de prohibiciones obligatorias para contratar pues el autosaneamiento puede operar siempre que a juicio de la Administración contratante la empresa penalizada ofrezca una garantía fiable de que el ilícito fiable será corregido efectivamente

48 *Cf.* H. Punder, *Et. Al., Op. Cit.*, pp. 170-172.

y de que, por ende, las probabilidades de nuevas conductas delictivas se desvanezcan en virtud de la seriedad y del rigor de las medidas ofrecidas por el contratista[49].

Las medidas de autosaneamiento en el Banco Mundial tienen una doble dimensión. En primer lugar, estas medidas solo serán operativas si reamente cesan las condiciones que justificaron la prohibición de contratar. Y, en segundo término es posible que el contratista firme un acuerdo de lenidad establecido en el *Bank's Voluntary Disclosure Program* por el que se compromete a evitar en el futuro incurrir en causa de exclusión para contratar[50]. Sin embargo, si a pesar del compromiso se detectan las conductas ilícitas, la quiebra de la confianza lleva aparejada una grave pena. Es decir, plena confianza en que se adoptarán medidas que eviten daños futuros, pero si se quiebra, graves penas.

Las medidas de *self-cleaning* han de ser suficientes y adecuadas para despejar las dudas acerca de la posibilidad de que la compañía cometa nuevos ilícitos. En caso de que las Autoridades del Banco Mundial entiendan que las medidas no son suficientes pueden hacérselo saber al contratista dándole un plazo para que se dispongan nuevas medidas complementarias.

En fin, en el presente la UE y los Estados Unidos, aunque desde tradiciones diferentes y con distintas motivaciones, admiten las medidas de autosaneamiento porque son conscientes de que el combate a la corrupción pasa por la prevención y el fomento del cumplimiento, por el trabajo sobre las causas de la corrupción y por la voluntaria suscripción por parte de las empresas de efectivos y responsables compromisos de cumplimiento.

VII. REFLEXIÓN CONCLUSIVA

La lucha contra la corrupción debe plantearse de forma integral. Desde la perspectiva punitiva y, también, dado el éxito de las políticas represoras, desde la prevención. La prevención de esta terrible lacra social invita a elevar la temperatura ética de la vida social, para lo cual es menester, desde luego, trabajar a fondo en los ámbitos educativos y familiares. Y, en el campo del combate a la corrupción en el marco de la contratación pública, a la vista de lo experimentado estos últimos años en diferentes países y ordenamientos, parece conveniente incluir como criterio de clasificación para las empresas contratistas acreditar solidos programas de cumplimiento. Además, en los casos de empresas castigadas por casos de corrupción. Siempre que se pueda verificar, a través de Autoridades independientes, de que se han eliminado las causas próximas y remotas de tales ilícitos, podría, excepcionalmente, y de acuerdo con argumentadas razones de interés general, rehabilitar a tales empresas siempre que ello sea beneficioso para que ciertamente los ciudadanos puedan disponer de las mejores obras y servicios públicos posibles.

---

49 *Cf.* C. Pereira & R. Wallbach-Schwind, *Op. Cit.*, p. 5.

50 *Id.*, p.7.

La existencia de programas de cumplimiento y de medidas de autosaneamiento que están en vigor en el presente, especialmente en el marco de la Unión Europea, aconsejan que la dimensión preventiva y la perspectiva de la autorregulación regulada puedan ayudar a reducir la cuantiosísima factura que la corrupción pasa año a año a los ciudadanos.

CAPÍTULO XIX
ESTUDIO COMPARATIVO DE LOS SISTEMAS DE EXCLUSIÓN Y AUTOCORRECCIÓN DE CONTRATISTAS DE LA UNIÓN EUROPEA, LOS ESTADOS UNIDOS Y EL BANCO MUNDIAL

Carlos AYMERICH CANO[*]

I. CORRUPCIÓN Y CONTRATACIÓN PÚBLICA: LOS SISTEMAS DE EXCLUSIÓN DE CONTRATISTAS

Tanto la corrupción –como fenómeno que preocupa a las ciencias sociales y, dentro de ellas, al derecho– como la ideología subyacente a esta preocupación –la que podríamos denominar anticorrupcionismo o "buena gobernanza"– tienen un origen histórico y geográfico preciso: podemos datar su nacimiento a finales de los años ochenta del siglo pasado y situarlo en la sede de las instituciones financieras internacionales, en concreto las creadas en Bretton Woods al fin de la II GM, más específicamente el Banco Mundial (BM)[1] y el Fondo Monetario Internacional (FMI), ambas con sede en Washington.

Las razones de la emergencia de esta preocupación por la "buena gobernanza" y, dentro de ella, por el fenómeno de la corrupción, pueden situarse en el fracaso de las políticas de ajuste estructural practicadas en África, América Latina y, después de la caída del muro de Berlín, en la antigua URSS y en los países ex-socialistas del este de Europa. En vez de imputar el fracaso de los programas de ajuste a causas intrínsecas (la inaptitud de las políticas de ajuste para promover el desarrollo económico y luchar contra la pobreza, pues tal era, al fin y a la postre, el mandato de las instituciones de Bretton Woods) se construyeron causas extrínsecas para justificarlo:

---

* Universidade da Coruña. aymcan@udc.gal.

1 Señalan DEMMERS, FERNÁNDEZ y HOGENBOOM (*cfr.*, Good Governance in the Era of Global Neoliberalism: Conflict and Depolitization in Latin America, Eastern Europe, Asia and Africa, Routledge, Londres, 2004, p. 23) que la primera publicación del BM en la que se empleaba el concepto de buena gobernanza fue un informe de 1989 sobre el fracaso de los programas de ajuste aplicados en el África subsahariana.

el fracaso obedecía a la débil gobernanza existente en los países receptores de ayuda y, en especial, a la corrupción institucional. De ahí la necesidad de acometer programas de fortalecimiento institucional que, progresivamente, se introducen como parte de la condicionalidad de la ayuda o de los programas de condonación de deuda.

En otras palabras, el problema no radicaba en los programas de ajuste neoliberal, cuyo acierto no cabía discutir, sino en que estos programas sólo podían producir sus benéficos resultados en un entorno institucional adecuado. En definitiva, el desempleo, el incremento de las desigualdades entre clases sociales y entre países, el florecimiento del mercado negro y de las redes mafiosas no era consecuencia de los programas de reducción drástica del gasto y de la intervención estatal y de la apertura incondicionada al comercio exterior sino de la falta de un entorno institucional adecuado.

De ese modo, la corrupción –circunscrita básicamente al ámbito público al ser definida como el abuso de cargos o potestades públicas para el logro de un beneficio privado– fue utilizada también como argumento a favor de la reducción de la presencia del Estado en la dirección de las políticas sociales y económicas. Si, de acuerdo con la famosa fórmula de KLITGAARD[2] "corrupción = discrecionalidad + monopolio – transparencia", la solución parece evidente: la reducción de la intervención pública (liberalizando, privatizando, desregulando) es una estrategia imprescindible para reducir la corrupción[3].

Sin embargo, la falta de evidencia empírica acerca de que la reducción del papel del Estado en la economía implique una reducción de la corrupción junto con la constatación de que los países menos corruptos, incluso de acuerdo con los índices de Transparencia Internacional y el BM, son aquéllos en los que los poderes públicos ejercen un rol destacado en la política social y económica, confirman la impresión inicial de que la reducción del Estado forma parte de una estrategia ideológica que utiliza la corrupción como argumento justificativo[4].

Así pues, se asume que una "buena gobernanza" y, dentro de ella, el combate contra la corrupción es un prerrequisito indispensable para el desarrollo económico[5]. En todo caso, esa eufónica "buena gobernanza" implica, a pesar de su pretendido

---

2 Economista académico estadounidense ligado al FMI, el BM, la Administración federal de los EUA y fundaciones privadas como la Ford y la Rockefeller.

3 HOUGH (Corruption, Anticorruption and Governance, Palgrave MacMillan, Hampshire, 2013, p. 38) reproduce diversos posicionamientos de relevantes economistas del FMI como SCHILLER o TANZI en los que se aboga por medidas de privatización y liberalizaciñón o se afirma que las regulaciones públicas y la provisión estatal de bienes y servicios a precios inferiores a los del mercado promueven la corrupción.

4 En este sentido HOUGH (*Corruption, Anticorruption and Governance*, Palgrave MacMillan, Hampshire, 2013, p. 18), tras reproducir diferentes documentos del FMI en los que se afirma que la corrupción deriva de una excesiva de regulación e intervención estatal en la economíal, concluye que "privatising state functions, limiting the state's role and hiving off state activities may well fit particular sets of ideological agendas, but its empirical record in terms of fighting corruption is mixed at best".

5 Afirmación carente, por lo demás, de base empírica tal y como indica CHANG (*vid. ¿Qué fue del buen samaritano? Naciones ricas, políticas pobres*, Oxfam, Madrid, 2008, p. 221 y ss.).

apoliticismo, un determinado modelo de gobierno y de instituciones: aquéllas compatibles con el consenso de Washington[6] y, a partir de la caída del muro de Berlín, con una noción de democracia que insiste en la transparencia, la *accountability* y la alternancia en el poder entre diferentes élites gobernantes al tiempo que, por medio de diferentes instrumentos[7], excluye la dirección de la economía de la decisión ciudadana[8].

Sucede, sin embargo, que a diferencia de otros sectores de actividad estatal, la contratación pública no puede privatizarse ni liberalizarse. Al menos no totalmente. Por eso la aplicación de estas ideas y medidas integrantes de la "buena gobernanza" a la contratación pública tiene como objetivo abrir un sector importante de la actividad económica[9] a la competencia internacional[10], limitando su uso estratégico para

---

6 Tal y como el creador de la expresión, John WILLIAMSON, reconoció años después, su origen se encuentra en una conferencia organizada por el *Institute for International Economics* en 1989 en la que se pidió a economistas latinoamericanos que detallasen la situación de sus países, sumidos en plena crisis de deuda. A tal fin se les facilitó un documento-base, redactado por WILLIAMSON, en el que se listaban las diez reformas políticas que, a su juicio, suscitaban consenso académico y político: disciplina fiscal, reordenación de las prioridades de gasto, reforma fiscal (regresiva), liberalización de los tipos de interés, tasa de cambio competitiva, liberalización comercial, apertura a la inversión extranjera directa, privatización, desregulación y establecimiento de derechos de propiedad (WILLIAMSON, "From reform Agenda to Damaged Brand Name: A short History of the Washington Consensus and Suggestions for What to do Next", en *Finance and Development*, vol. 40, No. 3, 2003). La sorpresa de Williamson, que confiesa que nunca pensó que unas propuestas expresivas de un consenso poco menos que absoluto pudiesen ser objeto de un debate ideológico tan agudo, refleja bien el espíritu de la época y el ambiente en el puente de mando de las instituciones financieras internacionales.

7 Por medio de la creación de agencias y autoridades independientes; de acuerdos internacionales de liberalización del comercio, la inversión y la circulación de capitales; del condicionamiento macroeconómico asociados al acceso a los préstamos del BM o de los demás bancos internacionales de desarrollo y de la aparición de instancias judiciales o arbitrales de ámbito supraestatal de resolución de conflictos (en este sentido, González García, "Globalización Económica, Administraciones Públicas y Derecho Administrativo: presupuestos de una relación", *RAP No.* 164, 2004).

8 Las denominadas "democracias-mercado" que tienen como principal cometido generar un entorno atractivo para la inversión de capital (*vid.* entre otros, Jemmers, Fernández Jilberto y Hogenboom, "Good governance and democracy in a world of neliberal regimes", en el libro editado por los autores citados *Good governance in the Era of Global Neoliberalism*, Routledge, Londres y New York, 2004, p. 29).

9 Según datos de la OCDE, la contratación pública supone el del 2% del PIB y el 29% del gasto público total de los países miembros de esta organización, representando 4,2 billóns de euros (*cfr.*, *Preventing Corruption in Public Procurement*, OCDE, 2016, p. 5).

10 Por más que los grandes Estados sigan manteniendo importantes medidas de protección de sus protecciones e industrias. Una lista de las que mantienen los EUA en AYMERICH CANO, "La contratación pública en el TTIP", *RVAP*, 117, 2017. El fenómeno no es nuevo pues, tal y como recuerda CHANG, acontece con la ideología del anticorrupcionismo (o, si se prefiere, de la buena gobernanza) algo similar a lo que aconteció históricamente con otras como el libre comercio: se usan como título de intervención de las grandes potencias para justificar y extender su dominio, sin que ello signifique que estas potencias que exigen a los

lograr fines de interés público diferentes al estricto *value for money*. En este sentido, se subraya que la apertura irrestricta de los contratos públicos a la competencia constituye el mejor instrumento para combatir la corrupción, que con frecuencia se identifica, directa o indirectamente, con las regulaciones internas de protección de colectivos, sectores o territorios por medio de la contratación pública[11] consideradas como barreras comerciales.

En cualquier caso, la asociación entre competencia y lucha contra la corrupción dista de ser completa. Y del mismo modo que la transparencia, uno de los principales remedios contra la corrupción y el fraude contractuales entra en conflicto con las exigencias de la competencia[12], también en el caso de los mecanismos de exclusión de contratistas esta tensión se hace presente entre, por un lado, la necesidad de apartar de la contratación pública a los sujetos responsables de actos de corrupción y fraude[13] y, por el otro, la restricción de la competencia que esta exclusiones provocan en especial, todo hay que decirlo, cuando se trata de grandes empresas.

Esa tensión explica las soluciones establecidas en los diferentes ordenamientos para mantener el carácter sancionador o, al menos disuasorio, de un mecanismo como la exclusión con la exigencia –piadosamente fundada en la necesidad de salvaguardar la competencia en el mercado– de que, en la práctica, esa exclusión no se haga efectiva. Tradicionalmente, así viene sucediendo en el caso español, esta tensión se resolvía, simplemente, condenando a la ineficacia práctica una regulación,

---

otros su cumplimiento ajusten realmente su conducta la esos principios (cfr., *Kicking away the ladder: Development Strategy in Historical Perspective*, Anthem, London, 2002).

11 Un ejemplo en Anderson, Kovacic y Müller, *Promoting Competition and Deterring Corruption in Public Procurement Markets: Synergies with Trade Liberalisation*, E15 Expert Group on Competition Policy and the Trade Systrem, febrero de 2016 (accesible en http://e15initiative.org/publications/promoting-competition-and-deterring-corruption-in-public-procurement-markets-synergies-with-trade-liberalisation/). Estos autores destacan que "the scale and importance of the government procurement sector are such that governments often seek to harness it in different ways, for example, through policies and regulations that reserve contracts to national suppliers or particular groups of suppliers. Most, if not all, countries employ such measures at least in limited ways, for example, on behalf of aboriginal or other minorities or disadvantaged groups. Much experience suggests, though, that such reservations are a costly way of assisting the targeted groups, relative to direct transfers or similar measures", p. 2.

12 En este sentido, Sánchez Graells, desde un análisis ecónomico del derecho y de la consideración de las normas de contratación pública como una *regulation* dirigida a mantener unas condiciones adecuadas de competencia en ese mercado, indica las razones por las cuales los registros públicos de contratos pueden entrar en conflicto con las exigencias de la competencia: "Why are public contract registers problematic from a competition perspective? Public contract registers are problematic precisely due to the levels of transparency they create. Economic theory has conclusively demonstrated that the levels of transparency created by these public procurement rules and practices (such as these registers) facilitate collusion and anticompetitive behaviour between undertakings, thus eroding (and potentially negating) the benefits contracting authorities can obtain from organizing tenders for public contracts" ("Why are public registers problematic?" 19 de septiembre de 2015, www.howtocrackanut.com).

13 Exigencia amplificada por la declaración de una guerra contra la corrupción desde las instituciones financieras internacionales.

sobre el papel, draconiana[14]. Aunque ese sencillo expediente sigue siendo utilizado, la tensión suele resolverse en la actualidad por medio de otros recursos como los programas de clemencia o denuncia, la promoción de la terminación convencional de los procedimientos de exclusión y, en especial, el fomento de los programas de compliance que, dicho sea de paso, constituyen un importante mercado para la industria de la (anti) corrupción.

Para analizar estas y otras cuestiones, el trabajo examina los sistemas de exclusión regulados en la Directiva europea de contratación pública de 2014 (DCP), el Banco Mundial (BM) y la Administración federal estadounidense, a través de la *Federal Acquisitions Regulation* (FAR). La elección de estos tres modelos de exclusión de candidatos o licitadores responde al carácter representativo que cada uno de ellos tiene, en virtud de sus respectivas características, de sistemas y aproximaciones diversas a este instrumento jurídico. Y es que más allá de la distinción tradicional entre dos grandes grupos de sistemas de exclusión de licitadores y candidatos –entre modelos de exclusión reglada o imperativa, por un lado, y sistemas de exclusión discrecional del otro[15]– los tres sistemas escogidos obedecen a ámbitos políticos y geográficos diversos y mantienen, en relación con los sistemas de contratación internos, relaciones también diferentes.

El sistema de exclusión diseñado en las Directivas europeas, a causa de las limitaciones intrínsecas a un instrumento de armonización que debe limitarse a regular los elementos –sustantivos y, en menor medida, procedimentales– necesarios para asegurar un mínimo normativo en un ámbito en el cual la legislación europea concurre con las estatales, permite desarrollos diferentes en cada Estado miembro. Así pues, corresponde a los legisladores internos determinar qué órganos serán competentes para dictar las resoluciones de exclusión, aprobar o imponer en su caso medidas de autocorrección e, incluso, los mecanismos de recurso frente a estas resoluciones. En principio, pues, se trata de encontrar un equilibrio entre, por un lado, los principios de autonomía institucional y procedimental y subsidiariedad y, del otro, los de efecto útil e igualdad de trato. Equilibrio cuyo punto concreto, en cualquier caso, será precisado por el TJUE. Por otro lado, tal y como ya se ha apuntado, este sistema tiene naturaleza sancionadora de conductas pasadas y, pese a la distinción entre motivos de exclusión reglados y discrecionales, obedece por lo general a un modelo de imposición reglada de las exclusiones por ser éste, al fin y al cabo, el úni-

---

14 En este sentido, *vid.* Medina Arnáiz, "Instrumentos jurídicos frente a la corrupción en la contratación pública: perspectiva europea y su incidencia en la legislación española", en *La contratación pública a debate: presente y futuro*, Fernández Acevedo, Rafael y Valcárcel Fernández, Patricia, coord., Civitas-Thomson Reuters, Madrid, 2014, p. 334.

15 "On the one hand, the primary objective may be to protect the government customer from individuals and organizations with which it should not do business or to which it should not entrust public funds, whether the risk arises in terms of performance, reputation or both. On the other, the system's main focus may be on the punishment of suppliers that do engage in integrity violations. Systems are often termed discretionary or mandatory or punitive, largely reflecting this differences in approach" (NICHOLAS, "Enforcing the requirements of the 2011 UNCITRAL Model Law on Public Procurement: model rules on suspension and debarment?", *PPLR*, 2016, 3, p. 87).

co compatible con el objetivo último de las Directivas cual es la creación de un mercado único de la contratación pública en todo el territorio de la UE.

En el sistema federal estadounidense, por el contrario, el sistema de suspensión y exclusión establecido por la FAR pretende ser la regulación completa de un sistema centralizado en el que las decisiones no se confían a los órganos de contratación sino a autoridades superiores en el seno de cada agencia[16]. Sin embargo, esta impresión inicial enseguida se ve desmentida por la autolimitación de la FAR que, expresamente, remite a cada agencia la regulación del procedimiento concreto de aplicación del sistema y les reconoce una amplia discrecionalidad para apreciar si el proponente o candidato en cuestión reúne o no la "responsability" suficiente para convertirse en contratista federal, con independencia de cuáles hayan sido sus conductas o incumplimientos pasados. Otra cosa es que, como veremos, en la práctica los reglamentos internos de cada agencia no difieran de forma sustancial y que, en lo que constituye una clara aproximación al sistema europeo, las infracciones o incumplimientos pasados supongan, en la mayoría de los casos, la suspensión o exclusión de la empresa afectada[17].

Finalmente, el sistema del BM resulta ser, de los tres escogidos, el más completo y el que menos margen deja a los órganos encargados de aplicarlo. La explicación de por qué esto es así reside en los sujetos a los que esta normativa –objetiva y contractual, en la medida en que se incorpora al clausulado de los contratos de préstamo – se dirige: Estados en vías de desarrollo. El carácter exhaustivo y reglado del sistema, que carece de previsión excepcional alguna que permita derogar singularmente las sanciones impuestas, no obedece, como WILLIAMS-ELEGBE aduce[18], a que solicitar créditos del BM tenga carácter voluntario de modo que los Estados que deseen contratar con un empresario excluido por este organismo siempre pueden financiar el contrato con otros fondos pues, en la práctica, los Estados que solicitan financiación del BM suelen tener cerrado el acceso a los mercados de capitales. La razón hay que procurarla en la desconfianza del BM hacia unas élites gobernantes consideradas generalmente como corruptas o al menos, de acuerdo con la guía que ofrecen

---

16 En este sentido, Harutyunyan, "Risk ...", *cit.*, p. 458.

17 *Vid.* Gordon y Duvall, "Unites States: it's time to rethink ...", *cit.* ponen de manifiesto como las agencias dependientes del Departamento de Defensa, con mucho las más activas suspendiendo y excluyendo empresas, suelen aplicar de forma automática estas medidas si las empresas afectadas han cometido infracciones en el pasado ("Not surprisingly, agencies vary greatly in terms of the vigor with which they pursue suspension and debarment actions and the resources they devote to this issue. A 2011 GAO report found that, over the past five fiscal years, the DOD accounted for about two-thirds of all suspension and debarment cases related to federal procurements. DOD had almost 1,600 cases whereas 70 percent of the other agencies had fewer than 20. The DOD agencies are virtually certain to consider or pursue debarment if one of their contractors is convicted of fraud or some other criminal offense constituting a ground for debarment. In contrast, a 2010 report by the Inspector General of the Agriculture Department found that, from 2004 to 2007, 42 participants in Rural Development programs had been convicted of crimes involving those programs, but no debarment actions were taken in response to 40 of the 42 convictions").

18 *Cfr.*, *Fighting Corruption in Public Procurement. A Comparative Analysis of Disqualification or Debarment Measures*, Hart, Oxford and Oregon, 2012, p. 252.

los diferentes índices y barómetros de medición de la corrupción, en grave riesgo de convertirse en tales. Es por ello que el sistema del BM, inspirado inicialmente en el estadounidense[19], difiera sustancialmente de éste en función de los sujetos y contratos a que uno y otro va dirigidos. Estas mismas razones explican que el modelo apenas deje margen para la discrecionalidad y tenga un marcado sesgo retributivo. Al fin y al cabo, al igual que el colonialismo y el imperialismo del pasado se fundaron en otros propósitos morales y de justicia supuestamente universales[20], se trata de un instrumento de intervención de unos Estados sobre otros fundado en la guerra contra la corrupción.

II. LA EXCLUSIÓN DE CONTRATISTAS EN LA DIRECTIVA EUROPEA DE CONTRATACIÓN PÚBLICA

1. *Naturaleza y fin de la exclusión*

Aunque tanto las Directivas de 2014 como sus antecesoras de 2004 guarden silencio al respecto, otros documentos de la UE[21] justifican los motivos de exclusión imperativos en el ámbito de la contratación pública en razones de carácter preventivo. De lo que se trataría, desde este punto de vista, es de evitar el riesgo que para la viabilidad de un contrato (y, a fin de cuentas, para el buen empleo de los recursos públicos) supondría celebrarlo con una persona condenada por la comisión de un delito grave[22]. En principio, al referirse a las exclusiones fundadas en la previa condena por la comisión de un delito, esta justificación afecta a los supuestos de corrupción y fraude que constituyen el objeto de este trabajo.

El carácter preventivo de la exclusión deriva también del efecto disuasorio que su regulación y, sobre todo, su aplicación práctica supone para el conjunto de los agentes que intervienen en el mercado de la contratación pública. Desde este punto de vista, obviamente, el logro del efecto disuasorio pretendido dependerá de cómo las exclusiones sean decididas –es decir, de su duración y alcance– y aplicadas es decir, de cuál sea la exigencia de las medidas restitutorias, compensatorias y preven-

---

19 No sólo porque la Administración y el Congreso estadounidenses ejerzan una obvia influencia sobre el BM sino también porque, como YUKINS señala, "Although, as is discussed below, the two systems are fundamentally different in many ways, they also share, in loose terms, a common structure, in part because the World Bank system was shaped by the U.S. mode" ("Cross-Debarment: A Stakeholder Analysis", *George Washington International Law Review*, 219, 2013).

20 Extender la fe, la civilización, el libre comercio o los derechos humanos o, entre otros, combatir las drogas, el terrorismo o la proliferación de armas de destrucción masiva.

21 *Cfr*., Communication from the Commission to the Council and the European Parliament, Disqualifications arising from criminal convictions in the European Union, COM (2006)0073 final.

22 En este sentido se manifiestan Arrowsmith, Priess y Friton, "Self-Cleaning as Defence to Exclusion form Misconduct – An Emerging Concept in EC Procurement Law", *PPLR*, 2009, 18.

tivas ("Compliance") a cuyo cumplimiento o adopción se condicione el inicio o el mantenimiento de la exclusión[23].

Por otra parte, los fines del sistema de exclusión regulado en las Directivas comunitarias de contratación pública persigue la efectividad, también en el ámbito de la contratación pública, de las libertades comunitarias básicas de libre circulación de mercancías y servicios.

2. *Motivos*

La exclusión obligatoria de candidatos o licitadores condenados por la comisión de delitos de corrupción, fraude, blanqueo de capitales o pertenencia a una organización delictiva ya estaba prevista en la Directiva 18/2004. Esta Directiva también preveía la exclusión facultativa para el caso de encontrarse el candidato o licitador en situación de insolvencia, haber sido condenado por algún delito que afectase a su "moralidad profesional", no haber cumplido son sus obligaciones en materia tributaria o de seguridad social, haber cometido alguna falta grave en materia profesional o haber proporcionado informaciones falsas en el curso del procedimiento de contratación.

Este continuismo, sin embargo, no debe ocultar que en las Directivas de 2014 el concepto de corrupción experimenta una importante ampliación al incluir, junto a la definición comunitaria del concepto, también la que realice en el ordenamiento interno aplicable al poder adjudicador o al operador económico (art. 57.1.b Directiva de Contratación Pública, en adelante DCP). Tal y como señala SÁNCHEZ GRAELLS[24], esta ampliación puede abrir la puerta a la aplicación extraterritorial de este motivo de exclusión cuando en el ordenamiento estatal correspondiente se haya traspuesto la Convención de la OCDE sobre persecución internacional del cohecho.

Persisten sin embargo los problemas derivados de la falta de armonización penal entre los Estados miembros. Ciertamente, según lo dispuesto en el art. 10 del Protocolo 36 del Tratado de Lisboa, las instituciones europeas no asumieron competencias de armonización legislativa en materia pena hasta el 1 de diciembre de 2014 –es decir, en lo relativo a los ámbitos delictivos de especial gravedad y repercusión transfronteriza entre los que se cuenta la corrupción (art. 83 TFUE)–. Es por esa razón, al ser las Directivas de fecha anterior a la finalización de ese período transitorio, que el legislador europeo se negó a incluir en ellas una definición autónoma y vinculante para los Estados miembros de lo que deba entenderse por delitos de corrupción, limitándose a efectuar una remisión a normas comunitarias no obligatorias y a las respectivas legislaciones estatales. El argumento, con todo, no resulta con-

---

23 Un tratamiento general del fundamento del sistema de exclusión de licitadores y contratistas en las Directivas europeas de contratación pública puede consultarse en Schoenmaekers, "The EU debarment rules: legal and economic rationale", *PPLR*, 2016, 3. *Vid.* también Hjelmeng y Søreide, "Debarment in public procurement: rationales and realization", en *Integrity and Efficiency in Sustainable Public Contracts*, Racca y Yukins (eds.), Bruylant, Bruselas, 2014, p. 219 y ss.

24 *Cfr.*, "Exclusion, Qualitative Selection and Short-listing in the New Public Procurement Directive 2014/24", en Lichère, Caranta y Treumer (eds.) *Novelties in the 2014 Directive on Public Procurement,* Copenhagen, Djøf Publishing, 2014, p. 105.

vincente si se repara en que el plazo de transposición de las Directivas vencía más tarde que el 1 de diciembre de 2014. Así las cosas, los art. 57.1.b) de la Directiva de contratos y 38.4.b) de la de concesiones se remiten a la noción de corrupción recogida en la Decisión-Marco 2003/568/JAI, del Consejo, relativa al combate contra la corrupción en el sector privado, para la cual debe entenderse por corrupción activa "prometer, ofrecer o entregar, directamente o a través de un intermediario, a una persona que desempeñe funciones directivas o laborales de cualquier tipo para una entidad del sector privado, una ventaja indebida de cualquier naturaleza para dicha persona o para un tercero, para que ésta realice o se abstenga de realizar un acto incumpliendo sus obligaciones" .

Algo similar sucede en relación con el delito de fraude (art. 57.1.c), que la DCP define por remisión al art. 1 de la Convención para la protección de los intereses financieros de la UE, instrumento elaborado en 1995 en cuya virtud los Estados miembros firmantes se comprometen a tipificar penalmente el fraude al presupuesto comunitario castigándolo, en los casos más graves, con penas privativas de libertad susceptibles de permitir la extradición.

En ambos casos, y a diferencia de otros motivos de exclusión imperativa, la Directiva exige la existencia de una sentencia firme condenatoria.

Otros motivos directamente vinculados con la integridad de la contratación, como la existencia de conflicto de interés, son previstos en la Directiva como posibles motivos de exclusión discrecional. Posibles, ya que de acuerdo con el art. 57.4.e) DCP, la existencia de un conflicto de interés sólo dará lugar a la exclusión del operador económico afectado "cuando no pueda resolverse por medios menos restrictivos".

3. *Órganos competentes*

En el caso de las exclusiones obligatorias, el art. 57.1 DCP atribuye directamente la competencia a los poderes adjudicadores a diferencia de lo que el apartado cuarto de este mismo precepto establece para las exclusiones facultativas en cuyo caso la exclusión puede ser decidida por los poderes adjudicadores "por sí mismos o a petición de los Estados miembros". En este segundo caso, obviamente, los legisladores internos gozan de una libertad mayor que en el primero para transponer una norma europea que autoriza diversos sistemas: desde la centralización de la competencia en uno o varios órganos especializados a la descentralización al nivel de cada órgano de contratación, pasando por una determinación normativa exhaustiva de las condiciones para la aplicación de la exclusión o, por el contrario, por mantener el carácter discrecional de la decisión.

En cualquier caso, como apunta Sánchez Graells[25] Estados miembros como Francia, Portugal, Italia y España no contemplan, en sus ordenamientos internos, la distinción entre motivos de exclusión obligatorios y discrecionales: todos tienen carácter obligatorio para los poderes adjudicadores y es precisamente en ellos en los

---

[25] *Cfr.*, "Exclusion of Economic Operators from Public Procurement Procedures. A Comparative View on Selected Jurisdictions", en Burgui, Trybus y Treumer (eds.), *Qualification, Exclusion and Selection in EU Procurement*, Copenhagen, DJØF, 2016.

que, con carácter general, la competencia se asigna a órganos distintos del poder adjudicador[26].

4. *Procedimiento*

Al menos por lo que se refiere a la exclusión de licitadores y candidatos como consecuencia de la condena por corrupción o fraude, los poderes adjudicadores carecen de discrecionalidad alguna. La literalidad del art. 57.1 DCP ("excluirán") se confirma en el considerando 100 que, por si hubiese alguna duda, aclara que "no deben adjudicarse contratos públicos a operadores económicos que hayan participado en una organización delictiva o hayan sido declarados culpables de corrupción o fraude contra los intereses financieros de la Unión ...". Dicho sea sin prejuicio de la posibilidad de que los Estados miembros, "por razones imperiosas de interés general como la salud pública o la protección del medio ambiente", puedan establecer una excepción al carácter obligatorio de las exclusiones imperativas (art. 57.3 DCP) .

La Directiva no regula un procedimiento limitándose, como es propio de su carácter, a fijar expresamente ciertas reglas que, éstas sí, han de ser respetadas por las normas estatales de transposición.

En primer lugar, el apartado 5 del art. 57 DCP (y, en sentido idéntico, el 8 del art. 38 de la Directiva de concesiones) prevé que los motivos de exclusión, tanto los imperativos como los facultativos, pensados para impedir ya de inicio la participación en el procedimiento de contratación, puedan operar en cualquier fase del mismo. E incluso que, en el caso de los imperativos, puedan hacerlo incluso después de la celebración del contrato conllevando, en este caso, su terminación (art. 73.b DCP)[27].

En segundo lugar, a pesar de mantener con carácter general la ordenación tradicional de, primero, analizar la capacidad y solvencia de los licitadores para después, valorar sus ofertas, la Directiva permite que "en los procedimientos abiertos, los poderes adjudicadores podrán decidir examinar las ofertas antes de comprobar la inexistencia de motivos de exclusión y el cumplimiento de los criterios de selección, de conformidad con los artículos 57 a 64 [DCP]". Esta posibilidad, que puede ser excluida o restringida por los legisladores internos a determinados procedimientos o circunstancias, deberá realizarse sin perjuicio de que se garantice "la comprobación de la inexistencia de motivos de exclusión y del cumplimiento de los criterios de selección se lleve a cabo de manera imparcial y transparente a fin de que no se adjudique un contrato a un licitador que debería haber sido excluido en virtud del artículo 57 o que no cumpla los criterios de selección establecidos por el poder adjudicador". Esta posibilidad, justificada en la orientación general de flexibilización y eli-

---

[26] El art. 71 del Proyecto de Ley de Contratos del Sector Público, actualmente en tramitación en el parlamento español, tampoco contempla dicha diferenciación.

[27] Sobre la terminación de contratos afectados por actos de corrupción y la interpretación del art. 73 de la Directiva 24/2014/UE, *vid.* Aymerich Cano, *Un problema pendiente: la anulación de los contratos administrativos afectados por actos de corrupción*, Aranzadi, Cizur Menor, 2015, p. 35 y Halonen, "Termination of a public contract: lifting the veil on art. 73 of 2014/24 Directive", *PPLR*, 2017, 4.

minación de cargas administrativas, abre la puerta a una potencialmente peligrosa utilización de la excepción prevista en el apartado 3° del art. 57 DCP que la aleje de su propósito original: y es que, una vez determinada cuál es la oferta económicamente más ventajosa, el poder adjudicador va a tener un fuerte incentivo para encontrar, en el caso concreto, alguna razón de interés general que le permita no aplicar el o los motivos de exclusión obligatorios en que pudiese incurrir el operador económico que formulase aquella oferta[28].

La Directiva también establece normas comunes en materia de acreditación del cumplimiento de los requisitos de capacidad y solvencia de los operadores económicos.

En primer lugar, de acuerdo con la jurisprudencia del TJUE[29], el art. 56.3 DCP apodera a los poderes adjudicadores, "salvo que se disponga de otro modo en la normativa nacional que dé cumplimiento a la presente Directiva", a solicitar que los operadores económicos "presenten, completen, aclaren o añadan la información o documentación pertinente dentro de un plazo adecuado", cuando la que hayan presentado "sea o parezca ser, incompleta o errónea, o cuando falten determinados documentos", a condición de que tales solicitudes se hagan "en plena conformidad con los principios de igualdad de trato y transparencia". La previsión del art. 56.3 DCP resulta especialmente pertinente a la vista de la introducción en las legislaciones de algunos Estados miembros como el español, de la declaración responsable como medio de acreditación del cumplimiento de los requisitos de capacidad y solvencia

En relación con la existencia de diversos sistemas de registro o clasificación de contratistas existentes en muchos Estados miembros, el art. 59 DCP introduce el "Documento Europeo Único de Contratación" para sustituir, precisamente, "los certificados expedidos por las autoridades públicas o por terceros" que confirmen, entre otros extremos, que el candidato o licitador no se halla incurso en ninguna causa de exclusión[30].

---

28 En sentido, Sánchez Graells, "Exclusion, Qualitative Selection, ...", *cit.*, p. 99. Sobre la necesidad de encontrar un equilibrio entre los beneficios que a largo plazo producen los sistemas de exclusión y el sacrificio que suponen de las ventajas a corto plazo de una competencia no limitada por su aplicación *vid.* Hjelmeng y Søreide, "Debarment in public procurement: rationales and realization", *cit.*

29 En especial la establecida en las sentencias "Slovensko", de 29 de marzo de 2012 (C-599/10) y "Manova", de 10 de octubre de 2013 (C-336/12). La última de las citadas, resolviendo la cuestión prejudicial formulada por un tribunal danés, declara que "el principio de igualdad de trato debe interpretarse en el sentido de que no se opone a que, una vez transcurrido el plazo de presentación de candidaturas a un contrato público, una entidad adjudicadora solicite a un candidato que presente documentos descriptivos de su situación, como el balance publicado, cuya existencia antes del transcurso del plazo de presentación de candidaturas sea objetivamente verificable, siempre que los documentos de dicho contrato no exigieran expresamente su presentación bajo pena de exclusión de la candidatura. Dicha solicitud no debe beneficiar o perjudicar indebidamente al candidato o candidatos a los que se haya formulado".

30 El modelo normalizado de este Documento Europeo Único de Contratación se aprobó a través del Reglamento de Ejecución (UE) 2016/7 de la Comisión de 5 de enero de 2016. *Vid.* Williams, "The European single procurement document", *PPLR*, 2016, 6.

5. *Duración*

El art. 57.7 DCP establece un período máximo de duración de la exclusión para contratar:

- Cinco años, cuando la causa de la exclusión sea la condena por la comisión de algún delito u otra sentencia firme, y la resolución judicial correspondiente no fijase la duración de la exclusión para contratar. Este plazo se computará desde la fecha de la sentencia.

- En los demás supuestos, la duración máxima será de tres años, computados desde la fecha del "hecho relevante" sea éste una resolución administrativa o cualquier otro de los recogidos en los apartados 1 y 2 del art. 57 DCP.

6. *Efectos*

En principio, de la redacción del art. 57 DCP se extrae la conclusión de que la exclusión por alguno de los motivos listados en el apartado primero –motivos de exclusión imperativos– es obligada para todos los poderes adjudicadores de cualquier Estado. Tal conclusión se refuerza al comprobar que todas esas causas de exclusión se corresponden con materias sobre las que las instituciones comunitarias ostentan competencias relevantes, consecuencia de su consideración como asuntos que trascienden las fronteras estatales. Sin embargo, en su versión final, la DCP carece de mecanismos efectivos para asegurar la efectividad transfronteriza, a nivel de toda la UE, de las decisiones de exclusión adoptadas por algún Estado miembro.

En efecto, a diferencia de lo dispuesto por el Reglamento 966/2012 para la contratación de las instituciones comunitarias[31], las Directivas de 2014 no prevén la creación de una base de datos europea en materia de exclusiones para contratar. La Directiva de contratación se limita a recomendar la cooperación entre los Estados miembros, al establecer que "los Estados miembros se prestarán asistencia recíproca y tomarán medidas para cooperar de forma eficaz entre sí, con el fin de garantizar el intercambio de información sobre las cuestiones mencionadas en, entre otros, el art. 57 DCP relativo a la exclusión para contratar.

7. *Autocorrección*

El art. 57.6 DCP introduce, con carácter obligatorio para los Estados miembros, el derecho de los operadores económicos objeto de exclusión de "presentar pruebas de que las medidas adoptadas por él son suficientes para demostrar su fiabilidad pese a la existencia de un motivo de exclusión pertinente. Si dichas pruebas se consideran suficientes, el operador económico de que se trate no quedará excluido del procedimiento de contratación". En este caso, se abre un período de negociación entre el operador y el órgano competente del Estado miembro[32] acerca

[31] Cuyo art. 108 prevé la creación de una base de datos central de exclusiones en la que serán registrados todos los candidatos y licitadores incursos en algún motivo de exclusión.

[32] Cuál sea éste es cuestión que deben determinar las normas internas de transposición, a pesar de que la dicción literal del precepto ("Si dichas pruebas se consideran suficientes, el operador económico de que se trate no quedará excluido del procedimiento de contratación"), al referirse, en singular, a un procedimiento de contratación concreto, pudiese dar a entender que

de si las medidas adoptadas son o no suficientes fruto de la cual se puede producir un acuerdo –aun cuando formalmente no revista tal carácter– acerca de las medidas a adoptar.

La decisión acerca de si las medidas son o no suficientes tiene naturaleza discrecional. Con todo, la Directiva establece ciertos criterios que han guiar la decisión y a los que de forma necesaria se ha de referir la motivación: "Las medidas adoptadas por los operadores económicos se evaluarán teniendo en cuenta la gravedad y las circunstancias particulares de la infracción penal o la falta. Cuando las medidas se consideren insuficientes, el operador económico recibirá una motivación de dicha decisión".

Además, el citado art. 57.6 DCP sí establece el contenido mínimo de esos programas de "compliance": "...el operador económico deberá demostrar que ha pagado o se ha comprometido a pagar la indemnización correspondiente por cualquier daño causado por la infracción penal o la falta, que ha aclarado los hechos y circunstancias de manera exhaustiva colaborando activamente con las autoridades investigadoras y que ha adoptado medidas técnicas, organizativas y de personal concretas, apropiadas para evitar nuevas infracciones penales o faltas", aclarando el considerando 102 DCP el alcance de estos programas al señalar que "en concreto, podría tratarse de medidas que afecten al personal y la organización, como la ruptura de todos los vínculos con las personas u organizaciones que participaran en las conductas ilícitas, medidas adecuadas de reorganización del personal, implantación de sistemas de información y control, creación de una estructura de auditoría interna para supervisar el cumplimiento y adopción de normas internas de responsabilidad e indemnización".

Por lo demás, el último párrafo del precepto dispone que cuando la exclusión se haya producido en virtud de sentencia firme, el operador afectado no tendrá derecho a acogerse a la posibilidad de autocorrección durante el período establecido en la sentencia si bien esta limitación se producirá únicamente "en el Estado miembro en el que la sentencia sea ejecutiva". Es decir, el operador seguiría excluido en dicho Estado aunque pueda solicitar la autocorrección en los demás Estados miembros[33].

8. *Recursos*

La decisión de exclusión –o la negativa a sustituirla por medidas de autocorrección– puede ser objeto de recurso al amparo de los art. 1.1. y 2.1.b de la Directiva 89/665/CE[34].

---

la decisión compete al poder adjudicador. Una evaluación de las distintas opciones en Hjelmeng y Søreide, "Debarment in public procurement: rationales and realization", *cit.*

33 Una crítica en Sánchez Graells, "Exclusion, Qualitative Selection ...", *cit.* p. 113.

34 En este sentido, Priess, "The rules on exclusion and self-cleaning under the 2014 Public Procurement Directive", *PPLR.* 2014, 3, p. 121.

III. EL SISTEMA DE EXCLUSIÓN EN LA FEDERAL ACQUISITIONS REGULATION (FAR) ESTADOUNIDENSE

1. *Naturaleza y fin de la exclusión*

En el ordenamiento estadounidense, la suspensión y exclusión de licitadores y contratistas es un mecanismo dirigido a asegurar el buen fin de los contratos celebrados por las agencias federales y no un sistema sancionador dispuesto para asegurar la eficacia de normativas de otra índole (laborales, ambientales o, en el caso que nos ocupa, de prevención de la corrupción)[35].

Por esa razón, el sistema se funda en el concepto de "licitador responsable" actualmente establecido en el art. 9.103 de la Federal Acquisition Regulation (FAR): "purchases shall be made from, and contracts will be awarded to, responsible prospective contractors only". Se trata, por consiguiente, de evaluar la solvencia ("responsibility") actual, presente, del contratista y no de sancionarlo por conductas o hechos pasados. Se trata, por consiguiente, de proteger los intereses contractuales de la Administración federal[36], es decir, asegurar el buen uso de los recursos públicos evitando celebrar contratos con aquellos operadores que, además de estar incursos en algún motivo de suspensión o exclusión, no merezcan una valoración positiva de su capacidad, actual o prospectiva, de ejecutar un contrato a satisfacción de la Administración.

Partiendo de esta base común de responsabilidad presente o prospectiva, el sistema federal de contratación pública estadounidense contempla dos figuras diferentes:

- La exclusión imperativa o reglada ("statutory debarment"), derivada de la concurrencia de supuestos a los que una norma específica, diferente de la FAR, liga la consecuencia jurídica de privar a una empresa del derecho a obtener contratos federales.

- La exclusión discrecional, acordada con ese carácter por cualquier agencia ejecutiva como consecuencia de la condena o enjuiciamiento por la eventual comisión de un delito o de un fraude civil, la infracción grave de exigencias u obligaciones contractuales o, finalmente, por "cualquier otra causa cuya gravedad o naturaleza afecte a la responsabilidad presente del contratista".

---

35 De acuerdo con Harutyunyan ("Risk and expectation in exclusion from public procurement: understanding market access and harmonization between the European Union and the United States", *Public Contract Law Journal* No. 45, 2016, p. 452), "U.S. procurement regulations envision a system that prioritizes public trust, fulfills public policy objectives, and delivers the best value to the government. The U.S. system aims to strike a balance between value to the government consumer and maintaining public trust".

36 "It is the debarring official's responsibility to determine whether debarment is in the Government's interest" [sección 9.406-1.a) FAR].

Aunque en ambos casos la consecuencia es la misma –suspensión o privación del derecho de una empresa a obtener contratos (y, con frecuencia, también subvenciones) de la Administración federal– en los epígrafes siguientes se analizará el sistema general regulado en la FAR.

2. *Motivos*

A. *Exclusión*

Los motivos de exclusión se hallan tipificados en la sección 9.406-2 FAR en términos que reconocen explícitamente la discrecionalidad del agente o funcionario de exclusión y suspensión ("Suspension and Debarring Officer", SDO)[37]. Estos motivos se ordenan en tres grandes grupos:

- Aquéllos en los que la causa de exclusión deriva de la existencia de una sentencia que declare la existencia de un ilícito civil o penal. Dentro de este grupo, y por lo que a los efectos de este trabajo interesa, se incluyen la "Commission of embezzlement, theft, forgery, bribery, falsification or destruction of records, making false statements, tax evasion, violating Federal criminal tax laws, or receiving stolen property" así como también "any other offense indicating a lack of business integrity or business honesty that seriously and directly affects the present responsibility of a Government contractor or subcontractor".

- En segundo lugar, motivos fundados no en una resolución judicial sino en la existencia de una "preponderance of evidence"[38] y consistentes en supuestos diversos formulados, por lo general, en términos poco precisos.

- Y, finalmente, "any other cause of so serious or compelling a nature that it affects the present responsibility of the contractor or subcontractor".

Normalmente, y en los términos indicados anteriormente, la decisión de exclusión ("debarment") suele ser consecuencia de la existencia de una condena criminal o de una sentencia civil que declare probada la comisión de un ilícito grave, incluidos los acuerdos de culpabilidad o de *nolo contendere* siempre que, en este último caso, la comisión de la infracción resulte probada. Sin embargo, cada vez son más frecuentes las denominadas "fact-based decisions", es decir, decisiones de exclusión fundadas no en previas resoluciones administrativas o judiciales sino en la apreciación, directamente realizada por el SDO, de la existencia de una infracción o conducta reveladora de la ausencia de "present responsability"[39].

---

37 En efecto, el precepto dispone que "The debarring official may debar ...".

38 En el ordenamiento estadounidense, esta "preponderance of evidence" es quantum probatorio normalmente utilizado en el ámbito civil, frente al "beyond a reasonable doubt" imperante en el ámbito penal. Podría traducirse como aquélla prueba que acredite que unos hechos es más probable que se hayan producido que lo contrario.

39 Una crítica de esta tendencia en Gordon y Duvall, "United States: It's time to rethink the Suspension and Debarment Process" (accesible en http://www.mondaq.com/unitedstates/x/248174/Government+Contracts+Procurement+PPP/Its+Time+To+Rethink+The+Suspension+And+Debarment+Process).

Sin embargo, de acuerdo con FAR 9.407, la existencia de una causa de exclusión no supone que, de forma automática, ésta deba ser decidida ya que el SDO debe valorar la gravedad de los actos u omisiones del contratista así como las medidas adoptadas por éste para remediar o mitigar el daño causado. Cabe, por tanto, que el contratista demuestre que la existencia de infracciones pasadas no afecta a la "responsabilidad presente". Obviamente, esta previsión legal permite, al amparo del principio de proporcionalidad, diversas soluciones: desde la exclusión a la no exclusión, pasando por la negociación de un acuerdo ("compliance agreements") entre la agencia y el contratista para la adopción de medidas correctivas de extensión y naturaleza variable (admisión de la culpabilidad, restitutivas, correctivas, sustitución de las personas culpables acompañadas, con frecuencia, de monitorización externa).

En definitiva, como apunta MAJTAN[40], la decisión de excluir a un contratista debe venir precedida de dos juicios diferentes: en primer lugar, el examen de la conducta pasada (es decir, de la concurrencia de alguno de los motivos establecidos en la FAR) y, a continuación, el de su responsabilidad presente o actual.

B. *Suspensión*

La suspensión es una medida cautelar que un SDO adopta cuando, de acuerdo con las evidencias de que disponga, la protección del interés público exija una actuación inmediata. De acuerdo con esta naturaleza provisional, la duración de la prohibición de contratar se extenderá hasta que se completen las actuaciones o investigaciones en curso.

En términos similares a los establecidos para la exclusión, la sección 9.407-2 FAR relaciona los motivos en los que el SDO puede suspender a un contratista. En este caso, de conformidad con lo dispuesto en la sección 9.407-1 (b)(1)[41], esta decisión debe apoyarse en la existencia de pruebas adecuadas ("adequate evidence"), precisándose que la acusación o imputación por la comisión de alguna de las infracciones relacionadas en dicho precepto constituye fundamento bastante para acordar la suspensión.

3. *Órgano competente*

Las decisiones de suspender o privar a una empresa del derecho a contratar con la Administración federal son adoptadas por órganos superiores en el ámbito de cada agencia federal –los normalmente denominados "Suspension and Debarring Officer" (SDO)– y no directamente por los órganos de contratación. La eficacia de la decisión de suspensión o exclusión adoptada por cualquiera de estos órganos se extiende al conjunto de la Administración federal[42].

---

40 *Cfr.*, "The Self-Cleaning Dilemma: Reconciling Competing Objectives of Procurement Processes", George Washington International Law Review, 45, 2013, p. 296.

41 "Suspension is a serious action to be imposed on the basis of adequate evidence, pending the completion of investigation or legal proceedings, when it has been determined that immediate action is necessary to protect the Government's interest".

42 Así por ejemplo, en el caso del Departamento federal de Comercio, el *Suspension and Debarment Handbook* aprobado por este organismo en septiembre de de 2014 (accesible en

4. *Procedimiento*

Tanto en el caso de exclusión como en el de la suspensión, la FAR se limita a remitir la regulación de los respectivos procedimientos a las distintas agencias federales disponiendo, en ambos casos, que dentro del respeto por el principio fundamental de justicia ("fairness") y de las garantías del "due process", las actuaciones serán tan informales como sea posible. En todo caso, la FAR asegura el derecho del contratista afectado a formular por escrito su oposición a la suspensión o exclusión propuesta, notificada por medio de la correspondiente "Notice of proposal of Debar" o "Notice of Suspension".

Sobre las garantías procedimentales y, en especial, el principio de contradicción, la FAR distingue entre diversas situaciones:

- Cuando la exclusión no se funde en una condena penal o en una sentencia civil, si el escrito de oposición formulado por el contratista afectado suscitase una controversia sobre los hechos, las agencias deberán asegurar de comparecer asistido de consejero legal, presentar pruebas documentales, testigos y confrontar los presentados por la agencia así como realizar una transcripción escrita de las actuaciones (FAR 9.406-3). Idénticas previsiones se establecen para el procedimiento de suspensión cuando éstas no se funden en acusación o imputación previa y el contratista suscite una genuina controversia fáctica alrededor de la suspensión (FAR 9.407-3) siempre que, previo informe del Departamento de Justicia, no se alegue que están en juego intereses sustanciales del Gobierno o que pueda prejuzgarse procedimientos legales, previstos o en curso, sobre los mismos hechos.

Por lo demás, tanto en el caso de la suspensión como en el de la exclusión, el procedimiento se inicia con la notificación al contratista afectado de una "Notice" comprensiva de los fundamentos de la exclusión, su motivo, de los efectos –duración y alcance– de la exclusión propuesta del derecho del afectado a formular por escrito su oposición en el plazo de treinta días (FAR 9.406-3).

Cuando el procedimiento de exclusión parta de una condena penal o de una sentencia civil o, en todo caso, cuando no se haya suscitado controversia fáctica, el SDO deberá dictar resolución en el plazo de treinta días a contar de la recepción de las alegaciones del contratista (FAR 9.406-3 d). Si, por el contrario, se hubiese suscitado una controversia fáctica, deberán formularse escritos de valoración de los hechos y, en su caso, celebrarse vista.

Con relación a la suspensión, en la práctica, aunque legalmente las agencias pueden adoptar la decisión de suspensión sin audiencia, suele ser habitual notificar a la empresa afectada una "pre-Notice of Suspension" para que ésta, en el plazo de treinta días, pueda formular su oposición. En cualquier caso, la eficacia de la suspensión se inicia con la notificación de aviso de suspensión ("Notice of Suspension") y termina por decisión del SDO estimatoria de las alegaciones de la empresa, cuando el procedimiento es resuelto o, en caso de falta de resolución expresa,

---

http://www.osec.doc.gov/oam/acquistion_management/policy/handbooks/documents/Suspension%20and%20Debarment%20Handbook%20With%20Memo.pdf) designa como SDO único al "Senior Procuremente Officer".

una vez transcurrido el plazo de doce meses a contar desde el inicio de la suspensión o, excepcionalmente, dieciocho si el plazo hubiese sido prorrogado por la fiscalía.

5. *Resolución*

Si, finalmente, el contratista no lograse demostrar su "present responsibility" el SDO deberá imponer una exclusión por un período que, por lo general, no excederá de tres años computándose también, a estos efectos, el período de suspensión (FAR 9.406-4). A estos efectos, el SDO deberá tener en cuenta, de acuerdo con la sección 9.406-1 FAR, diversos factores como la existencia de códigos de conducta o sistemas de control interno adecuados con carácter previo al inicio de las investigaciones, si el contratista colaboró con la investigación oficial o si desarrolló una propia, si ha satisfecho –o se ha ofrecido a hacerlo– las responsabilidades de cualquier naturaleza en que haya podido incurrir, si ha sancionado adecuadamente a las personas responsables, si ha puesto en marcha medidas correctoras y si, en fin, si ha reconocido la gravedad de la infracción y ha dispuesto mecanismos para evitar la reincidencia.

Una vez impuesta, el período de exclusión podrá ser ampliado si así lo aconsejase la protección de los intereses del gobierno, siguiéndose en cualquier caso el procedimiento establecido para la exclusión inicial. También podrá ser reducido, a solicitud del contratista cuando, entre otras razones, aparezcan nuevas pruebas.

La decisión se adoptará de forma motivada y será notificada a la empresa afectada. Asimismo, las decisiones de exclusión deben ser publicadas en el "Excluded Parties List System" (EPLS) y en el "Federal Awardee Performance and Integrity Information" System (FAPIIS) que, además de las suspensiones y exclusiones, publica también otros datos relativos a la responsabilidad actual de las empresas como los contratos que han ejecutado de forma satisfactoria, los que han terminado de forma anormal, si la empresa ha sido objeto de acusación o condena, etc.

La discrecionalidad de los SDO y flexibilidad procedimental, criticada por algunos autores, favorecen ambas la negociación entre las partes y la terminación convencional del procedimiento a través de los denominados "administrative agreements" que implican, por lo general, la adopción de "compliance programs" y el establecimiento de medidas de seguimiento de su cumplimiento. Los componentes básicos de estos programas de *compliance*, de acuerdo con los criterios utilizados por la administración federal, son "Oversight by high-level personnel; Due Care in delegating substantial discretionary authority; Effective Communication to all levels of employees; Reasonable steps to achieve compliance [including] systems for monitoring, auditing, and reporting suspected wrongdoing without fear of reprisal; Consistent enforcement of compliance standards including disciplinary mechanisms; [and] Reasonable steps to respond to and prevent further similar offenses upon detection of a violation"[43].

---

[43] *Cfr.*, Harutyunyan, *cit.* p. 455.

En cualquier caso, los órganos de las agencias suelen ajustar sus decisiones a las "Sentencing Guidelines" establecidas por la justicia penal federal[44] y, por lo demás, coincidentes con los criterios establecidos en la FAR.

6. *Efectos*

Con carácter general, las decisiones de exclusión adoptadas por una agencia se extienden al conjunto del ejecutivo federal, a no ser que la resolución indique expresamente lo contrario.

También por defecto, la exclusión se extenderá a todos los departamentos y divisiones de la empresa afectada. Para alcanzar a las empresas filiales o vinculadas, la decisión deberá especificarlo expresamente.

7. *Recursos*

La decisión de exclusión adoptada por una agencia federal puede ser impugnada, de acuerdo con la "Administrative Procedure Act" (APA) ante los tribunales federales de distrito que, normalmente, sólo estimarán el recurso si la decisión fuese arbitraria, caprichosa o infringiese alguna norma imperativa. Por el contrario, si del expediente resulta una conexión racional entre los hechos probados y la decisión y si para adoptarla se han seguido los procedimientos regulados en la FAR, el recurso será desestimado.

8. *Rescisión de contratos ya celebrados*

La subparte 3.7 FAR establece un procedimiento específico para declarar nulos y rescindir los contratos ya celebrados cuando, por medio de "final conviction"[45], se declare la existencia de cohecho, conflicto de intereses, tráfico de intereses[46] o alguna conducta similar[47] o, en segundo lugar, la dirección de la agencia haya determi-

---

44 *Vid.* Majtan, "Risk ...", *cit.* p. 547: "The Sentencing Guidelines operate under four principles: (1) the court must order the organization to remedy any harm caused by the offense; (2) if the organization operated primarily for a criminal purpose, the fine should be set sufficiently high to divest the organization of all its assets; (3) if the organization operated for other than criminal purposes, the fine range should be based on the seriousness of the offense and the culpability of the organization; and (4) the organization will be subject to probation when needed to fully implement another sanction or to reduce the likelihood of future violations. The federal judges who sentence corporations have been affected by corporate self-cleaning pursuant to the Sentencing Guidelines. After determining that an organization must pay a fine, the court may reduce the punishment when (1) at the time of the offense, the organization had in place an effective compliance program to prevent and detect internal violations; or (2) the organization self-reported, cooperated in the investigation, and accepted responsibility for the wrongdoing".

45 Por "final conviction" debe entender, de acuerdo con la sección 3.702 FAR, no sólo una sentencia firme sino también un acuerdo de culpabilidad o de *nolo contendere*.

46 Traduciendo por tal "disclosure or receipt of contractor bid or proposal information or source selection information in exchange for a thing of value or to give anyone a competitive advantage in the award of a Federal agency procurement contract" (3.700 a.1 FAR).

47 "Or similar misconduct".

nado la existencia de alguna conducta indebida de la que hay derivado ventaja competitiva para el contratista en la adjudicación de un contrato federal. A diferencia de los procedimientos de suspensión y exclusión, en este caso la competencia para rescindir estos contratos corresponde a la persona que dirija la agencia ("agency head")[48]

IV. EL SISTEMA DE EXCLUSIÓN DE CONTRATISTAS DEL BANCO MUNDIAL

El sistema de sanciones del Banco Mundial fue establecido en 1996, coincidiendo con el creciente interés de la institución por la prevención y la lucha contra la corrupción y, en general por la denominada "gobernanza". El punto de inflexión suele situarse en el discurso pronunciado el 1 de octubre de 1996 por el presidente de la institución, el estadounidense Wolfenshon, ante el Consejo de Gobernadores en la reunión anual del Banco Mundial y el FMI y en el que se refirió al "cáncer de la corrupción"[49]. En la estela de las reformas ensayadas en los Estados procedentes de la extinta URSS y de Europa del Este, esta preocupación por la corrupción y la denominada gobernanza supuso que el BM rompiese con la prohibición de inmiscuirse en la política interna de los Estados prestatarios inscrita en sus textos fundacionales. Y a ella responde, precisamente, la aprobación del sistema de sanciones por medio de un memorándum operativo a finales de 1996 y la adición en diciembre de 1997 de una nueva cláusula a las Condiciones Generales aplicables a los préstamos del BM que permite cancelar la financiación a contratos afectados por actos de corrupción[50], como parte de la de denominada Estrategia contra la Corrupción y la Gobernanza (GAC, por sus siglas inglesas).

Desde entonces, el sistema de sanciones ha sido objeto de diversas reformas:

- En 2001 se crea el departamento de Integridad (INT), encargado de investigar las alegaciones de fraude y corrupción en los proyectos financiados por el BM, a fin de presentar sus conclusiones al Comité de Sanciones.

---

48 *Cfr.*, sección 3.705.e FAR.

49 *Vid.* Castellano, "Suspensions, Debarments, and Sanctions: a Comparative Guide to United States and World Bank Exclusion Mechanisms", *Public Contract Law Journal*, 45, 2016, p. 500 y Leroy y Fariello, *The World Bank Group Sanctions Process and its recent Reforms*, The World Bank, Washington DC, 2012, p. 9.

50 La comisión de actos de corrupción o fraude es causa de suspensión o cancelación de los préstamos concedidos por el BM, de acuerdo con lo dispuesto en las secciones 7.02 y 7.03 del *IBRD General Conditions for Loans* (accesible en https://policies.worldbank.org/sites/ppf3/PPFDocuments/Forms/DispPage.aspx?docid=2198). En ambos supuestos, suspensión y cancelación, la cláusula es idéntica: "Fraud and Corruption. At any time, the Bank determines, with respect to any amount of the proceeds of the Loan, that corrupt, fraudulent, collusive or coercive practices were engaged in by representatives of the Guarantor or the Borrower or the Project Implementing Entity (or other recipient of the proceeds of the Loan) without the Guarantor, the Borrower or the Project Implementing Entity (or other recipient of the proceeds of the Loan) having taken timely and appropriate action satisfactory to the Bank to address such practices when they occur".

- En 2004 se estableció el actual procedimiento sancionador en dos instancias, con la introducción de una primera instancia responsabilidad de los órganos de evaluación y suspensión (SDO) y la sustitución del anterior Sanctions Commitee por una Sanctions Board (aunque la traducción española pueda mantenerse como "Comité de Sanciones") integrada por una mayoría de miembros externos. Esta reforma de 2004 diversificó las sanciones a imponer, fijando la exclusión por un período definido o indefinido (con posibilidad de remisión) como sanción "base".

- En 2006 el sistema sancionador del BM se expandió más allá de la contratación pública para incluir en su ámbito de aplicación conductas de fraude y corrupción que afecten a cualquier acción o proyecto financiado por el BM. Se tipifica también como nueva infracción punible la "práctica obstructiva".

- En 2007 se eleva el rango del departamento de integridad –al nivel de vicepresidencia– y, con efectos desde 2009, se asigna la presidencia del Comité de Sanciones a uno de sus miembros externos.

- En la actualidad, el sistema se halla regulado en diferentes normas como las Guías de Contratación para los proyectos financiados por el BM (2010), el Procedimiento para la imposición de sanciones y la celebración de acuerdos (2016), la Directiva para la imposición de sanciones en casos de corrupción y fraude en los proyectos financiados por el BM (2016) o el documento "Sanciones en casos de corrupción y fraude" (2016).

1. *Naturaleza y fin de la exclusión*

El sistema de exclusión del Banco Mundial, de naturaleza sancionadora, tiene como finalidad exclusiva eliminar o mitigar el daño que la corrupción provoca para la reputación del Banco Mundial y para la efectividad de su misión. En este sentido, pues, se puede apuntar una diferencia sustancial entre este sistema y los establecidos en la UE y los EUA: la exclusión, en el marco del BM, es un instrumento de lucha contra la corrupción, no un instrumento de carácter contractual que, además de garantizar los objetivos primordiales de esta política pública, trate de eliminar los riesgos de corrupción en ese ámbito[51].

En este sentido, el mencionado documento de 2016 sobre sanciones por corrupción y fraude expone con claridad los objetivos que el sistema persigue:

> "1. The objectives of the Sanctions System are to help protect the integrity of World Bank Group (WBG) operations and ensure that the proceeds of WBG financing are used only for the purposes intended.
>
> 2. Sanctions serve to create both negative incentives to discourage the sanctioned party and others from engaging in future Sanctionable Practices and positive incentives to encourage prevention, remediation and rehabilitation. Possible sanctions include debarment, which contributes to the objectives set forth in paragraph 1 above by excluding parties that have engaged in Sanctionable Practices or are responsible therefor from access to WBG financing, including support through guarantees.

[51] En este sentido reflexiona Yukins, "Cross-Debarment: a Stakeholder Analysis", *The George Washington International Review*, vol. 45, 2013, p. 226.

3. Sanctions are intended to deter but not to punish. Sanctions are not intended to replace criminal, civil or administrative measures by national authorities or other forms of legal recourse or remedy.

4. All decisions and actions taken by the officers and representatives of the Sanctions System regarding the presentation and the adjudication of allegations of Sanctionable Practices, and imposition of Sanctions therefor, are guided by the foregoing objectives".

La naturaleza punitiva del sistema se reafirma por la negativa expresa del BM a adoptar un sistema de "present responsability" similar al de la APA estadounidense. La negativa se justifica porque tal adopción afectaría negativamente a la finalidad disuasoria y de prevención general que el BM asigna a su sistema de sanciones[52]. De ahí resulta también el carácter reglado del sistema por lo que a la decisión de sancionar se refiere adoptándose, por defecto, la sanción de exclusión condicional (con posibilidad de remisión).

2. *Motivos*

De acuerdo con las "Regulaciones de Adquisiciones para Prestatarios en Proyectos de Inversión" del BM, los prestatarios y los demás sujetos que intervengan en la ejecución de proyectos financiados por esa institución han de observar "los más altos niveles éticos durante el proceso de adquisición, selección y ejecución del contratos que financie" y abstenerse "de cometer actos de fraude y corrupción". A esos efectos, las mencionadas "Regulaciones" definen como "práctica corrupta" el "ofrecimiento, entrega, aceptación o solicitud directa o indirecta de cualquier cosa de valor con el fin de influir indebidamente en el accionar de otra parte". Es decir, la corrupción se equipará, en línea con la FCPA y la Convención de la OCDE, con el cohecho activo y pasivo[53].

---

52 "Moreover, the introduction of an explicit 'present responsibility' concept would have had potentially far-reaching implications, in particular for the use of sanctions for purposes of general deterrence. The Bank Group's sanctions regime has the dual purpose of protecting Bank Group funds and also promoting both specific and general deterrence. It is in order to promote general deterrence that even firms that are unlikely to pose a present fiduciary risk to Bank operations may sometimes be sanctioned, albeit with signify cant mitigating factors pertaining. It would be difficult, if not to say impossible, to justify this approach under a strict 'present responsibility' concept, which focuses exclusively on the Respondent. Finally, although it would be possible to mitigate the risk through appropriate disclaimers, the Bank Group would have faced increased reputational risk if it decided to reinstate a firm that subsequently engages in a sanctionable practice; reinstatement could be seen as providing a firm with a Bank Group 'seal of approval" (*cfr.*, *The World Bank Group Sanctions ...*, *cit.*, p. 15).

53 En el bien entendido de que la indicada no es la única infracción sancionada con la exclusión. Junto a ella se tipifican también las denominadas prácticas fraudulentas, colusorias, coercitivas y obstructivas.

Junto con la corrupción, el sistema de sanciones del BM tipifica como infracciones también las prácticas fraudulentas[54], colusorias[55], coercitivas[56] así como también las obstructivas[57].

3. *Órganos competentes*

El sistema de sanciones del BM combina una investigación centralizada en la Vicepresidencia de Integridad (INT), dotada de poderes discrecionales en los términos que luego se detallarán, con competencias sancionadoras descentralizadas –y regladas– en los órganos de Evaluación y Suspensión (SDO, en sus siglas inglesas). Por su parte, la Comisión de Sanciones (*Sanctions Board*) conoce de los recursos formulados contra las resoluciones sancionadoras adoptadas por los órganos de Evaluación y Suspensión[58].

---

54 Definidas como "any act or omission, including a misrepresentation, that knowingly or recklessly misleads, or attempts to mislead, a party to obtain a financial or other benefit or to avoid an obligation".

55 Entendiendo por tales "an arrangement between two or more parties designed to achieve an improper purpose, including to influence improperly the actions of another party", considerando como "partes", a estos efectos, cualquier sujeto que intervenga en el procedimiento de contratación, incluidos los agentes públicos.

56 Considerándose tales "impairing or harming, or threatening to impair or harm, directly or indirectly, any party or the property of the party to influence improperly the actions of a party".

57 Definidas como "deliberately destroying, falsifying, altering or concealing of evidence material to the investigation or making false statements to investigators in order to materially impede a Bank investigation into allegations of a corrupt, fraudulent, coercive or collusive practice; and/or threatening, harassing or intimidating any party to prevent it from disclosing its knowledge of matters relevant to the investigation or from pursuing the investigation" o también como aquellos actos "intended to materially impede the exercise of the Bank's inspection and audit rights".

58 La Directiva sobre sanción de corrupción y fraude en proyectos financiados por el BM, aprobada por el Consejo General en 2016 detalla las competencias respectivas de estos órganos:

"INT, SDO and the Sanctions Board are responsible for the implementation of the Sanctions Framework, and LEG and the SAC facilitate and monitor its implementation, respectively. In the context of the Sanctions System, their roles are determined as follows:

INT.

INT is tasked with:

i. investigating Sanctionable Practices in Bank Financed Projects;

a. initiating and participating in the sanctions proceedings; and

b. conducting settlement negotiations and entering into settlement agreements with Respondents.

If the SDO or the Sanctions Board imposes a debarment with conditional release (or conditional non-debarment), INT, through the ICO: notifies the sanctioned party of the details relating to any imposed conditions and the procedures to be followed when seeking release from sanction;

a. evaluates and assesses the sanctioned party's current integrity compliance program (if any);

4. *Procedimiento*

En 2016, el Consejo General del BM aclaró el procedimiento de investigación, imposición de sanciones y celebración de acuerdos en casos de corrupción y fraude[59]. De acuerdo con estas instrucciones, la sanción de las conductas corruptas y fraudulentas se estructura en dos partes bien diferenciadas: la investigación, conducida por la INT y el procedimiento de sanción, organizado en dos instancias, la primera responsabilidad de los SDO y, la segunda, de la denominada Comisión de Sanciones (Sanctions Board).

A. *Investigación y Suspensión Temporal*

A la vista de las denuncias e indicios disponibles[60], la INT puede decidir iniciar una investigación preliminar. Si en el curso de esta investigación la INT considera que existen indicios suficientes de que el acusado (respondent) ha participado en una conducta sancionable, debe presentar al SDO una solicitud de suspensión motivada que, además, debe indicar la duración estimada de la investigación que, en cualquier caso, no puede ser superior a un año.

Si a la vista de la solicitud, el SDO considera que existe prueba o evidencia suficiente de la existencia de infracción, dictará una resolución de suspensión temporal ("Notice of Temporary Suspension") que privará al afectado del derecho a contratar por un período inicial de seis meses, prorrogable por otro plazo de igual duración a petición de la INT.

---

b. monitors compliance by the sanctioned party with the specified conditions during the period of debarment; and

c. determines, upon the request of the sanctioned party whether the conditions have been satisfied at the end of the sanction period.

SDO

ii. The SDO conducts an initial review of sanctions cases to allow for their early disposition without the necessity of full sanctions proceedings in every case. Specifically:

a. The SDO evaluates each case in the first instance, imposes temporary suspensions, taking into account the Respondent's views, and otherwise carries out the duties ascribed to the SDO in the Sanctions Procedures and the Internal Arrangements.

b. The SDO monitors compliance with the procedures and requirements set forth in the relevant provisions of the Sanctions Procedures and the Internal Arrangements, including all applicable time limitations and requirements of confidentiality.

Sanctions Board
The Sanction Board's role, composition, competence and responsibilities are set out in in the Sanctions Board Policy".

59 Se trata de los documentos *Sanctions for Fraud and Corruption* de 13 de junio de 2016 y de *Sanctions Proceedings and Settlements in Bank Financed Projects* de 28 de junio de 2016, ambos accesibles en la página del BM (www.worldbank.org).

60 Que pueden proceder de fuentes diversas, entre las que destacan las denuncias realizadas en el marco de los programas de comunicación voluntaria (Voluntary Disclosure Program, VPD) realizadas por los sujetos implicados en las conductas denunciadas que, de este modo, quedan exentos de sanción. En cualquier caso, debe tenerse en cuenta que el VPD sólo puede activarse antes del inicio de una investigación.

En el plazo de treinta días a contar desde la notificación de la suspensión temporal, el acusado puede alegar por escrito las razones que, a su juicio, se opongan a la suspensión temporal (Preliminary Explanation). En otros treinta días, el SDO resolverá si revocar la suspensión temporal –por la existencia de un error manifiesto o por la insuficiencia de los indicios presentados por el INT– o confirmarla. El SDO podrá poner fin a la suspensión temporal en cualquier momento si, a la vista de la información de que disponga, determina que la resolución de suspensión está viciada por un error manifiesto o carece de fundamentación[61].

En todo caso, si la INT no formula una acusación fundada (Statement of Accusation and Evidence) antes de la finalización del período de suspensión temporal, ésta se extinguirá de forma automática. Si, por el contrario, dicha acusación fuese formulada iniciándose de este modo el procedimiento sancionador, la suspensión se extenderá hasta la resolución o terminación del mismo.

B. *Procedimiento Sancionador en Primera Instancia*

Concluida la investigación, si considera que existen evidencias suficientes para sostener la existencia de una conducta sancionable, la INT remitirá un escrito de acusación al SDO, que éste deberá trasladar al acusado. Esta acusación deberá hacer referencia a las infracciones objeto de la acusación, la determinación del acusado así como de sus empresas filiales así como una descripción de los hechos y una relación de las pruebas disponibles, incluidas aquéllas que puedan exculpar o reducir la responsabilidad del acusado. El escrito de acusación debe también recomendar la sanción a imponer. Si ésta consistiese en exclusión de duración superior a seis meses, el acusado será suspendido temporalmente hasta la finalización del procedimiento.

En todo caso, no pueden ser objeto de sanción las infracciones relacionadas con contratos cuya ejecución haya sido completada más de diez años antes de la fecha recepción del escrito de acusación.

En el plazo de treinta días a contar desde la recepción de la acusación, el acusado puede formular una oposición escrita ("Explanation") ante el SDO en la que se concreten razones y elementos probatorios. El SDO deberá decidir, en el mismo plazo de treinta días, si mantiene o no la suspensión temporal. De hacerlo, ésta debe ser comunicada a las demás entidades del grupo BM[62] al tiempo que se comunica al acusado, a la INT y a la presidencia de la Comisión de Sanciones y se publica en la web del BM.

---

61 De acuerdo con el punto 2.04 del Procedimiento para la adopción de Sanciones y Acuerdos, "INT shall present to the Evaluation Officer SDO any exculpatory evidence that comes to light in the course of its investigation that bears upon the basis of the temporary suspension. The SDO shall promptly notify the Respondent, the Chair of the Sanctions Board and the Integrity Vice President of such termination and the reasons therefor".

62 Es decir, el MIGA (acrónimo de Multilateral Investment Guarantee Agency), el IFC (International Finance Corporation), Bank Guarantee Projects y Carbon Bank Finance Projects.

Si, por el contrario, el procedimiento fuese archivado como consecuencia de las alegaciones del acusado, la INT puede formular un nuevo escrito de acusación fundado en razones y evidencias no contenidas en el original.

Si el acusado no formula oposición en el plazo de noventa días, la sanción recomendada se hará efectiva de forma inmediata.

C. *Acuerdos*

En cualquier momento anterior a la terminación del procedimiento sancionador en primera instancia, la INT conjuntamente con todas o algunas de los acusados pueden solicitar al SDO una suspensión del procedimiento para la negociación de un acuerdo. El plazo inicial de negociación, sesenta días, puede ser ampliado hasta un máximo de noventa.

Además, con independencia de que la suspensión haya sido o no solicitada y en todo caso antes de que la Comisión de Sanciones dicte resolución, la INT y todas o alguna de las partes acusadas pueden remitir al SDO un acuerdo firmado, acompañado de la declaración de que las partes han actuado de forma plenamente voluntaria y no sujetos a coacción alguna. Esta remisión suspende de forma automática el procedimiento.

En la práctica del BM se contemplan dos tipos distintos de acuerdos: los definitivos, en los que la empresa interesada y la INT someten conjuntamente un proyecto de acuerdo al SDO, y el diferido ("deferred") en los cuales la empresa y la INT solicitan al SDO la suspensión del procedimiento para la negociación de un acuerdo.

Si el SDO confirma que el acuerdo no viola las normas y orientaciones relativas a la imposición y gradación de las sanciones, este órgano impondrá las sanciones acordadas, terminando de este modo el procedimiento en la fecha indicada en el acuerdo. Las sanciones impuestas a través de estos acuerdos también estarán sujetas al sistema de reconocimiento mutuo establecido en el Acuerdo de 2010.

D. *Procedimiento en segunda instancia.*

En el plazo de noventa días a contar desde la recepción de la acusación, el acusado puede recurrir ante la Comisión de Sanciones ("Response"). El recurso será comunicado a la INT para que en el plazo de treinta días formule su respuesta. Transcurrido estos plazos, de forma discrecional, la Comisión de Sanciones puede admitir nuevas pruebas o nuevas informaciones que, en todo caso, deben ser trasladados a la otra parte para formular sus alegaciones.

A petición de alguna de las parte o por decisión de la Comisión, puede celebrarse una vista confidencial.

Son válidos todos los medios de prueba admitidos en derecho[63] que serán libremente valorados por el SDO o la Comisión de Sanciones. La limitación de las

[63] A excepción de la testifical, ya que de acuerdo con la sección 6.03.b.iv del Procedimiento de Sanciones "No live witness testimony shall be taken, except that one or more witnesses may be called and questioned by members of the Sanctions Board only".

posibilidades de los acusados de acceder a documentos o informaciones en posesión del BM supone una restricción importante de sus posibilidades de defensa[64].

Finalmente, la Comisión de Sanciones resolverá por escrito de forma motivada absolviendo o imponiendo al acusado una sanción que puede consistir, de más leve a más grave, en una amonestación, en una no exclusión condicional, en una exclusión por un período determinado o indefinida o en una exclusión sujeta a remisión. En todo caso, el sancionado deberá restituir los fondos a los que haya accedido indebidamente.

5. *Sanciones*

La concreción de la sanción dependerá de elementos tales como la gravedad de la infracción, la entidad del daño provocado, la colaboración o interferencia en la investigación, los antecedentes del acusado, la concurrencia de circunstancias atenuantes o el período ya cumplido de suspensión temporal[65].

Cuando la sanción impuesta conlleve la adopción de medidas preventivas o correctivas ("Compliance"), un funcionario del BM (denominado "Integrity Compliance Officer" o ICO) contactará con el sujeto sancionado para orientarlo e indicarle las medidas a adoptar. Este funcionario tiene el poder de supervisar el cumplimiento de las medidas impuestas. Asimismo, cuando la sanción impuesta consista en una no exclusión condicionada o en una exclusión con remisión, la parte sancionada debe remitir al BM una solicitud justificativa del cumplimiento de las medidas impuestas. En el plazo de treinta días a contar de la recepción de esta solicitud, el ICO deberá dictar su resolución, que el interesado podrá recurrir en el plazo de treinta días ante la Comisión de Sanciones que deberá resolverla en el plazo máximo de noventa días, previo informe del ICO.

Sobre el alcance subjetivo de la sanción impuesta, las normas de procedimiento del BM reconocen al SDO o a la Comisión de Sanciones la posibilidad de limitar su alcance a sólo algunas unidades o divisiones de la empresa. En los mismos términos, se prevé la extensión de la sanción a las empresas filiales o vinculadas.

En virtud del acuerdo celebrado en 2010 entre diversos bancos multilaterales de desarrollo[66], las decisiones de exclusión de licitadores de duración superior a un año adoptada por cualquiera de las partes del acuerdo deben ser reconocidas por las de-

---

64 "Except as expressly provided for in this Procedure, the Respondent shall have no right to review or obtain any information or documents in the Bank's possession" (sección 7.03).

65 Los criterios para la determinación de las sanciones se especifican en el *World Bank Sanctioning Guidelines* (accesible en http://siteresources.worldbank.org/EXTOFFEVASUS/Resources/WorldBankSanctioningGuidelines.pdf).

66 El Banco Africano de Desarrollo (BAfD), el Banco Asiático de Desarrollo (BAsD), el Banco Europeo de Reconstrucción y Desarrollo (BERD), el Banco Europeo de Inversiones (BEI), el Banco Interamericano de Desarollo (BIAD), el Banco Internacional de Reconstrucción y Desarrollo (BIRD) y el FMI.

más, salvo que concurran circunstancias excepcionales de naturaleza legal o institucional[67].

6. *Publicidad*

El BM debe publicar la identidad de las empresas sancionadas así como las sanciones impuestas, el texto completo de las resoluciones y una selección de los pronunciamientos más significativos. Este principio general de transparencia puede limitarse, sin embargo, cuando se trate de información sensible en los términos de la sección 5.04[68].

V. CONCLUSIÓN: ¿HACIA UNA CONVERGENCIA DE LOS SISTEMAS DE EXCLUSIÓN DE CONTRATISTAS?

Sin embargo, las diferencias entre los tres sistemas tienden a difuminarse al punto de que, en el proceso de creación de un modelo mundial de contratación pública[69], pueden advertirse ciertas líneas de convergencia. No se trata sólo de subrayar cómo la internacionalización del derecho de la contratación pública por medio de normas y acuerdos internacionales, en especial los de liberalización comercial suelen incluir mecanismos específicos de prevención y sanción de la corrupción en este ámbito[70] o la presión creciente, en especial la ejercida por el BM, hacia el reconocimiento mutuo de las resoluciones de exclusión[71]. La consolidación de espacios globales de discusión académica y de producción normativa explican algunos de estos fenómenos de convergencia de los que se destacará la extensión de los mecanismos de "self-cleaning" o autocorrección (y, en relación con ellos, la tendencia al acuerdo como forma de terminación de unos procedimientos de exclusión que, por lo demás, tienden a una creciente formalización).

En un trabajo publicado en 2007, LAMBSDORFF y NELL abogaban, partiendo de un análisis económico de la eficacia y del carácter disuasorio de las sanciones, por un sistema de sanciones asimétrico y por instrumentos de clemencia ex ante, concluyendo que un sistema tal habría de reducir la frecuencia y la reincidencia de

---

67 Tal sería el caso, por ejemplo, de la no extensión de la exclusión a una empresa que se haya acogido a un Voluntary Disclosure Programm (VPD) o haya celebrado un acuerdo con el BM.

68 Aquélla cuya revelación pueda poner en peligro la vida, la seguridad, la salud o el bienestar de una persona o constituya una violación de algún compromiso asumido en el marco de un VDP.

69 *Vid.* Georgopoulos, Hoekman y Mavroidis (eds.), *The internationalization of government procurement regulation*, Oxford University Press, Oxford, 2017.

70 Pues, al cabo, la existencia –en la norma escrita o en la práctica– de modelos divergentes de lucha contra la corrupción en el ámbito de la contratación pública puede constituir una barrera al comercio. *Vid.* Cox, "Should the Unites States incorporate the Procurement Integrity Act into its Free Trade Agreements? A look at the Australian-United States Free Trade Agreement", *Southwestern Journal of International Law*, 17, 2011 y Aymerich Cano, "La contratación pública en el TTIP", *RVAP* 117, 2017.

71 *Vid.* Yukins, "Cross Debarment ...", *cit.*

las infracciones relacionadas con la corrupción[72]. De hecho, en paralelo a la generalización del reconocimiento de la responsabilidad penal de las personas jurídicas, la legislación penal estableció la autocorrección como elemento atenuante o, incluso, eximente de la responsabilidad penal de estas entidades[73].

Ciertamente, estos mecanismos de autocorrección o *self-cleaning* se inspiran en los programas de *leniency* o clemencia previstos en la legislación de defensa de la competencia. Esta proximidad, sin embargo, no debe ocultar la existencia de importantes diferencias entre ambos: a clemencia en el ámbito de defensa de la competencia se fundamenta en la dificultad de descubrir la existencia de pactos o acuerdos anticompetitivos que son, por definición, secretos. Se trata, en definitiva, de facilitar la persecución de conductas prohibidas reduciendo o eliminando la responsabilidad de alguno de los sujetos que en ellas participaron, no de dejar las conductas sin sanción alguna[74]. En el ámbito de la contratación pública, éste es el sentido de instrumentos como el *Voluntary Disclosure Programm* (VPD), aún vigente en el sistema del BM que sólo permite evitar la exclusión si la empresa comunica la existencia de una infracción antes del inicio de una investigación formal por parte de la institución[75]. Pero en el caso de la autocorrección o *self-cleaning* regulada en las Directivas europeas de 2014, la aplicación de la eximente no se condiciona, sin embargo, a que se pongan en conocimiento de las autoridades competentes infracciones que éstas no conocían. Todo lo contrario: las nuevas Directivas dejan claro que el mo-

---

72 *Cfr.*, *Fighting Corruption with Asymmetric Sanctions and Leniency*, Georg August Universität Götingen – Center for Globalization and Europeanisation of Economy, 2007 (accesible en http://www.icgg.org/downloads/59_Lambsdorff%20and%20Nell.pdf). Para estos autores, en efecto, "Asymmetric sanctions and leniency are not contrary to the respective laws' subject of protection. Neither is there a conflict with the objective of general deterrence. In fact, asymmetry and ex-ante leniency might unleash higher deterrent effects of anti-corruption laws, if deterrence is understood in the broader sense of reducing potential perpetrators' willingness to participate in illegal acts. Thus, in order to clamp down more vigorously on corruption, legislators should seriously consider the benefits of asymmetric sanctions and leniency in their (re-) formulation of the respective anti-corruption laws".

73 En este sentido, tras la reforma de marzo de 2015, el CP español contempla la existencia de programas de compliance como circunstancia eximente de la responsabilidad penal de las personas jurídicas. *Vid.* AYMERICH CANO, "Corrupción y contratación pública: análisis de las nuevas Directivas europeas de contratos y concesiones públicas", en *Revista Aragonesa de Administración Pública*, 45-46, 2015.

74 En palabras del organismo español de defensa de la competencia, "el programa de clemencia tiene por objeto facilitar la detección de cárteles o avanzar en la investigación de aquéllos ya detectados, apoyando la actividad investigadora de la CNC y su capacidad para acreditar, de acuerdo con el nivel de prueba requerido legalmente, los hechos y conductas investigados" (*cfr.*, *Comunicación sobre el programa de clemencia*, 2013, accesible en https://www.cnmc.es/ambitos-de-actuacion/competencia/programa-de-clemencia). En el mismo sentido el art. 62.4 de la Ley 39/2015, de Procedimiento Administrativo Común de las Administraciones Públicas.

75 Explica MAJTAN ("Risk ...", *cit.*) que este sistema fue importado desde el ordenamiento federal estadounidense, en concreto de un programa similar instaurado en el seno del Departamento de Defensa (DOD) en 1986 y abandonado por su falta de efectividad en 2007 al ser sustituido por la obligación de comunicar la existencia de cualquier infracción.

mento para solicitar la no aplicación de la exclusión se produce después de iniciado el procedimiento de exclusión.

Por otra parte, el *self-cleaning* previsto en las Directivas europeas difiere de forma sustancial de mecanismos similares previstos en los sistemas del BM y de los EUA. En estos, como ya se ha apuntado, los sistemas de denuncia sólo pueden activarse antes del inicio de la investigación formal, nunca después. Y sólo en este caso se mantiene la confidencialidad, tal y como sucede en el ámbito de la defensa de la competencia. Además, en el sistema del VDP del BM, el quebrantamiento de las condiciones impuestas supone, de forma automática e irremisible, la aplicación de una sanción de exclusión de diez años de duración. En principio, las Directivas comunitarias no contienen previsión alguna relativa a la reincidencia en la comisión de infracciones por parte de empresas que ya se hayan beneficiado de algún programa de self-cleaning[76], de tal modo que como en la exhortación evangélica, las empresas podrían ser perdonadas hasta setenta veces siete (o más) veces, a pesar de que la reincidencia demuestre, en la práctica, la ineficacia de los programas de compliance adoptados.

Las razones de estas divergencias obedecen a que, de acuerdo con la propuesta de ARROWSMITH, PRIESS y FRITON[77], asumida en sus caracteres fundamentales por el legislador comunitario, este *self-cleaning* constituye un verdadero derecho subjetivo de los operadores económicos derivados de las libertades comunitarias libre circulación de mercancías y prestación de servicios, igualdad de trato y proporcionalidad que posibilita, además, conciliar las exigencias del combate contra la corrupción con las de la promoción de la concurrencia, al no limitar el número de licitadores o candidatos a la adjudicación de contratos públicos. Esta limitación ab initio de la discrecionalidad de los poderes adjudicadores (o de cualquier otra autoridad que resulte competente) se compensa con el establecimiento de condiciones obligatorias y que, en principio, parecen más exigentes que las establecidas en otros ordenamientos. En efecto, de acuerdo con el art. 57.6 DCP, "el operador económico deberá demostrar que ha pagado o se ha comprometido a pagar la indemnización correspondiente por cualquier daño causado por la infracción penal o la falta, que ha aclarado los hechos y circunstancias de manera exhaustiva colaborando activamente con las autoridades investigadoras y que ha adoptado medidas técnicas, organizativas y de personal concretas, apropiadas para evitar nuevas infracciones penales o faltas".

Como quiera que alguno de estos requisitos, –plenamente coincidentes con los propuestos por Arrowsmith, Priess y Friton– son considerados excesivos[78], algunas

---

76 Tampoco se introduce previsión alguna al respecto en el proyecto de ley español de transposición de la DCP.

77 *Cfr.*, ARROWSMITH, PRIESS y PUNDER (eds.), *Self-Cleaning in Public Procurement Law*, Heymann, 2009. Vid. también el trabajo de ARROWSMITH, PRIESS y FRITON, "Self-Cleaning as a Defence to Exclusions for Misconduct – An Emerging Concept in EC Public Procurement Law? *PPLR* 18, 2009, p. 257 y ss.

78 Sánchez Graells considera que exigir la indemnización de los daños causados por la infracción puede hacer que los programas de clemencia carezcan del atractivo suficiente, en especial cuando la causa de exclusión consista en alguna infracción de las normas de defensa de la

normas de transposición, así sucede en el caso del proyecto español de nueva LCSP, se apresuran a limitar el ámbito de los daños indemnizables a aquéllos que resulten fijados "por sentencia o resolución administrativa de las que derive la causa de prohibición de contratar, siempre y cuando las citadas personas hayan sido declaradas responsables del pago de la misma en la citada sentencia o resolución"[79]. Al menos en el ordenamiento español, por lo demás, este tipo de declaraciones resultan extraordinariamente raras[80].

Una lectura más atenta de la DCP y de las normas internas de transposición, sin embargo, revela que el mecanismo de autocorrección en ellas previsto no debe compararse con los sistemas de VDP de los EUA o del BM[81] sino con la posibilidad prevista en ambos de que el procedimiento termine con un acuerdo en virtud del cual se le impongan a la empresa afectada obligaciones de diversa naturaleza, que por lo general incluyen la adopción de programas de *compliance*. Así pues, la aproximación entre los tres sistemas se produciría a través del reconocimiento al órgano competente de una amplia potestad discrecional. Incluso, a partir de la redacción del párrafo primero del art. 57.6 DCP, podría deducirse que el legislador europeo ha acabado por diseñar un sistema que, como el de la FAR estadounidense, pivota sobre el concepto de "responsabilidad presente", ahora denominado "fiabilidad". En efecto, a esta conclusión podría llegarse tras la lectura del inciso que, en el precepto indicado, señala que "Todo operador económico que se encuentre en alguna de las situaciones contempladas en los apartados 1 y 4 podrá presentar pruebas de que las medidas adoptadas por él son suficientes para demostrar su fiabilidad pese a la existencia de un motivo de exclusión pertinente. Si dichas pruebas se consideran suficientes, el operador económico de que se trate no quedará excluido del procedimiento de contratación".

La diferencia, sin embargo, sigue siendo notable pues en el caso de las Directivas europeas la discrecionalidad se halla claramente limitada: la única decisión posible sería la de decidir si el operador es excluido o no y, en este segundo caso, con qué condiciones. No cabría, al menos de acuerdo con el tenor literal del art. 57.6 DCP, dictar resoluciones de exclusión revisables o sujetas a remisión sino que el condicionamiento sólo sería posible en el caso de las resoluciones de no exclusión. En cualquier caso, este obstáculo parece que puede ser salvado por los legisladores estatales que, como sucede en el caso español, prevén expresamente que "la prohibición de contratar (...) podrá ser revisada en cualquier momento de su vigencia,

---

competencia (*cfr.*, "Interesting short paper on public procurement and competition law: Blažo (2015)", entrada de 19 de mayo de 2016 en el blog How to crack a nut, www.howtocrackanut.com).

79 *Vid.* art. 72.5 del Proyecto de Ley de Contratos del Sector Público, informe final de la ponencia del Congreso de los Diputados de 2 de agosto de 2017 (accesible en www.congreso.es).

80 En este sentido, *vid.* Aymerich Cano, *Un problema pendiente: la anulación de contratos administrativos afectados por actos de corrupción*, Arazandi, Cizur Menor, 2015.

81 Programas, por lo demás, de escasa eficacia práctica. *Vid.* Majtan, "Risk ...", *cit.*, p. 469.

cuando la persona que haya sido declarada en situación de prohibición de contratar acredite el cumplimiento de los extremos a que se refiere el párrafo anterior"[82].

Por esta vía, en conclusión, las autoridades de los Estados miembros de la UE, gozarían de una discrecionalidad similar a aquélla que ejercen los SDO de las agencias federales estadounidenses si bien los acuerdos –o, si se prefiere, las resoluciones en las que la exclusión es sustituida por la adopción de un programa de *compliance*– no está previsto, ni en el caso de la DCP europea ni tampoco en el caso del proyecto de ley español de transposición, que se tengan que hacer públicos. Convendría, en este sentido, recordar una de las conclusiones del informe de la OCDE de diciembre de 2014 sobre la aplicación de la Convención auspiciada por esta organización para perseguir penalmente el cohecho de agentes públicos extranjeros en la cual, tras constatar que la mayoría de los procedimientos iniciados terminaron por acuerdo entre las partes, recomendaba que estos acuerdos deberían hacerse públicos[83], consejo que no hay razón alguna para no extender desde el ámbito penal al administrativo.

En definitiva, y a pesar del rigor aparente de las condiciones a que se subordina la aplicación del mecanismo de autocorrección, el sistema resulta más favorable para las empresas infractoras que los establecidos por el BM y la FAR estadounidense. Máxime si se tiene en cuenta que la DCP no contempla ningún sistema efectivo de comunicación entre los diferentes Estados miembros que pueda permitir el reconocimiento mutuo de las resoluciones de exclusión. Y es que, a diferencia de lo dispuesto por el Reglamento 966/2012 para la contratación de las instituciones comunitaria, las Directivas de 2014 no prevén la creación de una base de datos europea en materia de exclusiones para contratar. La DCP se limita a recomendar la cooperación entre los Estados miembros, al establecer que "los Estados miembros se prestarán asistencia recíproca y tomarán medidas para cooperar de forma eficaz entre sí, con el fin de garantizar el intercambio de información sobre las cuestiones mencionadas en los artículos 42, 43, 44, 57, 59, 60, 62, 64 y 69. Deberán garantizar la confidencialidad de la información que intercambie" previsión que, como se puede comprobar, alude directamente a las exclusiones.

BIBLIOGRAFÍA

ANDERSON, W.D., KOVACIC, A.E. y MÜLLER, A.C., *Promoting Competition and Deterring Corruption in Public Procurement Markets: Synergies with Trade*

---

82 Es decir, el pago de las multas e indemnizaciones que se le hayan impuesto y la adopción de medidas técnicas y organizativas tendentes a evitar la comisión de futuras infracciones.

83 "The majority of foreign bribery cases concluded since the entry into force of the OECD Anti-Bribery Convention have been settled. There are many arguments in favour of settlement procedures which appear to be used increasingly, including by countries that were initially reluctant. However, settlement procedures should respect the principles of due process, transparency and consistency. For this reason, the outcome of the settlement should be made public, where appropriate and in conformity with the applicable law, especially the reasons why the settlement was appropriate, the basic facts of the case, the legal or natural persons sanctioned, the sanctions agreed, and the terms of the agreement" (OECD *Foreign Bribery Report. An analysis of the crime of bribery of foreign public officials*, OECD, 2014, p. 34).

Libera-lisation, E15 Expert Group on Competition Policy and the Trade Systrem, febrero de 2016 (http://e15initiative.org/publications/promoting-competition-and-deterring-corruption-in-public-procurement-markets-synergies-with-trade-liberalisation/).

ARROWSMITH, S., PRIESS, H.J., y FRITON, P., "Self-Cleaning as Defence to Exclusion form Misconduct – An Emerging Concept in EC Procurement Law?", *Public Procurement Law Review*, 2009, 18.

AYMERICH CANO, C. "La contratación pública en el TTIP", *Revista Vasca de Administración Pública*, 117, 2017.

________________. *Un problema pendiente: la anulación de los contratos administrativos afectados por actos de corrupción*, Aranzadi, Cizur Menor, 2015.

________________. "Corrupción y contratación pública: análisis de las nuevas Directivas europeas de contratos y concesiones públicas", *Revista Aragonesa de Administración Pública*, 45-46, 2015.

CASTELLANO, N.E., "Suspensions, Debarments, and Sanctions: a Comparative Guide to United States and World Bank Exclusion Mechanisms", *Public Contract Law Journal*, 45, 2016.

CHANG, H.J., *Kicking away the ladder: Development Strategy in Historical Perspective*, Anthem, London, 2002.

DEMMERS, J., FERNÁNDEZ Jilberto, A.E. y HOGENBOOM, B., *Good Governance in the Era of Global Neoliberalism: Conflict and Depolitization in Latin America, Eastern Europe, Asia and Africa*, Routledge, Londres, 2004.

GEORGOPOULOS, A.C., HOEKMAN, B. y MAVROIDIS, P.C., (eds.), *The internationalization of government procurement regulation*, Oxford University Press, Oxford, 2017.

GONZÁLEZ GARCÍA, J.V., "Globalización Económica, Administraciones Públicas y Derecho Administrativo: presupuestos de una relación", *Revista de Administración Pública* N° 164, 2004.

GORDON, S. y DUVALL, R., "United States: It's time to rethink the Suspension and Debarment Process" (http://www.mondaq.com/unitedstates/x/248174/Government+Contracts+Procurement+PPP/Its+Time+To+Rethink+The+Suspension+And+Debarment+Process)

HALONEN, K.M., "Termination of a public contract: lifting the veil on art. 73 of 2014/24 Directive", *Public Procurement Law Review*, 2017, 4.

HARUTYUNYAN, S., "Risk and expectation in exclusion from public procurement: understanding market access and harmonization between the European Union and the United States", *Public Contract Law Journal* N° 45, 2016.

HJELMENG, E. y SØREIDE, T., "Debarment in public procurement: rationales and realization", en *Integrity and Efficiency in Sustainable Public Contracts*, Racca, G. y Yukins, C.R., (eds.), Bruylant, Bruselas, 2014

HOUGH, D., *Corruption, Anticorruption and Governance*, Palgrave MacMillan, Hampshire, 2013

LAMBSDORF, J. y NELL, M., *Fighting Corruption with Asymmetric Sanctions and Leniency*, Georg August Universität Götingen – Center for Globalization and Europeanisation of Economy, 2007 (accesible en http://www.icgg.org/downloads/59_ Lambsdorff%20and%20Nell.pdf)

LEROY, A.M., y FARIELLO, F., *The World Bank Group Sanctions Process and its recent Reforms*, The World Bank, Washington DC, 2012 (http://siteresources.world bank.org/INTLAWJUSTICE/Resources/SanctionsProcess.pdf).

MAJTAN, R., "The Self-Cleaning Dilemma: Reconciling Competing Objectives of Procurement Processes", *George Washington International Law Review*, 45, 2013

MEDINA ARNÁIZ, T., "Instrumentos jurídicos frente a la corrupción en la contratación pública: perspectiva europea y su incidencia en la legislación española", en *La contratación pública a debate: presente y futuro*, Fernández Acevedo, Rafael y Valcárcel Fernández, Patricia, coord., Civitas-Thomson Reuters, Madrid, 2014

NICHOLAS, C., "Enforcing the requirements of the 2011 UNCITRAL Model Law on Public Procurement: model rules on suspension and debarment?", *Public Procurement Law Review*, 2016, 3

OCDE, *Preventing Corruption in Public Procurement*, OECD, Paris, 2016

- *Foreign Bribery Report. An analysis of the crime of bribery of foreign public officials*, OECD, Paris, 2014

PRIESS, H.J., "The rules on exclusion and self-cleaning under the 2014 Public Procurement Directive", *Public Procurement Law Review,* 2014, 3

SÁNCHEZ GRAELLS, A., "Why are public registers problematic?", 19 de septiembre de 2015, www.howtocrackanut.com

_______________. "Exclusion, Qualitative Selection and Short-listing in the New Public Procurement Directive 2014/24", en Lichère, Caranta y Treumer (eds.) *Novelties in the 2014 Directive on Public Procurement,* Copenhagen, Djøf Publishing, 2014

_______________. "Exclusion of Economic Operators from Public Procurement Procedures. A Comparative View on Selected Jurisdictions", en Burgui, M., Trybus, M. y Treumer, S., (eds.), *Qualification, Exclusion and Selection in EU Procurement*, Copenhagen, DJØF, 2016

_______________. "Interesting short paper on public procurement and competition law: Blažo (2015)", 19 de mayo de 2016, www.howtocrackanut.com

SCHOENMAEKERS, S., "The EU debarment rules legal and economic rationale", *Public Procurement Law Review*, 2016, 3

WILLIAMS, R., "The European single procurement document", *Public Procurement Law Review*, 2016, 6

WILLIAMS-ELEGBE, S., *Fighting Corruption in Public Procurement. A Comparative Analysis of Disqualification or Debarment Measures*, Hart, Oxford and Oregon, 2012

WILLIAMSON, J., "From reform Agenda to Damaged Brand Name: A short History of the Washington Consensus and Suggestions for What to do Next", *Finance and Development*, vol. 40, nº 3, 2003

YUKINS, C.R., "Cross-Debarment: A Stakeholder Analysis", *George Washington International Law Review*, 219, 2013

CAPÍTULO XX
MECANISMOS DE CONTROL INTERNO PARA LA CONTRATACIÓN PÚBLICA: EJEMPLOS PRÁCTICOS PROPUESTOS POR ÓRGANOS INTERNACIONALES Y PAÍSES DE LA UNIÓN EUROPEA, ENTRE OTROS DESTACADOS

Iván OCHSENIUS ROBINSON*

INTRODUCCIÓN

Desde una óptica universal hay quienes hablan del derecho administrativo global en la contratación pública, el cual existe porque hay una acción administrativa global conformada por un conjunto de regulaciones de este tipo. Este hecho, resalta el denominador común de principios universales nacidos de Tratados, Protocolos y/o Acuerdos Internacionales, los cuales han pasado a ser la base en los ordenamientos administrativos en materia de contratos públicos de los distintos países en la actualidad[1].

ales principios, son referentes normativos de los cuales destacamos los expuestos en el Acuerdo sobre Contratación Pública de la Organización Mundial del Comercio (OMC), de 15 de abril de 1994, acentuando de modo especial su artículo 8 que proclama el respeto al principio de igualdad; el Tratado de Libre Comercio de América del Norte que entró en vigor el 1 de enero de 1994; o la denominada «Ley Modelo» de la Comisión Nacional de Naciones Unidas para el Derecho Internacional, de 2011, muy influenciada por el principio de transparencia y no discriminación.

Hacia Europa, donde la contratación pública es un vehículo esencial para la ejecución de las políticas gubernamentales y para el logro de los objetivos estratégicos

---

* Profesor Asociado en Ciencia Política y de la Administración de la Universidad de Murcia. Doctor en Derecho y Gestión Pública.

1 J. Rodríguez-Arana Muñoz et al, 2011, pp.18-25 y p. 31.

nacionales[2], estos principios se complementan con otros tales como la eficiencia, eficacia, competencia, sujeción estricta a las bases, publicidad y probidad[3], además de los de confidencialidad, motivación de las decisiones, economía, consecución de objetivos sociales y la protección del medio ambiente como indica Moreno Molina J.[4]. Asimismo, y como recomendación, la Organización para la Cooperación y el Desarrollo Económico (OCDE) destaca varios otros principios de apoyo mutuo que pueden, directa o indirectamente, prevenir la corrupción y estimular la buena gobernanza y la rendición de cuentas en esta materia, señalando por tanto la integridad, transparencia, participación de las partes interesadas, accesibilidad, contratación electrónica, y por último, supervisión y control[5].

Tales principios y su jurisdicción deben ser implementados por las Administraciones eficazmente en todo su espíritu y fondo, buscando siempre un fin público por sobre uno particular. Asimismo, y para lograr que estos fines se implementen como es debido, Gómez Mateo ha sostenido que es de suma importancia la implantación de organismos de control que fiscalicen la efectiva observancia de tales principios generales consensuados –y de las normas que se aprueben a su abrigo–. Añadiendo que sin estas instituciones de carácter supranacional, es imposible caminar más allá de simples declaraciones de intenciones, de ánimo notable, pero sólo vinculantes desde un plano abstracto, casi moral[6].

En una vista de la situación normativa en materia de contratos públicos en alrededor de 82 economías del orbe, y según el Banco Mundial, esta materia es escasamente regulada por un documento jurídico único, sino por un conjunto de instrumentos normativos, leyes, reglamentos, decretos, políticas y directrices. Los marcos regulatorios varían desde una economía a otra sin poder asegurar cuál es mejor. En varias de estas economías la ley de contratación regula los sectores principales de las actividades de gobierno, no obstante, existen otras normativas complementarias al respecto que establecen disposiciones específicas para los sectores de la energía, aguas y obras públicas, entre otras temáticas[7]. En algunos países el marco jurídico nacional presiona para el uso de los acuerdos marcos, lo cual parece ser la tendencia, aunque todavía depende de la voluntad en querer aplicarlos[8].

De este modo, resulta por tanto que los principios de la contratación pública como su legislación, deben establecerse en un marco jurídico único, claro, completo

---

2 Comisión Europea, 2016, p. 1

3 J. Gómez Mateo, 2016, *Op. Cit.*; J. Moreno Molina, 2015a, p. 14; Chilecompra. *Procedimientos de Contratación. Normas Públicas*, Presentación institucional. http://www.chilecompra.cl/

4 J. Moreno Molina, *Op. Cit.*, p.17. Según la Comisión Europea al año 20016, en los países de la UE sólo un número limitado de Estados han participado activamente en la definición de políticas de contratación sobre innovación, medioambiente y responsabilidad social, dando lugar a un uso excesivo del precio más bajo como criterio de adjudicación que no siempre conduce a una mejor relación calidad-precio (Comisión Europea, 2016, *Op. Cit.*, p. 6).

5 Organización para la Cooperación y el Desarrollo Económicos, OCDE, 2016, p. 10.

6 J. Gómez Mateo, 2016, *Op. Cit.*

7 Banco Mundial, 2017, pp. 22-24.

8 Departamento de Políticas de la UE, 2014, pp. 12-13.

y transparente, caracterizado por la presencia de normas legales que sean fácilmente identificables, que promuevan todos los principios antes mencionados, y que gobiernen todos los aspectos del proceso de adquisición. Como mínimo dichas normas deberían garantizar una amplia publicidad de las oportunidades de licitación, el mantenimiento de registros, notificar de todos los criterios para la adjudicación del contrato, la adjudicación sobre la base de criterios objetivos, la apertura pública, el acceso a un mecanismo de quejas y sugerencias, y finalmente, la divulgación de los resultados del proceso de adquisición[9].

Por esta razón, conviene insistir en un sector público que cuente con un ordenamiento jurídico de contratación actualizado, uniforme, operativo y efectivo, el cual faculte impulsar al sistema de compras en toda su eficiencia y eficacia, dejando de lado subjetividades interpretativas y burocracias mal entendidas; además de ser de un conocimiento muy claro para quienes supervisarán y controlarán el proceso. Como sostiene Erasmo de Rotterdam sobre los ordenamientos jurídicos en general, *«...las leyes sean las menos posibles, que sean justísimas, dirigidas al bien común, conocidas al detalle por el pueblo [...] y finalmente, redáctense las leyes con palabras claras y sin ambigüedad alguna...»*[10].

Las normas de contratación pública deben estar concebidas para beneficiar tanto a los operadores económicos como a los poderes adjudicadores -y directamente a la ciudadanía. El objetivo de ellas, por consiguiente, debería ser desarrollar oportunidades de mercado para los primeros, y aumentar al mismo tiempo las opciones de potenciales contratistas a disposición de los segundos[11], lo anterior, escuchando atentamente a ambas partes para legislar y establecer mecanismos y/o actividades de control permanentes en conformidad con las reales disfunciones que están afectando al sistema de adquisición en su conjunto.

Dicho todo lo anterior, el siguiente artículo expondrá una breve reseña de la situación normativa de la contratación pública en la Unión Europea (UE) y la finalidad de sus directivas en esta materia, para posteriormente, evidenciar su perspectiva del control y algunos de sus mecanismos internos y/o actividades utilizados por países de esta región, además de otras naciones destacadas, todo ello como referencia práctica y útil de aplicar en cualquier sistema de aprovisionamiento público.

I. BREVE PANORAMA NORMATIVO DE LA CONTRATACIÓN PÚBLICA EN PAÍSES DE LA UE

Las reformas en el continente europeo sobre contratación pública han venido principalmente del Derecho Europeo[12], llevando esta realidad según Moreno Molina J., a transformar a esta materia en uno de los sectores en que el desarrollo del dere-

9 *Ibid.*

10 Erasmo de Rotterdam, *Institutio Principis Christiani*, Año 1516, citado por J. Gómez Mateo, 2016, *Op. Cit.*

11 Tribunal de Cuentas Europeo, 2016, p. 10.

12 J. Rodríguez-Arana Muñoz, 2013, p. 33.

cho administrativo de la UE ha llegado más lejos y, consiguientemente, donde la armonización de los ordenamientos de los Estados miembros se está produciendo con mayor intensidad.

Tal autor, ha sostenido además que la legislación comprende tanto normas sustantivas como procesales y de recursos[13], adicionando que el completo «corpus iuris» europeo está integrado tanto por disposiciones de derecho originario y de derecho derivado, como por la decisiva jurisprudencia del Tribunal de Justicia de la UE (TJUE) que las ha interpretado y cuya doctrina han ido incorporando las actuales Directivas Europeas en esta materia[14].

La contratación pública es derecho europeo y es derecho administrativo. Como indican Rodríguez-Arana et al, *«la europeización del Derecho Administrativo es hoy una realidad»,* mencionando con ello que existe un ordenamiento jurídico a nivel de los Estados Europeos que se basa en principios y condiciones similares. Aunque también advierte que esta condición no es asumida por todos los Estados debido a resistencias provenientes de divisiones territoriales y un emergente nacionalismo[15].

De este modo y desde un prisma objetivo, esta función de aprovisionamiento público se plasma en la división entre contratos públicos administrativos y contratos públicos privados[16]. Según el Parlamento Europeo, los primeros son aplicados principalmente al proceso de adquisición; mientras que los segundos se implementan esencialmente a la gestión contractual después que un contrato ha sido adjudicado[17].

Tal y como sostiene la Comisión Europea, el foco de la legislación de la UE se centra principalmente en los procedimientos que deben seguir las autoridades para organizar una compra pública por un valor superior a los umbrales establecidos[18]. Este marco contractual al ser un fenómeno que incide en las libertades comunitarias ha debido ser disciplinado mediante Directivas de la UE y vigilado muy de cerca por al Tribunal de Justicia respectivo, cuya jurisprudencia ha permitido formar también la normativa de los países miembros y orientar su práctica[19].

De acuerdo a lo expresado por el Tribunal de Cuentas de la UE, la legislación en la región sobre esta materia desempeña un importante papel en el desarrollo de un

---

13 J. Moreno Molina, 2015b, p. 105.

14 J. Moreno Molina, 2015a, pp. 8-9.

15 J. Rodríguez-Arana Muñoz et al, 2011, p. 28.

16 Galán et al, 2013, p. 39.

17 Parlamento Europeo, 2013, p. 24. Este organismo define tres categorías de adquisiciones o compras: 1) suministros, 2) servicios, y 3) obras, explicando que los suministros adquiridos podrían ser simples materiales de oficina, como también productos más complejos o costosos tales como misiles para defensa de un país; los servicios pueden ser relativos a construcción, tales como actividades de ingeniería, pero también consultorías de todo tipo; y por último, las obras a menudo se refieren a las actividades de construcción, tales como puentes, carreteras y edificios.

18 Comisión Europea, 2011a, *Op. Cit.*, p. 6.

19 Murillo Jaso, 2013, p. 6.

mercado único y en el uso eficiente y eficaz de los fondos públicos[20]. Sobre lo primero, ocurre al definir un marco reglamentario coincidente para todos los poderes adjudicadores, y con ello, aumentar por consiguiente la integración económica de los países en cuestión.

Parte de este beneficio que conlleva un mercado único ya era evidenciado en los años 80 por Atkins, quien resaltaba el triple efecto que tendría la unificación y aplicación de la normativa en la materia: un efecto estático consistente en la reducción del gasto público; un efecto competitivo cifrado básicamente en la reducción de los precios; y un efecto de reestructuración derivado de la aplicación de los principios de economía de escala[21].

Es así, que la manera por la cual la UE ha tratado de crear prosperidad y afianzar la paz en Europa ha sido mediante la instauración de un mercado común, buscando la eliminación de obstáculos al comercio. Esta creación de prosperidad se ha basado en la premisa de que la apertura de los mercados a la competencia extranjera mejorará el bienestar económico, generando a la vez una dependencia del comercio entre ellos que podría reducir el riesgo de las hostilidades en el futuro. Suprimir los obstáculos entre los gobiernos es un aspecto de esta política de eliminación de las barreras comerciales, y es ésta la que proporciona el fundamento y la base legal para el régimen que la UE posee sobre la contratación pública[22]. Según Almonacid Lamelas, la Comisión Europea debería fomentar el uso transfronterizo de esta materia de contratos, la cual debería dejar de ser nacional, para convertirse en europea[23].

En relación al segundo objetivo de esta legislación en la región, tales normas aportan incentivos para emplear los fondos públicos de manera eficaz, y su aplicación reduce el riesgo de fraude y corrupción[24], aunque también hay que advertir que tal aporte sólo será real si tales disposiciones se cumplen como es debido, y se van modificando y/o eliminando en búsqueda de un sistema óptimo que no caiga en la dispersión e inseguridad jurídica. Citando a Gimeno Feliú a este respecto, tal autor sostiene que *«el principal objetivo de la normativa comunitaria en referencia a la contratación pública es garantizar la eficiencia de los fondos públicos»*[25].

---

20 Tribunal de Cuentas Europeo, 2016, *Op. Cit.*, p. 8.

21 Atkins, 1984, citado por Gimeno Feliú, 1995, pp.37-38; también citado por mismo autor en *Las fuentes normativas en materia de contratación local. El Estado de la cuestión*", QDL estudios, p. 28, 2007.

22 Página web Universidad de Nottingham, UK. Último acceso el 28 de septiembre de 2011 en https://www.nottingham.ac.uk/pprg/documentsarchive/asialinkmaterials/eupublicprocurementlawintroduction.pdf, p.44.

23 Galán et al, 2013, *Op. Cit.*, pp. 50-52. Importante es señalar que, en un análisis de la Comisión Europea al año 2016, se esperaba que las condiciones creadas por las normas de la UE en materia de contratos dieran lugar a un aumento de las licitaciones transfronterizas. Sin embargo, el nivel de participación de los operadores no nacionales en los mercados nacionales de contratación pública sigue siendo bastante bajo en general, con notables desigualdades entre los Estados miembros (Comisión Europea, 2016, *Op. Cit.*, p. 3).

24 Weber y Witkos, 2013, p. 30.

25 Gimeno Feliú, 2014, Opinión y Análisis.

Si damos una mirada general en la UE sobre que leyes y reglamentos se aplican en esta materia actualmente, podemos ver a groso lo siguiente:

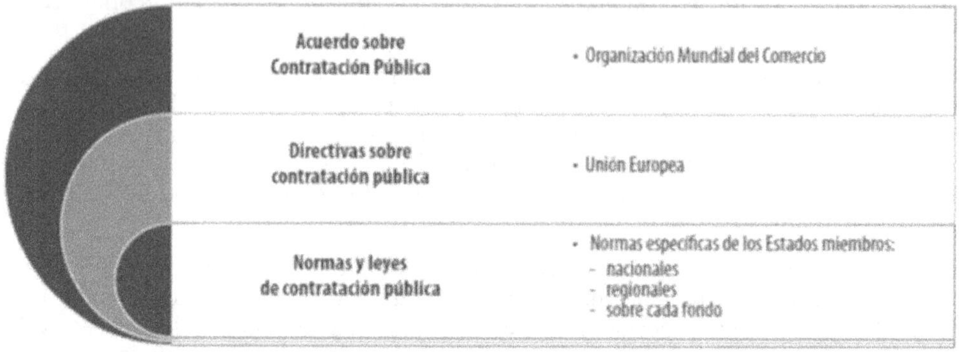

Figura 1. Fuente. Tribunal de Cuentas Europeo, 2015, p.12.

Luego, y siendo aún más precisos, podríamos agrupar las normativas y regulaciones que se establecen en la región, mencionando las siguientes:

DERECHO ORIGINARIO	**TUE y TFUE, PRINCIPIOS GENERALES**
DERECHO DERIVADO VIGENTE	- Directiva 2014/23, concesiones; Directiva 2014/24, clásica; Directiva 2014/25, sectores; Directiva 89/665, recursos; Directiva 92/13, recursos sectores; Directiva 2009/81, defensa y seguridad; Directiva 2014/55, contratación electrónica; y Reglamento 2195/2002, CPV.
JURISPRUDENCIA TJUE	
UNIFICACIÓN DE NORMAS SUSTANTIVAS Y PROCEDIMENTALES EN LOS 28 ESTADOS MIEMBROS	

Cuadro 2. Fuente. Moreno Molina, 2015a, *Op. Cit.*, p.11.

Conforme a lo manifestado por Moreno Molina J, la pertenencia de un Estado a la UE produce como consecuencia una distribución de competencias entre tal Estado y este grupo de países. Existiendo por un lado que tal nación se reserve un conjunto de competencias bajo su soberanía y en ese ámbito rigen las normas nacionales. Y por otro, existiendo otras materias cedidas a la UE en las que rigen tanto el Derecho de la UE originario, como los actos y normas adoptados por las instituciones europeas, y el Derecho de la UE derivado[26].

De esta forma, la contratación pública presenta normas de dos ordenamientos jurídicos (comunitario y nacional), las que coexisten en cada Estado miembro teniendo los mismos destinatarios (personas físicas y jurídicas). Es por lo anterior, que al momento de interpretar la normativa interna por los poderes adjudicadores y los órganos jurisdiccionales nacionales, se debe tener obligatoriamente en cuenta tanto

26 Moreno Molina y Pintos Santiago, 2015, p. 185.

el principio de autonomía del Derecho de la UE, como los principios de efecto directo y de primacía del Derecho en esta región antes citados[27].

En lo que respecta a como se ha desenvuelto este régimen jurídico, debemos decir que no ha estado ajeno a disfunciones, encontrando por ejemplo en uno de los últimos informes del Tribunal Europeo sobre la fiscalización de cómo se han ejecutado los Fondos de Desarrollo Regional (FEDER), Fondo de Cohesión (FC) y Fondo Social Europeo (FSE) durante el período 2009-2013, los siguientes hallazgos:

> «*Según el 90 % de las 69 autoridades de auditoría que respondieron a la encuesta realizada para la presente fiscalización, indicaron que el marco legal de adjudicación de contratos públicos de su país es más complejo de lo necesario. Los encuestados señalaron que los errores se deben principalmente al gran volumen de legislación o de directrices, a la dificultad de aplicarlas en la práctica y a la falta de conocimientos técnicos para llevar a cabo el procedimiento de contratación pública. Casi la mitad de los encuestados apuntó que el aspecto que más podría mejorar sería la simplificación de los procedimientos*»[28].

A mayor abundamiento, y aunque el marco jurídico de los países en la región tiene un mismo fondo, este presenta sin embargo diversas formas o más bien realidades de cómo es aplicado, ya sea por motivo de divisiones territoriales internas, autonomías funcionales o decisiones políticas, entre otras, encontrándose en algunos de estos Estados demasiada cantidad de disposiciones y articulado que generan menos eficiencia de la que proponen, y en otros casos disposiciones aplicadas sólo a parte del sector público. En la misma Resolución del Parlamento Europeo, de 25 de octubre de 2011, sobre la modernización de la contratación pública en los Estados de la UE, se sostiene al respecto que es importante simplificar las normas y permitir procedimientos más flexibles[29], advirtiendo la Comisión Europea al año 2016 que en muchos Estados la gestión de las distintas partes del sistema de contratación pública podría mejorarse considerablemente[30].

Por último, y remitiéndonos a las disposiciones referentes a sanciones por actos de corrupción en esta materia, la Comisión Europea ha sostenido que en la mayoría de sus países este vicio está tipificado en delitos penales como el soborno y el tráfico de influencias, señalando que en algunos países los contratos públicos incluyen una cláusula de lucha contra la corrupción que garantiza un seguimiento más eficaz en caso de prácticas como ésta durante el período de vigencia del contrato[31]. Asimismo, el Parlamento Europeo ha expresado que la mayoría de los países utilizan la revisión judicial, administrativa o de naturaleza civil en sus procesos. Destacando que en casi todos ellos los órganos de revisión pueden suspender o cancelar las decisiones relacionadas con los procedimientos de adjudicación. En el momento de la revisión contrac-

---

27 *Ibid.*

28 Tribunal de Cuentas Europeo, 2015, *Op. Cit.*, p. 12.

29 Diario Oficial de la UE. Tercera misión 27. Último acceso el 26 de junio de 2017 en http://eur-lex.europa.eu/LexUriServ/LexUriServ.do?uri=OJ:C:2013:131E:0025:0034: es.

30 Comisión Europea, 2016, *Op. Cit.*, p. 1.

31 Comisión Europea, 2014, p. 37.

tual, algunos Estados pueden utilizar la anulación o aplicar sanciones alternativas como penas financieras o acortamiento de la duración de los contratos[32].

Es de este modo, que la Comisión Europea ha establecido actuaciones para fortalecer los regímenes sancionadores, destacando entre ellas el garantizar la aplicación de sanciones disuasorias en relación con las prácticas corruptas, el favoritismo o los conflictos de intereses, y a su vez garantizar mecanismos eficaces de seguimiento para derogar decisiones o anular a tiempo los contratos cuando prácticas corruptas hayan afectado al proceso[33]. Para disminuir tales prácticas corruptas, que generalmente son casos complejos, hay que señalar que se requieren conocimientos técnicos específicos que garanticen la tramitación efectiva y equitativa de los procedimientos judiciales, atendiendo a que en algunos Estados miembros siguen existiendo deficiencias en la formación de jueces y fiscales en esta materia[34].

1. *Importancia de las Directivas sobre la contratación pública en la UE*

Las Directivas de la UE en esta materia regulan la publicación y organización de los procedimientos de contratos, aplicando principios comunes de transparencia, competencia abierta y gestión en todo el mercado europeo[35]. Como indica la Comisión Europea, están diseñadas para lograr un mercado de adquisiciones competitivo, abierto y bien regulado[36].

Tales disposiciones, regulan desde su contenido la forma en que se gasta el dinero público, y no aquello en lo que se usa ese dinero. Por este motivo, no tienen por objetivo reglamentar todas las maneras de desembolso de fondos públicos, sino únicamente aquellas destinadas a la adquisición de obras, suministros o servicios prestados mediante un contrato público[37].

Al año 2014, la UE aprobó tres directivas referentes a contratos públicos de cuarta generación, identificadas como Directiva 2014/24/UE, de 26 de febrero de 2014, sobre contratación pública y por la que se deroga la Directiva 2004/18/CE (Directiva de Contratos); Directiva 2014/23/UE, de 26 de febrero de 2014, relativa a la adjudicación de contratos de concesión (Directiva de Concesiones); y la Directiva

---

32 Parlamento Europeo, 2013, *Op. Cit.*, p. 36.

33 Comisión Europea, 2014, *Op. Cit.*, p. 39.

34 *Ibid.*, p.37. Por lo que respecta a la concienciación y formación en las políticas de lucha contra la corrupción, aunque ha mejorado en los últimos años en la mayoría de los Estados de la UE, los funcionarios responsables de la contratación pública tienen un papel bastante limitado en la detección de las prácticas corruptas. Además, la eficacia de la cooperación entre las administraciones responsables de los contratos públicos, los servicios policiales y los organismos de lucha contra la corrupción varía significativamente entre los Estados. En muchos casos, la cooperación es formal y las estadísticas muestran un escaso número de notificaciones de sospechas de corrupción o de conflictos de intereses presentadas por las administraciones responsables de los contratos públicos (Comisión Europea, 2014, *Op. Cit.*, p. 36 y Comisión Europea, 2016, *Op. Cit.*, p. 7).

35 Comisión Europea, 2011a, *Op. Cit.*, p. 5.

36 Comisión Europea, 2016, *Op. Cit.*, p. 7.

37 Directiva 2014/24/UE Considerando 4.

2014/25/UE, de 26 de febrero de 2014, relativa a la contratación por entidades que operan en los sectores del agua, la energía, el transporte y los servicios postales, y por la que se deroga la Directiva 2004/17/CE (Directiva de Sectores Especiales)[38]. Dentro de estas tres disposiciones la contratación pública se rige principalmente por la Directiva 2014/24/UE, seguida de las restantes que establecen normas comunes que deben seguir los poderes adjudicadores por adquisiciones superiores a un determinado umbral, y que deben incorporarse a la legislación nacional[39].

Según el artículo 288 del Tratado de Funcionamiento de la UE, se sostiene que la directiva es una disposición proveniente de esta región que *«obligará al Estado miembro destinatario en cuanto al resultado que deba conseguirse, dejando, sin embargo, a las autoridades nacionales la elección de la forma y de los medios»*, existiendo un efecto práctico de ella cuando, de acuerdo a Martín y Rodríguez, los Estados respectivos *«...incorporen su contenido al ordenamiento jurídico nacional»*, en donde durante el período de su transposición presentarán un valor interpretativo[40].

Conforme a Galán et al, estos preceptos normativos se han articulado en torno a cinco principios inspiradores: simplificación y flexibilización de los procedimientos de contratación, utilización estratégica de la contratación pública en respuesta a nuevos desafíos, mejora del acceso al mercado para las PYMES y las nuevas empresas, integridad de los procedimientos, y gobernanza[41].

Tales disposiciones comunitarias, según Moreno Molina J., presentan dos grandes objetivos. Por un lado buscan una mayor eficiencia del gasto público instrumentalizado en una simplificación y flexibilización normativa, procedimientos más racionales y eficientes, y el fomento de la participación de PYMES y de los licitadores

---

38 Tribunales Administrativos de Contratación Pública, 2016, p. 3. Las fechas en la cual las directivas deben incorporarse al ordenamiento de todos los Estados de la UE son: Enero-Febrero 2016: obligatorio para todos los Estados miembros de la UE, la notificación electrónica en el proceso de contratación y acceso a la información del procedimiento de forma electrónica; Enero-Febrero 2017: licitación electrónica obligatoria para las centrales de contratación; y Junio-Julio 2018: contratación electrónica obligatoria para todos los Estados miembros de la UE (Almonacid Lamelas en Pin Arboledas et al, 2015, p.14).

39 Tribunal de Cuentas Europeo, 2016, *Op. Cit*., p.11. Hay que destacar que estas directivas no son jurídicamente vinculantes para las instituciones de la UE. Estas últimas han adoptado sus propias normas, las cuales se ajustan en líneas generales a la directiva de contratación de 2014 con algunas excepciones importantes. En lo referente a las directivas sobre Recursos, actualmente están vigentes la Directiva 89/665/CEE, aplicable a los contratos de obras y suministros y la Directiva 92/13/CEE, para los contratos en los sectores especiales (Moreno Molina, 2015b, *Op. Cit*., p.105).

40 Martín, S. y Rodríguez, R., 2015, p. 25. A este respecto, la misma Comisión Europea ha indicado que si bien la legislación mencionada establece normas y procedimientos comunes para los contratos de elevado importe o umbral, los Estados miembros gozan de un apreciable margen de discrecionalidad a la hora de llevar a la práctica las disposiciones de estas directivas, en particular en lo que respecta a los mecanismos y sistemas administrativos para garantizar el cumplimiento de dichas disposiciones (Comisión Europea, 2011b, pp. 3-4).

41 Galán et al, 2013, *Op. Cit*., p.17.

transfronterizos[42] (esto último también lo podemos ver manifestado en el Código Europeo de Buenas Prácticas para Facilitar el Acceso de las PYME a los Contratos Públicos del año 2008)[43]; y por el otro lado, su uso estratégico que decanta en la lucha contra el cambio climático, la protección del medio ambiente y mayor eficiencia energética en el uso de los recursos. Adicionalmente, persiguen también el mejoramiento del empleo, la integración social, y la prestación de servicios sociales de alta calidad en las mejores condiciones posibles[44].

Resulta por tanto, que la Comisión Europea está convencida que tales directivas generan más eficiencia y transparencia en la contratación pública con normas más inteligentes y mayores procedimientos electrónicos, contribuyendo a la consecución de objetivos políticos más amplios, tales como los indicados sobre aspectos medioambientales y sociales relacionados con la innovación[45]. Este organismo estima que estas nuevas normas deberían reducir la carga administrativa de las empresas en más de un 80%, y que el empleo de medios electrónicos en los procesos de contratación reducirá el coste de contratación entre un 5% y un 20%[46].

Destacando lo expresado por Gimeno Feliú, tal autor vuelve a resaltar la importancia jurídica de esta regulación comunitaria, indicando que contribuye a una unificación de los distintos marcos jurídicos de los Estados respectivos[47], buscando no sólo –como indica Falcon G.–, armonizar las legislaciones, sino también uniformarlas jurídicamente[48]. Es así, que en particular estas directivas tratan de garantizar que

---

[42] Existe una preocupación por las PYMES manifestada, entre otros, en el Considerando 59 de la Directiva 2014/24/UE, donde destaca que se debe evitar la colusión, potenciar la competencia y accesibilidad del mercado.

[43] Comisión Europea, 2008. Asimismo, en España la Dirección General de Política de la Pequeña y Mediana Empresa del Ministerio de Industria, Turismo y Comercio, ha publicado la "Guía práctica de la Contratación Pública para las PYME", a la que se puede acceder en la dirección: http://www.ipyme.org/es ES/publicaciones/Paginas/Publicaciones.aspx.

[44] Moreno Molina, 2014; y Moreno Molina, 2015b, *Op. Cit.*, p. 105.

[45] Hoja informativa de la Comisión Europea al 8 de diciembre de 2016. Último acceso el 7 de junio de 2017 en http://europa.eu/rapid/press-release_MEMO-16-4211_es.htm. En lo específico, para las PYMES contribuye a la eliminación de barreras trasnacionales; para las autoridades públicas optimizar sus recursos; y para el mercado, reducirá visiblemente los costes y la complejidad de la contratación pública en Europa (Jiménez Javier en Pin Arboledas et al, 2015, *Op. Cit.*, p. 10).

[46] Moreno Molina, 2014, *Op. Cit.*; citado también por Jiménez Javier en Pin Arboledas et al, 2015, *Op. Cit.*, p. 10.

[47] Gimeno Feliú, 1995, *Op. Cit.*, p. 29.

[48] Falcon G, 1993, citado por Gimeno Feliú, 1995, *Op. Cit*, p. 31. Es necesario complementar que las directivas son uno de los instrumentos legislativos de los que disponen las Instituciones de la UE para aplicar las políticas europeas. Se trata de una herramienta que se emplea principalmente en el marco de las operaciones de armonización de las legislaciones nacionales. El artículo 288 del Tratado de Funcionamiento de la UE (en adelante, TFUE) establece que la directiva es una disposición de Derecho derivado de la UE, que obliga al Estado miembro destinatario en cuanto al resultado que deba conseguirse, dejando, sin embargo, a las autoridades nacionales la elección de la forma y los medios necesarios para conseguir dicho resultado. Así pues, al igual que el Reglamento y la Decisión, es vinculante para los Estados

todas las empresas del mercado interior tengan la misma oportunidad de competir. En la medida de lo posible, intentan también suprimir las trabas legales y administrativas que dificultan la participación en licitaciones transfronterizas, asegurando los principios comunes antes mencionados.

En otro de los aspectos importantes de estos preceptos, debemos denotar que el foco de estás directivas está en los contratos públicos de umbrales superiores, dejando que bajo éstos los Estados tengan libertad para regular sus adquisiciones (en la praxis se ha evidenciado que la mayoría de los territorios también regulan sus contratos públicos por importe inferior a los umbrales dispuestos por la UE, por lo menos, como sostiene la Comisión Europea, en el sector de las compras comunes llamados sectores tradicionales)[49].

Esta situación, ha hecho que las Administraciones prevean un régimen menos estricto para sus contratos de inferior importe, respecto a los umbrales de la UE, disponiendo de tal manera instrucciones administrativas en lugar de verdaderas disposiciones legales[50].

De esta manera, y aunque las instituciones tienen sus propias normas de contratación que se ajustan en líneas generales a las directivas, existen sin embargo algunas diferencias significativas que el Tribunal de Cuentas Europeo ha considerado no justificadas[51], y que terminan a fin de cuentas afectando la seguridad jurídica, eficiencia, eficacia y transparencia de las adquisiciones de menores montos.

Estas diferencias, y la práctica desigual en los distintos Estados en tratar sus adquisiciones bajo y sobre los umbrales que regulan las directivas, han ido generan-

---

miembros destinatarios y lo es en todos sus elementos; en consecuencia, no puede aplicarse de forma incompleta, selectiva o parcial (Tribunales Administrativos de Contratación Pública, 2016, *Op. Cit.*, p.6). Las consecuencias jurídicas de su NO aplicación pueden verse en este mismo documento y página.

49 Comisión Europea (2011c), p. 53. A manera de ejemplo sobre esta situación, en Alemania la Ley de contratación pública se divide en dos partes: por un lado hay un sistema de recursos judiciales aplicables a los contratos públicos de y por encima de los umbrales. Y por el otro, para los contratos bajo el umbral existe un sistema mucho más débil de protección a los oferentes (Bosch et al, 2012, p. 35). En este país, las dos directivas más importantes de la UE en el ámbito de la contratación pública son la 2004/18/CE y 2004/17/CE. Estas directrices fueron transpuestas a la legislación del Estado y como resultado es probable que sea más apropiado hablar de una ley de contratación pública de la UE codificada, en lugar de la ley de contratación pública alemana. Sin embargo, hay algunas características únicas y exclusiones en el marco de la regulación de la contratación germana. La transposición de las directivas a la legislación alemana se produjo mediante un procedimiento un tanto inusual. En lugar de adoptar una nueva ley del Parlamento que introduce medidas de la UE en la legislación del territorio, los cambios requeridos se integraron en los actos y reglamentos existentes. La idea de este proceso de implementación fue crear una especie de sistema de archivo que podría ser una referencia cruzada con el tipo de contrato público disponible. De esta manera, las autoridades públicas y los posibles contratistas sabrían cuáles disposiciones legales aplicarían en cada caso específico (Página web public procurement in Germany. Último acceso 11 de junio de 2016 en https://www.wbs-law.de/eng/commercial-law/public-procurement-in-germany-38383/).

50 Comisión Europea, 2011b, *Op. Cit.*, pp. 3-5.

51 Tribunal de Cuentas Europeo, 2016, *Op. Cit.*, p. 8.

do ciertas críticas al respecto de las cuales destacamos dos. La primera, es aquella que permite a los organismos públicos dividir un contrato con el fin de permanecer bajo el umbral de la UE o de la legislación nacional respectiva, y así poder evadir, eventualmente, algún procedimiento de contratación[52].

La segunda, según Telles Pedro, está referida a la falta de revisión y adaptación de los umbrales respectivos. El efecto de ello concierne a que los límites actuales no reflejan ninguna mejora de productividad o reducciones de los costes de transacción obtenidos durante los postreros 40 años, al permanecer éstos estables en términos nominales y cambiando sólo debido a las presiones externas o a la inercia de la inflación. Tales umbrales, han funcionado eficazmente como un techo y un piso en el mercado interno de la contratación pública, aceptándose como «sabiduría recibida» y no cuestionándose nunca su existencia[53].

Por último, y en una breve mirada sobre cómo se han desenvuelto las directivas sobre contratos públicos en general en la UE –haciendo referencia a las Directivas 2004/CE que cimentaron el camino a las directivas presentes de cuarta generación–, hay que decir que han tenido un efecto significativo. Al año 2011 la Comisión Europea concluyó que las directivas al respecto fomentaron la apertura y la transparencia, lo cual ha originado una intensificación de la competencia, traduciéndose en un ahorro de costes. Los resultados de tal medición señalaron sin duda alguna que las Directivas 2004/17/CE y 2004/18/CE habían contribuido a establecer una cultura de trasparencia y de contratación orientada a los resultados, habiéndose generado importantes ahorros y mejoras que justificaban sobradamente los costes derivados de la adopción de estos procedimientos, tanto para las empresas como para los poderes adjudicadores[54].

No obstante lo anterior, la evaluación también evidenció que las diferencias en la trasposición y aplicación de éstas había conducido a resultados distintos en los países, tanto en lo que se refiere al tiempo necesario para el desarrollo de los procedimientos, como en lo relativo al coste soportado por los poderes adjudicadores[55]. Tal realidad, como se puede aducir, no ha cambiado significativamente con las directivas 2014 actuales.

Al presente, las últimas directivas en materia de contratos públicos debían ser transpuestas por los Estados miembros a más tardar al 18 de abril de 2016, evidenciando que sólo la mitad de los territorios (aproximadamente) lo habían hecho a sep-

---

52 No obstante, y según el Organismo Internacional de Apoyo para el Mejoramiento de la Gestión y Gobernanza, SIGMA, este escenario puede ser controlado a través de una investigación más allá del documento de adjudicación. Se puede controlar la cantidad de las facturas a la fecha, para determinar si hay compras similares realizadas. Asimismo, puede ser más revelador verificar la definición de las necesidades. Un enfoque adecuado también podría plantearse al estimar las necesidades totales de la institución, y compararlas con la adquisición respectiva para verificar su consistencia (Organismo Internacional de Apoyo para el Mejoramiento de la Gestión y Gobernanza, SIGMA, 2013, pp. 6-7).

53 Telles Pedro, 2016, *Op. Cit.*, pp. 1-2 y 27.

54 Comisión Europea, 2011b, *Op. Cit.*, pp. 18-19.

55 *Ibid.*

tiembre de 2016, estando muchos otros en proceso de hacerlo[56]. Esta tarea de transposición, como sostiene Martínez Fernández, ha venido en los últimos años siendo deficiente, destacando que los países que ocupan los primeros puestos en los ranking internacionales sobre corrupción, encabezan también las condenas del TJUE por incumplimiento de la normativa comunitaria en esta materia (particularmente España e Italia)[57].

De este modo, y para finalizar, los retos de la transposición de tales directivas, como sostiene Gimeno Feliú, se deben basar esencialmente en implantar una nueva gobernanza pública; incorporar como paradigmas de la gestión la eficacia, eficiencia e integridad que permita impulsar un modelo armonizado y transparente de gestión de los fondos públicos; impulsar el mercado; y por último, legitimar democráticamente el modelo político[58]. Terminando por añadir la UE, que aunque se ha procurado mejorar las prácticas y resultados de la contratación pública a través de la implantación de tales disposiciones comunitarias, todavía para muchos países de la región éstas siguen siendo sólo una propuesta sugerente, de buenas intenciones, y no vinculantes[59].

II. PERSPECTIVA DEL CONTROL EN LA CONTRATACIÓN PÚBLICA Y ALGUNOS DE SUS MECANISMOS Y/O ACTIVIDADES UTILIZADOS INTERNAMENTE COMO REFERENCIA PRÁCTICA

Desde una amplia visión del control en esta materia, el Banco Mundial ha sostenido que entre los elementos que constituyen un buen proceso de contratación se encuentra poseer mecanismos robustos para controlar el sistema. La claridad de las normas y disposiciones institucionales pueden valer muy poco si no existe la forma de hacer respetar las reglas. Los mecanismos de control deberían incluir auditorías del proceso de adquisición por parte del gobierno, y un mecanismo de quejas con el fin que los usuarios puedan tener confianza en el proceso. Además, este organismo añade la necesidad de distinguir un marco institucional que diferencie entre aquellos que llevan a cabo la función de compras, y los que tienen responsabilidades de supervisión[60].

El control en materia de contratos públicos debiese focalizarse en todo lo importante, lo crítico, y aquello que puede hacer disminuir la calidad y oportunidad de los bienes adquiridos, razón por la cual, se ha hecho evidente la necesidad de potenciar este internamente a través de auditorías institucionales, entregando más atribuciones y recursos a las unidades respectivas si no las tienen, y comprometiéndolos a una medición no sólo de legalidad y/o reglamentaria de su actuar.

---

56 Comisión Europea, 2016, *Op. Cit.*, p. 8

57 Martínez Fernández, 2017, p. 7.

58 Gimeno Feliú, 2016, p. 15.

59 Unión Europea, 2011, p. 29.

60 Banco Mundial, 2016.

A su vez, también se está haciendo imperativo exigir un liderazgo efectivo de las autoridades administrativas sobre esta materia, y una concientización y voluntad política que optimice todos los recursos en dirección a mejores resultados de compra, plasmándose en acciones concretas y no sólo en discursos.

Hacia Europa, y como antecedente de este necesario control, resulta interesante advertir que la Federación de Expertos Contables Europeos coincidieron que existe un panorama marcadamente pesimista sobre este concepto en la región, evidenciado por mejorar los sistemas de control de calidad de las auditorías, necesidad de establecer códigos de buen gobierno corporativo obligatorios (códigos éticos para el caso de la contratación pública), y obligar a implementar sistemas de control interno y auditoría del mismo, entre otros[61].

En los países de la UE, y recordando que en ellos «*la administración de la contratación pública se caracteriza, pues, por una gran fragmentación y complejidad*»[62] como lo indica la Comisión Europea, el control en esta materia no ha tenido un rol relevante en solucionar sus disfunciones tradicionales, destacando de entre éstas aquellas de carácter jurídico y aquellas referidas a su gestión interna. Las primeras, según este último organismo al año 2012, se refieren en términos generales a denuncias de utilización injustificada del procedimiento negociado sin publicación previa, discriminación, adjudicaciones directas, falta de transparencia, modificación injustificada del contrato, aplicación incorrecta de las normas internas, o infracción de los principios generales[63]. Añadiendo este mismo organismo al año 2015, que los errores en la aplicación de las normas son la principal fuente de irregularidades detectadas por los auditores nacionales y provenientes de este órgano, al comprobar cómo se han gastado los fondos de subvenciones que esta Comisión entrega a sus países respectivos[64].

Sobre estas primeras disfunciones de carácter legal, ya en los años 90 Gimeno Feliú había identificado algunas de ellas, manifestando que existía una débil medición causada principalmente por:

> «*No todos los Estados miembros disponían de normas que garantizaran el cumplimiento de la normativa de la contratación; las legislaciones nacionales existentes no habían sido eficaces a la hora de exigir su cumplimiento; y, los mecanismos de control comunitario eran insuficientes, dado que se limitaban a constatar el incumplimiento*»[65].

Luego, y por el lado de la gestión y las etapas que forman su proceso o ciclo de contratación, el Tribunal de Cuentas Europeo ha encontrado entre los años 2015 y 2016 que estás etapas se han caracterizado por lo siguiente: en la *fase previa a la licitación,* la mayoría de los errores detectados fueron graves. Se eludió por completo la normativa procedimental de contratación pública mediante la adjudicación di-

---

[61] Cañibano y Pedrosa, 2009, pp. 69-75.

[62] Comisión Europea, 2011b, *Op. Cit.*, pp. 2-3.

[63] Comisión Europea (2014a), *Op. Cit.*, p. 25.

[64] Comisión Europea (2015a), preámbulo.

[65] Gimeno Feliú, 1995, *Op. Cit.*, p. 59.

recta de contratos que exigían la utilización de procedimientos preestablecidos, dividiendo los contratos en licitaciones de menor envergadura. En la *fase de licitación*, la mayoría de los errores graves se detectaron en la especificación y aplicación de los criterios de selección/adjudicación. En cuanto a la etapa de *gestión de contratos,* los errores detectados fueron graves y se referían a modificaciones o ampliaciones del alcance de los contratos sin utilizar un procedimiento de contratación cuando este era obligatorio[66].

Si bien la eficacia de los mecanismos de control en las fases previa a la licitación y adjudicación ha mejorado en años recientes, como sostiene la Comisión Europea, la fase de ejecución (posterior a la adjudicación) se sigue controlando menos rigurosamente[67].

En adición a esta ineficiente gestión interna, también habría que agregar la dispar profesionalización de los funcionarios de compras entre los países miembros, los escasos equipos multidisciplinarios en las áreas internas de compras, la falta de planificación anual de las adquisiciones, ausencia de un liderazgo nacional en contratación visible y autónomo, y la insuficiencia de herramientas de gestión interna que permitan un control efectivo, entre otras.

Por último, y en otro aspecto de estas disfunciones tradicionales del control, según el Parlamento Europeo, el control de los contratos públicos también ha sido estudiado desde la perspectiva de dar prioridad a la armonización de su política penal, aunque esto ha encontrado resistencias en algunos Estados. Como resultado, la normativa penal es una de las menos armonizadas en la región. La lógica del reforzamiento del mercado interno se rompe si no existe una armonización en la aplicación de la contratación pública a través de una ley penal, la cual, además facilitaría la creación de la Fiscalía Europea en virtud del artículo 86 del TFUE haciendo más eficaz su labor[68].

Complementando lo hasta aquí expuesto, y dirigiéndonos ahora a la situación específica del control interno en esta materia, debemos primeramente señalar que la repetición de los mismos controles tradicionales al interior de las instituciones, la escasa programación anual de ellos –como asimismo su autonomía–, y su uso efectivo para mejorar las decisiones de contratación, siguen planteando problemas en una serie de Estados miembros. De igual manera, los mecanismos de control por debajo de los umbrales indicados por la legislación de la UE son particularmente

66 Tribunal de Cuentas Europeo, 2015, *Op. Cit.*, p. 22; y Tribunal de Cuentas Europeo, 2016, *Op. Cit.*, pp. 8-9.

67 Comisión Europea, 2014, *Op. Cit.*, p. 36. En cumplimiento de su función de guardiana y de control de los Tratados, en los casos de posible vulneración de las normas europeas de contratación pública, la Comisión Europea actúa por denuncia o por iniciativa propia. A este respecto, tal organismo no investiga si una infracción de las normas de contratación pública de la UE podría deberse a la corrupción, puesto que es competencia de los Estados miembros. No obstante, los procedimientos de infracción se refieren a menudo a irregularidades que revelan puntos débiles en la aplicación de las normas de contratación pública y que son también muy pertinentes a la hora de evaluar la eficacia de los mecanismos de control y prevención de la corrupción (p. 25).

68 Parlamento Europeo, 2013, *Op. Cit.*, p. 9.

débiles en la mayoría de los países, causando preocupación, en particular, en relación con la práctica denunciada de dividir los contratos en otros de menor cuantía para eludir los requisitos y controles respectivos[69].

Según indica la OCDE, la importancia de comprometer controles internos en contratación pública garantiza el cumplimiento eficiente de un proceso, salvaguardando al mismo tiempo las metas y los objetivos relacionados con la integridad. Tales controles, desde lo legal, buscan garantizar si se siguen los procedimientos jurídicos a través de la coherencia en la aplicación de las normas y disposiciones en esta materia, y a su vez, verifican si se cumplen los procedimientos administrativos y financieros (presupuestarios), aplicando para ello mayormente auditorías internas y controles de gestión[70].

Conforme a la Organización Profesional de las Entidades Fiscalizadoras Superiores (INTOSAI)[71], así como la Oficina de Rendición de Cuentas del Gobierno de los Estados Unidos (GAO)[72], el control interno es un proceso integral efectuado por la gerencia y el personal, y está diseñado para enfrentarse a los riesgos y para dar una seguridad razonable de que en la consecución de la misión de la entidad se alcanzarán los siguientes objetivos gerenciales: ejecución ordenada, ética, económica, eficiente y efectiva de las operaciones; cumplimiento de las obligaciones de responsabilidad; cumplimiento de las leyes y regulaciones aplicables; y salvaguarda de los recursos para evitar pérdidas, mal uso y daño[73].

---

69 Comisión Europea, 2014, *Op. Cit.*, pp. 36-37.

70 OCDE, 2016, *Op. Cit.*, p. 24.

71 Al hablar de control interno o externo es necesario nombrar a la Organización Internacional de las Entidades Fiscalizadoras Superiores (INTOSAI). Este órgano mundial referente en control ha elaborado directrices de control interno para la buena gobernanza de los diferentes países. Establece recomendaciones a los gobiernos y otras entidades responsables del manejo de fondos públicos y actividades financiadas con fondos gubernamentales. Su propósito es difundir buenas prácticas, incluyendo el establecimiento de sistemas efectivos de control interno, auditoría interna confiable y normas adecuadas de contabilidad e informes en el sector público.

Tal institución internacional agrupa aproximadamente a 193 entidades de fiscalización externa de gobiernos nacionales, cumpliendo el rol de facilitar un marco de trabajo institucionalizado entre sus asociados para promover el desarrollo y la transferencia de conocimientos, la mejora de la auditoría del sector público en todo el mundo, y aumentar las capacidades profesionales. La INTOSAI emite dos tipos de normas profesionales: las Normas Internacionales de las EFS, ISSAIs, y las Directrices de la INTOSAI para la Buena Gobernanza, INTOSAI GOVs (López Hernández, 2013, p. 12).

72 GAO, 1999, p.4. La GAO, organismo superior de rendición de cuentas de EE.UU., revisa y aplica las normas del COSO a los Estados Federales del país, siguiendo sus lineamientos de control. Este órgano, indica que el control es una parte importante de la gestión de una organización y se compone de los planes, métodos, y procedimientos utilizados para cumplir las misiones, objetivos y metas. Sirviendo como primera línea de defensa para salvaguardar activos; y para la prevención y la detección de errores y fraudes.

73 INTOSAI en guía para las normas de control interno del sector público 2004. http://www.intosai.org/es, último acceso 3 de octubre de 2017.

En años recientes, la operatoria de este control en los contratos públicos ha venido desarrollando acuerdos y mecanismos internos para mejorar la transparencia, integridad y eficiencia en los procesos de adquisiciones mundiales. Instrumentos tales como: regulaciones normativas generales, medidas anticorrupción, cooperación, profesionalización, auditorías, indicadores de gestión, medición de riesgos, y base de datos para análisis y toma de decisiones, están dentro de los más destacados[74], no olvidando mencionar desde lo legislativo, y en lo específico, los recursos legales que se pueden interponer ante los procesos de contratación[75] guiándose los Estados de la UE al respecto, por los lineamientos que establece la Comisión Europea a través de sus Directivas vigentes.

De este modo, y entendiendo la importancia que existe al presente en supervisar y mejorar los resultados de la contratación pública tanto en términos de evitar malas prácticas y casos de corrupción, como asimismo optimizar sus recursos y entregar transparencia en su accionar, mostraremos a continuación un breve estudio bibliográfico de algunos mecanismos y/o actividades que permiten potenciar este control interno, identificando propuestas provenientes tanto desde organismos internacionales como desde algunos países de la UE, entre otros destacados, con el propósito de evidenciar y describir acciones concretas que se pueden replicar en cualquier sistema de aprovisionamiento público, a fin de mejorar los resultados que nos arroja nuestro actual sistema[76].

Aunque algunos de los mecanismos que nombraremos posteriormente se repiten con relativa periodicidad, no podríamos aventurarnos en este artículo a señalar que existe un uso habitual de ellos, ni tampoco que son utilizados en la mayoría de los organismos públicos del país respectivo.

1. *Organismos internacionales*

Órganos internacionales como las Naciones Unidas, el Banco Mundial, la Organización para la Cooperación y el Desarrollo Económico (OCDE), la Comisión Europea, el Tribunal de Cuentas de la UE, el Banco Interamericano de Desarrollo (BID), la Red Interamericana de Compras Gubernamentales (RICG), el Organismo de Apoyo para la Mejora y Gestión de los Gobiernos Financiado por la UE (SIGMA por sus siglas en inglés), entre otros, han estado preocupados por la medición y funcionamiento de las estructuras de adquisiciones mundiales, realizando distintos tipos de diagnósticos y evaluaciones que han permitido dar a conocer tanto las disfunciones como los retos que presenta esta función de aprovisionamiento en la actualidad.

Estas organizaciones han contratado firmas externas para realizar tal trabajo como también lo han hecho con su propio personal, dando como fruto todo este proceso, la obtención de varias metodologías de diagnóstico, control y evaluación (me-

---

74 World Bank Group, 2016, p. 6.

75 Son acciones legales que permiten a los operadores económicos hacer cumplir la normativa de contrataciones, salvaguardando los derechos en la materia.

76 En este artículo se mencionará "mecanismos, actividades o herramientas" de control para referirse a lo mismo: acciones que mejoran o potencian el control interno en la contratación pública.

canismos y/o actividades de control), de las cuales hemos analizado su denominador común y encontrado que utilizan los siguientes mecanismos y/o actividades:

Principales mecanismos y/o actividades de control para la contratación pública propuestos por organismos internacionales
• Análisis del marco jurídico y riesgos institucionales
• Evaluación de la competitividad
• Creación de un Plan de acción para mejoras
• Indicadores de gestión para los sistemas de compras
• Base de datos adecuadas para analizar las compras
• Auditorías internas de los procedimientos de compras
• Benchmarking o estudios de las mejores prácticas (entre áreas institucionales internas)
• Aplicación de herramientas de gestión de calidad en el proceso de compra
• Programa de Reuniones de trabajo permanentes al interior del equipo de compras
• Monitoreo constante de aspectos relevantes (claves) del sistema de compras
• Separación de funciones y responsables entre las sub-áreas de compras (para evitar la corrupción)

Fuente: Elaboración propia.

Nota: tales mecanismos descritos son posibles de aplicar en su totalidad o en parte a cualquier proceso de contratación pública en el mundo. Ver descripción y detalle completo de cada uno de ellos con sus nombre propios en anexo 1. «Detalle de principales mecanismos y/o actividades de control propuestos por organismos internacionales».

Sobre tales mecanismos, importante es volver a destacar que el uso de ellos puede permitir realizar un diagnóstico, control y/o evaluación del sistema de adquisiciones en todo su conjunto.

2. *Países de la UE, entre otros destacados*

Al igual que en el punto anterior, pero ahora enfocándonos mayormente en los mecanismos y/o actividades de control interno que nos puedan garantizar una mejor información para optimizar nuestra contratación institucional, destacamos aquellos pertenecientes a países como: a) Reino Unido (e Irlanda del Norte), b) Francia, c) Holanda, d) Bélgica, e) Alemania, f) Portugal, g) Italia, h) España, i) Austria, j) Corea del Sur, k) Rusia y l) Australia, quienes dentro de las mediciones que realizan a sus procesos internos de compra, implementan mayoritariamente los siguientes:

Mecanismos y/o actividades de control interno para la contratación pública utilizados en países de la UE, entre otros destacados
• Creación de base de datos parciales e integrales que facilitan un análisis de las compras
• Formación permanente de los funcionarios de contratación[77]
• Evaluación de riesgos de todo el sistema de adquisiciones (riesgos operacionales internos)
• Rotación de funcionarios entre las funciones existentes en el área de contratación
• Talleres anticorrupción dirigidos a funcionarios de la contratación
• Mecanismos de denuncia funcionaria tanto para el personal de contratación como resto de la institución
• Aplicación principio de cuatro ojos (existencia de varios involucrados que controlan las etapas internas del proceso de compra o firman documentos del mismo proceso)[78]

Fuente. Elaboración propia.

Nota: debemos señalar que la lista anterior está formada por un resumen de los mecanismos y/o actividades que el autor ha definido en base a aquellos que más se repiten, obtenidos desde el anexo 2. «Detalle de mecanismos de control interno utilizados en países de la UE entre otros destacados». Por lo anterior, si se desea revisar otros mecanismos a los citados recurrir a tal anexo.

A continuación, y con la finalidad de exponer más claramente lo antes mencionado, presentaremos el siguiente mapa geográfico en donde se podrán apreciar los mecanismos y/o actividades que implementan los países estudiados para sus respectivos procesos de contratación pública:

---

77 Aunque este aspecto de formación es transversal a toda la contratación pública, el capacitar y profesionalizar a los funcionarios genera un respeto a las normas y procedimientos mínimos que contribuyen directamente al cumplimiento de un mejor control interno.

78 Este principio permite por medio de comités o grupos de expertos contrarrestar el poder discrecional de un único funcionario al evaluar algún proceso o factor crítico en una adquisición. Asimismo, pueden participar variados expertos incluyendo contables, economistas, abogados, etc. Según aumenta la importancia del proyecto, el número de funcionarios puede también incrementarse. Por ejemplo, los contratos de importe elevado o las decisiones complicadas conllevan la asunción de la responsabilidad por el Comité de Revisión de Contratos, formado por expertos independientes que incluyen representantes de ONGs y académicos (INAP, 2009, p. 84).

Mapa geográfico de mecanismos y/o actividades de control interno para la contratación pública utilizados en países de la UE, entre otros destacados

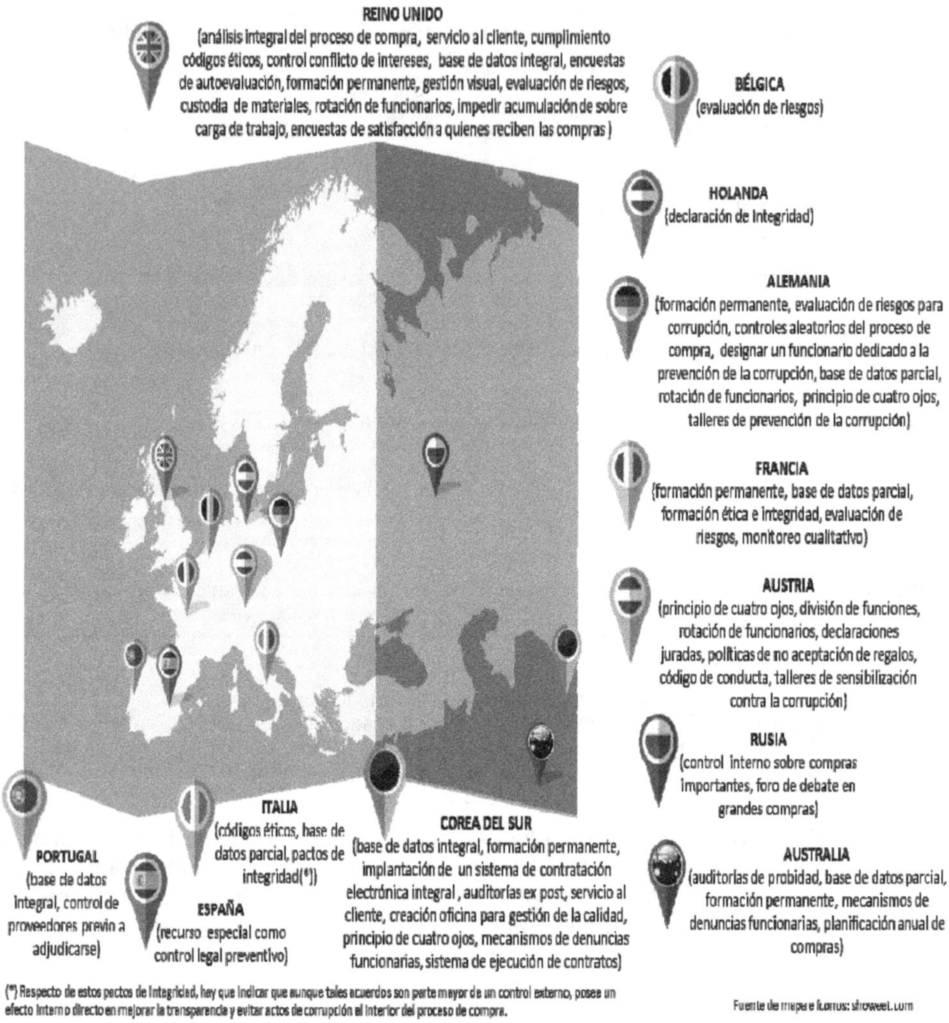

Fuente. Elaboración propia.

A. *Descripción de los mecanismos y/o actividades de control interno para la contratación pública encontrados en países de la UE, entre otros destacados*

Ulteriormente, describiremos por país cada uno de los mecanismos y/o actividades de control interno mencionados previamente:

a) **REINO UNIDO**

Mecanismos y/o actividades de control interno aplicados en contratación pública	**Diagnóstico y análisis integral del proceso de contratación**
	Establecimiento de un área o unidad de servicio al cliente
	Creación de códigos éticos
	Control sobre los conflictos de intereses de quienes participan en contratación
	Base de datos integral
	Realización de encuestas de autoevaluación al interior de las áreas de contratación
	Formación permanente
	Gestión visual de los procesos de contratación (realización de talleres de trabajo y elaboración de cadena de valor o mapa de procesos principales)
	Control de riesgos
	Medidas directas para combatir la corrupción y fraude (separación efectiva de obligaciones, rotación de personal, estrecha supervisión, custodia estricta de materiales, impedir acumulación de trabajo y diseño permanente de nuevos sistemas de control)
	Encuestas de satisfacción a quienes usan las compras (Irlanda del Norte)

En un primer mecanismo de control interno utilizable en materia de contratación pública, podemos mencionar el trabajo que buscó *diagnosticar el sistema de compras* del Gobierno Central del Reino Unido (para posteriormente mejorarlo y controlarlo). En tal actividad, que tuvo por objetivo examinar cómo el proceso de contratación podía ser acelerado para hacer negocios de forma más rápida y económica tanto para el comprador como proveedor, se identificó la oportunidad de desarrollar y poner en práctica un procedimiento mejorado, más un proceso de adquisición racionalizado y simplificado que encarna los principios y enfoques a partir de un número de técnicas de gestión probadas: gestión de proyectos Lean, manejo visual, flujo continuo, construcción en calidad, y trabajos estándar[79].

En otra herramienta en cuestión encontramos el establecimiento de un *servicio al cliente* (ciudadano) en esta área. Ha habido un enfoque concertado en la comprensión de las necesidades de los clientes, tornando a ser un imperativo para ofrecer un servicio excepcional a las personas. Por ello, y luego de escuchar sus necesidades, se identificaron tres retos: i) la calidad de los datos e información

[79] Cabinet Office, 2011, p.8.

disponible, ii) facilidad de hacer negocios con organismos públicos, y iii) la eficacia de la participación estratégica[80].

Un tercer elemento de control ha sido la creación de *códigos éticos* para actuar en las áreas de compras. El Servicio de Contratación de Gobierno (GPS) llevó a cabo una revisión profunda del cumplimiento del Código Corporativo de Gobierno de Buenas Conductas, aplicando el principio de «cumplir o explicar»[81].

En esta misma línea, se ha implementado un *control sobre los conflictos de intereses de quienes participan en la contratación.* Se controlan las relaciones que puedan tener quienes participan y toman decisiones en los procesos de compras[82], de forma que se evalúa que tales acciones sean tendientes a decidir sobre un interés social y no uno particular[83].

La gestión de una *base de datos* es otro instrumento de control para el sistema. Existe una base de información nacional que permite visualizar tanto el gasto de las compras públicas realizadas en el país, como quién las efectuó y cuándo se ejecutaron, permitiendo transparentar el uso de los recursos públicos como así la gestión interna de las instituciones[84].

Un sexto elemento de control usado ha sido realizar *encuestas de autoevaluación* al interior de las áreas de contratación. En consonancia con las buenas prácticas recomendadas en el Código de Gobierno Corporativo de 2011, el Comité de Auditoría de GPS llevó a cabo una auto-evaluación anual de la eficiencia y la eficacia del proceso de adquisición[85].

Como séptima herramienta se ha aplicado y aplican la *formación a los funcionarios públicos y de contratación* para controlar su conducta y mejorar su gestión. En el Reino Unido todos los funcionarios dedicados a asuntos comerciales que tra-

---

[80] Government Procurement Service UK, 2014, p. 13. Luego de este análisis, se reestructuró el equipo de servicio al cliente en varios grupos de atención dirigido por personas capacitadas, dando como resultado un equipo de trabajo centrado en la compresión de las necesidades y entrega de un servicio efectivo.

[81] *Ibid.*, p.33.

[82] *Ibid.*, p.21.

[83] Al detenernos en estos últimos dos instrumentos de control, importante es destacar que para garantizar que los intereses personales de los funcionarios no influencien de forma impropia el ejercicio de sus deberes y responsabilidades, es necesario que se realice una descripción detallada de los estándares de conducta que se espera de ellos, en particular, las prohibiciones y restricciones específicas. Los conflictos de intereses pueden hallarse potencialmente en situaciones relacionadas con: i) intereses personales, familiares o de negocio privado, actividades externas a la labor administrativa, en particular en relación con contratos, ii) regalos y estancias en hoteles, iii) implicación en actividades de un partido político, iv) revelación de información confidencial, y v) expectativas futuras de empleo (INAP, 2009, *Op. Cit.*, pp. 86-87).

[84] Ver mayor detalle en: https://data.gov.uk/dataset/public-sector-procurement-spend.

[85] Government Procurement Service UK, 2014, *Op. Cit.*, p.33.

bajan en el Ministerio de Defensa deben llevar a cabo cursos de entrenamiento antes de obtener una licencia comercial que les expide un funcionario de alto nivel[86].

El control interno por medio de la *gestión visual* ha sido otro mecanismo utilizado. El gobierno en cuestión contrató a una empresa externa para medir sus procesos de contratación, consistiendo tal servicio en disponer de la información existente en el área de contratación y crear un entorno visible y accesible del sistema de compras para todo el equipo que forma el área aludida, como también las numerosas partes interesadas. Se realizaron talleres iniciales para comprender los procesos de pre-adquisición y fases de contratación, trazando mapas de los proveedores, entradas, procesos, productos, necesidades y clientes[87].

Al igual que en otros países de la UE, este territorio utiliza el *control de riesgo* en sus adquisiciones como parte de su control interno. Esta acción va encaminada a establecer una política o marco de gestión de riesgos de los procesos de compra con la finalidad de ir gestionándolos durante todo el año, y así ir disminuyendo la probabilidad de errores o problemas en el sistema[88].

En relación a mecanismos o *acciones específicas relacionadas con el control del fraude y la corrupción,* se han adoptado medidas que han incluido: la separación efectiva de obligaciones, impidiendo que una o dos personas controlen un sistema completo; rotación de obligaciones (rotación de funcionarios)[89]; estrecha supervisión, sobre todo donde es difícil separar las obligaciones o donde el personal trabaja en lugares lejanos; custodia estricta tanto de materiales como de archivos, en referencia con almacenes, dinero efectivo, propiedades, cheques, garantías, órdenes de pago, información confidencial y computadoras; impedir que se acumule o atrase la

---

86 INAP, 2009, *Op. Cit.*, pp.91-92. El entrenamiento puede ser voluntario (en Noruega, se ofrece a los funcionarios públicos programas abiertos de entrenamiento desde Departamentos Administrativos, el Sector Público, o el Consejo Nacional de Contratación Pública) u obligatorio, como en los Estados Unidos.

87 Cabinet Office, 2011, *Op. Cit.*, p.4. La metodología de trabajo consistió en elaborar un mapa o cadena de valor de las actividades (mapa de procesos principales) para representar el proceso de adquisición "ideal". Luego, este mapa se utilizó como punto de comparación con los otros procesos realizados, con el fin último de aunar una sola propuesta de cómo debe funcionar el proceso. Un elemento clave que se destaca en este trabajo fue realizar talleres y charlar participativas con los proveedores, las cuales proporcionaron poder corregir el mapa de procesos antes elaborado desde la perspectiva de quien usa finalmente el sistema, además de identificar las buenas y malas praxis.

88 Government Procurement Service UK, 2014, *Op. Cit.*, p. 35.

89 Para evitar un contacto prolongado entre los funcionarios y los licitadores, algunos países han fomentado la rotación de los funcionarios encargados de la contratación pública, procedimiento que se ha demostrado útil particularmente en puestos de índole delicada o que obligadamente deben mantener contactos comerciales durante largos períodos con un número limitado de suministradores. El tiempo límite puede variar ampliamente dependiendo del puesto y el país, por ejemplo: los funcionarios con responsabilidades contables en Corea del Sur rotan en períodos de uno a tres años; los controladores financieros en Luxemburgo, entre tres y cinco años; los funcionarios con responsabilidades comerciales en un período máximo de cinco años en Reino Unido; y los miembros de la Comisión de Contrataciones en Brasil, cada año (INAP, 2009, *Op. Cit.*, p.84).

carga de trabajo y control de los atajos para restablecer la situación, o bien ocultar los intentos de fraude; y por último, realización de diseño de nuevos sistemas de control con alarmas insertas que detecten las amenazas internas o externas[90].

Finalmente, y hacia Irlanda del Norte, es interesante destacar una experiencia llevada a cabo en un hospital de esta región, en donde para mejorar la eficacia de la contratación realizada y así el servicio brindado al paciente, la autoridad del hospital referido realizó una *encuesta de satisfacción* a sus pacientes sobre los insumos y servicios usados (materiales o servicios que han sido comprados por el hospital y utilizados en el paciente). En tal encuesta, se obtuvieron datos por edad, origen étnico y género. Además, también se evaluó el servicio de comidas entregado. Los resultados de lo anterior provocaron variaciones contractuales con los proveedores, mejorando en definitiva el servicio entregado, y realizando por lo tanto un control interno ex post del servicio brindado[91].

b) FRANCIA

Mecanismos y/o actividades de control interno aplicados en contratación pública	**Programa de formación y capacitación permanente desde el Estado**
	Base de datos parcial
	Formación sobre ética, integridad y anticorrupción
	Aplicación enfoque de riesgos
	Monitoreo cualitativo de la contratación pública

Primero que todo, debemos señalar que el control francés en materia de contratos públicos se lleva a cabo por dos principales órganos de supervisión que son la Corte Nacional de Auditorías (CC), y sus 27 Cortes Regionales inferiores (CRC), junto con los contralores centrales. Los contralores a nivel estatal monitorean internamente los procesos de contratación, y a su vez el CC y el CRC proporcionan controles externos de los organismos públicos, midiendo las condiciones operativas e incoherencias de los sistemas respectivos[92].

En este país, como primer mecanismo que potencia el control interno destacamos su *sistema de formación y capación permanente* en compras, el cual se lleva a cabo por tres escuelas destacadas en la función pública: para el nivel central, la Escuela Nacional de Administración (ENA); para el servicio público territorial, el Instituto Nacional de Estudios Territoriales (INET) y el Centro Nacional de Adminis-

---

90 *Ibid.*, pp.79-82. La experiencia del Ministerio de Defensa en este país se apoya en la vigilancia de su personal de contrataciones para evitar la corrupción, y ha creado una "línea caliente" especial para informar de los fraudes, la cual está a cargo de la Unidad de Defensa y Análisis del Fraude y la Policía del Ministerio. Esta Unidad utiliza las últimas técnicas de detección de fraudes y búsqueda de datos para responder con iniciativa al riesgo de este tipo. Otras técnicas de detección incluyen la conciliación de cuentas, la verificación física de la existencia de los activos (por ejemplo, repaso de almacenes) y registros sobre la marcha.

91 Comisión Europea, 2010, p. 48.

92 Unión Europea, 2014, p. 77.

tración Pública territorial; y para la función pública hospitalaria, la Escuela Nacional Pública de Salud (EHESP)[93].

En otra herramienta –aunque es parcial y no abarca todas las adquisiciones en el país–, encontramos la existencia de una *base de datos* en compras (Public Procurement Economic Observatory, OEAP), la cual permite realizar un monitoreo básico del desempeño de la política de contratación[94]. La recolección de datos por la OEAP se limita a las ofertas por encima de 90.000 euros, no obstante lo anterior, es un primer paso para trabajar en una base de información integral en esta materia.

Así como la formación general en contratación pública es un elemento esencial del autocontrol y control interno, también lo es la *formación en ética, integridad y anticorrupción*. En el país –al igual que en Alemania– se ofrece una capacitación específica sobre integridad a los funcionarios vinculados a adquisiciones. El Servicio Central de Prevención de la Corrupción –órgano interministerial adscrito al Ministerio de Justicia en Francia–, elabora material permanente para ayudar a los funcionarios a identificar las irregularidades y la corrupción en sus tareas diarias[95].

Como penúltimo mecanismo de control esta la aplicación de un *enfoque de riesgos* sobre el sistema. Esto permite distinguir entre un simple error en el desempeño de una tarea administrativa, o una transgresión deliberada de las leyes pertinentes y las políticas conexas. El objetivo de esta metodología es trazar regularmente factores de riesgo y detectar las vulnerabilidades que podrían afectar la integridad del proceso de contratación en su conjunto[96].

Por último, mencionamos el *monitoreo cualitativo de la contratación pública.* Desde la década del 2000, algunas regiones han implementado un seguimiento cualitativo de sus requerimientos para adaptar mejor su sistema de compras a las necesidades de sus localidades. Este es el caso de Rhône-Alpes, donde el Consejo Regional recopila la opinión de los operadores económicos y de los servicios operacionales de hasta un 20% de sus procedimientos anuales[97].

---

93 Añadiendo a lo anterior, cada Ministerio tiene su propia organización de formación que ofrece cursos, talleres, y apoyo a los profesionales de contratación pública. La mayoría de estos cursos de formación proporcionan a los participantes herramientas prácticas que se centran tanto en los procedimientos de contratación, como en la aplicación de la legislación. Además sobre este mismo punto, el grupo de órganos compradores del país ha producido videos cortos informativos para la contratación pública, con el fin de orientar una serie de temas que incluyen el uso de la plataforma de e-procurement y procedimientos administrativos simplificados de una forma fácil e intuitiva. También, relevante es mencionar que para el período 2014-2020 el país espera programar cursos de formación, programas de certificación y auditoría regulares de adquisición a órganos de contratación (*Ibid.*).

94 *Ibid*, p. 81.

95 OCDE, 2014, pp. 24-25.

96 *Ibid*, p. 27.

97 *Ibid*, pp. 24-25.

c) HOLANDA

Mecanismos y/o actividades de control interno aplicados en contratación pública	Declaración de integridad

Hacia los países bajos, en Holanda, se adoptó ya hace años una *declaración de integridad* que exige que el Ministerio de Justicia certifique que no se han planteado objeciones contra el contratista de que se trate, basadas en una investigación sobre su conducta pasada[98].

Esta declaración, busca en un futuro cercano poder realizar pactos de integridad, los cuales exigen un compromiso entre el contratante y todos los licitadores para que se abstengan y eviten todo acto corrupto, así como para que se sometan a la sanción correspondiente en caso de su rompimiento. Un Pacto de Integridad obliga a los licitadores y contratantes a negarse a pagar o a aceptar sobornos o a mezclarse en transacciones contrarias a la concurrencia[99].

d) BÉLGICA

Mecanismos y/o actividades de control interno aplicados en contratación pública	Evaluación de riesgos del proceso de compra

Este país, a través de su Servicio Federal Belga de Contratación Pública, ha aplicado la *identificación de riesgos potenciales para la integridad* en varios momentos del proceso de contratación. Este trabajo realizado hace más de seis años, ha encontrado los siguientes riesgos en el proceso de contratación, de los cuales destacamos:

- *Definición de especificaciones*: la definición de especificaciones de un proyecto puede ser ajustada para que favorezca a un licitador concreto.
- *Procedimiento de selección*: en los procedimientos restringidos, la selección de posibles ofertantes no está amparada en criterios objetivos, con el riesgo de limitar el número de participantes.
- *Adjudicación:* cuando los criterios de selección están definidos de manera muy general, el riesgo de evaluación subjetiva que favorece a un licitador concreto es más amplio.
- *Gestión de contratos*: las adquisiciones se facturan, aun cuando no hayan sido completada.[100]

---

[98] *Ibid.* En una situación ideal, el Pacto de Integridad es objeto de seguimiento por parte de un experto independiente que puede ser recomendado por las instancias sociales o bien contratado por ellas. Este Observador habría de tener acceso a todos los documentos, encuentros y entidades participantes, y podría realizar informes de problemas, en primer lugar, con la Administración contratante y, si no se corrige la situación, con las autoridades de la oficina del fiscal.

[99] Ver mayor información de estos Acuerdos en Integrity Pacts en Transparencia Internacional. Último acceso 5 de octubre de 2017 en https://www.transparency.org/what wedo/tools/integrity _pacts/3/

[100] *Ibid*, pp.24-25.

Posteriormente, y para reducir los riesgos antes identificados, se elaboraron una serie de recomendaciones por la Oficina de Consultoría y Directiva dependiente de la Contratación Pública Federal, que se referían principalmente a: para evitar una definición prejuiciada de las especificaciones, el funcionario responsable de la misma debe justificar que están sustentadas en un estudio de mercado sobre las necesidades. Tal definición debe ser clara y detallada; para evitar modificaciones de la oferta durante el proceso, se recomendó usar el «principio de los cuatro ojos» con varias personas vinculadas a esta etapa; se precisan mecanismos efectivos de responsabilidad para equilibrar el poder discrecional del funcionario responsable en compras; en la apertura de las ofertas deberían estar habitualmente presentes varios funcionarios; y por último, se debería crear una base de datos con información sobre compras realizadas con anterioridad, para usarlas como precios de referencia[101].

e) ALEMANIA

Mecanismos y/o actividades de control interno aplicados en contratación pública	**Evaluación de riesgos para corrupción**
	Controles aleatorios de procesos de licitación buscando actos de corrupción
	Establecer un funcionario expresamente dedicado a la prevención de la corrupción
	Rotación de los funcionarios de contrataciones
	Talleres de prevención de la corrupción a funcionarios que entran a trabajar en contratación
	Base de datos parcial
	Principio de cuatro ojos
	Formación continua por parte del Estado y Universidades

En el gobierno federal alemán y sus medidas de control interno sobre contratos públicos, están encaminadas en gran parte a los actos de corrupción, destacando entre ellas: la existencia de una herramienta de monitoreo de la acción pública que se utiliza para *evaluar los riesgos de corrupción* en esta actividad. Si una actividad califica como riesgosa de corrupción, medidas ante tal riesgo se adoptan.

Complementariamente, el Ministerio del Interior realiza periódicamente *controles aleatorios de los procesos de licitación,* además de controles sustentados en sospechas o avisos de posibles corrupciones. Con el fin de maximizar aún más la eficacia de esta supervisión, este órgano está facultado para acceder directamente a los registros de adquisición sin tener que avisar a nadie, además de no ser detectado por el sistema[102].

Como otro mecanismo de control aludimos a la Agencia Federal para la Contratación Pública, quien ha adoptado varias medidas para fomentar la integridad entre su personal, incluyendo el apoyo y las orientaciones de un *funcionario expresamente dedicado a la prevención de la corrupción, la organización de talleres (workshops) y la capacitación para resolver problemas de corrupción, así como la rotación de*

[101] *Ibid*, p.111.

[102] Bosch et al, 2012, *Op. Cit*., pp. 86-87.

los funcionarios[103]. Sobre tal capacitación aludida, cabe destacar que en el país desde el año 2001 es obligatorio que los nuevos funcionarios participen en un *taller encaminado a la prevención de la corrupción*[104].

Otra medida importante que previene la corrupción es la *rotación del personal* después de un período de cinco a ocho años, de forma que se evite un contacto prolongado con los suministradores al tiempo que se mejora la motivación y se hacen más atractivos los puestos de trabajo. Sin embargo, esta rotación todavía halla dificultades en la Agencia por el alto nivel de especialización requerido. Muchos funcionarios no pueden cambiarse de unidad, ya que sus conocimientos son indispensables para la unidad en que trabajan[105].

Los aspectos antes mencionados se han sustentado por otro elemento de control como es la información entregada por una *base de datos (parcial)* de adquisiciones. Al estar formado este territorio por Estados Federados, no todos los organismos públicos del país transan sus adquisiciones en una sola plataforma de contratación, ni tampoco todos lo hacen[106].

Finalmente, además de apoyarse el sistema de contratación en el *principio de «cuatro ojos»*[107], la Academia Federal de Administración Pública y el Centro del Gobierno Federal ofrecen *formación especializada y seminarios de contratación*

---

103 *Ibid.* Debemos decir también que en este país la Agencia Federal para la Contratación Pública es un organismo gubernamental que gestiona las compras de 26 diferentes unidades administrativas federales, fundaciones e instituciones de investigación, todas ellas dependientes del Ministerio del Interior. Es la segunda mayor agencia de contratación pública después de la Oficina Federal para la Tecnología y Contratación Pública de la Defensa.

104 INAP, 2009, *Op. Cit.*, pp. 91-92; Federal Procurement Agency, Germany, citado por OCDE, 2014, *Op. Cit.*, p. 24. Con la ayuda de un profesional de la oficina del fiscal del distrito aprenden los riesgos de verse envueltos en sobornos, y las posibles estrategias de quienes sobornan. Otra parte de este entrenamiento está dedicado a saber cómo comportarse si surgiera una situación de coima, animándolos a denunciarla. Los talleres ponen de relieve el significativo papel de los funcionarios, cuya conducta ética es una parte esencial para impedir tales malas prácticas.

105 *Ibid.* En épocas recientes algunos países han adoptado restricciones específicas y prohibiciones para los funcionarios dedicados a la contratación pública, no sólo para el tiempo que duren en sus puestos de trabajo, sino también en empleos posteriores si dejan la Administración. En los Estados Unidos por ejemplo, se han desarrollado prohibiciones concretas post-empleo administrativo para los funcionarios relacionados con la contratación pública.

106 Federal Procurement Agency, Germany, citado por OCDE, 2014, *Op. Cit.*, p. 26. La Agencia Federal de Adquisiciones del Ministerio del Interior ha establecido un flujo de trabajo electrónico que ayuda a centralizar toda la información relacionada con las actividades de adquisición, y proporciona un registro de las diferentes etapas de los procedimientos que se están llevando a cabo. Todos los archivos se almacenan en un repositorio de gestión de documentos. A través de tal Agencia se sustentan los registros para mantener la transparencia y proporcionar información para las auditorías respectivas. El departamento de gestión de calidad examina documentos en el sistema de forma aleatoria y sistemática, mientras que las auditorías internas revisan las transacciones del año anterior que han sido identificadas con un mayor riesgo de corrupción como los contratos negociados.

107 INAP, 2009, *Op. Cit.*, pp. 99-101.

pública para las autoridades a través de su proceso de entrenamiento interactivo y plataforma de aprendizaje virtual. Algunas universidades públicas como la Universidad de Hannover y la Academia de Derecho Europeo de Trier también ofrecen cursos específicos en esta materia[108].

f) PORTUGAL

Mecanismos y/o actividades de control interno aplicados en contratación pública	**Envío de informe a licitadores para sus apreciaciones del proceso antes de adjudicar (control social)**
	Base de datos integral (base de datos para bienes y obras)

En Portugal, una acción de control interno particular es remitir a todos los licitadores un *informe en el que se establece la intención de adjudicar* tras la evaluación por el comité de contratación, de forma que quienes se presentan puedan poner en cuestión este resultado (por ejemplo, el procedimiento, la aplicabilidad y la elección de la oferta), y reclamar contra todas estas acciones en los cinco días siguientes[109].

Otro elemento de control está dado por la existencia de una *base de datos de contratos públicos*[110]. En esta, se pueden obtener los registros y características de los contratos efectuados por el aparato público, además de otras estadísticas relevantes por año, tipo de contrato, distrito, valores de los contratos, entre otros más. Complementario a ello, interesante también es mencionar una *base de datos particular sobre Obras Públicas* (Observatorio das Obras Públicas)[111], con filtros y estadísticas de los contratos sobre este rubro.

g) ITALIA

Mecanismos y/o actividades de control interno aplicados en contratación pública	**Código de ética**
	Base de datos parcial
	Pactos de integridad

En Italia se ha adoptado un *código ético obligatorio* a través de Consip (Concessionaria Servizi Informatici Pubblici), compañía privada encargada de la contratación pública electrónica. Este código se aplica no solamente al personal, sino también a los proveedores e interesados en esta materia[112].

En un segundo instrumento de control encontramos la existencia de una *base de datos (parcial)* sobre adquisiciones públicas. La Autoridad para la Supervisión de los Contratos Públicos ha implementado una base de datos nacional sobre contratos públicos (NDPC), en línea con la Ley 136/2010. Su objetivo, ha sido recopilar y procesar datos sobre los contratos públicos a fin de supervisar los servicios e infor-

---

108 Bosch et al, 2012, *Op. Cit.*, pp. 86-87.

109 INAP, 2009, *Op. Cit.*, p.118.

110 Ver detalle de base de datos en http://www.base.gov.pt/Base/pt/Homepage.

111 http://www.base.gov.pt/Oop/en/Statistics/GeographicalStats.

112 INAP, 2009, *Op. Cit.*, p. 87.

mar sobre transparencia, simplificación y competencia. A través de estos datos la autoridad mejoró sus actividades, en particular aquellas de supervisión y regulación[113]. En el territorio, aproximadamente un 50% de las autoridades públicas utilizan la contratación electrónica, la cual sin embargo, no entrega datos integrales a nivel nacional sobre adquisiciones[114].

Por último, mencionamos los acuerdos o los *pactos de integridad*. Hay que indicar que aunque este mecanismo no es directamente controlador interno del proceso de contratación al interior de sus fases, si genera indirectamente un control sobre la transparencia institucional y disminuye los vicios de corrupción del proceso de contratación al deber comprometerse tanto el organismo público como el proveedor, a respetar los principios claves de la contratación, existiendo sanciones si esto no ocurre. En Italia, se han llevado a cabo desde el año 2015 ya cuatro proyectos piloto en relación a estos pactos[115].

h) ESPAÑA

Mecanismos y/o actividades de control interno aplicados en contratación pública	**Recurso especial como control preventivo**

En todo el Estado español, el control interno habitual que podemos visualizar en materia de contratos públicos viene dado por una medición de la legalidad (además del tradicional control presupuestario-financiero que se hace de los presupuestos de compras), el cual es un control preventivo que se ha instrumentalizado a través del llamado *Recurso Especial*. Este es un control realizado a través de los Tribunales Administrativos de Recursos Contractuales. La virtualidad de este instrumento legal reside en tratarse de un recurso de carácter rápido y eficaz, con el objeto de impedir que se consoliden situaciones de ilegalidad, que se verían reparadas únicamente tras la resolución del correspondiente recurso ante los órganos judiciales del orden jurisdiccional contencioso administrativo.

Todo control preventivo de irregularidades en los procedimientos de compras supone que su eficacia esté condicionada a que se pueda suspender inmediatamente el procedimiento, y en consecuencia, se puedan reparar las irregularidades cometidas de manera rápida[116].

Aunque este recurso tiene cada vez más importancia funcional en las Administraciones españolas, las restricciones presupuestarias actuales condicionan su puesta en marcha, lo que puede afectar a la consecución de su rapidez, con los perjuicios desde la perspectiva de la eficacia que se ocasiona para el órgano demandante.

---

113 OCDE, 2016a.

114 Comisión Europea, 2015, p. 118.

115 Ver mayor información en Comisión Europea. Integrity Pacts. Último acceso 6 de octubre de 2017 en http://ec.europa.eu/regional_policy/en/policy/how/improving-investment/integrity-pacts/

116 Santiago Fernández, 2015, p. 108.

i) AUSTRIA

Mecanismos y/o actividades de control interno aplicados en contratación pública	**Principio de cuatro ojos**
	División de funciones
	Rotación de personal de compras
	Declaraciones juradas contra malas prácticas
	Política de no aceptación de regalos desde proveedores
	Aplicación de código de conducta
	Talleres de sensibilización contra la corrupción

Los controles internos en materia de contratos públicos aquí destacados están más orientados a prevenir malas prácticas y actos de corrupción. Un proceso de toma de decisiones transparente, objetivo y documentado, así como un estricto sistema de control interno *(principio de cuatro ojos, división de funciones, rotación del personal*) son elementos que garantizan una competencia leal entre los oferentes de este país.

Asimismo, en este territorio se solicita a los empleados de la Agencia Federal de Contratación (Austrian Federal Procurement Agency, BBG) que *declaren por escrito* que se abstendrán de cualquier acción que pueda dar lugar a una ventaja competitiva o trato preferencial a uno de sus adjudicadores. BBG también tiene una *política especial* que indica que *está prohibido recibir cualquier regalo.* En caso de sesgo, se pide a los empleados que lo comuniquen sin demora al organismo de lucha contra la corrupción o al respectivo directivo o jefatura de la institución[117].

En caso de sospecha o percepción de una conducta de corrupción se debe notificar al organismo anticorrupción. Todas las notificaciones son tratadas con gran cuidado y confidencialidad. BBG también redactó un *código de conducta* que aborda las medidas de prevención contra la corrupción, el cual debe ser firmado por cada empleado junto con el contrato de trabajo. La *sensibilización* es la principal acción que realiza este organismo para prevenir las malas prácticas. El encargado de la lucha contra la corrupción organiza periódicamente (cada dos meses) *cursos y talleres de capacitación* y difunde materiales de aprendizaje para mantener al personal actualizado y consciente de los riesgos a los que está expuesto[118].

j) COREA DEL SUR

Mecanismos y/o actividades de control interno aplicados en contratación pública	**Control automático por medio del sistema electrónico de compras integral KONEPS**
	Auditorías ex post
	Mecanismo de denuncia funcionaria inserto en el sistema electrónico KONEPS
	Sistema de reclamaciones, denuncias y/o entrega de información (servicio al cliente)

[117] OCDE, 2014, *Op. Cit.*, pp.20-21.

[118] *Ibid.*

	Creación de Oficina de Gestión de la calidad para Compras
	Base de datos integral
	Principio de cuadro ojos
	Formación permanente
	Establecimiento de sistema informático de gestión de contratos

Tal territorio, el cual es uno de los países más avanzados en el desarrollo de sus sistemas de contratación gubernamental por medio de su destacada *plataforma electrónica de compras* «KONEPS», ha introducido prácticas de *control automático* –y a la vez control social– en todos sus procesos de contratación que son visualizados por todos los interesados, sólo por el hecho de llevar al 100% su proceso de adquisición de forma electrónicamente transparente.

KONEPS[119], maneja todas sus compras de forma electrónica, disminuyendo así cualquier espacio para posibles escándalos de corrupción, como por ejemplo mediante la eliminación de la visita innecesaria del proveedor al organismo público para algún pago[120].

Otro instrumento de control utilizado en este país, además de tal plataforma, son las *auditorías ex-post.* Estas, se focalizan en áreas específicas de trabajo proclives a la corrupción, y son localizadas a través de una investigación interna sobre el nivel de integridad. Ello ha conducido a elevar la conciencia entre los auditores y funcionarios sobre las áreas que más propensión muestran hacia irregularidades y corrupción[121].

Un tercer elemento al respecto son los *mecanismos de denuncias internas sobre irregularidades* disponibles para funcionarios públicos, llevado a cabo por medio de su sistema electrónico de contratación. En el año 2003 Corea del Sur comenzó a ofrecer incentivos para animar a denunciar, por ejemplo, a través de recompensas financieras o ventajas en la carrera profesional[122].

Complementario a lo anterior, y adicionando otro mecanismo de control, los sistemas de contratación en este país cuentan con un servicio de *atención al cliente o ciudadano* para recibir reclamaciones, denuncias y/o entrega de información.

La creación de una *Oficina de Gestión de la Calidad* para compras es otro de los instrumentos de control en este territorio. Esta unidad está a cargo de la gestión de calidad de los bienes adquiridos. Con esta Oficina, la calidad de los bienes comprados aumentó significativamente, lo que provocó que la tasa de satisfacción del cliente aumentara de 78% en 2010, a 85% en 2014.

---

119 En noviembre de 2004, la ONU ha seleccionado a KONEPS como el modelo de mejores prácticas en términos de la contratación electrónica, y en abril de 2005, la ONU/CEFACT ha reconocido a los procedimientos electrónicos de KONEPS como estándares internacionales. Ver mayor información y ejemplo de aplicación del sistema en OCDE, 2014, *Op. Cit.*, p. 11.

120 Página web Public Procurement Service Korea. https://www.pps.go.kr/eng/jsp/koneps/ overview.eng, último acceso 9 de mayo de 2017.

121 INAP, 2009, *Op. Cit.*, pp. 109-110.

122 *Ibid*, pp. 117-118.

El siguiente instrumento de control instituido es la creación de una *base de datos integral en compras*. Por medio de la información recopilada, el gobierno puede controlar qué puntos hay que mejorar y corregir, focalizando medidas concretas en aquellos sectores. Un sistema de este tipo beneficia a una amplia variedad de organizaciones e individuos, incluyendo a los proveedores e investigadores del sector privado, así como responsables de las políticas públicas[123].

Otra praxis de control habitual es el *principio de cuatro ojos*, el cual permite por medio de comités o grupos de expertos contrarrestar el poder discrecional de un único funcionario al evaluar algún proceso o factor crítico en una adquisición. Asimismo, pueden participar variados expertos incluyendo contables, economistas, abogados, etc. Según aumenta la importancia del proyecto, el número de funcionarios puede también incrementarse. Por ejemplo, los contratos de importe elevado o las decisiones complicadas conllevan la asunción de la responsabilidad por el Comité de Revisión de Contratos, formado por expertos independientes que incluyen representantes de ONGs y académicos[124].

Finalmente, además de los programas de *formación permanente* que permiten potenciar los elementos de control expuestos, mencionaremos el establecimiento de un *sistema informático de gestión de contratos*. Tal vía permite acelerar el proceso de contratación luego de adjudicar una compra, a través de informatizar todo el proceso de solicitud de la redacción de propuestas para gestión de proyectos. El sistema consta de cinco categorías, incluyendo la escritura y la publicación de las solicitudes; escritura y presentación de propuestas; evaluación técnica; gestión de proyectos; e información integrada de tecnologías de información[125].

k) RUSIA

Mecanismos y/o actividades de control interno aplicados en contratación pública	**Aprobaciones y control sobre grandes compras**
	Debates de grandes compras a través de un foro público

Sobre este país, debemos decir que las relaciones entre interesados en la contratación pública están en necesidad de mejora. Hoy en día los principales productores son a menudo reacios a participar directamente en la contratación pública recurriendo a los servicios de compañías intermediarias. Un control habitual que estableció esta nación sobre sus compras fue el de aplicar *aprobaciones de altas autoridades a grandes compras* (compras de mayor valor), de acuerdo a la siguiente clasificación:

- Las compras de más de mil millones de rublos serán aprobadas por el Alcalde de Moscú.
- Compras de 100 millones a mil millones de rublos, deberán ser aprobadas por el Grupo de trabajo Interdepartamental.

---

123 *Ibid*, pp. 53-54.

124 *Ibid*, p. 84.

125 Public Procurement Service, 2014, p. 55.

- Compras de 3 millones a 100 millones de rublos, deberán ser aprobadas por el grupo de trabajo controlador de presupuesto, responsable de la revisión de la validez de las necesidades[126].
- La importancia de este ejemplo radica simplemente en establecer medidas mayores de regulación a compras que presentan valores elevados, que son complejas, o estratégicas para el organismo público.

Un segundo elemento de control son los *debates de grandes compras a través un foro público*. Una de las características más importantes de la Ley en la materia se fundamenta en la necesidad de llevar a cabo debates públicos sobre grandes adquisiciones (más de 1.000 millones de rublos, aproximadamente 28 millones de dólares) a través de un foro en línea especial, y de audiencias públicas[127], esto último, muestra la injerencia que puede poseer el control social en el control de los contratos públicos.

l) AUSTRALIA

Mecanismos y/o actividades de control interno aplicados en contratación pública	**Auditorías de probidad**
	Mecanismo de denuncia funcionaria
	Base de datos parcial
	Formación permanente (certificaciones y títulos)
	Planificación de las compras

Por último, en Australia, la gestión de las adquisiciones está en gran parte descentralizada, basándose en agencias territoriales que llevan a cabo la política del Gobierno. Al interior de los órganos públicos encontramos al auditor de probidad, quien es la persona independiente que confirma que los procesos de contratación pública se han realizado equitativamente a través del seguimiento, evaluación y, allá donde fuese necesaria, la corrección de las licitaciones. En este país todos los informes de los *auditores de probidad* están totalmente a disposición del Parlamento, del Auditor General y de cualquiera que tenga interés[128].

En otra herramienta de control interno destacamos los *mecanismos de denuncia funcionaria*. En Australia se utilizan varios métodos para revelar irregularidades y, al tiempo, proteger el anonimato. Tales sistemas se refieren a informaciones anónimas (por ejemplo, comunicaciones sobre la marcha a través de intercambio de correos electrónicos anónimos o línea telefónica especial), excluyendo la identidad del

---

126 International Business Leaders Forum, 2012, pp. 5-11.

127 OCDE, 2014, *Op. Cit.*, p.10.

128 Este auditor se ha mostrado particularmente útil en proyectos en los que la integridad del proceso se puede suscitar, o para evitar la idea de un posible favoritismo. Sin embargo, existe el riesgo de que pudiera ser usado como "póliza de seguro" para evitar responsabilidades por las decisiones tomadas, o que se constituya en sustituto de las buenas prácticas de gestión. Para suprimir este peligro, la Comisión Independiente Contra la Corrupción de Nueva Gales del Sur, ha desarrollado orientaciones y criterios de uso de estos profesionales de probidad (INAP, 2009, *Op. Cit.*, pp.109-113).

denunciante en la documentación de la investigación, o imponiendo la obligación a quien recibe la información denunciada de no revelar el nombre del denunciante[129].

Un tercer elemento de control, y a la vez transparencia, es la utilización de un *sistema de información (base de datos parcial)* llamada AusTender. Cada agencia gubernamental australiana es responsable de sus propios procesos de adquisición y, como tal, no existe un repositorio central de información. Esta información ofrece una publicación centralizada de las oportunidades de negocios del Gobierno Australiano, planes anuales de adquisiciones, listas de usos múltiples y contratos adjudicados[130].

Otro mecanismo ya aludido en otros países es la *formación permanente*. Un entrenamiento formal en adquisiciones y gestión de contratos puede obtenerse a través de una serie de organizaciones de entrenamiento registradas, las cuales pueden conducir a la obtención de un título de educación y capacitación profesional en adquisiciones, diploma de gobierno y contratación, diploma avanzado en gobierno (adquisiciones y contrataciones), o el certificado de postgrado en adquisiciones estratégicas[131].

Finalizando, la *planificación de las compras* también es usada como un mecanismo de control al igual que en México, Chile o Polonia, entre otros. Más de una tercera parte de los países en general vienen usando la planificación anual de las adquisiciones, adoptándola como parte de un planteamiento que conduce a una visión estratégica y de largo plazo, de sus necesidades y su gestión. Se ha pedido a las autoridades responsables de la contratación pública que revisen sus procesos de compras, y que se marquen objetivos, finalidades y puntos de referencia que tengan una vinculación estrecha con los planes, resultados y objetivos gubernamentales[132].

III. REFLEXIONES FINALES

Los mecanismos y/o actividades descritas en este apartado vienen a evidenciar qué acciones concretas se pueden llevar a cabo para mejorar el control interno de nuestra contratación, sin necesariamente deber esperar alguna normativa o regla-

---

[129] Respuesta de Australia al Cuestionario de la OCDE, *Ibid.*, pp.109-113.

[130] OCDE, 2014, *Op. Cit.*, p.5. En el sitio web de AusTender es posible acceder a informes sobre avisos de contratos, ofertas estándar y planes de adquisiciones. Los registros se pueden buscar por agencia, rango de fechas, rango de valor, categoría, confidencialidad, nombre de proveedor, número de negocio del proveedor australiano y tipo de informe. También es posible descargar registros de resumen que incluyen información sobre el recuento total y el valor (estadísticas varias).

[131] Gobierno de Australia, Departamento de Finanzas, último acceso 11 de febrero de 2017 en https://www.finance.gov.au/procurement/Training.html

[132] OCDE, 2014, *Op. Cit.*, p.62. Esta visión estratégica para las contrataciones y su difusión al interior de la institución es primordial. Como lo afirma la Oficina de Rendición de Cuentas del Gobierno de Estados Unidos (GAO), las instituciones deben establecer y comunicar a todos los niveles una visión estratégica para la función de adquisición, incluyendo los objetivos y métricas relacionadas con la eficiencia de las compras, la eficacia y el logro de resultados de la misión (GAO, 2016, *Op. Cit.*, summary).

mento interno que nos faculte u obligue a ello. Hoy en día, existen variados ejemplos prácticos a nivel mundial sobre cómo medir nuestra gestión interna en esta materia, y gratis, los cuales a la luz de este artículo pueden ser utilizados por cualquier organismo público que realmente se lo proponga.

El control de la contratación pública no puede seguir siendo respuesta a hechos particulares o actos concretos solicitados por la autoridad, sino una actividad permanente, autónoma y a llevarse a cabo con mecanismos, herramientas y/o actividades simples como las aquí mencionadas.

Tanto en el sector público como en su Administración, abarcando lógicamente su contratación pública, el control está configurado en casi todas las constituciones nacionales –de países democráticos– como garantía, y a la vez exigencia, de un Estado de derecho que debe asegurar un servicio público eficiente y eficaz a disposición del ciudadano. Razón, por lo tanto, más que suficiente, para comenzar a vislumbrarlo como un factor clave y decisivo en los resultados que nos está entregando nuestro sistema de adquisiciones en su conjunto, debiendo cuestionarnos frecuentemente, por ejemplo, ¿Qué calidad de contratación de bienes, servicios u obras podemos obtener si no controlamos qué estamos comprando, cuánto estamos pagando (incluyendo todos los costes asociados), y finalmente, si hemos cumplido el objetivo de la compra?

En suma a ello, también hay que decir que los controles expuestos en normativas nacionales como institucionales, carecerán de utilidad funcional si no existe la voluntad y obligación de hacerlos cumplir. En materia de adquisiciones públicas debemos respetar los controles de legalidad y presupuestario que por tradición están insertos en nuestra Administración, buscando a la vez otros que permitan saber con mayor certeza que ocurre con la eficiencia, la eficacia, los riesgos, la estrategia, y la gestión en general del sistema, los cuales al presente están siendo demandados cada vez con mayor afán.

Dicho lo anterior, resulta evidente entonces señalar que todo control interno que se realice en nuestros procesos de contratación debería abarcar dos objetivos claros: evitar acciones corruptas y malas prácticas de quienes compran y venden; y establecer una supervisión efectiva de los fondos públicos que se gestionan en esta área, entendiendo que la profesionalidad y transparencia con que se ejecute este segundo objetivo condicionará al primero. Es cierto que la corrupción como señalan tanto García de Enterría y Nieto García es un vicio de los hombres, siendo inherente a la naturaleza humana[133], no obstante, también es cierto que cuando está se puede detectar a tiempo a través de controles internos previos en el proceso de compra, este fenómeno se reduce bastante.

Para finalizar, podemos concluir que en esta materia de aprovisionamiento se pueden observar dos situaciones generales que ocurren con su control interno. Por una parte, se aprecia que los controles tradicionales que exige la Administración no se cumplen como deberían o son implementados de manera incompleta. Y por otra,

---

[133] García de Enterría, Eduardo. *Democracia, jueces y control de la administración*, Editorial Civitas, 1995, p. 74; y Nieto García Alejandro, 1997, *Corrupción en la España democrática*, Editorial Ariel, 1995, p. 7.

la escasez de fondos públicos y mayores demandas sociales por hacer más con menos, obligan a que el aparato público deba, y se exija, complementar sus tradicionales mediciones de legalidad y presupuestaria-financiera con otros exámenes como ya hace años lo están realizando países que poseen un mayor nivel desarrollado en sus sistemas de compras, nombrando por ejemplo a Estados Unidos, Canadá, Reino Unido, Corea del Sur, entre otros, quienes han ido obteniendo resultados notables en términos de economicidad y reducción de malas prácticas, decantando en sistemas de contratación más eficientes, eficaces, competitivos y transparentes.

BIBLIOGRAFÍA

ARRIBAS REYES, Esteban, "Pactos de integridad: tres décadas de experiencias en Europa como ejemplo para su implementación en España". *Revista Internacional Transparencia e Integridad* N° 1, 2016.

Banco Interamericano de Desarrollo, BID, Indicadores de desempeño y Business Intelligence en adquisiciones financiadas por el BID, Presentación María Eugenia Roca, 2013.

Banco Mundial. Procurement. Assessment of Country's Public Procurement System, 2016.

Benchmarking Public-Private Partnerships Procurement, 2017.

BOSCH, Gerhard, MESAROS, Leila, SCHILLING, Gabi and WEINKOPF, Claudia, "The public sector pay system and public procurement in Germany", IAQ, University of Duisburg, 2012.

Cabinet Office, "Accelerating Government Procurement", February. UK, 2011.

CAMERON, Mckenna, "Guide to the EU public procurement rules in the UK, Contract award procedures for public sector bodies in Scotland", CMS, 2014.

CAÑIBANO, Leandro y PEDROSA, Fernanda, "El Control del Cumplimiento de la Información Financiera: Un Análisis Delphi de la Reacción Reformista Post-Enron", Universidad Autónoma de Madrid, 2009.

Comisión Europea.

Código europeo de buenas prácticas para facilitar el acceso de las PYME a los contratos públicos, Documento SEC, 2008.

Buying Social. A Guide to Taking Account of Social Considerations in Public Procurement, 2010.

EU public procurement legislation delivering results summary of evaluation report, 2011a.

Resumen de la evaluación del impacto y la eficacia de la legislación de la UE sobre contratación pública, 2011b.

Evaluation Report-Impact and Effectiveness of EU Public Procurement Legislation-Part 1, DG Internal Market and Services, Commission Staff Working Paper, Brussel, 2011c.

Informe de la comisión al Consejo y al Parlamento Europeo informe sobre la lucha contra la corrupción en la UE, Bruselas, 2014.

Public procurement-study on administrative capacity in the EU Italy Country Profile, 2015.

European semester thematic factsheet, Public Procurement, 2016.

Comisión Nacional de los Mercados y la Competencia, CNMC, PRO/CNMC/001/15 Análisis de la Contratación Pública en España: Oportunidades de mejora desde el punto de vista de la competencia, España, 2015.

Departamento de Políticas de la UE, "Comparative survey on the transposition of the new EU public procurement package". The Italian National Anti-Corruption Authority, 2014.

GALÁN, Carlos, OLIVAS, Ramiro, ALMONACID, Víctor, YERA, Trinidad, MORENO, Virginia, GONZÁLEZ, Esther, RODRÍGUEZ, Israel, Contratación electrónica en el sector público español, Instituto de Estudios Superior de la Empresa, IESE, Business School, Universidad de Navarra, 2013.

GIMENO, FELIÚ, José María. *El control de la contratación pública (las normas comunitarias y su adaptación en España)*, Editorial Civitas, 1995.

__________________Decálogo de Reglas para prevenir la corrupción en los Contratos Públicos, Observatorio de Contratación Pública, Opinión y Análisis, 12 de noviembre, 2014, último acceso 20 de abril de 2016 en http://www.obcp.es/index.php/mod.opinio-nes/mem.detalle/id.180/relcategoria.118/relmenu.3/chk.b24fd5c753a9317e49765cdd8ef56346.

__________________*La transposición de las directivas de contratación pública en España, Observatorio Contratación Pública*, Congreso Internacional de Cuenca, España, 2016.

GÓMEZ MATEO, Juan, "Breves reflexiones en torno a los principios generales como base de un derecho global de la contratación pública", *Diario La Ley*, No. 8887, Sección Tribuna, 22 de Diciembre, dir. Wolters Kluwer, 2016.

Government Procurement Service UK, Annual Report and Accounts 2013/14, www.gov.uk/government/publications, 2014.

Government Accountability Office, GAO, Standards for internal control in the federal government, Washington, DC, US, 1999.

Instituto Nacional de Administración Pública, INAP, La integridad en la contratación pública. Buenas prácticas de la A a la Z, Organización para la Cooperación y el Desarrollo Económico (OCDE), 2009.

International Business Leaders Forum, Improvement of public procurement procedure, Moscow, 2012.

LÓPEZ HERNÁNDEZ, A., "Normas profesionales de la INTOSAI: directrices de auditoría. Aplicación a la actividad fiscalizadora de los Órganos Institucionales de Control Externo Autonómicos", *Revista Auditoría Pública*, No. 61, 2013.

MAGINA PAULO, Towards public procurement key performance indicators, Public Sector Integrity Division, 2014. http://www.worldbank.org/content/dam/Worldbank/Event/ECA/public-procurement-forum10-eca/tr-procurement-oecd-paulo-magina.pdf.

MARTÍN, S. y RODRÍGUEZ, R., "Desafíos en la fiscalización de la contratación pública. Efectos de la falta de transposición de las directivas de contratos", *Revista Auditoría Pública* No. 67, 2015.

MARTÍNEZ FERNÁNDEZ, José Manuel, "Medidas de transparencia como antídoto contra la corrupción en la contratación pública", *Revista Jurídica Castilla y León* No. 41, 2017.

MORENO MOLINA, José Antonio. *Novedades de las nuevas directivas sobre Contratación Pública*, Presentación 30 de enero, Cuenca, 2014.

__________________. *El nuevo derecho de la contratación pública de la Unión Europe*a. Directivas 4.0, dir. Chartridge Books Oxford, 2015a.

__________________. "Las nuevas directivas de la Unión Europea sobre contratación pública y su necesaria incorporación al derecho español". *Gabilex* No. Extraordinario Jornadas de Letrados de las CCAA 15, 16 y 17 de abril, 2015b.

MORENO MOLINA, José Antonio y PINTOS SANTIAGO, Jaime, *El sistema de contratación pública español*, Aletheia, Cuadernos Críticos del Derecho, 2015.

MURILLO JASO, Luis, "Compra pública innovadora: fomentando la innovación por el sector público", *Actualidad jurídica Aranzadi*, No. 868, 2013.

Organismo Internacional de Apoyo para el Mejoramiento de la Gestión y Gobernanza, SIGMA, Audit of Procurement, Brief 28, June, 2013.

Organización para la Cooperación y el Desarrollo Económicos, OCDE.

Compendium of good practices for integrity in public procurement, Public Governance and Territorial Development Directorate Public Governance Committee, 2014.

Preventing Corruption in Public Procurement, 2016.

Country case: Transparency and traceability in public procurement in Italy, 2016a.

Parlamento Europeo, Political and other forms of corruption in the attribution of public procurement contracts and allocation of EU funds: extent of the phenomenon and overview of practices, Brussels, 2013, último acceso el 6 de mayo de 2016 en http://www.europarl.europa.eu/studies.

PIN ARBOLEDAS, José, JIMÉNEZ M., Javier, ALMONACID LAMELAS, Víctor, ARÍSTEGUI, José Luis, ÁLVAREZ, Fernando, *Libro blanco*. Licitación pública electrónica, Guías de Gestión Ciudad Inteligente, 2015.

Public Procurement Service, Annual Report, Republic of Korea, 2014.

Institute for Public procurement, Performance measurement, Public Procurement Practice, 2012, último acceso 4 de abril de 2016 en http://principlesandprac-tices.org/.

Red Interamericana de Compras Gubernamentales, RICG, Informe Final: primer encuentro del grupo de trabajo sobre Indicadores del sistema de compras y contratación Pública de la RICG, Bogotá, Colombia, 2013.

RODRÍGUEZ-ARANA MUÑOZ, Jaime, *La contratación del sector público como política pública, Contratación Pública Estratégica*, dir. Aranzadi, 2013.

RODRÍGUEZ-ARANA MUÑOZ, Jaime, MORENO MOLINA, José Antonio, JINESTA LOBO, Ernesto, y NAVARRO MEDAL, Karlos, *Derecho Internacional de las Contrataciones Administrativas*, Primera edición, 2011.

TELLES, Pedro, *Public Procurement Financial Thresholds in the EU and Their Relationship with the GPA*, EPPPL, Vol. 11, Forthcoming, May 2016.

SANTIAGO FERNÁNDEZ, María José, "Los tribunales administrativos de recursos contractuales como mecanismos de control en la contratación pública. Perspectiva actual y de futuro", *Revista Auditoría Pública*, No. 66, 2015.

Tribunales Administrativos de Contratación Pública, Los efectos jurídicos de las directivas de contratación pública ante el vencimiento del plazo de transposición sin nueva ley de contratos del sector público, Documento de estudio presentado y aprobado en reunión de Madrid, el 1 de marzo, Observatorio Contratación Pública, 2016.

Tribunal de Cuentas Europeo.

Informe especial: necesidad de intensificar los esfuerzos para resolver los problemas de contratación pública que afectan al gasto de la UE en el ámbito de la cohesión, No. 10, Luxemburgo, 2015.

Las instituciones de la UE pueden hacer más para facilitar el acceso a su contratación pública, Unión Europea, Luxemburgo, 2016.

WEBER, Martín y WITKOS, Bernard, "Enfoque del Tribunal de Cuentas Europeo respecto de la auditoría de la contratación pública en el ámbito de los fondos estructurales y de cohesión", *Revista Auditoría Pública* No. 60, 2013.

World Bank Group, Benchmarking Public Procurement 2016: Assessing Public Procurement Systems in 77 Economies, Washington, DC, 2016.

Unión Europea.

Revision of EU procurement legislation Matters of concern for Local and Regional Authorities and potential subsidiarity issues, 2011.

Public procurement-Study on administrative capacity in the EU. France Country Profile, 2014.

ANEXOS

ANEXO 1. DETALLE DE PRINCIPALES MECANISMOS Y/O ACTIVIDADES DE CONTROL PROPUESTOS POR ORGANISMOS INTERNACIONALES

MECANISMO UTILIZADO Y QUIÉN LO HA EJECUTADO	OBJETIVO	¿QUÉ MIDE O CONTROLA?	MÉTODO USADO
(1) Evaluación de las compras públicas Informe de País (CPAR. Country Procurement Assessment. Banco Mundial)[1].	Se utiliza para desarrollar y establecer un plan de acción para mejorar el sistema de un país sobre las compras de bienes, obras y servicios de consultoría.	Todo el sistema de contratación en general.	1)análisis exhaustivo del marco jurídico vigente, las responsabilidades de organización y funciones de control y supervisión, procedimientos y praxis actuales, y qué tan bien funciona en la práctica; 2) evaluación general de los riesgos institucionales, organizativas y de otro tipo relacionados con el proceso de adquisición; 3) desarrollo de un plan de acción prioritario para lograr mejoras institucionales, y 4) evaluación de la competitividad y el rendimiento de la industria privada local con respecto a la participación en la contratación pública.
(2) Aplicación de indicadores al sistema de contratación pública (Banco Mundial)[2].	Conocer cómo el sector privado hace negocios con el gobierno.	La medición se sustenta en dos segmentos de la contratación: • Ciclo de vida de la contratación[3]. • Mecanismo de quejas y denuncias[4].	Se realizó una evaluación comparativa de la contratación pública entre 77 países mediante la implementación de indicadores de gestión, comenzando con identificar las necesidades de compra hasta la ejecución del contrato, ya sea para la entrega de un bien adquirido, proporcionando un servicio, o la realización de trabajos de construcción.
(3) Methodology for Assessing Procurement Systems – MAPS (OCDE/DAC)[5].	Proporciona una herramienta común que los países en desarrollo y los donantes, pueden utilizar para evaluar la calidad y eficacia de los sistemas nacionales de adquisición.	Todo el sistema de contratación en general.	Se basa en controlar y evaluar cuatro pilares de la contratación: ***Pilar I**: marco legislativo y regulatorio ***Pilar II:** marco institucional y las capacidades de gestión. ***Pilar III:** las operaciones de adquisición y las prácticas de mercado. ***Pilar IV:** integridad del sistema en términos de transparencia y controles anticorrupción. Los Pilares se analizan mediante 12 indicadores y 54 sub-indicadores específicos, asociados a los distintos aspectos incluidos para cada uno de los indicadores.
(4) Herramienta informática de alerta de fraude denominada «Arachne» (Comisión Europea)[6].	Entró en funcionamiento en 2013. Su objetivo es analizar las relaciones y conexiones existentes entre los diferentes agentes económicos participantes en proyectos; facilita enlaces a otras bases de datos externas de carácter público; y proporciona a sus usuarios indicadores de riesgos de fraude respecto de empresas concretas.	Alerta sobre fraudes.	Uso de Sistema informático (herramienta web) que almacena datos clave sobre los proyectos financiados con cargo al FEDER, al FC y al FSE, por ejemplo sobre empresas y planes.

1 Ver en http://gateway.transparency.org/tools/detail/42, último acceso 25 de abril de 2016.

2 World Bank Group, 2016, *Op. Cit.*, pp.13-14.

3 Este indicador refleja los elementos que son importantes para los proveedores a lo largo de las cuatro fases de la contratación pública que van desde la preparación, presentación y evaluación de las ofertas, hasta los sistemas de gestión de contratos. Las áreas que mide este indicador son: preparación de las ofertas; la presentación de las ofertas; evaluación de las ofertas; y, adjudicación y ejecución de contratos.

4 Mide la facilidad de impugnar un proceso de licitación pública a través de un sistema de quejas y denuncias, faltas de conducta y conflictos de intereses. Las áreas que controla este indicador son: disponibilidad de quejas y presentación de informes; proceso de revisión de primer nivel; y proceso de revisión de segundo nivel.

5 Página web OCDE. Último acceso 12 de abril de 2016 en http://www.oecd.org/dac/effectiveness/commonbenchmarkingandassessmentmethodologyforpublicprocurementsystemsversion4. htm.

6 Tribunal de Cuentas Europeo, 2015, *Op. Cit.*, p.41.

(5) Auditoría del Tribunal de Cuentas de la UE (Tribunal de Cuentas de la UE)[7].	Se basa en un procedimiento normalizado que abarca: el ciclo completo del gasto, la selección de proyectos, el cálculo y registro correctos de las operaciones, la existencia física del proyecto y el cumplimiento de las normas nacionales y de la UE en materia de subvencionabilidad, y otras (como las normas sobre ayudas de Estado y contratación pública).	Mide tres fases del proceso de compra: la fase previa a la licitación (o de planificación), la fase de licitación (o de ejecución) y la fase posterior a la adjudicación (o de gestión del contrato). En cada una de ellas la auditoría se centra especialmente en los aspectos del procedimiento que puedan incidir en la legalidad y en la regularidad de la licitación.	Se sostiene en la ejecución de una auditoría. El principal alcance de tal auditoría en cada fase puede resumirse en lo siguiente: •**En la fase previa a la licitación**, la auditoría examina si se ha seleccionado el tipo de procedimiento apropiado. •**En la fase de licitación**, la auditoría verifica el desarrollo del procedimiento de licitación, y si se han cumplido los requisitos de transparencia más esenciales y si la evaluación se ha llevado a cabo de manera no discriminatoria. •**En la fase posterior a la adjudicación,** la auditoría comprueba si el contrato se ha ejecutado conforme a lo expuesto en la oferta, también por lo que se refiere a cualquier modificación contractual que pueda haber afectado a las condiciones subyacentes a la decisión de adjudicación inicial.
(6) Medición de áreas claves del sistema de compras (OCDE)[8].	Aplicar indicadores a áreas identificadas como claves.	Todo el sistema de contratación en general.	Se identifican cuatro áreas para aplicar indicadores de desempeño, definiendo además sub-niveles que hay que medir: **a) La eficiencia del ciclo de contratación pública:** 1. Uso de mecanismos de contratación. 2. Adopción de la contratación electrónica. 3. Uso de la contratación electrónica de acuerdo con mecanismos de contratación o por bajo/alto valor de las compras. 4. Ahorros. 5. Ahorro utilizando acuerdos marco en la segunda etapa de competición. 6. Eficiencia de la unidad de contratación pública. 7. Nivel de los procesos de contratación pública sin éxito. 8. Razones de los procesos de contratación pública sin éxito. 9. Tiempo de adjudicación de la contratación pública. **b) La apertura y la transparencia del ciclo de contratación pública:** 1. Promoción de la competencia: procedimiento de contratación. 2. Promoción de la competencia: número de ofertas. 3. Aumento de la base de proveedores. 4. Transparencia de la información pública de adquisición. **c) El profesionalismo de la fuerza de trabajo:** 1. Número de funcionarios de contratación pública de acuerdo con el valor y número de contratos y procesos fallidos. 2. Nivel de capacitación de funcionarios de contratación pública **d) Desempeño de la gestión de contratos.** 1. ¿Están los proveedores entregando lo correcto? 2. ¿Están los proveedores entregando en el momento oportuno? 3. ¿Hay retrasos en el pago?

[7] Weber y Witkos, 2013, *Op. Cit.*, pp.30-32.

[8] Magina Paulo, 2014.

(7) Indicadores RICG (RICG)[9].	Propuesta de indicadores obtenidos de primer encuentro del grupo de trabajo sobre indicadores del sistema de contratación Pública al año 2013.	Todo el sistema de contratación en general.	Propuesta de aplicación de 6 clases de indicadores según las temáticas de: 1. **Eficiencia:** Uso de 6 sub-indicadores. 2. **Transparencia**: Uso de 6 sub-indicadores. 3. **Competencia**: Uso de 2 sub-indicadores. 4. **Eficacia**: Uso de 4 sub-indicadores. 5. **Desarrollo**: Uso de 4 sub-indicadores. 6. **Sostenibilidad**: Uso de 2 sub-indicadores.
(8) Medición de Desempeño y Business Intelligence (Banco Interamericano del Desarrollo (BID)[10].	Medición de desempeño y Business Intelligence de las compras financiadas por el BID.	Medir el mercado y el desempeño del proceso de adquisición a través de sus objetivos estratégicos.	Aplicación de indicadores de mercado e indicadores de desempeño en compras predeterminados[11].
(9) Auditorías generales para contratación pública. Organismo de apoyo para la mejora y gestión de los Gobiernos financiado por la UE (SIGMA)[12].	Auditar la contratación pública dividiendo el proceso de compra en partes.	Todo el proceso de contratación en general.	Dividir las auditorías que se desarrollan sobre contratación pública en tres partes: 1) definición de las necesidades. 2) procedimiento de adjudicación del contrato. 3) gestión del contrato hasta su finalización. La auditoría podrá ponerse en marcha cuando el procedimiento de contratación esté más o menos avanzado o una vez que se haya completado. La auditoría de los procedimientos de contratación implica tanto la auditoría de cumplimiento y desempeño en la mayoría de los casos. Los criterios de cumplimiento, contra los cuales el proceso debe evaluarse, se amparan en el marco legal aplicable en el contexto particular del país.
(10) Medición del desempeño. The Institute for Public Procurement (NIGP)[13] **U.S.A.**	Medir el progreso del sistema de contratación hacia el cumplimiento del plan estratégico de compras (se debe poseer un plan estratégico de compras previamente).	Mide el desempeño de los objetivos del Plan Estratégico de compras.	Establece diferentes **«métodos y focos»** (qué medir) donde hay que evaluar el desempeño de los objetivos establecidos en el plan de compras. Ejemplos de métodos para medir el desempeño de tales objetivos: Examinar el desempeño para compartir las mejores medidas sobre logros y áreas para el mejoramiento. Reuniones regulares con el personal para compartir las medidas de desempeño y progresos. Evaluación comparativa (Benchmarking). Aplicar indicadores de desempeño. Medición de metas. Aplicar herramientas de gestión de calidad.
(11) Monitoreo del sistema de compras. The Institute for Public Procurement (NIGP) U.S.A[14].	Áreas y temas específicos que se deben monitorear como mínimo en un sistema de contratación.	Todo el sistema de contratación en general.	Las áreas y puntos específicos a medir son: 1. Ahorro de costes/evitar costes 2. Desarrollo de proveedores e industria 3. Rendimiento de proveedores 4. Sistemas y procesos de contratación interna eficientes 5. Desarrollo profesional de compradores y retención del empleo (incentivos)

9 RICG, 2013, p.13.

10 www.ricg.org.presentaciones

11 Banco Interamericano del Desarrollo, 2013, pp. 7-8.

12 SIGMA, 2013, *Op. Cit.*, pp.2-3.

13 Fundado en 1944. Ver mayor detalle en http://www.nigp.org/home/about-nigp; Institute for Public procurement, 2012, pp. 1-2.

14 Institute for Public procurement, 2012, *Op. Cit.*, p.2.

(12) Separación organizativa y de funciones en los sistemas de compras (Instituto Nacional de Administración Pública, INAP). España[15]	Separar las funciones y responsables en un sistema de contratación pública con el fin de evitar fraude, robo o irregularidades.	Todo el sistema de contratación en general.	Separar sub organizaciones, funciones y responsables entre las sub áreas de compras. Existen normas usadas en los países que garantizan la separación entre Departamentos y Autoridades, en particular entre: **1) Entidades:** existe una separación entre entidades administrativas que requieren bienes y servicios, así como entidades de contratación (en países tales como Austria y Alemania). **2) Funciones:** la planificación estratégica, los programas de presupuesto y actuación, de contabilidad e información, y las funciones internas de control están claramente separadas (por ejemplo, en Turquía). **3) Fases del proceso de compra:** la aprobación del gasto, de las fases clave de la contratación pública, las recomendaciones de adjudicación y el pago deberían ser realizados separadamente (como por ejemplo en los Estados Unidos). **4) Actividades técnicas y comerciales:** estas evaluaciones se realizan independientemente y se remite información separada desde ambas instancias a otro organismo que informa con independencia y recomienda la adjudicación (por ejemplo en Reino Unido). **5) Actividades financieras:** el control ex-ante en la unidad de servicios financieros y el proceso de transacción financiera deberían ser realizados por separado, los deberes de los funcionarios dedicados a la autorización y la rendición de cuentas no deben estar combinados en una persona (por ejemplo en Irlanda, Luxemburgo y Turquía).

[15] INAP, 2009, *Op. Cit.*, pp.79-82.

ANEXO 2. DETALLE DE MECANISMOS DE CONTROL INTERNO UTILIZADOS EN PAÍSES DE LA UE ENTRE OTROS DESTACADOS

HERRAMIENTA Y/O SISTEMA UTILIZADO	OBJETIVO	¿QUÉ CONTROLA Y EN QUÉ PARTE DEL SISTEMA?	MÉTODO USADO ¿CÓMO SE HIZO?	ALGUNOS PAÍSES QUE LA HAN USADO
(1) Análisis integral del proceso de contratación.	Examinar cómo el proceso de contratación puede ser acelerado, con el fin de hacer negocios de forma más rápida y económica, tanto para el comprador como proveedor.	Mide la eficiencia, eficacia y transparencia de todo el proceso de contratación.	Análisis de datos de compras, proceso y sistema en conjunto	Reino Unido
(2) Sistema de reclamaciones, denuncias y/o entrega de información (servicio al cliente).	Gestionar denuncias sobre malas prácticas en compras y/o entregar información.	Mide los reclamos, denuncias e información entregada sobre el sistema.	Creación de un sistema institucional que recibe las reclamaciones, denuncias y/o información, dando soporte a los interesados.	Reino Unido, Corea del Sur
(3) Obligación cumplimiento de código ético o de conducta	Cumplir las directrices que establece el código ético para las adquisiciones.	Busca controlar las conductas y deseos de los funcionarios públicos en relación a las compras pública.	Socialización de tales lineamientos mediante instructivos internos, intranet institucional, y sobre todo, a través de reuniones con las máximas autoridades de la institución, sus jefaturas y mandos medios.	Reino Unido, Italia, Austria
(4) Control sobre los conflictos de intereses de quienes participan en contratación.	Controlar las relaciones de quienes participan y toman decisiones en compras.	Busca controlar las relaciones o transacciones entre participantes del proceso de contratación.	Se realiza una descripción detallada de los estándares de conducta que se espera de ellos, en particular, las prohibiciones y restricciones específicas sobre compras. Algunas acciones para medir este aspecto podrían ser a través de la capacitación de principios éticos, o firma de declaraciones juradas de los funcionarios en compras de no tener conflictos de intereses con su labor.	Reino Unido
(5) Base de datos integral.	Crear una base de datos sobre todas las compras públicas	Registra datos sobre compras públicas (transacciones).	Creación de base de datos mediante un sistema informático que sea libre de acceso e interoperable.	Reino Unido, Portugal, Corea del Sur
(6) Encuestas de autoevaluación.	Conocer las percepciones de cómo funciona el sistema acerca de su eficiencia y eficacia.	Mide todo el sistema de compras.	No se aprecia evidencia sobre cómo de aplicó esta encuesta, sin embargo, las buenas prácticas nos indican que: si no son una gran cantidad de funcionarios se puede hacer una encuesta presencial, por lo contrario, un encuesta aleatoria. También, se puede realizar una por email o vía telefónica.	Reino Unido
(7) Programa de formación permanente.	Entregar herramientas legales, éticas y técnicas para gestionar la contratación institucional.	Controla (autocontrola) conductas y gestión interna de los procesos de compras.	Impartir cursos gubernamentales permanentes, seminarios y clases académicas sobre esta materia.	Reino Unido, Francia, Alemania, Corea del Sur, Australia
(8) Gestión visual de los procesos de contratación.	Observar detenidamente los procesos de contratación para mejorarlos.	Mide la eficiencia, eficacia y transparencia de todo el proceso de contratación.	Realización de talleres con los funcionarios de compras donde se elabora un mapa o cadena de valor de las actividades (mapa de procesos principales de compras), para representar el proceso de adquisición ideal. Luego, este mapa se utiliza como punto de comparación con los otros procesos actuales, con el fin último de aunar una sola propuesta de cómo debe funcionar el sistema en su conjunto.	Reino Unido
(9) Identificación y evaluación de riesgos.	Identificación de riesgos en corrupción sobre procesos claves mediante aplicación de indicadores de actuación (gestión).	Mide los riesgos inherentes del sistema.	El método en líneas generales es el siguiente: descripción del proceso de contratación institucional; reuniones entre las áreas vinculadas; descripción de los riesgos inherentes; clasificación de los riesgos, y propuestas de planes de mitigación según tal clasificación.	Reino Unido, Francia, Alemania, Bélgica

(10) Encuestas de satisfacción a quienes usan las compras.	Mejorar la eficacia de la contratación y servicio brindado.	Mide la satisfacción de quienes usan el sistema de compras (clientes finales).	Caso de un hospital: realización de una encuesta de satisfacción a sus pacientes sobre los insumos y servicios usados (que fueron comprados por el hospital), analizando posteriormente los datos por edad, origen étnico y género. Además, también se evaluó el servicio de comidas a los pacientes.	Reino Unido (Irlanda del Norte)
(11) Base de datos parcial[1].	Registrar y gestionar datos de compras parciales, y no de todos quienes transan en el aparato público.	Registra datos sobre compras (transacciones).	Creación de base de datos mediante un sistema informático abierto e interoperativo.	Francia, Alemania, Italia, Australia
(12) Monitoreo cualitativo de la contratación pública.	Adaptar mejor el sistema de compras a las necesidades de sus localidades.	Mide aspectos característicos del proceso de compra (no cuantitativos).	Seguimiento cualitativo de las compras realizadas, caracterizando sus aspectos más importantes que puedan generar errores o malas prácticas (relaciones, funciones críticas, etc.).	Francia
(13) Controles aleatorios de procesos de licitación.	Monitorear aleatoriamente procesos de licitación.	Controla conductas de funcionarios y aspectos de gestión interna.	Inspecciones aleatorias y periódicas sobre los procesos de licitación, además de controles basados en sospechas o avisos de posibles corrupciones.	Alemania
(14) Establecimiento de un funcionario expresamente dedicado a la prevención de la corrupción.	Fomentar la integridad entre el personal de la contratación pública.	Controla las malas praxis en compras por medio de la prevención.	Designación de un funcionario capacitado para esta labor al interior del órgano público.	Alemania
(15) Rotación de funcionarios.	Evitar por parte del funcionario de contratación un contacto prolongado con los proveedores.	Controla el tiempo de contacto con proveedores.	Rotación del personal después de un período de cinco a ocho años de forma que se evite un contacto prolongado con los suministradores, al tiempo que se mejora la motivación y se hacen más atractivos los puestos de trabajo.	Reino Unido, Alemania, Austria
(16) Talleres de prevención de la corrupción y ética a funcionarios que entran a trabajar en contratación pública.	Prevenir la corrupción en compras.	Previene la corrupción.	Obligatoriedad que los nuevos funcionarios de compras participen en un taller encaminado a la prevención de la corrupción.	Francia, Alemania, Austria
(17) Envío de informe a licitadores para sus apreciaciones del proceso antes de adjudicar (control social).	Transparentar el proceso de evaluación.	Controla las deficiencias del proceso de evaluación de ofertas por medio de la participación.	Remitir a todos los licitadores un informe en el que se establece la intención de adjudicar tras la evaluación por el comité de contratación, de forma que quienes se presentan puedan poner en cuestión este resultado, y reclamar contra todas estas acciones en los cinco días siguientes.	Portugal
(18) Declaración de integridad para evitar actos corruptos	Certificar mediante una declaración firmada con el contratista aspectos que eviten malas prácticas y actos de corrupción.	Controlar actos de corrupción.	Adopción de una declaración de integridad que exige que se certifique que no se han planteado objeciones contra el contratista de que se trate, fundamentadas en una investigación sobre su anterior conducta.	Holanda[2]
(19) Aplicación de sistema de contratación electrónica integral.	Disponer de los procesos de contratación más importantes y sus sistemas de apoyo en una sola estructura electrónica.	Permite controlar y hacer seguimiento ágilmente de los patrones de compra de las organizaciones públicas y de sus funcionarios, entre otras tareas.	Se licitó la compra de una plataforma electrónica integral (sistema de información) que permitiera cubrir las necesidades más relevantes en compras, implementando mejoras en ella permanentemente.	Corea del Sur, Portugal, Reino Unido

[1] La existencia de una "Base de datos parcial" se refiere a países que todavía no tienen un sistema de datos e información en la gran mayoría de sus procesos de compra y complementos, disponiendo de información sobre sólo algunas materias de compras sin tener una visión nacional y tabulada de las adquisiciones a nivel país.

[2] También ha sido aplicado en varios otros países como: Argentina, Alemania, India, Indonesia, Italia, Corea del Sur, México, Reino Unido, entre otros (OCDE, 2014, *Op. Cit.*, pp.21-22).

(20) Auditorías ex post.	Fiscalizar legalidad, eficiencia, eficacia, economía y transparencia del proceso de contratación.	Mide los aspectos mencionados en el objetivo para todo el sistema de compras.	Inspecciones que se focalizan en áreas específicas de trabajo que tienden especialmente a la corrupción, y que son localizadas a través de una investigación interna sobre el nivel de integridad.	Corea del Sur
(21) Mecanismos de denuncias funcionarias.	Denunciar por parte de los funcionarios irregularidades o malas prácticas en compras	Controla las irregularidades presentadas en el sistema de compras.	Establecer en la institución canales o vías de denuncia anónima y expedita para que los funcionarios en cualquier momento puedan realizar tales acciones sobre la materia.	Corea del Sur, Australia
(22) Oficina de Gestión de la calidad para Compras.	Gestionar la calidad de los bienes adquiridos.	Mide la calidad de los bienes comprados.	Creación de una unidad al interior del área de compras, la cual mida la calidad de los productos, servicios u obras contratadas.	Corea del Sur
(23) Aplicación principio de cuadro ojos.	Permite contrarrestar el poder discrecional de un único funcionario al evaluar algún proceso o factor crítico en una adquisición.	Controla y evalúa un proceso o factor crítico de un sistema de compra.	Revisión por medio de comités o grupos de expertos, sobre algún proceso o factor crítico en una adquisición de forma de tener varias opiniones.	Alemania, Corea del Sur, Austria
(24) Establecimiento de sistema informático de gestión de contratos.	Gestionar los puntos críticos de los contratos luego de su firma.	Controla el cumplimiento del contrato.	Creación de un sistema informático de gestión de contratos (el cual esté inmerso en la estructura electrónica de compras a nivel nacional).	Corea del Sur
(25) Aprobaciones y control mayor sobre grandes compras.	Establecer mayores medidas de control para compras de grandes valores.	Controla las compras de altas cuantías.	Insertar en instructivos internos, manuales o procedimientos, las disposiciones relativas a este mayor control sobre compras relevantes.	Rusia
(26) Auditores o auditorías de probidad.	Auditar conductas de los funcionarios relacionadas con adquisiciones.	Mide las conductas en trabajos relacionados con compras públicas.	Auditorías externas a la contratación pública en situación de riesgo por causa de su complejidad, alto valor económico, o por ser un asunto delicado para la institución o gobierno.	Australia
(27) Planificación Anual de Compras.	Programar la ejecución de las compras más importantes de la institución.	Programa y posteriormente mide la ejecución de las compras más relevantes del año.	Reuniones interinstitucionales en donde se definen los objetivos estratégicos, planes de acción y metas, obteniendo de esta información el insumo para saber qué recursos importantes hay que comprar para el año siguiente.	Australia
(28) Recurso especial como control preventivo (control de legalidad).	Control preventivo sobre la legalidad del proceso de contratación pública.	Controla que el proceso de compra se adecúe a la legislación vigente.	Proceso de control preestablecido legalmente que mide si el desarrollo de la compra realizada se ajusta a su normativa.	España
(29) Foro de debate para grandes compras.	Debatir públicamente las grandes compras que se realizarán con el fin de enriquecer el requerimiento y transparentar el proceso.	Controla las grandes compras o compras importantes.	Publicar mediante un foro de acceso público las grandes compras que se van a realizar.	Rusia
(30) División de funciones	Separar funciones de quien compra, quien supervisa, y quien aprueba.	Controla la separación de responsabilidades en el proceso de compra.	Establecer un procedimiento interno claro que precise las funciones y responsabilidades de los cargos internos en compras, separando la aprobación de la compra entre comprador y supervisor.	Reino Unido, Austria
(31) Declaraciones juradas contra malas prácticas y no aceptación de dádivas o regalos.	Firmar declaraciones que prohíben malas praxis y aceptación de regalos.	Controla responsabilidades y conductas en compras.	Insertar en los documentos de contratos de los funcionarios una declaración que permita informar sobre las malas prácticas que no se deben realizar en el trabajo, debiendo firmar tal documento y respetarlo.	Austria
(32) Custodia estricta de materiales.	Custodia estricta tanto de materiales como de archivos, en relación con almacenes, dinero efectivo, propiedades, cheques, garantías, órdenes de pago, información confidencial y computadoras.	Mide la eficiencia de los recursos usados en todo el proceso de compra.	Supervisar el control de materiales y documentos en todo el proceso de compra a través de monitorear lo entregado con lo utilizado.	Reino Unido

(33) Impedir acumulación de trabajo.	Impedir que se acumule o atrase la carga de trabajo en adquisiciones.	Controla las sobrecargas de trabajo en todo el proceso de compra (controla la eficiencia).	Establecer estándares de cantidad y tiempos que deben durar los trabajos monitoreando que estos cumplan con sus plazos. De no ser así, se adoptan medidas para corregir su acumulación.	Reino Unido
(34) Pactos de Integridad.	Comprometerse a través de la firma de un documento (Acuerdo) entre una autoridad contratante y los licitadores a cumplir con las mejores prácticas y la máxima transparencia.	Todo el sistema de compra y su proceso posterior.	Implica los siguientes pasos genéricos: (1) evaluar la aplicabilidad de un Pacto Piloto; (2) obligaciones y compromisos, las posibles sanciones, el sistema de monitoreo y los mecanismos de solución de controversias y participación de actores relevantes; (3) suscribir el Pacto Piloto por la "Autoridad/organismo contratante" y por cada oferente; y (4) monitorear el Pacto: El grupo monitor examina los documentos e informes, coordina audiencia(s) pública(s), revisa los documentos, recaba información sobre denuncias tras la contratación, hace inspecciones, pide explicaciones, etc., verificando por tanto que los compromisos se cumplan[3].	Italia, Portugal (además de Polonia, Bulgaria, Grecia, República Checa, Rumania, entre otros)[4]
ALGUNAS ACCIONES O MECANISMOS DE CONTROL EXTERNO APLICADOS EN COMPRAS PÚBLICAS				
(1) Unión o fusión de organismos de contratación.	Aunar esfuerzos y funciones en compras.	Busca controlar la dispersión de recursos organizacionales y mejorar la eficacia de las políticas de compras en el país.	Fusión de varios organismos de compras en uno sólo (aunar y potenciar funciones y recursos).	Suecia[5]
(2) Creación de Asociaciones para la integridad de la contratación público-privado.	Intercambio de información y datos importantes para participar y realizar un eficiente proceso de compra.	Intercambio de información entre órganos	Actividades de coordinación mediante reuniones de trabajo entre organismos públicos y privados.	Dinamarca[6]
(3) Creación de organismo de gobierno que lidera las instituciones públicas.	Liderar, establecer directrices, y evaluar el desempeño de las organizaciones públicas en compras, otorgando premios a los mejores resultados.	Mide la gestión interna de las instituciones públicas en lo referente a contratación pública.	Creación de órgano público con autoridad y atribuciones para liderar, controlar y evaluar las compras públicas en el país.	Corea del Sur[7], Reino Unido[8]
(4) Establecimiento de un único punto de consultas y reclamos.	Proporcionar una organización independiente, servicio imparcial y confidencial para los proveedores del sector público en el país, además de dar asesoramiento a órganos públicos.	Mide los reclamos y entrega asesoramiento sobre las normas de contratación que deben ser seguidas, e informa sobre cómo los contratos se anuncian y adjudican.	Creación al interior de la Administración de Gobierno de una sola área o unidad que aglutina todas las consultas, quejas y observaciones, sobre el sistema de contratación pública.	Escocia, Reino Unido[9]

3 Arribas Reyes, 2016, p. 5.

4 Ver detalle de países en Comisión Europea. Integrity Pacts. Último acceso 6 octubre de 2017 en http://ec.europa.eu/regional_policy/en/policy/how/improving-investment/integrity-pacts/

5 Desde el año 2014 la Autoridad Sueca de la Competencia Konkurrensverket (KKV) ha asumido las labores de control ex ante como ex post de contratación pública, desarrolladas anteriormente por diferentes agencias y organismos administrativos (CNMC, 2015, pp. 13-18).

6 Una medida que ayuda al control, sobre todo al intercambio de información y datos importantes para participar y realizar un eficiente proceso de compra, es la coordinación entre organismos públicos y privados. Algunos gobiernos han creado asociaciones para la integridad con empresas y organizaciones no gubernamentales. Por ejemplo, en Dinamarca una asociación público-privada conjuntamente con Transparency International y el Pacto Mundial de las Naciones Unidas, se unieron para la creación de un Portal Anticorrupción Empresarial que ofrece a compañías de pequeño y medio tamaño que posean los conocimientos y herramientas necesarias, invertir en mercados emergentes incluyendo información detallada de sus prácticas de integridad en la contratación pública (INAP, 2009, *Op. Cit*., pp. 93-96).

7 Un instrumento muy importante a nombrar que propicia el control es el trabajo del Servicio de Compras Públicas de Corea del Sur (PPS), organismo que: lidera y establece las directrices para las compras del país y evalúa el desempeño de las organizaciones gubernamentales en la compra de sus bienes cada año, otorgando premios a las instituciones del país que tienen excelentes resultados (Public Procurement Service, 2014, *Op. Cit*., p. 37).

8 La oficina o institución que lidera las compras a nivel de gobierno central (Servicio Comercial de la Corona) permite entre sus funciones realizar seguimiento de las compras y entregar información sobre ellas para adoptar mejores decisiones, y con ello focalizar políticas y planes donde se necesita, actuando en base a los principios de liderazgo y control (INAP, 2009, *Op. Cit*., p. 154).

9 Cameron McKenna, 2014, p. 18.

ÍNDICE GENERAL

INTRODUCCIÓN

UN (PEQUEÑO) EJERCICIO COMPARATISTA SOBRE LOS CONTRATOS ADMINISTRATIVOS

Luis José BÉJAR RIVERA

PRIMERA PARTE
EL CAMINO AL DERECHO GLOBAL DE LA CONTRATACIÓN PÚBLICA

CAPITULO I

DERECHO GLOBAL ADMINISTRATIVO Y DE LA CONTRATACIÓN PÚBLICA

Jaime PINTOS SANTIAGO

CAPITULO II

LOS PRINCIPIOS DEL DERECHO GLOBAL DE LA CONTRATACIÓN PÚBLICA

Jaime RODRÍGUEZ-ARANA MUÑOZ

CAPITULO III
EL ACUERDO DE CONTRATACION PUBLICA DE LA OMC Y LA DIRECTIVA DE LA UNION EUROPEA 2014/24/UE

SEGUNDA PARTE
EL DERECHO DE LA CONTRATACION PUBLICO EN LA UNION EUROPA

CAPITULO IV
LAS FUENTES DE DERECHO DERIVADO: ACTOS TÍPICOS Y ATÍPICOS DE LA CONTRATACIÓN PÚBLICA
Jaime PINTOS SANTIAGO

CAPITULO V
LAS DIRECTIVAS SOBRE CONTRATACIÓN PÚBLICA
José Antonio MORENO MOLINA

CAPITULO VI

LA DIRECTIVA 2014/24/UE RELATIVA A LA CONTRATACIÓN PÚBLICA

José Antonio MORENO MOLINA

CAPITULO VII

LA DIRECTIVA 2014/24/UE: ASPECTOS CONCRETOS
Jaime PINTOS SANTIAGO

CAPITULO VIII

LA DIRECTIVA 2014/23/UE
RELATIVA A LA ADJUDICACIÓN DE CONTRATOS DE CONCESIÓN
José Antonio MORENO MOLINA
Jaime PINTOS SANTIAGO

CAPÍTULO IX

LOS ACUERDOS DE LIBRE COMERCIO CON LA UNIÓN EUROPEA Y EL PROTECCIONISMO

Jaime PINTOS SANTIAGO

TERCERA PARTE
LA CONTRATACIÓN PÚBLICA EN LOS PAÍSES DE AMÉRICA LATINA

CAPÍTULO X

ESTUDIO COMPARADO DE LA RECIENTE EVOLUCION DEL DERECHO DE LOS CONTRATOS PUBLICOS EN LOS PAISES DE AMERICA LATINA

José Antonio MORENO MOLINA

CAPÍTULO XI

CONTRATACIÓN PÚBLICA EN COSTA RICA
Ernesto JINESTA LOBO

CAPÍTULO XII

SINOPSIS DE LA CONTRATACIÓN ADMINISTRATIVA EN URUGUAY

Carlos E. DELPIAZZO

CAPÍTULO XIII

EL SISTEMA DE COMPRAS PÚBLICAS PERUANO

Juan Carlos MORÓN URBINA
Milagros PAREDES CARRANZA

CAPÍTULO XIV

LOS CONTRATOS PÚBLICOS EN ARGENTINA
Alejandro PÉREZ HUALDE

CUARTA PARTE
LA CONTRATACIÓN PÚBLICA EN NORTEAMÉRICA

CAPÍTULO XV

INTRODUCCIÓN AL ESTUDIO DE LA CONTRATACIÓN PÚBLICA EN USA
César Augusto ROMERO MOLINA

CAPÍTULO XVI

EL CONTRATO ADMINISTRATIVO EN MÉXICO. UN ACERCAMIENTO A SU MARCO JURÍDICO GENERAL

Juan Manuel OTERO VARELA

CAPÍTULO XVII

LOS CONTRATOS ADMINISTRATIVOS EN CANADÁ. UN RÉGIMEN ENTRE EL DERECHO PÚBLICO Y PRIVADO

Luis José BÉJAR RIVERA

QUINTA PARTE
COMPLIANCE, SELF-CLEANING Y MEDIDAS DE AUTOCORRECCIÓN DE CONTRATISTAS

CAPÍTULO XVIII

COMPLIANCE Y SELF-CLEANING EN LA CONTRATACIÓN PÚBLICA

Jaime RODRÍGUEZ-ARANA MUÑOZ

CAPÍTULO XIX

ESTUDIO COMPARATIVO DE LOS SISTEMAS DE EXCLUSIÓN Y AUTOCORRECCIÓN DE CONTRATISTAS DE LA UNIÓN EUROPEA, LOS ESTADOS UNIDOS Y EL BANCO MUNDIAL

Carlos AYMERICH CANO

CAPÍTULO XX

MECANISMOS DE CONTROL INTERNO PARA LA CONTRATACIÓN PÚBLICA: EJEMPLOS PRÁCTICOS PROPUESTOS POR ÓRGANOS INTERNACIONALES Y PAÍSES DE LA UNIÓN EUROPEA, ENTRE OTROS DESTACADOS

Iván OCHSENIUS ROBINSON

ANEXOS

www.ingramcontent.com/pod-product-compliance
Lightning Source LLC
LaVergne TN
LVHW080114011026
849160LV00013B/1098
* 9 7 8 1 6 4 9 2 1 4 1 7 1 *